# 마하요가와
# 실재사십송 주석

옮긴이 ● 대성(大晟)

선불교와 비이원적 베단타의 내적 동질성에 관심을 가지고 라마나 마하르쉬의 '아루나찰라 총서'와 마하라지 계열의 '마하라지 전서'를 집중 번역하면서, 성엄선사의 『마음의 노래』, 『지혜의 검』, 『선의 지혜』, 『대의단의 타파, 무방법의 방법』, 『부처 마음 얻기』, 『비추는 침묵』 등 '성엄선서' 시리즈와 『눈 속의 발자국』, 『바른 믿음의 불교』를 번역했다. 그 밖에도 중국 허운선사의 『참선요지』와 『방편개시』, 감산대사의 『감산자전』, 혜능대사의 『그대가 부처다: 영어와 함께 보는 육조단경, 금강경구결』 등을 옮겼다.

마하요가와 실재사십송 주석

**지은이** | 락슈마나 사르마
**옮긴이** | 대성(大晟)
**펴낸이** | 이효정
**펴낸곳** | 도서출판 탐구사

초판 발행 2024년 11월 7일

**등록** | 2007년 5월 25일(제208-90-12722호)
**주소** | 04097 서울 마포구 광성로 28, 102동 703호(신수동, 마포벽산 e솔렌스힐)
**전화** | 02-702-3557 **Fax** | 02-702-3558
**e-mail** | tamgusa@naver.com

* 값은 뒤표지에 있습니다. 잘못된 책은 바꾸어 드립니다.

ISBN 978-89-89942-63-4 03270

아루나찰라 총서 4

# 마하요가와 실재사십송 주석

락슈마나 사르마('누구') 지음 | 대성(大晟) 옮김

탐구사

**1.** ***Maha Yoga***, or the Upanishadic Lore in the light of the teachings of Bhagavan Sri Ramana

By 'Who'(K. Lakshmana Sarma)

(First edition, 1937 / Fifteenth edition 2019)

**2.** ***Bhagavan Sri Ramana Maharshi's Reality in Forty Verses (with Supplement)***

Original Tamil Commentary of *Ulladu Nārpadu* by 'Who'(K. Lakshmana Sarma), Translated by 'KAYS'

(First edition, 2013 / Third edition, 2022)

Published by Venkat. S. Ramanan, President, Board of Trustees,
Sri Ramanasramam, Tiruvannamalai 606 603, Tamil Nadu, India

# 차 례

## 1
## 마하요가


서언 · 11

제8판 서문 · 12

저자의 말 · 19

제1장 아루나찰라의 진인 · 21

제2장 우리는 행복한가? · 38

제3장 무지無知 · 45

제4장 권위 · 59

제5장 세계 · 71

제6장 영혼 · 105

제7장 신神 · 124

제8장 에고 없는 상태 · 132

제9장 탐구 · 172

제10장 진인眞人 · 190

제11장 헌신 · 207

제12장 진인이 더 하신 말씀들 · 225

부록 1 : 진인심요(眞人心要) 발췌 · 253

부록 2 : 진어화만절요(眞語華鬘節要) 발췌 · 263

부록 3 : 마하르쉬 인상기 · 271

## 2
## 실재사십송 주석

영어판 간행사 · 277

1. 실재사십송

기원시 · 279

분별 장 · 295

탐구 장 · 374

체험 장 · 384

2. 실재사십송—보유補遺

기원시 · 416

사뜨상가 장 · 420

진아의 원리 장 · 426

상근기 장 · 434

예배, 우러름, 명상 장 · 446

생전해탈자 장 · 458

경전지經典知 장 · 466

교의의 핵심 장 · 474

부록 1 : 「실재사십송」—깔리벤바 버전 · 476

부록 2 : 「실재사십송—보유」의 구성 · 484

찾아보기 · 485

바가반 관련 영문 문헌 목록 · 492

옮긴이의 말 · 501

# 1

# 마하요가

# MAHA YOGA

or

# THE UPANISHADIC LORE

in the light of the teachings of
Bhagavan Sri Ramana

By

'Who'

(First edition, 1937, Fifteenth edition, 2019)

# 서언

저자는 이 책에서 **스리 라마나 마하르쉬**의 가르침의 철학적인 부분들이 **비이원론**의 엄밀한 질산 시험(acid test-금의 품질을 검사하는 시험)을 통과하게 한 뒤에, 이 가르침이 **비이원론** 영역에서 진금眞金임을 선언하고 있다. 왜냐하면 저자는 세계·신·개인적 영혼의 세 가지가 실제로 하나의 단일체이며, 그것들이 외관상 분리되어 보이는 것은 환幻(illusion)일 뿐이라는 원리를 비타협적으로 예리하게 견지하는 사람이기 때문이다.

나는 그의 결론에 대해 판단을 내릴 만큼 충분한 자격을 갖춘 형이상학자가 아니지만, 그가 자신의 논지를 전개하고 **스승님**의 말씀들로써 그것을 뒷받침하면서, 논박하기 어려운 설득력 있고 단호한 논변을 제시하고 있다는 것을 알겠다. 여하튼 그는 **스리 라마나 마하르쉬**의 가르침이 갖는 다른 측면들—인격적 에고의 본질과 이런저런 형태의 헌신의 필요성 등—에 대해서도 많은 참된 논점들을 추가했으며, 워낙 명료한 사고와 표현으로 서술하고 있어서, 나는 그의 정신과 문장 스타일에 여러 번 감탄하였다. **마하르쉬**님의 저술과 말씀들의 형이상학적 측면에 관심을 가진 분들에게 이 책을 살펴보시라고 즐거이 추천하는 바이다.

폴 브런튼(Paul Brunton)

# 제8판 서문

『마하요가, 혹은 스리 라마나 마하르쉬의 가르침에 비추어 본 우파니샤드 전승지傳承知』는 **스리 라마나**의 가르침에 대한 심오한 해설이자 **베단타** 철학 전체, 즉 **우파니샤드**라는 고대의 전승지(ancient lore)에 대한 명료한 요약이다. 구도자는 **스리 라마나**가 내놓은 가르침의 초석이자 **우파니샤드** 전승지의 정수인 **자기탐구**(Self-enquiry)에 착수하기 전에, **자기탐구**의 수행이 기초하고 있는 이론적 기반에 대한 분명하고 탄탄한 이해를 얻는 것이—필수적이지는 않다 해도—굉장히 유용하며, 그런 이해는 **스리 라마나**의 가르침이 내포한 많은 중요한 측면들을 아주 명료하게 해설하는 이 책에서가 아니면 어디서도 도저히 얻을 수 없다.

이 책의 저자인 스리 K. 락슈마나 사르마[누구('Who')]는 **바가반 스리 라마나**와 친밀히 교류하면서 20년 이상을 보냈고, 당신의 개인적 지도 하에 당신의 가르침을 깊이 연구했기 때문에, 이런 해설서를 쓰기에 충분한 자격을 갖추고 있다. 1928년 아니면 1929년의 어느 날, **스리 라마나**는 락슈마나 사르마에게 "「실재사십송(*Ulladu Narpadu*)」을 읽어보지 않았습니까?"라고 물었다. 락슈마나는 읽어본 적이 없다고 대답했다. 왜냐하면 그는 고전 타밀어 문체로 쓰인 그 책을 이해할 수 없었기 때문이다. 그러나 그는 만약 **스리 바가반**께서 자비롭게 그 의미를 해설해 주신다면 그것을 공부해 보고 싶다고 간절히 덧붙였다. 그리하여 이 제자와 **스승** 간의 밀접한 교류가 시작되었다. **스리 바가반**은 (「실재사십송」) 각 연聯의 의미를 천천히 자세하게 그에게 설명해 주기 시작했고, 산스크리트어 애호가였던 락슈마나 사르마는 당신의 설명을 들은 뒤 그 연의 의미를 나타내는 산스크리트어 연들을 지어 나가기 시작했다. 산스크리트어로 매 연을 짓고 나면, 그것을 **스리 바가반**께 제출하여 수정과 승인을 받았다. 만약 **스리 바가반**의 승인이 나오지 않으면 승인을 얻을 때까지 필요한 만큼 계속 그것을 다시 지었다. 이런 식으로 두세 달 안에 「실재사십송」의 모든 연이 산스크리트어로 번역되었다. 그러나 락슈마나 사르마는 거기서 멈출 수 없었다. 그는 「실재사십송」의 심오한 의미에 아주 매혹되어, 자신의 산스크리트어 번역을 몇 번이고 계속 고쳐야겠다는 충동을 느꼈고, 마침내 그것을 타밀어 원문의 거의 완벽하고 충실한 복제판이 되게 할 수 있었다. 그는 **스리 바가반**의 밀접한 도움과 지도를 받으며 2, 3년간 계속 그 번역을 수정했다. **바가반**은 그의 이러한 진지한 노력을 늘 높이 평가했고, 언젠가 이렇게 말했다. "자신의 번역을 수없이 고치고 또 고치는 것은 그에게 하나의 큰 따빠스*(tapas)*와 같습니다." 락슈마나 사르마는 「실재사십송」에 대해 이렇게 충실한 산스크리트 번역을 하려고 부단히 노력했기 때문에, **스리 바가반**의 가르침의 핵심에 대해 당신에게서 오래도록 그에 관련되는 가르침을 받는 기회를 누렸다.

락슈마나 사르마는 애초에 「실재사십송」에 대한 자신의 산스크리트어 번역을 출판할 생각이 없었고, 그것은 자신의 개인적 이익을 위해서 준비한 것이었다. **스리 바가반**의 가르침에 관해 장문의 해설을 쓰는 일은 더더욱 생각해 보지 않았다. 그런데 1931년이 저물어 갈 무렵 **스리 바가반**의 가르침에 대한 주석서 격으로 어떤 책 한 권이 출판되었다. 락슈마나 사르마는 이 책을 읽고 그것이 **스승**의 가르침에 대해 매우 왜곡된 모습을 그려내고 있음을 알고 마음이 편치 않았다. 그래서 **스리 바가반**께 가서 신심 깊은 태도로 이렇게 말했다. "당신의 가르침이 당신께서 살아계실 때도 이와 같이 잘못 해석된다면, 미래에는 어떻게 되겠습니까? 사람들은 당신께서 이 책을 승인하셨다고 생각하지 않겠습니까? 이런 잘못된 해석은 공개적으로 비난받아야 하지 않습니까?" 그러나 **스리 바가반**은 이렇게 대답했다. "각자의 마음(*antahkarana*)이 갖는 순수성의 정도에 따라, 같은 가르침도 (마음 안에서) 서로 다르게 반사됩니다. 만약 당신이 그 가르침을 더 충실하게 설명할 수 있다면, 주석서를 직접 한번 써 보세요." 이리하여 **스리 바가반**의 권유를 받고 락슈마나 사르마는 「실재사십송」의 타밀어본 주석서를 쓰기 시작했다. 그 책은 1936년에 처음 간행되었고, 이어서 1937년에 『마하요가』의 초판이 나왔다. 후년에 언젠가 **스리 바가반**은, 당시에 나와 있던 모든 「실재사십송」 주석서들 중에서 락슈마나 사르마의 타밀어 주석이 제일 좋다고 말씀하셨다.

『마하 요가』는 대체로 두 권의 산스크리트어 저작—『진인심요眞人心要(*Sri Ramana Hridayam*)』와 『진어화만절요眞語華鬘節要(*Guru Ramana Vachana Mala*)』—에 기초하고 있는데, 그 일부를 발췌한 것이 이 책의 **부록 1**과 **2**로 나와 있다. 『진인심요眞人心要』는 **스리 바가반**이 지은 타밀어 저작 중에서도 가장 중요한 두 편인 「실재사십송實在四十頌」과 「실재사십송 보유補遺(*Ulladu Narpadu Anubandham*)」를 락슈마나 사르마가 산스크리트어로 옮긴 것이다. 한편 『진어화만절요』는 락슈마나 사르마가 (산스크리트어로) 지은 350연으로 되어 있는데, 그 중에서 300연 가량은 스리 무루가나르의 『진어화만眞語華鬘(*Guru Vachaka Kovai*)』에서 뽑아 번역한 것이다. 이 책들은 모두 **스리 바가반**의 구두 가르침을 재현하고 있다.[1] 락슈마나 사르마는 **스리 바가반**의 도움과 지도를 받아 『진인심요』를 지었듯이, **스리 바가반**과 스리 무루가나르의 도움을 받아 『진어화만절요』를 지었는데, 그

---

1) 『진인심요』의 산스크리트어 전문은 그 영어 번역문과 함께 우리가 "*Revelation*"이라는 제목의 책으로 출판했고, 『진어화만절요』의 영어 번역은 별도의 책으로 출판했다. 이 책들과 **스리 바가반**의 생애와 가르침에 관한 다른 책들에 관해 더 자세히 알고 싶으면, 본서 말미의 문헌 목록을 참조하기 바란다.

러면서 스리 바가반의 가르침을 깊이 연구하고, 그와 관련된 스리 바가반의 교시를 받는 기회를 더 가질 수 있었다. 한번은 누가 락슈마나 사르마에게 『마하요가』와 「실재사십송」의 타밀어 주석을 왜 '누구'(WHO)라는 익명으로 저술했는지 묻자, 그는 이렇게 대답했다. "저는 스리 바가반과 스리 무루가나르에게서 배운 것만 그 책들 안에 썼습니다. 그래서 '그걸 누가 썼지?'라고 생각한 것입니다."

본서에서 두루 인용되는 『진인심요』와 『진어화만절요』의 많은 연들에 덧붙여, 저자는 스리 바가반의 다른 말씀과 사람들이 당신과 나눈 문답들도 수없이 인용하고 있는데, 특히 마지막 장에서 그러하다. 이들 말씀과 문답들은 저자 자신이 듣고 기록한 것으로, 그 대부분이 본서보다 뒤에 나온 『마하르쉬의 복음』이나 『라마나 마하르쉬와의 대담』에도 기록되어 있어 그 진정성眞正性이 입증된다.

『마하요가』의 초판에 붙였고 이번 판에도 나와 있는 서언에서 폴 브런튼은 "저자는 이 책에서 스리 라마나 마하르쉬의 가르침의 철학적인 부분들이 비이원론의 엄밀한 질산 시험을 통과하게 한 뒤에, 이 가르침이 비이원론 영역에서 진금眞金임을 선언하고 있다."라고 썼다. 그러나 초판 서문에서 저자는 자신의 의도가 오히려 그 반대였다고 설명한다. 왜냐하면 그가 보기에 스리 바가반의 가르침이 제1차적 권위이며, 그것은 우파니샤드의 고대 전승지에 의해 권위를 인정받기보다 그 가르침이 우파니샤드의 권위를 확인해 주기 때문이라는 것이었다. 저자 자신의 말을 인용하면 다음과 같다.

"고대의 전승지—우파니샤드—는 바가반 스리 라마나로 알려진 아루나찰라의 진인(Sage of Arunachala)의 생애와 가르침에 의해 분명하게 재확인되었다. 동서양의 당신 제자들에게는 이 진인이 글로 쓰거나 말로 한 가르침들이 제1차적 계시啓示(revelation)[2]이며, 고대의 전승지는 그런 가르침에 완전히 부합하기 때문에 가치가 있다. 그러나 고대의 전승지를 제1차적 권위로 간주하는 사람들에게도, 살아 있는 진인의 가르침은 굉장히 흥미로울 것이 분명하다. 이 책에서는 옛날의 계시와 새로운 계시들을 종합하여 제시하려 한다.

『마하요가』의 초판이 나오자 지성인 층에서 금방 열렬한 반응이 나타났다. 장 에르베르가 즉시 불어로 번역했는데, 그는 이 책을 "더없이 주목할 만한 책"으로 간주했다. 이 불어판은 1939년에 처음 간행되고, 1940년에 '라마나 마하르쉬 연구(*Etudes sur Ramana Maharshi*)'라는 시리즈의 제1권으로 다시 간행되었다. 여기에 프랑스 스리 라마크리슈나 포교원(Sri Ramakrishna Mission)의 창립자이자 총재인 스와미 싯데스와라난다가 긴 서문을 썼는데,[3] 그 글을 다음과 같이 마무리했다.

"…그러나 마하르쉬의 이러한 신비주의는 삶과 삶 속의 문제들에 관한 심오하고 지성적인 이해의 기반을 가지고 있다. 그것을 이해하려면 마하르쉬를 그의 철학적·문화적 환경 속에 위치시켜 살펴볼 필요가 있다. 이러한 관점에서, 여기에 제시된 멋진 연구만큼 인도의 유산에 대한 힘 있고 충실한 작업이 없다. 저자인 K. 락슈마나 사르마 박사는 우리의 친구들 중 한 사람이다. 그는 수년 간 마하르쉬와 함께 지내면서 철학적 문제들에 대하여, 그리고 이 '비춤(illumination)의 삶'[4]에

---

2) *T.* '계시'는 '언어로 드러낸 진리의 가르침'이다. 우파니샤드와 같은 고대 현자들의 가르침이나 현대의 진인들의 가르침, 나아가 그런 가르침을 담은 경전이나 저작들을 가리킨다.

3) 『마하요가』의 불어판에 쓴 스와미 싯데스와라난다의 서문을 요약한 영문 번역이 『마하르쉬의 복음』에 부록으로 실려 있다.

4) *T.* '비춤'의 illumination이라는 단어는, 우리의 내면에 '생명의 빛' 혹은 '하느님의 빛'이 있고, 순수한 신앙이나 기도에 의해 이 생명의 빛이 내면에서 우리를 비추면 우리가 비추어진(enlightened), 영적 존재가 된다는 기독교적 관념과 관계된다. 그러나 '깨달음의 종교'에서는 자각으로서의 우리의 참된 성품에 대한 체험, 즉 '깨달음'의 의미로 이해해야 한다.

관하여, 이 진인이 하신 말씀들에 비추어서 그를 이해하기 위해 늘 최선을 다해 자신을 훈련해 왔다. 아루나찰라 산 위에 켜진 거대한 불길 같은 그 비춤의 삶은 시간에 의해 봉성奉聖된(성스럽게 된) 우파니샤드의 가르침이 현대 인도에서 되살아나는 것을 보고 싶어 하는 사람들에게 진정한 등대가 되고 있다."

『마하요가』의 초판이 워낙 열렬한 평가를 받았기 때문에, 락슈마나 사르마는 그것을 수정·증보하여 제2판을 낼 용기를 얻었고, 그것은 1942년에 출판되었다. 현재 이 판은 제3판과 제4판에서 저자가 몇 군데 수정한 것과, 초판에 있었고 우리가 이번 판에 다시 넣기로 한 '부록 3' 외에는 실질적으로 제2판과 동일하다.5) 제2판이 나온 뒤 『마하요가』는 독일어, 포르투갈어 등 몇 가지 다른 유럽 언어로 번역되었다.

마지막으로 본서의 제목에 대해 한 마디 해볼까 한다. 제9장의 끝에서 저자는 이렇게 쓰고 있다. "진인은 언젠가 본 필자에게, '탐구는 큰 요가—마하요가(Maha Yoga)—인데 그 이유는, 여기서 보여주듯이 모든 요가가 이 탐구 안에 포함되기 때문입니다'라고 말씀하셨다." 그래서 그가 이 책을 『마하요가』라고 한 것이다. 이 책이 출판되고 몇 년이 지난 뒤 한번은 스리 바가반이 『꾸르마 뿌라나(*Kurma Purana*)』6)에 있는 시편 하나 [2.11.7]를 보셨는데, 거기서는 주主 시바(Lord Siva)가 이렇게 선언하고 있다. "그 안에서 우리가 자기(*atman*), 즉 단 하나의 순수하고 영원한 지복인 나를 보는 그것[요가]은 지고의 주主에 속하는 큰 요가(Maha Yoga)라고

5) 『마하요가』 초판의 이 '부록' 서두에 이런 글이 있다. "다음 구절들은 비판적 정신의 한 방문객이 쓴 편지에서 발췌한 것으로, 「베단타 께사리(*Vedanta Kesari*)」(마드라스, 밀라뽀르)에 실렸던 것이다." 그러나 『마하요가』 불어판에서 우리는 그것을 쓴 익명의 방문객이, 라마크리슈나 포교원의 저명한 일원인 스와미 따빠시야난다라는 것을 알게 된다.

6) *T.* 힌두교 한 경전군群인 뿌라나(*Puranas*) 경전의 하나. 현재의 표준 교정판에서는 95개 장의 약 6,000연으로 이루어져 있다.

할 것이다." 이 시편이 이처럼 **자기**(Self)에게 주의를 기울이는 수행법인 **자기탐구**가 '**큰 요가**'라고 하신 당신의 말씀을 뒷받침했기 때문에, **스리 바가반**은 그것을 당신 자신이 가지고 있던 『마하요가』 책 제9장의 끝에 그것을 옮겨 썼다.

우리는 이제 이 귀중한 책의 새 판을 내게 되어서 기쁘다. 우리는 이 책이 모든 진리 추구자들에게, 지금까지 늘 그랬듯이 지침과 영감을 계속 제공할 것으로 확신하는 바이다.

1984년 4월 14일
스리 라마나스라맘에서
발행인 T. N. 벤까따라만

# 저자의 말

마하요가는 우리 자신의 진리를 발견하는 직접적인 방법이다. 이것은 통상 '요가(Yoga)'로 알려진 것과 아무 공통점이 없고, 아주 단순한—신비에서 벗어난—것이다. 왜냐하면 이것은 우리의 존재라는 전적인 진리와 관계되고, 그 자체 지극히 단순한 것이기 때문이다.

마하요가는 그것을 따르는 사람을 그의 신조(종교적 · 철학적 · 이념적 신념)에서 해방시키고, 새로운 신조로 그를 구속하지 않으며, 그가 모든 교의敎義를 초월하는 참된 자아(True Self)에 대한 탐구를 추구하여 성공할 수 있게 한다.

마하요가는 탈脫배움(unlearning)의 과정으로 묘사되어 왔다. 이것을 따르는 사람은 자신의 모든 지식을 놓아야 한다. 왜냐하면 상대성 안에서의 앎은 무지이며, 따라서 하나의 장애이기 때문이다.

이 참된 요가는 우파니샤드가 다루는 주제이다. 그러나 이 요가에 의해 발견될 진리는 영원하며, 때때로 살아 있는 증인들에 의해 입증될 필요가 있다. 이 책은, 살아 있는 스승만이 우파니샤드의 진리를 우리에게 말해 줄 수 있고 우파니샤드 자체는 그럴 수 없다는 아주 합리적인 가정을 가지고 시작한다. 왜냐하면 우파니샤드는 말에 불과하며 그 이상은 거의 아닌 반면, 살아 있는 스승은 우리가 추구하는 진리의 한 화신이기 때문이다. 우리 시대의 그 살아 있는 스승은 아루나찰라의 진인인 바가반 스리 라마나(Bhagavan Sri Ramana)였고, 당신의 생애에 대해서는 제1장에서 간략히 기술된다. 본서에서는 당신의 가르침이 제1차적 권위로 취급되며, 우파니샤드의 전승지는 그 다음의—즉, 그것을 부연하고 보충하는—가치를 갖는다. 독자들은 여기에 서술된 어떤 것도, 그것이 이 진인의 실제적 가르침과 일치한다고 생각되지 않으면 받아들일 필요가 없다.

# 제1장 아루나찰라의 진인

우리의 안에는 하나의 심오한 진리, 즉 그것에 대한 실제적 지知를 얻으면 우리가 자유로워질, 우리 자신의 진리가 있다. 그러나 자유로워지려는 사람은 실제로 자유로워진 사람을 찾아가서 공손하게 질문해야 한다. 고대의 전승지(ancient lore)가 그렇게 말한다.[1] 이처럼 그것은 진정한 자아(the real Self-진아)의 진리를 가르치는 살아 있는 스승에게—만일 그런 사람을 발견할 수 있다면—의지할 필요가 있음을 강조한다. 신성한 전승지(sacred lore)를 공부하여 얻는 지식은 별 쓸모가 없다. 한평생 책을 공부해서 얻는 것보다 살아 있는 스승의 이 침묵에서 우리는 더 많이, 더 빨리 배울 수 있다.

큰 스승 스리 라마크리슈나 빠라마한사(Sri Ramakrishna Paramahansa)[2]는 두 부류의 진인(Sages)이 있다고 말한다. 즉, 다른 사람들을 가르치고 이끌어 줄 사명을 띠고 태어난 사람과, 그런 사명을 띠지 않은 사람이다. 전자의 사람들은 태어나서부터 세속적 욕망에 물들지 않으며, 소년기를 벗어날 무렵이면 해탈의 상태를 성취하는데, 그것도 거의 혹은 전혀 노력하지 않고 그렇게 된다. 후자의 사람들은 세속적 욕망과 약점들을 지닌 채 태어나고, 해탈이라는 목표에 도달하기 위해서는 오랫동안 꾸준히 올바른 방향으로 노력해야 한다. 전자의 부류인 진인은 당연히 매우 희

---

1) *tad viddhi pranipātena pariprаśnena sevayā* |
*upadekṣyanti te jñānaṁ jñāninas tattva darśinaḥ* ||
겸손한 존경과, 탐구와 봉사로써 그것을 배워라. 진리를 본 지혜로운
사람들이 지知 안에서 그대에게 이것을 가르쳐 줄 것이다. —『바가바드 기타』, 4.34.

2) *T.* 동인도 벵갈 지역의 진인(1836-1886). 스와미 비베카난다의 스승.

귀하다. 그런 사람이 나타날 때마다 많은 제자와 헌신자들이 그에게 이끌리며, 그들은 그의 친존親存(presence)에서 큰 이익을 얻는다. **바가반 스리 라마나**가 바로 그런 분이다. 그는 옛 **계시서**啓示書(Revelation-우파니샤드)의 가르침을 새롭게 갱신하면서 그것을 추인해 온 위대한 **진인**들의 계열에서 가장 최근에 나타난 분이다.

그는 남인도의 마두라(Madura-마두라이)에서 30마일쯤 떨어진 띠루쭐리(Tiruchuzhi)라는 마을에서 태어나, 벤까따라만(Venkataraman)이라는 이름을 얻었다. 그의 아버지는 그가 12세 때 타계했고, 그 후로 어머니와 숙부들 밑에서 자랐다. 이 소년은 처음에 딘디걸(Dindigul-마두라 북쪽의 한 읍)에서, 나중에는 큰 순례 중심지인 마두라에서 학교를 다녔다. 그의 보호자들은 그가 어떤 사람이 될 운명인지 전혀 눈치 채지 못했다. 그들은 자신들이 나름대로 생각하는 사람으로 그를 키워내려고 최선을 다했다. 즉, 그에게 '좋은 교육'을 받게 하여 세간의 삶을 잘 살아가는 능력을 갖추어 주려고 했다.

이 소년은 지성에서 전혀 부족함이 없었지만, 학업에는 도무지 관심이 없었다. 무엇을 배우거나 기억하려는 노력을 전혀 쏟지 않았는데, 뭔가를 배웠다고 하면 그것은 자신도 모르게 배운 것이었다. 그 이유는 평균 이상의 모든 소년들이 갖는 '출세하려는 의지'가 그에게는 없었기 때문이다. 우리는 이제 그가 영성靈性의 천품을 타고난 드문 존재들 중 한 분이라는 것을 안다. 그를 수백만의 사람들에게 존경받는 **스승**으로 만들게 되는 그 **완전성**이 잠재적인 상태로 이미 그의 안에 존재했다. 사실 영적인 천품이 사람을 세간적 이득에 무관심하게 만드는 것은 자연의 한 법칙이다. 왜냐하면 평균인은 영적인 의미에서 빈곤한 천품을 가지고 있기 때문에 쉽게 세간적 욕망의 밥이 되며, 이런 욕망들에 추동되어 소위 출세를 하기 위해 많은 노력을 하기 때문이다. 우리는 **스리 라마크리슈나**도

"이러한 밥벌이 교육"에 대해 도저히 떨칠 수 없는 혐오감을 가지고 있었다고 알고 있다.

그래서 소년 라마나는 학교를 다니면서 얻은 지식이 거의 없었다. 그러나 운명적으로 한 권의 옛 타밀어 경전이 그의 손에 들어왔는데, 이 책은 63인의 시바파 성자들에 대한 자세한 이야기를 담고 있었다. 그는 열심히 그 책을 통독했다. 우리는 그가 (전생에) 이미 그들과 같은 정도의 탁월한 수준에 도달한 성자였고, 이러한 영적 진보의 단계를 이미 통과한 분이었으리라고 믿어도 무방할 것이다. 그는 훨씬 높은 어떤 수준의 잠재력, 즉 진인眞人의 지위를 내면에 가지고 있었기 때문이다. 우리가 헌신에 관한 장章에 이르면 성자와 진인의 차이를 살펴볼 수 있을 것이다. 지금은 단지 다 익은 열매가 꽃과 다르듯이 진인은 성자와 다르다고 말해두면 될 것이다. 성자답다는 것은 진인이 될 장래성 이상은 아니며, 진인만이 완전한 상태이다. 예수가 제자들에게 "하늘에 계신 그대들의 아버지가 완전한 것같이 그대들도 완전해지십시오"라고 했을 때, 그것은 성자가 아니라 진인을 염두에 두고 한 말이었다.

라마나는 어린아이일 때도 그 이름이 아루나찰라(Arunachala)라고 하는 굉장히 성스러운 어떤 것을 끊임없이 자각하고 있었다. 이 사실을 우리는 이 진인이 훗날 그의 제자들을 위해 지은 한 시에서 알게 된다. 우리가 보기에, 그는 여러 전생에 그 신비로운 존재—이것을 우리들 대부분은 신이라고 부르지만, 생명의 영적 중심이라고 묘사하는 것이 더 온당할 것이다—에 대해 가졌던 완전히 성숙된 헌신을 금생에도 그대로 가지고 왔다. 이 점은 그가 어릴 때 한 번은 웃어른에게서 꾸지람을 듣자, 위안과 평안을 얻으려고 이승의 어머니에게 간 것이 아니라 마을의 사원에 있는 성모(Divine Mother-띠루쭐리 부미나떼스와라 사원의 여신상)를 찾아갔다는 데서도 알 수 있다. 그는 또 이따금 그 무엇으로도 깨울 수 없는 비상하게 깊은 잠에 빠지곤 했다. 그가 나중에 성취했고, 생시의 상태에서도 누리던 그 완전성을 놓고 우리가 판단해 본다면, 이 외관상의 잠은 사실은 존재의 어떤 높은 차원에 대한 하나의 영적 체험이었다고 추측할 수 있을 것이다.

이리하여 그의 삶은 평행선을 이루는 어떤 이중적 삶으로 지속되었다. 즉, 그가 실제로 세간에 속하지는 않는 사람으로서 기계적으로 아무 관심 없이 영위한 세간적 삶과, 주위 사람들이 조금도 눈치 채지 못한 영적인 삶이 그것이었다. 이런 삶은 그가 16세 되던 해의 끝 무렵까지 이어졌다. 이때 그는 고등학교 과정의 졸업반이었고, 그 과정이 끝나면 마드라스대학교의 입학시험을 볼 것으로 사람들은 기대하고 있었다. 그러나 그렇게 될 수 없었다. 왜냐하면 그때 어떤 일이 일어났고, 그로 인해 이 소년의 학업은 돌연 중단되었기 때문이다.

16세에서 17세 사이의 연령대는 모두에게 하나의 고비이다. 평균인의 마음은 이때 성 의식을 중심으로 들끓는 상상과 욕망에 휘둘린다. 그러나 소수의 예외적 영혼들에게는 이때가 참된 삶—이에 비하면 우리가 삶이라고 하는 이것은 죽음이지만—으로 깨어나는 시기이다. 즉, 이미 그들에게 잠재해 있던 영적 완전성이 개화하기 시작하는 때이다. 세계의 모든 성자와 진인들의 생애에서 사실이 그러함을 우리는 발견한다.

예전 진인들의 생애에서도 나타나지만, 이런 깨어남(awakening)은 대체로 갑작스런 죽음의 공포와 함께 시작된다는 것도 사실이다. 보통 사람들에게도 죽음의 공포는 심심찮게 찾아오기 때문에 그것이 그들에게 낯설지 않다는 것은 맞지만, 이 공포에 대한 반응에서 차이가 있다. 보통 사람에게는 그 공포가 별 차이를 가져오지 않는다. 장례 행렬을 보면 죽음에 대해 생각하게 되고, 이따금 다소 전통적인 사고방식으로 철학적 사색도 한다. 그러나 이런 기분은 다음 끼니의 식사를 할 때까지만 지속된다. 나중에는 다시 '정상적'으로 되고, 그의 삶의 흐름은 전과 같은 노선을 밟는다.

타고난 **진인**은 죽음에 대한 생각에 달리 반응한다. 그는 냉철하게, 그러나 자신이 가진 모든 지성의 힘으로, 죽음의 문제에 대해 성찰하기 시작한다. 이런 성찰이 죽음의 영역을 초월하려는 집중된 노력의 출발점이다. **고타마 붓다**의 경우가 그러했다.[3] **라마나**의 경우도 그러했다.

그래서 그는 성찰했다. "죽는 것은 누구인가, 혹은 무엇인가? 그것은 눈에 보이는 이 몸이다. 가족 친지들이 와서 그것을 싣고 가 화장한다. 그러나 이 몸이 죽을 때, **나**도 죽을 것인가? 그것은 **나**가 실제로 무엇이냐에 달렸다. 만약 **나**가 이 몸이라면, 그것이 죽을 때 **나**도 죽을 것이다. 그러나 **나**가 이것이 아니라면, **나**는 살아남을 것이다."

그러자 그의 마음속에서, 그가—그의 진정한 **자아**가—죽은 뒤에도 살아남을 것인지를 바로 그 자리에서 알아내야겠다는 압도적인 욕망이 일어났다. 그리고 그것을 알아내는 가장 확실한 방법은 죽음의 과정을 실연實演해 보는 것이라는 생각이 떠올랐다. 그는 몸이 죽었다고 **상상함으로써** 그것을 실연했다. 죽은 몸은 말도 하지 않고 숨도 쉬지 않는다. 그리고 어떤 감각도 없다. 그는 이 모든 것을 워낙 완벽히 현실감 있게 상상했기 때문에, 몸이 마치 시체처럼 무감각해지고 뻣뻣해졌다. 생명기운들이 몸에서 철수하여 마음 속으로 집결했고, 이제는 다시 진정한 **자아**를 발견하려는 의지에 의해 활성화되어 내면으로 향했다. 바로 이 순간, 어떤 불가사의한 힘이 그의 존재의 가장 깊은 곳에서 일어나 온 마음과 생명을 완전히 장악해 버렸다. 그 힘에 의해서 그는—다시 말해서, 그의 마음과 생명은—내면으로 끌려갔다. 그 다음에 일어난 일은 하나의 불

---

3) '붓다(Buddha)'는 한 분의 **진인**(sage)을 뜻한다. 이 **진인**(붓다)을 '선서善逝'(Sugata-잘 가신 분)라고도 하는데, 그것은 **해탈의 상태**를 성취한 분이라는 뜻이다.

가사의다. 그러나 우리는 진인 자신의 가르침에서 그에 대한 얼마간의 관념을 얻어낼 수 있다. 우리는 이 힘—헌신자들이 '은총'이라고 부르는 것과 동일한 것—에 의해 장악된 마음이 모든 생명과 마음의 근원 속으로 깊이 뛰어들어, 그것(*It*)에 합일되었다고 보아야 할 것이다. 이 모든 일은 그가 활짝 깨어 있는 동안에 일어났고, 따라서 그는 모든 생각의 움직임에서 벗어난 자신의 진정한 자아를 자각하게 되었다. 이 진아(Self)는 욕망과 두려움의 속박에서 벗어나 있었고, 따라서 평안과 행복으로 충만해 있었다. 이때 그가 도달한 상태는 뒤의 한 장章에서 묘사되는 바로 그 에고 없는 상태—즉 진정한 자아만이 평온한 고요 속에 지배하는 상태였다. 이리하여 라마나는 진인이 되었다. 우리 자신이 그 상태에 도달하여 거기에 안주하기 전까지는, 그 상태가 어떤 것인지 우리는 결코 알지 못할 것이다. 그러나 당신이 베푸신 계시啓示(가르침)의 도움으로, 그것이 무엇이 아닌지는 이해할 수 있을 것이다.

여기서 우리는 진정한 자아를 발견하려는 지속적이고 일념 집중된 결의決意야말로—이것이 최고의 가장 순수한 헌신의 형태지만—그 진아를 얻는 수단이라는 것을 알게 된다. 이것은 다음과 같은 고대의 계시와도 합치된다. "완전한 헌신으로 그에게 강력하게 끌리는 사람만이 이 진아를 발견할 것이니, 그에게는 진아가 실제 있는 그대로의 그 자신을 드러낸다."[4] 이것은 모든 종교의 최고 진리이며, 예수는 그것을 이와 같이 다르게 표현했다. "찾으라, 그러면 그것이 주어질 것이다. 두드려라, 그러면 그것이 열릴 것이다."

진인(스리 라마나)이 제자들에게 한 답변이나 당신의 저작을 통해서 가르친 것이 이 길이다. 당신은 저작 중의 하나에서 그것을—우리가 그것으

---

4) *yamevaiṣa vṛṇute tena labhyas tasyaiṣa ātmā vivṛṇute tanūm svām* ||
"진아는 (진아가) 선택하는 사람만이 성취할 수 있다. 그런 사람에게 진아는 자신의 성품을 드러낸다." —『까타 우파니샤드(*Katha Upanishad*)』, 1.2.23.

로 삶의 모든 문제를 초월할 수 있는—"모두에게 직접적인 길"[5]이라고 부른다. 이 길을 추구하여 얻는 그 상태를 본래적 상태(Natural State), 즉 본연상태(*Sahajabhava*)라고 한다. 그렇게 부르는 이유는, 그 상태에서는 진아가—무지한 사람들에게 보이는 대로가 아니라—실제 있는 그대로 드러나기 때문이다. 그것을 에고 없는 상태(Egoless State)라고도 하고, 마음 없는 상태(Mindless State)라고도 한다.[6] 진인과 고대의 계시서가 드러내는 그 상태의 진리는 뒤의 한 장章에서 다룰 주제이다. 여기서는 그 본래적 상태가 '존재하는 최고의 상태'라고—그 상태를 성취한 사람에게는 달리 얻으려고 노력할 것이 아무것도 없다고—말하는 것으로 충분할 것이다. 그에게는 삶이라는 순례 여정이 끝난 것이다.

라마나는 이 체험으로 한 분의 '진인(Sage)'이 되었다. 더 정확히는 늘 당신 안에 있던 진인이 드러났다. 따라서 당신에게는 영성에서 더 이상 진보가 있을 수 없었다. 이 체험에 의해 마음과 몸은 진아와 완전히 절연된다. 다시 말해서, 마음이 더 이상 몸을 자기(진아)와 동일시하지 않는다. 무지란 이 동일시일 뿐 그 이상 무엇도 아니고, 마음 자체는—뒤에서 보겠지만—이 무지의 한 결과이므로, 이 큰 사건은 또한 마음의 소멸 또는 해소라고도 불린다. 따라서 진인에게는 마음도 없고, 몸도 없고, 세계도 없다는 것이 어김없는 진실이다. 그러나 이는 다른 사람들이 그의 몸과 마음을 더 이상 볼 수 없다는 의미는 아니다. 그들에게는 진인의 몸과 마음이 계속 나타나 보일 것이고, 사건들에 의해 영향을 받는 것으로 보일 것이며, 그래서 진인의 역사는 더 계속될 수 있다. 진인 자신은 외관상 다양한 방식으로 활동하는 것처럼 보일 수 있는데, 다만 이

5) 이 구절은 「가르침의 핵심(*Upadesa Saram*)」, 제17절을 말한다.
6) *T.* '에고 없는 상태'는 불교에서 말하는 무아이다. 따라서 무아가 곧 진아이다. 무아의 참뜻은 일체의 자아를 부정하여 진아까지 부정하는 것이 아니라, 개인적 자아(에고)가 없는 상태를 의미할 뿐이다. 왜냐하면 진아를 부정하면 무아를 인식하거나 주장하는 자기 자신을 부정하는 자가당착에 빠지기 때문이다(남방 소승불교의 오류이다). '마음 없는 상태'는 곧 무심이다.

러한 행위들이 실제로 그의 행위는 아니다. 그래서 이 큰 사건이 있고 난 뒤에 일어난 사건들의 흐름은—그 중의 어떤 것은 여기서 이야기하지만—실제로 진인에게 속하지 않으며, 당신에게 조금도 영향을 주지 않는다.

라마나는 학식 있는 사람들이 브라만으로 알고 있는 이름 없고 형상 없고 묘사 불가능한 것에 대해 전혀 읽거나 들은 적이 없었기 때문에, 이 사건으로 자신이 얻은 그 상태의 본질에 대해 어떤 의문도 없었다. 나중에 경전에서 해탈의 상태를 '자기가 저 실재와 동일함을 체험하는 상태'로 묘사하는 것을 알게 되었을 때, 자신이 그 상태를 성취했다는 것을 이해하는 데 조금도 어려움이 없었다.[7)]

이 큰 사건이 이후 진인의 삶에서 일어난 그 어떤 일도, 그 사건 후에도 외관상 남아 있는 몸과 마음에만 관계되지 진인 자신과는 아무 관계가 없다. 본래적 상태에 내재하는 신적 특질과 능력들이 곧 드러났다. 왜냐하면 세간에서 이 진인이 사명을 완수하기 위해서는 그런 것을 발휘하는 것이 필요했기 때문이다.

그래서 이 큰 사건이 있은 직후, 그의 마음이 본래적 상태에 전적으로 흡수되지 않고 있던 시간에는, 붙들 어떤 대상이 필요하다고 느끼기 시작했다. 받아들일 수 있는 유일한 대상은 신이었으니, 63인의 성자들도 신에 대한 사랑에서 최고의 행복을 발견했던 것이다.

그래서 라마나는 전보다 더 자주 그 사원(63인 성자의 상이 있는 마두라이의 미나끄쉬 사원)을 찾아가기 시작했다. 그리고 그곳의 신의 친존親存(신상이 있

---

7) 고대의 진인들 중 한 분인 비야사(Vyasa)의 아들 수까(Suka)는 자신의 아무 노력 없이도 그 큰 사건이 일어났지만, 나중에 자신에게 다가온 그 상태가 최종적 목표인지 아닌지에 대한 의문이 마음속에서 일어났다고 한다. 그는 아버지에게 여쭈었고, 아버지는 그것이 최종적 목표라고 말해주었다. 그러나 아들이 확신하지 못하는 것을 본 비야사는 그에게 자나까(Janaka-고대 비데하 국의 왕)를 찾아가서 의심을 해결하라고 일러주었다. 소년은 자나까에게서 자신이 더 이상 얻으려고 애써야 할 것이 없다는 것을 알았다. 라마나의 경우에 이런 의문이 일어나지 않았다는 것은 주목할 만하다.

는 곳)에서 눈물을 홍수처럼 쏟으며 서 있곤 했는데, 그것은 가장 열렬한 헌신자들의 눈에서만 흐를 수 있는 그런 눈물이었다. 이와 같은 심오한 헌신을 할 수 있기를 바라는 것은 모든 헌신자들이 늘 하는 진지한 기도이다. 왜냐하면 그들은 하염없이 흐르는 눈물을 지고한 헌신의 한 현현으로 간주하는데, 그런 헌신 자체가 신의 은총의 열매이기 때문이다. 우리는 라마나가 전생에 그런 위대한 헌신자였다고 가정할 때에만, 당신에게서 이런 모습이 나타난 것을 이해할 수 있다. 또한 이런 눈물의 홍수는 이 경우 어떤 신성한 목적을 성취했을 수도 있다. 왜냐하면 신적 사랑의 눈물은 사람을 정화하며, 그런 눈물을 흘리는 이들은 그로 인해 고양되고, 그럼으로써 의식의 탈것(몸)들이 변모되기 때문이다. 그래서 우리는, 이런 방식으로 라마나의 몸과 마음이 변화를 겪었고, 그리하여 그 몸과 마음이 한 분의 큰 스승, 곧 신의 메신저의 거주처로 쓰일 만한 것이 되었다고 추정해 볼 수 있을 것이다.

이런 현상과 더불어 당시에는 몸 안에 어떤 심한 열감熱感도 있었다. 이 모든 현상은 진인이 띠루반나말라이(Tiruvannamalai)에 도착하여 그곳의 사원에 있는 (신의) 친존에 이를 때까지 계속되었다. 우리가 듣기로는 스리 라마크리슈나의 경우에도 그 비슷한 열감이 있었다.

우리는 학생 때의 라마나가 답답할 만큼 뒤처져 있었다는 것을 보았다. 이제 그것이 어느 때보다도 나빠졌다. 왜냐하면 진정한 자아에 대한 애씀 없는 탐구로써 얻은 그 불가사의한 상태 속으로 빈번히 빠져들었기 때문이다. 그 상태에서 나와 있을 때도 학교 공부를 해야겠다는 마음이 조금도 없었다. 윗사람들은 이 소년에게 무슨 일이 일어났는지 이해할 수 없었다. 그들은 그가 공부하기 싫어한다고 곧잘 화를 내곤 했는데, 이제 어느 때보다 더 화가 치밀었다. 그 당시 역시 학생이던 그의 형은 그의 이런 새로운 생활방식에 몹시 짜증이 났다. 그가 에고 없는 상태를 처음 체험하고 나서 6주쯤 된 어느 날, 형은 그가 학과 공부를 하고 있어야 할 시간에 그 상태에 들어가는 것을 보았다. 이에 화가 난 형이 신랄한 말 한 마디를 쏘아붙였다. "이런 녀석에게 이런 것들[학생이 가지고 있는 책 기타의 것들]이 무슨 소용 있어?"

그 말은 정곡을 찔렀다. 그러나 그 효과는 그 말을 한 사람이 의도한 것이 아니었다. 그때 소년은 그냥 미소를 지으며 책을 다시 잡았다. 그러나 속으로 이렇게 생각하기 시작했다. "그래. 옳은 말이야. 이제 나에게 책과 학교가 무슨 소용 있나?" 그 생각은 즉시 그의 마음속에서 자신이 집을 떠나, 자기를 식구로 여기는 사람들이 모르는 곳으로 가서 살아야겠다는 것으로 구체화되었다.

이 일이 있기 전에 그는 자신이 사랑하는 '아루나찰라'가 유명한 순례지인 띠루반나말라이와 같은 곳이라는 것을 알게 되었다. 한 친척으로부터 그것을 알았는데, 이 친척이 순례 여행에서 돌아오는 길에 (어디서 오시느냐는) 라마나의 질문에 자신이 '아루나찰라'에서 온다고 대답했던 것이다. 아루나찰라가 이 지구상의 한 장소라고 한 번도 상상해 보지 못했던 소년은 이 대답에 크게 놀랐다. 그때 친척은 그에게 아루나찰라는 띠루반나말라이[8]의 다른 이름일 뿐이라고 설명해 주었다.

그곳은 행선지로서는 마두라에서 꽤 멀리 떨어져 있었지만, 갈 수 없을 만큼 너무 먼 곳은 아니었다. 그래서 몰래 집을 떠나 그곳으로 가기로 했다. 그 뒤의 일은 섭리가 인도해 주는 대로 할 작정이었다. 행운도 그의 출가를 도왔다. 형의 그달 치 수업료가 아직 납부되지 않은 상태였다. 형이 그에게 5루피를 주면서 나가는 길에 학교에 내 달라고 했다.

---

8) '아루나찰라'는 이 산의 산스크리트어 이름인데, 그 자체 신의 모습으로 간주된다. 이 이름의 타밀어 형태는 '안나말라이(Annamalai)'이며, '띠루(Tiru)'는 그 이름 앞에 붙여서 그 장소가 성스럽다는 것을 보여준다. 따라서 이곳의 타밀 이름은 '띠루-안나말라이'이며, 띠루반나말라이로 발음된다. *T.* 아루나찰라의 산스크리트어 이름에서 *aruna*는 '붉은' 혹은 '아침 햇살의 붉은 빛', *achala*는 '움직이지 않는' 또는 '산'이라는 뜻이다.

그 중에서 그는 3루피만 가지면서, 이거면 기차 여행의 경비로 족할 거라고 생각했다. 나머지 돈은 편지 한 장과 함께 남겼는데, 편지에서는 자신이 신인 아버지(Divine Father)를 찾아 떠나기로 결심했다고 하면서, 자신을 찾으려고 해서는 안 된다고 했다.

그는 차표를 사서 마두라에서 기차를 탔다. 그러나 자리를 잡고 앉자마자 에고 없는 상태로 빠져들었고, 거의 내내 그 상태로 있었다. 여행 도중 식욕이 별로 없었고 거의 아무것도 먹지 않았다. 여행을 계획할 때 실수한 점(철도 노선과 내릴 역을 잘못 안 것)은 있었지만, 이것은 신의 섭리로 바로잡혔다. 남은 돈이 얼마 없었기에 노정의 일부는 걸어가야 했다. 그러나 도중에 자신의 금귀고리를 전당 잡혀 돈을 좀 얻었고, 기차로 띠루반나말라이에 도착했다.

그는 즉시 사원 안의 (신의) 친존으로 나아갔고, 황홀경 속에서 외쳤다. "아버지, 당신의 부르심 그대로 제가 왔습니다." 그러자 즉시 몸 안의 뜨거운 열기가 사라졌고, 그와 함께 뭔가가 부족하다는 느낌도 사라졌다. 또 그 뒤로는 더 이상 눈물이 흐르지 않았다. 훨씬 뒤에 당신이 제자들이 (탁발할 때) 쓸 수 있게 '아루나찰라 다섯 찬가' 중 한 편인 헌가 하나(「아루나찰라 문자혼인화만」)를 지을 때는 예외였지만 말이다.

사원을 나온 당신은 자신의 외양을 완전히 바꾸어 버렸다. 그러나 무슨 생각을 하거나 결정을 해서가 아니라 기계적으로 그렇게 했다. 한 이발사가 자진해서 머리를 깎아 주었고, 이제 이 젊은이는 완전히 삭발을 한 것이다. 당신은 자신의 옷을 카우피나(*kaupina*)—샅가리개—하나로 줄였고, 한 저수지(tank-남인도에서 빗물을 모아두는 시설) 계단에서 남은 돈과 옷, 그리고 여정 중 마지막으로 머물렀던 곳에서 가져온 다른 것들을 다 버렸다. 이 모든 행위는, 몸은 자신이 아니며 별로 중요하게 취급할 것이 아니라는 확신에서 한 일이었다. 당신은 삭발 후 어김없이 하게 되어 있는 목욕도 생략했다. 그런데 갑자기 내린 소나기가 사원으로 돌아가는 당신을 흠뻑 적셔 주었다.

그 이후 오랫동안 당신은 정해진 거처가 없었다. 호기심 많고 짓궂은 사람들의 방해를 받지 않고 **에고 없는 상태**에 머물러 있을 수 있는 곳이면 어디든 가서 앉았다. 그리고 오랜 시간 동안 몸과 주변 환경을 전혀 의식하지 못한 채로 있었다. 당신이 사는 모습을 관찰한 사람들은 당신을 묵언의 맹세를 한 은둔자로 보았고, 그래서 말을 시키려고 하지 않았다. 당신도 그들의 오해를 바로잡을 일을 전혀 하지 않았고, 계속 침묵을 지켰다. 그리고 이런 우발적 묵언이 여러 해 계속되었다. 그래서 세월이 흐르면서 당신은 말하는 능력을 상실했다. 나중에 제자들이 찾아오고 그들의 질문에 답변해야 했을 때는 답변을 글로 써야 했다. 그러나 얼마 후 말하는 능력을 회복했는데, 다소 노력이 필요했다.

먹을 것이 부족한 적은 결코 없었다. 사람들이 당신의 높은 영성靈性을 알아보았고, **성자**에게 봉사하는 복을 지으려고 당신에게 필요한 것들을 열심히 공급해 주었기 때문이다. 그러나 처음에는 짓궂은 아이들 때문에 다소 곤란을 겪었는데, 그렇다고 당신의 내적인 평안이 방해받지는 않았다.

띠루반나말라이에 오고 난 직후에 당신은 **에고 없는 상태**에 대한 지속적인 체험의 결과로, "**나와 내 아버지**는 하나다"라는 옛 **계시서**의 최고 진리를 깨달았다. 그리하여 당신은 완벽한 **진인**이 되었다. 이제 더 이상 **진아**의 행복을 즐기기 위해 당신 자신 속으로 들어갈 필요가 없었다. 세계를 지각하든 않든 언제나 그것을 가지고 있었다. 그리하여 당신은 **신의 메신저**, 더 정확히는—그 **진아** 외에 어떤 **신**도 없으므로—**진아의 메신저**로서 세상에서 당신의 사명을 완수할 수 있게 되었다. **진아**에 대한 끊임없는 이 체험의 상태가 **본래적 상태**[본연상태(*Sahajabhava*)]라고 알려져

있는 그것이다.[9)]

당신의 가족들은 사라져 버린 소년을 백방으로 찾아보았지만 찾지 못했다. 그러나 당신이 집을 떠난 뒤 몇 해가 지나서 그들은 아주 우연히 당신이 띠루반나말라이에 있다는 것을 알게 되었다. 숙부가 먼저, 그 다음에는 어머니가 찾아와서 돌아가자고 계속 설득했고, 만일 자기들과 함께 살지 않겠다면 가까이에서만 살아도 된다고 했다. 그러나 당신에게 어떤 인상도 주지 못했다. 당신은 마치 그들이 자신을 데려가겠다고 하는 것을 알아듣지 못하는 것 같았다. 그들의 그런 주장들은 당신의 몸이 당신 자신이라는 가정에 기초해 있었기 때문이다.

훨씬 뒤에 어머니와 아우—당시 생존해 있던 유일한 형제—가 당신과 함께 살려고 찾아오자, 당신은 그렇게 하도록 허용했다. 당신은 이 기회를 이용해 어머니를 가르치고 인도하여, 영적 완성의 길로 나아가게 했다.

띠루반나말라이에서 살던 초기에 **진인**은 여러 번에 걸쳐 많은 시련을 겪었다. 그러나 그 무엇도 당신의 마음의 평안을 동요시키지 못했다. 당신은 『기타』(『바가바드 기타』)와 여타 경전들에서 표현된 진리, 즉 **에고 없는 상태**에 확고히 자리 잡은 사람은 가장 혹독한 시련에도 동요하지 않는다는 진리를 당신 자신에게서 모범적으로 보여준 것이다.[10)] 그에 대해서는 몸에 일어나는 일까지 포함해서 외부 세계의 사건들은 **진인**에게 실재하지 않는다고 하는 것이 올바른 설명일 듯하다. 왜냐하면 당신은 확고부동한 행복, 워낙 넘쳐나서 당신의 주위에 방사放射되고, 제자와 헌신자들

9) 이 **상태**의 참된 본질을 이해하려고 할 때는 실수를 범하지 않기가 거의 불가능하다. 여러 책들이 묘사하는 것은 대개 잠정적인 것이고 그 제자의 무지가 개입되어 있어, 다른 사람들의 묘사에 의해 교정되어야 한다. 이 **상태**의 진리는 제8장에 나오는 그에 대한 논의에 의해 어느 정도 이해될 수 있을 것이다.

10) *yasmin sthito na duḥkhena guruṇā'pi vicālyate* ||
"그 안에 자리 잡고 있으면서 아무리 심한 고통에도 동요되지 않을 때."
—『바가바드 기타』, 6.22.

을 끌어당겨 그들이 평생 당신을 우러르게 만드는, 그런 행복의 상태에서 살고 있기 때문이다. 실로 그들 중 많은 사람들이 당신을 인간 형상의 신으로 보았다.

이 진인에게서 흥미로운 사실은, 당신이 진정한 자아에 관해 책에서 어떤 지식도 전혀 얻은 것이 없었다는 것이다. 저 진아의 진리를 언어로 표현할 수 있는 최대한으로 드러내 주는 고대의 전승지를 한 번도 접해 보지 못했고, 누구에 의해서도 그 전승지의 비의秘義에 입문하지 못했으며, 그 전승지의 주제인 그 상태를 얻고 나서 오랜 시간이 지날 때까지 그런 전승지가 있는지도 몰랐다. 그러나 제자들이 찾아오고, 그들 중 일부가 신성한 전승지에서 어떤 애매한 구절의 내적 의미를 설명 받고 싶어 했을 때, 당신은 그런 책들을 읽어 보아야 했다. 그리고 그 숨은 의미들을 아주 쉽게 이해했다. 왜냐하면 그 책들은 당신이 자신의 것으로 끊임없이 즐기고 있던 바로 그 상태—에고 없는 상태—를 묘사하고 있었기 때문이다. 그리하여 당신은 그 구절들의 정확한 의미, 즉 그 전승지를 공부하는 가장 근면한 학도들도 이해하지 못하는 의미를 설명해 줄 수 있었다. 그래서 이 진인은, 해탈의 상태를 얻고자 하는 모든 구도자들은 능력 있는 스승의 제자가 되어서—이런 능력 있는 스승을 '구루(Guru)'라고 한다—그 스승에 의해 비의秘義에 입문해야 한다는 고대 전승지의 일반 원칙에서 하나의 예외가 되는 셈이다.

이 진인의 가르침에서 또 한 가지 면모는 말보다 침묵에 의해 더 많이 가르친다는 것이다. 원근 각지에서 방문객들이 질문을 몇 다발 들고 오지만, 당신에게 적절한 예경禮敬을 한 뒤 당신의 친존에 앉으면 질문할 것을 잊어버린다. 그리고 얼마 후 그 질문들이 증발해 버렸다는 것을 발견한다. 질문을 하려던 그 사람이 그 질문들에 답변이 필요 없다는 것을 깨닫거나, 아니면 자기 자신 안에서 해답을 발견하는 것이다.

그러나 진인은 순전히 세속적인 질문이 아니라면 어떤 질문에도 아주 기꺼이 답변한다. 그리고 답변을 할 때 당신의 말씀은 분명하면서도 간결하다. 그리고 대체로 당신의 가르침은 대부분의 책에 많이 들어 있는 전문용어들에서 벗어나 있다. 그리고 말씀을 하시듯이 글도 쓰신다. 우리는 그것을, 당신이 책에 있는 지식으로써가 아니라 당신 자신의 체험을 근거로 이야기한다는 하나의 증거로 여겨도 될 것이다. 유식한 사람들은 자기가 공부한 책에 나오는 용어들을 쓰지 않고는 이야기를 하지 못한다. 그러니 사람이 책의 주인이 아니라 책이 사람의 주인이라고 할 수도 있다.

진인은 책을 조금 저술했는데, 모두 아주 짧지만 풍부한 의미를 담고 있다. 그러나 당신 자신이 이런 저작들을 쓰고 싶어서 쓴 것이 아니라, 현존하는 신성한 전승지에 만족하지 못하고 진인 자신이 쓴 계시서를 받고 싶어 한 어떤 제자들이 그런 것을 써 달라고 계속 간청했기 때문이었다. 또한 제자들의 요청으로, 당신은 예전의 신성한 전승지의 일부를 타밀어로 번역하기도 했다. 이 진인의 제자들은 과거의 신성한 전승지에 의지해야 하는 사람들보다 더 유리한 입장에 있다. 당신께 한 질문들에 대해 진인이 구두로 해준 답변들도 제자들이 기록해 왔다.

세계 각지에서 제자들이 당신을 찾아왔다. 그들은 속박에서 벗어나려는 열망의 강도에 따라, 당신의 가르침에서는 물론이고 당신의 침묵의 감화력에 의해서도 이익을 얻었다. 당신에 대한 그들의 인상은 그들의 마음 상태에 따라 다르다. 그러나 당신이 깊은 존경을 받을 만한 독특한 분이라는 것은 모두가 인정한다. 당신이 지닌 이 힘의 비밀은 무엇인가? 그 답은, 모든 사람이 정도의 차이는 있어도 진지하게 열망하는 저 해탈의 상태를 당신이 성취했다는 것이다. 어떤 사람들은 당신의 친존에서 저 존재의 상태를 미리 맛보기도 했다.

당신을 독특하게 돋보이게 하는 한 가지 특징은, 칭찬도 비난도 당신에게는 아무 효과가 없다는 사실이다. 당신은 자신에 대한 칭찬을 듣는 것도 좋아하지 않고, 비난이나 비방의 말에도 아파하지 않는다. 이것은 별로 중요하게 보이지 않을 수도 있다. 그러나 실은, 다른 인격적 완전성은 정도의 차이는 있어도 거의 모든 훌륭한 인간에게서 볼 수 있지만, 이 한 가지 특징은 그렇지 않다는 것이다. 실로 이것이야말로 우리가 **진인**을 알아볼 수 있는 단 한 가지 특징이다. 가장 성자다운 사람들이라 할지라도—만약 그들이 **에고 없는 상태**를 얻지 못했다면—칭찬과 비난에 보통 사람들처럼 반응한다는 것이 지적된다.11) 에고의 자취가 털끝만큼이라도 남아 있는 한, 칭찬이나 비난에 영향 받지 않기가 불가능하다. **에고 없는 상태**에 있는 **진인**만이 그런 것에 영향을 받지 않는다.

**진인**은 에고가 없으므로 당신 자신과 남들 사이나, 이 사람과 저 사람 사이에서 어떤 구분도 보지 않는다. 당신에게는 성별도, 재산도, 사회적 지위도 아무 존재성이 없다. 당신의 평등 의식은 절대적이다. 당신은 동물들—개 · 고양이 · 새 · 다람쥐들—조차도 마치 사람인양 취급한다. 그리고—믿기 어렵게 보이지만—당신의 눈에는 그 누구도 무지한 사람이나 죄인이 아니다.12)

많은 사람들은 **진인**만이 **진인**을 알아볼 수 있고, 따라서 누구도 '이분이 **진인**이다'라고 적극적으로 내세울 수 없다고 주장한다. 이것은 전적으로 참되지는 않다. **해탈**의 길에서 능력 있는 안내자—**구루**—를 찾아내려고 진지하게 노력하는 사람은 어떻게든 자신이 선택하는 사람이 **진인**

---

11) 「실재사십송 보유」, 제37연 참조(또한 196쪽과 **부록 1**, 제83연을 보라).

12) *T.* 누구도 '죄인'이나 '무지한 자'로 보지 않는 이 관점은 종교적으로 중요한 의미가 있다. 왜냐하면 인류 전체를 '원죄'를 가진 존재들로 보는 종교들이 있기 때문이다. 소위 '원죄'의 실체가 **진아**로서의 우리의 **참된 성품**을 모르는 '무지' 혹은 그 무지를 지속시키는 '원습'이라고 보는 **비이원론**의 관점에서는 그 무지 혹은 원습의 소멸이 중요할 뿐, 인간을 죄인으로 격하시킬 어떤 필요도 없다. 그러나 그 무지 또는 원습 자체가 실재하지 않기 때문에, **진인**들은 누구도 무지한 사람으로 보지 않는다.

인지 아닌지를 판정해야 한다. 그리고 만약 그가 순수하고 독실한 마음을 가지고 있다면, 신의 은총이라는 도움을 받아 올바른 선택을 하게 될 것이다. 이 진인의 계시서에서 가르치는 심오한 진리들을 이해하는 것도 그에게 도움이 되는데, 우리는 진정한 진인의 몇 가지 특징을 이미 살펴보았다. 나중에 몇 가지 특징을 더 설명할 것이다.

타고난 진인—곧 신의 메신저—의 사명은 두 가지이다. 그는 옛 계시서(우파니샤드)의 핵심 사항들을 갱신하고 확인해 준다. 그는 또한 자신의 제자들에게—특히 직관적으로 혹은 신성한 가르침에 대한 이해를 통해 그를 신의 화신으로 인정하고, 따라서 그와 신을 구분하지 않고 이전에 신에게 하던 것과 같은 헌신을 그에게 하는 그런 제자들에게—신의 은총을 쏟아주는 하나의 중심 역할을 한다. 이것은 고대의 신성한 전승지의 정신과 부합되며, 이는 다음과 같은 시구로 표현된다.

*Īśvaro gururātmeti mūrti bheda vibhāgine*
*vyomavad vyāptadehāya dakṣiṇāmūrtaye namaḥ.*

신 · 스승 · 진아의 세 형상으로 나뉜 듯 나타나시는
허공처럼 무한한 몸을 지니신 다끄쉬나무르띠 님께 경배 드립니다.[13)]

이 진리를 이해하고 진인의 제자이자 헌신자가 되는 사람이라면, 진인을 찾아가서 늘 당신 가까이에 사는 것이 그다지 필요하지 않을 수도 있을 듯하다. 진인은 시공을 초월하고, 따라서 도처에 존재하니 말이다.

우리는 이제 모든 진인들의 가르침에 대한 연구를 하면서, 이 진인의 가르침을 항상 특별히 중요하게 다룰 것이다.[14)]

---

13) 스리 샹까라짜리야의 「다끄쉬나무르띠 송찬(*Dakshinamurti Stotra*)」에 대한 수레쉬바르아짜리야(Sureshvaracharya)의 주석(*Vartika*)에서.
14) 그렇게 하는 이유는 '권위' 장에서 더 자세히 논의된다.

## 제2장 우리는 행복한가?

이 세계는 우리에게, 행복이라는 하나의 목적을 위한 수단이다. 최소한 우리들 대다수에게는 그러하다. 우리가 이 세상에 온 것은 우리 자신을 위해서가 아니라 세계를 위해서라고 주장하는 사람들도 일부 있다. 그들이 말하려는 것은, 우리가 우리 자신을 위해 살아서는 안 되고 세계를 위해 살아야 한다는 것이다. 사실은 우리가 무엇보다 먼저 우리 자신을 위해 살고 있고, 세계에 이익인 것이 우리 자신에게도 이익인 한에서 세계를 위해서도 산다는 것이다. 사정이 그렇다면, 언젠가 우리는 자신이 과연 행복을 찾았는지, 만약 찾지 못했다면 왜 그런지 숙고해 봐야 할 것이고, 이 세계에서 세계를 통해 행복을 추구하면서, 우리가 어떤 잘못된 가정들을 하지 않았는가 하는 문제를 생각해 봐야 할 것이다.

우리는 행복을 이 세계에서 그리고 이 세계를 통해 얻을 수 있으리라는 믿음을 가지고 삶을 시작한다. 그리고 대다수 사람들은 임종 때까지도 계속 그렇게 믿는다. 결코 멈춰서 생각해 보지 않으며, 행복을 얻고 싶다는 그들의 바람이 실현되지 않았다는 사실에 주목하지 않는다. 그렇다면 그 다음 질문, 즉 왜 그런 바람들이 헛된 것으로 드러났는지 그들이 어떻게 숙고해 볼 수 있겠는가?

세계의 모든 종교와 철학이, 만일 우리가 멈춰서 생각해 본다면 우리 스스로 할 수 있는 일을 우리를 위해 해 줄 수 있지는 않다. 왜냐하면 우리가 그런 종교나 철학에서 얻는 것은 같은 양의 마음의 잡동사니—

참으로 우리인 것과는 들어맞지 않는 사고와 언어의 방식들—일 뿐이고, 우리가 자신의 경험을 통해 스스로 알아내는 것만이 실제로 우리에게 유용할 수 있기 때문이다. 더욱이 우리가 잠시 멈추어 생각해 보지 않으면, 우리 자신의 경험에서조차도 진정한 가치가 있는 것을 아무것도 발견하지 못한다. 이런 종교와 철학들이 우리가 잠시 멈추어 생각해 보는 그날을 앞당겨 주기만 해도, 우리에게 충분히 많은 것을 해준 셈이 될 것이다.

우리가 잠시 멈춰서 생각해 보지 못하는 이유는, 우리가 원하는 것, 곧 행복을 삶에서 얻고 있다는—혹은 곧 얻게 될 거라는—믿음 때문이다. 이런 믿음을 흔들어 놓을 수 있는 것이 하나 있다면, 그것은 삶의 비극적인 면에 대한 경험이다. **아루나찰라**의 **진인**은 우리에게 이것이 **자연**의 방식(신의 섭리)이라고 말한다. 당신은 그것을 증명하기 위해 우리에게 꿈의 비유를 들려준다. 우리가 즐거운 꿈을 꾸고 있을 때는 깨어나지 않는다. 그러나 무서운 장면들을 보자마자 깨어난다. 평온하게 즐기는 삶은 진지한 주제에 대한 진지한 사고를 당연히 어렵게 한다. 여기서는 종교적 성향의 사람들도 그렇지 않은 이들보다 하등 나을 것이 없다.

삶이 아주 견딜 수 없을 정도는 아니어도 실망스럽다는 것을 우리가 발견했다고 가정해 보자. 우리 자신 때문이든, 전체 인류를 대표하는 사람으로서 그렇게 느끼든 간에 말이다. 우리가 그렇게 가정해야 하는 이유는, (행복에 대한) 이런 물음들은 삶에서 실망스러움을 발견한 사람들에게만 해당되기 때문이다. 사실 우리들 중 많은 사람은 삶이 그렇다는 것을 발견했고, 그것도 한 번이 아니라 거듭거듭 발견해 왔다.

그럴 때 우리는 매번 어떻게 했는가? 승려나 점성가를 찾아가 의논하거나, 신에게 기도를 했다. 이런 것들이 우리 모두가 걸리는 그 병에 대한 인기 있는 특효 요법이다. 그런데 이런 방법들은 위기를 연장해 왔을 뿐이다. 우리가 멈추어 생각해 볼 때까지는 계속 그럴 것이다.

우리는 고단한 그 많은 세월 동안 행복을 추구했고, 금방이라도 행복을 손에 넣어 영구히 우리 것으로 만들 것 같은 때가 여러 번이었다. 그러나 우리는 매번 속았다. 그런데도 잠시 멈추어 생각해 보지 않고—이제 우리가 그렇게 하겠지만—그냥 예전 방식을 답습했다. 지금 만약 우리가 잠시 멈추어 생각해 본다면, 어쩌면 우리가 행복의 참된 성품과 그 근원에 대한 올바른 이해 없이 행복에 대한 추구를 시작했다는 생각이 들 것이다.

먼저 행복 그 자체를 살펴보고, 그것이 무엇인지를 알아내자. 우리가 행복이라고 할 때 그것은 항상적인 어떤 것—우리 자신이 존재하는 한 그 싱그러움과 순수함을 그대로 지닌 채 우리와 늘 함께할 어떤 것을 의미한다. 그러나 세상이 우리에게 베풀어 온 것은 그런 것이 아니라 찰나적이고 가변적인 것이었고, 그것의 적절한 이름은 쾌락이었다. 행복과 쾌락은 전적으로 다른 것이다. 그러나 우리는 쾌락이 바로 행복의 바탕이라고 생각한다. 만일 쾌락의 부단한 흐름을 항상 만들어 낼 수 있다면 우리가 행복을 확보할 거라고 생각하는 것이다.

그러나 항상적이지 않은 것이 바로 쾌락의 성품이다. 왜냐하면 쾌락이란 외부 사물들의 영향에 대한 우리의 반응일 뿐이기 때문이다. 어떤 사물들은 우리에게 쾌락을 주며, 우리는 그것들을 얻고 유지하려고 한다. 그러나 같은 사물이 언제나 똑같은 쾌락을 주지는 않고, 때로는 고통을 안겨주기도 한다. 그래서 우리는 종종 다른 것을 포기하고 얻은 그 쾌락에 속게 되고, 때로는 우리가 고통을 겪게 될 것도 안다. 쾌락과 고통은 사실 뗄래야 뗄 수 없는 동반자이다.

**아루나찰라**의 **진인**은 쾌락조차도 사물에서 오는 것은 아니라고 말한다. 만약 우리가 삶 속에서 맛보는 쾌락이 실제로 사물들에서 온다면,

우리가 가진 것이 많을수록 쾌락도 더 많아야 하고, 가진 것이 적을수록 쾌락도 더 적어야 할 것이며, 가진 것이 아무것도 없으면 쾌락도 전무해야 할 것이다. 그러나 그것은 그렇지 않다. 많은 것을 가지고 있는 부자들이 꼭 행복하지는 않고, 가진 것이 아주 적은 가난한 사람들이 꼭 불행하지도 않다. 그리고 누구나 마찬가지로, 꿈 없는 잠을 푹 자면 지극히 행복하다. 방해받지 않고 잠을 확실하게 즐기기 위해 우리는 구할 수 있는 모든 인공적 보조수단들—부드러운 침대와 베개, 모기장, 따뜻한 담요나 시원한 바람 같은 것들을 동원한다. 잠을 못 잔다는 것은 굉장히 좋지 않은 것이고, 사람들은 잠을 자기 위해 생명의 근원인 뇌까지도 치명적인 약(수면제)으로 중독시키는 것을 마다하지 않는다. 이 모든 것은 우리가 잠을 얼마나 사랑하는지를 보여준다. 사실 우리는 잠을 사랑한다. 왜냐하면 잠 속에서 우리가 행복하기 때문이다.

그래서 우리는 참된 행복이란—많은 현자들이 우리에게 말해 왔듯이—우리 자신의 내적인 성품에 속하는 어떤 것이 아닌가 의심해 보는 것이 옳을 것이다. 진인들은 쾌락이 아무 독립적 존재성이 없다고 늘 가르쳐 왔다. 즉, 그것은 외부의 대상들 안에 전혀 존재하지 않는다는 것, 그 대상들 안에 존재하는 듯이 보이는 것은 우연한 일치에 불과하다는 것, 쾌락은 우리 존재의 깊숙한 곳에 갇혀 있던 우리 자신의 본래적 행복이 방출되는 데서 비롯된다는 것, 이런 방출은 상당히 고통스러운 탐색 끝에 바라던 대상을 얻었을 때나, 싫어하던 대상이 없어졌을 바로 그때 일어난다는 것이다. 마른 뼈다귀를 씹던 거리의 허기진 개가 자신의 피 맛을 보고는 그 맛이 뼈에 있다고 생각하듯이, 우리도 우리가 즐기는 쾌락이 우리가 추구하여 확보하는 대상들 안에 있다고 생각한다. 우리가 우리의 내면에 있는 행복에서 추방되는 원인은 욕망이며, 욕망이 일시적으로 사라질 때 우리는 그 행복을 한동안 조금 맛보게 된다고 말할 수 있을 것이다.

우리는 대부분의 시간 동안 어떤 것을 갖고 싶어 하거나 아니면 어떤 것을 없애고 싶어 하기 때문에, 대부분의 시간 동안 우리는 불행하다. 어떤 것을 없애고 싶어 하는 욕망은 두려움에 기인한다. 그래서 욕망과 두려움이 행복의 두 적이다. 그리고 우리가 그것들에 지배되는 데 만족하는 한, 우리는 결코 진정으로 행복하지는 못할 것이다. 욕망이나 두려움에 지배되는 것 자체가 불행이며, 그 욕망이나 두려움이 강하면 강할수록 그 불행은 더 통렬할 것이다.

욕망은 매번 우리에게 이렇게 말한다. "이제 이것을 가져라. 그러면 네가 행복해질 것이다." 우리는 그것을 암묵적으로 믿고 그것을 얻으려고 나선다. 우리는 그것이 없어 불행하지만, 그것을 얻으려고 노력하는 중에는 그 불행을 잊는다. 그것을 얻지 못하면 우리는 괴로울 수밖에 없다. 또 그것을 얻는다 해도 행복하지 않다. 왜냐하면 그때는 욕망이 우리가 얻기 위해 분투할 다른 어떤 것을 또 찾아내고, 우리는 욕망이 어떻게 우리를 계속 농락하는지 알아차리지 못하기 때문이다. 사실 욕망은 결코 메울 수 없는 바닥 없는 구덩이와 같고, 연료를 더해줄수록 더 맹렬히 타올라 모든 것을 집어삼키는 불길과도 같다.[1)]

욕망이 끝이 없듯이, 두려움도 마찬가지다. 두려움이 우리에게 피하라고 말하는 것들은 끝이 없기 때문이다.

그래서 우리는 이런 결론에 도달한다. 즉, 욕망과 두려움이 우리를 지배하는 한, 우리는 결코 행복에 도달하지 못할 거라는 것이다. 만약 우리가 욕망과 두려움에 속박되어 있는 데 만족한다면, 합리적 존재인 우

---

1) *na jātu kāmaḥ krāmānām upabhogena śāmyati |*
*haviṣā kṛṣṇavartmeva bhūya evābhivardhate ||*
욕망을 충족하는 것으로는 욕망을 결코 다스릴 수 없다네.
마치 버터를 불길에 더하면 불길이 더 타오를 뿐이듯이. —『마하바라땀』, IX.19.14
또한 『진어화만』, 제371연과 592연(『진어화만절요』의 제44연과 181연)을 보라.

리는 행복에 대한 모든 희망을 포기해야 한다.

그런데 욕망과 두려움이 우리의 적인 줄 안다면, 순전히 의지력으로 우리가 그것들을 물리칠 수 있지 않은가? 경험이 말해주는 답은 '아니오'다. 우리는 금욕주의자들처럼 그것들과 씨름하여 한동안 그것을 극복하는 데 성공할지 모른다. 그러나 그 승리는 오래가지 않고, 결국 우리는 그 싸움을 포기한다. 다른 누군가의 도움 없이는 우리가 지속적 해방을 성취하기를 바랄 수 없다. 그런데 그 자신이 욕망과 두려움을 정복한, 그리고 완전한 행복을 스스로 쟁취한 사람 말고, 누가 우리를 도와줄 수 있는가?

그런 사람을 찾아내야 한다. 만약 우리가 이런 우리의 적들—행복의 적들—로부터 벗어나겠다고 진지하고 성실하게 결심하고 있다면 말이다. 그런 사람만이 우리에게 길을 보여줄 수 있고, 그 길을 밟아 나갈 힘을 베풀 수 있다. 그는 목표와 길을 다 알고 있기 때문이다. 고대의 전승지가 우리에게 말하기를—우리도 이제는 그 말이 옳다는 것을 알 수 있지만—진지하게 자유를 추구하는 사람은, 욕망과 두려움에서 자유로워진 사람을 찾아내어 존경심을 가지고 그에게 질문해야 한다고 했다. 삶에서 분리할 수 없는 우환憂患들에 대한 치유책이 필요하다고 간절히 느끼는 사람은, 자신을 올바르게 인도해 줄 능력 있는 누군가를 찾지 않을 수 없다. 그가 그럴 수밖에 없는 것은, 병자가 자신을 치유해 줄 사람을 찾아 나서지 않을 수 없는 것과 같다.

스스로 참된 행복을 쟁취했고, 그래서 남들도 도와줄 수 있는 그런 사람들이 과거에 있었다. 그들이 제자들에게 가르친 것은 그들이 창시했다고 생각되는 종교들의 경전에 어느 정도 충실하게 기록되어 있다. 그러나 지금 우리가 보기에 그 기록들은 불완전하며, 그것을 기록한 사람들에게 명료함이 부족했던 탓에 다소간 왜곡되어 있다. 그 가르침들은 구두로 베풀어졌고, 그 스승들이 세상을 떠난 뒤 오랜 시간이 지날 때까지도 기록되지 않았기 때문이다.[2] 그런 기록들은 살아 있는 스승에게서 듣는 말씀과 같은 가치를 가질 수 없다. 그런데 이것은 우리가 이 가르침을 진짜라고 확신할 수 있기 때문만이 아니라, 그와 함께—혹은 무엇보다도—살아 있는 스승은 우리에게 결여된 영적인 힘의 한 중심이기 때문이다. 아루나찰라의 진인이 바로 그런 스승이다.

2) 기독교 복음서들의 불비不備함이 여기서 나타난다. 즉, 그 계시서에는 자유(해탈)와 그 자유에 이르는 길에 대한 가르침이 거의 없다. 단 하나의 별개 문장이 있는데, 그것은 예수가 적어도 한 제자에게는 그런 가르침을 주었음이 분명함을 보여준다. 어떻게 하면 자유롭게 될 수 있느냐는 질문에 대한 답변으로, 이 스승은 이렇게 말했다. "진리를 알라, 그러면 그것이 그대들을 자유롭게 하리라." 그러나 4복음서 모두와 나머지 신약성서 어디에도, 자유 추구자에게 어떤 도움이 될 수 있는 다른 어떤 가르침도 없다. 분명히, 예수가 이 지혜를 가르친 제자들은 복음서의 저술에 관여하지 않은 것이다.

# 제3장 무지無知

진인만이 우리의 병들을 올바르게 진단하고 올바른 치료법을 처방할 수 있으며, 진인만이 우리의 마음을 가득 채우고 있는 옳고 그른 지식들의 뒤엉킨 실타래를 풀어줄 수 있다.

진인들이 우리에게 일러주는 첫 번째 사항은, 우리의 모든 괴로움의 원인은 밖이 아니라 우리 자신의 안에 있을 뿐이라는 것이다. 붓다는 이렇게 말했다고 한다. "여러분은 자기 자신으로 인해 고통 받지, 누구도 여러분에게 고통을 강요하지 않습니다." 아루나찰라의 진인도 같은 말을 한다. 세계 구조(world scheme-세상 만물의 구조나 질서) 자체에 근본적으로 잘못된 점이 있는지에 대한 질문에 답변하면서 진인은 이렇게 말했다. "세계는 지금 이대로 문제가 없습니다. 탓해야 하는 것은 그릇된 사고방식을 가진 우리입니다. 우리가 해야 할 일은 우리 마음의 이면에 있는 최초의 오류를 추적하여 그것을 뿌리 뽑는 것입니다. 그러면 세계는 문제가 없을 것입니다."

이렇게 우리의 근본적 오류를 찾아내어 뿌리 뽑는 것만이, 존재하는 유일한 근본 치료법이며, 다른 모든 요법들은 (고통을 일시적으로 덜어주는) 완화제일 뿐이다. 그런 요법들에 대해 최대한으로 할 수 있는 말은 그것들도 나름대로 우리가 이 올바른 치료법에 도달하는 데 도움이 된다는 것이다. 세계를 갈라놓고 있는 종교적 신앙과 관행들은 그런 정도의 가치가 있을 뿐이다. 그런 신앙과 관행들은 종종 사람의 마음을 옭아매고 나약하게 만들며, 그리하여 해탈의 날을 연기시킨다.

사실 이런 견지에서 보자면 진지하고 성실한 회의론자(sceptic)가 완고한 신앙인—즉, 이 모든 종교들은 인류를 위해 존재하는 것이지 인류가 이들 종교를 위해 존재하는 것이 아니라는 사실을 인식하지 못하는 사람—보다 훨씬 나을 수 있다. 그런 신앙인은 자신의 신앙을 **진리**에 대한 실제 체험에 의해 거짓으로 드러날 수도 있는 것—**진리**에 이르기 위한 하나의 수단—으로 보고 가볍게 잠정적으로 보유하는 것이 아니라, 틀림없는 **진리** 그 자체로 여기고 보유한다. 소위 회의론자도 만일 참된 어떤 것(진리)이 존재하며 오직 그것만이 중요하다고 믿는다면, 실은 회의론자가 아니다. 진리에 헌신하는 사람이 헌신자들 중에서도 가장 훌륭한 사람이라고 말해도 무방하다. 진리가 모든 것 중에서 최고라는 것, 그리고 믿음은 진리를 위해서만 소중한 것으로 여겨지지, 그렇지 않으면 별로 중요하지 않다는 것을 인식하지 못하는 신앙인은 고려할 가치가 없다. 그런 사람은 정직하고 성실한 회의론자보다 훨씬 나쁜 위치에 있다고 할 수 있다. 왜냐하면 첫째로 그런 사람은 이 몇 장章에서 대략 묘사하는 탐구(inquiry)의 방법을 받아들일 가능성이 별로 없고, 둘째로 그런 사람은 설사 살아 있는 **진인**을 찾아가서 가르침을 청한다 해도, **진인**이 말해 주는 내용을 오해할 공산이 크기 때문이다. 이런 이유로 **진인**들은 일반적으로 그들이 지니고 있는 모든 가르침을 모든 질문자에게 똑같이 다 말해 주지는 않는 것이다. 마음이 열려 있지 않은 이들에게는 **진인**들이 깊은 진리를 드러내지 않는다. 진리를 오해하는 것이 단순히 무지한 것보다 더 치명적이기 때문이다.[1] 따라서 어떤 **진인**에게서 기꺼이 온전

1) 전해지는 이야기로, **고타마 붓다**는 한때 어떤 답변을 했는데, 질문자는 그 답변을 듣고 나서 자신이 믿고 있던 것이 흔들렸다. 그가 올바른 답변을 이해할 만큼 성숙되어 있지 않았기 때문이다. 또 한번은 다른 미성숙한 방문객이 어떤 질문을 하자, **붓다**는 침묵을 지켰다. 나중에 **그**는 한 제자에게 설명하기를, 자신이 침묵한 까닭은 어떤 답변을 해 주어도 질문자가 틀림없이 그것을 오해했을 것이기 때문이라고 했다.

한 가르침을 받고자 하는 사람이라면 누구나 자신이 믿어 온 것들을 젖혀둘 준비가 되어 있어야 하며, 어떤 교의敎義(creed-철학적·종교적 가르침의 핵심 관념이나 교리)에도 광신적으로 집착해서는 안 된다. 그래서 자신의 교의에 예속된 마음을 가진 유식한 사람들보다, 책 지식이 거의 혹은 전혀 없어도 열린 마음을 가진 제자가 더 나은 위치에 있다.

그러면 우리는 열린 마음으로 진인을 찾아가서 왜 우리가 욕망과 두려움에 속박되어 있는지 묻는다. 그가 대답하기를, 그것은 우리가 우리 자신을 올바르게 알지 못하기 때문이라고—즉, 우리가 우리 아닌 것을 우리 자신으로 여기고 있기 때문이라고 한다.

얼른 생각하기에 이런 답변은 이중으로 잘못된 것처럼 보일지 모른다. (그 이유는 이러하다. 첫째로) 우리는 삶을 살아가는 데 우리 자신에 대한 올바른 앎이 얼마나 필요한지 알지 못한다. 그러면서도 어떻게 해야 이 세상을 우리 뜻대로 할 수 있는지, 아니면 차선책으로 어떻게 해야 우리 자신이 세상에 적응할 수 있을지를 알고 싶어 한다. 그래야만 좋지 않은 세상이라고는 해도 이 세상을 최대한 이용할 수 있을 테니 말이다. 우리는 우리 자신을 올바르게 아는 것이 그런 모든 점에서 우리에게 얼마나 도움이 되는지를 보지 못한다. 둘째로, 우리는 우리 자신을 올바르게 알고 있다고 전적으로 믿고 있다.

우리는 지식이 큰 가치가 있다고 믿으면서, 우리가 삶 속에서 어쩌면 마주칠 수도 있는 모든 것에 대한 진실을 알고 싶어 한다. 심지어 이런 추구에 광신적으로 되어 지식의 습득이 모두에게 강제되기를 바라기도 한다. 그런데 이런 지식은 모두 세계에 관한 것이지, 우리 자신에 관한 것이 아니다. 여러 세기가 지나면서 모든 나라와 나라들의 집단은 역사학·지리학·천문학·화학·물리학·윤리학·신학·생물학·사회학 등 방대한 양의 지식을 축적해 왔고, 심지어 철학이니 형이상학이니 하는 당당한 이름을 내건 것도 있다. 만약 이 모든 것이 (가치 있는) 지식이라면, 이러한 지식 더미의 축적과 함께 인간의 행복도 꾸준히 향상되었을 것이 분명하다. 그러나 사정은 그렇지 않다.

혹자는 지식의 증가로 우리가 **자연**(Nature)의 맹목적 힘들을 더 잘 지배하게 되었고, 이것은 모두 좋은 일이라고 주장할지 모른다. 그러나 그렇지 않다. 왜냐하면 이런 지배는 달갑잖은 운명에 의해 몇 안 되는 사람들의 손아귀에 들어가 버렸고, 이런 지배가 커질수록 대중은 타락과 절망 속으로 더 깊이 가라앉기 때문이다. 그리고 그들의 여전한 불행감은, (지배권을 가진) 소수의 행운아들 중 전적으로 자기중심적이지는 않은 사람들이 마시는 행복의—혹은 외관상 행복의—잔盞에 독을 넣을 수밖에 없다. 이제는 잊힌 시대의 과학자들이 예언한 그런 (행복한) 천년왕국(millenium)은 이제 그 어느 때보다도 더 멀리 있다. 사실 과학은 이제 인류의 삶 자체가 심각하게 위협받는 그런 상태로 세계를 끌고 왔다. 이건 아니다. 이 모든 지식이 이로운 것이었다고 주장하는 것은 순전히 사악한 태도이며, 순수하고 오염되지 않은 행복을 열망하는 사람에게는 어울리지 않는 것이다. 이렇게 볼 때 우리는 이것이 전혀 지식이 아니지 않은가 의심할 수밖에 없게 된다. 적어도, 행복은 이런 종류의 지식을 통해서는 얻을 수 없을 거라고 의심해 볼 법하다. **진인**들의 가르침은 이런 의심이 옳음을 확인해 준다. **아루나찰라**의 **진인**은 이런 모든 지식을 무지라고까지 규정한다.

한번은 대학을 갓 나온 젊은이가 **진인**을 찾아왔다. 특별 과목으로 과학을 공부한 그는 **진인**에게, 과학자가 우주의 궁극적 진리를 탐구하다가 마주하는 "무지의 막다른 벽"에 대해 질문했다. 무한히 작은 것을 탐색하는 과학자가 전자·양성자·양전자·중성자라고 불리는 어떤 신비한 실체들의 존재와 행동에 대해 막 추측할 수 있게 되었지만, 그 입자들에 도달할 수도 없고 그것들을 직접 알 수도 없었다. 단 하나의 궁극적 본체, 곧 만물의 원인을 발견하지 못함은 말할 것도 없었다. 한편 그는 무한히 큰 것에 대한 탐색에서도 창조의 원재료로 생각되는 성운 혹은 성진星塵(star-dust)을 넘어설 수 없었고, 모든 객관성(objectivity-지각 대상인 외부 세계)의 근본 요소인 시간과 공간의 비밀을 발견할 수도 없었다.

진인은 (그에 대해) 외부 세계에 대한 물음은 무지 외에는 어디에도 결코 도달할 수 없다고 답변했다. 당신이 말하기를, 사람이 자신에 대한 진리를 알고 싶어 하지는 않고 그 자신 아닌 어떤 것을 알려고 할 때, 그가 얻는 앎이란 도무지 올바른 지식일 수 없다고 했다.[2)]

이것은 우리에게, 인간의 모든 지식을 일거에 불신하는 이유로서는 매우 이상하게 보일지 모른다. 그러나 조금만 냉정하게 생각해 보면 진인의 말씀이 옳다는 것이 분명해질 것이다. 첫째로, 위에서 보았듯이 이런 지식은 인간의 행복을 증진하지 못했기 때문에 이미 의심스럽다. 둘째로, 우리가 식자識者로 간주하는 사람들 사이에 진정한 의견일치 같은 것이 없다는 것이다. 이런 의견일치의 부재는 일반 대중이 알지 못할 경우가 많다. 왜냐하면 식자라고 생각되는 사람들 대다수는 의견이 일치하고 온갖 소음을 일으키는 반면, 더 잘 아는 사람들—다수 의견에 동의하지 않는 사람들—은 사실상 침묵하기 때문이다. 그런데 이 소수가 옳고, 소리 내어 떠드는 다수는—대개 평범한 마음의 소유자들이지만—옳지 않을 때가 종종 있다. 보통 사람들은 과학자와 별개의 과학이라는 것이 있다고 생각한다. 그러나 종교나 철학에서와 마찬가지로, 과학에서도 타고난 지성과 성격의 차이로 인해 의견의 차이가 있다. 버나드 쇼(Bernard Shaw-영국의 극작가·비평가)는 미개인 한 명을 기독교로 개종시키는 것은 실은 기독교를 미개인의 상태로 개종시키는 것이라고 말했다. 미개

---

2) 「실재사십송」, 제11연(부록 1, 제16연) 참조.

인은 세례 받고 교리문답을 배운다 해서 미개인이기를 그치는 것이 아니기 때문이다. 진리 추구는 추구자에게 두뇌와 가슴의 일정한 완성을 요구하는데, 그런 완성인은 확실히 드물다. 보편 교육은 정말 유능한 탐구자들의 수를 늘리는 데 성공하지 못했음이 확실하다. 그래서 같은 자료를 가지고 사람들이 서로 다른 결론에 도달하는 것이다. 따라서 우리는 결국 **진인**의 말씀이 옳을지 모른다는 것을 기꺼이 시인해야 한다.

**진인**이 제시한 이유는, 그것이 무엇이든 어떤 것의 진리를 알고자 하는 사람은 먼저 그 자신을 올바르게 알아야 한다는 것이다. 그 말씀의 의미는, 자기 자신을 모르는 사람은 처음부터 오류를 가지고 시작하며, 그래서 그가 탐구하여 얻는 모든 지식이 거짓으로 판명난다는 것이다. **진아지자**眞我知者(Self-knower-자기를 아는 사람)는 이 오류에서 벗어나 있고, 따라서 그런 사람만이 세계의 진리나 세계 안의 사물들의 진리를 발견할 능력이 있다. 알려고 하는 사람의 자질이 그가 얻는 지知에서 불가피한 요소이다. 알려고 하는 사람이 지知-탐구를 하기 위한 올바른 준비를 갖추었을 때만 그것이 올바른 **지**知가 될 것이다.

이것이 과학이 실패했다는 사실—많은 사람들은 부정할지 모르지만—에 대한 참된 설명이다. 과학자는 자기 자신을 올바르게 알아야 할 필요는 없다고 생각한다. 여하튼 그는 자아에 대한 일정한 그릇된 관념을 가지고 대상적 현실에 대한 탐구를 시작한다.

그런데 우리는 우리 자신을 모르는가? 우리는 안다고 생각한다. 평균인은 자기가 자신을 올바르게 안다고 아주 확신한다. 그리고 그런 사람은 설사 **진인**의 말씀을 듣는다 해도, 자기가 자신을 제대로 올바르게 알지 못한다는 것을 깨닫기가 불가능할지 모른다. 왜냐하면 우리가 우리 자신을 모른다는 사실—곧 우리가 우리 자신에 대해 지금까지 계속 품어 왔던 그 관념들이 잘못된 거라는 것—을 지각하고 인정하기 위해서라도, 아주 진보되고 대단히 순수해진 마음이 필요하기 때문이다. 진인들은 우리 자신에 대한 우리의 관념들이 진실과 오류의 뒤범벅이라고 말한다.

한번은 아주 극렬하게 '우상'의 사용을 비난하는 어떤 신앙의 추종자들이 진인을 찾아와 질문을 하기 시작했다. 그들의 목적은 우상으로 된 신을 숭배하는 것은 잘못이라는 것을 당신에게서 확인받는 것이었다. 그들의 대변인이 진인에게 물었다. "신이 어떤 형상을 가지고 있습니까?" 진인이 답변으로 말했다. "신이 형상을 가지고 있다고 누가 말합니까?" 그러자 질문자가 말했다. "만약 신이 형상이 없다면, 어떤 우상으로 신을 숭배하는 것은 잘못 아닙니까?" 진인이 말했다. "신은 내버려두고, 그대는 형상을 가지고 있는지 여부를 말해 주십시오." 질문자가 얼른 대답했다. "예, 보시다시피 저는 하나의 형상을 가지고 있습니다." 진인이 말했다. "뭐라고요! 그대가 키는 3큐빗 반(약 175센티미터)이고, 색깔은 검고, 구레나룻과 턱수염이 있는 이 몸입니까?" "그렇습니다"라는 대답이 돌아왔다. "그대는 꿈 없는 잠 속에서도 이 몸입니까?" "물론입니다. 왜냐하면 잠에서 깨어나면 제가 똑같은 몸인 것을 발견하니까요." "그 몸이 죽을 때도 말입니까?" "그렇습니다." "만약 그렇다면, 사람들이 그 몸을 매장하기 위해 실어 가려고 준비하고 있을 때, 왜 그 몸이 사람들에게 '아니야. 나를 데려가면 안 돼. 이 집은 내 집이고, 나는 여기 남아 있고 싶어.'라고 말하지 않습니까?" 그러자 마침내 논쟁자가 자신의 오류를 깨달았다. 그가 말했다. "제가 틀렸습니다. 저는 몸이 아니고, 그 안에 거주하는 생명입니다." 그러자 진인이 설명했다. "이보세요. 지금까지 그대는 그 몸이 그대 자신이라고 상당히 진지하게 믿고 있었는데, 이제 그 점에서 자신이 틀렸음을 봅니다. 이것이 최초의 무지이며, 거기서 사람들을 노예화하는 모든 무지가 불가피하게 자라난다는 것을 이해하십시오. 이

원초적 무지가 남아 있는 한, 그대가 신을 형상이 있다고 보든 형상이 없다고 보든 그것은 별로 중요하지 않습니다. 그러나 이 원초적 무지가 사라지면, 그와 함께 나머지 모든 것도 사라질 것입니다." 이처럼 진인은 그 병이—욕망과 두려움에 속박됨이—우리의 참된 자아들에 대한 무지와 그 결과인 '몸이 자기'라는 거짓된 가정에 기인한다고 진단한다. 그리고 이것은 욕망과 두려움이 몸 때문에 일어나는 것을 관찰해 보면 확인된다.

우리들 대부분은 이 대화의 논쟁자보다 더 현명하지 않다. 몸은 워낙 부단히 우리의 생각 속에 자리 잡고 있고, 우리의 모든 걱정스러운 보살핌의 대상이어서, 우리는 모두가 몸이 곧 자기라고 완전히 믿고 있다. 위의 대화는 또한 이 믿음에서 우리가 틀렸음을 보여준다.

위 대화에서 논쟁자는 자기(Self)의 불멸성을 믿고 있었고, 그래서 자신이 잘못 생각했음을 인정하지 않을 수 없었다. 그런데 몸 외에 어떤 자기도 없다고 주장하는 유물론자들과 무신론자들이 있다. 그러나 우리가 어떤 진인을 스승으로 모시게 되면, 이런 사람들의 논변은 우리에게 설득력이 없다. 왜냐하면 그 진인은 직접적인 체험의 권위를 가지고 말하며, 우리는 그런 반쪽 철학자들보다 훨씬 더 그를 믿을 준비가 되어 있기 때문이다. 그러나 진인은 "여러분은 내 말을 믿어야 한다. 왜냐하면 나는 이 사실에 대해 직접적인 체험을 가지고 있기 때문이다"라고 많은 단어를 동원해 말하지 않는다. 오히려 그는 우리 자신의 경험에 기초한 논변에 의해 우리를 설득하려고 한다. 그의 계시 전체에 통달하기 전에는 이런 논변이 갖는 온전한 힘을 좀처럼 깨닫기 어려울 것이다. 지금은 그 점에 대한 하나의 간략한 진술로 만족하기로 하자. 우선 자기는 우리가 알고 있는 존재의 세 가지 상태, 즉 생시·꿈·깊은 잠의 상태 모두에서 지속적 존재성을 갖는 반면, 몸은 처음 두 상태에서만 존재하고 세 번째 상태에서는 존재하지 않는다는 것이다. 이것은 특히 마음이 유물론적 사고방식에 깊이 뒤엉켜 있는 사람들에게는 별로 와 닿지 않겠지만, 그런 사람들조차도 **자기**가 몸 없이 존재하는 하나의 상태—즉, 잠의 상태—가 있다는 것은 알 수 있을 것이다.

또 다른 논변은, **자기**는 단 하나의 의심할 수 없는 실재인 반면 몸, 심지어 마음까지도 포함한 다른 모든 것의 실재성은 의문시된다는 것이다. 이 논변은 우리가 '세계'에 대한 장章을 마치고 나면 이해할 수 있게 될 것이다. 이런 논변들의 온전한 힘을 깨달을 때, 우리는 유물론자들의 논변에 더 이상 신경 쓰지 않게 될 것이다.

그러나 이때 혹자는 이렇게 물을지 모른다. "몸은 자기가 아니라는 것을 안다고 공언하는 사람들, 즉 몸과 별개인 어떤 **자아**(Self)의 존재를 확고히 믿기 때문에 몸과 자기가 동일하다는 것을 도저히 믿지 못하는 저 헌신가들과 철학자들은 어떤가? 이들은 주장하기를, 영혼은 마치 우리가 하나의 집 안에 살듯이 몸 안에 거주하는 극히 미세한 존재로서, 한동안 그 몸을 사용한 뒤에 그것을 떠나 다른 몸 안에 거주한다고 한다. 이런 믿음이 확고한 그들은 (몸이 자기라는) 이 환상에서 보호되지 않는가? 그들도 위에 나온 대화의 논쟁자처럼 무지한가?" 그들이 처음에는 자신들의 신념에 의해 보통 사람들보다 한 단계 높은 수준에 올라간다고 믿는 것은 사실이다. 그러나 때가 되면 환멸을 느낀다. 그들은 자신들의 지식이 순전히 이론적이라는—실제적이지 않다는—것과, 자신이 다른 사람들보다 결코 더 낫지 않다는 것을 알게 된다. 또한 남들과 마찬가지로 자신이 여전히 몸을—거친 몸(조대신)이든 미세한 몸(미세신)이든—자기와 혼동하고 있다는 것을 발견한다. 몸의 키가 작으면 그들도 작고, 키가 크면 그들도 크며, 몸이 아름다우면 그들도 아름답고, 몸이 약하고 병들었으면 그들 자신도 그러하며, 몸이 나아서 건강해지면 그들 자신도 그렇게 되는 것이다. 마찬가지로 그들은 마음을 자기로 취급한다. 만일 마음이 깨어 있거나 즐겁거나 명료하거나, 혹은 그 반대이면, 그들 자신도 그렇다. 욕망과 두려움에의 속박이 전보다 덜하지도 않다. 어쩌면 자아 존중감이 커졌다는 점 때문에 그 속박이 전보다 더 견고할 것이다.

진인들은 우리가 진정한 자아(진아)에 대한 직접 체험을 성취할 때만 우리 자신을 이런 몸들과 동일시하기를 그치게 될 것이라고—또 그렇게 해서 그 몸들을 통해 오는 모든 괴로움에서 단번에 벗어나게 될 것이라고—말한다. 우리가 지금 몸을 자기로서 직접 경험하듯이, 실제 있는 그대로의 자기에 대한 직접 체험을 가져야 한다.[3] (몸과의 동일시라는) 이 무지는 뿌리 깊은 사고 습관으로, 그릇된 행위와 생각의 오랜 과정을 통해 마음 안에서 길러진 것이다. 거기서 사물들에 대한 무수한 집착이 일어났다. 이런 사고 습관들이 마음의 구조 자체를 이루고 있어서, 반대되는 생각을 도입하는 것만으로는—이것은 갓난아이같이 아주 약한 생각인데—별 차이를 가져오지 못한다. 마음은 여전히 똑같은 습관의 통로를 따라 흘러갈 것이고, 여전히 똑같은 끌림과 싫음에 지배될 것이다. 그럴 수밖에 없는 것은, 책으로 배운 철학자가 때로는 자신이 몸이 아니라고 느낄 수는 있겠지만, 같은 정도로 쉽게 자신이 마음이 아니라고 느낄 수는 없기 때문이다. 그리고 이런 이중 무지(몸과의 동일시와 대상들에 대한 집착)는 이론적으로가 아니라 실제적으로, 즉 진아에 대한 실제 체험에 의해 진아를 알게 될 때에만 사라질 것이다.

그 깨달음이 오기 전에는 그 철학자가 자신의 무지를 벗어 던졌다고 할 수 없고, 그 무지는 한껏 왕성하게 살아남는다. 그의 철학적 지식은

3) *ātmānaṁ ced vijānīyād ayam asmīti puruṣah* |
*kim icchan, kasya kāmāya śarīram anusaṁjivaret* ||
만약 어떤 사람이 "내가 그다"를 체험하여 진아를 안다면,
누구를 위해, 무엇에 대한 욕망으로, 몸을 통해 열병에 걸리겠는가?
—『브리하다라니야까 우파니샤드』, 4.4.12.

그의 인격에 어떤 차이도 가져오지 못한다. 사실 **진인**이 지적하듯이,[4] 책으로 배운 철학자는 다른 사람들보다 더 못하기까지 하다. 그의 에고성(egoism)은 지식에 대한 자부심으로 부풀려지고, 심중에는 새로운 집착들이 생겨나서—무식한 사람들은 이런 집착에서 자유롭지만—진정한 **자아**를 찾는 일에 시간을 내지 못한다. 이런 사람은 자기 마음의 내용을 조화시켜 그 에너지를 세계가 아니라 **자기** 쪽으로 향하게 함으로써 그 일에 자신을 준비시켜야 하는 아주 절박한 필요성조차 자각하지 못하는 경우가 흔하다. 그래서 책을 통해서만 **진아**를 아는 사람은 비천한 민중들보다 더 많이 아는 것이 아니라는 결론이 나온다. 이런 이유로 **진인**은 그런 사람을 축음기에 비유한다. 축음기가 좋은 것들을 되풀이하여 들려준다고 해서 훌륭한 것이 아니듯이, 책 지식이 있다고 해서 그 사람이 더 훌륭하지는 않다는 것이다.[5]

책이란 우리를 자유롭게 해 줄 지혜로 가는 길 위의 표지판에 지나지 않는다는 것을 우리가 기억해야 한다. 그 지혜는 책 자체에 있는 것이 아니다. 왜냐하면 우리가 알아야 할 **진아**는 **내면**에 있지 바깥에 있지 않기 때문이다. 지혜의 눈이 열려야만 **진아**가 온통 눈부시게, 어떤 매개물도 없이 직접적으로 빛나는 것을 발견하게 될 것이다. 그러나 책 공부는 **진아**가 마음이라는 매개물을 통해서 하나의 대상으로 알려질 필요가 있는 바깥의 어떤 것이라는 관념을 낳는다.

철학적·신학적 사변에 만연한 방대한 미혹(confusion)은 이 무지에 기인한다고 **진인**은 말한다. 누구나 세계·영혼·**신**에 관한 심원한 문제들은 **공통적인** 인간 경험에서 끌어낸 논변들에 의해 지지되는 지적 사변에 의해 최종적으로 만족스럽게 해결될 수 있다고 철석같이 믿지만, 그 인간

---

4) 「실재사십송 보유」, 제36연(**부록 1**, 제82연) 참조.
5) 「실재사십송 보유」, 제35연(**부록 1**, 제81연) 참조.

경험의 실상이 그러한 것은 이 무지 때문이다. 철학자들과 신학자들은 창조가 시작된 때부터—만약 창조가 있었다면—제1원인, 창조의 양태, 시간과 공간의 본질, 세계의 진리 혹은 비진리성, 운명과 자유의지의 갈등, 해탈의 상태 등등에 대해 끝없는 논쟁을 벌여 왔지만, 어떤 최종 지점에도 이르지 못했다. **진인**은 우리에게 설명하기를, 진정한 **자아**를 깨닫지 못하면—혹은 그럴 때까지는—새로운 논쟁자가 제기하는 새로운, 혹은 새로워 보이는 논변들에 의해 뒤집힐 수 없는 어떤 최종적 결론도 있을 수 없다고 한다. 저 **진아**를 깨달은 사람에게는 이런 논란들이 종식된다. 그러나 다른 사람들에게는—만약 그들이 **진인**의 조언에 귀를 기울이지 않는다면—그런 논란이 계속될 수밖에 없다. **진인**의 조언이란, 그들이 그런 모든 문제들을 한 쪽으로 치워 두고 오롯한 마음으로 **진아 탐구**(quest for the Self)에 전념해야 한다는 취지이다. 우리는 이런 사항들에 관한 **진인**들의 가르침을 최소한 잠정적으로라도 받아들여 더 이상 이런 논쟁 때문에 탐구에서 한눈을 팔지 않게 하거나, 아니면 그런 문제들이 전혀 중요하지 않고 어떤 해답도 필요 없다는—필요한 한 가지 일은 **진아**를 발견하는 것이라는—심오한 진리를 인정해야 할 것이다.[6] 왜냐하면 그런 문제들이 일어난다고 해도, 그것은 마음이나 몸을 **자기**로 간주하는 사람들에게만 일어나기 때문이다.

그래서 우리는 우리의 모든 괴로움이 진정한 **자아**에 대한 우리의 무지에 기인한다는 것을 이해한다. 우리가 과연 진정한 행복을 누리려면 이 무지를 없애야 한다. 원인을 없애는 것이, 존재하는 유일한 근본적 치유책이기 때문이다. 다른 모든 것은 완화적 치료일 뿐이며, 길게 보면 실제로 그 병을 덧나게 하여 해를 끼칠 수도 있다. 그런데 우리는 **진아**에 대한 실제적 체험에 의해서만 이 무지를 없앨 수 있다.

---

6) 「실재사십송」, 제34연(부록 1, 제39연) 참조.

이것은 쉬운 일이 아니다. 왜냐하면 우리가 그에 대해 작업해야 할 도구가 마음이기 때문이다. 마음을 다른 모든 것에서 돌려 참된 **자아**(진아)로 향하게 해야 하지만, 마음은 습관적 몰두 대상에서 쉽게 돌아서지 않는다. 설사 억지로 돌려놓는다 해도 그렇게 머물러 있지 않고 그 대상들에게 금방 돌아간다. 이것은 마음이 이 무지의 자손인 관념들로 가득 차 있기 때문이며, 이런 관념들은 당연히 그들의 어버이인 이 무지의 목숨을 지키기 위해 반기를 든다. 무지의 목숨이 그들 자신의 목숨이기도 하니 말이다. 따라서 우리는 이 모든 관념들을 청산해야 한다.

이런 관념들은 이 제1차적 무지의 자손들이므로, 아무래도 거짓일 것이다. 그리고 거짓된 지식은 **진리**의 여명黎明(깨침)에 해로울 것이 당연하다. 따라서 우리는 이런 관념들을 조사하여 만약 그것이 올바르지 않다는 것을 발견하면, 혹은 의심이 가기만 해도 그것을 배척할 필요가 있다. 그래야만 우리가 진정한 **자아**에 대한 **탐구**를 하고 있을 때 우리 뒤에서 반란 사건들이 일어나는 것을 방비防備하게 될 것이다.

이 조사에서 우리는 **진리**에 대한 절대적 헌신을 통해 길을 인도 받아야 한다. 『기타』는 우리에게 이렇게 말한다. "**진리**를 사랑하고 자신의 전 존재를 **진리**에 대한 사랑에 복종시키는 자는 그것을 발견할 것이다."7) 이 조건은 아주 중요하다. 확실히 **진리**에 대한 부분적 사랑이란 있을 수 없다. 그런 사랑은 다소간 비진리에 대한 사랑의 의미를 내포한다. **진리**에 대한 완전한 사랑은 불편부당한 조사 결과 참되지 않은 것으로 드러나는 그 어떤 것도 완전히 포기할 준비가 되어 있음을 의미한다. 또한 그것은 지금 우리가 세계·(개인적) 영혼·**신**에 대해 가지고 있는 모든 믿음을, 그런 믿음에 대한 아무 집착 없이 철저히 조사받게 하는 능력을 의미한다. 다른 사람의 믿음에 집착하지 않는 것만큼이나 자신의 믿음에

---

7) *śraddhāvāṁllabhate jñānaṁ tatparaḥ saṁyatendriyaḥ* || —『기타』, 4.39.

집착하지 않는 것이 진리를 사랑하는 자의 특징이다. 그는 그런 믿음들을 잠정적으로 지니되, 그것이 유지될 수 없고 포기해야 마땅하다는 것을 발견할 가능성을 차분히 성찰한다. 자신의 믿음에 대한 집착에서 벗어나면, 그런 믿음들의 타당성을 불편부당하게 조사할 수 있게 된다. 그리고 그런 조사의 결과로 그 믿음들이 유효하지 않다는 것을 발견하면, 그것을 포기할 뿐 아니라 그 믿음들이 되돌아올 가능성에 대비하여, 그 믿음들이 자신에 대한 힘을 잃을 때까지 항상 경계한다. 따라서 우리는 오류(그릇된 믿음들)에 의해 오염되지 않은 그 **진리**, 오직 **진리**에만 전념할 수 있도록 주의해야 한다. 그리고 이를 위해서는 우리의 현재 믿음에 대해 우리가 품고 있는 사랑을 포기함으로써, **진리**를 발견했을 때 그것이 우리의 심장 안에서 최고로 군림할 수 있게 해야 한다.

철학이라고 알려진 것은 우리의 모든 관념—우리 마음의 전체 내용—에 대한 이런 불편부당한 정밀조사일 뿐이다. 이것이야말로 참된 철학이며, 다른 모든 철학은 사이비 철학이다. 그리고 사이비 철학자들은 자신들이 **자기**에 대해 무지하다는 사실을 이해하지 못했거나, 아니면 그 무지에 지배당하는 데 꽤 만족하고 있는 사람들이라고 말해도 무방하다.

이제 우리의 '철학하기'에서, 어떻게 하면 우리가 확실하게 우리의 길에 도사리고 있는 함정들을 피하고, 우리가 참된 **자아**에 대한 **탐구**를 해나가는 데 해롭지 않을 관념들에 도달하게 되겠는지 살펴보자.

# 제4장 권위

우리는 앞에서, 우리를 욕망과 두려움에 대한 속박에서 벗어나게 해줄 진정한 **자아**에 대한 **탐구**(Quest)에 들어가기 전에, 우리의 관념들을 수정하고 그 **탐구**의 추구를 조금이라도 방해할 것 같은 관념들을 내버림으로써 우리가 그 일을 해낼 수 있게 준비해야 한다는 것을 살펴보았다. **탐구**의 준비 과정으로서 우리가 현재 가진 관념들을 이렇게 수정하는 것을 철학이라고 한다. 왜냐하면 철학은 하나의 수단이지 그 자체 목적은 아니기 때문이다.

그러나 철학이란 것들은 많기도 하다. 만약 올바른 종류의 철학이 아니면, 그것이 우리를 **탐구**로 이끌어 주기는커녕 실은 우리를 우리의 모든 우환의 원인인 무지 속으로 더 깊이 이끌고 갈 것이다. 올바른 종류의 철학은 세 가지 사항, 즉 세계 · (개인적) 영혼 · **신**에 대해 우리가 현재 가진 모든 관념들에 대한 공정한 비판이다. 이런 관념들을 (옳다고) 확인해 주는 것이 목표인 그런 철학들은 이 **탐구**의 성공에 해로우므로, 그런 철학은 피해야 한다.

따라서 철학이 진정으로 도움이 되려면 앞 장에서 지적한 제1차적 무지를 인정하는 것에서 시작해야 한다. 이것은 우리가 현재 가진 모든 관념들이 의심스럽다는 것을 의미한다. 그 이유는 같은 장에서 **진인**이 제시했고, 거기서 설명되고 있다. 그런 관념들은 철저한 비판을 받아야 하며, 반론을 제기할 수 없는 그리고 이 **탐구**에 도움이 되는 다른 관념들로 대체되어야 한다.

이 비판의 과정에서 우리의 관념들을 지지하거나 반대하는 증거들을 고려할 필요가 있을 것이다. 그러나 우리가 의존해야 할 증거는 올바른 종류의 것이어야 한다.

올바른 종류의 증거란 어떤 것인가? 그것은 인간들의 공통적인 경험인가? 그 경험이란 제1차적 무지의 결과 아닌가! 그런 증거에 의존하는 것은 우리가 비판하는 관념들에 철학적 진리성의 도장을 찍어주는 결과만 되고 말 것이다. 우리는 다른 종류의 증거를 요한다.

이제 우리는 철학이 어떻게 해서 부질없음으로 이름나게 되었는지 이해할 수 있다. 철학들이 삶의 수수께끼를 푸는 데 우리에게 별반 도움을 주지 못했다는 것은 부인할 수 없다. 특히 서양에서 그러했다. 이 실패는 분명 그들이 그릇된 종류의 증거를 사용한 데 기인한다. 그들은 인류의 공통적인 경험을 증거로 사용했는데, 그것은 우리가 보았듯이 우리의 무지의 자손이기 때문에 나쁜 증거이다. 그런데도 그들은 이 그릇된 종류의 증거를 사용했다. 왜냐하면 그들은 이 무지를 인식하지 못한 채 철학을 시작했기 때문이다. 당연히 그들은 그 무지를 (옳다고) 확인해 주는 결론에 도달했고, 해탈로 가는 길을 가로막았다.

어떤 사람들은 몸이 **자기**라고 말한다. 또 어떤 사람들은 마음이 **자기**라고 말한다. 그들은 공히 세계가 실재하며, **자기**는 무수히 많은 자아들 중의 하나인 한 개인이라는 주장에 동의한다. 또 **자기**는 몸도 아니고 우리가 알고 있는 마음도 아니라는 것을 인정하지만, 진정한 **자아**인 어떤 우월한 종류의 마음이 있다고 상상하는 사람들도 있다. 이런 모든 견해들은 **자기**가 유한하다고 보는 데 동의한다. 그러나 유한성은 속박의 원인이다. 이 철학자들이 말하듯이 만약 **자기**가 실제로 유한하다면—그 본성 자체가 유한하다면—우리는 자유로워지는 데 대한 모든 희망에 작별을 고해야 한다. 그래서 이런 견해들 간에는 큰 차이가 없다. 이런 철학들은 우리의 제1차적 무지를 없애는 데 전혀 도움을 주지 못한다.

올바르게 철학하는 사람은 이런 철학자들의 실수를 피해야 한다. 증거를 올바르게 선택해야 한다. 무지의 결과가 아닌, 체험의 증거를 추구하여 발견해야 한다.

따라서 신뢰할 만한 증거는 무지한 사람들의 증거가 아니라, 이 무지에서 완전히 벗어난 진인들의 증거이다. 그들의 체험의 토대 위에서만, 지금 우리를 장악하고 있는 이 무지의 힘을 느슨하게 해줄 철학, 우리가 이 탐구를 시작해서 끝까지 추구하면 우리 스스로 그 비슷한 체험을 얻을 수 있게 해줄 어떤 철학을 건립할 수 있다.

보통의 인류가 하는 경험 외의 증거 없이는 진리에 도달할 수 없다는 것을 미국의 제임스 교수[1]도 느꼈다. 그는 자신의 책인 『종교적 경험의 다양성(*Varieties of Religious Experience*)』에서 그 필요성을 힘닿는 데까지 제시하려고 노력했다. 이 책에서 그는 다른 책, 즉 버크 박사[2]의 『우주의식(*Cosmic Consciousness*)』에 나오는 내용을 자유롭게 이용하고 있다. 이들 책에 수집된 증거는 예외적인 인간들의 것이다. 그러나 이 모든 증거는 무비판적으로 다루어졌다. 왜냐하면 이 저자들은 제1차적 무지에 대해 어떤 분명한 관념도 가지고 있지 않았기 때문이다. 최소한 세 가지 부류의 예외적 인간들이 있는데, 그들이 모두 같은 등급은 아니다. 다시 말해서 예외적 체험의 증거를 제공한 사람들은 요기들, 성자들, 진인들의 세 부류 중 어느 하나에 속한다. 우리는 그들을 구분하여, 그들 중 누가 우리의 탐구에서 적합한 증인들인지 알아낼 필요가 있다.

요기들의 증거는 신뢰할 수 없다. 왜냐하면 그들은 무지의 영역을 초

1) *T.* William James(1842-1910). 미국의 심리학자, 철학자.
2) *T.* Richard Maurice Bucke(1837-1902). 캐나다의 정신병학자. 『우주의식』이란 책에서 자신이 체험한 우주 의식, 즉 일시적인 진아 체험에 대해 기술하고 있다.

월하지 못했기 때문이다. 이 점은 그들 간에 의견이 다르다는 사실에서도 알 수 있다. **성자**들의 경우에도 마찬가지다. **진인**들 간에는 의견이 다르지 않다. 왜냐하면 그들은 무지를 초월했기 때문이다.

어떤 **진인**도 다른 **진인**과 모순되는 일이 없다. **계시서**는 우리에게 모든 **진인**들이 하나라는 것을 말해준다. 우리는 뒤에서 이러한 가르침이 올바르다는 것을 인정할 수 있을 것이다.

**요기**들과 **성자**들 간에는 **요기**보다 **성자**를 따르는 것이 훨씬 더 가치 있다. 다만 **성자**와 **성자** 간에 구분할 필요가 있다. 왜냐하면—**헌신**에 관한 장에서 우리가 살펴보겠지만—그들의 견해는 그들의 성숙도에 따라 다르기 때문이다. **진인**의 지위에 가까우면 가까울수록 그들의 발언은 더 지혜롭다. 그리고 장난스러운 경향의 발언들을 하는 **성자**들도 있다. 우리는 또한 **성자**들도 기분을 가지고 있다는 것, 더 정확히는 기분이 그들을 가지고 있다는 것을 발견하는데, **진인**들의 경우는 그렇지 않다.

**요기**들의 경험은 고도로 복잡하고, 따라서 그들이 묘사하는 것은 저항할 수 없는 매력이 있다. 그러나 실은 요기들은, 그들이 무지에 지배당하고 있는 그 제국을 의식하지도 못한다. 요기들의 목표는 그 무지를 끝내는 것이 **아니라**, 무지의 영역 **안에서** 그들이 노력하여 얻을 가치가 있다고 생각되는 어떤 영광스러운 지위를 성취하는 것이다. 그들은 마음자체가 **자기**라고 믿는데, 그렇지 않다고 그들이 말할 때에도 마찬가지다. 그들은 자신들이 무한히 찬연하고 경이로운 능력을 부여받지만 마음은 살아남아 있는 어떤 지복스러운 존재 상태가 있다고 믿는다. 그들은 그것이 인간이 얻을 수 있는 최고의 경지라고 여긴다. 그들 중 어떤 이들은 더 야심적이어서, 이런 능력들을 얻고 난 뒤에—그것을 그들은 **해탈**이라고 잘못 부르지만—세계에 대한 통제력을 얻고, 그런 다음 세계를 괄목상대하게 바꾸고 싶어 한다. 즉, 지상에 하나의 구체적인 천국을 건립하려 한다. 성자들은 이런 야망에서 벗어나 있다.

요기도 성자도 진리에 대한 올바른 소견을 가질 수 없다는 것을 진인 샹까라가 명료하게 지적한 적이 있다. 『분별정보分別頂寶(*Vivekachudamani*)』[제365연]에서 그는, 비非진인이 얻은 진리에 대한 소견은 마음의 간섭에 의해 왜곡되기 쉽지만, 진인들의 경우는 그렇지 않다고 말한다.[3]

진인들에 따르면, 요기들의 그 찬연한 마음은 더 미세한 하나의 몸일 뿐이다. 이것이 자기라는 관념은 그냥 더 위험한 형태의 제1차적 무지이다. 사실 보통 사람이 요기보다 훨씬 나은 상태에 있다. 요기는 무지 속으로 더 깊이 들어가서 해탈의 날을 연기했을 뿐이기 때문이다.

따라서 요기들에게 합당한 모든 경의를 표하면서도, 우리는 그들의 증거를 배척해야 한다. 한 부류로서의 성자들은 존경할 만하다. 그러나 현재로서는 그들의 증거(증언)도 한 쪽으로 제쳐두고, 진인들의 증거 위에서만 우리의 철학을 건립해야 한다. 그러나 이렇게 하고 난 뒤에는 성자들의 증거를 가져와서 진인들의 가르침에 비추어 그것을 연구해 볼 수는 있다. 때가 되면 살펴보겠지만, 이런 연구는 우리에게 큰 가치가 있다.

현시대에 이르기까지 어느 시대나 진인들이 존재했다. 그들의 증거는 우파니샤드(Upanishads) 혹은 베단타(Vedantas)라고 불리는 일정한 책들 안에 담겨서 전해져 내려왔다. 그 책들 안에는 심장에 곧바로 확신을 주는 많은 구절들이 있다. 사실 그 책들 안에서 우리에게 말을 건네는 것은 모든 생명의 심장, 곧 진정한 자아이다. 그래서 배우는 이는 동시에 두 가지를 알고 있다—그 가르침이 참되다는 것과, 가르치는 이가 진인이라는 것을 말이다.

---

3) *nirvikalpakasamādhinā sphuṭaṃ brahmatattvamavagamyate dhruvam* | *nānyathā calatayā manogateḥ pratyayāntaravimiśritaṃ bhavet* ||
무상삼매에 의해 브라만의 진리를 또렷하고 분명하고 깨닫게 되네.
그렇지 않으면 성품상 불안정한 마음이 다른 지각들과 뒤섞이기 쉽다네.

그러나 만약 진지한 제자가 진인을 발견할 수 있다면, 이 책들보다 살아 있는 진인의 말씀을 그가 더 선호하리라는 것은 의심할 여지가 없다. 고대의 계시서 텍스트들의 진정성에 대해서는 솔직히 의심이 날 수도 있다. 그러나 살아 있는 진인의 가르침이 갖는 진정성에 대해서는 우리가 전혀 어떤 의심도 할 수 없다. 그리고 그 진인이 자신의 가르침을 손수 글로 썼다면, 우리는 훨씬 더 강력한 토대 위에 있는 셈이다. 또한 이런 이점도 있다. 즉, 만약 우리가 어느 구절의 정확한 의미에 대해 의심이 나기라도 하면, 있을 수 있는 최선의 주석자, 즉 그 계시를 베푸신 분인 진인 자신에게 문의할 수 있는 것이다.

따라서 아루나찰라의 진인을 따르는 제자들은 옛날 책들에만 의존하는 사람들이나 그런 책들을 공부한 학자들보다 훨씬 나은 위치에 있다. 이 진인은 자신의 가르침을 글로 썼으며, 그 중 어떤 구절들의 의미를 몸소 설명하기까지 했다. 또한 당신은 때때로 사람들이 당신에게 던진 수없이 많은 질문들에 구두 답변을 해 주었는데, 제자들이 그것을 상당히 정확하게 기록해 왔다.[4] 물론 이런 고려 사항들과는 별개로, 고대의 계시서가 우리에게 말해 주듯, 살아 있는 진인에게 애착하는 것은 대단이 좋은 일이다. 그렇게 하지 못하는 사람은 큰 기회를 놓치는 것이다. 진인이 아닌 스승—학자(pandit)일 뿐 그 이상은 아닌 사람—은 고대의 계시서가 지닌 정신을 이해할 수가 없다. 제자에게 잠재해 있는 영적 에너지를 불러일으키는 것은 더더욱 불가능하다. 왜냐하면 그 자신이 그것을 불러일으키지 못했기 때문이다. 우리를 가르칠 수 있는 구루(Guru), 곧 스승은 그가 우리에게 전수하게 될 그 지혜의 화신일 필요가 있다.

따라서 우리를 위해 우리의 진인이 내놓은 가르침은 새로운 계시이다. 그리고 이미 지적한 이유로, 이 계시는 우리에게 가장 권위 있는 것이다.

4) 발행인 주. 예를 들어, 『마하르쉬의 복음』, 『라마나 마하르쉬와의 대담』 등이 있다.

그것을 우리 철학의 주된 기초로 여겨야 하며, 예전 **계시서**도 그 가르침을 설명하거나 완전하게 하는 데 기여할 수 있는 한 활용해야 한다.

물론 전통학자들(orthodox pandits)의 표출되지 않은 견해가 있는데, 그것은 고대의 **계시서**가 제1차적 권위이며, 살아 있는 **진인**의 말씀은 그 **계시서**의 메아리로서만 권위가 있다고 하는 것이다. 이 견해에 대해서는 나중에 보게 될 것이다. 지금은 **권위**라고 알려진 것이 무엇인가에 대한 분명하고 합리적인 관념을 얻도록 해 보겠다.

권위(authority)란, **진인**들이 무지를 초월하는 그들 자신의 **참된 자아**의 체험에 대한 어떤 관념을 제공하는 증언일 뿐이다. 그것을 권위라고 하는 이유는, 우리 자신이 저 무지에 지배되는 동안은 **진인**들의 증언이 **참된 자아**와 **해탈**의 상태에 대해 우리가 믿고 받아들일 수 있는 유일한 증거이기 때문이다.

권위와 이성 간에는 외관상 갈등이 있다. 이 **진인**의 발아래 수년 간 앉았던 한 유럽 철학도는 언젠가 **진인**에게, 역사가 보여주듯이 이 시대는 '이성의 시대'이며, 따라서 우리가 듣고 받아들이게 될 가르침은 이성에 부합해야 할 필요가 있다고 말했다. **진인**은 다음과 같이 답변했다. "그것은 누구의 지성입니까? 그대는 '나의 지성'이라고 답해야 합니다. 그래서 지성은 그대의 도구이고, 그대는 다양성(다양한 대상들로 이루어진 세계)을 가늠하기 위해 그것을 사용합니다. 지성은 그대 자신이 아니고, 그대 자신과 독립된 어떤 것도 아닙니다. **그대**는 상주하는 실재(abiding reality)이지만, 지성은 하나의 현상일 뿐입니다. 그대 자신을 발견하여 꽉 붙들어야 합니다. 꿈 없는 잠 속에는 지성이 없습니다. 어린아이에게도 지성이 없습니다. 지성은 나이를 먹으면서 발달합니다. 그러나 잠 속이나 유아기에 그 씨앗이 없었다면 지성의 발달이나 출현이 어떻게 있을 수 있겠습니까? 이 근본적 사실을 발견하기 위해 왜 역사로 돌아갑니까? 역사에서의 진리성의 정도는 그 역사가의 진리성의 정도와 같습니다."

우리는 그것을 이렇게 표현할 수도 있다. 지성의 효용은 그 기원, 즉 제1차적 무지에 의해 제한된다고 말이다. 자신이 이 무지에 종속되어 있다는 것을 모르는 사람들과, 그에 종속되어 있는 것에 만족하는 사람들에게는 지성이 그들의 모든 목적을 이루는 데 아주 좋은 도구이다. 다시 말해서 지성은 그 무지에 봉사하는 탁월한 도구이다. 그러나 그 무지를 초월하려는 목적에는 그것이 거의 쓸모가 없다. 지성이 우리를 위해서 해줄 수 있는 최대한은 그것이 자신의 한계를 인정하고, 우리의 진리 탐구를 더 이상 방해하지 않는 것이다. 지성이 자신의 기원이 오염되어 있다는 것과, 이 탐구—그것으로 참된 자아의 진정한 계시가 얻어질 수 있지만—를 돕는 하나의 단계로서 진인들의 증거에 의존할 필요가 있다는 사실을 깨닫기 시작하는 순간, 지성은 그 역할을 할 수 있다. 그래서 이성과 계시 간의 갈등은 외관상의 것일 뿐이다.

진인들의 증언에 대한 우리의 의존이 비합리적이지 않은 또 하나의 이유는, 그런 의존이 잠정적일 뿐이기 때문이다. 진인들은 우리에게 진정한 자아와 그 진아에 대한 직접 체험을 얻는 방도에 대해 말해 준다. 그것은 그들이 하는 말을 뭐든지 맹신하게 하려는 것이 아니라, 그 진아의 진리에 대한 우리 자신의 체험으로써 우리가 그들의 가르침을 검증하게 하려는 것이다. 그 가르침의 본질적 부분은 그들이 우리에게 해탈의 상태나 진아의 참된 성품(true nature)에 대해서 말해 주는 것이 아니라, 그 상태를 획득하는 방법에 대해 우리에게 말해 주는 것이다. 그래서 우리의 진인은 제자에게, 우선 당신이 가르친 탐구에 의해 진아를 발견해야 한다고 늘 말하는 것이다. 당신이 가르치는 그 밖의 무엇도 그 탐구에 부수적이다. 그리고 우리는 이 모든 가르침을 잠정적으로만 받아들여, 탐구에 착수하고 성공할 때까지 그것을 밀고 나갈 수 있어야 한다.

이성과 스승에 대한 믿음 간에서 생기는 모든 갈등의 느낌은 우리가 그 가르침을 공부해 나가는 과정에서 사라질 것이다. 진인들은 대체로 세속인으로서의 우리 자신의 경험에 호소하는데, 아루나찰라의 진인도 예외가 아니다. 우리가 이미 보았듯이, 우리의 경험은 제1차적 무지의 자식으로서 불신 받는 것이 사실이다. 그러나 거기서도 진인들은, 거의 모든 단계에서 가히 혁명적으로 보이는 그들의 가르침을 우리가 더 쉽게 받아들일 수 있게 해 주는 사실들을 가려낼 수 있다. 그들이 우리 자신의 과거 경험에 대해 조명해 주는 빛은, 믿음과 이성 사이에 실은 어떤 실제적 갈등도 없다는 것을 우리가 깨달을 수 있게 해 준다.

이것이 권위라고 불리는 것의 참된 본질이므로, 누구든 마지막 의지처는 그 자신의 권위라는 결론이 나온다. 어떤 진인의 가르침을 권위 있는 것으로 받아들이기 전에, 그가 진인인지 여부, 곧 진정한 자아에 대한 친숙한 체험을 가지고 있고, 그 체험에 의해—우리 자신도 성취하기를 원하는—해탈의 상태에 자리 잡고 있는 사람인지 여부를 우리 스스로 판정해야 한다. 우리는 해당 인물이 행복의 두 적인 욕망과 두려움에서 벗어난 까닭에 오롯하고 끊임없는 행복을 향유하고 있다는 결론에 이르러야 한다. 제자는 자신이 헤아릴 수 없는 이익을 얻을 거라는 전망과 함께 자신의 이성을 내맡길 수 있는 사람을 발견할 때까지는 그것을 내맡길 필요가 없다. 그가 이렇게 자신의 이성을 내맡길 수 있는 진인이 그의 구루, 곧 스승이 되는 것이다.

진인을 알아보는 이 미묘한 일에서 초심자를 안내하는 명확한 규칙을 정하기는 불가능하다. 어떤 규칙도 실제로는 필요하지 않다고 말할 수 있다. 한 진인을 발견하여 그의 제자가 될 운명인 사람은 그런 진인을 만났을 때 그를 알아보는 데 어떤 실제적 어려움도 느끼지 않을 것이다. 또 그럴 운명이 아닌 사람에게는 규칙도 별 소용이 없을 것이다. 진인을 진인으로 알아보고 스승으로 받아들이는 과정에서 신의 은총(Divine Grace)이 결정적 역할을 한다. 그러나 일단 선택하고 나면 제자는 자신의 선택이 옳았음을 확인하기 위해, 진인 여부에 대해 일반적 기준을 적용해 볼 수 있다. 주된 기준은 (그의 친존에서 느끼는) 고요함과 동요 없는 행복인데, 이는 완전한 평안과 동일하다. 또 하나의 기준은 에고 없음(egolessness)인데, 이것은 앞서 말했듯이 주로 칭찬과 비방에 대한 무관심에 의해 입증된다. 다른 기준들은 이 해설 과정에서 등장할 것이다.

이제 우리는 진인의 발아래 앉아 보지 못한 전통 학자들이 견지하는 권위의 관념을 논의하겠다. 이 관념은 다음과 같다. 신성한 기원에서 나온 것이기 때문에 그 전체가 의심할 바 없이 권위 있는 어떤 책들이 있다. 그 책들의 모든 문장이나 문장 속의 구절은 신성하며, 우리가 그 진정성과 권위를 의심하는 것은 용납되지 않는다. 그 책들은 '스스로를 증명한다'고, 곧 '스와따하쁘라마남'(*svatahpramanam*)이라고 말해진다. 이런 의미에서의 권위는 바깥에서 강제되는 일종의 영적 독재이다. 진리 추구자의 굴종은 거기서 그치지 않는다. 그는 그 신성한 전승지를 권위 있는 것으로 받아들여야 할 뿐 아니라, 스스로를 미리 속박하여, 쟁점이 있는 구절들에 대해 전통 학자들이 내리는 해석을 받아들여야 한다.

이런 관념은 종교들이 교회나 위계구조들(hierarchies)로 조직화될 때 나타나는 달갑지 않은 많은 효과들 중의 하나이다. 이런 관념은 무지 속에서 살다가 죽는 데 만족하는 사람에게는 그만하면 훌륭하다고 해야 할 것이다. 그것을 넘어서려는 사람에게는 다른 종류의 권위가 필요하다.

신성한 전승지조차 상대적인 가치를 가지고 있고,[5] 그 가치를 입증하기 위한 모종의 증거가 필요하다. 그 자신을 입증하는 것은 단 한 가지가 있을 뿐인데, 그것은 자기(Self)라는 것이다.

---

5) 『진어화만』, 제47연 참조(부록 2, 제82연).

전통적 견해를 견지하는 사람들은 살아 있는 **진인**의 증언에 그 나름의 어떤 권위가 있다고 인정하지 않는다. 그들은 고대의 전승지에는 특별한 신성함이 있고, 거기에 어떤 것도 덧붙일 수 없다고 믿는다.

그러나 진실은 그 반대이다. 고대의 전승지가 권위 있는 성격을 갖는 이유는, 그것이 과거에 살았던 **진인**들의 증언에 대한 다소 충실한 기록이라고 할 구절들을 포함하기 때문이다. 그리고 **진인**들은 모든 시대에 동일하다. 고대의 전승지 자체가 우리에게 말해 주듯이, 그들은 시간 안에 있지 않고 그것을 초월해 있다. 더욱이 고대의 전승지에서는 살아 있는 **진인**의 가르침을 받아들여야 한다는 지시가 있다. 실은 **진인**은 한 사람이 아니라 신의 한 화신이다. 『기타』[7:18]에서도 "**진인**은 곧 나 자신이다(*jñāni tvātmai'va*)"라고 말하고 있다. 이는 고대의 전승지에 내포된 근본적 가르침의 하나인데, 이에 대한 학자들의 이해가 불충분해 보인다.

게다가 우리에게 가장 자연스러운 길은 살아 있는 **진인**의 가르침을 가지고 시작하는 것이다. 왜냐하면 우리는 직관적 지각으로 그 스승이 **진인**인지 아닌지를 판정할 수 있기 때문이다. 과거의 어떤 **진인**도 우리가 그와 같이 판정할 수 없다.

더욱이 지금 우리가 보는 책들이 **진인**들이 한 말에 대한 충실한 기록인지 우리는 결코 그다지 확신할 수 없다. 이 책들은 **진인**들이 실제로 한 말과 **진인**이 아닌 철학자들이 지은 다른 문구들이 합쳐져 이루어졌을 개연성이 있어 보인다. **진인**들의 말을 전하는 텍스트들이 오랫동안 기록되지 않고 있다가 나중에 그 책들 속에 편입되었을 법도 하다. 그 사이에 그 텍스트들은 구전으로 보존되었을 것이 분명한데, 같은 구절들이 책마다 조금씩 다르게 나타난다는 사실도 그것으로 설명될 수 있을지 모른다.

고대의 전승지를 옹호하는 주장은 그것이 시간적으로 앞선다는 데 근거하고 있다. 그러나 시간적으로 앞선다는 것은—때가 되면 우리가 살펴보겠지만—하나의 객관적 실체로서의 시간 자체의 유효성이 문제되는 그 어떤 탐구에서도 전혀 고려 대상이 될 수 없다.

따라서 우리는 **아루나찰라의 진인**이 말씀하신 증언에 1차적으로 의존하게 될 것이며, 부연 설명이나 주석의 일환으로 고대의 전승지를 이용하게 될 것이다.

# 제5장 세계

우리는 진리를 발견하겠다는 결의에 의해 발동된 마음이 진아에 대한 탐구를 지속할 때, 진아의 진리가 그 자신을 드러낼 거라는 것을 살펴보았다. 만약 밖에서 들어온 생각들로 인해 그 탐구에서 벗어나지 않는다면 마음은 그것을 해낼 수 있다. 그렇게 벗어나지 않는 마음이 진아를 발견하기에 적합한 도구이다. 아루나찰라의 진인의 경우에는 마음이 그런 적합한 도구였다. 왜냐하면 그 마음은—마음을 탐구에서 빗나가게 하는 생각들의 흐름을 불러일으킬 수 있는—욕망이나 집착으로 오염되지 않았기 때문이다. 그런 사람에게는 세계에 대해서 논의하는 것 자체가 불필요하다. 진인은 이렇게 말한다. "'세계는 실재한다, (아니다) 그것은 환적幻的인 겉모습이다, 그것은 의식한다, (아니다) 그것은 지각력이 없다, 그것은 행복하다, (아니다) 그것은 불행하다' 하는 논쟁이 무슨 소용 있는가? 모든 사람은 똑같이 에고 없는 상태를 사랑하는데, 그것은 세계로부터 돌아서서 '그것은 하나다, 혹은 그것은 여럿이다'라는 주장들을 초월한, 오염되지 않은 진정한 자아를 앎으로써 성취된다네."[1)]

여기서 진인은 일견 부정확하게 보일 법한 진술을 한다. 당신은 우리 모두 에고 없는 상태를 사랑하며, 그 상태는 우리가 세계에서 돌아서야 얻어질 수 있다고 말한다. 그리고 우리는 결국 세계에 등을 돌려야 하기 때문에, 그 세계가 무엇일지는 우리에게 중요하지 않다. 그러나 에고 없

1) 「실재사십송」, 제3연(부록 1, 제8연).

는 상태에 대한 이야기를 들어 본 사람은 소수이다. 그리고 그 상태를 원하는 사람은 더욱 소수이다. 그러면 진인이 모든 사람은 예외 없이 그 상태의 헌신자라고 말씀하시는 것은 어떤 의미에서인가?

진인 자신이 그에 대한 설명을 내놓고 있는데, 그것은 고대 전승지의 가르침과 완벽한 조화를 이룬다. 그것은 다음과 같다. 사실 모든 사람이 에고 없는 상태를 의식적으로 사랑하는 것은 아니다. 그러나 자기도 모르게 그 상태를 사랑한다. 그리고 그들은 에고 없는 상태와 아주 유사한 상태, 즉 꿈 없는 잠을 크게 편애함으로써 그 사랑을 드러낸다. 이 상태는 우리가 뒤에서 보겠지만 에고 없는 상태보다 훨씬 열등한 것이다. 그것은 행복한 상태지만, 그 행복은 에고 없는 상태의 그것과는 전혀 비교가 되지 않는다. 그러나 그것은 에고가 없고 세계가 없다는 점에서 에고 없는 상태와 꼭 유사하다. 그 에고 없음이 불완전하다는 것은 나중에 보게 될 것이다. 그 상태에서는 에고가 없기 때문에 세계도 없다. 그리고 이것이 잠을 행복한 것으로 만든다. 진인은 우리에게 말한다. 잠이 불완전한데도 잠을 사랑하는 사람이 (훨씬 더 행복한) 에고 없는 상태를 사랑하지 않는다고 말하는 일은 없다고 말이다. 그런 까닭에 만약 우리가 진정 원하는 것이 무엇인지 알기만 하면 세계에 대해 논할 필요가 없을 것이다. 우리가 관심을 가져야 할 것은 비非진아(not-Self)[2]가 아니라 진아이다. 따라서 (세계와 같은) 비진아를 탐구하는 것은 마치 이발사가 잘려진 머리카락 더미를 쓰레기통에 집어넣지 않고 자세히 살펴보는 것만큼이나 터무니없는 일일 거라고 진인은 말하는 것이다.[3]

비진아에 대한 모든 탐색은 비록 해롭지 않다 해도 부질없는 짓이다. 왜냐하면 그것이 진아탐구라는 주된 과업을 지연시키기 때문이다. 설사

---

2) *T.* 진정한 자아가 아닌 모든 것. 여기서는 이름과 형상으로 된 세계 일반을 가리킨다.
3) 『진어화만』, 제1076연(부록 2, 제212연).

우리가 세계의 본질에 대해 올바른 결론에 도달한다 하더라도, 그런 다음 최소한 그 **탐구**를 시작하지 않는다면 그 역시 부질없다.

그러나 본격적으로 **진아**를 발견하려고 하지만 일념으로 이 **탐구**를 해 나갈 수 없는 사람들에게는 (비진아에 대한) 이 탐색이 불필요한 것도 아니고 바람직하지 않은 것도 아니다. 그 필요성은 이와 같이 일어난다. 즉, 대다수 사람들은—심지어 본격적으로 속박에서 해방되려고 하는 사람들 조차도—이 **탐구**를 해 나가는 과정에서, 원치 않는 생각들이 일어나 마음을 점하는 탓에 방해를 받는다는 것이다.

마음의 습관적 흐름은 **진아**로 향하는 것이 아니라 세계로 향한다. 우리가 마음을 세계로부터 돌려서 **진아**에 집중하는 데 성공할 때에도, 그것이 어느새 달아나 다시 세계로 돌아간다.

그런데 왜 생각들은 우리가 원치 않을 때도 마음 속으로 밀고 들어오는가? 그것은 세계가 실재한다는 믿음을 우리가 가지고 있기 때문이라고 **진인**들은 말한다.

**아루나찰라**의 **진인**은 당신의 한 작품에서 말하기를, 세계가 실재한다는 우리의 믿음이 없다면 우리가 **진아**의 **드러남**을 얻기가 상당히 쉬울 것이라고 한다.[4] **우리가** 항상 **진아**이면서도 **그**와 하나가 **되려고** 애쓰고 있다는 것이야말로 가장 경이로운 일이라고 **진인**은 말한다.[5] 당신은 우리가 그 목적을 위해 애썼던 것에 대해서 우리가 웃어 버릴 수밖에 없는 날이 올 거라고 말한다. 그러나 그 웃음의 날에 우리가 깨닫게 될 그것이 바로 지금도 **진리**로서 존재한다. 왜냐하면 우리가 그 **진아**가 **되는** 것이 아니라, 우리가 곧 **그**이기 때문이다.

우리의 이 믿음이 **탐구**와 무슨 관계가 있느냐고 물을지 모른다. 한 가

---

4) **부록 2**, 제4연 참조.
5) 『진어화만』, 제622연(**부록 2**, 제96연 참조).

지 이유는 이것이다. 즉, 우리가 실재한다고 여기는 것은 무엇이든 마음 속으로 들어올 수 있는 확실한 권리를 가지고 있으며, 실재하는 것들과 관련되는 생각은 단순히 의지가 명령한다고 해서 그것이 들어오는 것을 막지 못한다는 것이다. 그러나 그것이 (이유의) 전부는 아니다. 우리는 이제 세계가 실재하지 않는다는 의미에서 그것이 실재한다고 여긴다.[6] 그렇게 여기는 탓에 우리가 그 그릇된 믿음을 포기하기 전까지는 **진아**를 깨닫기가 불가능해진다. 그래서 우리에게 **진아**를 가려 버리는 것은 바로 세계 자체라는 이야기가 된다.

어떻게 그럴 수 있는가? **진인**들은 우리에게, **진아**는 세계의 이면에 있는 **실재**라고 말한다. 한 토막의 밧줄을 한 마리의 뱀으로 착각하면 그 뱀이 밧줄을 가리듯이, 그렇게 세계도 **진아**를 가려 버린다는 것이다. 단 하나의 **실재**가 있을 뿐인데, 우리의 무지 속에서는 그것이 세계로 나타나고, 우리가 무지를 초월하면 그것은 실제 있는 그대로, 곧 **진아**로서 나타날 것이다. 우리가 그 **진리**를 **체험**할 때는, 지금 이 시간과 공간 속에서 우리에게 이름과 형상들의 다양한 세계로 나타나는 것이 그저 진정한 **자아**, 곧 이름도 형상도 없고, 무시간이자 무공간이며 불변인 나뉠 수 없는 **실재**라는 것을 발견할 것이다. 그리고 겉모습(현상)이 실재를 배제한다는 것은 자명하다. 밧줄이 뱀으로 생각되는 동안은 그것이 실제 사물인 밧줄로 보일 수 없다. 거짓된 뱀이 실제인 밧줄을 여지없이 가려 버린다. **진아**의 경우도 마찬가지다. **진아**가 우리에게 세계로 나타나는 동안은 우리가 그를 **진아**로 깨닫지 못할 것이고, 세계라는 겉모습이 **진아**를 여지없이 가려 버릴 것이다. 그리고 우리가 그 겉모습을 제거할 때까지는 그럴 것이다. 세계라는 겉모습이 실재하지 않는다는 것을 이해하기

6) *T.* 세계는 어떤 의미에서 실재하고 어떤 의미에서는 실재하지 않는데(76쪽 둘째 문단 참조), 우리가 후자의 의미에서 세계를 실재한다고 보는 것이 문제이다.

전까지는 우리가 그 겉모습을 제거할 수 없다. 그래서 **실재**는—이것은 **진아**이기도 하지만—세계를 실재한다고 믿는 사람에게는 사실상 존재하지 않는다. 마치 밧줄을 뱀으로 보는 사람에게 밧줄이 존재하지 않듯이 말이다. 이런 이유로, 그는 설사 어떤 **실재**가 있다는 것을 정직하게 믿는다 할지라도, 허무론자(*nastika*-실재를 부정하는 사람)인 셈이다.

그리하여 이 거짓된 믿음 때문에, 우리는 무한히 크고 지복스러운, 그리고 우리의 가장 소중한 소유물인—**그**를 하나의 소유물로 불러도 된다면—**진아**를 당분간 잃어버리게 된다. 그런데 이보다 더 큰 손실이 있을 수 있겠는가?

그러나 어떤 자아라는 관념은 우리에게 타고난 것이다. 우리로서는 모종의 어떤 자아의 존재를 의심하는 것조차 쉽지 않다. **자기**는 존재하는 것 중 유일하게 의심할 수 없는 실체이다. 만약 어떤 사람이 **자기**의 실재성을 의문시한다면 그는 즉시 일소에 부쳐질 것이다. 그가 어떤 의문을 제기할 수 있으려면 자신이 존재한다는 것을 시인해야 한다. 따라서 진정한 **자아**가 가려져서 공허를 느낀 우리는 그 자리를 거짓 자아로 메우게 되는 것이다.

그러나 세계는 실재하는 것으로 여겨지고, 우리는 세계 너머의 어떤 실재도 생각할 수 없으므로, 우리는 이 가정적인(거짓) 자아가 세계 안에 있다고 여길 수밖에 없다. 그리고 이것은 **자기**를 몸과 동일시함으로써만 가능하다. 그런데 신체적 몸인 조대신粗大身(gross body)과, 정신적 몸인 미세신微細身(subtle body)이라는 두 가지 몸이 있으므로, 우리는 둘 중의 어느 하나 혹은 둘 다를 **자기**라고 여기지 않을 도리가 없다. 두 경우 모두 우리가 무지에 떨어진다는 것을 이해할 필요가 있다. 나중에 보겠지만, 진정한 **자아**는 몸도 아니고 마음도 아니기 때문이다. 그러나 이 무지로 인해 우리는 진정한 **자아**가 마음과 몸을 공히 초월해 있다는 생각을 하지 못한다. 따라서 세계가 그 자체로서—즉, 세계로서—실재한다는 믿음을 기꺼이 포기하지 않으면, 우리는 진인들이 증언해 온 진정한 자아를 결코 깨닫지 못할 것이다. 그리고 이는, 우리가 제1차적 무지를 제거하려면—우리의 마음이 워낙 비상하게 순수하고 조화로워서 탐구를 하는 동안 세계와 몸에 대한 모든 생각을 버릴 수 있지 않는 한—세계가 실재한다는 믿음을 포기해야 한다는 의미이다. 따라서 우리는 진인들이 세계에 대해 말해 주는 것을 경청하고, 그들의 가르침을 최소한 잠정적으로라도 참된 것으로 받아들일 필요가 있다.

아루나찰라의 진인은 우리에게, 세계가 실재하기도 하고 실재하지 않기도 하다면서, 여기에는 어떤 자기모순도 없다고 말한다. 어떤 의미에서는 세계가 실재하고, 어떤 의미에서는 실재하지 않는다. 세계는 실재한다. 왜냐하면 세계로 나타나는 그것은 실재, 곧 진정한 자아이기 때문이다. 세계는 실재하지 않는다. 왜냐하면 세계로 여겨지는 그것은 실재의 한 겉모습에 불과하기 때문이다. 실재와 별개로는 세계가 어떤 존재성도 갖지 않는다. 그러나 세계라는 겉모습의 출현은 실재에 영향을 주지 않는다. 왜냐하면 그것은 실제로는 결코 세계가 되지 않기 때문이다. 마치 밧줄이 실제로는 결코 뱀이 되지는 않듯이 말이다.

그리하여 우리는 그 자체로서의 세계는 실재하지 않는다는 것을 배운다. 세계가 전적으로 실재하지 않는 것은 아니다. 왜냐하면 그 거짓된 겉모습 이면에 어떤 것이—실재, 곧 진아가—있기 때문이다. 그 의미는 실재가 세계에 의해 은폐되기에 그것이 우리에게 실제 있는 그대로 나타나지 않는다는 것이다. 이 가르침을 간략히 마야론論(*maya-vada*)이라고 한다. 세계는 마야(*maya*), 즉 실재의 한 환적幻的인 겉모습이라는 것이다. 마야는 실재를 그것 아닌 어떤 것으로 나타나게 만드는 불가사의한 힘으로 정의될 수 있을 것이다.

이 가르침은 격렬한 비판을 많이 받아 왔다. 어떤 사람들은 이 가르침이 우파니샤드에서 발견되지 않는다고 주장한다. 즉, 이것은 한결 후대의 저자들이 창안한 것인데, 바가반 스리 샹까라(Bhagavan Sri Sankara)가 채택했다는 것이다. 우리에게는 이 논란이 아루나찰라의 진인이 들려주는 증언에 의해 종식된다.

세계가 마야라는 가르침은 모든 사람이 알고 있고 인정하는 하나의 원리를 진술할 뿐이다. 즉, 사물들은 보이는 그대로가 아니라는 것이다. 현대 과학, 특히 물리학은 이를 물질의 근본 원리라고 확언하는 데까지 멀리 나아갔다. 실재는 나뉠 수 없고, 변화될 수 없고, 오염되지 않고, 무형상이고, 무시간이며, 무공간인 하나인 반면, 우리의 마음들은 그것을 다양하고, 무수한 조각들로 분할되고, 변화를 겪게 되어 있고, 욕망·두려움·슬픔으로 오염되며, 형상들 안에 국한되어 있고, 시공간에 의해 한계 지워지는 것으로 상상한다. 이 꽤 길고 복잡한 진술은 "이 모든 것은 마야다"라는 말로 요약된다. 이 가르침을 받아들이는 베단타 학파를 비이원론非二元論(*Advaita*)이라고 한다.

이 가르침에 거부감을 느끼는 이들은 그것을 받아들이지 않아도 된다. 이것은 속박의 원인이 무지라는 것을 깨달았고, 그것을 제거하려고 진지하게 욕망하는 사람들에게만 제안된다. 그들의 관점은 다른 사람들의 관점과 근본적으로 다르며, 그들에게 베풀어지는 가르침도 당연히 다르다.

이 가르침의 장점은, 그것이 우리에게 고대 전승지의 외관상 관련 없는 두 가지 가르침, 즉 실재는 세계의 물질적 원인(질료인)이라는 것과, 그것은 모든 이원성을 초월하여 영향 받지 않고 남아 있다는 것의 한 종합을 제시해 준다는 데 있다. 실재가 실제로 이 모든 다양성이 되었다고 믿기로 작정한 사람들은 그 가르침을 받아들이지 않아도 된다. 그런 이들을 위해서 고대의 전승지와 진인들은 영적인 진보의 다른 길들을 마련해 두었다. 진인들은 이런 사람들이 자신들의 길만이 올바른 길이라고 주장해도 전혀 화를 내지 않는다. 그러나 만일 무지를 초월해야 한다면, 이 가르침을 받아들이지 않을 도리가 없다. 왜냐하면 만약 세계가 그 자체로 실재한다면 불변의 실재란 없을 것이고, 실재 없이는 어떤 해탈도 있을 수 없기 때문이다.

그래서 세계에 대한 가르침은 실제로는 두 부분으로 되어 있다. 그러나 진정한 자아가 세계라는 겉모습 저변의 진리라고 하는 가르침 부분은 다른 부분과 분리될 수 있다. 더욱이 이 뒷부분—즉, 세계는 그 자체로는 실재하지 않는다는 것—은 우리가 (탐구를) 시작하기 위해 더 큰 가치가 있다. 왜냐하면 그것은 세계가 그 자체로 실재한다는 거짓된 믿음에 대한 해독제 구실을 하기 때문이다. 그 가르침의 앞부분은 이해하기도 더 어렵다. 그래서 진인들은 세계가 실재하지 않는다는 믿음을 계발하라고 권장하는 것이다. 그것이 세계에 대한 전체적 진리는 아니지만 말이다. 전체적 가르침을 소화할 수 없는 사람들은 세계가 실재하지 않는다고 하는 부분을 받아들이는 편이 더 안전할 것이다.

이것이 안전한 경로일 것이다. 왜냐하면 세계가 실재하지 않는다는 견해에 대한 대안은 세계가 세계로서 실재한다는 견해일 때가 많기 때문이다. 평균인의 마음은 제기되는 어떤 문제에 대해서도 팽팽한 긴장을 유지하지 못하고, 제기된 어떤 문제에 대해 어느 쪽으로든 해답을 가져야 하기에 그렇다.

세계가 그 자체로는 실재하지 않는다는 견해의 이유들은 풍부하게 제시된다. 이제 그 논거들을 살펴보겠다.

첫 번째 이유는, 우리의 모든 경험의 뿌리에 있는 것이 무지라는 사실이다. 한번은 진인이 다음과 같은 질문을 받았다. "제가 늘 수많은 방식으로 감각하고 있는 이 세계가 실재하지 않는다는 가르침을 어떻게 받아들일 수 있습니까?" 진인이 대답했다. "그것이 실재한다고 그대가 증명하고 싶어 하는 이 세계는, 그대가 먼저 그대 자신을 알지 않고 세계를 알려고 하는 것을 언제나 비웃고 있지요!" 우리가 우리 자신을 올바르게 알지 못한다는 것을 일단 깨달으면, 어떻게 우리가 세계를 올바르게 아는 척할 수 있겠는가? 진인은 이 논변을 다음과 같이 표현하고 있다. "아는 자인 그 자신의 진리를 모르는 사람에게, 상대적인 존재계에서 일어나는 대상들에 대한 앎이 어떻게 참된 앎일 수 있겠는가? 만약 우리가 지知와 그 상대물이 그 안에서 존속하는, '나'라는 그 사람의 진리를 올바르게 알면, 무지와 함께 (상대적인) 지知도 사라질 것이네."[7]

이 논변의 온전한 힘을 느낄 수 있는 사람에게는 더 이상의 논의가 필요치 않다. 자기에 대한 무지가 모든 세간적 지식의 단 하나의 근원이라는 것을 우리가 느끼게 되자마자, 세계가 그 자체로는 실재하지 않는다는 가르침은 자명해질 것이다. 그렇지만 이 문제에 대한 더 자세한 얼마간의 논의도 유용할 것이다.

두 번째 이유는, 세계가 그 자체로 실재한다는 우리의 믿음은 어떤 신뢰할 만한 증거에 기초해 있지 않다는 것이다. 우리는 이제 세계의 실재성을 입증하기 위해 제출된 증거들을 논의할 것이다. 그러나 먼저, 여기서 제기될 수 있는 반론 하나를 마주할 필요가 있다.

세계의 실재성에 대해 만족할 만한 증거가 없다고 주장하는 것은 입증책임을 상대편에게—세계가 실재한다고 주장하는 사람에게—그냥 전가해 버리는 것이라는 반론이 있을 수 있다. 여기에 대한 답변은, 입증책임은 실로 세계가 존재한다고 주장하는 그 사람에게 있다는 것이다. 입증책임은 세계의 존재성을 부인하는 사람에게 있지 않다. 법정에서는 입증책임이 뭔가를 주장하는 사람에게 있고, 그 주장을 부인하는 데 만

---

7) 「실재사십송」, 제11연(부록 1, 제16연 참조).

족하는 사람에게 있지 않다는 것이 증거법상의 원칙이며, 이것은 완벽하게 건전한 원칙이다. 철학에서라고 다른 원칙을 지켜야 할 이유는 없다. 이 원칙을 따르는 이유는, 부인은 보통 입증이 불가능한 반면, 어떤 것에 대한 적극적인 주장—어떤 것이 존재한다는 주장 같은 것—은 입증이 가능하기 때문이다. 그래서 그 주장자가 만약 자기가 주장하는 것이 존재한다는 명백한 증거를 가져오지 못하면, 부인하는 사람이 그 사안에서 이기게 된다. 그 주장자가 자신의 논지를 입증하는 명백하고 반박 불가능한 증거를 제시하지 못하면, 판결이 그에게 불리하게 내려질 것이다. 그래서 입증책임은 세계가 그 자체로서 실재한다고 주장하는 사람들에게 부과되는 것이 옳다. 우리는 그들이 제시하는 증거들을 검토할 것인데, 만약 그 증거가 결정적이지 않다면 그들의 주장은 근거가 없다고 결론지어야 할 것이다.

물론 **진인**들의 결정적인 명백한 증거가 있지만, 지금은 우리가 그것을 언급할 필요가 없다.

이 논의를 시작하기 전에 우리는 엄밀히 적용되어야 할 실재성의 기준을 설정할 필요가 있다. 흔히 사용되는 실재성의 기준은 사용할 수 없다. 왜냐하면 그것은 우리의 모든 지식을 가치 없게 만드는 원초적 무지의 한 도구이기 때문이다. 우리를 올바르게 안내해 줄 실재성의 기준을 얻으려면 **진인**들에게로 가야 한다. 이 실재성의 기준은 이렇게 표현된다. **"변치 않고 끊임없이 존재하는 것만이 실재한다."** 이는 그것의 존재성이 시간이나 공간에 의해 제약되는 것들은 실재하지 않는다는 의미이다. 이 실재성의 판단기준은 아득한 옛적부터 전해 내려왔고, 『바가바드 기타』[2:16]에는 다음과 같이 기록되어 있다. "존재는 비실재에 속하지 않고, 비존재는 **실재**에 속하지 않는다(*nāsato vidyate bhāvo nābhāvo vidyate sataḥ*)." 『찬도갸 우파니샤드(*Chhandogya Upanishad*)』에도 이와 동일한 실재성의 판단기준이 함축되어 있는데, 여기서는 실재와 겉모습을 대비하고 있다. 진인 샹까라가 전통적으로 내려오는 신성한 전승지의 의미에 통달한 분으로 존경하는 아짜리야 가우다빠다(Acharya Gaudapada)는 실재성의 판단기준을 이렇게 말한다[『만두끼야 주석송(*Mandukya Karikas*)』, II.6]. "이전과 이후에 존재성이 없는 그 무엇이든 바로 지금도 존재하지 않는다(*ādāvante ca yantāsti vartamāne'pi tattathā*)." 두 인용문의 의미는 동일하다. 『기타』의 시행詩行은 어떤 사물이 단순히 어느 때에 존재하는 것처럼 보인다고 해서 실재하는 것은 아니라는 것을 우리에게 말해준다. 왜냐하면 참으로 존재하는 것은 결코 존재성이 없지 않기 때문이다. 가우다빠다는 그냥 이 원리를 적용하여 그 결과를 제시한다. 즉, 어느 때에 나타나기 시작하여 나중에 사라지는 것은 실은 내내 존재하지 않는 것이다.

따라서 변함없는 존재의 연속성이 실재성의 판단기준이다. 그러나 그런 연속성은 시간 기타 상대성의 요소들을 초월해 있다는 증거일 뿐이다. 실재는 시간 속에 있지도 않고 공간 속에 있지도 않다. 그것은 원인이나 결과로서의 다른 어떤 것과도 무관하다. 진인들에 따르면 이것이 실재에 대한 엄밀한 철학적 정의이다.

인과성의 초월은 아주 중요하다. 그것은 불변성이 실재의 양도 불가능한 성질이라는 의미를 함축한다. 그것은 그래야 하는 것이기도 하다. 어떤 실제적 변화를 겪은 것은 더 이상 동일한 사물이 아니기 때문이다. 한 사물이 어떤 변화를 겪었다는 사실은 그것이 결코 실재하지 않았음을 말해준다. 시공간 안에 있는 사물들은 부분들로 나뉠 수 있기 때문에 변화를 겪게 되어 있다. 그래서 나뉠 수 있는 흙은 매우 다양한 물건으로 만들어질 수 있고, 따라서 그것은 실재하지 않는다. 그래서 불가분성도 실재성의 한 판단기준이다. 우리는 이 판단기준이 어떻게 적용되는지 나중에 살펴볼 것이다.

**실재**는 독자적으로, 곧 다른 사물들과 관계없이 **독립하여** 존재하는 것이라는 것 또한 자명하다. 의존적 존재성을 갖는 그 무엇도 실재하지 않는다. 그래서 어떤 재료, 예컨대 흙·나무·금속 등으로 만들어진 것은 실재하지 않는다. 그것들로 만들어진 것들에 비해서는 그 재료들이 실재한다고 말할 수 있을지 모른다. 이런 까닭에 신성한 전승지와 **진인**들은 세계를 그런 재료들로 만들어진 물건들에 비유하고, 세계의 원인인 **실재**를 그 재료들에 비유하면서 세계의 비실재성을 자유롭게 보여준다.

예를 들어 항아리는 흙으로 만들어진다. 따라서 그것은 아무런 독립적 실재성이 없다. 항아리가 가진 것처럼 보이는 존재성은 흙에서 나온 것이다. 따라서 항아리는 관습적으로 항아리일 뿐, 실은 흙일 뿐이라고 고대의 전승지에서는 말한다. 그것이 항아리로 만들어지기 전에 흙이었고, 깨지고 난 뒤에도 흙일 것이다. 그리고 바로 지금도 '항아리'라는 이름과 형상을 가진 흙일 뿐이다. 따라서 그것은 내내 흙이다. 항아리로서의 그 형상은 일시적이므로, 그것이 흙으로서는 실재할지 몰라도 항아리로서는 실재하지 않는다는 것이다. 흙으로서의 이 실재성도 상대적일 뿐이다. 왜냐하면 흙은 나뉠 수 있고 변할 수 있을 뿐 아니라, 시공간 안에 있기에 어떤 지속적 존재성도 가지고 있지 않기 때문이다.

그와 마찬가지로 **실재** 안의 한 겉모습인 세계도 관습적으로만 세계이지, **실재**와 독립된 그 자체의 어떤 존재성도 가지고 있지 않다. 따라서 그것은 세계로서는 실재하지 않고, 내내 **실재**일 따름이다. 그러나 이 가르침을 그 비유에 한정해서는 안 된다. 왜냐하면 **실재**는 (흙과는 달리) 어떤 실제적 변화도 결코 겪지 않았다는 중대한 차이가 있기 때문이다.

**진인**은 세계의 비실재성을 세 가지 비유로써 이해해야 한다고 우리에게 말한다. 즉, 뱀으로 오인된 밧줄, 신기루가 나타난 황무지, 그리고 꿈의 비유이다. **진인**은 이 세 가지 비유가 모두 필요하고 한데 결합되어야 한다고 우리에게 말씀하신 적이 있다. 우리가 추구하는 진리는 초월적이며, 한 가지 비유만으로는 적절히 설명될 수 없기 때문이다.[8]

첫째 비유가 사용되는 것은 앞서 우리가 보았다. 밧줄이 처음에는 뱀으로 오인되고, 나중에 밧줄로 인식되면 뱀이 나타나기를 그친다. 그런데 세계는 그렇지 않은 것처럼 보인다. 세계가 **진아**의 한 겉모습일 뿐임을 알고 있을 때에도 세계는 계속 나타난다. 이것은 그 가르침을 듣고 나서 다소 납득한 사람이 제기하는 반론이다. 이에 대한 올바른 설명은, 단순한 이론적 지식만으로는 세계라는 겉모습이 해소되지 않으며, 실제적인 **진아체험**이 있어야 한다는 것이다. 그러나 이런 설명은 이 단계에서 시기상조일 수 있다. 그래서 **진인**은 거짓된 겉모습이 거짓임을 우리가 알고 난 뒤에도 그것이 계속 보일 수 있다는 것을 우리에게 납득시키려고 한다. 이것은 신기루가 보이는 황무지의 비유로 잘 설명된다. 신기루는 그 뱀과 같이 거짓된 겉모습이다. 그러나 그 장소에 물이 없다는 것을 알고 난 뒤에도 신기루는 계속 보인다. 그래서 우리는 겉모습이 지속된다는 사실만으로는 그것이 실재함을 증명하지 못한다는 것을 알 수 있다. 그러나 이때 또 다른 의심이 일어난다. 그 제자는, 신기루의 경우는 구분이 가능하다고 말한다. 즉, '신기루에 대한 진실이 알려진 뒤에 그것이 사라지지 않는다 할지라도 신기루의 물이 실재하지 않는다는 것이 인정된다. 갈증을 식혀 줄 물이 없다는 것으로써 그것의 비실재성이 입증되기 때문이다. 그러나 세계의 경우는 그렇지 않다. 왜냐하면 세계는 무수한 목적에 이바지하기 때문이다.'라고 한다. **진인**은 꿈들의 경험을 원용하여 이런 의심을 물리쳐 준다. 꿈속에서 보이는 사물들도 유용하다. 꿈속에서 먹는 음식은 꿈속의 허기를 채워 준다. 이렇게 볼 때,

---

8) 비유는 증거가 아니며, 어떤 **진인**도 비유로써 자신이 무엇을 입증한다고 생각하지 않는다는 것을 기억해야 한다. **진인**들의 가르침이 권위가 있는 것은 그들이 **진인**이기 때문이다. 그들은 우리가 그 가르침을 이해하도록 돕기 위한 수단으로 비유를 사용한다.

생시 상태는 꿈의 상태보다 결코 우월하지 않다. 생시 상태에서 생시의 사물들을 사용하는 것이 타당하듯이, 꿈속에서는 꿈속의 대상들을 사용하는 것이 타당하다. 방금 배불리 먹은 사람이 잠자리에 들어 배가 고픈 꿈을 꿀 수도 있고, 마찬가지로 꿈속에서 배불리 먹은 사람이 깨어나서 배가 고플 수도 있다. (꿈 없는) 잠 속에서는 둘 다 거짓으로 판명된다. 꿈의 비유에서는 우리가 이 정도까지 살펴보았다. 즉, 어떤 사물이 어떤 욕구를 만족시키는 것처럼 보일 수 있지만, 그래도 하나의 환幻일 수 있다는 것이다. 실은 그 욕구와 만족 둘 다 똑같이 실재하지 않는다.

그리하여 우리는 세계가 그 자체로서는 실재하지 않는다는 것을 이해한다. 왜냐하면 세계는 진인들이 제시하는 실재성의 판단기준을 만족시키지 못하기 때문이다.

진리 추구자가 벗어나고 싶어 하는 무지의 늪에서 그를 건져주고자 하는 이런 가르침을 받아들이지 않는 수많은 종교들이 있다. 이런 종교들은 하나같이 일정한 믿음과 신조의 틀에 기초해 있으며, 그 안에는 속박을 유지하는 무지가 다소간 들어가 있다. 이 때문에 이들 종교를 고수하는 사람들은 이 가르침을 받아들일 수 없다. 그들은 그것을 논박하려고 한다. 그러나 그러다 보면 진인들이 우리에게 제시한 실재의 기준에 직면하게 된다. 그들은 그 어려움을 두 가지 방식으로 극복하려고 한다. 먼저 그들은 그 기준을 부인한다. 그럼에도 그들은 그것이 올바른 기준이라는 것을 느끼고, 그래서 세계가 그 기준에 따라서도 실재한다는 것을 입증하려 든다. 그럴 때도 그들은 여전히 마음이 불편하고, 실재성의 정도라고 하는 더없이 비철학적인 수단을 고안하여 자신들의 양심을 편하게 하지만, 모든 진인들은 그것을 쓸모없다고 판정한다.

진인들도 인간의 약점에는 양보해 준다는 것을 여기서 유념해도 될 것이다. 절대적 진리의 관점에서는 세계가 실재하지 않지만, 무지가 우리

의 마음을 계속 지배하는 한, 세계는 실재하는 것과 마찬가지이다.[9)]

그러다 보니 세계가 실재한다고 믿는 사람들도 진인들에 대해 실제적인 불만은 없다. 그 가르침은 몸이나 마음이 자기라고 완전히 믿고 있는 사람들—그것이 무지라고 생각하지 않고, 그 무지를 없애고 싶은 마음이 전혀 없는 사람들—에게도 세계가 실재하지 않는다는 의미는 아니다. 고대의 전승지는 두 부분으로 되어 있다. 그 한 부분은 자신이 무지 속에 있다는 것을 의식하지 못하는 사람들에게 말해 주는 것이고, 따라서 그 무지를 몰아내려고 하는 가르침을 위해서는 쓸모가 없다. 고대 전승지의 다른 부분은, 그 무지를 의식하고 있고 거기서 벗어나려고 애쓰는 사람들에게 말해 주는 것이다. 이 두 부분은 사뭇 별개이다. 그러나 세계가 실재한다고 믿는 사람들은 고대의 계시가 가진 이런 면모를 알지 못한다. 게다가 불가피한 논리적 결론으로, 그들은 자신들의 입장이 낮은 수준의 것이라는 데 심기가 불편하다. 또한 자기가 실재한다고 믿는 세계가 실재하지 않는 것으로 배척된다는 데 불만을 느끼고, 진인들의 추종자들인 우리와 종종 시비하고 싶어 한다. 그러나 진인들이 지적했듯이, 우리는 그들과 시비할 일이 없다. 왜냐하면 그들이 그들 식으로 믿고, 또 그렇게 믿으면서 세계가 지속되는 동안 세계를 최대한 활용하는 것이 아무 문제가 없다는 것을 우리가 인식하기 때문이다. 그들은 꿈을 꾸면서 자기 꿈이 실재한다고 믿고, 깨어나고 싶어 하지 않는 사람들과 같다. 우리는 진인들이 그렇게 말해 주기 때문에 이 세간적 삶이 하나의 꿈일 뿐임을 깨닫기 시작했고, 여기서 깨어나고 싶어 한다.

세계가 그 나름의 어떤 실재성도 가지고 있지 않다는 것을 진인은 다음과 같이 말한다. "세계와 마음은 하나로서 함께 일어나고 가라앉지만,

---

9) 진인들이 가르치는 진리는 절대적 진리(*paramarthika*)이고, 무지 속에서 관념되는 진리는 경험적 진리(*vyavaharika*)이다. 물론 후자는 엄밀한 철학의 견지에서 보면 비진리이다.

세계가 나타나는 것은 오직 마음 때문이네. 세계와 마음이라는 이 (불가분의) 쌍이 그 안에서 일어나고 가라앉는 그것만이 실재하니, 일어나지도 않고 가라앉지도 않는 그 실재는 단 하나의 무한한 의식이라네."[10]

그래서 우리는, 우리가 모르지는 않지만 지금까지 그 중요성을 간과했던 한 가지 사실을 상기하게 된다. 즉, 세계는 잠 속에 합일되어 사라졌다가 마음이 생겨나는 바로 그때 나타나기 시작하고, 마음이 계속 작용하는 동안에만 계속 나타나 있다가, 마음이 잠 속에서 해소될 때 마음과 함께 사라지며, 깨어나서 마음이 다시 생겨날 때만 다시 보인다는 것이다. 잠 속에서 마음이 사라졌을 때는 세계라는 겉모습도 없다. 이 사실에서 마음도 세계도 실재하지 않는다는 결론이 나온다. 이것이 그런 까닭은 마음과 세계가 지속적으로 나타나지 않기 때문만이 아니라, 그것들이 실재 안에서 일어나고 가라앉을 뿐 실재와 독립된 그 나름의 존재성을 가지고 있지는 않기 때문이다. 여기서도 예전 진인들이 규정한 실재성의 기준이 분명하게 받아들여지고 적용된다.

혹자는 어쩌면 세계가 나타나지 않는 것은 세계를 지각할 마음이나 감각기관이 없기 때문일 뿐이라고 항변할지 모른다. 그에 대한 답변은 간단하다. 잠 속에서 마음이 없다는 것은 사실이다. 그러나 우리는 있다. 그런데 만약 세계가 실재한다면, 무엇이 있어 그것을 우리에게 나타나지 못하게 하는가? 잠 속에서 마음이나 감각기관이 없다는 것은 세계가 보이지 않는 이유가 되지 못한다. 실재하는 것이 무엇이든, 진정한 자아는 그것을 보기 위한 어떤 매개물도 필요로 하지 않는다. 신성한 전승지는 진아가 '의식의 눈'이라고 우리에게 말해 주는데,[11] 이 눈에 의해서만 마음과 감각기관이 지각을 할 수 있다. 실재를 자각할 수 있는 그의 능력

10) 「실재사십송」, 제7연(부록 1, 제12연 참조).
11) 이 가르침은 형상들은 실재하지 않는다고 하는 본 장의 뒤쪽에 나온다.

은 (잠 속에서라고 해서) 결코 상실되지 않는다고, 모든 **베단타**에서 말한다. 잠 속에서 우리가 세계를 보지 못하는 것은 세계가 존재하지 않기 때문이다.

**진인**은 같은 이야기를 다른 형태로도 말했다. "몸은 세계와 다르지 않고 마음은 몸과 다르지 않네. 마음은 **원초적 의식**과 다르지 않고 **원초적 의식**은 **실재**와 다르지 않으니, **그것**은 **평안** 속에 불변으로 존재하네."[12)]

여기서 마음과 세계가 거기서 일어났다가 그 속으로 가라앉는 **근원**이라고 하는 **실재**가 존재한다는 것을 우리가 어떻게 확신할 수 있느냐는 질문이 나올지 모른다. 그 답변은, 이 실재하지 않는 쌍은 그들이 그 안에서 일어나고 가라앉을 수 있는 어떤 실재물 없이는 나타나고 사라질 수 없다고 하는 것이다.

이 가르침을 받아들일 때 우리의 주된 어려움은 이것이다. 즉, 우리는 세계가 우리의 **바깥에** 존재하며, 우리 자신은 몸이거나 몸 안에 있는 마음이라는 생각에 익숙해져 있다는 것이다. 우리는 또한 마음은 세계에 비해 엄청나게 작은 것이라고 생각해 왔고, 그래서 이 방대한 세계가 마음 안에 어떻게 있을 수 있는지, 혹은 마음과 하나일 수 있는지 우리로서는 생각하기가 어렵다. 이런 어려움은 우리가 가지고 있는 또 하나의 거짓된 가정, 즉 시간과 공간은 실재한다는—왜냐하면 시간과 공간은 세계라는 겉모습의 불가분한 요소이므로—가정과 연관된다. 세계가 나타날 때는 시간·공간과 함께 나타나며, 잠 속에서나 **에고 없는 상태**에서 세계가 사라질 때는 시간과 공간도 남지 않는다.

이 어려움에 대한 간단한 해법은, 이 모든 가정들이 제1차적 무지, 곧 에고-의식(ego-sense)의 파생물이고, 따라서 신뢰받지 못한다는 데 있다.

이 관념, 즉 세계는 우리의 바깥에 있고 우리의 감각기관을 통해 지

---

12) 『진어화만』, 제99연(부록 2, 제19연 참조).

각되는 대상들로 이루어져 있다는 관념 때문에, 세계가—주관적이고 따라서 실재하지 않는 것으로 인정되는—한갓 생각들과 상반되는 하나의 객관적 실재로 여겨지는 것이다.

진인들은 우리에게 이 객관성이 근거 없는 가정이라고—즉, 세계는 사실 우리의 마음 속에만 존재한다고 말한다. 아루나찰라의 진인은 이 입장을 이렇게 말한다. "세계는 다섯 감각, 곧 소리 등에 지나지 않네. 따라서 세계는 다섯 감각기관의 대상들로 구성되며, 하나의 마음이 다섯 감각기관을 통해 이 다섯 감각을 자각하게 된다네. 사실이 그러하다면, 세계가 어떻게 마음 이외의 것일 수 있겠는가?"13)

여기서 진인은 우리에게, 이제는 모든 등급의 철학자들이 동의하는—임마누엘 칸트(Immanuel Kant)의 정교한 설명 덕분이지만—하나의 사실, 즉 우리가 지각하는 모든 것은 그 실재성이 문제되는 세계 그 자체가 아니라, 끊임없이 변해 가는 감각들, 곧 소리·접촉·형상·맛·냄새들의 덩어리에 불과하다는 사실에 주의를 기울이게 한다. 이런 감각들은 바깥에 있는 것이 아니라—만약 어떤 바깥이라는 것이 있다면—안에, 곧 마음 안에 있을 뿐이라는 것을 부인할 수 없다. 이것은 철학자로 자처하지 않는 일부 과학자들까지도 스스럼없이 인정한다. 그 감각들은 마음 속에서 일어나는 생각인 것이다. 이런 생각들과 함께 그 감각들의 기원인 사물들이 그 안에 존재하는 하나의 바깥이 있다는 생각이 일어난다. 꿈속에서도 그와 꼭 비슷한 확신이 일어나서 그 꿈이 끝날 때까지 강력하게 지속된다는 점을 유념해야 할 것이다. 세계의 객관적 실재성을 주장하는 사람들은 이 감각들이 바깥에 존재하는 대상들에 의해 실제로 야기된다는 것을 반박할 수 없는 증거로 증명해야 한다. 왜냐하면 입증 책임이 그들에게 있기 때문이다. 그 가정은 진인들이 제시한 이유로 해

13) 「실재사십송」, 제6연(부록 1, 제11연 참조).

서, 그들에게 불리하다.

그들은 세계가 실재한다고 말한다. 그래서 그들은, 잠이 들어 세계를 볼 수 없는 사람들에게 세계가 나타나지 않는다고 해서 세계가 실재하지 않게 되는 것은 아니라고 주장한다. 어떤 사람들은 잠들어 있어도 다른 사람들은 깨어 있어서 세계를 보며, 따라서 세계는 항상 누군가에 의해 보이고 있다는 것이다. 그들은 별개의 개인들로 존재한다고 생각되는 모든 사람들의 생시 상태를 합산하고, 그리하여 하나의 지속적인 세계라는 겉모습(world-appearance)이 있다고 이해한다. 그리고 이것이 세계가 실재함을 입증해 준다고 그들은 말한다. 만일 잠에서 깨어난 사람이 자기가 잠자는 동안 세계를 보지 못했다는 것을 기억하고, 그래서 자기가 자는 동안 세계가 존재했는지 여부를 의심한다면, 깨어 있던 어떤 사람에게 물어보아 자기가 잘 때 그 사람이 세계를 보았다는 것을 알기만 하면 된다는 것이다.

이 증거는 결정적이지 않다. 사실 그것은 전혀 증거가 못 된다. 잠에서 깨어나 자기가 자는 동안 세계가 계속 존재했는지 여부를 탄핵 불가능한 증거로 확인하고 싶은 사람의 경우를 들어 보자. 또한 이 탐색자가 자신이 자는 동안 시간이 존재했다고, 따라서 시간이 실재한다고 생각한다고 가정하자. (세계의 실재성을 주장하는 사람들은) 그에게 그 시간에 자지 않았던 사람들의 증거를 받아들이라고 말하게 된다. 그런데 이 '목격자들' 자신이 지금 실재성이 문제되는 그 세계의 일부이다. 이 잠자던 사람은 자기가 깨어났을 때 세계가 다시 나타나기 시작했음에도 불구하고, 자신이 자고 있을 때는 세계가 나타나지 않았기 때문에 그 실재성을 의심하는 것이다. 이 의심은 이들 '목격자들'도 포함하지 않는가? 진인이 어느 반대론자에게 지적했듯이, 그는 잠 속에서 그들을 알지 못했다. 따라서 그들의 실재성은 전체로서의 세계의 실재성만큼이나 의심스럽다.

그 의심을 어떻게 물리칠 수 있는가? 잠에서 깨어난 사람이 그들을 목격자로 인정하려면, 그들이 실재한다는 것을 증명할 어떤 독립된 증거가 있어야 한다. 그런 어떤 증거도 제시되지 않는다. 그가 그들의 실재성을 받아들이는 것은 단지 그들을 보기 때문이라고 생각된다. 그가 자기 전에 그들을 보았다고 해서 아무 차이가 없다. 왜냐하면 세계의 경우도 마찬가지이기 때문이다. 그래서 그 논변은 증명되지 않은 것을 사실인 양 말하는 미묘한 방식일 뿐이다. 세계가 실재하지 않는다는 가정은 영향받지 않을 뿐 아니라 오히려 강화된다. 그것은 우리가 예상할 수 있는 거의 결정적 증거이다.

세계의 객관성을 주장하는 또 한 가지 논변이 있는데, 즉 세계는 모든 관찰자에게 똑같이 나타난다고 하는 것이다. 그러나 세계가 과연 모든 사람에게 똑같이 나타나는지는 의문이다. 사람들 사이에서 세계에 대한 견해에 큰 차이가 있는 것은 우리가 흔히 경험하는 일이다. 그러나 모든 관찰자들 사이에 실질적 동의가 이루어진다고 가정해 보자. 진인은 우리에게 이 논변이 무효라고 말한다. 왜냐하면 그것은 서로 다른 관찰자들이 있다는 그릇된 가정에 입각해 있기 때문이다. 외관상 있는 듯한 '관찰자들 간의 동의'는 그들 모두의 안에 단 하나의 관찰자가 있다는 사실에 기인한다고 당신은 설명한다. 그래서 세계라는 겉모습의 균일성은 세계의 실재성에 기인하는 것이 아니다. 그래서 이 논변도 실패한다.

진실은 이렇다. 즉, 마음 자체가 자신의 자기기만력自己欺瞞力으로 세계라는 용기容器, 곧 '바깥'과 함께 자신의 감각들에 상응하는 하나의 가상적 세계를 창조하고, 그것을 '바깥' 속으로 투사한다. 이 창조와 투사는 자신도 모르게 일어나는 무의식적 과정이며, 그래서 마음은 하나의 '바깥'과 이 바깥 속에 있는 객관적 세계의 존재성을 결코 의심하지 않는다. 만약 마음이 의식적으로, 의도적으로 세계를 창조했다면 훨씬 더 즐거운 세계를 창조할 수 있겠지만, 그러지 못한다. 왜냐하면 창조 과정이 의식적이지 않기 때문이다. 우리는 이것을 꿈에서 본다. 꿈속에서 마음은 자신의 꿈 세계를 창조하지만, 그것은 생시 세계보다 결코 더 즐겁지 않다. 악몽과 같이 더 나쁠 때도 많은데, 그것은 지옥 같은 경험이다.

마음이 이런 자기기만력을 가지고 있어 스스로 한 세계를 창조한 뒤 그에 속고 있다는 것은 우리가 실제 경험에서도 보는 것이다. 우리는 바로 지금 이 힘이 꿈의 원인이라는 것을 보았다. 꿈 세계는 그 꿈이 지속되는 동안 실재하는 것처럼 보이는데, 만일 그 꿈속에서 꿈을 꾸는 사람이 자신이 보는 것들의 실재성을 의심하고 그 진실을 알아내려 한다면, 자신이 꿈을 꾸고 있는 것이 아니라 활짝 깨어 있다고 늘 단정할 것이다. 사실 **자연**은 그 누구에게도 계속 꿈을 꾸면서 동시에 자신이 꿈을 꾸고 있다는 것을 아는 것을 결코 허용하지 않는다.

그러나 이 힘이 생시에도 작용하고 있는 것을 볼 수 있다. 마음은 추상력抽象力(사물의 본질을 일반화하는 능력)에 의해 자신이 상상하는 어떤 것에도 실재성 비슷한 것을 부여할 수 있고, 그러면서 마치 꿈 속에서 그러하듯 한동안 스스로 기만당한다. 그 실재감은 마음의 집중도와 그에 따라 창조된 심상心像(mental image)이 생생한 정도에 따라 달라진다. 무대 위에서 짜임새 있고 연기가 훌륭한 연극을 구경할 때, 우리는 아무리 짧은 동안이라 해도 거기에 속아서 우리가 보는 것이 실제라고 믿게 된다. 위대한 문예 작가가 지은 소설을 읽을 때도 같은 일이 일어난다. 이 두 경우 모두 인물과 사건들은 아무런 실제적 존재성이 없다. 그러나 예술가들이 창조하고 우리 자신의 상상력이 도움을 준 실재성의 환상 때문에, 그것들은 우리의 내면에서 강력한 감정을 불러일으킨다. 만일 그 환상이 약하면—예술가의 기량이 수준에 미치지 못할 때와 같이—감정이 일어난다 해도 그 감정의 일어남이 약해서 우리가 속지 않는다. 비非의

도적 창조에 관한 한, 모든 살아 있는 존재들은 이제까지 존재한 어떤 예술가보다 더 높은 예술적 기량을 갖추고 있다.

우리는 어린이들이 이 힘을 어른들보다 훨씬 더 많이 가지고 있다고 생각한다. 우리 자신에게서는 우리가 그 힘을 발견하지 못한다. 왜냐하면 우리의 '정신적 창조물'들은 학교에서나 삶의 고달픔 속에서 받은 훈련에 의해 다른 마음들의 창조물과—그 마음들의 존재 자체가 마음의 창조물이지만—어느 정도 균일하도록 길들여지기 때문이다. 우리는 한 꿈에서 깨어나거나, 책을 손에서 내려놓거나, 연극의 커튼이 내려올 때와 같이 그 상황이 끝나는 경우마다 이 자기기만을 자각한다. 그러나 그 환상이 걷히지 않을 때는, 당연히 우리가 속고 있다는 것을 알 수 없다. 이 자기기만을 끝내는 유일한 방도는 진정한 자아에 대한 직접체험을 얻는 것이다. 다른 방도가 없다. 뒤에서 우리는 무지 속의 우리 삶의 세 가지 상태를 에고 없는 상태와 대비하여 논의할 때, 그 체험이 이 상대성(relativity)[14]과 속박의 꿈에서 깨어나는 것이라는 점을 살펴볼 것이다.

진인은 우리에게, 세계가 그 자체로 실재한다는 믿음이 유지될 수 없다는 또 다른 증거들을 제시했다. 분별과 다양성은 세계라는 겉모습의 생명이자 영혼 그 자체이다. 이 모든 것은 원초적 무지의 자손이라고 진인은 말한다. 이런 분별들 가운데서 우리는 시간과 공간을 발견한다.

우리는 시간과 공간이 객관적 실재라는 어떤 증거를 가지고 있는가? 만일 그런 취지의 증거가 없다면, 세계가 그 자체로 실재한다고 주장하는 것은 우스운 일일 것이다.

칸트(Kant)[15] 시대 이후의 서양 철학자들은 공간·시간·인과성이 마음의 창조물이라는 이론에 친숙하다.

---

14) *T.* 이 단어는 '상대성의 세계', 곧 이원적 분별이 있는 현상계를 가리키는 말이다.

15) 칸트는 상대성의 철학적 원리에 대한 논리적 증거를 제시했다고 말할 수 있을 것이다. 이 원리는 새로운 것이 아니다. 그것은 베단타 철학의 출발점이기도 하다.

아인슈타인이 발표한 상대성 이론을 위시한 물리학의 최근 발전은 이러한 논지를 한층 강력하게 만들고 있다. 그러나 시간과 공간의 진리성(실재성)에 반대하는 가장 강력한 논변은 아루나찰라의 진인이 우리에게 제시한 것이며, 때가 되면 우리가 이것을 논의할 것이다.

아인슈타인에 따르면 시간과 공간은 별개의 두 실체가 아니며, 존재한다고 말할 수 있는 것은 단 하나밖에 없다. 즉, 공간과 시간이라는 두 가지가 아니라 하나의 시공時空(space-time)만이 있다. 그러나 이 '시공'을 결코 직접 체험할 수는 없다. 그것은 물리학자들이 물리적 현상을 이해하는 데—혹은 이해한다고 그들이 생각하는 데—도움을 받기 위해 도입한 하나의 가정적 실체에 지나지 않는다. 어떤 문외한도—수리 물리학자가 아닌 어떤 사람도—이 '시공'을 결코 이해할 수 없을 것이다. 이렇게 관념되는 세계는 더 이상 객관적 실재가 아니라, 수학의 방정식으로 표현되는 하나의 추상물이다.[16)]

그리하여 과학자들은 시간과 공간이 시공이라고 하는 것 안에서 일어나는 환상이라는 것을 우리에게 입증했다. 그러나 이 새로운 실체는 그것을 뒷받침할 감각 경험의 증언조차도 가지고 있지 않다.

이제 진인에게서 우리가 무엇을 배울 수 있는지 살펴보자. 당신은 시간도 공간도 실재하지 않는다고 힘주어 말한다. 당신은 이렇게 말한다. "'나'라는 느낌과 별개로 시간과 공간이 어디 있는가? 만일 우리가 몸과 동일하다면, 우리가 시간과 공간 안에 있다고 말할 수도 있을 것이네. 그러나 우리가 몸인가? 우리는 언제 어디서나 동일하고, 따라서 우리는 시간과 공간을 초월하는 저 실재라네."[17)]

---

16) 이것이 상대성 이론이라는 것이다. 이 용어가 어떤 의미를 가지고 있다면, 그것은 시간도 공간도 독립적인 존재성을 가지고 있지 않다는 것이다. 시간과 공간은 서로간의 부단한 관계와 결합 속에서만 존재하는—혹은 존재하는 것처럼 보이는—것이다. 이 이론은 시간과 공간이 심적心的이라고 하는 비이원론의 가르침을 뒷받침한다.

17) 「실재사십송」, 제16연(부록 1, 제21연 참조).

시간과 공간은 에고 의식이 생긴 뒤에 주관적으로 생겨나는 심적인 형상들이다. 잠 속에서는 시간도 공간도 없다. 우리가 잠에서 깨어나면 에고가 솟아나면서 “나는 몸이다”라고 말한다. 그리하여 에고가 시간과 공간을 창조하고, 그 안에 몸과 세계를 위치시킨다. 잠 속에서 에고가 가라앉으면 이 모든 것이 사라진다. 따라서 시간과 공간은 에고와 별개로는 어떤 실재성도 갖지 않는다고 말해진다. 그리고 에고와 마음은 사실상 같은 것이다. 따라서 그것들은 심적이다. 만일 혹자가 우리는 시간과 공간 안에 속박되어 묶여 있는 것을 경험한다는 반론을 제기하면, 진인은 그것이 “나는 몸이다”라는 관념에 기인하는 환상이며, 시간과 공간 안에 있는 것은 몸뿐이라고 답한다. 그렇다면 우리는 무엇인가? 우리의 참된 성품은 무엇인가? 진인은 우리에게, 우리는 몸도 아니고 마음도 아니고 영원한 “내가 있다(I am)”인데, 이것은 변할 수 없고, 이어지는 생각들을 하나로 꿰는 실과 같아서, 모든 생각 안에 이 “내가 있다”가 존재한다고 말한다. “나는 젊다”, “나는 어른이다”, “나는 늙었다”, “나는 남자다”, “나는 올바르다”, “나는 죄인이다”—이런 모든 생각에서 “내가 있다”가 상수 인자이다. 그것은 그 성품을 결코 바꾸지 않는다. 다만 진정한 자아—이 “내가 있다”인 사람—를 몸과 혼동할 때, 그것의 성품이 바뀌는 것처럼 보일 뿐인데, 이 혼동이 에고-의식을 낳는다. 시간과 공간은 이 “내가 있다” 안에서 그에 의해 나타나지만, 그에게 영향을 주지는 못한다. 이 “내가 있다”는 마음의 한 생각이 아니다. 그것은 시간과 공간을 초월하는 진정한 자아이다. 우리는 지나가는 다양한 생각들을 물리치고, 순수한 “내가 있다”, 즉 진아를 분리해야 한다. 우리가 그렇게 하면 그가 무시간이고 무공간임을 발견할 것이라고 진인은 말한다. 그리고 시간과 공간은 에고가 죽으면 살아남지 못하므로 그것들은 실재하지 않는다. 여기서 우리는 이것을 명심해야 할 것이다. 즉, 실재는 에고 없는 상태에 존재하는 (어떤) 것이다.

우리 중의 어떤 사람은 이런 성찰을 통해 납득하기보다 당혹해할지 모른다. 그러나 시간과 공간, 그리고 그것을 채우고 있는 것처럼 보이는 세계가, 그것을 관념하는 마음과 독립된 객관적 실체라는 것을 보여주는 어떤 분명한 증거도 없다는 결론에 저항할 수 있는 사람은 가장 아둔한 사람들뿐이다.

다음의 성찰이 다소 도움이 될지 모르겠다. 시간과 공간은 무한한 것으로 늘 상상된다. 그렇게 상상하지 않을 수 없다. 그러나 시간과 공간이 무한하다는 증거는 없다. 꿈을 꿀 때 우리는 시간과 공간 둘 다를 발견하는데, 우리의 꿈에는 하나의 시작이 있기 때문에, 만약 우리가 실재(실재하는 시간·공간)를 보고 있다면 그 꿈 속에서 곧바로 그 꿈의 시간에도 시작이 있었음을 알 수 있어야 한다. 그러나 우리는 그러지 못한다. 잠에서 깨어야만 우리가 (꿈을 생시로) 착각하고 있었다는 것을 알게 된다. 이런 점에서, 꿈의 시간과 생시의 시간 사이에는 실질적으로 아무 차이가 없다.

시간은 실제로 존재하지는 않으므로, 과거도 없고 미래도 없고 현재조차도 없다. 세계의 창조 같은 그 무엇도 있을 수 없었다. 또한 시간을 전제로 한 모든 것이 실재하지 않는다. 그래서 우리에게는 어떤 전생도 없고, 미래에도 어떤 생도 없을 것이다. 지금도 우리는 몸을 가지고 있지 않고, 죽음도 실재할 수 없다. 우리가 그 열매를 거두어야 할, 과거에 한 행위들도 있을 수 없다. 지금도 우리는 행위들을 '하는 자'가 아니고, 미래에 그 열매를 거두는 일도 없을 것이다. 이것이 바로 모든 진인들이 체험한, 희석되지 않은 절대적 진리이다. 그러나 이것은 속인들이 가지고 있는 신념들의 상대적 타당성에는 영향을 주지 않는다.

공간은 하나의 환상이므로, 안과 밖의 구분—그것 없이는 세계가 하나의 객관적 실재일 수 없는데—또한 실재하지 않는 것으로 된다. 그리하여 늘 우리에게 속하는 것처럼 보이던 온갖 다양한 한계들이 환상임이 드러난다.

바깥이 없으므로, 그 바깥에 무정물無情物(지각력이 없는 사물들)이 없을 뿐 아니라 살아 있는 사람들도 없다. 우리는 세계의 실재성을 주장하는 많은 논변들이 공간 안에 사람들이 다수 존재하는 것을 당연시하는 것을 이미 살펴보았다. 이런 관념은 분명 에고-의식의 한 파생물이다. '나'라는 느낌(I-sense)은 '보는 자'의 몸에 한정되어 있으므로, 그는 자신이 보는 각각의 몸 안에 한 사람씩 들어 있다고 상상할 수밖에 없다. 그래서 '너'와 '그'라는 관념들이 일어나며, 이런 것들이 바로 무지이다.

**진인**은 이것을 다음과 같이 표현한다. **"'나는 몸이다'라는 느낌이 일어나면 '너'와 '그'라는 관념도 일어나지만, '나'의 저변에 있는 진리에 대한 탐구에 의해 그 '나'라는 느낌이 종식되면, '너'와 '그'라는 관념도 사라진다네. 그때 유일한 잔여물로 빛나는 것이 참된 자아라네."**[18)]

『비슈누 뿌라나(*Vishnu Purana*)』—필자는 **진인**의 권유로 이 경전에 주목하게 되었다—에서 가져온 다음 일화는 이 문제 전체를 더 분명하게 이해하는 데 도움이 될지 모른다. 이것은 **진인 리부**(Sage Ribhu)가 그의 제자 니다가(Nidagha)를 어떻게 가르쳤는지 말해준다. 이 **진인**은 변장을 하고 니다가의 고향 읍으로 찾아가서 그를 발견했다. 제자는 **진인**을 알아보지 못하고, 그가 관광을 하러 온 촌부인 줄 알았다. 바로 그때 왕의 행차가 지나가고 있었는데, 저것이 무엇이냐고 **진인**이 물었다. 그때 다음과 같은 대화가 오고갔다. 니다가가 말했다. "이곳의 왕이 행차하고 있군요." "누가 왕이오?" "코끼리 위에 앉은 분이 왕입니다." "어느 것이 코끼리이고, 어느 것이 왕이오?" "위에 있는 분이 왕이고, 아래에 있는

---

18) 「실재사십송」, 제14연(부록 1, 제19연 참조).

것이 코끼리입니다." "무슨 의미로 하는 말씀인지 모르겠소. 부디 그것을 좀 더 분명히 설명해 주시오." 제자는 이 촌부 같아 보이는 사람이 너무 무식한데 놀랐다. 그래서 그를 이해시키기 위해 **진인**의 어깨 위에 올라타서 말했다. "이거 보십시오. 저는 왕처럼 위에 있고, 당신은 코끼리처럼 아래에 있습니다." **진인**이 말했다. "당신이 왕처럼 위에 있고, 내가 코끼리처럼 아래에 있다고 한다면, '나'와 '당신'이라는 것이 무슨 뜻인지 나를 이해시켜 주시오." 그러자 니다가는 황급히 뛰어내렸고, **리부**의 발 아래 엎드려 말했다. "분명히 저의 성스러우신 **리부 스승님**이시군요. 달리 누구도 비이원성의 심오한 진리에 관해 그런 변함없는 자각을 가지고 있지 않으니까요." **리부**는 그에게, 바로 그것이 그에게 필요한 가르침이었다고 말하고 그곳을 떠났다.[19] 그리하여 니다가가 진정한 **자아**의 진리를 배우게 되었다. 그는 단계적으로 지도 받다가, 마침내 어떤 사람과 다른 사람 간의 차별상(difference)이란 실재하지 않는다는 것과, 단 하나의 진정한 **자아**가 있을 뿐이라는 가르침을 들은 것이다. 개인성과 영혼들의 복수성은 환상이며, "나는 몸이다"라는 무지의 자식이다. 바로 이 무지가 모든 차별상 의식의 유일한 뿌리이다. 이 이야기에서 위와 아래라는 관념이 그 제자에게 참된 것처럼 보였던 것은, 단지 그가 자신을 하나의 몸과 동일시하고 **진인**을 다른 한 몸과 동일시했기 때문이다. 몸들은 위와 아래에 있었지만 그것은 **진아**가 아니었다. **진아**는 모든 차별상을 초월한다.

안과 밖의 구분이 실재하지 않는 것도 위와 아래의 구분이 그러한 것과 같다. 그리고 그 구분 없이는 세계도 없다.

또한 바로 이 무지로 인해 우리는 마음이 하찮을 정도로 작고, 몸의 한 구석인 뇌에 자리 잡고 있다고 추측한다. 이 거짓된 믿음 때문에, 우

19) *T.* 리부와 니다가의 이 이야기는 『비슈누 뿌라나』, 제2권 제16장에 나온다.

리는 이 방대한 우주가 어떻게 마음 안에 있을 수 있는지 생각하기가 어렵고, 심지어 그런 생각을 우습게 여기기도 한다. 아루나찰라의 진인은 우리의 이런 관념이 진리의 한 전도顚倒라고 말한다. 당신은 방대한 것은 우주가 아니라 마음이라고 이야기한다. “아는 자는 알려지는 것보다, 그리고 보는 자는 보이는 것보다 항상 크다.”는 것이다. ‘아는 자’ 안에 알려지는 것이 있고, ‘보는 자’ 안에 보이는 것이 있다. 허공이라는 광대한 무변제無邊際는 바깥이 아니라 마음 안에 있다. 왜냐하면 마음은 도처에 있고 거기에 바깥이라고는 없기 때문이다. 외관상 바깥에 있는 듯이 보이는 허공 안에 들어 있는 무한한 우주도 마음 안에 있다. 헌신자들이 우러르는 위대한 신들[20]과 그들 각자의 천상계들조차도 마음 안에 있을 뿐이다.[21] 헌신자와 다른 존재로 관념되는 그 신격神格은 상대적으로만 실재한다. 참된 신격(Divinity)은 실재이며, 그 안에서는 숭배하는 자와 숭배받는 자가 하나이고, 그 둘을 분별하는 마음은 거기에 설 자리가 없다. 그리하여 마음이 생각하는, 혹은 마음이 본다고 생각하는 모든 것—몸, 감각대상들, 다른 사람들이라고 생각되는 다른 몸들, 천상, 지옥 기타 영역이나 세계들—은 안에 있지, 밖에 있지 않다. 이 모든 미신들의 뿌리는 단 하나의 몸만이 자기(Self)이고 그 나머지 모든 것은 자기 아닌 것(not-Self)이라고 당연시하는 최초의 오류이다. 그리고 이 무지 때문에, 우리는 이 무지에서 일어나는 이런 믿음이나 다른 어떤 믿음이 올바른 것인지 의심해 볼 생각조차 하지 않는다. 우리가 몸이 자기라는 환상을

20) 복수형으로 ‘신들(Gods)’이라고 한 것은 헌신자들의 여러 종파가 숭배하는 다양한 신의 형상들(God-forms)을 뜻한다. 이 모든 형상들은 형상 없는 일자一者(the One)의 심적인 우상들이다. 이 단어를 소문자 ‘g’로 쓰면 그것은 기독교 신학의 ‘천사들’에 상응하는 천상의 거주자(천신)들을 뜻한다. 이러한 신들의 천국은 ‘신들’의 천국과는 다르다.

21) *yan manasā na manute yenāhurmano matam* |
*tadeva brahma tvam viddhi nedam yadidamupāsate* ||

마음으로 생각할 수 없으나, 그것에 의해 마음이 생각하는 것이라고 그들이 말하는 것, 그것이 진실로 브라만이며, 이곳의 사람들이 숭배하는 것이 (브라만은) 아님을 알라.’

—『께나 우파니샤드(*Kena Upanishad*)』, 1.1.6.

참되다고 받아들이면서 자기의 진리에 대해 우리 자신을 속여 왔다는 사실에 눈뜨고 나면, 세계가 하나의 객관적 실재가 아니라는 가르침을 잠정적으로나마 받아들이는 데 거의 어려움이 없을 것이다.

진인은 우리에게, 세계는 다섯 종류의 감각에 지나지 않기 때문에 실재하지 않는다고 말했다. 다섯 가지 감각 중에서도 특별히 고려할 만한 한 가지가 있으니, 그것은 형상이다. 형상들에 대한 감각이 없으면 우리는 제1차적 무지, 곧 에고-의식에 지배될 수 없다. 에고는 하나의 형상—몸—을 붙듦으로써 생겨나서 그 형상을 진정한 자아와 혼동하며, 그리하여 진정한 자아를 제한한다. 따라서 진인은 형상들이 실재하느냐 여부의 문제를 별도로 취급한다. 당신은 이렇게 말한다. "만일 자기가 형상이 있다면, 세계와 신도 그러할 것이네. 그러나 자기가 형상이 없다면, 어떻게 형상을 보며 누가 보겠는가? 보이는 대상이 보는 눈 아닌 다른 것인 적이 있었던가? 그 진정한 눈이 바로 진정한 자아이니, 그것은 형상도 없고 세계도 없는 무한한 의식이라네."[22)]

그 의미를 진인 자신이 다음과 같이 설명했다. "만일 보는 눈이 육신의 눈이라면 거친 형상들이 보입니다. 그 눈이 렌즈의 도움을 받으면, 보이지 않던 것들도 형상을 가진 것으로 보입니다. 만일 마음이 눈이라면 미묘한 형상들이 보입니다. 그래서 보는 눈과 보이는 대상들은 같은 성품의 것입니다. 즉, 눈 그 자체가 하나의 형상이면 그것이 형상들밖에 보지 못합니다. 그러나 신체적 눈도 마음도 독립적인 시각 능력을 가지고 있지 않습니다. 진정한 눈은 진아입니다. 그는 형상이 없고, 순수하고 무한한 의식, 곧 실재이므로 형상들을 보지 않습니다." 형상들은 보는 행위 그 자체에 의해 창조되는 것이다.

여기서 우리는 형상들이 나타나는 것은 오로지 에고-의식, 곧 제1차

22) 「실재사십송」, 제4연(부록 1, 제9연 참조).

적 무지 때문이라는 것을 배운다.

불가피한 결론을—즉, 세계는 어떤 객관적 실재성도 가지고 있지 않다고 하는 것을—여전히 회피하려는 사람에 대해, 진인들은 우리의 꿈속의 경험을 보라고 한다. 용도는 실재성을 입증하지 못한다는 것을 보여주는 사례로 우리는 이미 꿈들을 검토한 바 있다. 우리는 또한 외부성과 객관성의 관념이 하나의 망상일 수 있다는 것을 알 필요가 있다. 그리고 여기서 꿈들이 도움이 된다. 꿈을 꿀 때 우리는, 사람과 사물들로 구성되고 시간과 공간 면에서 연장되어 있으며, 실질적으로 생시의 세계와 비슷한 하나의 외부적 세계를 우리가 보고 있다고 온전히 믿는다. 이 외부성의 관념이 우리가 꿈의 세계를 실재한다고 여기는 원인이다. 그리고 이 믿음은 우리가 꿈을 꾸고 있는 동안 지속된다. 그때는 그 꿈의 세계가 우리의 바깥에 있고, 실재한다는 것을 우리가 조금도 의심하지 않는다. 우리가 공중을 날 수 있다는 것을 발견하거나 죽은 사람이 소생하는 것을 볼 때와 같이 뭔가 예사롭지 않은 것 때문에 의심이 일어나서 그 전체가 하나의 꿈이 아닐까 하고 의심하기 시작한다 해도, 그 의심은 어떤 식으로든 극복되고 그 꿈은 우리가 깨어날 때까지는 실재하는 것으로 여겨진다. 사실 그 꿈의 지속은 우리가 그것을 실재한다고 믿는 데 달려 있다. 이 실재성의 환상은 그 꿈을 꾸는 내내 지속된다. 우리가 깨어나서야 그것이 하나의 꿈일 뿐이었다는 것—즉, 외부 세계란 없었고, 단지 너무 생생해서 외부성과 실재성이라는 환상을 창조하는 하나의 심상心像이 있었을 뿐이라는 것을 알 수 있다.

꿈과 생시 사이에는 한 가지 차이점이 있다는 반론이 있을 수 있다. 우리는 꿈에서 깨어나 그렇게 그 꿈의 비실재성을 깨달을 수 있지만, 우리의 생시 경험에는 끝이 없고, 그것이 거짓임을 깨달을 기회가 없다고 말이다. 그러나 진인들은 우리에게 생시라는 이 꿈에서의 어떤 깨어남이 있고, 그때는 이 꿈이 끝나게 될 것이라고 말한다. 이 문제의 이런 측면은 나중에 우리가 개인적 경험의 세 가지 상태를 논의할 때 다시 논의될 것이다. 여기서 우리는 실재성의 느낌을 가져오는 원인인 외부성의 느낌이 환적이라는 것에만 관심이 있다. 이런 결론에 이의를 제기하는 사람은, 우리가 꿈을 꾸는 동안 그 꿈의 꿈 성품(dream-nature)을 발견할 수 있는 어떤 틀림없는 수단을 우리에게 말해 줄 수 있어야 한다. 만일 그런 수단이 있다면, 그것은 우리가 생시의 꿈 성품도 발견할 수 있게 해 주는 수단일 것이다. 꿈속에서든 생시에든, 만약 우리가 세계로부터 돌아서서 그 세계를 보는 그 사람을 보려고 노력한다면, 세계와 그것을 보는 자가 함께 사라지고 **진아**만이 남게 될 것이다.

이런 점들과 기타 점들을 고려한다면, 우리는 **진인**들이 제시한 견해, 곧 세계는 객관적 실재가 아니라는 것과, 세계는 독립적인 어떤 존재성도 가지고 있지 않다는 것을 쉽게 받아들일 수 있을 것이 분명하다. 그런 존재성을 가지고 있는 것은 단 하나가 있으니, 바로 진정한 **자아**이다. 우리는 이것을 뒤의 한 장에서 살펴볼 것이다.

세계는 마음에 지나지 않으므로, 세계의 진리는 마음의 진리에 의존한다. 그래서 우리는 이제 생시와 꿈의 두 상태에서 공히 세계의 창조주인 마음이 그 자체로 실재하는지 살펴보아야 한다.

**진인**은 마음이 불연속적임을 지적한다. 우리가 이미 들었듯이, 마음은 이미 만들어진 세계와 함께 일어나고 그와 함께 가라앉는다. 꿈 없는 잠 속에서는 마음이 없고 세계도 없다. **진인**이 우리에게 제시한 실재성의 기준으로 판단하면, 마음은 실재하지 않는다.

마음이란 **의식** 위를 지나가는 생각들의 흐름에 지나지 않는다고 **아루나찰라**의 **진인**은 말한다. 이 모든 생각들 중에서 첫 번째가 "나는 이 몸이다"라는 생각이다. 이것은 거짓된 생각이지만, 우리가 그것을 참되다고 여기기 때문에 다른 생각들이 일어날 수 있다. 그래서 마음은 제1차적 무지의 한 파생물일 뿐이고, 따라서 실재하지 않는다.

우리는 마음이 아니라는 것, 마음은 **진아**가 아니라는 것을 여기서 분명히 알 수 있다. 마음은 잠 속에서 존재하지 않지만, 우리는 잠 속에서도 계속 존재한다. 뿐만 아니라 **진아**는 세 가지 상태, 즉 생시·꿈·잠을 넘어선 상태에 존재한다.

우리는 세계의 실재성을 완강히 믿는 사람이 제기할 수 있는, 있을 수 있는 모든 반론을 다 다루지는 않았다. 물론 에고-마음(ego-mind)에게 반론을 제기해 보라고 하면 그것이 계속 제기할 반론에 끝이 없을 것이다. 우리는 마음이 왜 그토록 지칠 줄 모르고 어려움을 야기하는지 그 이유를 이미 발견했다. **진인**은 말을 안 듣는 마음이 이런저런 식으로 문제를 야기할 때 그것을 다루는 법을 우리에게 보여주었다.

이 모든 탐색의 결과는 이것이다. 즉, **진아**로서의 우리의 참된 성품을 발견할 수 있으려면, 세계가 실재한다는 미신에서 우리가 벗어나야 한다는 것이다. 물론 세계가 실재하지 않는다는 그 반대의 신념에 스스로 속박될 필요도 없다. 그러나 만일 우리가 그 반대의 신념—즉, 세계가 실재하지 않는다는 신념—을 취하지 않고는 세계의 실재성에 대해 현재 가지고 있는 신념을 포기할 수 없는 형편이라면, 설사 그것이 앞에서 설명한 것과 같이 엄밀히 참되지는 않다 해도 그 신념을 취해야 한다. 비이원론적 전승지의 교과서들은 우리에게, 만약 그것이 가능하다면 중도로 나아가라고 한다. 그리고 우리에게 세계는 '참되다거나 참되지 않다고 규정할 수 없다'—표현 불가능(*anirvachaniya*)하다—는 것을 기억하라고 하는데, 이것은 철학적으로 올바르다. 왜냐하면 그것은 **진인**들의 가르침에 부합하기 때문이다. 또 우리는 **진아**에 대한 **계시**에 의해 제1차적 무지가 완전히 최종적으로 소멸되어야 **진리**를 깨달을 수 있다는 것을 이해하면서, 세계를 젖혀두고 그에 대해 생각하지 않을 수도 있다. 이런 **계시**는 **진인**이 가르친 **탐구**를 해 나가면 다가올 것이다. 만일 우리가 그렇게 하지 못한다면, 십중팔구 세계는 우리 자신의 빗나간 마음이 만들어낸 하나의 환상에 불과하다는 것을 스스로 상기함으로써 무지의 지배력을 완화할 필요가 있다. 이것은 루이스 캐럴이 『이상한 나라의 앨리스』에서 묘사한 것과 다소 비슷한데, 여기서 그 여주인공(앨리스)은 자기가 보는 그 이상한 나라가 사뭇 실재한다고 믿다가 마지막에 가서야 그 세계가 하나의 거짓된 겉모습이었다는 것을 발견한다. 즉, 그제야 자기가 보던 그 남자들, 여자들, 동물들이 한 벌의 카드일 뿐이었다는 것을 발견하는 것이다. 마찬가지로, 해탈한 자는 이 견고하게 보이는 세계가 한 벌의 생각들일 뿐이라는 것을 발견한다.

**진인**들은 그들 자신의 새로운 신앙을 강요하려는 것이 아니라, **탐구**를 방해하는 그런 관념들의 지배에서 제자들을 해방하려 할 뿐이라는 점을 지적해 두는 것이 유용할 것이다.

이 몇 장에서 설명되고 있는 방법—즉, 세계는 한 벌의 생각일 뿐이라는 견해를 잠정적으로 받아들임으로써 세계로부터 마음을 추상화하는 방법은 '주관적 관념론(subjective idealism)'으로 불려 왔다. 왜냐하면 그것은 버클리(Berkeley-영국의 경험론 철학자)가 가르친 다소 비슷한 세계관과 닮은 점이 있기 때문이다. 그러나 우리의 관념론은—만약 그렇게 부를 수 있다면—**진아**에 대한 **탐구**의 한 보조수단이다. 이것은 진짜 **자아**에 대한 직접적 **계시**를 얻는 데 열의가 없는 사람에게는 받아들이라고 권하지 않는 것이다. 그것은 **진인**들의 독특한 가르침에 필수적으로 관계된다는 점에서, 그리고 거짓된 겉모습의 저변에 초월적인 **진아**가 있다는 점에서, 버클리의 한갓 관념론과도 다르다. 있을 수 있는 모든 방법들 가운데 이 방법이 모든 구도자들에게 최선의 것이라고 주장할 수는 없다. 한 방법이 다른 방법보다 더 낫거나 못한 것은, 일반적으로 그러한 것이 아니라 특정인과 관련해서만 그런 것이다. 이것이 속박에서 벗어나는 유일한 방법은 아니라는 것도 사실이다. 이 방법에 맞지 않는 사람들은 뒤에서 다루는 헌신의 길을 따라도 된다. 그런 사람들에게는 세계가 실재한다고 말해 주는데, 왜냐하면 실재가—신으로 불리지만—세계의 질료인質料因이자 능동인能動因[23]이기 때문이다. 여기에는 어떤 모순도 없다. 진인이 우리에게 자주 말씀하셨듯이, 가르침은 늘 그것을 배우는 사람에게 맞춰져야 하기 때문이다.

---

23) *T.* '능동인(efficient cause)'이란 세계를 능동적으로 창조하는 자, 곧 창조주를 말한다. '질료인(material cause)'은 그 세계를 구성하는 소재, 곧 물질적 범주들이다.

# 제6장 영혼

우리는 지금까지 마음 안에서 마음에 의해 나타나는 감각대상들의 본질을, 그 마음과 함께 논의했다. 논의할 필요가 있는 두 가지 주제가 더 있는데, 즉 개인적 영혼과 신이다. 우리는 먼저 전자를 살펴보겠다.

우리는 삶을 살아가면서 영혼(soul)에 대한 일정한 관념을 형성한다. 이런 관념들이 증거에 얼마나 많이 기초해 있는지 살펴볼 필요가 있다. 우리들 대다수는 한 영혼, 곧 바깥 세계를 구성하는 감각대상들을 '지각하는 자'와, 마음속에서 일어나는 생각들을 '생각하는 자'가 있다고 믿는다. 또한 각기 하나의 몸 안에 거주하는 별개의 한 영혼이 있다는 것을 당연시한다. 우리가 자아로 간주하는 것이 바로 이 '영혼'이다. 그리고 이 자아는 단 하나의 몸과 그에 연계된 마음에 한정되어 있기 때문에, 우리는 그것이 유한하다고 여긴다. 우리가 '나'라고 말할 때 그것은 이 소아小我를 뜻한다. 우리는 또한 '우리'가—즉, 이 소아들이—공간·시간·인과성의 법칙에 지배되면서 속박되어 있다고 믿는다. 우리들 중 일부는 또한 이 소아가 자유로워질 수 있다고 믿지만, 우리가 '자유'라고 할 때 모두 같은 의미로 그 말을 하는 것은 아니다. 우리들 대다수는 이 자아가 계속해서 몸을 받으며, 그것은 자아 자신의 의지에 의해서가 아니라 행위의 결과에 따른 강제(업력)에 의해서라고 믿는다. 더 나아가 영혼들은 신과 구분된다는 거의 보편적인 도그마를 많은 사람들이 믿고 있다. 소수의 사람들은 우리가 자유를 성취할 때 이 구분이 사라질 거라고 믿지만, 다른 모든 사람들은 그 구분이 영원하다고—영혼은 영원무궁토록 신과 별개로 남아 있을 거라고—믿는다. 이렇게 믿는 사람들은 시간과 공간, 그리고 이승과 저승의 실재성을 의문시하지 않는다.

이 모든 것을 믿는 사람들은 마음이 곧 자아(자기)라고 생각한다. 그러나 이런 가정은 잠재의식적일 때가 많다. 그들 중 실로 많은 사람들이 마음 아닌 어떤 자아가 있다는 것을 안다고 공언하지만, 잠재의식적으로는 그 자아가 모종의 마음이라고 믿으면서, 마음의 많은 속성들을 그들의 '자아'에 귀속시킨다.

이렇게 믿는 사람들이 실질적으로 옳다면, 그 자아는 한 사람(person), 즉 한 개인이라는 결론이 나온다. 그리하여 자아에 대해 일어나는 모든 물음은 이 하나의 물음으로 환원될 수 있다. "자아는 한 개인 혹은 사람인가?" 만일 그가 사람이 아니라면 어떤 영혼도 없다—즉, 행위의 결과를 향유하거나 고통스럽게 겪으면서 세계를 지각하는 자도 없다.

인격이 실재하느냐 여부는 **진인**이 당신의 저작들에서 말하는 내용에서 드러날 것이다. 그것은 다음과 같다. **"지각력 없는 몸은 '나'라고 말하지 않고, 실재하는 의식은 뜨지도 않고 지지도 않네. 그러나 이 둘 사이에서 의심스러운 존재인 어떤 '나'가 일어나 몸의 크기와 형태를 취한다네. 이 자체가 마음이고, 의식과 몸 사이의 매듭(으로 기능하는 것)인데, 조건 지워진 존재이고, 에고이고, 속박이며, 미세신인 이것이 (이른바) 영혼의 참된 본질이라네."**[1)]

**진인**은 여기서 우리에게 실재하는 **의식**은 시간을 넘어서 있고, 따라서 뜨지도 않고 지지도 않는다고 말한다. 그것은—지구에 대해 상대적으로—움직이지 않는 해와 같다. 우리가 이야기하는 해돋이와 해넘이는 지구의 운동에 기인한다. 마찬가지로 **실재**는 부단히 빛을 발하며, 에고의 뜨

1) 「실재사십송」, 제24연(부록 1, 제29연 참조).

고 짐도 그 때문이다. 에고-의식은 불연속적이고, 뜨고 진다. 에고-의식과 별개로는 어떤 개인적 영혼도 없다. 그것은 생시와 꿈 속에서는 빛나고, 잠 속에서는 저문다. 따라서 이 소아小我를 실재와 동일시할 수는 없다. 그렇다고 지각력 없는 몸과 동일시할 수도 없다. 그러면 이 소아란 무엇인가? 진인은 여기서 우리에게 말하기를, 그것은 하나의 가상적 존재, 곧 의식의 빛과 몸이 혼합된 마음의 한 키메라(chimera-그리스 신화의 상상적 괴물)라고 한다. 이 두 가지 전혀 다른 것이 한데 뒤섞인 결과가 개인적 영혼이라는 이 엉뚱한 존재인데, 이것이 "나는 이러이러한 사람이다"라고 말한다. 그것과 연관되는 의식의 빛 때문에 그것은 의식하는 것처럼 보이지만, 동시에 그것은 그 자체의 의식이 없는 몸과 구분할 수 없게 된다. 그것은 이 두 가지 엉뚱한 요소로 이루어졌기 때문에, 실재—진아—와 몸 사이의 매듭으로 묘사된다. 그래서 소아가 "나는 이 몸이다"라는 생각의 형태를 갖는 에고-의식으로 나타나는 것이다. 이렇게 자아와 동일시되는 몸이 늘 육신인 것은 아니다. 어떤 때는 몸의 더 미세한 형태일 뿐인 마음이 그 자리를 대신하며, 그때는 자아감이 한동안 마음에 국한되기도 한다.

그래서 "나는 이 몸이다"라는 생각이 1차적 생각이다. 그것은 다른 모든 생각이 꿰인 하나의 실과 같다. 그래서 에고를 마음과 구분할 수 없다. 사실 마음은 에고의 확장된 형태일 뿐이다. 그래서 진인은 우리에게, 마음과 미세신은 에고에 다름 아닌 이 가상적 소아와 동일하다고 말한다. 역으로, 우리는 소아가 이것들과 다른 것이 아니라고 말할 수 있다.

이리하여 우리는 소위 영혼이란, 별개여서 결코 한데 섞일 수 없는—왜냐하면 그 중의 하나인 몸은 심상心像일 뿐이어서 존재하지 않으므로—두 요소의 혼동에서 생겨난 에고일 뿐이라는 것을 알게 된다. 그 요소들이 공히 실재할 때에만 진정한 섞임이 있을 수 있다. 그 두 요소를 섞는 것은, 독신자가 꿈에서 혼약을 맺을 때 신랑은 실재하지만 신부는 실재하지 않는 것과 같다고 **진인**은 말한다. 꿈꾸던 그 사람이 깨어나면 자신이 전과 똑같이 독신자임을 발견한다. 따라서 진정한 **자아**—**실재**인 자—는 실제로는 제한되지 않았다. 그는 실제로 결코 영혼이나 소아가 되지는 않았다. 그 몸과 정말로 결혼하지는 않은 것이다. 그래서 개인적 영혼은 실제적 존재성을 가지고 있지 않음이 분명해졌다. 그 영혼과 관계되는 모든 물음은 무의미하다. 왜냐하면 그것은 한 영혼의 존재를 가정하기 때문이다. 단 하나의 실재하는 **진아**, 곧 **순수한 의식**이 있을 뿐이고, 그것은 시간을 넘어서 있다. 우리는 나중에 **그**가 왜 '의식하는'으로 묘사되지 않고 의식으로 묘사되는지 살펴볼 것이다(144쪽 참조). 그때 우리는 그 두 가지 묘사 사이에 근본적 차이가 있는 것을 알게 될 것이다.

마음은 이 가짜 개체인 에고와 별개로는 존재성이 없으므로, 무지와 속박을 포함한 마음의 모든 창조물과 그 결과로 나오는 즐거움과 괴로움으로 이루어진 조건 지워진 존재(existence)—우리가 '삶'이라고 하는 것—는 에고의 파생물이며, 에고의 비실재성을 공유한다는 결론이 나온다. 그 무지가 실재하지 않는다는 것은 나중에 살펴보겠다.

우리가 편견 없이 사실들을 바라보면 이 가르침이 옳다는 것이 분명해질 것이다. 우리의 과거 경험 전체를 아주 주의 깊게 분석해 보면, 에고 외에 어떤 개인적 영혼이 있다는 어떤 증거도 발견할 수 없다. 에고 자체가 제1차적 무지일 뿐이며, 이것을 인정하는 것이 우리의 탐색에서 출발점이다. 여기서는 그것이 혼합할 수 없는 두 요소의 혼합이므로, 하나의 상상적 개체임이 드러난다. 그래서 우리가 '삶'이라는 이 조건 지워진 존재 전체가 개인적 영혼이라는 이 거짓말 위에 기초해 있다. 그래서 그 삶이 거짓말로 가득 차 있고, 따라서 실망으로 가득 차 있는 것이 당연하다. 이 가르침은 이해하기 어려울지 모른다. 그러나 이것은 고대의 전승지가 가르치는 근본적 진리이다.

이 가르침을 받아들이지 않으면 고대의 전승지에 대한 어떤 올바른 이해도 있을 수 없다. 개인성의 관념이 유지되는 한, 모든 철학적 탐색이 쓸모없는 것으로 드러날 수밖에 없다. 그런 탐색은 우리를 제1차적 무지에서 벗어나게 해주지 못하기 때문이다. **진인 샹까라**는 이것을 다음과 같이 분명하게 가르쳤다. "(마음이 행하는) 진정한 **자아**와 지성의 동일시가 있는 한에서만, 그 **자아**에게 개인성과 조건 지워진 존재가 나타날 수 있다. 그러나 실제로는, 지성이 상상한 가짜 개체 아닌 어떤 개인적 영혼 같은 것은 없다. 우리가 **베단타**를 공부해 보면, 항상 자유롭고 일체를 아는 **지고의 존재**와 별개로 그 자체 존재성을 가진 어떤 '의식하는 개체'(의 존재를 뒷받침하는 것)도 발견하지 못한다. 경전에서는 이렇게 말한다. '이 **존재**와 별개로는 보는 자도, 듣는 자도, 생각하는 자도, 아는 자도 없다', '그 외에는 보고, 듣고, 생각하고, 아는 자가 아무도 없다', '그대가 **그것**이다', '나는 **실재**이다'. 이런 구절들과 기타 수백 가지 구절들이 우리의 전거典據이다."[2]

에고는 우리의 모든 삶의 경험의 유일한 근원이다. 이 경험들은 에고로 인해 그런 경험이 된다. 우리는 "나는 이러이러한 사람이다", "나는 행위를 하는 자이다", "나는 행복하다", "나는 불행하다" 등의 말을 한다. 우리는 생각 하나하나에서 이 "내가 있다"(혹은 '나는 –이다', I am)를 발견할 수 있다.[3] 그것은 사실 예외 없이 모든 생각들의 공통 인자이다.

---

2) *yāvadeva cāyaṁ buddhyupādhisaṁbandhaḥ, tāvadevāsya jīvatvam samsāritvam cā paramārthatastu, na jīvo nāma, baddhyupādhipari-kalpitasvarūpavyatirekena, asti* | *na hi nisyamuktasvarūpāt sarvajñādīśvarādanyaścetano dhāturdvitiyo vedāntārthanirūpanā-yāmupalabhyate, 'nānyo'tosti draṣṭā, śrotā, mantā, vijñātā' 'tattvamasi', 'ahaṁ brahmāsmi', 'tat sṛṣṭā tadevānuprāviśāt' ityādiśrutiśātebhyaḥ* || —샹까라, 『브라마경소疏(*Brahma Sutra-Bhashya*)』, II.iii.30.

3) *T.* 'I am'은 '나는 –이다'도 되고 "내가 있다"도 되지만, 우리말에서는 '이다'와 '있다'가 어휘상 분화되므로, 여기서는 "내가 있다"를 취한다.

"내가 있다"를 포함하지 않은 어떤 생각도 일어날 수 없다. 그러나 이 "내가 있다"는 마음의 한 속성이 아니다. 이와 같이 우리는 **진인**에게서, 그리고 **우파니샤드** 전승지로부터 배운다. 우리는 "내가 있다"가 진정한 **자아**의 빛이라는 가르침을 듣는다. 그 **자아**는 무한하고 무제약적이기에, 이 "내가 있다"는 실은 우리가 그렇게 여기는 것처럼 작은 것이 아니다. 그리고 우리가 그것이 제한되어 있고, 불완전하며, 되풀이되는 쾌락과 고통에 속박되어 있다고 여기는 것은, 우리가 에고 안의 실재성의 요소를 거짓인 것들과 식별하거나 구분하지 않기 때문일 뿐이다. 그래서 여기서 살펴본 대로 참된 **자아**가 아닌 이 에고를 액면 그대로—우리의 참된 **자아**로—받아들이는 것이 진정한 **자아**를 은폐하는 원인임을 우리가 분명히 이해해야 한다.

이것이 정확히 **고타마 붓다**로 알려진 **진인**[4]이 설한 가르침의 핵심이었다. 한때 어떤 사람이 그에게 영혼의 불멸성에 대해 질문했다. 이 **진인**은 이렇게 대답했다. "그것의 생존 여부에 신경 쓰는 그 영혼은 바로 지금도 존재하지 않습니다. 그것은 실재하지 않습니다." 그가 한 말의 의미는, 질문자는 개인적 영혼의 존재를 가정하고 있지만 실은 그런 영혼은 존재하지 않으며, 따라서 그 질문은 거짓에 기초해 있다는 것이었다. **붓다**는 진정한 **자아**의 존재를 부정하려고 한 것이 아니었지만, 질문자는 그 답변을 오해했다. 그는 **진인**이 **진아**는 없다고 말한 거라고 생각했다. 그는 더 나아가 이런 질문을 했어야 했다. "진정한 **자아**는 있습니까? 그리고 만약 그런 것이 있다면, 그것의 진정한 성품은 무엇입니까?" 그는 그렇게 묻지 않고 가 버렸다. 그래서 **붓다**는 자신이 그 사람을 깨우쳐 주지 못한 채 그의 믿음만 흔들어 놓았다는 것을 발견했다. 질문들이 어떤 거짓된 가정에 기초한 것일 때는 단순히 '예'나 '아니오'로 답할 수 없

---

4) '붓다(Buddha-覺者)'라는 용어는 '진인(Sage)'을 의미한다.

다는 사실은 유념할 가치가 있다. 어느 쪽 답변도 틀리기 때문이다.[5)]

개인적 영혼이 실재하지 않으므로, 세계를 지각하는 자도 없다는 결론이 나온다. 이것이 놀랍게 여겨질지 모르지만 그럴 필요는 없다. 보는 자와 그가 보는 광경은 분리할 수 없다. 그 둘은 한 막대기의 양끝과 같다. 막대기에는 항상 두 개의 끝이 있듯이, 모든 지각에는 보는 자와 보이는 대상물이라는 두 가지가 있게 마련이다. 그 세 가지, 곧 '보는 자', '보이는 대상물', '보는 관계'는 하나의 3요소(triad)를 구성한다. 그 중에서도 핵심적 요소는 '봄(seeing)'인데, 이것은 의식의 빛에 의해 가능해진다. 그 빛에 의해 '보는 자'와 '보이는 것'이 현현한다. 보이는 대상물의 실재성을 부인하면서 보는 자에게 실재성을 부여하기는 불가능하다. 만일 우리가 그 대상물, 즉 세계가 어떤 의미에서도 실재하지 않는다는 견해를 받아들인다면, 세계를 보는 자도 같은 의미에서 같은 정도로 실재하지 않는다는 견해도 받아들여야 한다. '보는 자'는 사실 세계의 필수적 부분이다. 생시와 꿈에서 공히 보는 자와 보이는 대상물은 하나의 단일한 전체를 이루어, 함께 나타나고 사라진다.

진인은 우리에게 하나의 우화로써 에고—개인적 영혼—의 거짓된 성품을 분명하게 각인시킨다. 어느 결혼식이 있을 때, 양가 사람들이 전혀 모르는 한 불청객이 들어와서 신랑의 친한 친구인 척했다. 처음에 주최 측, 곧 신부 쪽 사람들은 그를 믿고 그에 따라 대접했다. 그러나 얼마 후 의심이 생기자 그가 누구며 무슨 권리로 들어왔는지 묻게 되었다. 양가 사람들이 만나서 서로 묻기 시작했다. 그러자 사기꾼은 자신의 정체가 필시 탄로 나게 되었고, 남아 있다가는 응분의 처분을 받을 것이 분명하

5) *T.* 이 문단은 불교의 '무아설無我說'에 관한 명료한 해석을 보여준다. 남방 상좌부불교는 붓다가 진아를 포함한 일체의 자아를 부인했다면서 이것이 불교의 정체성이라고 믿지만, 이는 그릇된 견해이다(27쪽의 각주 6참조). 대승의 『열반경』(제5권)에서는 해탈의 상태가 아我와 무아無我, 비아非我와 비무아非無我를 모두 넘어서 '진아를 보는 것'임을 명확히 선언한다.

다는 것을 깨달았고, 그래서 말없이 사라져 버렸다. 이 우화에 나오는 사기꾼 같은 것이 에고이다. 그것은 진정한 **자아**도 아니고, 몸도 아니다. 그 정체를 묻지 않는 한 에고는 지속되면서 진정한 **자아**의 지위를 즐기겠지만, 정체를 묻게 되면—진정한 **자아**에 대한 탐구가 시작되어 지속되면—그것은 아무 흔적도 없이 사라질 것이다. 이것이 바로 우리가 다음과 같은 구절로 **진인**에게서 들은 가르침이다.

**"그 자신의 형상이 없는 유령일 뿐인 이 에고는 한 형상을 붙듦으로써 생겨나고, 그 형상을 계속 붙들고 감각대상을 즐기면서 힘이 대단히 커진다. 그러나 그것의 진리를 추구하면, 그것은 달아날 것이다."**[6)]

우리는 이 가르침을 주의 깊게 연구할 필요가 있다. 잠 속에서는 에고가 없고, 생시와 꿈 속에서만 있다. 이 두 상태에서 에고는 한 몸을 붙들면서 "나는 이 몸이다"라고 말한다. 즉, 그 몸에 대한 지각이 있고, 동시에 "나는 이 몸이다"라는 생각이 일어난다. 그리고 그 몸을 자아, 혹은 자아의 거주처로 여기고, 동시에 눈에 보이는 다른 몸과 대상들을 비아非我(자기 아닌 것)로 여긴다. 그러다가 다시 잠이 엄습하면 몸과 에고는 사라지며, 그와 함께 세계도 사라진다. 그래서 에고란, 진정한 **자아**를 무수한 몸들 중 단 하나의 몸에 한정하는 무지일 뿐이다. 그 몸들 전부가 그 자신의 창조물인데도 말이다. 에고가 창조하는 이 세계는 이처럼 에고에 의해 자아와 비아非我의 두 부분으로 나뉜다. 전자는 아주 작은 부분이고 후자는 아주 큰 부분이다. 여기에서 '나'와 '내 것'이라는 쌍둥이 관념이 일어나며, 그것이 속박의 본체이다.

속박은 자아라는 관념을 단 하나의 몸에 한정한 결과이다. 따라서 에고가 없으면 어떤 속박도 있을 수 없음이 분명하다. 그래서 진정한 **자아**는 항상 자유롭고—결코 속박되거나 무지에 지배당하지 않았고—자유

---

6) 「실재사십송」, 제25연(**부록** 1, 제30연 참조).

로워져야 할 필요도 없다는 **진인**들의 가르침을 받아들이기가 쉬워진다. **진인**은 자신이 전적으로 순수하고 완전한 **진아** 아닌 어떤 것이라는 관념이 전혀 없기에 속박을 모른다. 어느 때에 속박된 적이 있었다는 것조차도 모른다. 그는 시간 자체를 초월해 버렸기 때문이다. 속박이란 다른 여느 생각과 같은 하나의 생각일 뿐이다. 다만 속박에 대한 생각은 현명한 사람들을 이 의문으로 이끌어 주고, 이 의문이 **진아탐구**를 통해 어떤 속박도 없다는 **깨달음**으로 이끌어 준다는 점에서, 그 생각도 효용이 있기는 하다. 그러나 속박은 에고-의식 자체에 내재해 있으므로, 에고 자체가 살아남는 한 속박도 사라지지 않을 것이다. 그래서 우리는 에고 자체가 속박이면서 또한 속박으로 고통 받는 자라는 희한한 결과를 얻는다. 여기서 에고는 **해탈**의 즐거움을 영원히 맛볼 수 없다는 결론이 나온다. 속박이 어떻게 자유로워질 수 있겠는가? 게다가 그 상태(자유의 상태)에서는 전적으로 실재하는 것만이 살아남을 수 있는데, 에고는 실재하지 않는다. 개인성을 잃지 않고 **해탈**을 얻을 수 있을 거라는 희망을 품고 있는 사람들은 실망할 수밖에 없게 되어 있다. 사실 그들이 얻기를 바라는 복된 영역(천상계)들은—그들은 거기서 개인성을 유지할 수 있기를 바라지만—이 세계만큼이나 실재하지 않는다.

속박에 대해서 한 이야기는 '무지'에도 해당된다. 왜냐하면 무지도 에고와 동일해서, 에고와 별개로는 존재성이 없기 때문이다.

우리는 에고 자체가—그것이 함축하는 모든 의미에서—우리가 삶에서 겪게 되는 모든 악의 근원이라는 사실을 깨달을 필요가 있다. 그러나 대다수 탐색자들에게 에고는 삶 자체만큼이나 애지중지된다. 왜냐하면 그들은 에고가 자기 자신이라고 생각하여, 그것을 잃고 싶어 하지 않기 때문이다. 그들은 에고 없이 행복하느니, 차라리 삶의 온갖 우환으로 고통 받으려 한다. 이 존재하지 않는 영혼이 불멸이며 **해탈**에서도 살아남는다고 생각하면서 제기하는 질문들도 있다. 그러나 이 가르침을 이해한다면 그런 질문이 일어나지 않을 것이다.

그런 질문들 중의 하나는 이렇게 일어난다. "그대가 **그것**이다"라는 **베단타**의 가르침이 있다. 이전에는 이 가르침이 비밀로 간직되어, 시험을 잘 거친 제자들에게만 전수되었다. 그리하여 그 가르침을 오해하는 데서 일어나는 중대한 해악이 방지되었다. 요즘은 신성한 전승지를 누구나 공부할 수 있지만, 그 결과는 결코 바람직하지 않다. 왜냐하면 가르침의 수준이 높을수록 그것을 잘못 적용하는 데서 오는 해악이 더 크기 때문이다. 능력이 안 되는 사람들은 책을 읽고 나서, 온갖 악을 수반하는 에고 자체가 무한하고 전능하며, 선악의 법칙 위에 있다고 생각한다. 그런데 이런 사람들은 바로잡을 수도 없다. 좀 더 나은 부류의 사람도 이 가르침에 당혹해한다. 왜냐하면 개인성이란 것은 **없다**는 진리를 아직 분명하게 이해하지 못했기 때문이다. 그는 그 신성한 구절에 대해 개인적 영혼이 곧 **신**이거나 무한히 위대한 다른 어떤 것이라는 의미라고 여긴다. 그러나 그 가르침에 의심을 품는다. 왜냐하면 그가 이해하는 의미에서, 그것은 불합리할 뿐 아니라 불경스럽기 때문이다. 그런데 이 점에서는 그가 옳다. 즉, 그 가르침을 **받아들이지만** 잘못된 의미로 받아들이는 사람들보다는 확실히 그가 훨씬 더 올바르다. 더 나은 부류의 학인學人은 **뭔가**가 잘못되었다는 본능적인 느낌을 갖는다. 그는 많은 의심에 사로잡히고, 그것을 해결하기 위해 질문을 한다.

그런 사람 하나가 **진인**에게 질문했다. "제가 영원하고 완전하다면, 왜 저는 무지합니까?" **진인**은 다음과 같이 대답했다. "누가 무지합니까? 진정한 **자아**는 무지를 불평하지 않습니다. 그렇게 불평하는 것은 그대 안의 에고입니다. 바로 그것이 그런 질문도 합니다. **진아**는 어떤 질문도 하지 않습니다. 그런데 이 에고는 몸도 아니고 진정한 **자아**도 아닌, 그 둘 사이에서 일어나는 어떤 것입니다. 잠 속에서는 에고가 없었고, 그때 그대에게는 불완전함이나 무지의 느낌이 없었습니다. 그래서 에고 자체가 불완전함이고 무지입니다. 만약 그대가 에고의 실체를 추구하고 그렇게 해서 진정한 **자아**를 발견하면, 무지란 없다는 것을 발견할 것입니다." **진인**이 말하고자 한 것은, 진정한 **자아**가 발견되면 에고가 소멸될 것이고, 그가 불평하던 무지도 에고와 함께 소멸될 거라는 것이다.

"그대가 **그것**이다"라는 신성한 문구의 올바른 의미에 대해 **진인**이 말씀하신 내용이 『진어화만절요(*Guru Ramana Vachana Mala*)』에 다음과 같이 나온다. "그대는 몸도 아니고, 감각기관도 아니고, 마음도 아니고, 생명 기운도 아니며, 에고도 아니다. 그대는 원죄—이것은 이런 것들 안에 자아가 있다는 관념일 뿐이지만—[7]의 포기와 진정한 **자아**에 대한 **탐구**를 통해 마음이 **심장**(Heart)[8] 안에서 완전히 소멸되고 세계가 보이지 않게 될 때 순수한 '내가 있다'로서 빛날 **그것**이다."[9]

곁들여 말하면, 에고 자체는 광신주의와 불관용, 그리고 헛되고 심지어 유해하기까지 한 논란을 즐기는 취향을 낳는 그런 모든 열광적 믿음의 원인이다. 종교인은 더 호감을 주는 형제인 회의주의자와 마찬가지로 에고에 사로잡혀 있다. 회의주의자는 그저 그렇고 따라서 거부감을 주지 않는다. 그러나 종교인은 편안한 때가 드물다. 왜냐하면 수많은 사람들이 자신과 다른 믿음을 가지고 있는 것을 보기 때문이다. 그는 모든 인간이 하나의 종교를 가질 때가 오기를 열렬히 고대하지만, 그 종교가 자신의 종교와 조금이라도 다를 것 같으면 참지 못한다. 그래서 다른 사람들이 자신의 종교와 다른 종교를 신앙하기보다 차라리 아무 종교도 갖지 않기를 바란다. 그래서 치열하게 종교적인 사람일수록, 자신과 종교

---

7) 기독교 교리에서 말하는 '원죄'란 에고-의식과 다른 것이 아니라고 진인은 우리에게 말한다.
8) *T.* 이것은 사람의 가슴 오른쪽에 있다고 하는 '영적인 **심장**'을 가리킨다.
9) 『진어화만』, 제671, 673연(**부록 2**, 제153-4연).

가 다른 사람들에게 더 불쾌한 사람이 될 공산이 크다. 만일 그가 정치권력을 얻는다면 다른 종교를 믿는다는 모든 사람들을 박해할 것이다. 그것은 종교적 신념이 에고성을 없애주지 못하기 때문이다.

종교인은 늘 남을 개종시키려는 자신의 열의가 미덕이라고 생각한다. 그것은 전혀 미덕이 아니라 악덕이다. 왜냐하면 그런 열의는 그의 에고성에 기인하기 때문이다. 그는 스스로에게 이렇게 말하지 않는다. "이 믿음은 참되고 훌륭한 것 같다. 그러니 내가 더 좋은 것을 알 때까지는 이 것이 나의 믿음이 될 것이다." 반대로 그는 자신에게 이렇게 말한다. "이것은 나의 믿음이고, 따라서 이것만이 참되다. 모든 사람은 이것을 받아들일 의무가 있다." 이처럼 자신의 믿음에 대한 집착은 에고적이다. 그래서 다른 종교들에 대한 그의 비난에 증오가 들어 있다. 다른 종교들의 존재가 그에게는 하나의 모욕이다. "정통교리(orthodoxy)가 나의 교리(doxy)이고, 이단은 남의 교리이다"—그의 멘탈리티가 이러하다. 그래서 많은 신앙인이 비非신앙인이나 완전히 다른 종교를 믿는 사람들보다 오히려 자신과 조금이라도 신앙이 다른 사람들을 더 싫어할 때가 많다.

이것을 진인은 다음과 같이 지적한다. **"모든 피조물의 심장 안에서 진아로서 항상 빛나고 있는, 자신의 본래적 상태이기도 한 그 실재를 추구하여 앎으로써 그것과의 완전한 동일성 상태를 성취하지 못한 사람이, '실재하는 어떤 것이 있다', '아니다', '그 어떤 것은 형상이 있다', '아니다', '그것은 하나다', '둘이다', '어느 쪽도 아니다'라고 주장하면서 논쟁을 벌인다네."**[10]

여기서 우리가 알 수 있는 것은, 진인에게는 당신 자신의 어떤 교의도 없다는 것이다. 그 이유는 당신에게 에고가 없기 때문이다. 에고 그 자체가 경우에 따라 신자도 되고 불신자도 되는 것이다. 에고에 사로잡힌

10) 「실재사십송」, 제34연(부록 1, 제39연 참조).

사람들은 크게 두 부류로 나뉜다. 즉, 영혼·감각대상·신이라는 세 가지 겉모습을 가진 '세계'라는 변화하는 국면들의 저변에 어떤 **실재**가 있다는 것을 부인하는 사람들과, 그것을 주장하는 사람들이다. 그것을 주장하는 사람들은 무수한 하위 그룹으로 세분되는데, 이는 그들이 그 **실재**의 본질에 대해 의견이 다르기 때문이다. 주된 견해 차이들이 위 가르침에서 언급된다. 첫째로 형상의 실재성에 대한 믿음에 갈등이 있다. **제1원인**이 형상을 가지고 있다고 주장하는 사람들이 있고, 당연히 어떤 사람들은 이것을 부인한다. 그런가 하면, 그 **원인**이 단일한가 아니면 다양한가 하는 논란이 있다. 어떤 사람들은 **제1원인**은 하나이고, 우주는 그 안에서 나타나는 겉모습이며, 따라서 **그것**은 질료인質料因이자 능동인能動因이라고 주장한다. 또 어떤 이들은 이것을 부인하고 **제1원인**은 영혼들과 영원히 별개인 **신**이라고 주장한다. 또한 **신**과 영혼들은 동일하지도 않고 별개도 아니라고 주장하는 이들도 있다. 이들 중에는 단일성을 신봉하는 사람들이 있다는 것도 말해 둔다. 왜냐하면 그 가르침은 충분히 참되지만, 그것을 그저 도그마로 신봉하게 하려는 것이 아니라 **실재**에 대한 실제적 체험을 성취하기 위한 유인책으로서 믿게 하려는 것이기 때문이다. 따라서 그 체험을 얻을 수 있는 **탐구**를 싫어하는 사람들은 다른 사람들보다 나을 것이 없다. 모두 똑같이 에고에 지배되며, 그렇게 머물러 있는 데 만족한다. 실은 **진아**의 **체험**만이 실재하며, **그**에 대한 믿음들은 실재하지 않는다. 믿음이란 **진아**가 생각의 대상이 될 수 있다는 의미이다. **진아**에 대한 단순한 이론적 지식은—신성한 전승지에서 나온 것조차도—헌신가들의 도그마와 마찬가지로 무지이다.

**진인**이 말하고자 하는 것은, **실재**는 마음을 초월하지만 교의는 순전히 심적이라는 것이다. 따라서 어떤 교의도 **실재**에 대한 충실한 묘사가 될 수 없다. **실재**는 교의 안에 있지도 않고, 그것을 설하는 책 안에 있지도 않다. 그것을 믿는 신자는 에고이며, 에고의 성품은 진리를 숨기거나 왜곡하는 것이다. "저는 믿습니다"라고 신자는 말한다. 진인은 그에게 말한다. "그 '나', 곧 '믿는 사람'의 진리를 알아내십시오. 그러면 마음을 초월하는, 따라서 교의 안에 들어갈 수 없는 진리를 알게 될 것입니다…."

그래서 우리는 에고가 이 모든 다양성—대상들로 이루어진 세계의 다양성뿐 아니라, 관념들로 이루어진 세계의 다양성까지—의 원초적 씨앗이라는 것을 안다. 이것은 우리가 바로 앞 장章에서 도달한 결론, 즉 세계는 심적이라는 결론의 논리적 연장이다. 마음은 에고와 별개의 어떤 존재성도 없으므로, 에고 그 자체가 마음이기도 하고 세계이기도 하다는 결론이 나온다. 이것이 바로 진인이 다음에서 말하는 것이다. "에고가 일어나면 모든 세계가 생겨나고, 에고가 없으면 아무것도 존재하지 않네. 따라서 '이 에고는 누구인가?' 또는 '그는 어디서 생겨나는가?'라는 물음에 의한 진아탐구가 모든 세계를 없애버리(는 수단이라)네."[11]

여기서 전하는 가르침은 앞 장에서 인용한 다른 구절에서 전하는 가르침과 함께 살펴봐야 한다. 거기서 진인은 무지에 빠져 있는 우리에게 나타나는 자아들의 다수성은 환상이며, 탐구에 의해 에고가 소멸되면 이 다수성은 더 이상 보이지 않을 것이라고 우리에게 말했다. 그래서 우리는, 해탈의 상태에서는 사물과 사람들의 세계건 생각들의 세계건, 어떤 세계도 없다는—전 세계는 에고 안에 있고, 에고에 불과하다는—결과를 얻는다.

이것은 고대 전승지의 가르침과 완벽히 부합하는데, 그것이 분명하게 표현되는 『만두끼야 우파니샤드(*Mandukya Upanishad*)』에서는 이렇게 말한다. "그는 말이 없고, 지복스럽고, 고요하고, 차별상이 없다." 고대의 전승지에는 마찬가지로 명료한 다른 진술들이 있는데, 에고 없는 상태에서

11) 「실재사십송」, 제26연(부록 1, 제31연 참조).

는 차별상이 아예 없다고 이렇게 주장한다. “여기에 다양성이란 전혀 없다.”12) 그리고 이것을 강조하기 위해 진리 추구자들에게, 차별상이 실재한다는 그릇된 믿음에 말려들지 말라고 경고한다. 즉, 차별상을 실재한다고 여기는 사람은 누구든 거듭거듭 죽게 될 거라는 것이다.13) 자기 자신과 진리 사이에 조금이라도 차이가 있다고 상상하는 사람은 두려움의 제물이 될 것이다.14) 사람이 자기 아닌 것으로 생각하는 그 무엇도 그를 기만할 힘이 있다.

해탈을 성취하면 세계가 더 이상 나타나지 않는다는 것을 진인도 다음과 같이 주장한다. “나는 이제 모든 베단타의 지고한 핵심인 심오한 비밀을 분명히 말하리라. 에고가 죽고 진정한 자아를 단 하나의 실재로서 깨달을 때는, 순수한 의식인 저 진정한 자아만이 남는다는 것을 알라.”15)

이는 바로 지금도 세계가 실제로는 존재하지 않는다고 하는 『기타』의 다음 가르침과도 부합된다. “모든 중생이 내 안에 있으나, 나는 그들 안에 있지 않다. (실은) 그들이 내 안에 있지도 않다. 나의 신적인 마야가 이와 같다!”16)

한편 에고-의식이 살아남아 있는 동안은 세계라는 겉모습을 피할 수

---

12) *neha nānāsti kiñ cana* ||  —『까타 우파니샤드』, 2.1.11.

13) *mṛtyossa mrtyum āpnoti ya iha nāneva paśyati* ||
 여기서 다수성 같은 것을 보는 자는 죽음에서 죽음으로 건너가게 될 것이다.
 —『까타 우파니샤드』, 2.1.11.

14) *yadā hyevaiṣa etasminn udaramantaraṁ kurute* |
*atha tasya bhayaṁ bhavati* ||
 그러나 이 영혼이 이 하나 안에서 작은 틈이라도 만들면, 그에게 두려움이 있게 된다.
 —『따이띠리야 우파니샤드』, 2.7.1.
*brahma taṁ parādādyo'nyatrātmano brahma veda* | ……*sarvam taṁ parādādyo'nyatrātmanah brahma veda* ||
 브라만은 자기 아닌 것에서 브라만을 아는 자를 버린다…… 일체가 자기 아닌 것에서 일체를 아는 자를 버린다.”  —『브리하다라니야까 우파니샤드』, 4.5.7.

15) 「실재사십송 보유」, 제40연(부록 2, 제86연 참조).

16) *matsthāni sarva-bhūtāni na cāhaṁ teṣvavasthitaḥ* ||
*na ca matsthāni bhūtāni paśhya me yogam aiśhwaram* |
 —『바가바드 기타』, 9.4-5.

없다. 그리고 역으로, 우리가 세계를 보는 한, 몸과 **자기**를 혼동하면서 자기가 유한하다고 생각하는 것도 피할 수 없다. 세계가 그 자체로 실재한다는 그릇된 믿음을 가진 사람들에게는 이것이 더 심하다. 그리고 이 점에서 몸이 자기라고 생각하는 사람과 마음이 자기라고 생각하는 사람 사이에 실제로는 아무 차이가 없다. 후자도 전자와 마찬가지로 항상 몸을 자기라고—대부분의 시간 동안—생각하고 있다. 그래서 서양 사람들은 죽어가는 사람을 두고 '혼령을 포기한다(give up the ghost)'고 말하지, 몸을 포기한다고 말하지는 않는다. 그들이 몸이 자기라는 망상에서 벗어난다면 그렇게 말하겠지만 말이다.

그러나 에고 자체가 무지이고 모든 죄와 괴로움의 기원이기는 하지만, 이 에고는 우리의 탐구에서 아주 큰 중요성을 갖는다. 왜냐하면 그것은 진정한 **자아**를 발견하는 단서를 가지고 있기 때문이다. 이것을 우리는 그 **진아**에 대한 **탐구**를 묘사하는 과정에서 살펴볼 것이다. 게다가 에고는 진정한 **자아**의 증거이기도 하다. **진인**은 이런 논점들을 다음과 같이 우리에게 분명하게 각인시킨다. **"이 지각력 없는 몸은 '나'라고 말하지 않고, 누구도 '나는 잠 속에서 존재하지 않았다'고 말하지 않네. 그런데 이 모든 것은 에고가 일어난 뒤에(만) 생겨난다네. 따라서 마음을 탐구에 집중함으로써 에고가 일어나는 근원을 추구하라."**[17)]

진정한 **자아**에 대한 **탐구**의 첫 단계는 **자기**가—물리적 몸이든 심적인 몸이든—몸이 **아니라는** 것을 이해하는 것이다. 그 이유는 두 가지이다. 한편으로 몸은 의식하지 못하고, 따라서 유한하든 무한하든 그것은 자기일 수 없다. 다른 한편으로 우리는 **자기**가—그것이 무엇이든—몸 없이도 존재할 수 있다는 것을 확신한다. 잠 속에서 그렇다는 것을 우리는 안다. 잠이 들었을 때는 자기가 존재하지 않을지 모른다는 상상조차도

---

17) 「실재사십송」, 제23연(부록 1, 제28연 참조).

하는 사람이 거의 없다. 그렇게 생각하는 사람들은 지나치게 정교한 것이다. 이 점에 관한 그들의 당혹감은 **진인**이 한 질문자에게 들려준 긴 이야기에서 다루어지는데, 이것은 나중에 살펴보겠다(142쪽 참조). 그래서 에고 자체가 **우리가** 존재한다는 하나의 증거이다. 우리는 에고가 아니다. 우리는 에고가 거기서 일어나는 **그것**이다. 에고의 **근원**을 추구하여 그것을 발견해야 한다. **계시서**가 우리에게 말하기를, 우리가 그 **근원**을 발견하면 **진아**만 발견하는 것이 아니라 세계라는 겉모습의 저변에 있는 **실재**도 발견한다고 한다. 그것은 그러할 것이다. 왜냐하면 **진아**와 **실재**는 똑같은 하나이기 때문이다.

에고는 이처럼 최고의 기만자, 진짜 **사탄** 혹은 **아리만**(Ahriman-조로아스터교의 악마)임을 알 수 있다. 에고가 **신**과 인간의 유일한 적이다. 그는 올바른 **지**知의 적이다. 그는 살인과 거짓말의 고안자이다.[18] 에고는 **평안**, 곧 참된 행복을 부단히 살해하는 우주의 맥베드(Macbeth-셰익스피어 비극에서의 폭군)이다. 그는 **진아**의 자리를 찬탈한 협잡꾼이다. 따라서 그는 **해탈**의 **상태**, 곧 **예수**가 우리 안에 있다고 가르친 **하늘나라**(Kingdom of Heaven)에 들어가는 것이 금지된다.

**진인**은 에고가 존재하는 모든 악이며, 에고 없음[無我]이 존재하는 모든 선이라고 우리에게 말한 적이 있다. 무지인 에고에서 삶에 수반되는 모든 악이 나온다. 훌륭한 것이고 우러러 계발할 가치 있는 모든 것은 에고 없음에 속한다.

에고와 별개로는 죽음도 없고 환생도 없다. 이 죽음과 환생의 악순환은 제1차적 무지, 곧 에고에 의해 유지되고 있을 뿐이다. 에고 자체가 곧 죽음이다. 왜냐하면 그는 **진리**, 곧 **생명**에 대한 부정이기 때문이다.

---

18) *T.* 모든 범죄는 욕망과 집착에서 비롯되는데, 욕망과 집착은 몸과 마음을 자기라고 여기는 에고의 무지에서 나온다. 따라서 에고가 모든 거짓과 폭력의 고안자이자 실행자이다.

에고의 왕위를 박탈해야 할 뿐 아니라, 사형에 처해야 한다. 그가 살아 있는 한 안심할 수가 없기 때문이다.

진인들의 가르침을 이해하려면 에고가 상당히 희박해져야 한다. 이것은 진인의 뒤에 나오는 말에서 분명히 드러난다. 진인은 많은 사람들이 가진 관념, 즉 제자가 스승을 발견하고 나면 오랫동안 스승 곁에 머무르며 충실히 봉사하고 자신을 완전히 순복順服시켜야 하며, 그러면 스승이 그에게 "그대가 그것이다"라는 큰 비밀을 가르쳐 준다는 관념의 참된 내면성에 대해 설명하면서 다음과 같이 말했다. "여기서 말하는 순복의 참된 의미는 에고-의식, 곧 개인성이 완전히 닳아 없어지는 것을 말합니다. 그리고 이것은 제자가 가르침을 받기 위한 하나의 필요조건입니다. 왜냐하면 이런 의미에서의 순복이 없으면, 분명히 그 가르침을 오해할 것이기 때문입니다. 지금 존재하는 한정된 에고로도 인간은 쉽게 격노하고, 독재적으로 되고, 광신적으로 되기도 합니다. 그러니 만약 자신이 저 큰 존재라는 말을 들으면 무슨 짓인들 하지 않겠습니까? 그는 그 가르침의 참된 의미를 이해하지 못하고 자신의 개인적 영혼, 곧 에고가 저 큰 존재라는 의미라고 여기겠지요. 이것은 전혀 그 가르침의 참된 의미가 아닙니다. 왜냐하면 에고는 아예 존재하지 않기 때문입니다."

그 가르침의 참된 의미는, 영혼은 그 자체로는 하나의 비실체이지만 그 안에 실재성의 요소가—즉, 진정한 자아에서 나오는, 그리고 우리가 "내가 있다"로서 경험하는 의식의 빛이—있다는 것이다. 이 의식의 빛은 영혼에 속하지 않고 진아, 곧 실재에 속한다. 따라서 영혼을 그에게 순복시켜야 한다. 그 순복이 완전하면 진아만이 남을 것이다. 그리고 그와 같이 개인성을 상실하면, 그것은 잘 잃어버린 것이다. 왜냐하면 개인성을 이렇게 잃는 것은 잃음이 아니기 때문이다. 그것은 모든 잃음 중에서 가장 큰 잃음, 곧 자아(에고)를 잃는 것이다. 따라서 그것은 있을 수 있는 모든 얻음 중에서 최고의 얻음, 즉 진정한 **자아**를 얻은 것이다. 그래서 이 순복의 효과를 고대의 전승지에서 이렇게 묘사한다. “강들이 바다로 흘러 들어가면 이름과 형상을 잃고 바다와 하나가 되듯이, **진인**은 이름과 형상을 잃고 **지고의 존재**, 곧 초월적 **실재**와 하나가 된다.”[19]

에고가 실재하지 않는다는 진리는 그만두고라도, **진인**이 잃어버린 것은 수학적 영零일 뿐이지만, 그가 얻은 것은 **무한한 실재**라는 것을 말해 두어야 한다. 이것을 **진인**은 당신이 지은 ‘**아루나찰라**에 바치는 찬가’들 중 하나에서 다음과 같이 표현한다. “모든 이득 중에서 가장 큰 이득이신 **당신 자신**을 내주시고 이 생과 다음 생에서 아무 가치 없는 저를 얻으시어, 당신은 무슨 이득을 얻으셨나요, 오 **아루나찰라**?”[20]

진정한 **자아**에 대한 이 순복이 최종적이고 완전한 것이 되려면, 다음 장에서 가르치는 방법으로 진정한 **자아**에 대한 **탐구**를 실천할 필요가 있다. 그리고 순복이 헌신의 정점이므로, **해탈 추구자**는 진정한 **자아**에 대한 헌신을 간직할 필요가 있다. 이 헌신이 완전해지면 그 **탐구**에 착수하여 꾸준히 밀고 나갈 수 있고, 마침내 성공을 거두게 된다. 진정한 **자아**가 **그 자신**을 드러낸다.

---

19) *yathā nadyaḥ syandamānāḥ samudre'staṃ gacchanti nāmarūpe vihāya |*
*tathā vidvān nāmarūpādvimuktaḥ parātparaṃ puruṣamupaiti divyam ||*
—『문다까 우파니샤드(*Mundaka Upanishad*)』, 3.2.8.

20) *T.*「아루나찰라 문자혼인화만」, 제93연(『라마나 마하르쉬 저작 전집』 참조).

# 제7장 신神

우리는 세 가지 탐구 주제 중 두 가지, 즉 세계와 (개인적) 영혼은 그 자체로서는 실재하지 않는다는 결론에 도달했다. 이제 우리는 신이라는 개념의 진리성을 탐구할 필요가 있다.

탐구의 이 부분은 아주 쉽다. 왜냐하면 그 결론이 의심의 여지가 없기 때문이다. 이 세 가지, 즉 세계·(개인적) 영혼·신은 단 하나의 나뉠 수 없는 전체이다. 왜냐하면 하나가 다른 두 가지를 함축하기 때문이다. 사실 첫째 부분인 세계는 둘째와 셋째를 포함한다. '세계'란 이름은 별개인 모든 '생각의 대상들'의 총합을 뜻한다. 그것은 모든 무정물無情物과 모든 지각력 있는 생물, 그리고 이들 모두의 단 하나의 원인(신)을 의미상 함축하고 포함한다. 사람과 사물들의 세계는 하나의 결과인데, 이 결과에 편재하고 이 결과를 지탱하는 원인 없이 이 결과를 경험한다는 것은 생각할 수도 없다. 마치 우리가 항아리의 원인 또는 원인들의 집합(흙·불·물·도공·물레 등)을 알지 않고는 그것을 지각할 수 없듯이 말이다. 그래서 이 셋은 이 탐색에서 사실상 하나이다. 우리는 이 셋 중의 하나나 둘을 실재하지 않는 것으로 보면서 나머지 것은 실재한다고 볼 수 없다. 오래된 비유로 진인 샹까라가 이야기하는 암탉의 비유가 있다. 그가 말하기를, 우리는 한 마리의 암탉을 둘로 갈라서 절반은 요리해 먹고 절반은 계란을 낳게 할 수는 없다고 했다. 두 가지 목적 중 하나는 포기하고 다른 하나로 만족해야 한다는 것이다. 즉, 닭 한 마리를 다 요리해서 먹거나, 아니면 닭을 살려두어 계란을 낳게 해야 한다. 마찬가지로, 우리는 이 세 가지 실체 전부를—비이원론 형이상학에서 쓰는 이 말의 특별한 의미에서—비실재한다고 배척하거나, 아니면 유물론자와 무신론자들이 그것을 실재한다고 말하는 것과 같은 의미에서 그 전부를 실재한다고 받아들여야 한다. 중간노선은 없다.

신의 관념은 세계와 (개인적) 영혼의 관념에 상대적이다. 세계는—그것을 지각력 없는 대상들의 총합으로 한정할 때—활동성이 없고 의식이 없다는 점에서 신의 상대물인 반면, 신은 무한한 의식을 갖추고 있다. 영혼은 무한한 신에 비해서 유한하기 때문에 신의 상대물이다. 그래서 신은 이 두 '상대물의 쌍들'에서 그 일원이다. 그리고 상대물들은 에고-마음에 대해서만 존재성을 갖는다. 따라서 신은 객관적 실재가 아니다.

또 하나 고려할 점이 있다. 실제 있는 그대로의 그가 아니라 그 셋 중의 하나로서 고려될 때, 신은 생각의 한 대상이다. 그는 관계의 3요소, 곧 '생각하는 자, 생각하는 대상, 생각하는 행위' 중의 하나이다. 그리고 3요소 모두 에고 덕분에 무지의 영역 안에 존재한다. 따라서 신은 객관적 실재가 아니다.

이것을 진인의 다음 말에서 분명하게 표현된다. "3요소는 모두 에고-의식에 의지하여 일어나며, 이원자(dyads)[상대물의 쌍들]도 그러하네. 만약 우리가 '나는 누구인가?' 하는 탐구로써 심장 속으로 들어가 그것[진아]의 진리를 보면, 그 모든 것이 완전히 사라질 것이네. 그런 사람이 진인이니, 그는 그런 것들에 미혹되지 않는다네."[1]

만일 우리가 이러한 이원자와 3요소들을 세계에서 뽑아낼 수 있다면, 아마 공간과 시간 외에는 아무것도 남지 않을 것이다. 그리고 이 두 가지는 이미 보았듯이 객관적 실재가 아니다. 에고가 소멸되면 남는 것은

1) 「실재사십송」, 제9연(부록 1, 제14연 참조).

진아뿐인데, 그것은 부분들로 나누어질 수 없다.

여기서 우리는 신이 그 자체로는 실재하지 않는다는 증거를 하나 더 갖게 된다. 진인들은 주장하기를, 에고 없는 상태에서는 진아와 별개의 어떤 신도 없다고 한다. 그리고 별개성은 신으로서의 신 관념이 갖는 본질 자체이다. 사실 별개성이 없는 곳에는 전혀 어떤 관념도 있을 수 없다. 실제 있는 그대로의 신은 생각의 한 대상이 아니다.

신에 대한 진리는 그가 바로 진아, 곧 실재로도 묘사되고 순수한 의식으로도 묘사되는 것과 다르지 않다는 것이다. 그런 만큼 신은 하나의 사람(인격적 존재)이 아니고, 어떤 식으로도 사람과 사물들의 세계와 관계되지 않는다. 실재와 세계 사이에 존재한다고 보통 말해지는 원인과 결과의 관계는 전혀 실재하지 않는다. 만일 실재가 어떤 것과 어떤 식으로든 관계된다면, 그것은 진인들이 규정하는 실재가 아닐 것이다.

샹까라가 인용한 구절들에서 우리가 보았듯이, 실제 있는 그대로의 신과 진아는 똑같은 하나라는 것이 우파니샤드들의 중심 주제이다. 이 동일성은 단순히 하나의 사실로 진술될 뿐 아니라, 가능한 모든 방식으로 강조된다. 그 가르침을 받지 않는 사람들에게는 벌칙이 규정되고, 그리고 그 가르침을 받아들이고 그 진리를 그들 자신의 체험 속에서 깨닫기 위해 열심히 노력하는 사람들에게는 축복을 내리기도 한다.

"'그와 나는 별개다'라고 생각하면서 별개의 신(deity)을 섬기는 사람은 무지하다. 천상의 신들이 보기에 그는 네발짐승과 같다."[2]

"사람이 이 나눌 수 없고, 몸이 없고, 규정할 수 없고, 장소가 없는 일자(One)와의 동일성 안에—두려움 없이—확고하게 자리 잡으면, 무외無畏(두려움이 없는 상태)를 성취한다. 사람이 이 일자 안에서 조금이라도 구분을

---

2) *yo'nyāṃ devatāmupāste, anyo'sāvanyo'hamasmīti, na sa veda |*
*yathā paśurevam sa devānām ||* —『브리하다라니야까 우파니샤드』, 1.4.10.

하면 그에게 두려움이 있다. (진아의 진리를) 그릇되게 아는 사람의 경우에는 그것이 진짜 두려움(의 원인)이다."[3]

"여기에서 마치 차별이 있는 것처럼 보는 사람은 죽음에서 죽음으로 이행한다."[4]

따라서 실제 있는 그대로의 신은 이름도 없고 형상도 없고 어떤 속성도 없다. 만약 그에게 속성이 있다면 그는 상대성 안에 있을 것이고, 따라서 실재하지 않을 것이다.

이것이 진인들이 밝힌 신에 대한 궁극적 진리이다. 물론 창조에 대한 설명을 제시할 때는 이것이 외관상 어려움을 야기한다. 진인 샹까라는 참된 성품에서의 실재와 가르침의 목적상 세계의 기원으로 관념되는 실재를 구분하여 그 어려움을 극복했다. 전자를 빠라브라만(*Para-Brahman*), 후자를 아빠라브라만(*Apara-Brahman*)이라고 한다. 이것을 또한 무종자無種子(*Nirbija*)와 유종자有種子(*Sabija*), 무성無性(*Nirguna*)과 유성有性(*Saguna*)이라고도 한다.[5] 후자는 이스와라(*Isvara*) 곧 인격신으로도 불린다.

이 둘을 혼동하여 그가 실제로 이 모든 다수성이 되었다고 주장하는 사람들이 있다. 그들은 고대 전승지의 문구들에 의존하는데, 그것만 문자 그대로 이해하고 같은 책들의 뒤쪽에 나오는 다른 문구들이 전달하는 최종적 가르침을 참조하지 않으면, 그것이 그들에게 유리한 전거로 보인다. 그런 문구들을 문자 그대로 해석하는 것은 적절치 않음을 보여주는 논변을 풍부하게 담고 있는 주석서들이 있다. 우리에게는 이 문제가 아루나찰라의 진인이 하신 분명한 말씀들에 의해 해소된다.

---

3) *yadā hyevaiṣa etasminnadrishye'nātmye'nirukte'nilayane'bhayam pratiṣthaṁ vindate | atha so'bhayam gato bhavati | yadā hy evaiṣa etasminn udaram antaram kurute | atha tasya bhayam bhavati | tattveva bhayam viduṣo'manvānasya ||* —『따이띠리야 우파니샤드』, 1.4.10.

4) *mṛtyoḥ sa mṛtyuṁ apnoti ya iha nāneva paśyati ||* —『까타 우파니샤드』, 2.1.11.

5) 'Nirbija'란 (현상계를 출현시키는) '종자가 없다'란 뜻이고, 'Sabija'란 '종자가 있다'는 뜻이다. 그리고 'Nirguna'란 '속성이 없다'는 뜻이고, 'Saguna'란 '속성이 있다'는 뜻이다.

진인의 그런 말씀 중 하나는 다음과 같다. "사람이 그 목표에 도달하려고 애쓰고 있는 동안은 이원성이 실재하지만 그 목표 안에는 이원성이 없다는 말조차도 전혀 옳지 않네. 우화에서 열 번째 사람을 실종자로 노심초사 찾고 있을 때와 그 자신을 (잃어버렸던 열 번째 사람으로) 발견했을 때 모두, 그는 그 열 번째 사람 외에 달리 무엇도 아니었다네."[6)]

여기서 '조차'라는 말은 여기 언급되지 않은 한 가지 교리도 틀렸다는 것을 뜻한다. 즉, 여기서는 두 가지 교리가 비난받는다. 하나는 암시적으로, 다른 하나는 명시적으로 비난받는다. 첫째 것은 이원성이 항상 참되며, 해탈의 상태에서도 지속된다고 하는 것이다. 두 번째 것은 어떤 방법의 영적인 노력에 의해 비이원성을 성취할 때까지 당분간은 이원성이 참되다고 하는 것이다. 전자는 이원론자들의 교리인데, 위에 인용된 구절에 비추어볼 때 진인들이 가진 에고 없는 상태에서의 직접적인 진아체험과 관련하여 그 교리가 옳지 않음은 두말할 필요가 없다. 후자 역시 진인들이 제시한 실재에 대한 특유의 정의(81쪽 참조) 때문에 옳지 않다.

그 정의의 의미에서 이원성이 실재한다면 그것은 영원히 지속될 것이고, 그러면 어떤 수단으로도 비이원성을 깨닫거나 일어나게 할 수 없을 것이다. 거기에다 만약 에고 없는 상태에서의 비이원성이 탐구나 다른 수단을 추구한 하나의 결과로 용인될 수 있다면, 그 이원성은 실재하지 않을 것이다. 시작이 있으면 끝도 있을 것이기 때문이다. 하나의 결과는 그것을 가져온 원인력에 의해 지탱되는 한에서 지속될 수 있다. 유한한 원인—행위의 한 과정—은 결코 무한한 결과를 산출할 수 없다는 것이 우파니샤드의 격언 중 하나이다. 그 저자들은—만약 증거가 필요하다면—그것을 증명하기 위해 우리의 보편적인 경험에 호소한다. 해탈의 상태가 끝없는 것이 아니라고는 누구도 주장하지 않는다. 그 상태를 모종의

6) 「실재사십송」, 제37연(부록 1, 제42연 참조).

세계(천상계)에서 주민이 되는 거라고 생각하는 사람들조차도, 거기서 더 낮은 존재 상태로 되돌아갈 수 있다고 하지는 않는다.

**해탈** 속에서도 (신과 개인적 영혼의) 차이는 지속된다는 이원론자들의 주장은 적어도 논리적이기는 하다. 물론 그들은 **진인**들의 증언에 그들의 교의를 들어맞게 할 수 없다. 그래서 그 증언을 배척하여 그들의 목표를 달성한다.

**진인**들의 체험을 그들 자신의 교의와 조화시키려고 하는 이원론자들은 하나의 딜레마에 봉착한다. 만약 무지가 지속되는 동안은 차이가(이원성이) 실재한다고 주장하면, 그들은 **해탈**에 시작이 있다고 말해야 한다. 그러나 그들은 거기에 하나의 끝도 있을 것이라는 불가피한 결과를 인정하고 싶어 하지 않는다. 만일 **그것**이 시작도 없고 끝도 없다는 것을 인정하면, 그들은—비이원론자들이 말하듯이—차이란 모조리 하나의 환상이라는 결론에 논리적으로 내몰리게 될 것이다.

앞에서 말한 우화는 다음과 같다. 한 마을에 사는 열 명의 남자가 강을 건넜다. 그런 다음 그들은 모두 무사히 건너왔는지 확인하기 위해 자신들의 인원을 세었다. 그러나 각자 자기 자신은 빼고 세었기 때문에 아홉 명만 있는 것처럼 보였고, 그래서 열 번째 사람이 실종되었다고 단정했다. 그들이 실종된 사람에 대해 애통해하고 있을 때, 어떤 사람이 그들에게 다가가서 슬퍼하는 이유를 물었다. 그들은 자기들이 모두 열 명이어야 하는데 한 명이 실종되었다고 말했다. 새로 온 사람은 그들이 착각했다는 것을 알았다. 자기가 세어 보니 정확히 10명이었고, 그들이 왜 아홉 명뿐이라고 생각하게 되었는지도 알았다. 그래서 그들에게 열 명이라는 것을 납득시키기 위해, 자신이 그들의 등을 한 번씩 때릴 테니 누군가가 그 때리는 숫자를 세어 보라고 했다. 마지막 한 대는 그 세는 사람을 위해 남겨두었다. 세는 사람이 '아홉 대'를 세었을 때, 그 외지인이 그 사람에게도 한 대를 때렸고, 그렇게 열 대를 세자 실은 열 명이 다 있다는 것이 드러났다. 만일 세던 사람이 앞서 올바르게 세었다면, 자신이 열 번째 사람인 것을 발견했을 터였다. 따라서 열 번째 사람은 그가 그것을 발견하기 전이나 후나 내내 있었던 것이다. 다른 데서 새로 온 사람은 없었다. 그것을 발견했을 때 열 번째였던 사람은 그 전에도 열 번째 사람이었다. 그래서 진정한 **자아**는 무지가 소멸되기 전이든 후든, 언제 어느 때나 유일한 **실재**인 것이다.

진실은, 무지가 하나의 존재물이 아니듯이, 무지의 산물인 세계·영혼·**신**이 역시 존재물이 아니라는 것이다. 진정한 **자아**에게는 무지가 존재하지 않는다. 무지는 가르침을 전달하는 수단으로 사용되는 하나의 가정에 불과하다. 우리는 무지가 에고와 다르지 않다는 것을 살펴보았지만, 이 에고는 전혀 존재성이 없다. 그래서 모든 창조계의 기원인 무지는 바로 지금도 존재하지 않는다. 진정한 **자아**는 언제나 '둘이 없는 **하나**'이며, 바로 지금도 그러하다. 즉, 그는 무無세계이다(worldless). 따라서 **실재**가 어떤 실제적 변화를 겪었다는 믿음—**그것**이 실제로 (세계·영혼·신의) 셋이 되었다는 믿음을 가질 여지는 없다. 만약 **실재**가 어떤 변화를 겪을 수 있었다면, **그것**은 우리가 탈피하고 싶어 하는 변화의 악순환에서 결코 우리를 구원해 줄 수 없을 것이다. **고타마 붓다**가 이것을 올바르게 말했다. "만일 변하지 않고 변할 수도 없는 **실재**가 없다면, 우리에게 윤회(*samsara*)[상대적인 존재]에서의 **해탈**은 있을 수 없다." 그는 "변치 않고 변할 수도 없는 **실재**가 있고, 따라서 우리는 **해탈**을 얻을 수 있다."고 선언한 것이다. **실재**가 불변이라는 것을 우리가 인정한다면, **그것**은—질료인이든 능동인이든—세계의 원인이 아니라는 것, 즉 **그것**의 존재(being)는 어떤 종류의 변화도 겪지 않는다는 것도 인정해야 할 것이다.

이것이 **신**에 대한 진리이다. **헌신**에 관한 장에서 우리가 살펴보겠지만,

헌신가들이 생각하는 신은 상대적으로만 실재한다.

우리는 앞에서 신을 한 사람으로 보는 사람은 그 자신을 한 사람으로 간주한다는 것을 보았다. 우리는 또한 인격신은—거친 형상이든 미세한 형상이든, 물리적 형상이든 심적 형상이든—하나의 형상을 가지고 있어야 한다는 것도 보았다.

인격(personality)이란, 우리가 다른 모든 존재들과 별개인 한 존재로서의 독자적 존재성을 의미한다. 그런 존재성의 주장은 에고-의식에 기초하고 있다. 에고-마음(에고-의식)은 그 자신을 의식하는 지성적 존재로 알고 있다. 이 의식은 그 자신의 것이 아니라, 진아인 의식의 아주 작은 일부이다. 마치 거울에 비친 해의 모습이 가진 빛이 해 자체가 발하는 빛의 아주 작은 일부이듯이 말이다. 마음이나 영혼이 하나의 의식하는 개체라는 관념을, 신성한 전승지와 진인들은 하나의 절도 행위로 묘사한다. 우리는 마음을 그 안에서 반사되는 에고와 함께 실재에 순복시키고, 실재가 곧 진아임을 이해함으로써 이 절도를 원상 복구해야 한다. 우리가 듣기로는 이것이 바로 우리가 『기타』의 가르침 마지막 행[18.66]에서 발견해야 할 의미이다.

*Sarvadharman parityajya mām ekaṁ śaraṇaṁ vraja* ||

이것은 "(그대의) 모든 다르마(*dharmas*)를 내맡기고, 나에게 귀의하라"는 뜻이다. 여기서 '다르마'는 보통의 의미보다 더 넓은 뜻으로 보아야 한다. 이것은 의무나 행위를 뜻하는 것이 아니라, '지위'나 '속성'을 뜻한다. 영혼은 속성들의 한 다발인데, 속성들 중에서도 으뜸가는 것이 인격이다. 이것을 순복시켜야(내맡겨야) 한다고 진인은 말한다.

이러한 순복을 하는 방식이 진아탐구이다.

# 제8장 에고 없는 상태

세 가지 범주, 즉 세계·(개인적) 영혼·신으로 구성되는 상대성의 세계는 에고-마음이 실재 위에 덧씌운 거짓된 겉모습임을 알 수 있다. 실재는 바탕, 곧 그 세 가지에서 진리의 요소이다. 저 실재는 이 세 가지 환적幻的인 겉모습에 의해 우리의 시야에서 가려진다. 그 환幻(illusion)의 기원은 에고-의식이다. 그리고 에고-의식이 지속되는 한, 무지와 속박에 끝이 없을 것이다. 즉, 에고가 없어져야만 우리가 자유로워질 것이다. 앞에 나온 장들에서 우리가 배운 것이 바로 이것이다.

따라서 해탈의 상태는 에고 없는 상태로 묘사된다. 이것은 다른 방식으로도—즉, 지知 혹은 깨침의 상태, 지복의 상태, 완전의 상태, 평안의 상태, 그리고 본래적 상태(Natural State)로도 묘사된다. 이런 묘사들은 그것에 대한 어떤 유한한 관념을 전달하는 것처럼 보이지만, 그렇지 않다. 왜냐하면 우리가 나중에 보겠지만, 그것은 언어나 생각의 범위 안에 있지 않기 때문이다.

그 상태와 관련하여 두 가지 물음이 일어나는데, 즉 그런 상태가 과연 있느냐 하는 것과, 그것이 바람직한가 하는 것이다. 첫 번째 물음은 그 상태가 완전한 무無의—자아 소멸의—상태로 판명될지 모른다는 의심을 함축한다. 이 의심은 에고가 자기 자신이라는 뿌리 깊은 믿음에서 나온다. 이에 대한 답변은, 에고와는 다른, 그리고 그보다 훨씬 큰 어떤 것인 진아가 있고, 그것은 에고가 죽은 뒤에도 살아남는다는 것이다. 왜냐하면 진인들이 그것을 실재한다고 규정하기 때문이다. 두 번째 물음은 행복은 쾌락으로 이루어진다는 관념에서 일어나는데, 세계가 없는 상태에서는 쾌락이 있을 여지가 없지 않느냐는 것이다.

이 물음들 중 어느 것도 살아 있는 진인의 제자들을 사로잡지 못한다. 아루나찰라의 진인의 발아래 앉아 본 사람들은 그런 물음에 시달리지 않는다. 진인 자신이 에고 없는 상태의 가장 좋은 증거이다. 당신에게서 방사되는 불가사의한 감화력을 흡수해 온 사람들은, 에고 없는 상태가 실재하며 그것은 어떤 대가를 치르더라도 얻어야 하는 것임을 증명해 줄 어떤 증거나 논변도 필요로 하지 않는다. 그들은 그것이 욕망에 의해 감소되지 않고 두려움에 영향 받지 않는 온전함 혹은 완전함의 상태, 영원한 행복의 상태라는 것을 안다.

이런 의심이나 그 비슷한 의심들을 진지하게 받아들이면 안 된다는 것이 진인들의 가르침이다. 아루나찰라의 진인은 에고 자체가—행복의 가장 큰 적인데—모든 의심의 어버이라고 지적한다. 에고는 자신이 소멸되는 날을 연기延期하는 수단으로 그런 의심을 제기한다. 이런 의심들을 품고 그 해결책을 찾느라고 시간과 기력을 낭비하는 것은 그 적의 손아귀에서 놀아나는 것이다. 우리가 해야 할 일은 계속 질문을 구성하고 답변을 구하는 것이 아니라(그것은 지적인 것에 불과해서 별 가치가 없다), 범인인 에고를 체포하여 피고석에 앉히고, 진아에 대한 탐구로써—자신이 진아인 체하는—그 에고를 처치하는 것이다. 달리 말해서, 우리는 진정한 자아를 발견해야 한다. 그가 모든 물음에 대한 최종적 해답이니 말이다. 일어나는 모든 물음은, 에고를 그 액면대로—진정한 자아로—여기는 무지에 의해 무가치해진다. 따라서 모든 물음은 "나는 누구인가?"라는 단 하나의 물음으로 귀결된다. 이 물음이 진아에 대한 탐구이며, 이것으로 에고 없는 상태를 얻는다. 그 상태에서는 진아만 있고 달리 아무것도 없다. 그래서 어떤 질문도 어떤 답변도 없고, **침묵**만 있다고 진인은 말한다.[1] **우파니샤드** 전승지에서도 같은 의미를 분명하게 전달한다. "**지고의 존재**를 보게 되면 심장 속 (욕망의) 매듭이 끊어지고 모든 의심이 **소멸되며**, 행위의 모든 결과들이 취소된다."[2] 그래서 우리는 끝없이 의문을 제기하는 것이 에고에게 새로운 생명을 늘려주는 수단일 뿐임을 알고 조심해야 한다. 그렇게 에고의 수명을 늘려주는 것은 악덕이며, 소위 악덕이라는 것보다 어쩌면 더 중대한 악덕일 것이다. 그것은 성실성의 부족과 속박 자체에 대한 숨은 애정을 말해준다. 그러나 의문을 제기하는 고질적 습관에 빠지지 말라고는 하지만, 선의의 탐색자에게는 그가 할 수 있는 모든 질문에 대한 답변들이 있다는 것—다만 질문하기에 한계가 있어야 한다는 것—을 스스로 깨닫도록 도와준다.

완벽히 성숙한 제자, 즉 **진아**에 대한 **계시**를 얻으려는 깊은 열의를 가진 사람에게는 이런 물음들이 전혀 중요하지 않다. 진정한 **자아**에 완전히 전념하고 있는 사람은 에고로 점철된 삶인 그 감옥 생활을 포기할 만반의 준비도 되어 있기 때문이다. **진인**은 그에게 진정한 **자아**가 에고의 근원이며, 만약 **생명**의 충만함을 얻고 싶다면 그 **진아**를 추구하여 발견해야 한다고 말해 준다. 그에게는 그것으로 족하다. 그는 머뭇거리거나, 의심들이 일어나 **진아탐구**를 방해하는 것을 허용하지 않는다. 우리는 제1장에서 **진인** 자신이 머뭇거리지 않은 것—의심이나 두려움으로 물러서지 않은 것을 보았다. 마치 당신은 에고의 그림자가 드리운 **이** 상대적 삶이 전혀 가치가 없다고 결론짓고, **실재하는 것**을 발견하기 위해서라면 그것을 전부 잃어버릴 준비가 되어 있는 것과 같았다. 우리가 풍부하게 이용할 수 있는 이점들—곧 과거의 신성한 전승지와 **진인**들의 가르침—

---

1) 『진어화만』, 제1181연(부록 2, 제247-A연 참조).

2) *bhidyate hṛdayagranthiśchidyante sarvasaṃśayāḥ* |
*kṣīyante cāsya karmāṇi tasmindṛṣṭe parāvare* || —『문다까 우파니샤드』, 2.2.8.

을 당신은 하나도 가지고 있지 않았다는 것도 우리는 알고 있다.

이제 우리는 **진인**들이 이런 물음들에 어떻게 답변하는지 살펴보자.

에고 없음의 상태는 무無가 아니다. 왜냐하면 **진아**가 **그**의 진정한 **성품**으로—에고에 의해 제한되지 않고, **그**가 실제 있는 그대로—있기 때문이다. 누대累代에 걸친 **진인**들이 이런 취지로 말한 증언을 우리는 가지고 있다. 저 진정한 **자아**는 바로 지금도 우리를 지탱해 주는 **생명**이며, 그것 없이는 상대성 안에서의 삶이 너무 견디기 어려워서 우리가 죽음을 선호하게 될 것이다. "이 무한한 **지복**이 없다면, 누가 계속 살아 있으려 하겠는가?"[3] 왜냐하면 바로 지금도 이 무지의 영역 안에서 우리는 진정한 **자아**의 **행복**의 흐름에 의해 지탱되기 때문이다. 그 흐름은—아무리 약하고 간헐적이어도—우리가 절망과 자살에 이르지 않을 만큼의 양으로 겹겹이 쌓인 무지와 죄를 관통해 조금씩 흘러내린다. 고대의 전승지는 또한 우리에게 이렇게 말한다. "(실재이고 무한한 지知이며 브라만으로서) **심장** 안에 감춰져 있는 저 **진아**를 발견하는 사람은, 저 심오한 행복을 즐기게 될 것이며, 그것은 모든 욕망의 동시적 충족이다."[4]

마지막 구절의 '동시적'이라는 말에는 특별한 의미가 있다. 어떤 욕망의 충족에 따른 행복은 일시적일 뿐만 아니라, 그 행복이 지속되는 동안에도 충족되지 못한 다른 욕망이라는 유령에 의해 (그 행복이) 감소된다. **진인**이 즐기는 **진아**의 지복은 **그렇지 않다**. 이것은 이 **우파니샤드**의 뒤에 나오는 구절에서 설명되는데, 거기서는 **진아** 안에 **지복**의 충만함이 있고 그 안에서는 욕망이 도저히 일어날 수 없다는 것이 드러난다.[5] **진인**이

---

3) *ko hy evānyāt, kaḥ prāṇyāt | yad eṣa ākāśa ānando na syāt ||*
—『따이띠리야 우파니샤드』, 2.7.1.

4) *satyam jñānam anantam brahma | yo veda nihitam guhāyām parame vyoman | so'śnute | sarvān kāmān saha | brahmaṇā vipaścita iti ||*
—『따이띠리야 우파니샤드』, 2.1.1.

5) 여기서 말하는 부분은 『따이띠리야 우파니샤드』의 '브라만의 지복 장(Brahmananda Valli)', 제8절(*Anuvaka*)을 가리킨다. *T.* 즉, 『따이띠리야 우파니샤드』, 2.8.1.이다.

우리에게 설명하기를, 에고 없는 상태의 오롯하고 완전하며 무시간적인 지복은, 그 자체 불만·욕망·활동이라는 열병의 뿌리인 에고가 아주 완전히 죽어서, 더 이상 고개를 들 수 없다는 사실에서 비롯된다고 한다. "바다가 넘쳐흐를 때 작은 동물이 고개를 들 수 없듯이, 이 작은 에고도 (순수한 의식에 의한) 비춤의 상태에서는 머리를 들 수 없다네."[6)]

고대의 전승지와 진인들은 이 가르침을 확언해 주기 위해 공히 이성에도 호소한다. 더 오래된 계시서는 예컨대 "어떻게 세계가 단순한 무無에서 생겨날 수 있겠는가?(*katham asataḥ sajjāyeta?*)"[7)]라고 하여, 무無에서는 아무것도 일어날 수 없다는 것을 보여주려고 애쓸 때가 많다. 진인도 우리에게 말하기를, 우리가 보는 사물들이 존재한다는 확신을 우리가 가지고 있기 때문에, 하나의 의식—곧 세계라는 겉모습 안의 실재성 요소가 있을 수밖에 없다고 한다.[8)]

이로부터 우리는 무한한 의식이 사물들의 세계뿐만 아니라 사람들의 세계에 대해서도 그 저변의 실재라는 것을 알게 된다.

우리는 하나의 자아를 알고 있다. 하지만 우리가 그 에고를 진아로 착각하고 있다는 것을 살펴보았다. 그러나 모종의 진짜 자아 없이는 어떤 자아의 관념이 있을 수 없으므로, 우리는 부득이 하나의 진정한 자아가 있다고 믿어야 한다. 그런데 그 진아에 대한 진리를 우리는 진인들로부터만 수집할 수 있다. 우리는 그것이 에고 없는 상태에 거주하는 순수하고 무한한 의식이라는 것을 진인들에게서 배운다.

진인들이 지적하듯이, (우리의) 보편적 경험도 그 가르침을 확언해 준다. 진인은 우리에게, 누구도 자신의 존재를 부인할 수 없다고 말한다. 달리 무엇을 부인한다 할지라도, 그 자신이 존재한다는 것은 시인해야 한다.

---

6) 『진어화만』, 제1142연(부록 2, 제231연 참조).
7) 『찬도갸 우파니샤드』, 6.2.2.
8) 「실재사십송」, 기원문 제1연(부록 1, 제4연 참조).

자아의 성품 자체가 그것은 하나의 의심할 수 없는 실재라는 것이기 때문이다. 만일 우리가 상상하는 특정의 유한한 자아가 존재하지 않음이 발견된다면, 그것은 우리가 엉뚱한 것에 자아성을 부여했다는 것을 의미할 뿐, 어떤 자아도 전혀 없다는 의미는 아니다.

진정한 자아는 우리가 아는 세 가지 상태, 곧 생시·꿈·깊은 잠의 어디에서도 그 순수함의 상태로 경험되지 않는다. 물론 "내가 있다"는 경험은 있지만, 진정한 자아에 대한 이 자각은 에고와 그 창조물들이 가하는 제한에 의해 한갓 원자 크기로 축소된다. 진인 샹까라가 『분별정보(*Vivekachudamani*)』 제365연에서—진아의 빛은 마음이라는 매개물에 의해 속절없이 흐려진다고—지적하듯이,[9] 진아는 에고 없는 상태에서만 실제 그의 모습대로 빛나는데, 그 상태에서는 세 가지 상태 모두가 부정된다. 그러나 그 상태를 성취하기 전이라 해도, 우리는 깊은 잠의 상태에서 진아의 자취를 발견할 수 있고, 이것은 진아의 실재성에 대한 증거로서 우선은 충분하다. 결국 우리는 세 가지 상태를 초월함으로써, 그 진아의 온전한 드러남(Revelation)을 우리 스스로 얻게 된다.

깊은 잠 속에서는 몸도 없고, 마음도 없고, 에고도 없다. 그러나 우리는 우리 자신이 잠 속에서도 살아남는다는 것을, 있을 수 있는 최대한으로 확신하고 있다. 나중에 우리가 살펴보겠지만, 바로 이 생존에 의해 누구도 부정할 수 없는 자아성의 연속이 유지되는 것이다. 그러나 우리가 이것을 상세히 논의하기 전에, 진인들의 가르침에 비추어 이 세 가지 상태를 에고 없는 상태와 비교하여 연구해 볼 필요가 있다.

생시의 상태는 우리가 이 세계를 보는 상태이다. 이 세계 안에는 무수히 많은 유한한 자아들이 있고, 그들 모두에게 이 세계는 공통된다고 생각된다. 우리는 또한 이 세계가 하나의 객관적 실재이며, 우리는 감각기

---

9) 이것은 63쪽에서 이미 언급했다.

관이라는 출입구를 통해 이 세계와 접촉한다고 생각한다. 감각기관들은 이 생시의 상태에서만 열려 있다. 우리는 세계가 실재한다는 것을 우리 자신에게 납득시키려 하다 보니, 몸과 감각기관들이 그 세계라는 겉모습의 일부라는 것을 잊어버린다. 그렇게 잊으면서 우리는 이 감각기관들이 애초에 실재한다고 가정한다. 증명되지 않는 것을 이처럼 은밀히 가정하고 나면, 우리는 당연히 세계의 나머지 부분에 대한 진리는 (세계와) 같은 편인 감각기관들의 증언에 의해 입증하기가 아주 쉽다고 느낀다. 이 점에 대해 판단을 내리는 심판관, 즉 지성은 거짓말들의 아버지인 에고의 자식이어서 심판 자격이 없다.

고대의 **계시서**가 우리에게 말하기를, 생시의 자아는 실제로는 지성이 이해하는 것과 같은 유한한 존재가 아니라고 한다. 그는 특정한 한 몸에 한정되지 않는다. 그의 몸은 전 우주—곧 창조계 전체이다. 그는 **바이슈와나라**(Vaisvanara) 혹은 **비슈와**(Visva), 즉 전인全人(All-Man)이라고 불린다. 우리 자신의 **진인**은 우리에게, 생시의 이 세계가 하나의 불가분한 전체이며, 그래서 우리는 그 전체를—만약 그럴 수 있다면—우리 자신으로 받아들이든지, 아니면 전체를 하나의 환幻으로 보고 포기해야 한다고 말한다. 당신은 이렇게 말한다. **"세계 안에 있는 모든 몸은 다섯 껍질**(five sheaths)**로 만들어지므로, 다섯 껍질 모두가 함께 '몸'이라는 이름에 대답한다네. 그럴진대, 어떻게 세계가 몸과 별개로 존재할 수 있겠는가? 몸 없이 누가 세계를 본 적이 있는가?"**10)

여기서 **진인**은 우리가 대체로 등한시하는 사실 하나를 상기시켜 준다. 그러나 그것은 우리가 부인할 수 없는 하나의 사실이다. 사람이 세계를 볼 때, 그 자신의 몸도 본다. 생시에도 그렇고 꿈속에서도 그렇다. 몸과 세계는 분리 불가능한 '동시 겉모습(co-appearances)'이다. 세계라는 겉모습

---

10) 「실재사십송」, 제5연(부록 1, 제10연 참조).

이 없을 때는 몸도 없다. 여기서 진인은 우리에게 묻는다. "만약 세계가 몸과 별개의 뚜렷한 존재성을 갖는다면, 왜 우리가 몸(육신)이 없는 상태인 꿈 속에서는 그 세계가 우리에게 나타나지 않는가?" 이 질문에는 대답할 수가 없다. 실은 세계는 몸과 별개의 어떤 존재성도 없다. 그래서 마치 꿈속의 세계가 그러하듯이, 세계 전체가 우리의 몸이다—즉, 에고 마음의 창조물이자 투사물이다.

꿈속에서는 우리가 몸이 없어도 모종의 세계를 본다는 반론이 제기될지 모른다. 꿈꾸는 사람의 몸은 침상 위에 움직이지 않고 누워 있지만, 그에게는 생시 세계와 비슷한 어떤 다양한 세계가 나타난다. 또한 어떤 사람이 '죽어서' 화장되거나 매장되는 자신의 육신을 버리고 떠날 때도 몸이 없지만, 다른 세계로 가서 거기서 한동안 거주하다가 이 세상에 다시 태어날 수 있다. 그가 그 다른 세계에 거주하는 동안에도 그 세계를 볼 것이 틀림없다. 이에 대한 답변은, '몸'이라는 단어는 이 살덩어리 몸만을 뜻하지 않고 더 미세한 조직으로 된 다른 몸들도 뜻한다는 것이다. 이것이 신성한 전승지의 가르침이며, 진인은 이것을 받아들여 이런 질문들에 대답한다. 내면에 거주하는 진아를 덮어서 숨기고 있는 다섯 가지 몸, 더 정확히는 다섯 껍질(*sheaths*)[11]이 있다. 이 모든 것이 합쳐져서 몸을 구성한다. 그래서 이 껍질들 중 하나 이상이 남아 있는 한, 자아는 몸이 없지 않고, 따라서 남아 있는 껍질들에 상응하는 하나의 세계를 볼 수 있다. 어떤 사람이 꿈을 꿀 때는 미세한 혹은 심적인 몸이 에고에게 남는데, 이 미세신微細身이 확장되어 꿈 세계가 된다. (죽어서) 다른 세계로 여행하는 사람의 경우도 이와 비슷하다. 그는 미세신을 가지고 이동하기 때문에 그 다른 세계와 교섭할 수 있다. 물론 그 세계는 그의 마음의 창조물이다. 따라서 어느 경우나, 세계가 보이는 곳에서는 그 에고에

11) *T.* 다섯 껍질에 대해서는 143쪽과 『라마나 마하르쉬 저작 전집』, 59쪽을 참조하라.

게 하나의 몸도 있다. 그래서 몸과 세계는 늘 함께 보인다고 말하는 것은 옳다. 위에서 말했듯이, 그것들이 단 하나의 불가분한 현상이라고 하는 것은 의심할 바 없이 참되다.

우리는 이미 생시 세계가 실질적으로 꿈속에서 보이는 세계와 비슷하다는 것을 살펴보았다. 꿈 세계가 실재하지 않는다는 것을 부인할 사람은 거의 없다. 이것을 부인하는 사람들은 우리가 신경 쓸 필요가 없다. 그들은 결함 있는 교의의 요구사항에 의해 이런 터무니없는 입장에 내몰리기 때문이다. 우리는 생시와 꿈이 공히 꿈이라는 결론에 이르렀다. 이른바 생시는 참된 생시가 아니다. 참된 생시는 **에고 없는 상태**이다. 그것은 무지의 잠에서 깨어난 것인데, 그 무지의 잠 속에서 생시라는 이 꿈이 일어난다. 저 생시(에고 없는 상태)에서는 어떤 거짓도 나타날 수 없다.

이제 우리는 **진아**의 연속성이라는 문제를 검토해 보자. 이 문제는 깊은 잠의 상태와 관련된다. 왜냐하면 꿈 없는 잠 속에서는 몸도 마음도 에고도 없으므로, 어떤 의문이 제기될 수 있다면 오직 그 상태와 관련해서만 제기될 수 있기 때문이다.

보통 사람은 잠을 자는 동안과 그 다음의 생시까지 자아가 연속된다는 데 의문을 갖지 않는다. 물론 그는 잠을 자는 자아는 생시와 꿈에서의 유한하고 에고에 감싸져 있는 자아가 아니라는 것을 모른다. **진인**이 말했듯이, "누구도 '잠 속에서 나는 존재하지 않았다'고 말하지 않는다." 자기존재의 연속성에 대한 의심으로 헷갈려하는 것은 닳고 닳은 인간들뿐이다. 그러나 모든 **진인**들은 세 가지 상태 모두의 저변에 **진아**가 있음을 강조하며, 우리가 그것을 이해하도록 돕기 위한 논거들을 제시한다.

첫째로, 우리는 꿈 없는 잠에서는 모든 의식이 비워져 있다고 착각하고 있다. 어떤 사람이 이 질문을 했을 때, **진인**은 이렇게 말했다. "그대는 잠에서 깨어난 뒤에 그렇게 말합니다. 정작 잠이 들어 있었을 때는 그렇게 말하지 않았지요. 그대 안에서 지금 잠이 무의식이라고 말하는 것은 그대의 마음입니다. 그러나 잠 속에서는 그 마음이 없었고, 따라서 잠 속에 있는 의식을 마음이 모르는 것은 당연합니다. 마음은 잠을 경험해 보지 못했기 때문에 그 의식이 어떤 것인지 기억할 수 없고, 그에 대해 오류를 범합니다. 깊은 잠의 상태는 마음을 넘어서 있습니다." 이것은 우리가 어느 한 상태의 마음을 가지고 다른 상태를 판단하는 것은 옳지 않음을 보여준다. 생시의 마음은 잠을 판단할 수 없고, 그 논거는 **진인**이 제시한 대로다. 세 가지 상태에 대한 올바른 평가는 그 상태들 모두를 초월한 **진인**만이 할 수 있다.

두 번째로, 깊은 잠 속에서도 자아가 존속한다는 충분한 증거가 있다. 이것을 우리는 **진인**이 일련의 질문에 답변한 다음 대화에서 이해할 수 있다. 한 서양인 방문객이 **에고 없는 상태**의 실제적 효용에 대해 아주 폭넓은 질문을 했고, 그에 따른 대담 과정에서 세계의 실재성에 대한 질문을 제기했다. 세계는 불연속적으로 나타난다는 말을 들은 그는 (자지 않고) 깨어 있는 누군가에게는 세계가 언제나 나타나 보인다는 반론으로 여기에 대응하려 했다. **진인**은 이미 보았듯이 그런 논변은 결정적이지 못함을 말해 주었다. 그런 다음 **진인**은 다음과 같이 말을 이었다. "그대가 세계를 실재한다고 생각하는 것은, 그것이 꿈속에서와 같이 그대 자신의 마음의 창조물이기 때문입니다. 그대가 잠 속에서 세계를 보지 못하는 것은, 그때는 세계가 에고와 마음과 함께 거둬들여져 **진아**에 합일되고, 그대의 잠 속에서 종자 형태로 존재하기 때문입니다. 잠에서 깨어나면 에고가 일어나 자신을 하나의 몸과 동일시하고, 동시에 세계를 봅니다. 그대의 생시 세계는 꿈 세계와 마찬가지로 그대의 마음의 창조물입니다. 생시든 꿈속이든 그 세계를 보는 어떤 사람이 있어야 합니다. 그는 누구입니까? 몸입니까?" "아닙니다." "마음입니까?" "분명히 그렇겠지요." "그러나 그대는 마음일 수 없습니다. 마음이 없는 잠 속에서도 그대는 존재하니까요." "그건 제가 모르겠습니다. 아마 그때는 제가 존재하기를 그치겠지요." "만약 그렇다면 그대는 어떻게 어제 경험한 일을 기억합니까? 그대는 자신의 연속성에 단절이 있었다고 진지하게 주장합니까?" "그럴 수도 있습니다." "만약 그렇다면, 존슨이 잠자리에 들어 벤슨으로 깨어날 수도 있겠군요. 그러나 그런 일은 일어나지 않습니다. 그대는 자신의 동일성이 지속되는 느낌을 어떻게 설명합니까? 그대는 '나는 잤다', '나는 깨어났다'고 말하는데, 그것은 자신이 잠자리에 누웠던 사람과 같은 사람이라는 의미입니다." 질문자는 더 이상은 대답할 말이 없었다. 진인이 말씀을 계속했다. "잠에서 깨어나면 그대는 '나는 행복하게 잠을 잤고, 신선해졌음을 느낀다'고 말합니다. 그래서 잠은 그대의 경험입니다. '나는 행복하게 잠을 잤다'고 하면서 잠의 행복을 기억하는 그 사람은 그 행복을 경험한 사람과 다를 수 없지요. 그 둘은 똑같은 한 사람입니다."12)

12) 이 교훈적 대화의 나머지는 다음과 같다. 진인이 계속 말했다. "그대의 말처럼 그대의 잠 속에서도 세계가 존재했다면, 그때 세계가 그대에게 그렇게 말했습니까?" "아니요, 그러나 지금 그것이 저에게 말해줍니다. 저는 길을 걷다가 돌을 걷어찰 때, 세계의 존재성에 대한 증거를 갖습니다. 그 아픔은 돌과 그 돌이 그것의 일부인 세계를 증명해 줍니다." "그 돌이 있다고 발이 말을 합니까?" "아니요, 제가 그렇게 말합니다." "그 '나'가 누구입니까? 그것은 몸일 수 없고, 마음일 수도 없습니다. 그것은 생시·꿈·잠의 세 가지 상태의 주시자일 뿐입니다. 그 상태들은 그 '나'에 영향을 주지 않습니다. 세 가지 상태는 오고 가지만, 그 '나'는 상존하며 움직이지 않습니다. 그가 진정한 자아인데, 항상 행복하고 항상 완전합니다. 이 진아의 체험이 모든 불만에 대한 치유책이며, 행복과 완전함의 깨달음입니다." "어떤 사람이 행복을 즐기면서 그 상태에 남아 있는 것은 이기심이겠지요. 특히 세상의 행복에 기여하는 어떤 일도 하지 않는다면 말입니다." "그대가 이 상태에 대한 이야기를 듣는 것은, 그대가 그 상태를 얻고, 그리하여 세계는 그대의 진아와 별개로 어떤 존재성도 없다는 것을 깨닫기 위해서입니다. 그대가 이것을 깨달으면 '이기심'이라는 말은 아무 의미가 없을 것입니다. 세계가 진아에 합일될 것이기 때문입니다." "진인은 세계에 전쟁과 괴로움이 있다는 것을 압니까?" "홍수나 화재 장면이 영화 스크린을 지나가면, 그것이 스크린에 영향을 줍니까? 진정한 자아가 바로 이 스크린과 같습니다. 그는 세계의 사건들에 영향 받지 않습니다. 괴로움은 주체와 대상의 구별이 있는 동안에만 있을 수 있습니다. 에고 없는 상태에서는 이 구별이 존재하지 않습니다. 거기에는 진아만이 있습니다. 그 상태 속의 진인은 곧 그 상태입니다. 그는 순수한 영, 곧 성령입니다. 그에게는 이 세계가 곧 하늘나라입니다. 그리고 그 나라는 그대 안에 있습니다." 진인은 여기서 예수의 가르침을 언급한다. 예수가 가르친 하늘나라는 곧 에고 없는 상태인데, 거기서는 진아가 존재하는 전부이다. 세계에 대한 질문들—세계를 어떻게 개혁할 것인가와 같은—이 거기서는 일어나지 않는다.

질문자는 그건 그럴 수밖에 없다고 동의했다.

그래서 우리는 잠 속에서도 지속되는 모종의 자아가 있다는 충분한 증거를 갖는다. 그 자아는 영혼이 아니라 **우파니샤드**의 진정한 **자아**라는 것이 우리가 **진인**들에게서 배우는 것이다. 잠의 경험을 통해 우리는 또한 참된 **자아**가 몸과 마음 없이 존재할 수 있다는 것을 알게 된다. 잠 속에서는 어떤 종류의 몸도 없으므로 거기서는 어떤 에고-의식도 없다.

잠은 사실 **에고 없는 상태**와 아주 비슷하다. 중요한 차이점이 하나 있다는 것은 나중에 살펴보자(164쪽 참조). 다만 여기서는, 잠 속에 개인성과 마음이 없다고 해서 우리가 깨어나서 기억하는 잠 속의 즐거웠던 행복감이 저해되지 않는다는 것만 유념하면 된다. **계시**에 따르면, 잠의 행복은—불완전한 행복이기는 하지만—그냥 에고가 없다는 데 기인한다.

세 가지 상태가 **에고 없는 상태**와 구별되는 것은, **진아**를 은폐하고 그것을 제한하는 몸들 곧 껍질들이 존속한다는 것뿐이다. 세 가지 몸과 다섯 껍질이 이야기된다. 육신 곧 조대신은 생시 상태에 상응한다. 심적인 몸 곧 미세신은 꿈들과 관계된다. 그것은 또한 우리가 천당이나 지옥과 같은 다른 세계로 가거나 거기서 거주하는 몸이기도 하다. 원인신(causal body)으로 불리는 또 다른 몸이 있는데, 이것은 잠 속에서도 남아 있는 유일한 몸이다. 이 몸은 무지, 곧 종자 형태의 에고와 마음에 불과하다. 다섯 껍질은 이들 세 가지 몸과 같은데, 아래에서 보는 바와 같다.

조대신粗大身(거친 몸)은 음식껍질(*Annamaya* sheath)과 같다.

미세신微細身은 생기껍질(*Pranamaya* sheath), 마음껍질(*Manomaya* sheath), 지성껍질(*Vijnajamaya* sheath)로 구성된다.

원인신原因身은 지복껍질(*Anandamaya* sheath)과 같다.

미세신에 포함된 세 껍질은 그 기능에 따라 위와 같은 이름이 붙었다. 생기껍질은 생명의 기능을, 마음껍질은 감각과 생각의 기능을, 지성껍질은 지적 사고와 의사 결정의 기능을 갖는다.

지복껍질을 지복(*Ananda*)과 혼동하면 안 된다. 지복은 에고 없는 상태에서의 진정한 자아이며, 몸이나 껍질들에 의해 은폐되지 않는다. 진인은 이 마지막 껍질이 가르침의 목적상 고안된 가상적 껍질일 뿐이라고 말한다. 여하튼 이 껍질은 진아 추구자(자기탐구자)들에게 아무 소용이 없다. 우리가 나중에 보겠지만, 이것은 건너뛰어야 한다.

물론 껍질이나 몸들을 실재하는 것으로 받아들이면 안 된다. 보통 '올바른 지知'라고 하는 진아체험은, 존재하지 않지만 에고-의식 덕에 존재하는 것처럼 보이는 모든 것들의 비존재성을 깨닫는 것일 뿐이다. 그래서 '올바른 지知'란 이 껍질들이 떨어져 나가는 것에 불과하다. 그 뒤에 남는 것은 실재하는 것, 순수하고 단일하며 무한한 의식, 즉 진아이다.

이제 우리는 진인의 계시에서 우리가 진아에 대해 무엇을 배울 수 있는지 살펴보자.

에고 없는 상태에서의 진정한 자아는 다름 아닌 실재이며, '사뜨(*Sat*)'—'있는 것(that which *is*)'—로 불린다. 이 사뜨는 찌뜨(*Chit*), 곧 의식이기도 하다. 그 자체로서 존재하지 않는 그 무엇도 실재하지 않기 때문이다. 의식이 없는 모든 것은 의식에 의해서만 존재할 수 있다. 그래서 진인들이 세계는 심적(mental)이라고 말하는 것이다. 우리는 진아가 의심할 수 없는 유일한 실재임을 이미 보았다. 그리고 껍질들이 떨어져 나가면 그것은 세 가지 상태를 넘어선 순수한 의식으로서 남게 된다.

이제 우리는 왜 '진아가 의식한다'고 말하는 대신 진아를 의식이라고 하는지 살펴보자. 그 설명은 아주 간단한데, 대단히 중요한 것이다. 마음은 의식하지만, 빈약하게 간헐적으로 의식한다. 마음의 의식은 잠 속에서 완전히 실패한다. 앞에서 지적한 대로, 마음이 의식을 받는 어떤 근원이 있어야 한다. 따라서 이 근원은 마음과 달리 부단히 빛을 발하는 본원적 의식(Original Consciousness)이다. 그것의 의식은 결코 실패하지 않기 때문에, 의식은 바로 그것의 성품이다. 그리고 진아가—여기서 말하는 근원이—곧 의식이라는 말에서 그런 의미가 표현된다. 고대의 전승지에서도 그 가르침을 발견할 수 있다. 우파니샤드 중 하나에서는 진정한 자아를 '끝없는 의식(*jñānam anantam*)'으로 묘사하고 있다.[13] 진인 샹까라가 말하기를, 이렇게 묘사하는 목적은 사람들 사이에서 지知라는 이름으로 통하는 '대상들에 대한 간헐적 자각'과 그것을 구분하기 위해서이다.

따라서 의식은 단순히 진정한 자아의 한 속성으로만 이해해서는 안 되며, 진아의 본질 자체로 이해되어야 한다. 이 의식은 모든 생각과 모든 지각의 공통 인자인 "내가 있다"로서 드러난다. 이 진리는 『아이따레야 우파니샤드(*Aitareya Upanishad*)』에서 분명하게 표현되는데, 여기서 진아는 의식을 뜻하는 쁘라냐남(*Prajñānam*)으로 불린다.[14] 실재하지 않는 껍질들이나 그것들의 변화하는 상태들과 혼합되어 오염되지 않은 순수한 상태에서는 의식이 곧 진정한 자아이다. 지知나 자각이 하나의 속성이나 성질이라는 일반적 관념은 위의 가르침과 정반대이다. 의식은 성질이 아니다. 그것은 실재의 바탕 자체이며, 실재가 실재인 것은 오로지 그것이 의식이기 때문이다. 의식만이 존재하고, 달리 아무것도 없다. 그것을 마음이나 지성과 구분하기 위해 종종 지고의 의식으로 부르기도 한다.

이 모든 우주가 존재하지 않던 태초에는 이 지고의 의식이 홀로 존재했다고 우파니샤드는 말한다. 의식은 그 자체로부터 피조물들의 몸을 창조했고, 그 자신이 영혼으로서 그 몸들 속으로 들어갔다. 이 생성 혹은 창조를 실제로 일어난 사건으로 여기면 안 된다. 지금 그것을 살펴보자. 고대의 전승지에 나오는 이런 창조 이야기들의 목적은 그 가르침, 곧 우

13) *T.* 135쪽의 각주 4) 참조.
14) 『아이따레야 우파니샤드』, 3.1.2와 3.1.3.

리 내면의 진아가 바로 실재라는—즉, 어떤 개인적 영혼도 없다는 가르침을 생생하게 전달하기 위한 것이다.

만일 창조가 실제로 일어났다면, 실재가 부분들로 분해되었다는 이야기가 될 것이다. 우리가 앞에서 보았듯이, 그것은 말이 되지 않는다. 진인이 우리에게 들려주는 말은 이렇다. "실재는 부분들로 분해되지도 않고, 한계 안에 갇히지도 않습니다. 단지 그렇게 보일 뿐입니다. 그것을 껍질로 된 몸들과 그릇되게 동일시하고, 그와 같이 그것을 한정하여 부분들이 나타나게 하는 것은 바로 마음입니다. 마음은 자신을 유한하다고 생각하면서 실재가 유한하다고 상상합니다. 이런 한정과 분할들은 마음 안에 있을 뿐입니다. 그러나 마음은 진아와 별개의 어떤 존재성도 없습니다. 금으로 만든 장신구는 하나의 이름과 형상이 덧씌워진 금이기 때문에 금과 아주 같지는 않습니다. 그러나 그것은 금과 다르지 않습니다. 마음은 진아의 불가사의한 한 힘일 뿐이고, 그 힘에 의해 하나인 진아가 다수로 나타납니다. 마음이 일어날 때만 세 가지—신·영혼·세계—가 나타납니다. 잠 속에서는 이 셋이 보이지 않고 생각되지도 않습니다."

이것이 바로 비이원론 형이상학에서 불생不生의 진리(*Ajati-Siddhanta*-불생론不生論)로 알려진 것인데, 이는 『만두끼야 주석송』의 저자인 가우다빠다(Gaudapada)에 의해 분명하고도 단호하게 진술된다. 진인 샹까라는 이 책에 대해 명료한 주석서를 저술했고, 샹까라 자신의 저술들도 그에 완벽히 부합된다. 그리고 우리의 진인은 그것을 당신 자신의 가르침으로 삼았다. 한 제자(무루가나르)는 당신에 대해 이렇게 말했다. "성인께서 질문자들의 편견에 따라 수정된 진리를 설하시기는 했지만, 당신이 가르치는 것은 당신 자신의 진아체험에 의해 입증된 불생의 진리라네."[15] 또한 같은 저작에서 우리가 발견하는 불생의 진리에 대한 명료한 설명은 다음과

15) 『진어화만』, 제100연(부록 2, 제22연 참조).

같다. "창조도 없고 파괴도 없다. 속박된 자도 없고 해탈을 향해 노력하는 자도 없고 그 상태를 성취한 자도 없다. 마음도 없고 몸도 없고 세계도 없으며, '영혼'이라고 불리는 자도 없다. 단 하나, 곧 둘이 없고 됨도 없는, 순수하고 고요하고 변치 않는 실재가 있을 뿐이다."16)

에고에 사로잡힌 사람은 다양성을 보면서 그것이 어떻게 생겨났는지 알고 싶어 한다. 그는 신이 그 모든 것을 만들었고, 신이 그 자신으로부터 그 모든 것을 만들었다는 말을 듣는다. 이에 대해 생각하던 그는 이 모든 다수성은 신이라고 하는 어떤 것 안의 한 단일성임을 알게 된다. 그 다음으로 그는 신에 대해 알고 싶어 한다. 그는 신이 자신과 같은 한 사람일 것이 분명하고, 다만 크기와 힘 그리고 성질에서 차이가 난다는 말에 설득 당한다. 따라서 처음에는 그가 자기 나름의 길을 가게 해야 한다. 그러나 신이 전혀 사람이 아니라는 말을 들어도 그가 감당할 수 있는 때가 온다. 그럴 때 진인은 그에게 신은 에고가 없다(egoless)고 말해 준다. 그 의미는, 신이 단 하나의 실재, 즉 모두의 안에 있는 진아라는 것이다.

신은 에고가 없다는 이런 묘사는 불충분한 묘사로 보일지 모른다. 에고에 사로잡힌 마음에는 그것이 어떤 의미도 전달하지 못한다. 사람들은 신이 하늘 어딘가 대단히 장엄한 세계에서 천신 혹은 천사들이라고 하는 멋진 존재들에 둘러싸여 살고 있다는 말을 듣고 싶어 한다. 신이 그들 자신의 심장 속에 거주한다는 것을 사람들이 이해하는 데도 시간이 걸린다. 심지어 거기서도 그들은 신과 자기를 구분하고 싶어 한다. 그들에게는 신을 자기로 생각하는 것이 어떤 신성모독처럼 보이는 것이다.

에고 없음은 비인격성(impersonality-즉, 무아성)이다. 이제 우리는 스스로에게 이 질문을 해보자. 인격과 비인격은 어느 쪽이 더 위대한가? 인격

---

16) 부록 2, 제20, 21연 참조.

은 유有, 비인격은 무無로 보인다. 그러나 그것은 인격이 한 몸에 한정된 것인 반면 **비인격**은 그냥 모든 한계가 없는 것임을 우리가 쉽사리 보지 못하기 때문이다. 두 경우 모두 같은 **의식**이 있다. 인격은 좁은 데 집어넣어져 갇히고 감금당한 의식이고, **비인격**은 감금되지 않은, 무한하고 순수한, 있는 그대로의 **의식**이다.

그래서 우리는 **비인격**과 인격이 빛과 어둠처럼, 자유와 속박처럼, 지知와 무지처럼, 혹은 수학 기호 플러스와 마이너스처럼 상반된다는 것을 이해한다. 어느 것이 플러스이고 어느 것이 마이너스인가? **진인**들의 말씀을 따른다면 우리는 그 답변에 대해 의문을 가질 수 없다. **비인격**—**에고 없음**—이 플러스이고, 인격이 마이너스이다.

**비인격**은 감소되지 않은 **의식**이다. 그것은 전체로서의 **존재**—곧 순수한 **의식**으로서의 **존재**(Existence)이다. 이 **존재**가 마음에 의해 셋으로 된다. **진인**은 그것을 다음과 같이 설명했다. "**존재** 더하기 다양성은 세계이고, **존재** 더하기 개인성은 영혼이며, **존재** 더하기 일체(all)의 관념은 **신**입니다. 세 가지 모두에서 **존재**가 유일한 실재성 요소입니다. 다양성·개인성·일체성(all-ness)은 실재하지 않습니다. 그것들은 마음에 의해 창조되어 **존재** 위에 부과됩니다. **존재**는 **신**의 개념을 포함한 모든 개념을 초월합니다. '**신**'이라는 이름이 사용되는 한, **신**의 개념은 참될 수 없습니다. **신**에 대한 진리는 "**내가 있다**(*I AM*)"라는 말로 더없이 충실하게 표현됩니다. **신**의 히브리어 이름인 '**여호와**'(*Jehovah*)—이것은 "내가 있다"는 뜻이다—가 **신**의 진리를 완벽하게 표현하고 있습니다."

**진인**은 또한 **신 자신**이 말했다고 성경에 나오는 수수께끼 같은 문장에 (사람들이) 예리한 주의를 기울이게 했다. 거기 나오는 이야기는 모세 앞에 나타난 어떤 빛에 대한 것이다. 그 빛 속에서 한 **음성**이 그에게 말하기를, 그의 백성들을 데리고 이집트를 빠져나가라고 지시한다. 모세는 자신에게 이야기하는 것이 누구인지 알고 싶어 한다. 그래서 누구신지 말해 달라고 간청하면서, 그래야 자신이 백성들에게 알릴 수 있다고 말한다. 그 음성은 그에게 "나는 내가 있다는 것이다(I AM THAT I AM)"라고 말한다. 진인이 지적했듯이, 이것은 성경 전체에 걸쳐 전체를 대문자로 인쇄한 유일한 문장이다. 그것은 아주 중요한 의미가 있을 것이 분명하다. 진인은 우리에게, 이 문장에서 신은 그 자신의 성품의 비밀을 드러냈다고 말한다. 즉, 그는 바로 우리의 심장 안에서 의식의 빛으로 항상 빛나고 있는 "내가 있다"라는 것이다. 달리 말해서 그는 곧 진아이다.

단 하나인 진아만이 참되며 다른 모든 것은 무지에 의해 그것 위에 덧씌워진다는 것을, 진인은 여러 가지 방식으로 여러 번에 걸쳐 명료히 설하신 바 있다.

진아는 실재하는 의식이며, 세계의 사람과 사물들은 그것에 이름과 형상들을 덧씌움으로써 나타난다. 이는 다음과 같이 표현된다. "의식인 진아만이 실재하며, 달리 아무것도 실재하지 않는다네. 다양한 이른바 지知는 모두 무지일 뿐이네. 이 무지는 진아인 의식과 별개로 독립된 존재성이 없으므로 실재하지 않네. 마치 금으로 만든 장신구들은 실재하지 않는데, 실재하는 금과 별개로는 아무 존재성이 없듯이."17)

여기서 '지知'로 지칭하는 것은 세계 자체이다. 우리가 보았듯이, 세계는 마음 속에서 일어나서 지나가는 생각들과 다르지 않다. 이 생각들을 무지한 이들은 지知라고 말한다. 왜냐하면 그들은 마음이 감각기관을 통해서 아는 하나의 외부 세계가 있다고 생각하기 때문이다. 이 지知들의 총합은 무지일 뿐 아니라 실재하지도 않는다. 이제 우리는 이것을 이해한다. 왜냐하면 에고-의식이 그 모든 것의 기원이기 때문이다. 게다가 '무지'는 하나의 부정否定이며, 부정들은 홀로 존재하지 않는다. 실재하지

---

17) 「실재사십송」, 제13연(부록 1, 제18연 참조).

않는 세계에 대한 견해들로 이루어진 이 무지는, **진아**인 **의식**에 마음이 창조한 이름과 형상들이 더해진 것에 불과하다. **진인**은 이 이름과 형상들이 실재하지 않는다고 말한다. 마치 금 위에 덧씌워진 이름과 형상들을 '장신구'라고 부르지만, 사실 그것은 언제나 금일 뿐이고 그 자체로는 실재하지 않듯이 말이다. 여기서 **진인**이 '장신구'와 '금'을 수식하는 '실재하지 않는'과 '실재하는'이라는 단어를 **일부러** 채용하고 있다는 데 주목해야 한다. 장신구들은 통상 실재하지 않는 것으로 여겨지지는 않는다. 그러나 여기서의 목적은 세계라고 하는 **다양한** 지知의 비실재성을 보여주기 위한 것이다. 그 단어들을 여기에 둔 것은 그 비유를 완전하고 정확하게 하기 위해서이다. 만일 이 단어들이 없다면, 잘못 생각한 어떤 제자가 그 의미를 곡해하여 **진인**이 이름과 형상들의 실재성을 가르쳤다고 이해할 것이다.[18] 같은 가르침이 다음과 같이 전달된다. "**실재**는 (영화에서) 화면들이 그 위에서 움직이는, 빛이 비춰진 스크린과 같고, 영혼·세계·신은 움직이는 화면들과 같으며, **무한자**만이 (빛이 비춰진 스크린처럼) 실재한다. 그것은 순수하고 차별상이 없다. 이것들[화면들]은 비록 실재하지는 않지만 **실재**와 다르지는 않다. 그러나 **실재**는 그것들과 다르다. 왜냐하면 **실재**는 그것들 없이도 자신의 **단일성** 상태에서[예고 없는 상태에서] 존재하기 때문이다. 실재하지 않는 겉모습을 보는 사람은 **실재**를 보지 않고, **실재**를 보는 사람은 실재하지 않는 겉모습을 보지 않는다. 마음은 움직이지 않는 스크린과 같은 부동의 **진아**를 붙들지 못하기 때문에 미혹되어, 움직이는 화면들 중 하나를 그 자신으로, 그리고 다른 화면들을 다른 영혼들과 세계로 본다."[19]

여기서, '영혼' 곧 세계를 보는 자는 그가 보는 대상물인 세계에서 분

18) *T.* 이 대목의 정확한 의미에 대해서는 '실재하지 않는', '실재하는'의 두 단어를 함께 배치한 이유를 더 자세히 설명하는 340-1쪽을 참조하라.
19) 『진어화만』, 제1216-1219연(부록 2, 제289-292연 참조).

리될 수 없고, 전체가 에고의 창조물이라는 것이 드러날 것이다.

진인은 이 가르침 전체를 한 미국인 제자에게 다음과 같이 베풀었다. "단 하나의 의식이 도처에 균등히 배분되어 있습니다. 그대가 환상을 통해 그것을 불균등하게 배분합니다. 어떤 배분도 없고, 어떤 도처도 없습니다." 이 경우에 진인은 영어로 말했고, 위 말은 당신이 하신 말씀 그대로이다. 여기서 첫 문장에서는 '배분'과 '도처'라는 관념을 인정해야 했다. 그러나 세 번째 문장에서 진인은 그것들 역시 환상이라는 것을 분명히 했다. 왜냐하면 그것들은 에고-마음의 창조물이기 때문이다.

에고 없는 상태의 진아를 흔히 큰 자아(*Paramātma*-지고아)라고 부르는데, 그럼으로써 그것을 세 가지 상태에서 나타나는 가련한 작은 자아(*jivātma*-개별아)와 구분하려는 것이다. 그러나 진인은 우리에게 말하기를, 그렇게 표현되는 참된 구분은 '크다'와 '작다'의 구분이 아니라, '실재하는'과 '거짓된'의 구분이라고 한다. 큰 자아는 실재하는 자아이고, 작은 자아는 실제로는 존재하지 않는다. 이 자아는 거짓된 것이므로, 에고가 죽을 때 진정한 자아와 교체된다.

진인은 흔히 '진아를 아는 자'라고 느슨하게 묘사된다. 그러나 이 말을 문자적 의미로 받아들이라는 것은 아니다. 그것은 잠정적 묘사이며, 무지가 실재하는 어떤 것이라고 믿는 사람들을 이해시키기 위한 것이다. 그런 사람들에게는 '진아에 대한 지知'를 얻음으로써 이 무지를 제거해야 한다고 말해 준다. 여기에 두 가지 오해가 있다. 하나는 진아가 앎의 한 대상이라는 것이다. 또 하나는, 우리가 진아를 모르고 있고 그것을 알 필요가 있다는 것이다. 진아는 유일한 실재이므로, 앎의 대상이 될 수 없다. 또한 그것은 바로 자기이므로 결코 알려지지 않을 때가 없다. 고대의 전승지는 "그는 알려지지도 않고 알려지지 않지도 않는다"고 말하는데, 우리의 진인도 그것을 확인해 준다.

어떻게 그럴 수 있는가? 진아는 순수한 "내가 있다"이며, 스스로 현현해 있는 유일한 것이다. 그것의 빛에 의해 온 세계가 밝아진다. 그러나 그것은 알려져 있지 않아서 알려질 필요가 있는 것처럼 보인다. 왜냐하면 그것이 세계와 에고에 가려지기 때문이다. 이것들을 제거할 필요가 있다. 진인은 원치 않는 잡동사니로 거치적거리는 방의 비유로 이것을 설명한다. 만약 공간을 만들고 싶으면, 그 잡동사니를 치우기만 하면 된다. 밖에서 어떤 공간도 들여올 필요가 없다. 마찬가지로, 에고-마음과 그 창조물들을 비워내면 진아만이 남아서 방해물 없이 빛나게 될 것이다. 느슨하게 '진아를 안다'고 하는 것은 실제로는 에고 없음인 것, 곧 진아이다. 따라서 진인은 진아를 아는 것이 아니다. 그가 곧 진아이다.

진아는 불사不死이고, 스스로 존재하는 실재라는 이 우파니샤드의 진리는—우리가 진인에게서 듣기로는—우리가 보편적으로 경험하는 하나의 사실에 의해서도 증명되지만, 이것은 비정상적인 어떤 것으로 묘사되어 왔다. 우리는 모두 죽음을 확실한 것으로 알고 있다. 그러나 그것을 무시하면서 마치 죽음이란 없는 듯이 행동한다. 이것은 이상한 일로 간주된다.[20] 그러나 우리가 진인의 가르침, 즉 진정한 자아로서의 우리는 사실 불사라는 것을 고려한다면, 여기에 이상한 점이 뭐가 있는가? 이것이 말해주는 것은, 진아는 실제로는 결코 속박되거나 갇히지 않았다—즉, 실제로는 결코 실재로서의 그의 성품을 잃지 않았다—는 것이다.

따라서 진정한 자아는 비존재도 아니고 무의식도 아니다. 그것은 존재이자 의식이다.

그것은 또한 행복 혹은 지복으로도 규정된다. 여기서 다시 우리는 에

---

20) *ahanyahani bhūtāni praviśanti yamālayam* |
*śesāḥ sthāvaramicchanti kimāścaryamitaḥ param* ||
수십만의 산 존재들이 죽음의 세계로 들어가지만, 어리석은 중생은 자신에게 죽음이 없다고 생각하고 죽음을 준비하지 않는다. 이것이 세상에서 가장 놀라운 일이다."
—『마하바라타』, *vana-parva*, 313.116

고의 세계에 속하는 관념들을 조심해야 한다. 진아는 비인격적이다. 따라서 그것은 행복이지, 행복한 어떤 사람이 아니다. 행복한 사람도 언제나 행복하지는 않고, 때로는 비참하다. 그리고 어떤 때는 다른 때보다 더 행복하다. 우리는 이것을 제2장에서 살펴보았다. 에고 없는 상태에서의 진정한 자아는 이 '행복한 사람'과 전혀 비슷하지 않다. 행복은 존재나 의식과 같이 그의 성품의 본질이다. 진아가 모든 존재와 모든 의식의—그것들이 어디서 출현하든—원물原物이듯이, 그는 에고-마음이 주로 쾌락의 형태로 경험하는 모든 행복의 원물이다.

본래적 상태에 있는 진아의 실재성에 대한 또 다른 분명한 증거를 진인은 『요가 바시슈탐(*Yoga Vasishtham*)』을 인용하여 제시한다. "봄이 되면 나무들에 아름다움 등의 여러 성질이 늘어나듯이, 진아의 지복을 즐기는 데 만족하고 있는, '진아를 보는 자'에게도 분명히 빛과 힘과 지성이 늘어날 것이네."[21] 이런 현상들은 의심하는 경향의 사람들에게, 이런 탁월한 자질들의 새로운 개화 이면에 어떤 것이 있다는 하나의 증거가 된다. 그 어떤 것이란 힘과 지知의 충만함이다.

이것은 깊은 잠 속에서 더없이 분명하다. 진아 자신이 잠의 상태에 편재하고 나중에도 기억되는 행복의 근원이라는 것은 의심할 수가 없다. 우리는 이미, 생시에 우리에게 다가오는—감각대상들과의 접촉에서 야기된다고 우리가 생각하는—즐거움조차도 진아에서 올 뿐이라는 진리에 주목한 바 있다. 이런 즐거움들은 진아인 행복이 몇 방울 떨어지는 것일 뿐이다. 이 본래적 행복은 대체로 제1차적 무지와 그 자손인—마음이라는 것을 구성하는—욕망과 불만, 두려움과 걱정에 의해, 말하자면 갇혀 있다. 별개의 한 개체로 기능하는 마음은, 진아로서의 성품상 우리의 것인 그 행복을 거의 완전히 지워버린다. 그러나 때로는 마음이 방해하기

---

21) 「실재사십송 보유」, 제29연(부록 1, 제75연 참조).

를 다소 그치기도 하는데, 그럴 때는 우리가 볼 때 엄청난 행복이 우리에게 다가온다. 그것은 마음이—깊은 잠 속에서처럼—잠시 동안 **진아**와 하나가 된 것이고, 그럴 때 우리는 말하자면 행복으로 충만하게 된다. **진아**와의 이런 산발적 합일은 어떤 열렬한 욕망이 충족되거나 어떤 두려움이 사라져서 마음의 들뜸이 가라앉을 때마다 일어난다. 이런 행복은 일시적이다. 왜냐하면 충족되지 않은 다른 욕망들이 있어서 그것이 이내 활동하면 마음이 **진아**를 붙들고 있다가 놓치기 때문이다. **진인**이 말하기를, 불행은 마음이 이렇게 **진아**에서 분리된 것과 다르지 않고, 행복은 마음이 그 근원인 **진아**로 돌아가는 것일 뿐이라고 한다. 마음이 **진아**에서 분리되면 마음으로서 활동한다. 어떤 것을 지각한다는 것은 마음을 **진아**에서 절연하는 것이고, 그것이 곧 불행이다. 사물이나 생각들을 지각하지 않는 것이 행복이다. 그럴 때는 우리가 **진아**이기 때문이다.

이는 고대의 전승지에서 다음과 같이 생생하게 표현된다. "사랑하는 아내를 꽉 끌어안고 있는 사람이 안팎의 그 무엇도 알지 못하듯이, 진정한 **자아**를 꽉 끌어안고 있는 사람은 안팎의 그 무엇도 알지 못한다."[22] 그 뒤쪽의 구절에서는 이것이 무의식의 상태가 아님을 지적하고 있다. "보되 그는 보지 않는다. 분명히 그 보는 **자**의 시각은 결코 상실되지 않으니, 왜냐하면 그것은 파괴될 수 없기 때문이다. 그러나 **그**가 보는 것으로서 **그**와 별개의 두 번째 대상이란 없다."[23]

그리하여 **에고 없는 상태**에 대해 제기된 두 가지 질문 모두 답변되었다. 세 가지 상태의 저변에 진정한 **자아**가 있는데, 그는 성품상 불멸이며,

---

22) *tadyathā priyayā striyā saṃpariṣvakto na bāhyaṃ kiṃcana veda nāntaram, evamevāyaṃ puruṣaḥ prājñenātmanā saṃpariṣvakto na bāhyaṃ kiṃcana veda nāntaram* || —『브리하다라니야까 우파니샤드』, 4.3.21.

23) *yadvai tanna paśyati, paśyanvai tanna paśyati* | *na hi draṣṭurdṛṣṭerviparilopo vidyate'vināśitvān* | *na tu taddvitīyamasti tato'nyadvibhaktaṃ yatpaśyet* || —상동, 4.3.23.

비실재인 에고가 무無로 돌아가도 그는 그대로 남을 것이다. 행복은 그 진아의 성품 자체이며, 따라서 에고 없는 상태야말로 상대성(현상계) 안에 있는 그 어떤 것과의 비교도 모두 넘어선, 단 하나 바람직한 것이다.

이 가르침을 받아들일 때 지성이 느끼는 한 가지 큰 난점은 이것이다. 지성은 자신이 아는 세계와, 자신이 이야기 듣는 진아 혹은 실재 간의 어떤 합리적 연결고리를 요구한다. 지성은 자신이 그 둘 사이를 건너갔다가 다시 건너올 수 있는 어떤 가교를 원하는 것이다. 그러나 그런 가교는 존재하지 않고, 그 누구도—진인조차도—그런 것은 도무지 건립할 수 없다. 그 이유는 극히 간단하다. 즉, 세계와 실재는 서로에 대한 부정이라는 사실 때문이다. 우리는 앞에서, 세계로 나타나는 것은 실재일 뿐임을 보았다. 그리고 이것을 우리는 밧줄 상에 보이는 뱀의 비유로써 이해할 수 있었다. 마찬가지로 세계와 실재는 서로에 대한 부정이다. 그것들이 동시에 보일 수는 없다. 밧줄은 그 뱀과 무관하고, 밧줄이 그 뱀을 탄생시키지도 않았다. 마찬가지로 세계와 실재는, 그 중의 하나를 보는 사람은 동시에 다른 하나를 보지 않고 볼 수도 없다는 의미에서, 서로에 대한 부정인 것이다. 그 둘을 동시에 경험할 수는 없다. 세계를 보는 자는 진아, 곧 실재를 보지 않는 반면, 진아를 보는 자는 세계를 보지 않는다. 그래서 그 중의 하나만이 실재하지, 둘 다는 아니다. 그래서 그것들 간에는 어떤 실제적 관계도 없다.

세계는 실재에서 생겨나지 않았다. 실재는 세계와 전적으로 무관하다. 따라서 지성이 요구하는 가교는 존재하지 않고 건립할 수도 없음이 분명하다.

따라서 그런 가교가 있다고 가정하고 그에 대한 모든 것을 알고 싶어서 제기한 질문들은 무의미하며, 직접 답변해 줄 가치가 없다. 그런 질문 중 하나를 우리가 앞에서 살펴본 바 있는데, 그것은 무지의 기원에 대한 것이었다. 같은 질문이 더 일반적인 방식으로 진인에게 다음과 같이 제기되었다. "해탈의 상태는 세계와 어떻게 조화될 수 있습니까?" 진인이 답변했다. "그 조화는 해탈 자체 안에 들어 있습니다." 그 상태에 있는 진인은 어떤 부조화도 알지 못한다. 오히려 거기에는 완벽한 조화가 있다. 왜냐하면 그 상태에서는 진아만이 있고 세계는 없기 때문이다. 그러나 지성은 그 조화를 알 수 없다. 왜냐하면 그곳에 결코 도달할 수 없고, 만약 도달한다면 그것이 사라질 것이기 때문이다. 이것이 고대의 전승지에서 수없이 되풀이되는 말, 곧 해탈의 상태—즉, 그 상태에 있는 진아—는 지성을 넘어서 있다고 하는 말의 의미이다.

이 상태는 지성을 넘어서 있으므로, 그것은 언어도 넘어서 있다. 그 상태를 말로 충실히 묘사하려는 시도는 실패할 수밖에 없다. 즉, 그것에 대해 적극적 진술을 하는 어떤 묘사도 하나 이상의 특정 내용에서 불가피하게 거짓이 될 것이다. 고대의 전승지에서 발견되는 그런 많은 진술들이 새로운 진술들에 의해 수정되며, 이 또한 다른 진술들에 의해 수정된다. 그러다가 제자가 성숙되면, 그것은 거짓을 도입하지 않고는 지성에 의해 객관화될 수 없고, 그것을 올바르게 아는 데는—더 정확히는 그것을 더 이상 그릇되게 알지 않는 데는—직접적인 체험이 유일한 수단이라는 가르침을 듣게 된다.

그 결과는, 무엇이 진아가 아닌지만 우리가 알 수 있고, 무엇이 진아인지는 결코 알 수 없다는 것이다. 최종적 가르침에서는, 그 상태의 적극적 내용에 대해 뭔가를 우리에게 말해 주려는 어떤 시도도 하지 않는다. 고대의 전승지에서는 진아를 "네띠, 네띠(*Neti, Neti*)", 곧 "이건 아니다, 이건 아니다"로서 이해해야 한다고 말한다. 그것의 언어는 말이 아니라 침묵이다. 이 진리는—다끄쉬나무르띠(Dakshinamurti)로 나타난—하느님(시바) 자신이 사나까·사난다나·사나따나·사나뜨꾸마라의 네 현자에게 내려준 침묵에 의한 가르침의 이야기로 우리에게 생생히 각인된다.[24] 이 제자들은 말과 생각을 넘어선 진리를 발견하려면 말과 생각에서 침묵해야 한다는 것을 이해했다. 그들은 침묵했고, 그것을 발견했다. 진인은 말한다. "침묵은 진아의 언어이고, 가장 완전한 가르침입니다. 언어는 전등의 필라멘트가 빛나는 것과 같지만, 침묵은 전선 안의 전류와 같습니다."

그래서 우리는 에고 없는 상태, 혹은 그 상태에 있는 진아에 대한 어떤 적극적 묘사도 기대해서는 안 된다. 진인조차도 그 상태에 대해서는 우리에게 적극적인 그 무엇도 말해 줄 수 없다. 그가 할 수 있는 일은 그것에 대한 우리의 오해를 없애주는 것뿐이다. 즉, 그것이 무엇은 아니라는 것을, 더 정확히는 우리가 상대성 안에서 알고 있는 상태들과 그것이 어떻게 다른지를 우리에게 말해 준다. 그런데 그 상태에 대해 우리에게 그래도 뭔가를 말해 줄 수 있는 사람은 진인뿐이다. 사람들 사이에서 통용되는 격언에 "그것에 대해 이야기하는 사람은 그것을 보지 못한 것이고, 그것을 본 사람은 이야기하지 않는다."는 취지의 말이 있다.

고대의 전승지에 그것에 대한 적극적인 묘사들도 있다고 말할지 모른다. 즉, 그것은 실재·의식·행복—사뜨(*Sat*)·찌뜨(*Chit*)·아난다(*Ananda*)—이라고 하는 것이다. 그에 대한 답변은, 이런 묘사는 형식상으로만 적극적이지 의미상으로는 소극적이며, 그것은 오해를 불식시켜 주기 위한 표현이라는 것이다. 그것을 실재라고 하는 것은 그것이 비존재라는 관념을 불식하기 위한 것이다. 그것을 의식이라고 하는 것은 그것이 활동성 없는 사물들처럼 지각력이 없지도 않고, 마음처럼 간헐적으로 의식하지도 않는다는 것을 보여주기 위해서이다. 그리고 그것을 행복이라고 하는 것은 그것 안에서 우리가, 본질적으로 불행한 이 상대성(상대적인 세계)을 초월한다는 것을 보여주기 위해서이다.

---

24) *T.* 다끄쉬나무르띠와 네 현자 이야기는 『라마나 마하르쉬 저작 전집』, 283-4쪽 참조.

그 상태에 대해 한 가지 분명한 것은, 그것은 해탈자들이 지금 혹은 죽은 뒤에 가게 될 어떤 세계나 거주처가 아니라는 것이다. 여러 부류의 신앙인들이 아주 이상한 믿음을 품고 있거나 배우고 있다. 혹자는 어떤 사람에게 해탈이 찾아오면, 그가 몸 그대로 하늘로 들려 올려진다고 말한다. 또 어떤 사람들은 그 몸이 눈에 보이지 않는 어떤 것으로 불가사의하게 변환되어 그냥 사라진다고 말한다. 이런 사람들에 따르면, 만일 시신이 남아 있으면 그 사람은 해탈하지 못한 것이다. 대다수 사람들은 해탈이, 그가 모종의 천상계로 가거나 누가 그를 거기로 데려가는 것이라고 믿는다. 『요가 바시슈탐』에서는 이렇게 말한다. "해탈은 하늘 꼭대기에도 있지 않고, 땅 속 깊이 있지도 않으며, 땅 위에 있지도 않다. 그것은 온갖 욕망을 가진 마음이 소멸되는 것뿐이다."[25] 그 의미는, 에고 없는 상태는 상대성 속에 있지 않다는 것이다. 그 속에 있을 수도 없다. 왜냐하면 그 상태는 상대성의 전면 부정이기 때문이다. 고대 전승지의 같은 가르침에서는 이렇게 말한다. "심장 안에 서식하던 모든 욕망이 소멸되면, 필멸必滅의 존재가 불멸이 되며, 바로 여기서(이 세상에서) 그는 브라만이 된다."[26]

그러나 진아에 대한 진술로서 이와 배치되는 듯이 보일 수 있는 것도 있다. 고대의 전승지와 진인이 공히 우리에게, 실재는 심장 안에 거주하고 있다고 한다. 진인은 또한 예수가 "하늘나라는 그대들 안에 있습니다"(『누가복음』, 17:21)라고 했을 때, 그것도 같은 의미였다고 말한다. 얼른 생각하기에 이것은 진정한 자아가 상대성 안에 있고, 심지어 사람 엄지 손가락보다 크지 않은 공간에 한정되어 있는 원자 크기의 것이라는 의

---

25) *na mokṣo na bhasaḥ pṛṣṭe na pātāle na bhūtale* |
*sarvāshaṁkṣaye chetaḥ kṣyo mokṣa itīryate* || —『요가 바시슈타』, 5.73.35.

26) *yadā sarve pramucyante kāmā ye'sya hṛdi śritāḥ* |
*atha martyo'mṛto bhavatyatra brahma samaśnute* || —『까타 우파니샤드』, 2.3.14.

미를 갖는 것처럼 보인다. 그러나 이것은 문자적 의미로 이해하라는 취지가 아니다. 왜냐하면 우리는 또한 무한한 허공이 모든 세계들과 함께 그 작은 공간 안에 들어 있다는 가르침을 듣기 때문이다. 그 가르침의 목적은 우리가 세계를 떠나서 내면을 향해 진아를 추구하고 그것을 발견해야 한다는 것이다. 우리는 이것을 다음 장에서 살펴보게 될 것이다. 진인은 『요가 바시슈탐』을 인용하여 우리에게 말하기를, 여기서 심장이란 '심장'으로 불리는 살덩어리를 말하는 것이 아니라 진정한 자아, 곧 본원적 의식이라고 한다. 그것이 심장이라고 불리는 까닭은 그것이 바로 마음이 거기서 일어나 세계로 확대되는 지성의 근원이기 때문이다. 마음은 그 근원으로 돌아갈 수밖에 없고, 그래야 상대성이 거둬들여져 사라질 수 있게 된다. 마음이 생기와 함께 심장으로 돌아가서 그것과 합일되어 그곳에 머무르면, 더 이상 진아 위에 그것을 가리는 세계라는 겉모습을 투사할 수 없다. 여기서 진인은 세계를 보지 않는다는 결론이 나온다. 다만 당신은 질문자들의 약함(진리에 대한 이해력의 약함)을 고려하여 좀처럼 그렇게 말씀하지 않는다. 이 점은 나중에 우리가 진인과 관계되는 질문들을 논의할 때 살펴볼 것이다.

따라서 진아는 어느 면에서 전부이다. 그것은—세계와 중생들이 그것의 작은 부분들인—전체성으로 이야기된다. 다만 절대적 진리 안에서는 그것이 어떤 부분들도 갖지 않는다. 따라서 진아를 얻는 것은 전부를 얻는 것이다. 고대의 전승지는 우리에게 말한다. "무한한 것이 행복이며, 유한한 것에는 어떤 행복도 없다."[27] 진인은 우리에게 말한다. "진아야말로 크다. 다른 모든 것은 극미하게 작다. 진아와 맞바꿀 수 있는 것으로 진아 아닌 그 무엇도 우리는 보지 못한다."[28] 여기서 우리는 예수의 이

---

27) *yo vai bhūmā, tatsukham nālpe sukhamasti* || —『찬도갸 우파니샤드』, 7.23.1.
28) 『진어화만』, 제1060연(부록 2, 제300연 참조).

말씀이 생각난다. "사람이 온 세상을 얻고도 자신의 자아를 잃는다면, 그것이 무슨 이득이 있겠습니까?"(『마태복음』, 16:26). 아주 작은 대가—에고의 순복—를 지불하면 이 무한히 큰 하나, 곧 진아를 얻을 수 있다. 그러나 이 작은 대가를 반드시 지불해야 한다.

그럼에도 사람들은 이 상태를 두려워한다. 반면에 자신들의 모든 두려움의 근원인 '에고에 사로잡힌 삶'은 두려워하지 않는다. 왜냐하면 에고를 그들 자신이라고 믿고, 진정한 자아는 모르기 때문이다. 그들은 만약 에고를 잃으면 자기 자신이 사라질 거라고 두려워한다. 두려워하지 말아야 할 것은 두려워하고, 두려워해야 할 것은 두려워하지 않는 것이다. 즉, 두려움 없음, 곧 에고 없음을 두려워하고, 두려움, 곧 에고를 두려워하지 않는다.[29] 그들은 잠의 행복에 대한 경험에 비추어, 에고를 잃는 것은 전혀 잃음이 아니라는 것을 분명히 이해해야 한다. 진인이 말하기를, 잠 속에는 에고가 없지만 잠자는 것을 겁내는 사람은 아무도 없다고 한다. 그러니 왜 우리가—모든 두려움의 원인인—에고를 단번에 아주 잃어버리고 두려움 없음을 얻는 것을 두려워해야 하는가?

이 본래적 상태는 삼매라고 하는 요기의 황홀경과는 구별되어야 한다. 이런 말씀을 우리는 아루나찰라의 진인에게서 듣는다. 황홀경에 여러 종류가 있는데, 그 중에서 최고의 것은 생각이 없는 황홀경—즉 무상삼매無相三昧(*Nirvikalpa Samadhi*)로 불린다. '생각이 없다'는 묘사는 본래적 상태에도 해당된다. 요가적 황홀경은 합일무상삼매(*Kevala Nirvikalpa Samadhi*)라고 한다. 본래적 상태는 본연무상삼매(*Sahaja Nirvikalpa Samadhi*)라고 한다. '본연(*Sahaja*)'이라는 말은 '자연적(Natural)'이란 뜻이다. 이것만이 해탈의 상태이며, 다른 삼매들은 아니다. 이 구분은 진인이 어느 질문에 대해

---

29) *yogino bibhyati hyasmādabhaye bhayadarśinaḥ* ||
요기들은 이 길을 두려워한다. 두려움 없는 이 길에서 겁을 먹기 때문이다."
—『만두끼야 주석송(*Mandyuka Karika*)』, 3.39.

해준 답변에서 이루어진다. 한 제자가 당신에게 여쭈었다. "저는 **무상삼매**에 들어 있는 사람은 몸이나 마음의 어떤 움직임에도 동요되지 않고 있다고 확신합니다. 제 의견은 **당신의 상태**를 관찰한 데 근거합니다. 그런데 어떤 사람은 삼매와 신체적 활동이 서로 양립할 수 없고 공존할 수 없다고 주장합니다. 이 견해들 중에서 어느 것이 맞습니까?" **진인**이 대답했다. "두 사람 다 옳습니다. 두 가지 **무상삼매**가 있는데, 하나는 **본래적 상태**, 곧 **본연무상삼매**라는 것으로 간단히 **본연삼매**(*Sahaja*)라고 합니다. 다른 하나는 **합일무상삼매**라는 것입니다. 그대의 견해는 전자와 관계되고, 그 다른 견해는 후자와 관계됩니다. 그 견해들 간의 차이는 이렇습니다. 전자에서는 마음이 해소되어 **진아** 안에서 소멸됩니다. 이렇게 소멸되기에 그것은 되살아날 수 없고, 그래서 속박의 **종식**이 있습니다. 후자의 경우에는 마음이 **진아** 안에서 해소되어 소멸하지 않습니다. 그것은 **의식**, 곧 **진아**의 빛 안에 잠겨 있는데, 그렇게 잠겨 있는 동안은 그 **삼매**에 들어 있는 **요기**가 큰 행복을 즐깁니다. 그러나 마음이 **진아**와 별개로 남아 있기 때문에 다시 활동할 수 있고, 실제로 다시 활동합니다. 그러면 **요기**는 무지와 속박에 지배됩니다. **본래적 상태**를 얻은 사람이 **진인**입니다. 그는 단번에 아주 벗어났고, 다시는 속박되지 않습니다. 그 차이는 이렇게 설명됩니다. 즉, **본래적 상태**를 성취한 **진인**의 마음은 바다로 들어가 바다와 하나가 된 강과 같아서 다시는 돌아오지 않습니다. **요가적 삼매**에 들어 있는 **요기**의 마음은, 밧줄로 우물 속에 내려두어 물속에 잠겨 있는 두레박이 다시 밧줄로 끌어올려질 수 있는 것과 같습니다. 그 **요기**의 마음은 세상으로 돌아갈 수 있고, 그는 벗어나지 못한 것입니다. 그래서 그는 보통 사람들과 아주 흡사합니다. **삼매**에 든 그 **요기**의 마음은 잠에 빠진 사람의 마음과 비슷한데, 차이가 있다면 잠자는 사람의 마음은 어둠 속에 잠겨 있는 반면, **요기**의 마음은 **진아**의 **빛** 속에 잠겨 있다는 것입니다. 진인, 즉 마음이 진아 속으로 해소되어 버린 사람은 결코 세상의 영향을 받지 않습니다. 다만 외적인 모든 겉모습에서는 그가—즉, 그의 몸과 마음이—세간에서 활동하고 있을지 모릅니다. 그의 활동들은 잠에 취한 아이가 엄마가 먹여 주는 밥을 (무의식적으로) 먹는 것과 같고, 마부가 잠들어 있는 마차의 움직임과 같습니다."[30] 이 점에 대해서는 나중에 살펴보게 될 것이다(205쪽 참조).

그래서 본래적 상태를 얻은 사람만이—즉, 에고가 없어진 사람만이—진아에 대한 진리를 남들에게 가르치는 스승이 될 수 있고, 합일무상삼매를 얻은 요기인 것만으로는 그럴 수 없다는 것이 분명하다. 진인은 합일무상삼매를 얻는 것으로는 속박에서 벗어나지 못한다는 것을 설명하면서, 그 삼매를 성취했던 한 요기의 경우를 예로 들었다. 이 요기는 자신의 노력으로 그 삼매 속으로 뛰어들어 한 번에 몇 년씩 그 상태로 있을 수 있었다. 한번은 그가 삼매에서 나왔을 때 목이 말랐다. 제자가 곁에 있기에, 그는 제자에게 물을 좀 떠오라고 했다. 그러나 제자가 물을 가져오는 시간이 오래 걸렸다. 그러는 사이 요기는 다시 삼매 속으로 뛰어들었다. 수백 년의 세월이 지나갔고, 그 사이 그 지역의 주권이 힌두에서 무슬림에게, 다시 그들에게서 영국인들에게 넘어갔다. 마침내 요기가 깨어났을 때, 처음 떠오른 생각은 제자가 물을 가져오기로 되어 있다는 것이었다. 그래서 그냥 "자네 나에게 물을 가져왔던가?" 하고 불렀다. 여기서 분명히 그 마음은 삼매에 들어 있던 동안 잠재적인 상태로 살아남아 있다가, 앞서 멈추었던 곳에서 다시 활동을 재개한 것이다. 마음이 살아남아 있는 동안은 어떤 해탈도 없다.

본래적 상태는 그 다른 상태의 체험을 여러 달이나 여러 해 거듭한 뒤

---

30) *T*. 이 문답의 다른 버전들은 『라마나 마하르쉬와의 대담』, 대담 187과 『마하르쉬의 복음』(『마하르쉬의 복된 가르침』, 28-9쪽)에서 볼 수 있다.

에 올 수 있는 것처럼 보인다. 마음은 이런 식으로 조금씩 닳아 없어질 수 있을지 모른다. 마치 설탕인형을 사탕수수 즙의 바다에 거듭거듭 집어넣으면 점점 닳아서 결국 아무것도 남지 않게 되듯이 말이다.

우리는 이제 오래 전에—고대의 전승지에서—제기되고 답변된 한 가지 물음에 답할 수 있다. 이 물음은 독자 여러분에게도 일어났을지 모른다. **해탈**의 **상태**는 에고가 없다. 깊은 잠도 마찬가지이다. 그러면 우리가 잠이 들기만 해도 자유로워질 수 있을 것처럼 보일 것이다. 그러나 그렇지 않다. 잠을 자는 것으로는 누구도 자유로워지지 않는다. 깨어나면 자신이 전과 똑같이 속박되어 있는 것을 발견한다. 우리는 **요기**조차도 **삼매**라는 황홀경에서 나오면 같은 곤경에 처하는 것을 보았다. 그 물음은 이것이다. "잠자는 사람은 잠 속에서 에고가 없어지는데, 왜 에고 없이 머무르지 않는가? 왜 깨어나면 에고가 되살아나는가?"

그 답변을 고려하기 전에, 우리는 **계시**에서 잠의 또 다른 측면에 주목할 수 있다. 잠은 **해탈**에 이르는 문이 아닐 뿐더러, **해탈**의 장애물이기도 하다. 나중에 우리가 보겠지만, **진아**를 추구하는 사람이 **탐구**를 하던 도중 잠이 들면, 깨어나서 다시 시작해야 한다. 언제나 활짝 깨어 있으면서 **진아**의 **드러남**이 일어날 때까지 활발하게 **탐구**를 계속해 나갈 수 있어야만, 그가 속박에서 벗어나게 될 것이다. 우리는 이것이 『따이띠리야 우파니샤드』 제3장에 나온다는 것을 발견한다. 여기서 브리구(Brighu)는 자기 아버지인 바루나(Varuna)의 가르침을 받고 지성껍질을 벗어나서 바로 **진아**의 체험—거기서는 **지복**(*Ananda*)이라고 하지만—을 얻는다. 그는 지성껍질을 벗고 지복껍질(*Anandamaya*) 안에서 사라진 것이 **아니다**. 만약 그렇게 사라졌다면 그것은 잠이 드는 것을 의미했을 것이다. 이 마지막 껍질—원인신原因身—은 따로 초월하는 것이 아니라, 지성껍질과 함께만 초월하는 것이다.

진인에게 누가 이 질문을 하자 당신은 그 질문에 대한 답변이 나오는 우파니샤드 전승지를 언급했다. (해탈과 잠이라는) 이 두 상태 간에는 중대한 차이점이 있다. 진인은 에고, 즉 제1차적 무지의 완전하고 최종적인 소멸로 에고 없는 상태에 들어간다. 상대성의 언어로 말하면, 그는 바로 이 제1차적 무지인 원인신—다른 말로 지복껍질이라고 하는—의 해체를 통해 미세신·조대신과의 접촉을 잃는다고 말해진다. 그는 에고의 소멸로 생시 상태에서 곧장 에고 없는 상태로 들어가며, 그것은 상대성을 넘어서 있다. 그러니 진인은 원인신에서 자유로워지는 것이 분명하다. 이 몸이 없다면 진인이 곧 그것인 진아와 다른 몸들 간에 어떤 연관도 없다. 따라서 그는 몸도 없고 마음도 없다.

잠자리에 드는 보통 사람의 경우는 사뭇 다르다. 그의 원인신—제1차적 무지—은 해체되지 않는다. 에고와 마음은 우리가 잠에서 깨어날 때까지 그 속에 종자 형태로 합일되어 있다. 잠 속에서는 마음이 가라앉아 있으므로 행복이 있지만, 그것은 에고 없는 상태의 행복과 비교가 되지 않는다. 진인은 우리에게 말한다. "잠의 행복은 나무의 무성한 잎들을 뚫고 그 밑의 땅에 비치는 희미한 달빛과 같지만, 진인의 행복은 방해받지 않고 드러난 땅에 비치는 달빛과 같다."31)

잠자는 사람과 진인의 핵심적 차이는 고대의 전승지에서 '불에 의한 시련'의 비유로 잘 설명된다. 어떤 혐의자가 자신의 결백을 주장하면서 벌겋게 달구어진 도끼를 손으로 잡는다. 불에 데면 그는 유죄로 판정되고 벌을 받는다. 만약 데지 않으면 그는 결백한 것으로 선언되고 방면된다. 여기서 죄인이 불에 덴 것은 벌겋게 단 쇠를 잡을 때 거짓말로 자신을 감쌌기 때문이다. 결백한 사람이 데지 않은 것은 진실로써 자신을 감쌌고, 그 진실이 그를 데지 않게 보호해 주었기 때문이다. 마찬가지로

---

31) 부록 2, 제310연 참조.

범부는 "나는 몸이다"라는 그릇된 앎으로 자신을 감싸고, 잠 속에서 실재와 합일된다. 그러니 그는 거짓말쟁이이고, 그 거짓말에 의해 (실재에서) 축출되어 속박으로 돌아간다. 진인은 올바른 앎으로 자신을 감싸고—즉, 에고-의식을 포기하고—실재와 하나가 되며, 축출되지 않는다.

따라서 에고 없는 상태는 독특한 어떤 것이다. 그것은 세 가지 상태가 속하는 세계 질서에 전혀 속하지 않는다. 우리는 더 깊은 잠, 곧 진정한 자아를 은폐함으로써 에고를 그 표면적 가치만 보고 진정한 자아로 여길 수 있게 하는 무지의 잠이 있다는 것을 이미 살펴보았다. 에고 없는 상태는 가려지지 않은 실재, 곧 실재가 순수한 "내가 있다"로서 빛나는 상태이다. 그것을 세 가지 상태와 구별하기 위해 네 번째 상태라고도 한다. 그러나 이것은 하나의 잠정적 묘사일 뿐이다. 『만두끼야 우파니샤드』에서는 조심스럽게 이렇게 말한다. "그들은 그것을 하나의 네 번째 상태로 간주한다."[32] 진인은 우리에게 말한다. "(세 가지 상태의 악순환인) 생시·꿈·잠 속에서 살고 있는 사람들에게는 네 번째 상태로 일컬어지는, 생시-잠(Waking-Sleep)이라는 평화롭고 무시간적인 진인의 상태만이 실재한다네. 다른 세 가지 상태는 거짓된 겉모습일 뿐이네. 따라서 현자들은 순수한 의식인 그 상태를 초월적 상태라고 부른다네."[33] 그래서 실제로는 네 가지 상태가 있는 것이 아니라 단 하나, 곧 유일한 실재로서의 진아의 본래적 상태만 있다는 것이 분명하다.

본래적 상태를 생시-잠으로 묘사하는 것은 매우 교훈적이다. 이는 우리에게, 그것이 참된 생시이지만 그것은 잠과 비슷하다는 것을 말해준다. 이 점은 『기타』에서 명확히 제시되는데, 거기서 이렇게 말한다. "진인은 모든 중생들에게 밤(이나 마찬가지)인 그것에 대해 깨어 있다. 중생들이

32) *caturthaṁ manyante* ||  —『만두끼야 우파니샤드』, 7.
33) 「실재사십송 보유」, 제32연(부록 1, 제78연 참조).

깨어서 보는 모든 것은 활짝 깨어 있는 진인에게는 밤이다."[34] 그 의미는, 에고 없는 상태에 안주해 있는 진인은 유일하게 참된 그것, 곧 진아에 대해 깨어 있다는 것이다. 진인에게는 세계가 밤이다. 왜냐하면 세계는 실재하지 않으므로 그에게 전혀 보이지 않기 때문이다. 그래서 진인과 무지한 사람들에게 낮과 밤이 배정된 것이다. 진인에게 낮인 것이 무지한 사람들에게는 밤이고, 진인에게 밤인 것이 무지한 사람들에게는 낮이다. 시간은 실재하지 않으므로, 진인의 이 낮이 시작도 없고 끝도 없다는 것은 우리가 이미 보았다.

참된 생시는 이 에고 없는 상태이며, 무지한 사람들이 생시라고 잘못 부르는 그 꿈이 아니다. 따라서 에고가 영원히 지속되는 모종의 천국들이 있다고 믿는 이들은 깨어나고 싶지 않고, 더 즐거운 방식으로 계속 꿈을 꾸고 싶어 한다. 이것은 분명 에고에 사로잡힌 삶에 대한 그들의 엄청난 집착 때문이다. 이 집착 때문에, 그들에게는 에고의 상실이 최악의 죽음으로 보인다. 그러나 진인들이 증언하듯이, 이 에고에 사로잡힌 삶은 실제로는 죽음—존재하는 유일한 죽음—이다. 왜냐하면 그것은 우리의 참된 삶, 곧 진정한 자아로부터 우리를 영원히 추방시켜 두고 있기 때문이다. 그것을 잃었으면 우리는 전부를 잃은 것이다. 사실 진인들이 분명하게 지적하듯이 탄생은 탄생이 아니고, 죽음은 죽음이 아니다. 왜냐하면 우리는 태어나면 죽을 뿐이요, 죽으면 다시 태어날 뿐이기 때문이다. 반면에 본래적 상태를 성취하는 것이 참된 탄생이다. 이때의 죽음은 단번에 완전히 죽은 것이기 때문이다. 그 상태에 있는 진인에 대해 스리 라마나는 이렇게 말한다. "'나는 어디서 왔는가?'라는 탐구를 통해 자기 존재의 근원, 곧 지고의 실재 안에서 태어난, 드높은 마음을 가진

---

34) *yā niśhā sarva-bhūtānāṃ tasyāṃ jāgarti sanyamī* |
*yasyāṃ jāgrati bhūtāni sā niśhā paśhyato muneh* ||  —『바가바드 기타』, 2.69.

그 사람이야말로 진정으로 태어난다네. 그는 단번에 아주 태어나(며, 더 이상 결코 죽지 않는다)네. 현자들의 저 주님은 항상 새롭다네."[35] 그는 시간을 넘어선 실재이므로 항상 새롭고 항상 싱그러우며, 시간의 경과에 영향 받지 않는다.

여기서 우리는 앞에서 주목한 것, 즉 진인 자신이 본래적 상태에 대한 가장 설득력 있는 증거라는 것을 되풀이할 수 있겠다. 우리는 살아 있는 진인과 직접 접촉함으로써, 다소 희미하기는 하지만 그래도 우리의 삶을 바꿀 정도로 진정한 자아의 위대함과 찬연함을 감지할 수 있다. 당신에게서는 진아가 실제 있는 그대로 우리에게 나타나 보일 것이고, 그것이 (우리가 얻을 수 있는) 모든 이익 중 가장 큰 이익이다. 그럴 때 우리는 진아가 곧 모든 욕망의 성취이자 모든 두려움의 무효화임을 알게 될 것이다. 우리는 신성한 전승지가 진아에 대해 우리에게 말해 주는 내용이 결코 과장되지 않았고, 사실 그 전승지는 우리에게 진아의 위대함을 백만분의 1도 채 말해 주지 않았다는 것을 깨닫게 될 것이다.

이 진아는—무지에도 불구하고 바로 지금도 우리가 늘 그것이지만—종교적인 척하는, 영리하기는 해도 작은 마음을 가진 많은 사람들에게는 너무나 크게 보인다. 그들에게 본래적 상태에 대해 말해 주는 신성한 전승지가 그들에게는 전혀 호소력이 없다. 그들은 자기들이 소유하면서 즐길 능력들을 추구하고 있다. 그들은—싯디(*Siddhis*)라고 하는—이런 능력을 얻어, 우주 안에서 훨씬 더 영광스러운 지위를 즐기고 싶어 한다. 이런 싯디들은 다양한 오컬트(occult) 행법에 의해 얻을 수 있다. 어떤 사람들은 심지어 소위 '진아지眞我知'를 통해 싯디를 얻으라고 말하기도 하지만, 이런 이기적 야망을 품고서 어떻게 올바른 지知를 얻을 수 있을지 이해하기 어렵다. 어떤 이들은 신체적 불멸, 심지어 모든 창조물에 대한

---

35) 「실재사십송 보유」, 제11연(부록 1, 제57연 참조).

지배권을 열망한다. 이런 사람들은 신이 우주의 통치자로서 성공하지 못했다고 보고, 그들 자신이 신과 대등한 능력을 얻으면 신을 능가하여 자신들이 더 잘할 수 있다고 느끼는 듯하다. 그들은 만약 자기들에게 차례가 온다면 지상에 천국을 확립하겠노라고 세상 사람들에게 약속한다. 그러나 진인은 우리에게, 세상을 돌보는 일은 우리의 소관이 아니라 신의 소관이라고 누차 이야기했다.

이런 가짜 스승들에게 어떤 주의도 기울일 필요가 없겠지만, 정말 선량한 많은 사람들이 겉보기에만 그럴듯한 그들의 가르침에 현혹되어 헤맨다는 것도 사실이다. 진인은 당신의 제자들이 최소한 헤매지는 않도록 하기 위해, 이런 싯디들은 무지의 영역 안에 있고, 따라서 실재하지 않는다고 말한다. 당신의 말씀은 이러하다. "참된 싯디는 그 안에서 우리가 진정한 자아인 우리 자신의 본래적 상태로서, 우리가 이미 그것인 그 진아를 자각함으로써 얻어진다네. 다른 싯디들은 꿈속에서 얻어지는 것과 같네. 꿈속에서 얻은 어떤 것이 깨어난 뒤에도 참되게 남아 있는가? 실재 안에 고정되어 허위를 벗어 버린 진인이 그런 것에 미혹될 수 있겠는가?"[36] 여기서 이런 싯디들은 거짓임이 분명해진다. 우리는 그 이유를 안다. 즉, 그것은 에고의 창조물인 것이다. 이런 싯디들을 얻는 사람은 무지, 즉 속박 속으로 더 깊이 가라앉는다. 때로는 진정한 진아 추구자에게도 그가 에고 없음을 성취하기 전에 그런 능력들이 찾아오는데, 그 경우 그것은 하나의 함정이다. 그 능력들을 포기해야 하고, 그것이 지나가고 난 뒤 새로 시작해야 한다. 만일 본래적 상태를 획득한 뒤에 그런 것이 찾아온다면, 그는 그런 것이 온 줄도 모를 것이고 그에 영향 받지도 않을 것이다.

우리는 여기서, 진아가 되거나 진아를 얻을 필요는 없다는 말에 특별

36) 「실재사십송」, 제35연(부록 1, 제40연 참조).

한 주의를 기울여 볼 만하다. **자기**(진아)가 된다거나 **자기**(진아)를 얻는다는 관념은 얼른 보기에도 어불성설이다. 우리는 항상 **진아**이다. 결코 **그**와 다르지 않다. 만약 **그**가 얻어질 수 있는 것이라면, 다시 상실될 수 있을 것이다. 그러나 **그**는 **자기**(우리의 진정한 자아)이므로 결코 상실될 수 없다. 반면에 싯디는 **본래적으로** 우리 자신의 것이 아니다. 따라서 그것은 영원히 우리 것이 되지는 않을 것이고, 때가 되면 상실될 것이다.

참된 **싯디—본래적 상태**—와 거짓된 싯디 간에 대비되는 점이 또 있다. **진아**는 **하나**이지만, 싯디는 여럿이다. 다양성은 비실재의 한 특징이고, 단일성은 **실재**의 한 징표이다.

이 모두는 옛날이나 지금의 **계시서**가 말하는 주된 가르침, 즉 진정한 **자아**는 시공을 초월하는 **단 하나**의 **실재**이며, 다른 모든 것은 실재하지 않는다는 것과 부합된다. 따라서 **본래적 상태**는 시간 속에 있지 않다는 결론이 나온다. 따라서 그것에는 결코 시작도 끝도 있을 수 없다. 시작과 끝은 시간 속에 있지만, 시간이 실재하지 않기 때문이다. 진정한 **자아**는 **하나**이며, 그것의 단일성 역시 시작이 없다. 왜냐하면 다양성은 우리가 앞 장에서 보았듯이 항상 실재하지 않기 때문이다. 그래서 **진인**은 자신이 자유롭게 **되었다**는 것을 모른다고 하는 것이다. 한번은 누가 당신께 **언제** 자유로워지셨느냐고 여쭈었다. 당신은 이렇게 대답했다. "**저**에게는 어떤 일도 일어난 적이 없습니다. **저**는 늘 있었듯이 있습니다." 이것은 속박과 자유가 공히 상대성의 세계 안에 있으며, 둘 다 실재하지 않는다는 의미이다. 이것이 바로 다음 구절에서 **진인**이 우리에게 말하는 내용이다. "'나는 속박되어 있다'는 생각이 일어나면, 해탈에 대한 생각도 일어날 것이네. '속박되어 있는 나는 누구인가?' 하는 **탐구**에 의해 늙지도 죽지도 않는 항상 자유로운 **진아**만이 남게 되면, 속박에 대한 생각이 어떻게 일어날 수 있겠는가? 그 생각이 일어나지 않는다면, 업業이 다한 그에게 해탈에 대한 생각이 어떻게 일어날 수 있겠는가?"[37]

이 상태는 시간 속에 있지 않으므로, 공간 속에도 있지 않다. 우리는 늘 자유롭고 행복하기 위해 어디로—어디 먼 세계로—갈 필요가 없다. 이것은 우리가 이미 살펴보았다. 해탈은 지금 여기에 있다—우리가 에고를 잃어버리기만 한다면 말이다. 무지, 속박, 속박의 사건들, 즉 이 모든 다수성과 차별상은 바로 지금도 존재하지 않는다. 따라서 에고가 없는 진인은, 우리에게 아주 실재하는 것으로 보이는 이 모든 것을 보지 않는다는 이야기이다. 그에게는 세계라는 이 영화와 그것을 보는 자—에고—가 종식되었다. 그래서 그는 그것이 이전에 보였다는 것을 인정하지 않는다. 그에게는 스크린—의식의 빛—만 남아 있고 화면들은 사라져 버렸다. 이제 우리는 그 스크린이 순수한 "내가 있다"이며, 무지에 의해 그 위에 이 거짓된 겉모습(세계) 전체가 덧씌워진다는 것을 안다. 따라서 진인은 이렇게 말한다. "우리가 세계를 보기 때문에, 그의 환력幻力에서 이 모든 것이 생겨나는 단 하나인 지고의 존재가 있다는 것이네. 이것은 논쟁의 여지가 없네. 네 가지, 즉 이름과 형상들로 이루어진 화면들, 그것을 받치는 스크린, 빛 그리고 '보는 자'는 모두 심장 안의 진아인 그와 다르지 않네."[38] 여기서 명백히 지적되지만, 참된 자아는 그 자체가 이 다양성의 원인(능동인)은 아니다. 앞에서 본 대로 그것은 어떤 생겨남도 없고, 우주가 되는 것은 마야(*Maya*)—곧 세계라는 겉모습을 설명하기 위해 진아에 속한다고 가정해야 하는 불가사의한 힘—이다. 이 마야는 마음, 즉 에고와 같다. 이 마야에서 네 가지 요소가 나오며, 개인적 영혼이 그 하나이다. 그래서 개인은 실재하지 않는 것이다. 따라서 이 거짓된 겉모습은 에고-의식이 지속되는 동안만 존속할 것이고, 에고가 소멸한

---

37) 「실재사십송」, 제39연(부록 1, 제44연 참조).
38) 「실재사십송」, 제1연(부록 1, 제6연 참조).

뒤에는 존속하지 않는다는 이야기이다. 따라서 **진인**에게는 세계가 나타나지 않는다는 것을 우리가 이해해야 한다. 남들에게는 **진인**이 세계를 보는 것처럼 보일 수 있고, **진인** 자신도 세계를 본다는 것을 늘 부정하지는 않지만 말이다.

이 **상태**에 대해 다른 몇 가지 세부사항이 있는데, 그것은 뒤쪽의 한 장에서 연구하는 것이 편리할 것이다. 거기서 우리는 **진인**에 대해 뭔가를 이해해 보려고 하겠지만, **진인**의 **상태**가 바로 그 **상태**이다.

이 초월적 **상태**는—이것만이 참되지만—마치 밧줄이 뱀에 가려지듯이, 에고와 그 창조물인 마음·몸·세계에 의해 가려진다. 따라서 그것들은 그 자체로는 실재하지 않고, 그것들 안의 실재성의 요소는 **진아**라고 선언된다. **실재**의 실재성을 자기 스스로 깨닫고 싶은 사람들은 세계가 실재하지 않는다는 가르침을 받아들이고 세계로부터 돌아서서, **아루나찰라**의 **진인**이 다음 장에서 묘사하는 방식으로 내면에서—**심장** 안에서—**진리**를 추구해야 한다.

# 제9장 탐구

진인이 다음과 같이 설하는 것은 앞에 나온 장들의 명료한 요약이자 본 장의 서론이기도 하다. "에고가 일어나지 않는 곳, 거기서 우리는 곧 그것이라네. 그러나 마음이 자신의 근원으로 뛰어들지 않는다면, 저 완전한 에고 없음을 어떻게 성취할 수 있겠는가? 또한 에고가 죽지 않는다면, 그 안에서 우리가 그것인 우리의 본래적 상태를 어떻게 얻을 수 있겠는가?"[1] 여기서 말하는 마음의 **근원**, 곧 마음이 일어나는 곳은 **심장**인데, 그것은 앞에서 보았듯이 **진아 자신**의 **거주처**로 잠정적으로 간주된다. 물론 절대적 **진리**는 **진아 자체**가 진정한 **심장**이라는 것이다. 여기서 **진인**은 에고 없는 상태를 우리의 **본래적 상태**로 지칭한다. 왜냐하면 거기서 우리는 실제 그대로의 우리, 즉 **순수한 의식**이기 때문이다.

**진인**이 우리에게 말하듯이, 모든 종교들[2]이 동의하는 한 가지 사실은 에고가 제거되어야 한다는 것이다. 종교들은 **해탈 상태**의 본질에 관해서만 견해를 달리한다. 한번은 누가 **진인**에게 이런 질문을 했다. "신과 영혼은 하나라는 견해와 그 반대의 견해 중 어느 것이 옳습니까?" **진인**이 말했다. "서로 동의하는 점, 즉 에고가 없어져야 한다는 것 위에서 문제를 풀어 나가십시오." 그래서 본질적 가르침은 우리에게 에고를 없애는 법을 말해 주는 가르침이고, 다른 모든 가르침은 그보다 덜 중요하다.

---

1) 「실재사십송」, 제27연(부록 1, 제32연 참조).
2) *T*. 문맥상 이는 세계의 모든 종교가 아니라 해탈을 말하는 인도의 종교적 전통들을 말한다.

에고 없음을 얻기 위해 우리가 무엇을 할 것인가가, 그것에 대해서 혹은 그것을 얻지 못하게 하는 '세계'에 대해서 우리가 혹시 품게 될 어떤 신념보다 훨씬 더 중요하기 때문이다.3)

다양한 종교들이 해탈을 얻기 위한 방법으로 가르치는 것들은 모두 어느 면에서 타당하다. 그러나 직접적인 방법은 진인이 가르친 방법이다. 다른 방법들은 이 올바른 방법을 위해 마음을 준비시킬 뿐이며, 그 이상은 하지 못한다. 진인은 그것을 이렇게 설명했다. "에고를 실재한다고 여기는 사람은 에고를 조복調伏 받을 수 없습니다. 에고는 자기 자신의 그림자와 같습니다. 그림자의 정체가 무엇인지 모르는 사람이 있다고 상상해 보십시오. 그는 그것이 자기를 끈질기게 따라다니는 것을 보고, 그것을 없애고 싶어 합니다. 그림자로부터 도망치려고 해 보지만 그것은 여전히 그를 따라다닙니다. 그는 깊은 구덩이를 파서 그림자를 묻고 구덩이를 메워 봅니다. 그러나 그림자는 그 위에 나타나서 다시 그를 따라옵니다. 그림자에서 그것의 원물인 그 자신에게로 시선을 돌려야 그림자를 없앨 수 있습니다. 그러면 그림자를 걱정하지 않게 되겠지요. 해탈 추구자들도 이 우화에 나오는 사람과 같습니다. 그들은 에고가 자기(진아)의

3) 진인 고타마(붓다)가 한번은 사람들이 속박의 기원에 대한 질문을 하지 못하게 하기 위해 우화 하나를 이렇게 들려주었다. "여기 여러분은 욕망과 두려움으로 손발이 묶인 채 있는데, 여기에 해탈에 곧장 이르는 길이 있습니다. 여러분은 어떻게 속박되었느냐는 질문들을 합니다. 그것은 별 상관없는 질문입니다. 어떻게 하면 여러분이 벗어날 수 있는지를 아는 데 만족해야 합니다. 때에 맞지 않는 질문들을 하고 답변을 얻겠다고 고집하다가 죽은 사람처럼 행동하지 마십시오. 그는 한 숲 속을 지나가고 있었습니다. 숨어서 그를 기다리던 적이 독화살로 그를 쏘았습니다. 부상당한 이 사람의 친구가 우연히 그를 발견했고, 돌아가서 그 소식을 전파했습니다. 곧 그의 친족들이 필요한 온갖 도구를 가지고 그에게 왔습니다. 그들은 화살을 뽑고 해독제를 발라 그의 목숨을 구하고 싶었습니다. 그러나 그 부상자는 그러지 못하게 하면서 이렇게 말했습니다. '그대들은 먼저 적에 관해 얻을 수 있는 모든 세부사항 ―그가 높은 계급 사람인지 낮은 계급 사람인지, 키가 큰지 작은지, 살색이 흰지 검은지 등―과, 그 화살과 그것을 만든 사람에 관한 세부사항을 탐문하여 알아내야 하오.' 친족들은 그런 질문은 나중에 해도 되며, 우선 치료약을 발라 그의 목숨을 건지는 것이 급선무라고 그를 설득하기 위해 최선을 다했지만, 그는 고집을 부렸고 귀중한 시간이 낭비되었습니다. 그래서 그는 죽었습니다. 이 사람과 같이 되지 마십시오. 질문하기를 멈추고, 해탈에 이르는 길을 듣고 그것을 따르십시오."

그림자일 뿐이라는 것을 모릅니다. 그들이 해야 할 일은 에고에서 돌아서서 **자기**로 향하는 것입니다. 에고는 **자기**의 그림자니까 말입니다."

**탐구**를 시작하기 전에 가장 먼저 해야 할 일은 에고-의식을 분석하여 그 중에서 실재하는 부분을 실재하지 않는 부분에서 분리하는 것이다. 우리는 에고에 실재성의 요소, 즉 "내가 있다"로서 나타나는 의식의 빛이 혼합되어 있다는 것을 이미 보았다. 우리는 이 "내가 있다"가 실재한다는 것을 안다. 왜냐하면 그것은 항상적이고 불변하는 부분이기 때문이다. 실재하지 않는 부분인 껍질이나 몸들은 배제하고 그 나머지인 순수한 "내가 있다"는 받아들일 필요가 있다. 이 "내가 있다"가 **진아**를 발견하는 단서이다. **진인**은 우리가 이 단서를 꽉 붙들면 틀림없이 **진아**를 발견할 수 있다고 말한다. 당신은 언젠가 **진아** 추구자를, 자기 주인과 떨어져서 주인을 찾고 있는 개에 비유했다. 그 개는 자신을 이끌어주는 어떤 것, 즉 주인의 냄새를 맡고 있다. 다른 것은 다 젖혀두고 그 냄새만 따라가면 결국 주인을 찾아낸다. 에고-의식 안에 있는 "내가 있다"가 바로 그 개가 따라가는 주인의 냄새와 같다. 그것은 구도자가 **진아**를 발견하기 위해 가진 유일한 단서이다. 그런데 그것은 틀림없는 단서이다. 그것을 얻어서 꽉 붙들고, 마음을 그 위에 고정함으로써 다른 모든 것을 물리쳐야 한다. 그러면 그것은 확실히 그의 마음을 "내가 있다"의 **근원**인 **진아**로 데려다줄 것이다.

그 분석은 다음과 같다. "나는 이 조대신이 아니다. 왜냐하면 내가 꿈을 꿀 때는 다른 몸이 그것을 대체하니까. 나는 마음도 아니다. 왜냐하면 깊은 잠 속에서는 내가 계속 존재하는데도 마음은 사라지고, 깨어나면 잠의 두 가지 측면, 즉 순수한 행복이라는 적극적 측면과 잠 속에서는 세계를 보지 못한다는 소극적 측면을 기억하기 때문이다. 마음과 몸은 간헐적으로 나타나므로 실재하지 않는다. 나는 계속해서 존재하므로 순수한 '내가 있다'로서 실재한다. 마음과 몸은 나 자신이 아닌 것으로 배제할 수 있다. 그것들은 내가 보는 대상이기 때문이다. 이 '내가 있다'는 배제할 수 없다. 왜냐하면 그것에서 몸과 마음이 배제되기 때문이다. 그래서 '내가 있다'가 나의 진리이고, 다른 모든 것은 내가 아니다."

이렇게 해서 우리가 "내가 있다"의 실제적 체험에 도달하는 것은 아니다. 이 분석을 통해 얻는 것은 진아의 진리에 대한 지적 이해이다. 이렇게 해서 알게 된 진아는 하나의 심적 추상에 불과하다. 우리가 체험해야 하는 것은 진아의 구체적 현존이다. 바로 앞 장에서는, 우리가 그 체험을 하려면 세 가지 상태라는 악순환을 끊을 필요가 있다는 것을 보았다. 이 악순환을 끊을 수 있는 방법이 바로 진인이 가르친 진아탐구이다.

우리는 이것이 과거의 진인들이 따랐던 방법이라고 보아도 무방하다. 우파니샤드 전승지의 어느 곳에서는 "진아를 추구해야 한다"고 말한다. 고타마 붓다가 따른 방법도 이것으로 보인다.[4] 그러나 어찌된 일인지 이 방법의 비결이 (힌두 전통에서도) 실전失傳된 것 같다. 왜냐하면 우리가 여러 책에서 발견하는 것은 이 방법이 아닌 다른 방법이기 때문이다. 이 다른 것을 우리는 전통적 방법이라고 부르겠다. 먼저 후자를 연구해 보자.

이 방법은 다음과 같다. 구도자는 먼저 우파니샤드라는 고대의 전승지에서 설하는 진아의 진리를 배운다. 우파니샤드 기타 책들은 그 제자가 앞에 나온 장들에서 설명한 철학적 탐구를 거치게 한다. 즉, 자기가 '이것도 아니고, 저것도 아님'을 보여주며, 매 단계마다 자기로 여겨졌던 어느 하나가 제거된다. 이런 식으로 조대신, 생명 원리(vital principle-생기들),

---

4) *T.* 진아탐구, 즉 자기탐구가 최초로 언급된 문헌은 『요가 바시슈타』로 알려져 있다. 이후 이 방법은 크게 주목받지 않았고 구체적인 수행 방식도 전해지지 않았으나, 20세기에 바가반이 이것을 자세하고 분명하게 가르침으로써 널리 알려졌다. 붓다가 완전한 깨달음을 얻을 때 자기탐구의 방법을 썼는지는 알 수 없으나, 저자는 그랬을 거라고 본다. 왜냐하면 자기탐구가 마음을 완전히 소멸하는 가장 확실한 방법이기 때문이다. 불교에서는 정혜쌍수定慧雙修, 즉 자기관조(묵조)를 본질로 하는 반야바라밀다般若波羅蜜多 수행이 곧 자기탐구인데, 붓다는 그 수행에 의한 궁극적 깨달음의 경지를 『반야바라밀다심경』에서 잘 묘사하고 있다.

마음, 에고가 배제된다. 혹은 우리에게 존재의 세 가지 상태(생시 · 꿈 · 잠)를 거치게 하고, 그 상태에서 경험되는 자아들은 본래적 위대함을 가진 **진아**가 아님을 보여준다. 우리는 이 모든 것이 배제된 뒤에 남아 있는 것이 진정한 **자아**이며, 모든 세계의 원인이자 유지자로 가정되는 **지고의 존재**(브라만)이기도 하다고 배운다. 나아가 우리는 이 **큰 존재**(Great Being)가 실제로는 (어떤 것과도) 관계되어 있지 않고, 절대적이고, 형상이 없고, 이름이 없고, 시간이 없고, 공간이 없고, 둘이 없이 홀로이고, 변치 않고 변할 수도 없고, 완전하며, 이 세계로 투과해 내려오는 행복의 원리이자 세계 안의 모든 즐거움의 원인이라는 것을 듣는다.

제자가 밟아야 할 그 다음 단계는 이 가르침, 특히 진정한 **자아**와 **큰 존재**라고 하는 것의 동일성에 대해서 성찰하고, 그것을 지지하는 증거와 반대하는 증거들을 검토하는 것이다. 그러면서 그는 초감각적인, 따라서 지성을 넘어서 있는 진정한 **자아**의 진리에 대해 자신이 가질 수 있는 유일한 증거는 신성한 전승지라는 것을 기억해야 한다. 물론 신성한 전승지는 권위가 있다. 왜냐하면 그것은 **진리**를 발견한 **진인**들의 증언을 구현하기 때문이다. 그는 그 증거를 배척하기 위해서가 아니라 그것을 수용하기 위해 논리학을 사용하라는 말을 듣는다. 왜냐하면 논리학 자체는 건조해서 그것을 사용하는 사람의 선호에 따라 어느 쪽으로도 사용될 수 있기 때문이다. 논리학은 그 나름의 어떠한 최종적 결론으로도 이끌어줄 수 없다. 이런 성찰에 의해서, 그는 신성한 가르침이 옳다는—즉, **지고의 존재**가 실제로 그의 가장 깊은 내면의 진정한 **자아**라는—결론에 도달한다. 그리고 이 과정을 반복해야 하며, 결국 "내가 **그것**이다(I am That)"라는 문장으로 표현되는 **진아**의 진리를 굳게 확신하게 된다.

이 방법의 세 번째이자 마지막 단계는 이 가르침에 대해 명상하는 것이다. 그는 자신의 마음을 "내가 **그것**이다"에 고정하여 다른 모든 생각을 물리쳐야 한다. 그러다 보면 결국 그 생각에 대한 완벽한 집중을 성취하고, 마음이 그 생각에 대한 꾸준한 명상의 흐름이 되어 흐르기 시작한다. 이렇게 되어야만 진정한 **자아**가 **자신**을 드러낼 것이고, 무지와 속박은 단번에 아주 사라질 것이라고, 여러 책에서 우리에게 말하고 있다. 이것이 교과서들이 가르치는 (전통적인) 세 단계 방법이다.

**아루나찰라**의 **진인**은 이 세 단계 방법이 쓸모가 있다고 인정한다. 당신은 그것이 마음을 정화하고 강화해 주는 좋은 방법이며, 그렇게 해서 마음은—당신 자신이 가르치는—**탐구**를 하기에 적합한 도구가 될 수 있다고 말한다. 왜냐하면 마음의 힘은, 통상 일어나는—그리고 마음의 에너지를 소모시키는—무수한 생각들로 인한 산란함(distraction-주의의 분산)에서 벗어났을 때 생기기 때문이다. 강한 마음만이 그 목표에 도달할 수 있지, 약한 마음은 도달할 수 없다는 것은 두말할 필요도 없다. 고대의 전승지에서도 그렇게 말하고, **아루나찰라**의 **진인**도 그렇게 말한다.

당신은 이렇게 말한다. "**진정한 자아를 얻는 직접적인 방법은 "내가 있다"의 근원을 찾아 심장 속으로 뛰어드는 것이네. '나는 이것이 아니다, 나는 그것이다' 하는 명상도 물론 도움이 되지만, 그것은 그 자체로 진아를 발견하는 방법은 아니라네.**"5)

당신은 한 방문객에게 이야기하면서 이렇게 말했다. "그대는 에고가 그대의 진정한 **자아**가 **아니라**는 말을 듣습니다. 만약 그것을 받아들인다면, 그대의 진정한 **자아**인 것, 곧 진정한 존재(real being)를 찾고 발견하기만 하면 됩니다. 에고는 그것의 거짓된 겉모습일 뿐입니다. 그렇다면 '내가 **그것**이다'라는 명상을 왜 한단 말입니까? 그것은 에고의 생명을 연장시켜 주는 것밖에 안 됩니다. 그것은 어떤 사람이 '약을 먹으면서 원숭이를 생각하지' 않으려고 애쓰는 것과 같습니다. 그렇게 애쓰는 것 자

5) 「실재사십송」, 제29연(부록 1, 제34연 참조).

체가 그 생각을 인정하는 것입니다.[6] 에고의 근원 혹은 진리를 추적해서 발견해야 합니다. '내가 그것이다'를 명상하는 것은 아무 소용이 없습니다. 명상은 마음으로 하는 것이지만, 진아는 마음을 넘어서 있기 때문입니다. 그 자신의 실재성에 대한 탐구(자기탐구)에서는 에고가 저절로 죽습니다. 그래서 이것이 직접적인 방법입니다. 다른 모든 방법에서는 에고가 유지되고, 따라서 수많은 의문들이 일어나며, 대면해야 할 그 영원한 물음이 남습니다. 그 물음과 대면할 때까지는 에고가 끝나지 않을 것입니다. 그렇다면 그런 다른 방법들을 거칠 것 없이 왜 바로 그 물음과 대면하지 않습니까?" 명시적으로든 함축적으로든, 에고가 실재한다고 가정하는 그 무엇도—만약 우리가 조심하지 않으면—우리를 에고 없는 상태라는 목표에서 더 멀어지게 할 것이다.

진인은 이 방법을 다음과 같이 비판한다. "일념의 마음으로 '나는 누구인가?' 하는 탐구를 하여, '그대가 그것이다(Thou art That)'라는 우파니샤드 문구가 말하는 본래적 상태를 얻지 않고, '나는 이것이 아니다, 나는 그것이다'라고 계속 명상한다면 그것은 마음이 약한 탓일 뿐이네. 왜냐하면 저 실재는 진아로서 항상 빛나고 있기 때문이네."[7] 여기서 지적되는 점은, "그대가 그것이다"라는 우파니샤드 문구는 에고 없는 상태에서 체험되는 진아가 지고의 실재라는 사실을 우리에게 말해 주고 있다는 것이다. 따라서 그것은 우리가 적절한 방법으로 에고 없는 상태를 얻어야 한다는 뜻이지, 우리에게 "내가 그것이다"를 명상하라는 것이 아니다(391쪽 참조). 그 문구에서 우리가 이해해야 할 것은, 하나의 단일한 노력에 의해 우리가 외관상 서로 다른 두 가지('나'와 그것), 즉 진아와 지고의 존재를 얻게 될 거라는 것이다. 왜냐하면 이 둘은 똑같은 하나이기 때문이다.

---

6) *T.* 옛날 어느 의사가 환자에게 약을 주면서 "이 약을 먹을 때는 원숭이를 생각하지 말라" 고 했는데, 환자는 약을 먹을 때마다 원숭이가 생각나서 약을 먹지 못했다는 것이다.
7) 「실재사십송」, 제32연(부록 1, 제37연 참조).

진정한 **자아**에 대한 **탐구**는 다른 모든 생각을 추방하여 몸과 마음의 모든 에너지를 끌어 모으고, 그런 다음 그 모든 에너지를 단 하나의 흐름, 즉 "나는 누구인가?"라는 물음에 대한 해답을 발견하는 데로 향하게 하는 데 있다. 그 물음은 "나는 어디서 오는가?(Whence am I?)"라는 형태를 취할 수도 있다. "나는 누구인가?"는 "나의 **진리**는 무엇인가?"를 뜻하고, "나는 어디서 오는가?"는 "에고 안의 이 자아의 느낌의 **근원**은 무엇인가?"를 뜻한다. 이 **탐구**에서는 그 **근원**을, 진화 과정에서의 어떤 먼 조상이나 선조로 이해해서도 안 되고, 몸이 태어나기 전에 존재하던 어떤 존재(전생의 자아)로 이해해서도 안 되며, **현존하는** 어떤 **근원**으로 이해해야 한다. 자신의 전생들을 아는 것이 중요하다고 여기는 듯이 보인 어떤 사람이 **진인**에게, 어떻게 하면 자신이 전생을 알 수 있느냐고 여쭈었다. **진인**은 이렇게 답변했다. "전생에 대해 왜 신경을 씁니까? 지금 그대가 태어나 있는지를 먼저 알아내십시오." 다른 안이한 질문들과 마찬가지로, 이 질문에도 에고가 잠복해 있으면서 **진리** 추구를 어떻게든 비켜간다. 실제로 **진아**는 결코 태어나지 않았다. 따라서 과거가 아니라 현재에서 그 **근원**을 찾아야 한다.

이 **탐구**는 세 가지 상태라는 악순환을 깨뜨리는 단 하나 확실한 방법이다. 왜냐하면 그것은 생각하는 마음(산란심)을 고요하게 만들 뿐 아니라, 마음이 잠에 떨어져 모든 의식을 잃어버리는 것(혼침)을 막아 주기 때문이다. 따라서 그것은 '경각하며 잠자기(sleeping watchfully)'로 묘사되고 있다. 저 악순환은 마음이 생각에서 생각으로 헤매는 보통의 생시에서도 넘어설 수 없고, "내가 있다"는 기본적 의식마저 가라앉아 있는 잠 속에서도 넘어설 수 없다. 그러나 마음이 생시의 변덕 상태에서 잠의 완전한 고요로 넘어가는 한 순간에 의식은 형상 없는 "내가 있다"로서의 순수함에 도달한다. 이 **탐구**에서 결의의 힘으로 의식을 이 형상 없는 상태로 가져가서 꾸준히 유지하고, 이렇게 해서 그 악순환을 깨뜨리면, **에고 없는 상태**가 성취된다.

**진인**은 **탐구**의 방법을 다음과 같이 묘사한다. "**사람이 호수에 빠뜨린 물건을 찾아 호수 속으로 뛰어들듯이, 구도자는 에고-의식이 일어나는 곳을 발견하겠다는 결의로, 말과 호흡을 제어하면서 심장 속으로 뛰어들어야 한다네.**"8) 이것은 **탐구**의 '헌신' 측면을 드러낸다. 잠수자가 숨을 참고 자신의 모든 체중을 실어 잠수하여 잃어버린 그 물건을 찾겠다는 목적에 전념하듯이, 구도자도 모든 숨과 마음의 에너지를 끌어 모아 그것을 **심장** 쪽으로 향하게 함으로써, 에고 안의 "내가 있다"의 **근원**인 진정한 **자아**를 발견하는 데 헌신해야 한다. **진아**를 발견하겠다는 결의는 이 **탐구**에서 역동적인 요소이며, 이것 없이는 **심장** 속으로 뛰어들 수 없다. "나는 누구인가?"나 "나는 어디서 오는가?"라는 물음은 이 결의의 의미를 함축한다. 그렇게 뛰어드는 사람에게는 성공이 보장된다고 **진인**은 말한다. 왜냐하면 그럴 때에는 어떤 불가사의한 힘이 내면에서 일어나 그의 마음을 포획하여 곧장 **심장**으로 데려가기 때문이다. 만일 구도자의 마음이 순수하고 개인성(에고)에 대한 사랑에서 벗어나 있다면, 그는 거리낌 없이 이 힘에 항복할 것이고, 모든 보상 중 최고의 보상을 얻게 될 것이다. 사람이 무엇에 전념하든 그것을 얻지만, 진정한 **자아**보다 높은 것은 아무것도 없기 때문이다. 이런 완전한 헌신이 없는 사람은 마음이 순수하고 강해질 때까지 거듭하여 **탐구**를 하거나, 아니면 모종의 명상이나 **신**에 대한 헌신을 닦을 필요가 있다.

헌신은 **포기**의 의미를 함축하는데, 이는 비실재에 대한 무집착을 뜻한다. 우리는 **진인**들에게서 그렇게 배운다. 어느 한 가지에 대단히 헌신하는 사람은 다른 것들에 그만큼 무관심하다. 내면의 **진아**에 헌신하는 사

---

8) 「실재사십송」, 제28연(부록 1, 제33연 참조).

람도 바깥 세계에 그만큼 무관심하다. 헌신과 포기는 같은 메달의 양면과 같아서 분리할 수 없다. **포기**는 마음을 강화하고 **탐구**에서의 성공을 보증한다. 우리는 세간에서 흔히 겪는 경험을 통해 이것을 안다. 세간적인 어떤 목적에 헌신하여 거기에 방해되는 그 무엇도 자발적으로 포기하는 사람은 자신의 목적을 달성한다. 따라서 모든 이득 가운데 최고의 이득인 **에고 없는 상태**를 얻는 데도 당연히 포기가 필요하다. 그러나 우리는 포기를 올바르게 이해하도록 주의해야 한다. 그것은 단순히 외적인 형태의 극기를 준수하는 것이 아니라, 마음을 정화하는 것이고 조화롭고 집중된 마음이 그 목표를 향하게 하는 것이다.

**진인**은 우리가 말과 호흡을 제어해야 한다고 말하지만, 만약 결의가 예리하고 집요하면 호흡을 적극적으로 제어할 필요는 없다고 설명한다. 그럴 때는 호흡이 자동적으로 정지될 것이고, 이제까지 몸을 움직이던 에너지들이 내면으로 모아져서 마음과 재결합하여 마음이 **심장** 속으로 뛰어들 수 있게 해줄 것이기 때문이다. 생명 에너지들을 이렇게 끌어 모으는 것이 필수적이다. 이 에너지들이 몸과 결합되어 있는 한, 마음이 몸과 세계로부터 돌아서서 **심장** 속으로 뛰어들 수 없기 때문이다. 결의의 힘으로 호흡이 그칠 때, 마음은 더 이상 몸이나 세계를 지각하지 않게 된다. 그럴 때는 몸이 거의 송장처럼 된다.

만약 구도자가 필요한 정도의 헌신의 힘을 가지고 있지 못해서 호흡이 저절로 정지하지 않는다면, '**호흡 과정 지켜보기**(수식관隨息觀)'라는 간단한 방법으로 호흡 정지를 일으키는 것이 좋다. 이 지켜보기를 꾸준히 해나가다 보면 호흡이 느려지다가 결국 멈추는데, 그러면 마음이 산란한 생각들에서 벗어나 고요해진다. 그럴 때 마음은 **탐구**에 전념할 수 있다.

여느 명상에서와 마찬가지로 이 **탐구**를 해 나갈 때도 놀라울 만큼 다양한 생각들이 일어나서 마음을 분산시킬 수 있고, 패배감이나 실망감이 느껴질 수도 있다. 진인이 우리에게 말하기를, 이런 생각들은 일어나야 다스려질 수 있으므로 진아 추구자들은 실망할—패배를 받아들일—필요가 없다고 한다. 가까운 장래에는 성공할 수 없고 오랜 시간이 지난 뒤에야 성공할 수 있을 것같이 보인다면, 시간 그 자체가 실재하지 않으며 진아는 시간 속에 있지 않다는 것을 기억하여 그 생각에 맞서야 한다. 아주 오래된 한 책에서는, 진아 추구자는 바다에서 물을 한 방울씩 퍼내어 바다를 말리려고 할 때와 같은 꾸준함과 인내심을 가져야 한다고 말한다. 다른 책에는 낳은 알들이 바닷물에 씻겨가 버린 한 쌍의 참새 우화가 나온다. 이 새들은 바닷물을 말려서 알들을 회수하는 동시에 바다를 벌하기로 결심했다. 그들은 바닷물로 뛰어들었다가 나와서 몸에 붙은 물방울들을 해변에 떨어뜨리는 일을 반복하면서 그렇게 해나갔다. 그 우화에서는 마침내 천신들이 개입하여 그 알들을 되찾아 주었다고 한다.

이 탐구 과정에서 일어났다가 다스려지는 낯선 생각(망념) 하나하나가 다 마음의 힘을 증장하며, 그렇게 해서 그 구도자는 목표에 한 걸음 더 가까이 다가간다고 진인은 말한다.

구도자가 이 탐구를 충분히 오래 지속하여 내면에서 일어난 힘이 마음을 장악하면, 심장에는 금방 도달한다. 다시 말해서 마음이 순수한 의식의 상태로 되어 그 순수한 형태로, 즉 형상 없는 '나'로서 꾸준히 빛나기 시작한다. 진인은 이 형상 없는 의식을 "나는 이것[몸]이다"라는 형태를 가진 에고-의식과 구별하기 위해, "나는 나다(I am I)"라고 부른다.[9] 이는 에고-형상의 종식을 의미한다. 유한한 에고가 무한한 진아에 삼켜지는 것이다. 유한한 에고와 함께 삶에 수반되는 온갖 결함과 한계들이 사라진다. 욕망과 두려움이 종식되고, 죄와 책임도 끝이 난다. 진정한 자아는 이런 것들에 결코 지배되지 않았다. 그것들은 에고에 속하는 것이

9) *T.* 형상 없는 '나'로서 빛나는 이 의식을 '아한 스푸라나(*ahaṁ sphurana*)'라고 한다.

었고, 에고가 죽으면 살아남지 못한다. 에고 없는 상태에서는 진아가 그 자신의 찬연함 속에 안주한다. 이렇게 하여 진아를 발견한 진인은 에고를 벗어버렸기에 한 개인이 아니다. 미성숙한 제자들이나 나머지 세상 사람들에게는 그렇게 보일지 모르지만 말이다.

진인은 또한 순수한 "내가 있다(I am)"나 '나'—'아함(*Aham*)'—에 대한 명상을 탐구와 동등한 것으로 권장한다.[10] 진인은 말한다. "그의 이름은 '나'이므로, '나'에 대해 명상하는 수행자는 심장, 곧 진아의 세계로 인도된다."[11]

진아에 대한 헌신(자기자각의 수행)을 세상이 요구하는 일과日課로서의 일과 어떻게 조화시킬 것인가? 먼 데서 기차를 타고 온 어떤 사람이 진인에게 이 질문을 했다. 진인은 다음과 같이 대답했다. "왜 그대가 활동하고 있다고 생각합니까? 그대가 여기 온 과정을 예로 들어봅시다. 그대는 달구지를 타고 집을 떠났고, 기차에서 자리에 앉았고, (띠루반나말라이) 역에 내렸고, 다시 달구지를 탔더니 여기 와 있습니다. 어떻게 왔느냐고 물으면, 그대가 사는 읍에서 그대가 여기에 왔다고 말합니다. 그게 맞습니까? 사실을 말하자면 그대는 가만히 있었고 탈것들만 움직였지요. 이런 움직임들이 그대의 움직임으로 여겨지듯이, 다른 행위들도 마찬가지입니다. 그 행위들은 그대의 행위가 아니라 신의 행위입니다." 질문자는 이에 대해, 그런 태도(모든 행위를 신의 행위로 돌리고 자기자각에만 집중하는 태도)는 단지 마음의 공백을 가져올 것이고, 일은 중단될 것이라고 이의를 제기

---

10) *T.* 여기서 '나'에 대한 명상이란, 마음속으로 "나, 나" 하면서 '나'-느낌에 집중하는 것이다. "내가 있다"에 대한 명상은 곧 자기자각 혹은 자기주시의 수행이며, 지금 여기 있는 '나'의 존재-의식을 붙드는 것이다. 그래서 분석적으로 보면, 바가반이 가르친 자기탐구 수행에는 "나는 누구인가?"라는 의문을 가지고 내면으로 뛰어들며 '탐구'하는 방법과, 여기서 말하는 두 가지 방법을 포함하는 '세 가지 접근법'이 있다고 말할 수 있다. 그러나 "나, 나" 하는 방법은 '나'라는 느낌을 지속적으로 유지하는 것이므로 결국 자기자각/자기주시로 귀결되며, 탐구 또한 지속적인 자기자각이 그 바탕을 이룬다. 따라서 모두 같은 하나의 행법이다.

11) 『진어화만』, 제716연(부록 2, 제108연 참조).

했다. 진인이 그에게 말했다. "그 공백 상태까지 간 다음 저에게 말해 보십시오." 여기서 우리가 이해할 수 있는 것은, 자기가 행위자가 아니라는 것을 우리가 깨닫는 정도만큼, 진지한 구도자는 이 탐구를 수행하기 위해 세간적 활동에서 물러날—은둔자나 은자隱者가 될—필요가 없다는 것이다. 그 자신은 행위자가 아니라는 것을 기억하면서, 마음과 감각기관들이 자기 할 일을 자동적으로 하게 그냥 내버려두어도 된다. 마치 우리가 걸으면서도 생각을 하듯이, 언제 어느 때에도 활발하게 탐구나 명상을 할 수 있다.

이 탐구를 수행하기 위해 자신의 일상 활동을 포기하는 것은—은둔자나 은자가 되는 것은—불필요할 뿐 아니라, 진인이 실제로 말씀한 취지로 볼 때 우리들 대다수는 계속 활동하면서 탐구를 준비해 나가는 것이 바람직할 수도 있다. 진인이 우리에게 말하기를, 진아 안에서 마음이 해소되게 하려면 이 마음이 진아의 한 허깨비일 뿐이라는 앎을 꾸준히 계발해야 하며, 우리가 일상 활동을 해 나가면서도 그렇게 할 수 있다고 한다. 그래서 이런 활동들은 탐구를 위한 하나의 준비로 활용될 수 있다. 마음은 진아의 한 허깨비일 뿐이라는 앎이 확고히 자리 잡으면, 탐구를 시작하여 예리하게 주시하면서 끝까지 밀고나가기 쉬울 것이다.

집과 가족 인연을 버리고 탁발 수도자로 출가하는 것이 필요한지를 묻는 질문이 진인 앞에 여러 번 제기되었다. 이에 대해 진인은, 만약 누가 수도자가 될 운명이었다면 그런 질문이 일어나지 않겠지만, 대체로 그럴 필요는 없다고 말해 왔다. 한번은 짧은 대화가 있었다. 한 방문객이 질문했다. "저는 출가해야 합니까, 아니면 집에 있어도 됩니까?" 진인이 말했다. "그대가 집 안에 있습니까, 아니면 집이 그대 안에 있습니까? 그대는 바로 지금도 그대가 있는 그곳에 머물러 있어야 합니다. 그것에서 떠날 수가 없지요." "그러니까 집에 있어도 되는군요." "저는 그렇게 말하지 않았습니다. 잘 들으십시오. 그대는 늘 본래적으로 그대의 것인 바로 그 장소에 확고히 머물러 있어야 합니다." 질문자는 자신이 집에 있다고 생각하고 그 질문을 했지만, 실은 전 세계가 진정한 자아로서의 그의 안에 있다. 그래서 그에게 진아 안에 머물러 있으라고, 즉 세계가 실재한다고 생각하지 말라고 한 것이다. 또 한번은 진인이 이렇게 말했다. "'나는 재가자다'라고 생각하지 않는 재가자가 참된 수도자(출가자)이고, '나는 수도자다'라고 생각하는 수도자는 참된 수도자가 아닙니다. 진아는 수도자도 아니고 재가자도 아닙니다."

수도자의 생활양식을 택하는 것은 중대사라고 할 수도 있다. 어느 경우든 탐구에 조화롭게 맞춰져야 하는 것은 마음이며, 집에서 그것이 되지 않는다면 다른 곳에서도 똑같이 어려울 거라고 진인은 지적한다.

제자가 어디에 있든 최대한 활용해야 하는 영원히 큰 힘은 진인들과의 어울림(사뜨상가)이다. 신성한 전승지는 이것을 권장하면서 과장된 언사까지도 사용하는 것처럼 보인다. 진인은 이런 텍스트들을 자유롭게 인용한다. 우리가 진인으로부터 얻게 될 이익의 정도는 스승으로서의 진인에 대한 우리의 이해와 헌신에 달려 있다. 뒤의 한 장에서 보겠지만, 그런 헌신은 대단히 중요하다.

제자에게 주는 한 가지 중요한 경고는 진인 샹까라가 지었다는 작은 저작에 나오는데, 진인이 이것을 채용한다. "내적으로는 우리가 비이원성의 진리를 늘 성찰해야 하지만, 이 가르침을 자신의 행위에서 적용하려고 해서는 안 되네. 비이원성에 대한 명상은 삼계三界 모두에 관해 적절하지만, 스승에 관해서는 적절치 않다는 것을 알아야 하네."[12] 이렇게 금하는 이유를 이해하기 어려울지 모른다. 그러나 진리를 깨닫겠다는—

12) *bhāvādvaitaṃ sadā kuryāt kriyādvaitaṃ na karhicit |*
*advaitaṃ triṣu lokeṣu na advaitaṃ guruṇā saha ||*
— 『따뜨와우빠데샤(*Tattvopadesa*)』, 제87연(「실재사십송 보유」, 제39연 참조).

그것은 에고 자신의 죽음을 뜻하겠지만—정직한 노력조차도 에고의 힘이 변질시키고 좌절시킨다는 것을 우리가 기억한다면, 당혹해 할 필요는 없다. **비이원성**의 진리에 대한 성찰은 에고를 해체하고 **진리**에 헌신하는 태도를 계발하는 데 도움이 된다. 그러나 비이원적 관점에서 나온 행위는 자멸적이다. 왜냐하면 적(에고)이 그 행위를 주관할 것이기 때문이다. 무지가 살아 있는 동안은 에고-의식 때문에 이원성이 계속 실재하는 것처럼 보일 것이고, 참으로 비이원적인 행위를 할 수 없다. **진인**만이 **비이원성**(Advaita)을 실천할 수 있다. 그는 에고가 없기 때문이다. 그래서 신성한 전승지와 **진인**은 우리에게, 활동을 한정하고 그것을 확장하지 말라고 조언한다. 그래야 에고에게 우리의 노력을 좌절시킬 여지를 가능한 한 주지 않기 때문이다.[13] 여기서 **진아**에 대한 이론적 지식은 우리 안의 적인 에고를 소멸하지 못한다는 것을 기억하는 것이 유익할 것이다.

우리가 나중에 보겠지만, **신**의 화신인 **스승**에 대한 헌신은 법도에도 맞고 필요하다. 따라서 우리가 에고 없이 될 때까지는 (비이원성의 관점에서) **스승**을 자기 자신으로 보려고 하는 것은 지혜롭지 못할 것이다. 왜냐하면 그 실제 결과는 사뭇 다를 것이기 때문이다. 그것은 자기 자신을 **스승**과 동등하다고 믿는 결과를 가져올 것이다. 진정으로 **스승**과 하나가 되는 것은 에고 없이 되는 것이다. 그래서 자신을 **스승**과 아무 차이가 없다고 상상하지 말라고 경고하는 것이다.

다음의 경고와 지침들은 『진어화만절요』의 '수행자의 행行' 장에서 가져온 것이다.[14]

---

13) 비이원적 베단타 철학의 피상적 학도들—**진인**의 발아래 앉아보지 못한 사람—은 이 경고의 원칙을 모르고, 그 가르침을 행동에 옮겨도 된다고 생각한다. 그들은 대체로 그것을 단편적으로 적용한다. 그들이 범하는 최악의 오류는 소위 평등과 관련된 것이다. 이 주제에 대해 그들이 가진 관념은 그 가르침에 대한 오해에서 비롯된다. 이것은 다음 장에서 논의될 것인데, 거기서 참된 평등은 **진인**만이 실행할 수 있다는 것이 드러날 것이다.

14) **부록 2**, 제170, 172, 176, 178, 182, 185, 187, 188, 193, 196, 199, 201~208, 214연 참조.

"(진아를) 잊어버리는 것이 진실로 **죽음**이니, 따라서 **탐구**로써 **죽음**을 정복하려고 나선 사람이 성취해야 할 단 하나의 원칙은, 잊어버리지 않아야 한다는 것이네."

"자기 자신의 활동조차도 (진아를) 잊어버리는 원인인데, **진아탐구**를 하는 사람은 남의 일에 관여하지 말아야 한다고 말할 필요가 있겠는가?"

"무수한 계율이 있지만, 절제된 식사를 한다는 규칙 하나면 수행자에게 충분하다네. 왜냐하면 그것이 **사뜨와**의 성질을 증장하기 때문이네."[15]

"음식 절제의 규칙은, 위장이 휴식할 시간을 주어야 하고, 배가 고플 때는 한정된 양의 **순수성** 식품[16]을 먹어야 한다는 것이네."

"에고가 최종적으로 죽을 때까지는 겸손이야말로 수행자에게 도움이 되네. 남들이 자신에게 하는 존경을 **받아들여서는** 안 된다네."

"항아리는 물을 받아들이기 때문에 가라앉고, 목재는 그러지 않기 때문에 뜬다네. (그와 마찬가지로) 집착하는 사람은 속박되지만, 그러지 않는 사람은 설사 집에 있다고 해도 속박되지 않네."

"불운이란, (우리에게) 힘을 주기 위해 신의 은총에 의해 온다는 것을 기억하면서, 믿음·용기·평온함으로 불운을 극복해야 하네."

"**지고자**에게 헌신하는 사람에게는, 사람들의 질투를 부르는 세간적 상태보다 사람들이 가엾게 여기는 세간적 상태에 있는 것이 더 낫다네."

"욕망도 없고 증오도 없는 평온한 마음으로 일체에 무관심한 것이, 수행자(*sadhaka*)에게 아름다운 생활방식이네."

"이른바 운명이란 자신이 이전에 한 행위들(업)에 불과하네. 따라서 운명은 적절한 노력으로 불식될 수 있다네."

---

15) 마음의 세 가지 주된 성질 혹은 기분인 **사뜨와**(*Sattva*)·**라자스**(*Rajas*)·**따마스**(*Tamas*)가 있다. **사뜨와**는 명료함과 고요함의 상태이다. **라자스**는 요동(들뜸)과 행위의 상태이며, **따마스**는 어둠과 나태의 상태이다. **사뜨와**를 계발하여 **라자스**와 **따마스**를 넘어서야 한다.

16) *T.* 곡식, 과일, 채소, 낙농 제품 등을 가리킨다.

"평화롭고 순수한 마음으로 하는 일이 올바른 행위이네. 들뜬 마음으로 욕망에서 한 일은 뭐든 그릇된 행위라네."

"집착 없이 평안하게 있으면서 모든 짐을 전능자인 신에게 맡겨버리는 것이 최고의 따빠스(*tapas*-고행적 수행)라네."

"맷돌의 축 근처에 있는 곡식들이 빻아지지 않듯이, 신에게 귀의한 사람들은 큰 불운에도 영향을 받지 않는다네."

"자침磁針이 북쪽을 벗어나지 않듯이, 자신의 마음을 신에게 바친 사람들은 환幻 사이로 나 있는 올바른 길을 벗어나지 않는다네."

"'나는 언제 이 상태를 성취할까?' 하고 생각하면서 근심에 결코 빠지지 말라. 그것은 시공을 넘어서 있고, 따라서 멀지도 가깝지도 않다네."

"진아는 그 자신의 성품상 일체에 편재하므로, 항상 자유롭다네. 그것이 어찌 마야에 속박될 수 있겠는가? 그러니 절망에 빠지지 말라."

"자신의 부동不動인 성품을 놓아버리면서 '나는 불안정한 영혼이다'라는 관념이 일어났네. 수행자는 이 관념을 벗어 던지고 지고의 침묵 안에서 휴식해야 한다네."

"이것이 마음의 변덕스러운 본성을 극복하는 방편이네. 지각되는 모든 것과 지각하는 자를 진정한 자아로 보라."

"한 가시를 빼내는 데 사용된 다른 가시를 버려야 하듯이, 나쁜 생각을 몰아내는 데 유용한 좋은 생각도 포기해야 한다네."

"(무거운) 돌을 달고 바다 속으로 뛰어들어 진주를 캐내듯이, 우리는 무집착을 가지고 심장 속으로 뛰어들어 진아를 얻어야 한다네."

진정한 자아에 대한 탐구는, 해탈을 얻기 위한 방편으로 유행하는 모든 방법들과 근본적으로 다르다. 이런 방법들을 요가(Yogas)라고 하는데, 그 중 네 가지—행위 요가, 헌신 요가, 마음제어 요가(라자요가), 바른 이해의 요가(지知 요가)—가 일반적으로 알려져 있다. 진인은 이 네 가지를 다음과 같이 탐구와 비교한다. "'행위, (신과의) 분리, 무지 혹은 (실재와의) 분리를 가지고 있는 그는 누구인가?'라는 탐구 자체가 (그 네 가지의 반대인) 행위, 헌신, 올바른 이해, 마음제어 요가라네. 추구자인 '나'가 사멸되어 이 여덟 가지가 있을 곳이 없는 그곳이 (진아의) 참된 상태—자신의 진아에 대한, 오염되지 않은 지복스러운 체험—라네."[17] 여기서 분명히 하고 있는 것은, 이 네 가지 요가에서는 그 추종자가 에고를 자기 자신으로 여기고, 그래서 그 결론 때문에 자신 안에게 나타나는 이런저런 결함들을 진아에 귀속시킨다는 것이다. 행위 요기는 자기가 행위를 하는 자이고, 그래서 그 결과를 겪게 되어 있다고 여긴다. 그는 다른 행위로써 이런 행위들을 중화하려고 한다. 헌신 요기는 자신이 신과 다르고, 헌신에 의해 그와 결합될 필요가 있다고 믿는다. 올바른 이해의 요기는 자기가 무지에 빠져 있다고 생각하여, 그 무지를 제거하고 싶어 한다. 마음제어 요기는 자기가 실재와 분리되어 있다고 생각하고, 마음제어로써 재결합을 추구한다. 이런 생각들은 그릇된 가정이다. 왜냐하면 개인적 영혼이란 없고, 전체 세계 질서가 하나의 환幻이기 때문이다. 진정한 자아를 추구하여 발견하면, 진아는 결코 속박된 적이 없었고 항상 완전하다는 것을 알게 될 것이다. 진아 추구자(자기탐구자)는 이런 지知를 가지고 시작한다. 탐구에 의해 에고가 죽으면 이 네 가지 결함도, 그에 대한 네 가지 치유책도, 에고 없는 상태 안에서 설 자리가 없고, 이 상태만이 실재한다는 것을 알게 될 것이다. 진인은 언젠가 본 저자에게 탐구가 바로 큰 요가—마하요가(Maha Yoga)—라고 말씀하셨는데, 그 이유는 여기서 본 바와 같이, 모든 요가가 이 탐구에 포함되기 때문이다.

---

17) 「실재사십송 보유」, 제14연(부록 1, 제60연 참조).

# 제10장 진인眞人

아마도 이 탐구에서 가장 어려운 주제가 **진인**일 것이다. 그는 상대성(현상계)을 넘어서 있는 동시에—외관상으로만 그렇지만—그 안에 존재한다. 이처럼 **진인**은 서로 모순되는 두 상태에 동시에 있다. 왜냐하면 상대성의 세계와 **실재**는 서로를 부정하기 때문이다. 이것이 이 주제에 관한 제자들의 관념을 둘러싼 당혹감의 근본 원인이다.

교과서에서는 **해탈**에 두 종류가 있다고 한다. 살아 있는 **진인**은 한 가지 **해탈**을 얻은 것이고, 그의 몸이 죽을 때 또 한 가지 **해탈**이 있다는 것이다. 전자를 **생전해탈**生前解脫(*Jivan-Mukti*), 즉 살아 있는 동안의 **해탈**이라 하고, 그런 **진인**을 **생전해탈자**(*Jivan-Mukta*)라고 한다. 후자는 **무신해탈**無身解脫(*Videha-Mukti*), 즉 몸 없는 **해탈**이라고 한다. **진인**이 우리에게 말하기를, 실은 단 한 가지 **해탈**, 즉 **에고 없음**만 있다고 한다. 에고 없이는 세계가 존재성이 없기 때문에, **진인**은—외관상 그가 어떻게 보이든 간에—실은 몸이 없다는 이야기이다. **진인**도 하나의 몸과 마음을 가지고 있다고 생각하면서 그 몸과 마음이 실재하지 않음을 이해하지 못하는 사람들조차도, 그의 원인신 곧 원초적 무지가 해체되었고, 따라서—진아일 뿐이고 달리 무엇도 아닌—**진인**은 무지한 사람들이 **진인** 자신이라고 생각하는 그 잔류하는 미세신이나 조대신과 결코 연관되지 않는다는 정도는 이해한다. 따라서 **진인**에게는 **진아** 외에 아무것도 존재하지 않는다. 몸도 마음도 없고, 세계도 없고, 다른 사람들도 없다. 그래서 우리는 진인에 대해서 이야기할 때, 두 가지 관점—즉, 반쯤 무지한 제자의 관점과 진인 자신의 관점을 분명히 해 둘 필요가 있다. 진인 자신은 당신에게 전혀 어떤 문제도 없다는 것을 누차 강조했다. 서로 모순되는 점들을 조화시킬 필요가 없다는 것이다. 당신의 관점에서는 세 가지 몸이 모두 실재하지 않는다. 뿐만 아니라, 당신은 그 몸들이 이전에 존재했다고 인정하지도 않는다. 따라서 책에서 그런 구분을 하는 것은 반쯤 무지한 제자에게 양보해서 하는 설명일 뿐이다. 해탈에 대한 절대적 진리는 그 상태가 몸도 없고 세계도 없다는 것이다. 왜냐하면 해탈은 진리만이 빛나는 상태이기 때문이다.

따라서 생전해탈자는 한 사람이 아니다. 그러나 앞서 이야기한 두 가지 역할 때문에, 그에게 인격이 부여된다. 우파니샤드 전승지에서는 이런 관점이 용인되며, 그의 몸은 살아 있는 동안 인과성의 법칙에 지배될 것이라고 한다. 이 법칙의 힘에 의해 그의 몸은 업業(karmas)으로 불리는 이전의 행위들이 가져오는—즐겁거나 즐겁지 않은—반작용에 영향을 받을 것이다. 이 업業은 세 부분 혹은 무더기로 나뉜다. 태어날 때 열매를 맺는 특정한 무더기의 업業이 있는데, 그것이 그 진인에게 현재의 몸을 만들어주었고, 그 몸이 죽을 때까지 몸에 일어날 일들을 계속 관장할 것이다. 이것을 발현업發現業(*prarabdha*)이라고 한다. 왜냐하면 그것이 열매를 산출하기 시작했기 때문이다. 또 한 무더기의 업業은 미래업未來業(*agami*)—'(미래생에) 닥쳐올 업'—이라고 한다. 나머지 하나는 누적업累積業(*sanchita*), 즉 (미래생을 위해) 저장되어 있는 업業이다. 이것은 사람이 살아온 과거생이 무수히 많기 때문에 엄청난 몫이다. 이 중에서 첫째 무더기만 (현생에서) 그 힘을 보유하고 있고, 둘째와 셋째 무더기는 우리가 진인이 되면, 즉 개인성이 '상실되면' 청산된다고 말해진다. 진인에게는 더 이상 환생이 없을 것이고, 그는 다른 세계로 가지도 않을 것이다. 그러나 발현업, 곧 현생업現生業의 열매는 거두게 될 거라고 고대의 어떤 전승지는 이야기한다. 우리는 이것이 엄밀하게 옳지는 않다는 것을 살펴볼 것이다.

우리는 앞에서 **진인**은 항상 **본래적 상태—본연삼매—**에 들어 있다는 것을 보았다. 이것은 우리가 보았듯이, **요기**의—항상적이지 않은—**합일무상삼매**가 아니다. 이 **본래적 상태**는 그 **진인**이 영위한다고 생각되는 자동적 신체 활동을 저해하지 않는다. 그래서 **어떤 의미에서 진인**은 **진아**에 대해 깨어 있고 세계에 대해서도 깨어 있다고 말할 수 있을 것이다. 그는 다른 사람들처럼 식사를 하고, 잠을 자고, 살아가는 것처럼 보인다. 그는 **본연삼매**에 들어 있기 때문에 질문을 듣고 답변할 수도 있다. 어떤 때는 황홀경에 들어 있고 어떤 때는 깨어 있는 **요기**는 우리에게 그런 어떤 가르침도 줄 수 없다. 왜냐하면 그 자신도 아직 속박과 무지 속에 있기 때문이다. 만약 **본연삼매**의 상태가 없다면, **진아**에 대한 직접적이고 완전한 **체험**을 얻는 사람은 누구든 즉시 이 세상에 하나의 몸을 가지고 있는 자로는 보이지 않을 것이다. 따라서 **진아**에 대한 **진짜** 가르침과 **그**를 발견하는 방법을 전수해 줄 수 있는 사람이 결코 아무도 없을 것이다. 그러나 **본연삼매 상태**는 존재하며, 드물지만 이따금 어떤 구도자들이 그것을 성취한다. 그래서 신성한 전승지의 가르침은 단절 없는 **진인**들의 계보에 의해 확인되고, 수정되고, 필요한 데서 덧붙여져, 자격 있는 제자들이 이해할 수 있는 것이 된다. 역사 시대 안에서는 **진인 고타마**와 **진인 샹까라**가 있다. 다른 **진인**들이 얼마나 많이 있었는지는 우리가 알 수 없지만, 이 소임은 **이제 진인 라마나**에 의해 완수되고 있다.

**본래적 상태**의 진리—즉, 그것은 **합일삼매**(*Kevala*)처럼 **신체 활동**을 저해하지 않는다는 것—를 듣지 못했고 이해하지 못한 사람들은 **진인**에 대해 어떤 질문을 하는데, 그에 대한 답변이 모두에게 쉽게 이해되지는 않는다. 진인의 제자들 중에도 그 답변을 이해하지 못하는 이들이 일부 있지만, 그것은 그들이—세계가 그 자체로 존재한다는 것을 주된 신조로 하는—매력적이되 복잡한 교의를 믿는 사람들이기 때문이다. 따라서 세계가 그 자체로는 실재하지 않는다는 것을 본질적 부분으로 하는 진인의 가르침을 이해하지 않으려 하는 것도 당연하다. 그들은 사실 이원론자들이고, 그런 만큼 비이원적 가르침을 아주 싫어하는 사람들이다.

이와 관련하여 우리는 진인이 신자들의 약함에 대해 보여주는 관대함에 주목할 수 있다. 진인은 『기타』[3.26]에서 설명하는 "어떤 사람의 믿음도 흔들어 놓아서는 안 된다"는 원칙을 준수한다. 그래서 열렬한 이원론자들이 있을 때는 진인도 말씀을 아주 조심한다. 그런 사람들이 있을 때는 당신이 분명한 비이원적 가르침을 설하지 않는다. 그러나 이원론자들이 나가자마자, 남아 있는 비이원론자들을 돌아보며 당신이 이원론자들에게 맞추어 가르침을 희석하지 않을 수 없었다고 해명조로 설명한다. 이처럼 당신은 이원론자들을 미성숙한 사람들로 간주하고, 비이원론자들은—미성숙한 이들에게는 사정을 봐줘야 한다는 것을 이해하는—어른들로 간주한다. 그러나 당신은 비이원적 가르침이 있을 수 있는 최고의 가르침이라는 것을 우리가 의심할 여지를 전혀 남겨주지 않는다.1)

사람들이 진인들에 대해 갖는 견해에 두 종류가 있다. 첫째는 비이원론자로 자처하기는 하지만, 진인의 발아래 앉아 본 적이 없는 사람들이 갖는 견해이다. 그리고 진인의 제자들로서 당신의 비이원적 가르침에 적대적인 사람들이 갖는 견해가 있다.

첫째 부류의 사람들은 이렇게 주장한다. "라마나 마하르쉬라고 불리는

1) 진인은 이 점을 여러 차례 분명하게 증언해 왔다. 그런 경우 중 한 번은 이러했다. 어떤 사람이 책에 써놓기를, 진리는 세계가—그 온갖 다양성과 함께—그 자체로 실재해야 온전할 것이고, 그렇지 않으면 온전하지 않을 것이라고 했다. 본 저자가 이것을 낭독하자, 진인이 외쳤다. "그렇지 않으면 마치 진리가 수족이라도 잘릴 것처럼 말이지요."

사람은 다른 사람들과 아주 비슷하게 이 세계 안에 살고 있다. 그는 먹고, 잠자고, 행위하고, 말하며, 기타 여러 가지 일을 한다. 그는 과거에 있었던 일을 기억하고, 그에 대한 질문에 답변한다. 따라서 그에게는 에고와 마음이 있다. 또한 그는 우리와 마찬가지로 '나', '너', '그'라고 말한다. 따라서 그는 **생전해탈자**가 아니다. 단, 우리는 그를 한 분의 **성자**로는 기꺼이 인정한다." 우리는 이런 사람들과 다툴 필요가 없다. 그들은 **합일무상삼매**가 최종적 상태라고 상상하는 것이 분명하다. 그래서 그들은 **진인**이 어떻게 진정한 **자아**의 한 **빛**으로서 사람들 사이에서 살아갈 수 있는지 이해하지 못한다.

우리가 어떤 **진인**을 알아볼 수 있으려면 진정한 **자아**의 진짜 헌신자가 되어야 한다. 이것은 이해의 세련됨, 정신의 겸허함, 기타 미덕이 갖추어졌음을 의미한다. 그런 사람에게는 **진인**이 참되고 변함없는 매력을 갖는다. 한편 속박을 사랑하는 사람들은—설사 신성한 전승지에 대한 학식이 있다 하더라도—그다지 끌리지 않는다. 그들은 세속적 의미에서 잘 살고 있고, 자신들이 행복하다고 생각한다. 그리고 그들은 아마 자기가 **진인**을 찾아가면 **진인**이 자신의 소견을 바꾸어 놓을지 모른다고 두려워할 것이다. 그 결과가 그들은 정말 두렵고, 그렇게 두렵기 때문에 **진인**과 안전한 거리를 유지한다.

그러나 **진인**에게 끌린 사람들은 유능한 **스승**의 필요성을 절감해 왔기에, 당신이 뭔가 독특한 분임을 알아볼 수 있다. 당신이 **진인**이라는 것을 이해하는 데는 시간이 걸릴 수 있다. 그것은 **진인**이 과연 무엇인지, 그리고 **진인**의 확실한 특징이 무엇인지를 먼저 이해할 필요가 있기 때문이다. 한 가지 확실한 특징은 그가 **차별상**을 지각하지 않는 것이다.

이제 우리는 다른 견해—즉, **진인**의 어떤 종파주의적 헌신자들이 가지고 있는 견해를 살펴보겠다. 그들은 당신이 **진인**이라고 말하지만, 또한 당신이 한 사람이기도 하다고 말한다. 드높은 경지의 '**사람**(Person-인격체)'이라는 것이다. 그들은 인격이 실재하며, 그것은 **해탈** 속에서도 지속된다는 것을 하나의 신조로 견지한다. 다만 일관성 없게도 그들은 **해탈** 속에서 에고가 상실된다는 것을 인정한다. 그들의 말로는 **진인**도 마음을 가지고 있고, 따라서 별개의 존재성을 갖는다. 그들은 **해탈** 속에서는 그 마음이 놀라운 어떤 것으로 변하고, '싯디'라는 신적 능력들을 부여받는다고 말한다. 이런 능력에 그들은 깊은 중요성을 부여한다. 그들은 이런 능력이 그가 **진인**임을 입증하는 증거라고 생각하는 듯하다.

우리는 **신**에 대한 장에서 **진인**의 핵심적 가르침은 **불생의 진리**라는 것을 보았다. 이는 **실재**가 결코 실제로 세 가지(신·영혼·세계)로 되지는 않았으며, 이 세 가지란 그 자체 실재하지 않는 에고-마음의 창조물에 불과하다는 것을 뜻한다. 바꾸어 말해, **진인**은 이 모든 것이 **마야**라고 말한다는 점에서 **진인 샹까라**와 일치한다. 당신이 설명하기를, **해탈**이란 항상 무無이던 것이 무無로 환원되는 것이고, 세 가지 거짓된 겉모습은 바로 지금도 실재하지 않으며, 무지를 통해 실재하는 것처럼 보인다고 한다. 그 겉모습은 워낙 온데간데없이 사라져, 그것이 이전에는 나타났으나 나중에는 사라져서 나타나지 않는다는 말조차 할 수 없을 것이다. 이 점은 **진인**의 다음과 같은 말에서 분명히 밝혀지는데, 이것은 **스승**의 은총에 의해 우리가 무엇을 성취할 수 있는지를 말해준다. "**스승**은 실재하지 않는 것을 비실재로 돌아가게 하고, 단 하나의 진정한 **자아**가 빛나게 하면서, 실재하지 않는 (개인적) 영혼을 최종적으로 종식시킨다네."2) 우리가 논의하는 종파주의적 견해는 확실히 이런 가르침과 조화시킬 수 없다.

우리는 그런 제자들의 눈에 크게 들어오는 **싯디**란, 속박의 본체인 세계-환幻(world-illusion)의 일부여서 실재하지 않는다는 것을 살펴보았다.

---

2) 『진어화만』, 제281연(**부록 2**, 제132연 참조).

따라서 진인이 지적하듯이, 한 진인의 위대성을 그의 친존에서 드러나는 듯이 보이는 싯디로써 평가하려 드는 것은 우스운 일이다.[3)]

이 제자들은 불생의 진리를 배척하다 보니 진인을 오해하게 되었다. 진인은 그런 오해 하나를 다음과 같이 지적하고 바로잡는다. "무지한 사람들은 '진인은 차별상을 보지만 거기서 비차별상을 즐긴다'고 말합니다."

이처럼 차별상을 지각하지 않는 데도 두 가지가 있으니, 자신과 남들 간의 차이를 지각하지 않는 것과, 그 남들 사이의 차이를 지각하지 않는 것이 그것이다. 전자는 칭찬과 비난에 대한 진인의 무관심에서 드러난다. 후자는—유명하지만 많이 오해되는—『기타』의 구절에서 "진인들은 모든 중생을 평등한 눈으로 본다"[4)]고 할 때 언급된 '평등한 눈'이라는 것에서 나타난다.

전자의 자질은 우리가 제1장에서 보았듯이 진인에게 특유한 것이다. 36쪽에서 인용한 (「실재사십송 보유」 제37연의) "전 세계를 무가치하게 보는 사람조차도(*tṛṇatulitākhilajagatāṁ*)"라는 구절에서 지적했듯이,[5)] 에고가 완전히 없어지지 않은 사람은 누구든 칭찬과 비난에 당연히 영향을 받는다. 이 연과 연관된 역사적 일화가 하나 있는데, 그것은 가까운 과거의 한 진인에 대한 이야기이다. 우리는 그 사건이 그가 진인이 되기 전에 일어났다고 보아야 할 것이다. 이 성자는 어린 나이에 출가하여, 해탈을 얻기 위해 삼매를 닦으면서 숲 속을 방랑하고 있었다. 한번은 그와 동문수학한 사람이 어딘가에서 그를 만나 면전에서 그를 따뜻하게 칭찬했다.

---

3) 여하한 지적 평가도 같은 반론에 직면한다. 왜냐하면 어떤 비판자들의 평가에서 크게 부각되는 지성은 싯디가 그러한 만큼이나 세계-환의 일부이기 때문이다. 사실 무엇을 평가한다는 관념 자체가 상대성과 관계되며, 순수한 비이원성(*advaita*)과는 모순된다.

4) *avidyāvinayasampanne brāhmaṇe gavi hastini* |
*śuni caiva śvapāke ca paṇḍitāḥ samadarśinah* ||
학식 있고 겸손한 브라민이든, 암소든, 코끼리든,
개나 계급외인이든, 현자들은 평등한 눈으로 본다." – 『기타』, 5.18.

5) *T.* 36쪽 본문에는 구체적 문장이 인용되지 않았다. 또한 부록 1, 제83연과 470쪽을 보라.

성자는 눈에 띄게 기분 좋아했고, 상대방이 이것을 보았다. 그런 성자가 칭찬에 동요될 수 있다는 데 놀란 그는 즉시 자신의 생각을 이야기했다. 성자는 위에서 인용한 시구를 읊는 것으로 대답했다. 그 의미는 이렇다. "설사 누가 세계를 쓰레기처럼 포기했고 신성한 전승지의 비밀에 통달했다 할지라도, 칭찬이라는 창부娼婦에게 굴복하지 않기는 거의 불가능하다네." 조금이라도 에고성의 자취가 남아 있을 때는, 칭찬이나 비난이 자동적으로 쾌락이나 고통의 느낌을 유발한다. 에고 없는 사람은 그런 것에 동요되지 않는다. 즉, 칭찬이나 비난에서 쾌락이나 고통을 느끼지 않는다. 이것을 진인은 다음과 같이 표현한다. "변화를 넘어선 지복스러운 본래적 상태에 확고히 자리 잡고 있고, 따라서 차별상을 모르는 사람—'나와 그는 별개다'라고 생각하지 않는 사람—에게 진아 아닌 누가 있으랴? 누가 그에 대해서 무슨 말을 한다 한들, 그것이 무슨 상관이랴? 그에게는 그것이 마치 자신이 한 말과 똑같다네."[6)]

남들 사이에서 차별상을 지각하지 않는 것—'시각의 평등(equality of vision)'—도 마찬가지로 진인의 특유한 면모이다. 우리는 진인이 자연적 구분이든 인위적 구분이든, 구분을 인식하지 않는다는 것을 보았다. 이에 대해 진인은 이렇게 말한다. "진인의 평등한 시각(평등견)은, 의식인 단 하나의 진아가 '나타나는 모든 것' 안에 존재한다는 것을 인식하는 것일 뿐이라네."[7)] 달리 말해서, 그것은 에고 없음이다. 진인은 모든 중생을 평등한 눈으로 본다고 하는 『기타』의 구절도—엉뚱하게 오해되고 잘못 적용되고 있지만—같은 의미이다. 이 평등한 눈은 에고에 사로잡힌 사람들에게는 해당되지 않는다. 왜냐하면 그들은 모든 것에서 진정한 자아를 보지 못하기 때문이다. 평등한 시각은 모든 인간이 그 자체로 평등한 것

6) 「실재사십송 보유」, 제38연(부록 1, 제84연 참조).
7) 『진어화만』, 제1250연(부록 2, 제343연 참조).

처럼 행동한다는 것이 아니다. 평등성이 아니라 단일성이 그 가르침이고, 그것은 우리 자신이 에고 없이 되어야만 깨달을 수 있다. 우리는 이와 관련하여, **무차별성**의 가르침을 행동으로 옮기지 말라고 경계한 것을 기억할 수 있다.

**진인**에 대한 이 진리, 즉 차별상에 대한 무지각은 종종 '차별상 속의 무차별상에 대한 지각'으로 잘못 묘사되기도 한다. **진인**의 종파주의적 제자들 중 일부가 이런 표현을 좋아한다. 그들은 **진인**이 무차별상 속에서 차별상을 보며, 차별상 속의 무차별상을 즐긴다고 말한다. 이런 묘사는 생동감은 있지만 앞에서 설해진 **불생의 진리**에 반한다. 이 점에 관해서 **진인**은 이렇게 말한다. "무지한 사람들은 **진인**이 차별상을 보되 그 안에서 무차별상을 즐긴다고 말하지만, 이는 잘못이라네. 진실은, 그가 차별상을 전혀 보지 않는다는 것이네."[8)]

게다가 1차적 차별상은 주체와 대상 간의 차별이며, **무차별**의 상태, 곧 **에고 없는 상태**에서는 이 차별상이 존속할 수 없다. 그래서 그 **상태**에서는 (이원적) 지각이 불가능하다. 따라서 **진인**이 무차별상을 지각한다고 묘사하는 것은 어불성설이다. **진인**은 차별상을 지각하지 않는다고 해야 올바른 묘사가 될 수 있다. 이들 종파주의자들이 말하려는 것은 아마도, **진인**은 차별상을 보면서도 그 저변의 **단일성**을 안다는 의미일 것이다. 만일 그렇다면 우리는 이 '**단일성**에 대한 **지**知'가 체험적 **지**知인지 아니면 그저 추론적인 지知인지 물어야 한다. 위 **계시**는, 차별상이 지각되는 한—즉, 에고가 지속되는 한—**단일성**에 대한 **체험**이 아니라 추론적 혹은 이론적 지知만 가능하다는 것을 우리에게 분명히 말해준다. 그것은 **진인**에게 **단일성**의 체험이 없다는 의미이고, 이는 어불성설이다.

이들 종파주의자들이 제시하는 한 가지 논변은 한 **진인**과 다른 **진인**을

---

8) 『진어화만』, 제931연(부록 2, 제338연 참조).

구별해 줄 뭔가가 있어야 한다는 것이다. 여기서 그들은 어떤 구별이 있다는 것을 당연시하고, 그것을 설명하기 위해 각 **진인**은 그 자신의 미세신을 가지고 있다고 주장한다. 우리는 미세신이 다름 아닌 에고이며, 에고는 서로를 부정하는 두 가지, 즉 진정한 **자아**와 몸을 연결하는 하나의 이음줄에 불과하다는 것을 보았다. 여기서 **진인**과 **진인** 간에는 어떤 구별도 없다는 결론이 논리적으로 따라 나오며, 이것이 참되다. 왜냐하면 **진인**은 **진아**를 알거나 즐기는 자가 아니라, **진아**와 전적으로 동일하기 때문이다. 이 점에 관해 **진인 스리 라마나**는 이렇게 말한다. "그대가 '나는 이 **진인**을 보았다. 저 다른 **진인**도 볼 것이다'라고 말하는 것은 무지에서 하는 말이네. 만약 그대 **내면의 진인**을 체험적으로 알면, 모든 **진인**들이 하나로 보일 것이네."[9)]

**진인**에게 속하는 한 몸과 마음을 우리가 본다고 말할 수는 있을 것이다. 그러나 우리는 다른 몸과 마음들도 보는데, 이 가르침은 그것들이 실재하지 않는다는 것이다. 진실은, 우리의 마음이 **신**을 포함한 전 세계를 창조하듯이 **진인**의 몸과 마음도 창조한다는 것이다. 우리는 무지의 잠 속에서 일어나는 상대성의 꿈 속에서, 한 사람으로서의 **진인**을 본다. 『진어화만절요』에서는 이렇게 말한다. "실은 허공처럼 잡히지 않는 자인 저 **진인**에게 속하는 듯이 보이는 몸이나 마음은, 그것을 보는 자의 몸이나 마음의 한 반영에 지나지 않네. 그것은 실재하지 않네."[10)] 다른 사람들의 경우야 어떻든, 제자들은 **진인**이 몸을 가지고 있다는 관념을 가져서는 안 된다는 것이다. 같은 책에서 말한다. "한 인간처럼 보여도 실제로는 **무한한 의식**인 **진인**, 곧 그의 **스승**이 실제로 몸을 가지고 있다고 생각하는 사람은 죄를 짓고 있고, 마음이 순수하지 못하다는 것을 알라."[11)]

9) 『진어화만』, 제121연(부록 2, 제131연 참조).
10) 『진어화만』, 제119연(부록 2, 제130연 참조).
11) 『진어화만』, 제274연(부록 2, 제128연 참조).

미성숙한 제자는 여기서 지적하는 실수를 범하지 않을 수 없다. 그에게는 변명거리가 다소 있는데, 왜냐하면 진인의 원인신만 해체되고 다른 두 몸은 남아 있다고 그럴듯하게 항변할 수 있기 때문이다. 그러나 이런 잠정적 견해를 넘어서야 한다. 자신의 스승이 순수한 영靈으로서 절대적 무신無身 상태를 성취하지 못했다고 여긴다면, 자신은 그 상태를 어떻게 성취할 수 있겠는가?

따라서 우리는 비록 진인이 세상 속에서 한 사람처럼 행동하는 듯이 보여도 그는 사실 순수한 의식이고, 이 의식은 마음과 몸의 활동들에 대한 주시자(Witness)라고도 표현할 수 없다는 것을 인정해야 한다. 누가 진인에게 질문을 던졌다. "진인도 남들이 보듯이 그렇게 세계를 봅니까?" 진인이 대답했다. "그 질문은 진인에게 일어나지 않고, 무지한 사람에게 일어납니다. 그는 자신의 에고 때문에 그 질문을 합니다. 그에게 해주는 답변은, '그 질문이 일어나는 그 사람의 진리를 발견하라'는 것입니다. 그대는 진인이 다른 사람들처럼 활동하는 것을 보기 때문에 그 질문을 합니다. 사실 진인은 세계를 남들이 보듯이 그렇게 보지 않습니다. 영화를 예로 들어봅시다. 스크린 위를 움직이는 화면들이 있습니다. 누가 가서 그 화면들을 잡아 보려 하면 스크린만 손에 잡힙니다. 그리고 화면들이 사라지면 스크린만 남습니다. 진인의 경우도 그와 같습니다." 같은 질문에 진인은 다음과 같이 답하기도 한다. "무지인에게나 진인에게나 세계는 실재하네. 무지인은 실재가 세계와 같은 차원이라고 믿지만, 진인은 실재가 형상 없는 하나, 세계가 그 위에서 나타나는 기초적 본체라네. 진인과 무지인의 차이는 실로 이처럼 크다네."[12] 여기서 진인은 무지한 사람과 진인이 피상적으로 보면 비슷하다는 말로 시작한다. 왜냐하면 공히 세계가 실재한다고 말하기 때문이다. 그러나 여기서 진인이 그렇게 말하

12) 『실재사십송』, 제18연(부록 1, 제23연 참조).

는 의미는 무지인이 그 말을 하는 의미와 사뭇 반대된다는 것을 지적해 둔다. 무지한 사람은 이름과 형상으로 이루어진 온갖 다양성을 가진 세계가 그 자체로 실재한다고 여기며, 앞에서 본 대로 금으로 만들어진 장신구들에 대해 금이 그러하듯이, 실재하지 않는 형상들에 반대되는 것으로서 실재하는 본체인 기초적 실재에 대해서는 전혀 알지 못한다. 진인은 세계의 비실재 부분을 배제하고 그 바탕(Substratum), 곧 무형상의 순수한 의식, 거짓된 겉모습에 영향 받지 않는 진아만을 실재하는 것으로 받아들인다. 진인은 말한다. "진아는 실재하지만 세계는 그렇지 않다. 왜냐하면 그만이 세계 없이 순수한 의식으로서, 그의 순수성의 상태에 존재하기 때문이다. 세계는 진아 없이 존재할 수 없다."

그래서 진인은 세계를 보지 않으며, 세상에서 어떤 역할이나 몫도 가지지 않다고 우리는 결론 내릴 수밖에 없다. 따라서 우리에게 그의 행위로 보이는 것들이 실제로 그의 행위는 아니다. 진인은 에고가 없고 마음이 없으므로 그런 행위들을 의욕하지 않는다. 모든 중생들의 활동이 유발되고 유지되게 하는 힘과 똑같은 힘이 진인의 이면에도 있다. 다만 무지한 사람들은 그들 자신이 행위자라고 생각하는 반면, 진인은 그렇게 생각하지 않는다는 차이가 있다. 엄마가 깨워서 음식을 먹이면 잠결에 받아먹는 아이처럼, 그는 자동적으로 행위한다. 만일 누군가에게 행위를 귀속시켜야 한다면 진인보다는 신에게 귀속시키는 것이 낫다. 신은 어떤 관점에서 세계의 관장자管掌者이지만 진인은 세계와 무관하기 때문이다. 진리 안에서는, 즉 에고 없는 상태에서는 신과 진인이 동일하며 어느 쪽도 행위자가 아니다. 왜냐하면 어느 쪽도 하나(One)인 진아와 다르지 않기 때문이다.

진정한 자아는 결코 행위자가 아니다. 행위가 그에게 귀속되는 것은 무지를 통해서일 뿐이다. 우리는 앞에서, 진인은 단일한 의식으로서 완전한 순수성을 지닌 진아라는 것을 보았다. 그래서 그는 결코 하나의 행위자가 아니다. 이것은 다음 가르침에서 분명히 드러난다. "만일 진아 자신이 행위자라면 그 자신이 행위의 열매들을 거둘 것이네. 그러나 '행위자인 나는 누구인가?' 하는 탐구에 의해 얻는 무한한 진아의 체험 위에서는 행위자 의식이 사라지므로, 그와 함께 세 가지 업業도 사라질 것이네. 지혜로운 이들은 이 상태를 무시간적 해탈로 안다네."[13]

여기서 우리는 부수적으로, 해탈은 완전하고 절대적이며, 일부 우파니샤드 문구들에서 보이는 것처럼 조건적인 것이 아님을 알게 된다. 그런 문구들은 진인의 경지에 이른 사람의 경우에도 업業의 일부는 영향 받지 않고 남아서 그의 몸이 죽을 때에야 소진된다고 말한다. 이 업業이 발현업發現業 곧 현생업인데, 이것은 탄생 때 결실을 맺어 그에게 몸을 만들어주고, 몸이 죽을 때까지 그 몸에 일어나는 모든 일을 관장하게 될 것이다. (진인이) 이 업業의 열매를 거둘 책임이 있다고 하는 것은 외관상으로만 그런 것이지 실제로는 그렇지 않다는 것을 알아야 한다. 진인은 이것을 다음과 같이 강조한다. "진인에게 속하는 미래업과 누적업은 확실히 소멸되지만 현생업은 소멸되지 않는다고 경전에서 말하는 것은 무지한 이들을 위해서이네. (그러나) 남편이 죽으면 여러 아내들 중 한 사람도 수망갈리(*sumangali*)[과부 아닌 여자]로 남아 있을 수 없듯이, 행위자인 에고가 소멸되면 업業의 세 가지 구분도 소멸된다네."[14] '내가 행위자다'라는 것은 하나의 생각이고, 에고가 죽으면 살아남지 못한다.

진인은 그의 진정한 성품상 마음이 없고, 그가 하는 것처럼 보이는 어떤 행위도 그가 의욕하지 않는다는 것은 다음의 경우에서 알 수 있다. 한번은 우리의 진인이 아루나찰라 산 위의 어디를 돌아다니다가 무성한

13) 「실재사십송」, 제38연(부록 1, 제43연 참조).
14) 「실재사십송 보유」, 제33연(부록 1, 제79연 참조).

덤불 잎사귀에 가려져 있던 말벌 무리의 집을 뜻하지 않게 건드렸다. 말벌들이 화가 나서 벌집을 건드린 다리를 덮쳐 계속 쏘아댔다. 진인은 말벌들이 만족할 때까지 그 자리에 꼼짝하지 않고 있었고, 그런 다음 다리에게 말했다. "네가 한 행위의 과보를 받아." 진인은 이 사건을 많은 제자들에게 들려주었고, 그래서 모두에게 알려졌다. 오래 지난 뒤에 제자인 한 헌신자가 당신에게 이런 질문을 했다. "말벌 집을 건드린 것은 우발적인 일이었는데, 왜 그것을 후회하고 속죄하셨습니까? 마치 고의로 그러셨던 것처럼 말입니다." 진인이 대답했다. "만약 그 후회와 속죄가 실은 그의 행위가 아니라면, 그의 마음의 참된 성품은 무엇이어야 하겠는가?"[15] 여기서 진인은 질문을 또 다른 질문으로 받았다. 그 제자는 자신의 스승이 진인임을 알고 있었다. 그러나 그도 이때는, 진인이란 에고 없는 상태의 원주민이며 따라서 마음이 없는 존재라는 진리를 충분히 자각하지 못한 듯하다. 그래서 문제의 행위를 진인이 했다고 가정했고, 그 가정 위에서 질문을 한 것이다. 진인은 그 가정이 틀렸음을 멋지게 지적하면서, 진인의 소위 마음이란 실제로는 마음이 아니라 순수한 의식이라는 것을 보여주었다. 진인의 마음은 마음이 아니라 지고의 실재라는 이 가르침을 진인은 여러 차례 확인해 준 바 있다.

진인은 마음이 없으므로, 그는 세계나 그 사건들과 전혀 무관하다. 그가 자유롭다는 것의 본질이 그것이다. 그는 어떤 일을 하거나 하지 않을 의무가 있다고 느끼지 않는다. 어떤 일을 하든, 그는 미리 생각함이 없이 자발적으로 그리고 자동적으로, 마음이 없는 사람이 하듯이 그렇게 일을 한다. 고대의 전승지는 말하기를, 진인에게는 "내가 잘못했다"거나 "내가 옳은 일을 하지 않았구나" 하는 후회의 마음이 일어나지 않는다고

---

15) 진인의 위 답변에 대한 산스크리트어 번역은 다음과 같다.
*bhṛṅgadaṃśasahanaṃ babhūva yat bhṛṅganīḍanicayekhilīkṛte* |
*tat kṛtaṃ na tad iti sthiti sati kīdṛśaṃ bhavati tanmano vada* ||

한다. 진인도 같은 진리를 다음과 같이 표현한다. "에고를 소진함으로써 일어나는, 고요하고 행복하며 상대성을 넘어서 있고, 따라서 부족함이 없는 진리와의 합일 상태에 거주하고 있는 진인이, 세상에서 무슨 일을 해야 할 의무가 있겠는가? 그는 진아 아닌 어떤 것도 알지 못하는데, 마음 없는 그의 상태를 마음이 어떻게 헤아릴 수 있겠는가?"[16] 그래서 우리는, 진인에게는 '의무'나 그에 상대되는 '권리'라는 말이 무의미하다는 결론을 내릴 수밖에 없다.

물론 당신은 성취해야 할 신성한 사명—해탈을 이룰 만큼 성숙한 사람들을 깨우쳐 주고 이끌어 줄 사명—이 있으므로, 활동 없이 가만히 있지는 않다. 그러나 당신이 하는 행위들을 의욕하지는 않는다. 사실 당신의 행위는 그것을 의욕한다고 가정할 경우보다 훨씬 더 효율적인데, 이는 당신에게 에고가 없기 때문이다. 신성한 전승지나 진인은 우리에게, 진인은 행위자가 아니면서 동시에 큰 행위자라고 말한다. 여기에는 모순이 없다. 왜냐하면 당신은 실로 행위자가 아니지만, 당신을 보는 사람들에게는 대단히 활동적으로 보이기 때문이다. 당신이 실제로 활동적일 수는 없다. 만일 당신이 활동적이라면 진아와 다른 사람들을 지각해야 할 것이기 때문이다. 그것은 그렇지 않다고 진인은 우리에게 분명히 이야기해 왔다. 행위는 욕망에서 의욕을 일으켜 하게 되지만, 당신은 욕망이 없다(*Apakama*). 당신은 진아 안에서 행복하기(*Atmarama*) 때문이다.

한번은 누가 진인에게, 모든 사람에게 진리를 설하여 그들을 자유롭게 해 주는 것이 당신의 임무 아니냐고 질문했다. 당신이 대답했다. "어떤 사람이 꿈에서 깨어나면 '내가 꿈에서 본 그 사람들도 깨어났나?' 하고 묻습니까? 그와 마찬가지로 진인은 세상 사람들에 신경 쓰지 않습니다." 온 세상 사람들을 속박 속에 남겨둔 채 자기 혼자만 자유를 얻는

16)「실재사십송」, 제31연(부록 1, 제36연 참조).

것은 이기적이라고 하는—요즘 유행하는—관념을 가리켜 당신은 이렇게 말했다. "그것은 꿈을 꾸는 사람이 '이 꿈속의 사람들이 다 깨어날 때까지는 나도 깨어나지 않겠다'라고 말하는 것과 같습니다."

진인의 난해한 말씀 중의 하나는 다음과 같다. "에고 없는 상태는 게으름의 상태가 아니라, 가장 강렬한 활동의 상태이다." 이것은 진인 자신의 다른 묘사에서 '그것은 지복의 잠'이라고 한 것과 모순되는 것처럼 보인다. 우리는 앞서 인용된 한 구절에서 진인이 그 상태를 생시-잠으로 묘사한 것을 기억해 볼 수 있다. 이것은 위 두 묘사가 모두 참되며, 똑같은 의미를 가지고 있음을 의미한다. (그 상태의) 잠의 측면은 환幻의 세계와 관계된다. 그것에 대해 진인은 잠들어 있다. 이 점은 다음에서 잘 드러난다. "마차 안에서 잠든 사람에게는 세 가지 상태, 즉 마차가 움직이고, 가만히 서 있고, 말들의 멍에가 끌러진 채 남아 있는 것이 모두 동일하듯이, 몸이라는 마차 안에서 진아자각의 잠에 들어 있는 진인에게는 세 가지 상태, 즉 신체적 활동, 삼매, 잠이 동일하다네."[17] 여기서는 마차 위에서 잠든 사람과 진인을 나란히 비유하고 있는 데 주목해야 한다. 몸은 마차에, 그리고 감각기관들은 말에 비유되고 있다. 그래서 생시의 활동들은 마차의 움직임과 같다. 삼매와 잠의 상태는 공히 휴식 상태이다. 그러나 삼매는 말들이 멍에를 진 상태에서 마차가 가만히 있는 것에 비유된다. 왜냐하면 삼매에서는 감각기관들이 분리되지 않았기 때문이다. 그래서 삼매 상태에서는 머리가 밑으로 떨어지지 않고 똑바른 상태로 있다고 진인은 말한다. 잠 속에서는 감각기관들이 분리되고, 그래서 만약 잠자는 사람이 앉아 있다면 머리가 숙여진다. 그래서 외적으로 차이가 있다. 그러나 내적으로는 아무 차이가 없다. 위에서 진인을 마차 안에서 잠든 사람에 비유한 것은 신체 상태의 변화와 전체로서의 세계의 변화

17) 「실재사십송 보유」, 제31연(부록 1, 제77연 참조).

가 진인에게 영향을 주지 않는다는 것을 보여주기 위한 것이다. 우리가 잠들었을 때처럼 진인이 무의식 상태라고 생각해서는 안 된다. 우리는 지금 이것을 살펴보겠다. 진인의 상태에 대한 진리는 165-6쪽에서 인용된—그 상태를 무지한 사람의 그것과 대비시킨—『기타』의 구절에서 잘 드러나는데, 거기서는 모든 중생에게 밤인 것이 활짝 깨어 있는 진인에게는 낮이라고 말하고 있다. 그 상태는 강렬한 활동의 상태라고 하는 진인의 난해한 말이 이제는 이해될 수 있을 것이다. 진인은 의식인 진정한 자아 안에서, 진정한 자아로서 깨어 있다. 그런데 의식은 결코 무의식이 될 수 없다. 그래서 그는 결코 잠들 수 없다. 그것이 그의 활동이다. 그것이 존재하는 모든 활동이고, 다른 모든 것은 마야(*maya*)이다. 진인이—몸이 잠들어 있을 때조차도—잠들어 있지 않다는 것은, 우리가 볼 때 진인은 늘 경각하고 있어서 어떤 종류의 활동도 할 준비가 되어 있다는 사실에서도 추론해 볼 수 있다. 그것은 진인이 황홀경도 아니고 무지인들의 생시 상태도 아닌 본래적 상태에 항상 들어 있기 때문이다.

우리는 진인만이 스승이 될 수 있다는 것을 이미 살펴보았다. 왜냐하면 진인만이 (헌신자의) 안과 밖에서 다 작업할 수 있기 때문이다. 참된 스승은 제자의 마음을 밖에서 안으로 밀어 넣어 주고, 안에서 그것을 끌어당겨 준다고 한다. 그렇게 해서 제자에게 진아의 체험을 베풀어 주고, 그 체험이 제자를 자유롭게 하는 것이다. 이 은총의 작업이 성취되기 위해서는 제자가 신으로서의 진인에게 헌신해야 한다. 이런 말이 있다. "복된 분, 모두의 진아로서 (심장 안에) 무심하게 살고 있는 진인의 참된 성품에 대해 명상하는 사람은 진아의 체험을 얻는다."[18]

---

18) 『진어화만』, 제1126연(부록 2, 제347연 참조).

# 제11장 헌신

지금까지 우리는 **진인**들의 증언에 대해 살펴보았다. 여기서 우리는 **해탈**을 얻는 직접적이고 즉각적인 수단은, 마음을 세계로부터—즉, 대상화될 수 있는 모든 것으로부터—돌려서 **심장** 안의 **진아**로 향하게 하는 진정한 **자아**에 대한 **탐구**임을 이해한다. 그러나 우리는 이것이 쉽지 않다고 느낀다. 왜냐하면 마음속에는 거칠거나 미세한 대상들에 대한 집착과, 대개 잠재되어 있다가 차례로 솟아나 열띠게 활동하여 마음을 다시 세계로 데려가는 생각의 습習이 있기 때문이다. 이것이 원습原習(*vasanas*)이라고 하는 마음의 물듦인데, 왜냐하면 그것은 대상들과의 친근한 접촉으로 습득되어, 마치 비워낸 항아리에서 그 안에 있던 내용물의 냄새가 감돌듯이 마음속에 감돌고 있기 때문이다. 어떤 사람들은 사물들의 이 '냄새'가 남들보다 더 많기 때문에, 제자들마다 차이가 크다. **진인**이 우리에게 말하기를, 제자에 네 등급이 있는데, 각기 화약, 마른 숯, 보통의 땔감, 그리고 젖은 땔감에 비유할 수 있다고 한다. 첫 번째 부류의 제자는 (스승의) 말씀 한 마디면 섬광처럼 자신의 무지를 단번에 없애버린다. 두 번째 부류는 얼마간의 가르침과 개인적 노력을 필요로 한다. 세 번째 부류는 가르침, 훈련, 수행의 오랜 과정을 필요로 한다. 네 번째 부류는 자신의 상태에 맞는 수행으로 제자가 될 만한 근기를 갖출 필요가 있다. 그래서 대다수 제자들은 오랫동안 꾸준히 **탐구**를 해야 궁극적 성공을 자신할 수 있게 될 것이다. 많은 사람들은 성공하지 못하면 기가 꺾여서

이 과업을 그만두고 싶을지도 모른다. 이런 제자들은 어떻게 해야 목표를 향한 꾸준한 진보를 좀 이룰 수 있을까? 그 답은 그들이 신에 대한 헌신(devotion)을 닦아야 한다는 것이다.

이제 우리는 성자들의 증언을 들어볼 때가 되었다. 한 부류로서의 성자들은 요기들보다 훨씬 더 안전한 안내자들이라는 것은 우리가 이미 보았다. 우리가 성자들에게서 배우는 것은 순수한 진리가 아니라 상대성 안에서의 진리이다. 그러나 성자들이 따르는 길은 궁극적으로 에고 없음에 이른다. 따라서 진인들은 그 길을 거리낌 없이 승인한다. 다만 성자들 중 많은 이들의 말이 협소하고 조야粗野한데, 이것은 진인들이 승인하지 않는다. 종파를 초월하는 성자들이 거의 없는 것은 사실이다. 종파주의는 진보의 발목을 잡는다. 그래서 진인의 제자들은 헌신의 길을 따를 때 성자들 간에도 구분해야 하고, 종파주의적 신념에 말려들지 않게 조심해야 한다. 그는 진인의 제자로서, 신념들을—완고하게가 아니라—잠정적으로 가져야 한다는 것을 알아야 한다. 왜냐하면 모든 신념은 언젠가 진아체험의 불길 속에서 소진될 것이기 때문이다. 따라서 가장 진인 같은 성자들이 하는 말만 받아들이고, 그 나머지는 모두 무시해야 한다. 그리고 그 가르침을 진인들의 비이원적 가르침에 비추어 이해해야 한다.

진인 자신은 성자들의 가르침의 핵심을 우리에게 일러 준다. 진인은 우리에게, 실재에 이름과 형상을 부여하고, 그렇게 해서 거기에 인격을 부가하여 그것을 이른바 신으로 만드는 것은 마음을 정화하는 한 수단으로서 아주 적절하고 필요하다고 말한다. 그러나 또한, 어떤 이름과 어떤 형상도 그렇게 부여될 수 있다고—즉, 어느 특정한 형상만 성스럽다고 주장하는 것은 편협한 태도라고—말한다. 그리고 당신은 헌신가(devotee)의 목표는 추구자(seeker)의 목표와 동일하다고 하면서, 탐구와 에고 없는 상태에 대해 앞에서 본 가르침과 이런 헌신을 조화시킨다.

헌신에 대해 『기타』 제9장에서는 악한 삶을 사는 사람도 헌신으로써 이익을 얻을 수 있다고 말한다. 그들도 신속히 선량해져서 마침내 끝없는 평안의 상태, 곧 에고 없는 상태에 도달한다는 것이다.[1] 그러나 일반적으로 마음이 순수하고 행실이 착한 사람들만이 신에 대한 헌신에 마음이 끌린다. 왜냐하면 헌신에는 어느 정도의 에고 없음이 함축되어 있고, 인격은 그 사람의 에고 없음의 정도에 비례하기 때문이다. 그래서 우리가 인격 향상에 주의를 다소 기울여야 하는 것이다. 물론 이것은 모든 사람에게—헌신가들은 물론이고 진아 추구자들에게도—필요하다.

인간은 그 됨됨이에 따라 행위한다. 역으로, 인간은 행위하는 데 따라서 때가 되면 그런 사람이 될 것이다. 인격은 품행에서 자신을 제어하는 표현을 통해 비인격성(impersonality)을 성취한다. 그래서 최고선에 도달하기를 열망하는 사람에게는 품행의 절제가 필요하다. 고대의 전승지에서는 '진리를 발견하려는 사람은 나쁜 짓을 피하고, 자신의 욕념을 누르고, 마음의 조화로움을 성취했을 것이 분명하다'고 말한다. 진리와 선善은 본질적으로 같은 것이다. 『기타』로 알려진 성전聖典은 이런 조건도 매우 강조한다. 즉, 구도자가 목표에 도달하려면 이 성전에서 말하는 '신적 자질'을 갖추어야 한다는 것이다. 여기에는 '두려움 없음, 명료한 사고, 명상적 기질, 기꺼이 베푸는 자세, 마음과 몸의 제어, 성스러운 모든 것에 대한 존경심, 진리에 대한 사랑, 솔직성, 남을 상해하지 않음, 의연한 인내, 남의 말 하지 않기, 자비심, 탐욕에서 벗어남, 예의바름, 나쁜 짓을 하지 않음, 변덕스럽지 않음' 등이 포함된다. 이 모두는 훌륭한 인품으로

---

1) *api cet sudurācaro bhajate mam ananyabhāk* |
*sādhur eva sa mantavyaḥ samyag vyavasito hi saḥ* ||
*kṣipraṁ bhavati dharmātma śasvacchantiṁ nigacchati* |
가장 악한 행위를 하는 사람일지라도 나에게 일심으로 헌신하면,
그는 올바른 사람으로 간주될 것이다. 그는 올바른 결심을 했으므로
이내 올바른 사람이 되어 지속적인 평안을 성취하기 때문이다. －『기타』, 9.30-31.

요약될 수 있다. 이런 자질들은 우리의 심장 안에 있는 진아의 향기이며, 따라서 비인격성을 구성한다. 사람들이 그런 자질들에 속하지, 그것들이 사람에게 속하지는 않는다. 선善은 하나의 소유물이 아니라 소유자이기 때문이다.

모든 종교들이 강조하는 선善을 올바르게 행하라. 나쁜 인품의 소유자가 훌륭한 수학자나 과학자가 될 수 있을지는 모르지만, 착하고 순수한 마음의 소유자만이 세계를 초월하는 것들에 대한 헌신을 간직할 수 있다. 나쁜 짓을 하는 것은 에고-의식 때문이다. 그리고—(각 종파의) 신봉자들이 어떤 식으로 생각하든—에고 없음이 사실 우리의 목표이므로, 나쁜 짓을 하고 싶은 충동은 무슨 일이 있어도 정복해야 한다. 불교도들에게는 '팔정도八正道'가 있고, 기독교인들에게는 '산상수훈山上垂訓'이 있다. 겸허한 올바름은 에고 없는 상태의 9할에 해당한다.

헌신은 모든 사람들 안에 이미 있다. 그것을 잘 가다듬어서 적절한 대상으로 향하게 하기만 하면 된다. 그것이 고상하지 못한 대상들로 향할 때 그것을 집착이라고 한다. 그런 대상에서 벗어나 성스러운 대상이나 목적에 고정되면 그것을 헌신이라고 한다. 보통 사람은 어떤 사람에게 헌신을 느끼는 것이 자연스러운데, 그것이 대단히 탁월한 어떤 사람에게로 향할 경우 그 헌신은 더 정밀해진다. 진인들과 성자들은 이 사실을 이용하여, 흉내 낼 수 없이 비상하게 탁월한 사람, 곧 신을 우리에게 제시한다. 누구든지 신과 어떤 접촉을 하는 사람은 그의 헌신자가 된다.

헌신의 자질은 쥐어 짜낼 수 없다. 그것은 애씀 없고 자연스러운 것이다. 신은 우리에게 그를 사랑하라고 명령하지 않는다. 우리가 그를 사랑한다. 그러지 않을 도리가 없기 때문이다. 만일 우리가 사랑으로 그에게 끌릴 만큼 운이 좋다면, 그 충동에 우리 자신을 거리낌 없이 맡겨버리자. 다른 종류의 충동들에 우리가 너무 거리낌 없이 자신을 맡겨왔으니,

신께는 더 거리낌 없이 맡기자. 쁘랄라다(Prahlada)[2]라는 전설적인 헌신자는 이렇게 기도했다고 한다. "무지한 사람들이 세간에서 발견하는 쾌락의 수단에 대해 품는 그런 사랑을 제가 한 번이라도 당신께 품을 수 있기를." 그리고 신에 대한 헌신이 있어야 할 뿐 아니라, 그것이 순수해야 한다—거래를 떠나서. 헌신을 어떤 목적을 위한 수단으로 여겨서는 안 된다. 그렇지 않다면 그것은 신에 대한 헌신이 아닐 것이다.

여기서 한 가지 반론이 제기될지 모르는데, 이렇게 표현될 수 있다. "신·영혼·세계는 하나의 3요소이고 이 3요소 전체가 앞서 보았듯이 실재하지 않으므로, 어떤 신도 없고, 따라서 헌신을 할 여지가 없다." 그에 대한 답변은 신의 비실재성을 입증한 바로 그 논변에 함축되어 있다. 거기서 우리는 두 가지 대안이 있을 뿐임을 보았다. 즉, 그 3요소의 구성원 모두 실재하지 않거나, 모두 실재하는 것이다. 이것은 암탉의 비유에서 잘 드러난다. 그래서 세계와 영혼이 실재하지 않는다는 가르침을 받아들이는 사람에게는 3요소 전부가 실재하지 않는다. 이것이 거기서의 논변이었다. 그러나 세계와 영혼에 관한 이 가르침을 받아들이지 않는—혹은 소화하지 못하는—사람의 경우에는 입장이 사뭇 다르다. 같은 논변과 같은 비유를 가지고, 그는 신이 신으로서 실재하며, 따라서 에고를 상실할 때까지는 헌신을 할 여지가 있다는 결론에 이른다. 게다가 우리는 신이 아예 실재하지 않는다고 배우는 것이 아니라, 단지 그의 진정한 성품에서 그는 신—한 사람—이 아니라 심장 안의 진아라고 배운다.

진인의 다음 말씀이 이를 분명히 해줄 것이다. "비헌신(*vibhakti*)이 있는 한 헌신(*bhakti*)이 있어야 하고, 분리(*viyoga*)가 있는 한 재결합(*yoga*)의 어떤 방법이 있어야 합니다. 이원성이 있는 한 신과 헌신자도 있겠지요.

---

2) *T.* 비슈누에게 적대한 아수라(asuras) 왕인 히라냐까시뿌(Hiranyakasipu)의 아들로, 아버지의 반대와 살해 위협을 무릅쓰고 주 나라싱하(Lord Narasimha-비슈누의 화신)에게 지극히 헌신한 고대의 진인. 그의 이야기는 『바가바땀』에 나온다.

진리에 대한 탐구에서도 근원에 도달할 때까지는 이원성이 있습니다. 헌신에서도 마찬가지입니다. 신을 얻으면 더 이상 이원성이 없습니다. 바로 지금도 그는 우리와 다르지 않습니다. 신은 진아 안에서 진아에 의해 생각되기 때문입니다. 그것은 그가 진아와 실제로 하나임을 입증합니다. 신에게 곧장 헌신하라는 말을 들은 사람이 더 이상 묻지 않고 그렇게 한다면 좋은 일입니다. 그는 때가 되면 자동적으로 신과 하나가 될 것입니다. 그런 이는 성숙된 사람입니다.[3] 그러나 돌아서서 이렇게 말하는 사람이 있습니다. '신과 저, 둘이 있습니다. 멀리 있는 신을 알기 이전에, 더 가까이 있는 저 자신을 알게 해 주십시오.' 그런 사람에게는 탐구를 하라고 말하게 됩니다. 실제로 헌신과 탐구는 동일합니다." 또 한번은 진인이 어떤 사람에게 말했다. "신은 그대가 실재하는 만큼 실재합니다."

따라서 진인들이 드러낸 신의 진리—그의 존재에 대한 절대적 진리—와, 헌신의 목적을 위한 신의 인격성 간에 어떤 실제적 모순도 없다. 그 헌신자가—적어도 시작할 때는—상대성의 영역에 거주하기 때문이다.

그러나 신은 실제로는 그 헌신자 안에 거주하는 진정한 자아이므로, 그는 이른바 '은총(Grace)'의 근원이다. 이것은 그가 진정한 자아임을 아는 사람들이나 그것을 모르는 사람들에게 모두 해당된다. '은총'의 이 실질적 함의는 매우 중요하다. 그래서 거의 모든 종교가 은총에 큰 강조점을 두는 것이다. 만약 은총 같은 것이 없다면, 해탈은 아예 불가능할 것이다. 왜냐하면 유한한 존재들이 아무리 노력해도 무한한 결과를 낳지는 못하기 때문이다. 헌신가는 그것을 은총이라고 부르고, 철학가—어떤 진인의 제자는 그것을 '비진리를 정복하는 진리의 힘'이라고 부른다.

신을 믿지 않고 앞 장들에서 간략히 설명한 철학적 탐구를 해 나가는

3) 우리는 이런 사람을, 신에 대한 정교한 믿음 체계를 가지고 있으면서 신이 자기와는 영원히 분리되어 있다고 주장하는 교조주의자(dogmatist)와 구별해야 할 것이다.

사람이, 그렇게 해서 진인들의 에고 없는 상태가 성취할 가치가 있다는 것을 납득하지만 자신에게 마음의 부조화나 약함이라는 심각한 장애가 있음을 발견하면 나중에 신에 대한 믿음을 받아들여 그에 대한 헌신을 닦기 시작할 수 있고, 그의 은총을 통해 에고 없는 상태를 얻을 수도 있다는 것을 말해 두어야겠다. 여기서 요점은, 자신이 진아를 발견하는 과업을 감당할 수 없다고 생각되면, 신을 믿고 그에 대한 헌신에 의해 영감을 얻는 것이 엄청난 이익이 된다는 것이다. 우리는 뒤에서 자기순복(self-surrender)이라는 헌신의 단계를 연구할 때 이것을 더 잘 이해하게 될 것이다.

최소한 시작할 때는 헌신에 차별상이 있다. 즉, 헌신자는 신을 자신과 별개의 한 사람(인격신)으로 간주한다. 이 때문에 많은 비이원론자들은 헌신을 자신들보다 낮은 어떤 것으로 간주한다. 진인들은 이를 승인하지 않는다. 어떤 사람이 진인에게 다음과 같은 질문을 했다. "저는 형상 없는 신에 대해 명상할 수 없습니다. 형상 있는 신에 대한 명상은 하열下劣합니다. 저는 어떻게 해야 합니까?" 진인이 대답했다. "누가 그대에게 높고 낮은 방법을 분별하라고 했습니까? 만약 형상이 있는 신을 한 사람으로 명상하면, 그것이 분명히 그대를 목표에 데려다 줄 것입니다." 인격성은 형상을 가진 것과 같은 의미라는 것을 우리는 이미 알고 있다.

그래서 비이원성의 진리에 대한 이론적 지식은 헌신에 대한 장애이기는커녕, 실제로는 헌신에 하나의 큰 보조수단이다. 확고한 비이원론자들은 진지하고 열렬한 헌신가들이었다. 큰 성자들은 신과 자기(진아)의 단일성을 체험했지만, 그것이 그들의 헌신을 소멸시키지 않았다. 오히려 그들의 헌신이 강화되었다. 왜냐하면 이전에는 그들의 사랑이 두 가지, 즉 그들 자신의 자아와 신에게 나뉘어 있었지만, 이제는 단 하나만 남아 있고, 여기에 사랑을 다 쏟게 되기 때문이다. 진인들은 신이 마치 한 사람인양 그에 대한 찬가들을 지었는데, 이 찬가들은 열렬한 헌신을 보여준다. 단, 그들도 이들 찬가 속에서 단일성(비이원성)의 진리를 표현함으로써 진리와 헌신이 실질상 전혀 양립 불가능하지 않음을 보여주고 있다. 사실 단일성은 초월적 상태에 있는 반면, 헌신은 상대성 안에 있다.

비이원론자는 신에게 자신의 사랑 전부를 주는 반면, 이원론자는 일부만 준다. 우파니샤드에서 말하듯이, 자아는 모든 것 중에서 가장 소중한 것이다. 왜냐하면 우리에게 소중한 그 무엇도 자기를 위해서 소중한 것이지 그것 자체를 위해서 그런 것은 아니기 때문이다. 그 둘(자아와 그가 사랑하는 신)을 둘로 여기면 사랑은 필시 양분된다. 그 둘이 하나일 때는 사랑이 나뉘지 않는다. 그래서 진인과 『기타』는 헌신가들 중에서도 진인들이 최고의 헌신가라고 하는 것이다. 사실 신에 대한 최고의 찬사는—우리가 그런 말을 할 수 있다고 할 때 그를 가장 기쁘게 할 말은—그가 모든 창조물들의 지고의 주主라고 하는 것이 아니라, 그가 만물 중에서 가장 사랑받는 심장 안의 진아라고 하는 것이다. 신으로서의 신의 위대성은 상대성—마야—안에 있지만, 진아로서의 신의 성품은 마야를 넘어선 절대적 진리이다.

비이원적 믿음을 가진 헌신가는 신을 '에고의 소멸자'로 간주한다. 진인은 자신의 한 찬가에서 이것을 다음과 같이 표현한다. "오, 살고 싶은 모든 욕망을 잃고 몸을 포기할 태세가 되어 있는 사람들이여, 바로 여기에, 그에 대해 단 한 번만 명상해도, 목숨을 빼앗지 않으면서 거짓된 소아小我를 확실히 죽여 줄 비할 바 없는 약이 있다네. 그것이 곧 불멸의 아루나찰라임을 알지니, 그는 지복스럽게 실재하는 의식이라네."4)

---

4) 이 시구(「아루나찰라 11연시」, 제11연)의 의미는 산스크리트어로 다음과 같이 번역된다.
*muktāsthā iha jīvane bata vapustyāgāya sajjā narāḥ*
*astyekaṁ bhuvi bheṣajaṁ nirūpamaṁ yad dhyāna mātrātsakṛt* |
*prāṇānāma viyojanena niyataṁ hanyānmṛṣā jīvakaṁ*
*tajjānīhy aruṇācalākhyam amṛtaṁ sajjitsvarūpaṁ śivam* ||

우리는 이제 수행의 일환으로서의 헌신을 자세히 연구해 보자.

헌신은 마음을 자연발로적으로 **신**에게 돌리는 것이다. 이것은 우리가 **신**을 생각하면서 행복을 느낄 때만 할 수 있다. 이 행복은 때로 황홀경의 형태를 취하기도 하는데, 그에 대한 기억은 헌신을 더 깊게 해주며, 심장을 헌신의 대상에 묶어준다. 헌신의 황홀감을 한번 느껴본 사람은 그때부터 한 사람의 **성자**가 되며, 그의 마음은 범부들에게 쾌락의 수단인 감각대상들에서 지속적으로 떨어져 나온다. 이렇게 우리가 성스럽게 되면, 쁘랄라다가 그랬듯이 **신**에게 더 많은 헌신을 하게 해 달라고 기원하게 된다. 실로 **성자**들은 헌신을 그 자체 하나의 목적으로 본다. 그들은 말하기를, 그것은 너무나 소중해서 **신**이 **해탈** 자체는 (누구에게나) 아낌없이 하사해 주어도, 헌신은 **그**의 특별한 은총의 대상인 사람들이 아니면 그렇게 하사하지 않을 것이라고 한다.

따라서 헌신은 감정의 한 형태, 느낌의 한 양식이다. 여기에는 상이한 수준들—침체와 고양의 상태가 있다. 어느 위대한 **성자-진인**(Saint-sage)이 말하기를, **성자**의 가슴은 평탄하지 않게 흐르는 야무나(Yamuna) 강과 같은 반면, **진인**의 가슴은 고요하고 장엄하게 흐르는 강가(Ganga)[갠지스]와 같다고 했다. 따라서 한 부류로서의 **성자**들은 시인이기도 하다. 여러 시대의 **성자**들이 우리에게 남겨준 시들이 엄청나게 많은데, 시는 전염력이 있어 많은 사람들이 그런 시들을 맛본 뒤 헌신자가 되었다. 그 뒤로 계속 그들은—시인들만 그럴 수 있듯이—헌신에 열광하게 된다. 그런 시들이 그들에게는 음식과 음료가 된다. 그들은 때때로 **신**의 이름을 찬송하는 것만으로 황홀경에 도취된다.

물론 모든 헌신이 똑같은 효과가 있지는 않다. 위대한 **성자**인 **스리 크리슈나 짜이따니야**(Sri Krishna Chaitanya)[5]가 지었다는 한 시에서는 이렇게

---

5) *T.* 크리슈나에 대한 사랑을 춤, 노래, 찬가들로 표현했던 힌두 성자(1486-1534).

말한다. "하찮은 풀잎보다 더 비천하고, 나무보다 더 인내심 있으며, 남들에게서 명예 얻기를 결코 바라지 않고, 모두에게 아낌없이 명예를 베푸는, 그런 사람은 항상 신의 이름을 지녀야 하리."

헌신가는 본질적으로 시인이기에, 시인들이 가진 모든 약함과 모든 힘을 가지고 있다. 방종한 경우도 많지만, 영감에 예민하기도 하다. 이런 방식으로, 헌신가는 놀라우리만치 지혜로워지는 경향이 있다. 실은 헌신가는 다소 불가사의하게, 자기보다 복이 적은 형제인 철학적 탐구자보다 진정한 **자아**에 훨씬 더 가까이 있고, **진아**의 가르침도 훨씬 더 잘 받아들인다. 물론 여기에도 막 초보 헌신가와 진보된 헌신가 간에 차이가 있다. 후자는 일반적으로 전자의 부류에 속하는 헌신가들이 하는 말들에서 곧잘 나타나는 조야함과 편협함을 넘어선다. 그래서 신자들은 그들 사이에서 옥석을 가릴 수 없다. 그 결과는, 헌신의 종교들이 주로 설익은 헌신가들의 실수들로 이루어진다는 것이다.[6] 광신도들은 보통 성숙한 헌신가의 지혜로운 통찰들을 대충 설명해 버리는데, 그러다 보니 종교들이 왜곡되고, 사람들을 단합시키기보다 분열시키는 경향이 있다. 그리고 여기서 우리는 **성자**와 **진인** 간의 주된 구별 기준을 얻게 된다. 즉, **성자**는 잃어버려야 할 에고를 아직 얼마간 가지고 있지만 **진인**은 에고가 없다는 것이다. 따라서 **성자**는 마음을 가지고 있고, 어떤 교의教義를 보유한다. **진인**은 마음이 없고 교의가 없다. **성자**는 자신의 종교를 위해 박해자가 될 수 있지만, **진인**은 결코 그렇게 되지 않는다. **성자**는 은총에서 타락할 수 있고, 그러면 **해탈**을 얻는 것이 연기될 것이다. 물론 **진인**이 **성자**일 수도 있다. 그리고 광신적 열정에서 벗어나 있고 경건하다는 점에서 **진인** 같은 그런 **성자**들도 있었고, 지금도 있을 수 있다.

---

6) *T.* 이 말은, 그 종교들의 교의가 주로 설익은 헌신가들의 잘못된 인식과 판단에 의해 구성된다는 뜻이다. 인도에도 헌신의 종교들이 있고, 기독교와 이슬람도 헌신의 종교에 속한다.

사실 헌신가가 아주 명료한 교의(creed)를 가지고 있을 필요는 없다. 만일 그 헌신가가 어떤 확정적 신념에 자신을 얽매지 않는다면, 관련되는 모든 사람에게 좋은 일일 것이다. 신념은 마음이 더 세련되어 가면서 때때로 변할 수밖에 없기 때문이다. 유연한 교의는 무해하겠지만, 그런 교의는 헌신가들이 고안할 수 없다. 그런 것을 얻으려면 어떤 진인을 찾아가야 한다. 그 이유인즉, 헌신은 시적인데 산문에 손을 대면 참담한 실수를 범하기 때문이다.

진인은 성자일 수 있지만, 성자가 동시에 진인이 되기는 어렵다. 왜냐하면 훌륭하고 위대한 모든 것의 잠재력은 에고 없는 상태 안에 들어 있고, 아직 에고를 가지고 있는 사람은 필시 불완전하기 때문이다.

어떤 경우에는 헌신이 성숙되어 신비적인 사랑의 분위기로 들어가는데, 이것은 에고 없는 상태와 거의 구별하기 힘들다. 이 주제에 관해서는 스리 라마크리슈나(Sri Ramakrishna)의 문헌과, 우리에게 전해 내려오는 헌신의 시들에서 많은 것을 배울 수 있다. 아루나찰라의 진인은 성숙된 성자와 진인 간에 아주 근소한 차이밖에 없다는 점을 암시한다. 당신은 이렇게 말한다. "하나이자 모두의 심장 안에 순수한 자각으로서 살고 있는 것이 곧 자기 자신이라네. 그래서 심장이 사랑으로 녹아, 그가 빛나고 있는 심장의 동혈洞穴에 도달하면, 그 자각의 눈이 열리고 그를 진정한 자아로 깨닫게 된다네."[7] 사랑이 완전할 때 성자는 진인이 된다.

헌신은 헌신가들의 심적인 수준에 따라 그 양태를 달리할 수밖에 없다. 아루나찰라의 진인과 고대의 전승지가 언급하는 두 등급의 상이한 헌신이 있다. 조야한 마음은 궁극적으로 신을 진정한 자아로서 깨달을 수 있다는 가르침을 이론적으로도 이해하지 못한다. 그들은 자신이 신과

---

7) *T.* 이것은 바가반이 지은 '아루나찰라 라마나'라는 시이다. 이 시에서 '자기 자신(Oneself)'은 원문에 '아루나찰라 라마나'로 되어 있어 모두의 진아인 라마나를 뜻하지만, 여기서는 진아 자체라는 의미로 인용했다. 『라마나 마하르쉬 저작 전집』, 208쪽 참조.

다르며 그에게 종속된다는 느낌을 가지고 신에게 헌신한다. 그들에게 신은 우주의 주인이며, 그들은 그에게 충실히 봉사하고 그렇게 하여 그의 은총을 얻어야 한다. 신에 대한 그들의 관념은 신을 인간과 비슷하게 보는 것이며, 그들은 신을 아주 우월한 부류의 한 인간으로 생각한다. 그리고 온갖 덕德—다른 존재들에게 잘하는 것—을 닦으려고 애쓴다. 그들은 신이 모두의 공통된 스승이고, 자신들에게서 그것을 기대한다고 생각하기 때문이다. 당연히 이런 헌신은 이기적이며, 그 헌신가는 어떤 개인적 보상을 기대하고 있다. 그는 자신의 개인성이 영원히 지속되는 것을 당연하게 생각한다. 이런 식의 헌신은 에고를 다시 한 번 더 살아가게 하는 것이다.

성숙된 헌신가는 이것이 신인동형론神人同形論이지 진리일 수 없다는 것을 어떤 식으로든 알게 된다. 그는 신이 어떤 식으로든 자신과 다르지 않고 외관상으로만 다르게 보인다고 생각하는 법을 배우며, 이 외관상의 차이조차 그의 은총이 가진 어김없는 힘에 의해 녹아 버릴 거라는 것을 안다. 그리고 그것을 조금도 두려워하지 않는다. 왜냐하면 자신의 개인성을 보유하는 데 신경 쓰지 않게 되었기 때문이다. 그는 급속히 에고 없음에 가까워지고 있다. 그의 경우 당연히 은총의 흐름이 더 풍부하다. 그 흐름을 차단하거나 삭감하는 것은 에고 하나뿐이기 때문이다.

그 헌신가의 목표는 신과 개인적 관계를 확립하는 것이다. 예컨대 환영幻影으로 그를 보거나 그와 말을 주고받으려는 것 등이다. 그리고 때로는 자신이 소망하는 것을 얻기도 하고, 그래서 기분이 고양되기도 한다. 그러나 그 환영들은 사라지며, 그러고 나면 매우 우울해진다. 아루나찰라의 진인은 우리에게, 이런 환영 속에서 보이는 신의 형상들은 순전히 마음이 만들어낸 것이어서 실재하지 않는다고 말한다. 따라서 그것은 지속되지 않는다. 당신이 말하기를, 에고의 자취가 조금이라도 남아 있는 한 실제 그대로의 신을 볼 수 없다고 한다. 실제 그대로의 그를 본다는 것은 에고 없는 상태 안에 안주하는 것과 다르지 않고, 헌신가는 궁극적으로 신의 은총을 통해서 이 상태를 성취하게 된다. 따라서 최종적 목표와 관련해서는 헌신가와 진아 추구자 사이에 조금도 차이가 없다. 진정한 자아의 부름(call)은 진리를 사랑하는 자에게는 이런 형태로, 신을 사랑하는 자에게는 저런 형태로 오는 것이고, 차이가 있다면 그것이 전부이다. 개인성을 영원히 보유하고 싶어 하는 철학가들은 이것을 부정한다. 그들이 잘못 생각하고 있다는 것은, 신에 대한 자아의 참된 순복이 무엇인지에 대해 아루나찰라의 진인이 한 말에서 드러날 것이다. 이것은 나중에 그 이야기를 할 때 인용하겠다.

추구자(자기탐구자)가 탐구를 통해 성취하는 목표를 헌신가는 자기순복을 통해 성취한다. 이 자기순복은 이른바 은총—즉, 신이 영혼들을 그 자신에게로 끌어당기는 힘—의 작용에 의해 얻어지는 이해를 통해서 온다. 헌신가는 '영혼'이란 것이 그냥 아무것도 아니며, 신만이 존재한다는 것을 점점 더 많이 깨닫는다. 또한 신이야말로 얻을 가치가 있으며, 그를 얻기 위해서라면 전 세계도 거뜬히 잃어버릴 수 있다는 것을 알게 된다. 그것이 자기순복의 분위기로 이끌어준다.

'은총'은 물론 상당히 비철학적인 단어이다. 그러나 은총은 실재하는, 영험 있는 어떤 것의 이름이다. 은총은 신이 바로 지금도 진정한 자아라는 진리가 핵심이다. 그 진리는 불가사의한 방식으로 자신의 일을 이루지만, 헌신가는 거기에 '은총' 외에 다른 어떤 이름도 붙일 수 없다.

은총에는 세 단계가 있다고 우리는 배운다. 첫 번째 단계에서는 궁극적 진리가 신으로 나타나는데, 그는 멀리 있으며 접근 불가능하다. 신에 대한 헌신에 의해 두 번째 단계가 성취되는데, 이때 신은 스승(Guru)—진정한 자아에 대해서 이야기하는 진인—으로서 가까이 오며, 그러면 그에 대한 헌신이 신에 대한 헌신을 대신하게 된다. 이 헌신은 에고 없는 상태 안에서의 진아 체험이라고 하는 최고의 은총이 현현하는 경지에 이르게 되는데, 이것이 세 번째이자 마지막 단계이다.

자기순복은 은총이 완벽하게 작용하기 위한 조건이다. 그 순복은 부분적일 수도 있고 완전할 수도 있지만, 어느 경우든 에고 없음을 지향하며, 에고 없음 안에 있는 모든 선善을 얼마간 앞당겨 실현해 준다. 순복하는 사람은 자신이 과거에 한 선행이나 악행에 대해 걱정할 필요가 없다고 진인은 말한다. 그 행위들의 반작용(업보)은 그에게 불리하게 작용하지 않을 것이다. 그것이 그에게 유리하게 작용하도록 은총이 그것을 처리해 줄 것이기 때문이다. 은총의 전체 기능은 껍질들(sheaths)을 제거하는 것이며, 그러고 나면 진아만이 남게 될 것이다.

은총은 특별한 것이 아니다. 그것은 실은 보편적인 것이고, 영원히 존재하는 유일한 힘이며, 모두가 그것의 선善에 동등하게 참여한다. 그러나 에고가 간섭하여 그 작용을 감소시킨다. 자기순복을 하면 이 간섭이 점점 적어지고, 은총의 작용은 점점 더 효과적으로 된다.

자연요법(nature-cure)을 할 때 우리는 마음·생기·몸이 신의 은총을 전적으로 받아들인다는 확신과 함께, 만약 완전한 자기순복이 된다면 마음·생기·몸이 협동하여 최선의 효과를 발휘한다는 확신 위에서 그것을 해 나간다. 약물 기타 수단에 의한 간섭은 자연적 자가치유 과정에 다소 영향을 줄 것이 확실하므로 비난받는다. 이 질병 치유법이 성행한다는 것은, 내면에서 작용하는 비인격적이되 자애로운 어떤 힘이 있다는 것을 말해주는 일견一見 증거(*prima facie* evidence-반증이 없으면 인정되는 증거)이다.

어떤 사람이 진인에게 자신이 은총을 받을 자격이 되려면 어떻게 해야 하느냐고 여쭈자, 진인이 대답했다. "그대는 은총 없이 이 질문을 하고 있습니까? 은총은 처음과 중간과 끝에 모두 있습니다. 은총은 진아이기 때문입니다. 그러나 진아에 대한 무지 때문에 그것이 그대 밖의 어딘가에서 올 거라고 기대하는 것입니다."

참된 자기순복이 무엇인지에 대해 진인은 다음과 같이 설명한다. "그대가 해야 할 일은 그대 자신을 자신의 근원에 순복시키는 것뿐입니다. 그 근원을 신이라고 부르면서 그것이 바깥 어디에 있을 거라고 생각하여 헷갈릴 필요가 없습니다. 그대의 근원은 그대 자신 안에 있습니다. 그 근원에 순복해야 합니다. 즉, 그대가 그 근원을 추구하고, 그 추구의 힘 자체에 의해 그것 속으로 합일되어야 합니다. '그 근원은 어디인가?'라는 의문은 진아가 그 근원과 다르다고 생각할 때만 일어날 수 있습니다. 만약 에고가 그 근원에 합일되면 어떤 에고, 어떤 개인적 영혼도 없습니다. 즉, 추구자가 그 근원과 하나가 됩니다. 사정이 그러하다면 순복하기가 어디 있습니까? 누가 순복하며, 누구에게 순복합니까? 그리고 순복시켜야 할 무엇이 있습니까? 이 개인성의 상실이—개인성은 바로 지금도 실제로 존재하지 않지만—헌신이고, 지혜이며, 탐구입니다."

"비슈누파 성자인 남말와르(Nammazhvar)[8]는 다음과 같이 노래했습니다. '저 자신의 진리를 모른 채 저는 '나'와 '내 것'이라는 관념에 미혹되었습니다. 그러나 저 자신을 알게 되자 당신이 바로 '저'이기도 하고 '제 것'이기도 하다는 것을 알았습니다.' 그래서 참된 헌신은 자기 자신을 올바르게 아는 것이고, 이것은 비슈누파의 교의敎義와도 부합합니다. 그러나 그들의 전통적 신조는 다음과 같이 표현됩니다. 즉, '영혼들은 신의 몸들이다. 이 몸들이 먼저 순수해져야 하고, 그런 다음 그들 자신을 그에게 순복시켜야 한다. 그러고 나면 그들이 그의 천국으로 가서 거기서 그를 즐긴다!'는 것입니다. 그들은 만일 영혼이 신이 되어 버리면 즐길 일이 없을 거라고 주장합니다. 마치 자기 자신이 설탕이 되어 버리면 설탕의

8) *T.* '알와르'로 불리는 12명의 남인도 비슈누파 시인-성자들 중 11번째 성자(880-930경).

단맛을 즐길 수 없듯이 말입니다. 그래서 그들은 신과 별개로 남아서 그를 즐기고 싶어 합니다. 그러나 그들이 말하는 정화淨化는 곧 에고성의 소멸입니다. 신이 설탕처럼 지각력이 없답니까?[9] 만일 그 순복이 진정하고 완전하다면, 무슨 별개성이 어떻게 있을 수 있습니까?"

"그뿐만 아니라, 그들은 그의 천국에 별개로 남아서 그에게 봉사하고 그를 숭배해야 한다고 믿습니다. 신이 이런 봉사 이야기에 속습니까? 그가 그들의 봉사를 좋아합니까? 순수한 의식인 그가 반문하지 않겠습니까? '나와 별개인 그대는 누구인가?'라고 말입니다."

"그들은 말하기를, 만약 개인적 영혼이 신에게 순복하면 그 영혼은 신의 한 몸으로 남게 되며, 신은 그 영혼-몸의 진아이고, 그 개인적 영혼은 소아小我로, 신은 대아大我(great Self)로 불린다고 합니다. 한 자아(소아)의 (또 다른) 어떤 자아가 있을 수 있습니까? 얼마나 많은 자아들이 있을 수 있습니까?[10] 진아란 실제로 무엇입니까? 자기 아닌 것—몸·마음 등—일체를 제거한 뒤에 남는 것, 그것만이 진아입니다. 이 과정에서 제거되는 그 무엇도 비진아(not-Self)입니다. 만약 이 과정에서 남는 것이 소아이고 신이 그 소아의 진아라면, 그것은 그 제거 과정이 끝까지 완수되지 못했다는 의미일 뿐입니다. 그것이 끝까지 완수되면 그 소아는 참된 자아가 아니고, 저 대아만이 참된 자아라는 것을 알 것입니다. 그렇게 완료된 과정에서 남는 것이 (진정한) 대아입니다. 결국 그들은 진정한 자아를 붙든 것이 아니라 다른 어떤 것을 붙들었다는 이야기입니다."

"이 모든 혼동은 '자기(Self)'를 뜻하는 '아뜨마(*Atma*)'라는 단어가 여러 가지 의미를 가지고 있는 데 기인합니다. 그것은 몸·감각기관·생명기운

9) 비슈누파(Vaishnavas)의 설탕 비유는 이처럼 전적으로 부적절함이 드러난다(또한 『진어화만』, 제978연 참조).

10) *T.* 이론상 소아와 대아로 나눈다 해도, 실제로는 단 하나, 즉 진아만 있고 크거나 작은 복수의 자아란 있을 수 없다는 뜻이다. 따라서 개별적 인간들이 가졌다고 믿어지는 소아는 실재하지 않는 '가정적 개념'일 뿐이며, 모두가 단 하나인 진아 혹은 의식으로서 존재한다.

(vital force)·마음·상상·가정적 소아, 그리고 진정한 대아를 뜻합니다. 그래서 소아를 대아의 몸으로 표현할 수도 있습니다. 그러나 『기타』에서 '나는 모두의 심장 속에 거주하는 진아이다'(『기타』, 10.20)라고 하는 구절은, 신 자신이 모두의 안에 있는 진정한 자아임을 분명히 하고 있습니다. 거기서 그가 자아(소아)의 진아라고 하지는 않지요."

"그대 자신을 그 근원, 즉 신과 별개의 어떤 것으로 생각하는 것 자체가 절도(훔치기)입니다. 그렇게 해서 그대는 신의 것을 자기 것으로 해 버리기 때문입니다. 만일 그대가 순수해진 뒤에도 별개로 남아서 신을 즐기고 싶어 한다면, 그것은 몽땅 훔치는 짓입니다. 그가 이 모든 것을 모르겠습니까?"

이런 말씀들로 볼 때, 한 개인으로서 별개성을 유지하고 싶어 하는 사람은 진정한 자기순복을 할 수 없다는 것을 알 수 있다. 그런 사람의 순복은 유보사항이 있는 순복이며, 그것도 아주 큰 유보사항이다.

자기순복의 참된 본질에 대한 실제적 지침은 언젠가 마음이 어지러운 상태에서 찾아 온 한 젊은이에게 진인이 제시한 바 있다. 이 젊은이는 자신이 신의 환영을 보았는데, 거기서 그는 만약 자신이 순복하면 대단한 것들을 얻게 해주겠다는 약속을 받았다고 했다. 그의 말인즉, 자신은 순복했지만 신이 약속을 지키지 않았다는 것이었다. 그리고 진인에게 이렇게 요구했다. "저에게 신을 보여주십시오. 그러면 제가 그의 머리를 자르거나, 아니면 그가 제 머리를 자르게 하겠습니다." 진인은 누군가를 시켜 당신의 저작들에 대한 한 타밀어 주석을 낭독하게 한 뒤에 이런 말씀을 했다. "만일 그 순복이 진짜라면, 누가 남아서 신이 하는 일을 문제 삼을 수 있습니까?" 젊은이의 눈이 휘둥그레졌다. 그는 자신이 실수했음을 인정하고 평온해져서 떠났다(445쪽 참조). 자기순복은 아무 유보사항 없이, 아무 조건 없이 해야 한다. 거기에 거래의 여지는 없다.

자기순복은 자기 자신을 신에게 선물로 드리는 것이라는 일반적 관념은 잘못된 것이라고 진인은 선언한다. 당신은 이렇게 말한다. "자기 자신을 신에게 공양 올린다는 것은, 막설탕으로 만든 가네샤(Ganesha-코끼리 얼굴의 신)의 상像에 그 상 자체에서 떼어 낸 막설탕 일부를 공양 올리는 것과 같습니다. 왜냐하면 그와 별개의 어떤 개인적 자아도 없기 때문입니다."[11] 이것은 그 관념이—앞에서 보았듯이—하나의 절도 행위라는 것을 보여준다. 그런데 그것은 계속되는 절도이다. 자기순복이라는 말이 실제로 뜻하는 것은, 그 헌신자가 자신에게 별개의 존재성이 없다는 것을 인정하고 이 절도를 그만둔다는 것일 뿐이다.

자기순복의 실제적 결과를 진인은 다음과 같이 간접적으로 표현한다. **"신 자신이 세계의 모든 짐을 다 지고 있는데, 실재하지 않는 영혼이 그 짐을 지려고 애쓰는 것은 마치 (사원의 탑 기단부에 조각된) 석주상石柱像 인물이 (자기 어깨 위에) 탑을 받치고 있는 것처럼 보이는 것과 같네. 무거운 짐을 실어 나를 수 있는 탈것을 타고 가는 사람이 자기 짐을 머리에 이고 고생한다면, 그것은 누구 탓인가?"**[12] 여기서 두 가지 비유가 사용된다. 첫 번째 비유로 우리는, 소위 개인적 영혼은 그 자신의 의식을 가지고 있지 않으며, 따라서 실제로는 삶의 짐을 지고 있지 않다는 것을 상기하게 된다. 그 짐은 신만이 지고 있다. 두 번째 비유로 우리는, 자신을 신의 은총에 순복시키지 않으려고 하는 사람은 끝없는 걱정을 안고 살 수밖에 없는 반면, 순복의 태도를 계발하는 헌신자는 근심에서 벗어나고, 따라서 바로 지금도 행복하다는 것을 알게 된다.

11) 『진어화만』, 제486연(부록 2, 제111연 참조).
12) 「실재사십송 보유」, 제17송(부록 1, 제63연 참조).

# 제12장 진인이 더 하신 말씀들

**종교가 다른 사람들의 상충되는 견해를 어떻게 조화시킬 수 있는가?**

"모든 종교들의 실질적 목표는 **진아**의 **진리**를 깨닫도록 이끌어주는 것입니다. 그러나 **진아**의 **진리**는 모든 사람들에게 너무나 단순한 것입니다. **자기**(진아)를 모르는 사람은 아무도 없는데도, 사람들은 **그것**에 관한 이야기를 들으려고 하지 않습니다. 그들은 **진아**를 별 가치 없는 것으로 생각하고, 머나먼 것들—천국·지옥·환생 등—에 대해서 듣고 싶어 합니다. 신비를 사랑하고, 명백한 진리는 좋아하지 않습니다. 그래서 종교들은 그들의 비위를 맞춰 주어 그들이 궁극적으로 **진아**로 돌아올 수 있도록 합니다. 그렇다면 더 헤맬 것 없이, 왜 곧바로 **진아**를 추구하여 그것을 발견하고 그 안에 안주하지 않습니까? 천국은 그것을 보거나 생각하는 그 사람과 별개일 수 없습니다. 천국들의 실재성은 그곳에 가고 싶어 하는 에고의 실재성과 같은 정도입니다. 그래서 천국은 **진아**와 별개로 존재하지 않습니다. **진아**가 진정한 천국입니다."

"기독교인에게는 **하느님**이 머나먼 천국 어딘가에 있고, 신적인 도움 없이는 거기에 도달할 수 없으며, **그리스도**만이 **하느님**을 알았고 **그리스도**만이 사람들을 **하느님**에게로 인도할 수 있다고 말해 주지 않으면 그 사람이 즐거워하지 않겠지요. 그런 이에게 만일 '**하늘나라**'는 그대들 안에 있다'고 하면, 그는 그 명백한 의미를 받아들이려 하지 않고, 그것을 복잡하고 엉뚱한 의미로 해석할 것입니다. **성숙된 마음만이 그 단순하고**

적나라한 진리를 이해하고 받아들일 수 있습니다."

"가르침들이 상충되는 것은 외관상 그런 것일 뿐이며, 그대가 신에 대한 자기순복을 닦으면 해소될 수 있습니다. 이 순복이 진아로 이어질 것인데, 모두가 결국은 이 진아로 돌아가야 합니다. 왜냐하면 그것이 진리이기 때문입니다. 교의教義들 간의 불화는 그것들의 장점을 논의하는 것으로는 결코 해결되지 않습니다. 논의는 하나의 심적 과정이기 때문입니다. 교의는 심적입니다—즉, 그것은 마음 안에만 존재합니다. 반면에 진리는 마음을 넘어서 있습니다. 따라서 진리는 교의 안에 있지 않습니다." 그러니 우리는 자신들의 교의를 너무 중시해서는 안 될 것이다.

또 한번은 진인이 선언하기를, 베단타 학도(Vedantin), 곧 우파니샤드 전승지의 가르침을 이해한 사람은 예수 그리스도가 '하늘나라'라고 한 말의 의미를 이해할 수 있다고 했다. 곧, 그는 정통 기독교인이 이해할 수 없는 것—그 진인(그리스도)이 말한 '하늘나라'란 에고 없는 상태일 뿐이라는 것—을 이해할 거라는 것이다.

그래서 우리는 참된 자아에 대한 탐구로써 그 교의를 넘어서든지, 아니면 그 교의들 중 일부를 취하여 가볍게 붙들고, 거기서 가르치는 방법의 실천에 모든 노력을 집중해야 한다. 주입받은 신조에 너무 열성적이면 그 방법의 실천이 느슨해진다. 유물론자와 무신론자조차도 자기 나름의 교의를 가지고 있다. 그런 사람과 종교인 간에는, (종교인은) 올바르게 살면서 마음을 정화한다는 것 외에 아무 차이가 없다. 그래서 진인은 이렇게 말한다. "'(몸들 아닌) 어떤 진정한 자아가 있다, 그것은 형상이 있다, 그것은 하나다 등'을 주장하거나 부인하는 것이 무슨 소용 있는가? 이런 모든 논쟁은 무지의 영역 안에 있다네."(—「실재사십송」, 제34연).

또 한번은 진인이 말했다. "신성한 전승지는 온갖 부류의 구도자들의 갖가지 필요에 부응해 변용된 여러 부분들이 있어 양이 방대합니다. 각

구도자는 그 각 부분을 차례로 계속 넘어서는데, 이미 넘어선 부분은 그에게 쓸모없어지고 심지어 거짓이 되기도 합니다. 결국 그 전부를 다 넘어서게 됩니다."

### 원죄에 대하여

한번은 **진인**이 '원죄'라는 기독교 교의, 즉 모든 사람은 죄를 안고 태어나며, **예수 그리스도**에 대한 믿음에 의해서만 거기서 벗어날 수 있다는 교의에 대한 질문을 받았다. 당신은 이렇게 대답했다. "그 죄는 사람에게 있다고 이야기됩니다. 그러나 잠 속에서는 사람이란 것이 없습니다. 사람은 생시에, '나는 이 몸이다'라는 생각과 함께 나타납니다. 이 생각이 진짜 원죄입니다. 에고의 죽음으로 그 생각이 없어져야 하며, 그러고 나면 그 생각이 일어나지 않을 것입니다." 그리고 기독교의 진리를 다음과 같이 설명했다. "몸이 십자가이고, 에고는 '사람의 아들' **예수**입니다. 그가 십자가에 못 박힐 때, 그는 '**하느님의 아들**'로서 부활되며, 그것이 곧 영광스러운 **진아**입니다. 우리가 살기 위해서는 에고를 상실해야 합니다." 여기서 우리는, 모든 **진인**들의 말에 따르면 에고의 삶(ego-life)은 실은 삶이 아니라 죽음이라는 것을 기억해도 될 것이다.

### 에고 없는 상태에서 진아지가 있는가?

**진인**은 **에고 없는 상태**에 대한 진리를 부정否定의 방법으로 전달한다. "**진아지**眞我知라는 것은 지知도 무지도 있을 수 없는 상태라네. 왜냐하면 보통 지知라고 여겨지는 것은 참된 **지**知가 아니기 때문이네.[1] **진아** 자체가 참된 **지**知이니, 왜냐하면—그것이 '아는 대상'이나 그것을 '아는 자'가

1) 마음과 감각기관을 통해서 얻은 지식은 주체와 대상 간의 분별을 함축하는데, 진인들의 체험은 이것이 환幻임을 보여준다.

될 수 있는 다른 어떤 것도 없이—그것이 홀로 빛나기 때문이네. 진아는 텅 빈 것이 아니라는 것을 알라."(—「실재사십송」, 제12연). 에고 없는 상태가 긍정적인 용어로 묘사되지 않다 보니, 많은 사람들은 그것이 무無에 불과하거나 완전한 단멸斷滅 상태라고 단정하는 경향이 있다. '각자覺者', 즉 고타마 붓다의 추종자로 공언하는 사람들 중에서도 많은 사람이 이런 실수를 범했다. 진인은 여기서 당신의 제자가 될 수도 있는 사람들이 유사한 실수를 범하지 않도록 하기 위해, 그것이 텅 빈 상태가 아니라고 선언하고 있다.

진인은 무지도 없고 지知도 없는 차원에 있기 때문에, 그에게는 어떤 종류의 학식도 소용이 없다. 그는 심지어 신성한 전승지에도 관심이 없다. 다만 그에 대해 물어보는 사람이 있으면 그 참된 의미를 설명해 줄 수는 있다. 그래서 우리는 다음과 같은 말씀을 이해할 수 있다. "유식한 사람도 무식한 진인 앞에서 절을 해야 한다. 무식한 사람은 단순히 무지할 뿐이지만, 유식한 사람은 유식한 대로 무지하다. 진인도 무지하다. 왜냐하면 그에게는 알아야 할 것이 아무것도 없기 때문이다."

## 우리의 삶을 좌우하는 것은 운명인가, 자유의지인가?

이 질문을 하는 사람은 어떤 명확한 답변을 기대한다. 그는 운명과 자유의지 두 가지 중 어느 것이 삶에서 결정적 요인인지 알고 싶은 것이다. 진인은 당신의 저작에서 다음과 같이 답변한다. "운명과 인간의 의지라는 두 가지 중에서 어느 것이 더 강력한가 하는 논쟁은, 두 관념이 일어나는 곳인 에고의 참된 본질에 대한 깨우침이 없는 사람들만이 관심을 갖는다네. 그 깨우침이 있는 사람은 둘 다를 초월해 있고, 그 문제에는 더 이상 관심이 없다네."(—「실재사십송」, 제19연)

이런 질문을 한 어느 방문객에게 진인은 이렇게 답변했다. "만일 이 질문에 대한 답변을 드린다면, 상당히 이해하기 어려울 것입니다. 하지만 거의 모든 사람이 살면서 어느 때인가는 이 질문을 합니다. 운명에 의해 영향을 받거나 받지 않는 것으로 보이는 그 사람의 진리를 알아야 합니다." 여기서 **진인**이 '그 사람'이라고 한 것은 분명 에고를 의미한다. 운명과 자유의지 간의 구분은 에고-마음에게만 있으므로, 그것의 진리는 에고의 진리와 불가분이며, 이는 **탐구**에 의해서만 깨달을 수 있다. 이렇게 말한 다음, **진인**은 운명이 실제로 무엇을 의미하는지에 대해서 계속 설명하면서 이렇게 말했다. "운명에는 하나의 시작—원인—이 있는데, 그것은 바로 행위(업)입니다. 그리고 행위는 자유의지 없이는 있을 수 없습니다. 따라서 자유의지가 제1원인이며, 지배적 요인입니다. 우리는 자유의지를 계발함으로써 운명을 극복할 수 있습니다." 자유의지를 계발한다는 것은 **진인**이 가르치는 질문과 **탐구**의 과정, 혹은 그 대안으로 자기 자신을 유일한 **실재**인 **신**에게 순복시키는 것을 의미한다. "흔히 자기의존(self-reliance-자기 힘으로 문제를 해결하는 것)이라고 하는 것은 에고-의존일 뿐이며, 따라서 속박을 더 악화시킵니다. **신**에 대한 의존만이 참된 **자기의존**입니다. 왜냐하면 **그**가 곧 **진아**이기 때문입니다."

### 스승이 필요하지 않은가?

종교적인 성향의 사람들이 가지고 있는 일반적 믿음은, 해탈의 상태를 얻고자 열망하는 모든 사람은 때가 되면 어떤 **스승**(*Guru*)을 발견하여 그를 섬겨야 한다는 것이다. 어떤 사람이 **진인**에게 이런 믿음이 올바른 것인지 질문했다. 당신은 다음과 같은 답변을 주었다. "사람이 자신을 작다고—라구(*laghu*)—생각하는 한, 큰 사람, 곧 구루(*guru*)를 붙들어야 합니다. 그러나 **스승**을 한 '사람'으로 보면 안 됩니다. **진인**은 그 제자의 진정한 **자아**와 결코 다르지 않습니다. 그 **진아**를 깨닫고 나면 **스승**도 없고 제자도 없습니다." 그 질문을 한 이유는 진인 자신에게는 스승이 없었기 때문이다. 최소한 외적인 스승은 없었다. 또 한번은 진인이 이렇게 말했다. "우리가 뭔가 새로운 것을 배워야 한다면 스승이 필요하겠지요. 그러나 이것은 탈脫배움(unlearning-배운 것을 놓아버리기)의 경우입니다."

## 삶의 걱정들을 어떻게 극복할 것인가?

한 방문객이 말했다. "저는 끝없는 걱정으로 고통 받고 있습니다. 제가 행복하기 위해 부족한 것이라고는 전혀 없는데도, 마음 편할 날이 없습니다." 진인이 물었다. "잠들었을 때도 그런 걱정이 그대에게 영향을 줍니까?" 방문객은 그렇지 않다고 시인했다. 진인이 그에게 다시 물었다. "지금 그대는 아무 걱정 없이 잠들었던 그 사람과 같은 사람입니까, 아니면 다른 사람입니까?" "예, 저는 같은 사람입니다." 이때 진인이 말했다. "그렇다면 분명히 그 걱정들은 그대의 것이 아닙니다. 그것을 그대의 것이라고 생각한다면, 그건 그대 자신의 잘못입니다."

## 명상과 마음 제어

"명상(*dhyana*)은 하나의 싸움입니다. 그것은 한 생각을 계속 붙들면서 다른 모든 생각을 몰아내려는 노력이기 때문입니다. 다른 생각들이 일어나서 그 생각을 침몰시키려고 합니다. 그 생각이 힘을 얻으면 다른 생각들은 달아납니다. 호흡제어(*pranayama*)는 자신의 생각을 곧바로 제어할 수 없는 사람을 위한 것입니다. 그것은 자동차의 브레이크와 같은 구실을 합니다. 그러나 호흡제어에 그쳐서는 안 됩니다. 그 목적—마음의 들뜸이 가라앉는 것—을 달성하고 나면 집중의 수행을 해야 합니다. 때가 되면 호흡제어 없이도 해 나갈 수 있을 것입니다. 그러면 명상을 시작하자마자 마음이 고요해질 것입니다. 명상이 잘 자리 잡고 나면 더 이상 그것을 놓아버릴 수 없습니다. 일을 하거나 놀거나 다른 활동을 하고 있을 때도 명상이 자동적으로 진행될 것입니다. 심지어 잠 속에서도 계속됩니다. 명상에 잘 자리 잡기 위한 수단은 명상 그 자체입니다. 염송念誦(*japa*)[언구나 문장을 마음속으로 염하는 것]도, 묵언의 맹세도 필요치 않습니다. 만약 이기적인 세간적 활동에 몰두한다면 묵언의 맹세를 해 봐야 아무 이익이 없습니다. 명상은 모든 생각을 소멸시키며, 그러고 나면 **진리**만 남습니다."

또 한번은 **진인**이 이렇게 말했다. "장뇌가 타면 찌꺼기가 남지 않습니다. 마음도 장뇌와 같아야 합니다. 진정한 **자아**를 발견하고 그것이 되겠다는 성실한 결의決意에 의해 마음이 녹아서 완전히 소진되어야 합니다. 이 결의로 '나는 누구인가?' 하는 **탐구**가 효험이 있게 됩니다. 마음이 이렇게 소진될 때—**마음으로서의** 어떤 자취도 남지 않을 때—그것은 **진아** 속으로 흡수된 것입니다."

자신의 **스승**을 어떻게 발견할 수 있느냐는 질문을 받자, **진인**은 이렇게 말했다. "집중적인 명상에 의해서입니다."

명상을 해서 특정한 결과를 기대하지만 그것을 얻지 못하는 사람들은 실망하여, 명상이 자신들에게 아무 이익이 되지 않았다고 단정한다. 그런 사람들에게 **진인**은 이렇게 말한다. "그런 결과를 얻고 못 얻고는 전혀 중요하지 않습니다. 꾸준함을 얻는 것이 주안점입니다. 그것이 큰 소득입니다. 어쨌든 그들은 자신을 **신**에게 맡기고 나서, 조바심 내지 말고 **그**의 **은총**을 기다려야 합니다. 같은 원칙이 염송에도 적용됩니다. 단 한 번 왼 염송도, 본인이 알든 모르든 이익이 됩니다."

어떤 사람들은 우리가 **진인**이 된 뒤에도 명상을 계속해 나가야 할 것이라고 생각한다. 이 질문에 대해서는 다음의 답변이 조명해 준다. "**에고 없는 상태** 안에서 마음이 소멸되면, 집중도 없고 비非집중도 없습니다."

같은 질문에 대해 또 한번은 이렇게 말했다. "진아를 깨닫게 되면, 삼매를 가지려고 할 수도 없고 놓아버릴 수도 없습니다."

소수의 사람들은 명상에서 금방 성공하지만, 다른 사람들은 오랜 기간 동안 명상을 해야 한다. 이 점에 대해 진인은 이렇게 말했다. "명상은 원습(*vasanas*)의 방해를 받습니다. 따라서 명상은 원습의 점진적 약화를 통해서 효과적으로 됩니다. 어떤 마음들은 불을 붙이면 금방 타버리는 화약과 같고, 어떤 마음들은 (불을 붙는 데 다소 시간이 걸리는) 숯과 같으며, 어떤 마음들은 (오랜 시간 물기를 말려야 하는) 젖은 땔감과 같습니다."

다음의 답변은 마음 제어의 비결을 조명해 준다. "마음을 정말 실재하는 어떤 것이라고 여기는 사람은 마음을 제어할 수 없습니다. 그런 경우에는 마음이 마치, 경찰관을 가장하고 도둑을 추격하는 도둑처럼 행동합니다. 이런 식의 노력은 에고와 마음에 새로운 삶을 주는 것밖에 되지 않습니다." 올바른 방법은 마음과 에고의 진리를 물어 들어가는 것이며, 그러다 보면 탐구에 이르게 된다.

또 한번은 진인이 말했다. "사람들은 저에게 마음을 어떻게 제어할지를 묻습니다. 저는 '마음을 보여달라'고 대답합니다. 마음은 일련의 생각에 지나지 않습니다. 그것이 어떻게 그런 생각들 중의 하나, 즉 마음을 제어하려는 욕망에 의해 제어될 수 있겠습니까? 마음 자체로써 마음을 종식시키려고 하는 것은 어리석습니다. 유일한 방도는 마음의 근원을 발견하여 그것을 붙드는 것입니다. 요가에서는 심상제어心相制御(*Chitta-vritti-nirodha*) [생각의 억압]를 권하지만[2] 저는 자기진입自己進入(*Atmanveshana*)[자기 자신에 대한 탐구]을 처방하는데, 이것이 실용적입니다. 기절했을 때나 단식을 한 결과로도 마음은 억압되지만, 그 원인이 사라지자마자 마음이 되

---

2) *T.* 빠딴잘리(Patanjali)의 『요가수트라(*Yoga Sutras*)』 제1장 2경(*sutra*-경구 형식의 문장)에서 '요가란 마음의 상相을 제어하는 것이다(*yogas citta-vritti-nirodha*)'라고 정의한다.

살아납니다. 즉, 생각들이 그전처럼 흐르기 시작합니다. 마음을 제어하는 데는 두 가지 방법밖에 없습니다. 그 근원을 추구하거나, 아니면 지고의 힘에게 마음을 폐기해 달라고 맡기는 것입니다. 순복은 더 높은 지배적 힘의 존재를 인정하는 것입니다. 그리고 마음의 근원을 추구할 때 만약 마음이 도와주지 않으려고 하면, 그것이 가는 대로 내버려두고 돌아오기를 기다리십시오. 그런 다음 그것을 내면으로 돌리십시오. 인내하는 꾸준함 없이는 누구도 성공할 수 없습니다."

양미간에 시선을 고정하는 명상은 두려움을 가져올 수 있다고 **진인**은 우리에게 경고한다. 바른 길은 마음을 **진아**에만 고정하는 것이다. 그것은 두려움이 없다.

우리가 배우는 또 한 가지 사항은, 진정한 **자아**에 대해서는 통상적 의미에서의 어떤 명상도 있을 수 없다는 것이다. 명상은 보통 어떤 대상을 생각하는 것을 의미한다고 이해되는데, 이것은 주체와 대상의 구별을 함축한다. 따라서 **자기**에 대해서는 진정한 의미의 어떤 명상도 불가능하다. 이른바 명상이란, **진아**를 덮어 가리고 있는 생각들을 몰아내는 것에 지나지 않는다. 모든 생각을 몰아내고 나면 **진아**가 **그것**의 진정한 성품 안에서 빛난다. 그리고 이 상태에 안주하는 것이 진정한 **자아**에 대해서 할 수 있는 유일한 명상이다. 그래서 **진인**은 종종 다른 일에 몰두하고 있는 것처럼 보일 때에도 항상 명상에 들어 있는 것이다. 이것이 바로 「실재사십송」의 기원문 시 첫 수에서 전하는 진리이다[부록 1, 제4연 참조].

### 슬픔을 견뎌내는 법

"마음을 내면으로 돌리면 최악의 슬픔도 견뎌낼 수 있습니다. 슬픔은 그대가 자신을 하나의 몸으로 생각할 때만 일어날 수 있습니다. 만약 그 형상을 초월하면 그대는 **자기**(진아)가 영원하다는 것—탄생도 없고 죽음도 없다는 것을 알게 될 것입니다. 태어나고 죽는 것은 몸이지 자기가 아닙니다. 몸은 에고의 한 창조물이지만, 이 에고는 한 몸과 별개로는 결코 지각되지 않습니다. 그것은 사실 몸과 구분할 수도 없습니다. 잠이 들었을 때는 그대가 몸을 알지 못했다는 것을 고려해야 합니다. 그러면 그 몸이 실재하지 않는다는 것을 깨달을 것입니다. 잠에서 깨어나면 에고가 일어나고, 그런 다음 생각들이 일어납니다. 그 생각들이 누구에게 속하는지 알아내십시오. 그것이 어디서 일어나는지 물으십시오. 그것들은 자기, 즉 의식에서 솟아날 수밖에 없습니다. 막연하게라도 이 진리를 이해하는 것이 에고를 소멸하는 데 도움이 됩니다. 에고가 소멸되고 나면 단 하나의 무한한 존재를 깨닫게 될 것입니다. 그 상태에서는 어떤 개인도 없고, 그 단 하나의 존재만 있습니다. 따라서 죽음에 대한 생각조차도 설 자리가 없습니다."

"만일 그대가 자신을 태어났다고 생각하면, 죽음에 대한 생각에서 벗어날 수 없습니다. 따라서 그대가 과연 태어났는지 자문해 보십시오. 그러면 진정한 자아는 항상 존재하며, 몸은 하나의 생각일 뿐임을—모든 생각들 중 첫 번째이자, 모든 해악의 뿌리임을—발견할 것입니다."

## 마음의 세 가지 기분 상태

마음은 세 가지 기분 상태에 번갈아 지배된다. 둔하고 활동성 없는 상태는 따마스(*tamas*)라고 하며 가장 낮은 것이고, 그 다음 높은 상태는 가만히 있지 못하는 활동성으로 라자스(*rajas*)라고 하며, 가장 높은 상태는 명료함과 평안으로 사뜨와(*sattva*)라고 한다. 진인이 우리에게 말하기를, 제자는 앞의 두 가지 상태가 엄습했다고 해서 유감으로 여기거나 애석해 하면 안 되고, 명료한 기분 상태가 찾아올 때까지 기다렸다가 그것을 최대한 활용해야 한다고 했다.

## 죽음

"죽은 자들은 몸이라는 몽마夢魔(incubus)를 벗어버려서 실로 행복합니다. 죽은 자들은 슬퍼하지 않습니다. 사람들이 잠을 두려워합니까? 아니지요, 잠을 자고 싶어 하고, 잠자리를 준비합니다. 그러나 잠은 일시적 죽음이고, 죽음은 긴 잠일 뿐입니다. 만일 그 사람이 살아 있는 동안 죽는다면—에고가 소멸되어 죽음 아닌 죽음을 죽는다면—그는 누구의 죽음도 슬퍼하지 않을 것입니다. 이와 별개로, 몸이 있든 없든 우리는 세 가지 상태를 통해 내내 존속한다는 것을 아는데, 자기 자신을 위해서든 남을 위해서든, 왜 이 몸이라는 족쇄를 지속하고 싶어 한단 말입니까?"

"사람이 죽기 시작하면 호흡 곤란이 시작됩니다. 그것은 그가 죽어가는 몸을 의식하지 못하게 되었다는 의미입니다. 마음은 즉시 또 다른 몸을 붙들게 되고, 두 몸 사이를 왔다 갔다 하다가 마침내 새 몸으로 집착이 완전히 옮겨갑니다. 그러는 동안 이따금 거친 숨을 몰아쉬기도 하는데, 그것은 마음이 그 죽어가는 몸으로 돌아오는 것을 의미합니다. 마음의 이 과도적 상태는 꿈과 다소 비슷합니다."

## 동물들도 영혼이 있는가?

**진인**은 동물들을 인간 대하듯이 대한다. 어떤 동물에 대해 이야기할 때 당신은 암수에 따라 일관되게 '그'나 '그녀'라는 대명사를 사용한다.[3) ] 한번은 누군가가 동물들은 인간보다 열등하지 않느냐고 질문하자 당신은 이렇게 대답했다. "**우파니샤드**에서는 인간도 에고에 지배되는 한, 즉 순수한 **진아**를 자각하기 전까지는 동물일 뿐이라고 말합니다. 심지어 인간이 동물보다 못할 경우도 있지요." 또 **진인**은, 아주 진보한 영혼들은 당신의 아쉬람 근처에서 살기 위해 동물의 몸을 받아 왔을 수 있다고 말하

3) 타밀인들은 동물을 지칭할 때 통상적으로 '그것'이라는 대명사를 사용한다.

기도 했다. 한때 아쉬람에는 개 네 마리가 살고 있었는데, 이 개들은 진인에게 헌신하는 특성을 많이 보여주었다. 예를 들어 그들에게 음식을 주면, 진인이 음식을 받아서 식사를 시작할 때까지 자기 음식에 입을 대지 않다가 진인이 식사를 시작하면 그들도 바로 먹기 시작하여, 그 점에서는 자기들이 얼마나 철저한지를 보여주었다.

### 헌신의 행법들

"염송 같은 것은 (내면적 탐구보다) 더 구체적인 방법이라고 해서 많은 사람들이 선호합니다. 그러나 자기(진아)보다 더 구체적인 것이 무엇입니까? 그것은 누구나 각자 직접 체험하는 것이고, 매 순간 경험하는 것입니다. 그래서 자기는 이론의 여지 없이 알려지는 유일한 것입니다. 그렇기 때문에, 알려지지 않은 어떤 것을—신이나 세계를—추구하기보다 그것을 추구하여 발견해야 합니다."

### 삼매와 그 해석

"사도 바울이 얻은 체험, 즉 그가 그리스도에게 귀의하게 된 그 체험은 실은 형상이 없었습니다. 그러나 이 체험을 한 뒤에 그는 그것을 그리스도의 환영幻影이라고 보았습니다."[4)]

진인은 바울이 이전에 그리스도를 미워하는 사람이었다는 반론에 답하면서 이렇게 말했다. "사랑이 우세했든 증오가 우세했든 그것은 중요하지 않습니다. 여하튼 그리스도에 대한 생각이 있었습니다. 그것은 라바나(Ravana)를 위시한 악마들의 경우와 유사합니다."[5)]

---

4) *T.* 성경 「사도행전」, 제9장 참조.
5) *T.* 라바나는 『라마야나』에 나오는 나찰왕이다. 그는 라마(Rama)의 아내 시따(Sita)를 납치해 갔고, 라마는 그녀를 구하러 가서 라바나와 전쟁을 벌였다. 라바나는 라마를 아주 증오하여 잠시도 잊지 않았고, 이처럼 신을 계속 기억했기 때문에 결국 진아를 깨달았다.

### 우리는 세간에서 어떻게 행위할 것인가?

"우리는 마치 무대 위의 배우처럼 세간에서 행위해야 합니다. 모든 행위에는 그 저변의 원리로서 진정한 **자아**가 배경에 자리 잡고 있습니다. 그것을 기억하고 행위하십시오."

### 심장

"**심장**이 어디 있고, 그것이 무엇인지 알 필요가 없습니다. 그대가 **진아**에 대한 **탐구**에 전념하면 그것은 자신의 일을 할 것입니다."

### 지성

"지성은 **자기**가 몸의 크기와 형태를 하고 있다고 생각하지 않을 수 없습니다."

### 마음

"마음은 달처럼, 자신의 의식의 빛을 **진아**에서 가져옵니다. 그래서 **진아**는 해를 닮았습니다. 그래서 **진아**가 빛나기 시작하면, 마음은 (한낮의) 달처럼 소용이 없게 됩니다."

### 남을 돕는 일

"진인은 **진아**로 존재하는 것만으로도 세상을 돕습니다. 세상에 봉사하는 최선의 길은 **에고 없는 상태**를 얻는 것입니다." 또 이런 말씀도 했다. "만일 그대가 세상을 돕고 싶은데 **에고 없는 상태**를 성취하는 것으로는 그렇게 할 수 없다고 생각한다면, 그대 자신의 문제와 함께 세상의 모든 문제를 신에게 맡기십시오."

### 아르주나가 본 신의 우주적 형상에 대한 견見

"스리 크리슈나가 아르주나에게 말했습니다. '나는 형상이 없고, 모든 세계를 초월한다.' 하지만 그는 아르주나에게 자신의 '우주적 형상'을 보여줍니다. 아르주나는 그 자신과 천신들(gods), 그리고 모든 세계가 그 안에 있는 것을 자기 눈으로 봅니다.[6] 크리슈나는 또 말했습니다. '천신들도 나를 보지 못하고, 인간들도 나를 보지 못한다.' 그런데도 아르주나는 그의 형상을 봅니다. 크리슈나는 '내가 시간이다'라고 말합니다. 시간에 어떤 형상이 있습니까? 또 만약 우주가 정말 그의 형상이라면, 그것은 하나이고 불변이어야 합니다. 그는 왜 아르주나에게 '내 안에서 그대가 보고 싶은 무엇이든 보라'고 말합니까? 그 답은 그 봄(vision)이 심적이라는 것, 즉 그것을 보는 자의 바람에 따를 뿐이라는 것입니다. 따라서 그것을 문자적으로 해석하면 안 됩니다. 그것은 신의 진리에 따른 봄은 아니었습니다. 사람들은 그것을 '신적인 봄(神見, divine vision)'이라고 합니다. 하지만 각자가 자기 나름의 견해에 따라 그것을 그립니다. 그런데 그 봄 안에는 '보는 자'도 들어 있지요! 최면술사가 그대에게 어떤 것을 보여주면 그대는 그것을 눈속임이라고 하면서, 정작 이것은 '신적神的'이라고 합니다! 왜 이런 차이가 나야 합니까? 크리슈나는 아르주나에게 '신적인 눈(*divya chakshus*)'을 베풀었지만, 지知의 눈(*Jnana chakshus*), 즉 순수한 의식인 눈은 베풀지 않았는데, 여기에는 어떤 봄도 없습니다. 눈에 보이는 그 무엇도 실재하지 않습니다."

### 행위 요가와 행위의 포기

이 문제에 관해 누가 한 질문에 대해서, 진인은 즉시 답변하지 않고 산 위의 숲 속으로 산책을 나갔다. 질문한 사람은 뒤를 따르고 있었다.

---

6) *T.* 『바가바드 기타』, 제11장 참조.

진인은 한 나무에서 막대기 두 개를 잘라냈다. 당신은 이것을 다듬어 지팡이로 만들어, 하나는 질문자에게 주고 하나는 다른 사람에게 주었다. 그런 다음 말했다. "지팡이를 만든 것은 행위 요가(*Karma-Yoga*)[7]이고, 그것을 준 것은 행위의 포기(*Karma-Sannyasa*)입니다." 진인은 당신이 쓰려고 그것을 만든 것이 아니었던 것이다.

### 영적인 중심

영적인 중심[8]은 지리적인 것이 아니다. 그것은 모든 사람을 포함한다. 파괴적인 힘과 건설적인 힘이 공히 그것에 속한다.

### 샹까라와 라마누자['한정 비이원론'의 주창자][9]의 조화

라마누자는 세계가 실재하며, 마야는 없다고 말한다. 샹까라는 우리에게 항상 변해 가는 세계 이면의 실재를 발견하라고 말한다. 라마누자가 변화무쌍함이라고 하는 것을 샹까라는 환幻이라고 한다. "그 차이는 언어상의 것일 뿐입니다. 둘 다 같은 목표에 이릅니다."

### 진인은 신에 대해 명상하는가?

"명상은 생각하는 것이고, 생각하는 것은 잊어버림에 대해 상대적입니다. 신을 잊어버리는 사람은 신을 생각해야 합니다. 진인은 결코 신을 잊지 않습니다. 마치 우리가 우리 자신을 결코 잊지 않듯이 말입니다. 그래서 그는 신에 대해 명상하지 않습니다. 그러나 결코 신을 잊지 않기 때문에, 항상 신에 대해서 명상하고 있다고 해도 맞겠지요."

---

7) *T.* 올바른 행위, 특히 남들을 위한 봉사 행위를 통해 진리에 이르려는 수행 노선.

8) *T.* 지구상의 영적인 중심. 진인은 아루나찰라가 바로 이 우주의 영적인 중심이라고 했다.

9) *T.* 라마누자(Ramanuja, 1077-1157)의 한정 비이원론은 샹까라의 순수 비이원론에 반기를 든 유신론적 베단타 철학이다. 개인적 자아와 세계를 별개의 실재 범주로 보지는 않지만, 이것들이 인격신이자 지고의 자아인 브라만과 불가분하게 연관된 속성이라고 한다.

## 신을 보는 것에 대하여

진인의 가르침은 물론이고 고대의 전승지도 공부한 적이 없는 어떤 사람이 당신에게 일련의 질문을 했는데, 그 중의 하나가 "당신께서는 신을 보셨습니까?"라는 것이었다. 진인은 온화하게 웃으며 답변했다. "만약 누가 제 앞에 나타나서 '나는 시바다,' '나는 라마다' 혹은 '나는 크리슈나다'라고 했다면, 저도 그런 분을 본 적이 있다는 것을 알 수가 있겠지요. 그러나 그 누구도 저에게 나타나서 자신이 누구라고 말하지 않았습니다." 이 답변은 질문자의 무지에 맞추어서 한 것이었다. 진아인 신은 형상이 없고, 하나의 대상으로 눈에 보일 수 없다.

또 한번은 진인이 신성한 전승지에서 권장하는 '만물에서 신을 보는 것'에 대해 질문 받자, 이렇게 말했다. "대상들을 보면서 거기서 신을 생각하는 것은 심적인 과정입니다. 그것은 신을 보는 것이 아닙니다. 왜냐하면 그는 내면에 있기 때문입니다." '만물에서 신을 본다'는 표현은, 세계라는 겉모습 이면의—즉, 세계가 그 위에 덧씌워진—실재가 신임을 이해한다는 의미이다. 이것을 '용해견溶解見(*pravilapa drishti*)'—다양한 현상의 이면에 있는 진리를 기억하는 것—이라고 하며, 진인도 마음을 정화하고 강화하는 한 방편으로 이것을 권장했다.10)

## 왜 계시서는 진아가 무엇이라고 말하지 않는가?

"진아를 발견하기 위해 우리가 해야 할 일은 비아非我들, 즉 껍질들을 벗겨 내는 것이 전부입니다. 자기가 사람인지 의심하는 사람이 어떤 사

---

10) *taraṇga phena adikamabdhi mātrāṁ svāpnaṁ jagat svapnadṛgeva yadvat* ||
*sarvaḥ prapaṅcho'pyaham eva na anya iti pratītiḥ pravilāpa driṣṭiḥ* ||

파도와 거품이 바다일 뿐이고, 꿈속의 세계가 꿈일 뿐이듯이,
나와 별개로 보이는 모든 것은 나 자신이라는 것이 용해견이다.

*T.* 이것은 바가반이 샹까라의 『분별정보(*Vivekachudamani*)』를 타밀어 산문으로 번역할 때 그 제390연의 내용을 확장해 번역한 것을, 저자가 산스크리트어로 간추려 옮긴 것이다.

람에게 가서 묻습니다. 그 사람은 그에게, 그는 나무가 아니고, 암소가 아니고, 무엇 무엇도 아니라고 말해 줍니다. 이 사람은 만족하지 못하고 이렇게 말합니다. '당신은 내가 무엇인지는 말해 주지 않는군요.' 그에 대한 답변은 '당신이 사람이 아니라고는 말하지 않았소'가 되겠지요. 그래도 그가 자기가 사람이라는 것을 깨닫지 못한다면, 그 말을 해 주어도 소용이 없을 것입니다. 마찬가지로 (계시서에서) 우리가 무엇이 아니라고 말하는 것은, 우리가 그 모든 것을 배제한 뒤에 남는 것, 즉 진정한 자아를 발견하도록 하기 위해서입니다."

### "나는 누구인가?"의 탐구를 하는 법

"이 길은 객관적인 것이 아니라 주관적입니다. 그래서 그것은 남이 보여줄 수 없고 그럴 필요도 없습니다. 누구에게 그 사람 자신의 집 안에 있는 길을 보여줄 필요가 있습니까? 구도자가 자신의 마음을 고요하게 하면 그걸로 충분하겠지요."

### "나는 누구인가?" 하는 물음에 대한 답

"마음 속에서, 마음에 의해 나타나는 답은 전혀 답이 아닙니다." 그 답은 곧 에고 없는 상태이다.

### 직접지란 무엇인가?

"사람들은 마음의 생각들과 별개인 어떤 의식도 없을 거라고 여깁니다. 그래서 감각지각만이 직접지直接知라고 생각합니다. 그러나 감각대상들은 자명하지 않습니다. 따라서 감각지각은 직접지가 아닙니다. (반면에) 자기(진아)는 자명하며, 따라서 자기에 대한 앎(진아지)은 직접적입니다. 그러나 사람들에게 '자기는 어떤 매개물 없이도 직접적으로 지각되지 않느나?'고 반문하면 그들은 (무슨 말인지 몰라서) 눈만 껌벅입니다. 왜냐하면 순수한 '나'는 형상을 가지고 그들 앞에 서 있지 않기 때문입니다."

## 영원한 삶에 대하여

"자기(진아)를 잊어버리는 것이 죽음이고, 그것을 기억하는 것이 삶입니다. 그대는 영원한 삶을 바랍니다. 왜입니까? (상대성 안에서의) 현재의 삶이 견딜 수 없기 때문입니다. 왜 그렇습니까? 그것은 그대의 참된 성품이 아니기 때문입니다. 그대는 실은 순수한 영靈이지만, 그것을 하나의 몸과 동일시합니다. 몸은 마음의 한 투사물이고 하나의 객관화된 생각인데, 그 마음은 순수한 영에서 나왔습니다. 몸을 바꾸는 것만으로는 아무 이익이 없습니다. 왜냐하면 에고가 새 몸으로 옮겨갈 뿐이기 때문입니다. 더욱이 삶이 무엇입니까? 그것은 (의식으로서의) 존재이고, 그것이 그대 자신입니다. 그것이 참된 삶이며, 그것은 (시간을 넘어서) 영원합니다. 몸 안의 삶은 조건 지워진 삶입니다. 그러나 그대는 조건 지워지지 않은 삶입니다. 만약 '나는 몸이다'라는 관념이 죽으면, 그대는 조건 지워지지 않은 삶으로서의 자신의 참된 성품을 회복할 것입니다."

## 실재에 등급이 있는가?

"생각에서 벗어난 정도에 따라 실재의 체험에는 등급이 있을 수 있습니다. 그러나 실재에는 등급이 없습니다."

## 진아를 잃어버릴 수도 있는가?

어떤 사람이 말했다. "성경에서는 우리가 영혼을 잃어버릴 수도 있다고 말합니다." 진인이 말했다. "에고는 우리가 잃어버릴 수도 있지만(또 그래야 하지만), 진아는 결코 그렇지 않습니다."

**불행**

"불행은 마음 안에서 활개 치는, 엄청나게 많은 부조화스러운 생각들에 기인합니다. 그 모든 생각이 단 하나의 생각으로 대체되면 어떤 불행도 없을 것입니다. 그러면 행위자라는 느낌과, 그에 따라 일어나는 행위의 결과에 대한 기대도 사라질 것입니다."

**즐거움의 기원**

"한 생각이 온 마음을 점령하면, 그것은 다른 모든 생각을 몰아냅니다. 그러면 그 한 생각도 **진아** 속으로 가라앉고, **진아**의 **지복**이 '즐거움'으로서 드러나게 됩니다. 그러나 이 드러남은 지복껍질(*anandamaya*) 안에 있습니다. 모든 껍질들이 제거될 때에만 완전한 **지복**을 깨닫게 됩니다."

**신과 자기의 동일성**

"만약 **신**이 **자기**(진아)와 다르다면 **그**는 **자기**가 없어야 하는데, 그것은 말이 되지 않습니다."

**참된 상태**

"그대의 임무는 단순히 존재하는 것이지, 이것이나 저것이 되는 것이 아닙니다. '나는 이것이다'라고 하면서 '나'가 옆길로 벗어날 때, 그것이 바로 에고성(egoism)이고, 무지입니다. 그것이 순수한 '**나**'로서 빛날 때, 그것이 진정한 자아입니다."

**이원론은 비난 받아야 하는가?**

"**이원론**(*Dvaita*)은 **자기**(진아)를 비아非我와 (그릇되게) 동일시하는 것입니다. **비이원론**(*Advaita*)은 그러기를 그만두는 것이지요."

### 영웅주의

"'나'가 일어나면, 그것 자체가 주체도 되고 대상도 됩니다. '나'가 (에고로서) 일어나지 않을 때는 주체도 없고 대상도 없습니다. 성숙한 사람에게는 더 이상 말할 필요가 없습니다. 이것을 아는 그는 이 모든 것을 떠나 자신의 마음을 안으로 돌립니다. 이렇게 할 수 있으려면 우리가 **디라**(*Dhira*), 즉 **대장부**(영웅적인 사람)가 되어야 합니다. 그러나 **자기 자신**을 발견하는 데 무슨 영웅주의가 필요합니까? '디(*Dhi*)'는 마음을 뜻하고, '라(*ra*)'는 그 에너지가 생각으로 흘러나가지 않게 한다는 뜻입니다. 생각의 홍수를 막아서 마음을 안으로 돌릴 수 있는 사람이 **디라**입니다."

### 상대적 지식의 증가

어떤 사람이 자신의 전생들을 알고 싶어 하자 **진인**이 말했다. "금생에 대해 아는 것만으로도 그대는 행복하지 않습니다. 전생들을 알아 봐야 그대의 불행만 늘어날 것입니다. 그런 모든 앎은 마음에 짐일 뿐입니다."

### 진아가 주시자인가?

"**진아**가 **주시자**라는 관념은 마음 속에 있습니다. 그것은 마음의 요동을 가라앉히는 데 도움이 될지 모릅니다. 그러나 그것은 **진아**에 대한 절대적 **진리**가 아닙니다. 주시하기는 주시되는 대상에 대해 상대적입니다. 주시자와 그의 대상, 둘 다 마음의 창조물입니다."

### 에고 없음, 사랑, 성령 그리고 영靈

"에고 없음, 사랑, 성령 그리고 영靈은 모두 똑같은 하나, 즉 **진아**의 이름들입니다."

### 행복

"자기를 몸과 동일시하면서 행복을 추구하는 것은, 악어의 등에 타서 강을 건너려는 것과 같습니다. 에고가 일어날 때 마음은 자신의 **근원**, 곧 **진아**에서 분리되어, 마치 공중으로 던져 올린 돌처럼, 혹은 강물처럼 요동합니다. 그 돌이나 강이 자신이 유래한 곳, 즉 땅이나 바다에 당도하면 휴식하게 됩니다. 마찬가지로, 마음은 자신의 **근원**으로 돌아가서 휴식할 때 쉬게 되고 행복합니다. 그 돌과 강이 원래 온 곳으로 반드시 돌아가게 되듯이, 마음도 불가피하게—언젠가는—자신의 **근원**으로 돌아갈 것입니다." 이처럼 모두가 **목표**에 도달할 것임이 보증된다.

"행복은 그대 자신의 성품입니다. 따라서 그것을 욕망하는 것은 잘못이 아닙니다. 잘못은 그것을 밖에서 구하는 것인데, 왜냐하면 그것은 안에 있기 때문입니다."

### 삼매와 황홀경

"**삼매**(*Samadhi*) 자체에는 완전한 **평안**만이 있습니다. 황홀경은 **삼매**가 끝날 무렵 마음이 되살아나면서 **삼매**의 **평안**을 기억할 때 찾아옵니다. 헌신에서는 황홀경이 먼저 옵니다. 그것은 기쁨의 눈물, 머리칼이 곤두서는 것, 그리고 말을 더듬는 것으로 나타납니다. 에고가 최종적으로 죽고 **본연삼매**(*Sahaja*)를 얻게 되면 이런 징후들과 황홀경은 그칩니다. 잠에서 깨어났을 때 황홀경이 없는 것은, **삼매**가 생시 상태에서의 **잠**(생시-잠)이기 때문입니다."

### 붓다

"**붓다**는 자신의 제자들에게 지속적인 **행복**을 성취하는 법을 가르치는 것에만 관심이 있었습니다. **신**이나 기타 사항에 대한 질문들—질문자들의 무지에 기초한, 그리고 그 무지와 뒤섞인 질문들—에는 답변하지 않았습니다. 이 때문에 그는 **공사**空師(*Sunyavadi*-공을 설하는 사람, 곧 허무론자)로 묘사되었지요!"

### 나라를 다스린 진인

**질문:** 자나까(Janaka)는 **진인**이면서 어떻게 자신의 나라를 다스릴 수 있었습니까?

**답변:** 그 질문을 자나까가 했습니까? **바른 지**知의 **상태**에서는 그런 질문이 일어나지 않지요. 그것은 무지 속에서만 일어날 수 있습니다.

**질문:** 아마 그는 자신의 활동을 하나의 꿈으로 보았겠지요.

**답변:** 그런 설명 역시 무지 속에 있습니다.

### 마음의 불순물을 씻어내기

"**진아 체험**[진지(*Jnana*)] 그 자체가 마음의 모든 불순물을 씻어냅니다."

### 업業을 절멸하는 것에 대하여

"식물을 가지치기해 주면 그것은 더 자랍니다. 마찬가지로 **업**業(*Karma*)을 절멸하려고 하면 할수록 그것은 더 늘어날 것입니다. **업**業의 **뿌리**, 곧 에고를 추구하여 그것을 소멸해야 합니다."

### 브라마짜리야에 대하여

"**브라마짜리야**(*Brahmacharya*)[금욕]는 의지력만으로는 확립할 수 없습니다. 참된 **브라마짜리야**는 외적인 것이 아닙니다. 그것은 **브라만**, 곧 실재 안에서 사는 것입니다. 이것이 얻어지면 **브라마짜리야**가 따라올 것입니다."

**"건강한 몸 안에 건강한 마음이 있다."**

"만일 그대가 몸의 건강이 마음의 건강을 위해 필요하다는 관념에 따라 행동한다면, 몸을 돌보는 일에 끝이 없을 것입니다."

**하타 요기들**

해탈을 얻기 위한 행법들을 닦으려면 엄청나게 오랜 시간을 견뎌낼 수 있게 몸을 준비시켜야 한다는 **하타 요기**들의 관념은 우습다. 그들은 몸을 하나의 화포畫布에 비유해 그것을 정당화한다. 즉, 그림을 그릴 수 있게 화포를 적합한 상태로 만들어 두어야 한다는 것이다. **진인**은 말했다. "무엇이 화포이고, 무엇이 그림입니까? **진아**가 화포이고 몸과 세계가 그림입니다. 그리고 **진아**를 자각하기 위해 우리가 해야 할 일은 그 그림들을 지워버리는 것입니다." 그래서 **하타 요가**는 **현명한** 제자들이 할 것은 아니다.

**마음 제어**

"코끼리를 모는 사람은 코끼리의 코가 끊임없이 움직이는 것을 가라앉히기 위해 코에 무거운 사슬을 안겨주어 그것을 붙들고 있게 합니다. 마찬가지로, 마음이 헤매는 것을 제어하려면 마음이 몰두하기에 가장 좋은 것을 안겨주어야 합니다. 그러지 않으면 바람직하지 않은 어떤 것에 몰두할 것입니다. 마음에게 안겨줄 모든 일거리 중 가장 좋은 것은 마음이 자신의 **근원**을 추구하게 하는 것입니다. 차선책은 명상이나 염송입니다."

**영적인 진보를 위한 단식**

"단식(fasting)은 주로 정신적 단식이어야 합니다. 음식을 끊는 것만으로는 아무 이익이 없을 것입니다. 그것은 심지어 마음을 뒤집어 놓기도 합니다. 영적인 발전은 오히려 식사를 조절함으로써 이루어집니다. 그러나 만약 한 달 간의 단식 기간 동안 영적인 소견이 유지되었고, 단식을 튼 뒤에(올바르게 트고 나서 적절한 보식補食을 했을 때) 열흘 가량이 될 때까지도 그러하다면, 마음은 순수해지고 안정되며 그 상태가 지속될 것입니다."

**한 실용주의자에 대한 답변**

**질문:** 모든 사람이 출가한다면, 누가 땅을 갈고 곡식을 거두겠습니까?

**답변:** 참된 자아를 깨닫고 나서 그대 스스로 보십시오.

이것은 그런 모든 질문들에 대한 하나의 일반적 답변이다.

**어렵다는 느낌**

"방법(수행법)은 어떤 사람이 이전에(전생에) 그것을 닦았느냐, 닦지 않았느냐에 따라서 쉽게도 보이고 어렵게도 보일 것입니다."

**평등주의자들에게**

"완벽한 평등을 성취하는 가장 확실한 방법은 잠을 자는 것이지요!"

**산아제한 대對 도덕성**

**질문:** 산아제한(피임)은 도덕성을 저해합니까?

**답변:** 『마하바라타』에서는, 사람이 욕망에 굴복하면 할수록 그것에 더 맛을 들이게 된다고 합니다.

**나아가고 물러섬에 대하여**

어떤 사람이, 나아가기는 쉬워도 물러서기는 불가능하다고 말했다. 진인이 말했다. "아무리 멀리 나아간다고 해도, 그대는 늘 있는 바로 거기에 있습니다. 나아가고 물러섬이 어디 있습니까? 『이샤 우파니샤드(*Isa Upanishad*)』[v.5]에서는 이렇게 말합니다. '그것은 멀다. 그런데 그것은 가깝기도 하다!'"

### 병 등을 치유하는 신적인 힘

"어떤 목적으로도 신적인 힘을 '도입할' 필요는 없습니다. 그것은 이미 그대 안에 있습니다. 그것은 곧 그대입니다."

### 생시와 꿈의 비교

"꿈을 꾸는 사람은 꿈 세계에 관심이 있습니다. 왜냐하면 그것을 자기 바깥의, 자기와 별개인 객관적 실재로 여기기 때문입니다. 생시의 사람은 같은 이유로 자신의 생시 세계에 관심이 있습니다. 만약 참된 자아의 체험으로 세계가 하나의 상념 형상(thought-form)일 뿐이라는 것을 알게 되면, 거기에 더 이상 관심을 갖지 않게 될 것입니다."

### 세계가 존재하는가?

"세계가 존재한다고 하는 말과 그것이 실재한다고 하는 말에는 차이가 있다"고 진인은 말한다. 후자는 외관상 그에 반대되는 진술, 즉 세계는 실재하지 않는다는 말과 모순되지 않는 반면, 전자는 그 반대의 진술과 모순된다. 철저히 무지한 사람은 바탕—세계라는 겉모습 저변에 있는 실재—을 현상과 혼동하고, 그 혼합체가 실재한다고 여긴다. 진인의 제자들은 현상을 바탕에서 분리해야 한다는 것을 알며, 바탕만이 실재하고 그 나머지는 하나의 환幻이라는 것을 이해한다.

### 신의 이름들

"그대가 태어날 때 이마에 아무 이름도 새겨져 있지 않았지만 누가 이름을 부르면 그대가 반응하듯이, 신도 실제로는 이름이 없지만 그의 헌신자가 그의 이름을 지니면(염하면) 반응합니다."

### 가족 인연을 포기하기

"잠 속에서 그대는 '그대의 가족'을 알지 못했습니다. 그런데 그대는 지금도 같은 존재입니다. 그러나 지금은 가족을 알고 있고, 그것이 그대를 속박한다고 느끼면서 그것을 포기할 생각을 합니다. '그대의' 가족이 그대를 그들 자신에게 묶습니까, 아니면 그대가 그들을 그대 자신에게 묶습니까? '이것이 내 가족이다'라는 생각을 포기하는 것으로 족합니다. 생각들은 변하지만 그대는 변치 않습니다. 그 불변의 그대를 꽉 붙드십시오. 그러자고 마음이 생각하는 것을 멈출 필요는 없습니다. 그저 그 생각들의 근원을 기억하고, 그것을 발견하도록 열심히 노력하십시오."

### 순복

"사람이 순복하면 할수록 그의 환경은 더 나아질 것입니다. 그리고 일을 하는 그의 힘도 더 강해질 것입니다." 이것은 (인도의) 정치적 독립을 위한 일에 종사하고 있던 어떤 사람에게 해준 말씀이다.

### 신성한 전승지

"신성한 전승지는 사람이 진아탐구를 하면서 내면으로 향하지 못하는 한에서만 가치가 있습니다. 그가 내면으로 향하는 즉시, 그 전승지에 대해 배운 것은 모두 잊히고 사라질 것입니다."11)

---

11) 『진어화만』, 제147연(부록 2, 82a연 참조).

### 세계를 붙잡기

"세계는 진아의 한 그림자에 불과해서, 그것을 제대로 알거나 붙잡는 것이 불가능합니다. 어린아이가 자기 그림자의 머리를 붙잡아 보려고 하지만 붙잡지 못합니다. 왜냐하면 아이가 움직일 때 그림자의 머리도 움직이기 때문입니다. 그럴 때 엄마가 아이의 손을 아이 머리에 얹어주면서 그림자 머리에 손이 닿은 것을 보여줍니다. 마찬가지로 진아를 붙잡아야만 세계를 제대로 알거나 붙잡을 수 있습니다."

### 확고하게 존재하면서 영향 받지 않기에 대하여

'나는 의식의 대양 위에 있는 물거품과 같다'고 하는 소견을 비판하면서 진인은 이렇게 말했다. "그런 생각이 모든 걱정의 뿌리이고, 그것을 내버려야 합니다. 진아가 대양이고 세계와 영혼들은 그 위의 거품입니다. 만약 이것을 항상 알고 기억하면 그대가 확고해지고, 의심과 걱정에서 벗어날 것입니다. 탐구로써 심장 속으로 뛰어들면 이 진리가 입증됩니다. 그러나 설사 안으로 뛰어들지 않는다 해도 그대는 그것이고, 그것 외에 아무것도 아닙니다. 안과 밖이라는 관념은 바른 견해를 받아들여 고수하지 않는 한에서만 일어날 수 있습니다. 해탈을 사랑하는 사람에게는 안으로 뛰어들라고 말합니다. 왜냐하면 그가 존재하지 않는 개인적 자아를 자기로 착각하고 있기 때문입니다. 이 자기(진아)는 무한하고, 눈에 보이는 일체를 포함합니다. 이와 같이 아는 사람은 아무것도 욕망하지 않을 것이고, 늘 완전한 만족감을 가질 것입니다. 내면으로 뛰어들기 전이라 해도 진아는 체험됩니다. 누구도 자신이 존재한다는 것을 부인할 수 없습니다. 그 존재가 곧 진아의 의식입니다. 그대가 존재하지 않는다면 질문을 할 수 없습니다. 그래서 그대는 그대 자신을 알고 있습니다. 진아의 진리를 깨달으려는 그대의 노력의 결과는, 그대가 현재 가지고 있는 오류들을 없애는 것뿐입니다. 어떤 새로운 '깨달음'도 없을 것입니다."

## 진아는 빛이다

"어떤 대상을 알기 위해서는 어둠을 없애는 보통의 빛이 필요합니다. 진아를 알기 위해서는 빛과 어둠을 다 밝혀주는 어떤 빛이 필요합니다. 이 빛은 빛도 아니고 어둠도 아닙니다. 그것을 빛이라고 부르는 이유는 그것에 의해 빛과 어둠이 알려지기 때문입니다. 이 빛이 진아, 곧 무한한 의식인데, 그것을 모르는 사람은 아무도 없습니다. 그 누구도 무지인無知人(*Ajnani*), 곧 자기를 모르는 사람이 아닙니다. 이것을 모르고, 사람들은 진인이 되고 싶어 하지요!"

# 부록 1 진인심요(眞人心要) 발췌

4. *astītyasmin kathaṁ dhīrbhavati yadi na sat? tadvibhinnā nu saccit?*
*satyaṁ niścintanaṁ tadbhavati hṛdi yatastasya hṛnnāmakasya* |
*dhyātā ko vāsti bhinno? bhavati ca tadidaṁ dhyānagamyaṁ kathaṁ nu?*
*tasya dhyānaṁ hṛdantaḥ praśamitamanasā tanmayatvena niṣṭā* ||

존재하는 것 없이 존재의 느낌이 있겠는가? 실재하는 의식이 그것 아닌가? 그 실재는 무념으로 심장 안에 거주하는데, 그 자체 심장으로 불리는 그것을 어떻게 명상할 수 있는가? 또 그것과 별개로 그 성품이 실재-의식인 진아에 대해 명상할 누가 있는가? 그것을 명상한다는 것은 심장 안에서 그것과 하나가 된 상태라네.

6. *paśyāmo bhuvanaṁ yato, bhavati sat tanmūḷamekaṁ paraṁ*
*yacchatkeḥ pariṇāmabhūtam akhiḷaṁ; naitadvivādāspadam* |
*ākhyārūpamayaṁ ca citramidamapyādhāravastraṁ dyutiḥ*
*draṣṭā ceti catuṣṭayaṁ sa paramo yaḥ svātmabhūto hṛdi* ||

우리가 세계를 보므로, 그것의 근원인 (세계와 마음을) 초월하는 유일한 실재가 존재하고, 이 모든 것은 그것의 힘으로 이루어진다네. 이는 논쟁의 여지가 없네. 이름과 형상들의 이 영화와, 그것을 받쳐주는 스크린, (의식의) 빛, 그리고 관객—이 네 가지 모두가 저 지고의 존재, 곧 심장 안의 진정한 자아일 뿐이라네.

8. *vādaiḥ kiṁ bhavitā jagadbhavati sanmithyābhramaścijjaḍaṁ*
*ānandaṁ nanu duḥkhameva tad iti? tyaktvā samastaṁ jagat* |
*svātmānaṁ samavetya satyamamalaṁ dvaitaikyavādātige*
*yāhantārahitā sthitirnijapade sarvādṛtā saiva hi* ||

"세계는 실재한다", "그것은 환적幻的인 겉모습이다", "그것은 의식을 띠고 있다", "그것은 지각력이 없다", "그것은 행복하다", "그것은 분명 불행하다"라고 하는 것이 무슨 소용 있는가? 세계에서 돌아서서 자신의 진아를 체험하여 얻는, 이원성과 단일성의 교의를 초월한 저 에고 없음의 상태야말로 모두에게 소중한 것이라네.

9. *rūpī svo yadi rūpumastu jagato rūpaṁ parasyāpyuta*
*vīkṣā kena kathaṁ ca rūparahitaḥ svātmā yadi syādvada?* |
*dṛśyaṁ kiṁ nu dṛśo'nyathā vada bhaved? dṛk sā sva eva svayaṁ*
*nissīmā nirupādhikā citimayī sā niṣprapañcā'dvayā* ||

만일 자아가 형상이 있다면, 세계와 신도 형상이 있을 것이네. 그러나 자아가 형상이 없는데, 누가 형상을 보며 어떻게 보겠는가? 보는 눈과 다른 성품의 어떤 것을 볼 수 있는가? (실재하는) 눈은 진정한 자아일 뿐이니, 조건 지워지지 않고, 의식의 성품을 지녔고, 말이 없으며, 둘이 없는 그 눈은 무한하다네.

10. *deho yannikhilasya cāpi bhuvane syāt pañcakośātmakaḥ*
*kośānāmapi pañcakaṁ tata idaṁ dehābhidhānaṁ bhavet* |
*satyevaṁ vada dehataḥ kimu jagadbhinnaṁ bhavet tattvataḥ?*
*kiṁ kenāpi ca vīkṣitaṁ jagadidaṁ dehaṁ vinā procyatām* ||

세계 안의 모든 몸은 다섯 껍질을 포함하므로, 다섯 껍질 모두를 합친 것이 '몸'이라는 이름에 부합하네. 그렇다면 말해 보라, 세계가 몸과 별개로 실제로 존재하는가? 말해 보라, 몸이 없이 누가 세계를 본 적이 있는가?

11. *śabdādīn viṣayān vihāya jagato rūpaṁ bhavenno pṛthak*
*evaṁ dhīndriyapañcakasya viṣayo niśśeṣametajjagat* |
*etaiḥ pañcabhir indriyair jagad idaṁ hyekaṁ mano budhyate*
*satyevaṁ manaso jagat kathaya kiṁ bhinnaṁ tattvataḥ?* ||

세계는 감각대상, 즉 소리 등과 별개의 어떤 형상도 가지고 있지 않네. 그래서 전 우주는 다섯 감각기관의 감각들일 뿐이며, 이 다섯 감각기관을 통해 하나의 마음이 세계를 안다네. 그렇다면 말해 보라, 세계가 마음 아니고 무엇인가?

12. *viśvaṁ buddhiriti dvayaṁ samudiyāḷḷīyeta cāpyekavat*
*evaṁ satyapi bhāsyate jaḍamidaṁ viśvaṁ dhiyaivākhilam* |
*yasmiṁstaddvitayasya janmaviḷayau bhāsvatyanastodaye*
*sajjānīhi tadeva pūrṇamamalaṁ cidrūpakaṁ kevalam* ||

세계와 마음, 이 두 가지는 하나로서 뜨고 진다네. 하지만 이 지각력 없는 우주는 마음에 의해서만 비추어진다네. 그 안에서 두 가지[우주와 마음]가 뜨고 지지만 그 자체는 결코 뜨거나 지지 않는, 순수한 의식의 성품으로 되어 있는, 단 하나의 태어나지 않은 무한한 존재야말로 실재라는 것을 알라.

14. *saṁśritya prabhavantyahaṁmatimimaṁ sarvāstripuṭyastathā*

*dvandvānyapyuta saṁbhavanti; tadahaṁnāmā bhavet konviti |*
*anveṣāddhṛdayaṁ praviśya yadi tattattvaṁ samāḷokayet*
*sarvaṁ tadvigaḷet svayaṁ, sa ca bhavejjñānī, sa naiti bhramam ||*

3요소는 모두 에고-의식에 의존해 일어나며, 이원자들도 그러하네. 만약 우리가 "나는 누구인가?" 하는 **탐구**로써 **심장** 속으로 들어가 그것[진아]의 진리를 보면, 일체가 완전히 사라진다네. 그런 이가 **진인**이니, **그**는 (그것들에) 미혹되지 않네.

16. *jñātāraṁ svamajānato'nyaviṣayajñānaṁ bhave yadbhavet*
*jñānaṁ tadbhavitā kathaṁ nu kathaya? jñānasya cānyasya ca |*
*ādhāro'hamitīha yo bhavati, tattattvaṁ vijānāti cet*
*ajñānena samaṁ tadā pravilayaṁ jñānaṁ ca gacchedidam ||*

아는 자[자신]의 진리를 모르는 사람에게, 상대적 존재 안에서 일어나는 대상지知가 어떻게 참된 **지**知일 수 있겠는가? 지知와 그 상대물(무지)이 자기 안에 존속하는 그 사람을 바르게 알면, 무지와 함께 (상대적인) 지知도 단번에 사라질 것이네.

18. *ātmā jñānamayo ya eṣa gaditassatyassa evādvayo*
*jnānaṁ nāma bahuprakārakamidaṁ tvajñānamevākhiḷam |*
*svasmājjñānamayāt satastavasadidaṁ no bhidyate karhicit*
*nānā'santyapi bhūṣaṇāni kathaya svarṇat sato'nyāni kim? ||*

(여기서) **의식**이라고 선언되는 이 **진아**만이 둘이 없이 실재하고, 다양한 모든 지知는 무지일 뿐이네. 이 무지는 **의식**인 **진아**와 별개로는 존재성이 없다네. (금으로 만든) 장신구들은 실재하지 않는데, 실재하는 금과 별개로 존재하는지 말해 보라.

19. *bhāti tvaṁ sa iti dvayaṁ, samuditāhandhīḥ śarīre yadā*
*tattvaṁ kiṁ nvahamo bhavediti dhiyā svānveṣaṇena svayam |*
*nīte'sminnidhanaṁ, samaṁ taditaraprajñe tatau naśyato;*
*yadbhātyekatayā tadā, gaṇaya tat tattvaṁ bhavedātmanaḥ ||*

'너'와 '그' 두 가지는 몸과 관련해 '나'라는 느낌이 일어날 때 나타나네. "이 '나'의 진리는 무엇인가?"라는 물음을 통한 자신의 **진아**에 대한 **탐구**로 에고가 소멸되면, 그와 함께 다른 두 가지 관념도 사라지니, 이때 홀로 빛나는 것이 **진아**임을 알라.

21. *kālo deśa imau pṛithak kimahamo? 'dhīnāstayoḥ smo vayaṁ*
*dehāḥ syāma yadi svayaṁ; kimu vayaṁ dehā bhavāmo vada |*
*sarvatrāpi ca sarvadāpi ca vibhātyātmā samāno yataḥ*
*tasmātsantamavehi kevaḷamamuṁ tau dvau nigīrya sthitam ||*

시간과 공간이 에고와 별개로 존재하는가? 만일 우리가 몸이라면, 그것들에 지배될 것이네. (그러나) 말해 보라, 우리가 몸인가? 참된 자아는 언제 어디서나 동일하므로, 그가 둘[시간과 공간] 다를 소멸시키는 유일한 실재임을 알라.

23. *satyaṁ hyeva jagadvayoraviduṣo vijñātatattvasya ca*
*satyaṁ yāvad idaṁ jagat tu manute sajjñānahīno janaḥ* |
*jñasyākāravihīnamasya nikhiḷasyādhārabhūtaṁ hi sat*
*bhātyevaṁ mahatī bhidāsti hi tayossajjñasya cājñasya ca* ||

실재를 아는 자에게나 모르는 자에게나 세계는 실재한다네. 실재에 대한 지知가 없는 사람은 실재가 세계와 같은 차원이라고 믿네. 실재를 아는 자에게는 실재가 형상 없는 하나, 곧 세계의 근본 바탕으로서 빛나네. 그것을 아는 자와 모르는 자의 차이는 실로 크다네.

26. *vīkṣā svasya parasya ceti gaditaṁ grantheṣu vīkṣādvayaṁ*
*tattattvaṁ kimiti bravīmi; ghaṭate vīkṣā kathaṁ nvātmanaḥ?* |
*ekatvānna sa vīkṣyate yadi, paraṁ vīkṣeta ko vā kathaṁ?*
*īśasyaudanabhāvameva gaṇaya svekṣāṁ parekṣāmapi* ||

진아를 보는 것과 신을 보는 것, 두 가지 봄을 신성한 전승지에서 이야기하는데, 그것이 무슨 의미인지 말하리라. 진아를 보는 것이 어떻게 가능한가? 그는 (보려는 자와) 하나여서 볼 수 없는데, (진아일 뿐인) 신을 볼 누가 있고, 어떻게 보겠는가? 진아를 보는 것과 신을 보는 것은 (에고가) 신의 음식이 되는 데 있다네.

28. *caitanyena vivarjitaṁ vipuridaṁ nāhaṁkarotī svayaṁ*
*brūte naiva kadāpi ko'pi bhuvane nāsaṁ suṣuptāviti* |
*sarvaṁ cāpyudiyādidaṁ samudite tvasminnahaṁnāmake*
*tadbuddhyā śitayā kuto'yamudiyādityevamanveṣaya* ||

몸은 의식이 없으므로 그 자신의 어떤 에고성도 없고, "나는 꿈 없는 잠 속에서는 존재하지 않았다"라고는 아무도 말하지 않네. 이 '나'가 일어나면 모든 사물이 생겨나네. 따라서 이 에고-의식이 어디서 일어나는지 집중된 마음으로 탐색하라.

29. *brūyānnāhamiti svayaṁ jaḍavapuḥ satyā citirnodiyāt*
*tanmadhye tu vapuḥpramāṇamahamityāvirbhavet kiṁcana* |
*etaddhyeva bhavenmano jaḍacitorganthirbhavo'haṁkṛtiḥ*
*bandhaḥ sūkṣmaśarīrametaduditaṁ jīvasya tattvaṁ svayam* ||

지각력 없는 몸은 '나'라고 말할 수 없고, 실재하는 의식은 시작이 없다네. 그들 사이에서 몸에 한정된 어떤 '나'가 태어나는데, 이것이 곧 마음이고, **의식**과 몸 사이의 매듭이며, 조건 지워진 존재이고, 에고이고, 속박이며, 미세신이라네. 이것이 (이른바) 영혼의 참된 본질이네.

30. *dhṛtvā rūpamudeti ca sthitimuta prāpnoti rūpagrahāt*
*dhṛtvā rūpamutopabhujya viṣayānuccaistamaṁ vardhate* |
*hitvā rūpamupādadīta navamapyanviṣyate cet tadā*
*dhāvedrūpavihīna eṣa sahasāhantāpiśāco dhruvam* ||
형상 없는 유령인 이 에고는 형상[몸]을 붙듦으로써 생겨나고, 그 형상을 유지함으로써 계속 존재하며, 그 형상을 유지하고 감각대상을 즐김으로써 힘이 크게 불어나고, (죽으면) 한 형상을 포기하고 새로운 형상을 붙든다네. (그러나) 그것을 탐색해 보면, 그것은 분명히 달아나 버릴 것이네.

31. *etasminnahamākhyake samudite sarvaṁ jagaccodiyāt*
*no cedastyahamityayaṁ na ca bhavatyetajjagat kiṁcana* |
*tatsarvaṁ hyahamākhyakaḥ svayamataḥ ko'sau kutassaṁbhavet*
*ityevaṁ nijamārgaṇaṁ bhavati yat tat sarvahānaṁ bhavet* ||
'나'라고 하는 이것이 일어나면 이 모든 세계가 일어나고, '나'가 없으면 세계도 존재하지 않네. 따라서 이 '나' 자체가 모든 세계라네. "이 나는 누구인가?" 또는 "그는 어디서 왔는가?" 하는 **탐구**가 ('나'의 소멸로써) 그 전체[세계]를 없애는 것이네.

32. *tasyāmeva hi tadvayaṁ bhavati no yatrodayo'haṅkṛteḥ*
*cetastu praviśedahaṁjanibhuvaṁ no cedahantā katham* |
*nīyetāpunarudbhavāṁ mṛtimiyaṁ nītā tathāntaṁ na cet*
*sādhyā nassahajā sthitiḥ kathamasau yasyāṁ vayaṁ tat svayam?* ||
에고-의식의 일어남이 없는 그 **상태**에서만 우리는 그 하나의 **실재**라네. 그러나 마음이 에고-의식의 **근원** 속으로 들어가지 않으면, 에고-의식이 어떻게 최종적으로 소멸될 수 있겠는가? 그리고 에고-의식이 그렇게 소멸되지 않는다면, 성품상 우리 자신의 것이고, 그 안에서 우리가 **그것**인 그 **상태**를 어떻게 얻을 수 있겠는가?

33. *yatkiṁcit salilāśaye nipatitaṁ cinvannimajjedhyathā*
*tadvadvāganiḷau niyamya jagataścintāṁ vihāyākhiḷām* |
*anveṣādudiyāt kuto'ham iti dhīrityevamekāgrayā*
*buddhyāntarhṛdaye nimajjaya vimaḷaṁ vidhyāt svatattvaṁ param* ||
호수에 빠진 물건을 찾아 호수 속으로 뛰어드는 사람처럼, 우리는 말과 호흡을 제

어하고, 세계에 대한 모든 생각을 포기한 채, "에고-의식은 어디서 일어나는가?" 하고 추구하면서, 일념의 마음으로 **심장** 속으로 뛰어들어야 하고, 그렇게 해서 **진정한 자아**, 곧 **초월적 존재**를 알아야 하네.

34. *rudhvā vāṅmanasī ubhe, citirahaṁrūpā ka bhātītyalaṁ*
*buddhyānviṣya nimajjanaṁ hṛdi nijajñānāptaye sādhanam* |
*deho nāyamahaṁ svayaṁ tadahamityevaṁ nididhyāsanam*
*anyeṣāṅgamavehi; kiṁ nu bhavitā so'yaṁ vicāro nijaḥ?* ||
말과 마음을 제어하며 **심장** 속으로 뛰어들어 (원래의) **'나'-의식**이 어디서 빛나는지를 탐구하는 것이 **진아자각**을 얻는 직접적 수단이네. "나는 이 몸이 아니다, 나 자신이 **그것**이다"라는 명상은 **탐구**의 예비단계이네. 그것이 어찌 **진아탐구**이겠는가?

36. *kartavyaṁ kimihāstyamuṣya kṛtino'hantāṁ grasitvodite*
*bhāve sve mutitasya tanmayatayā śānte turīye śive* |
*svānyat kiṁcana vetti no nijapade niṣṭhāṁ gato'sau yato*
*mantuṁ tāṁ padavīṁ naro vada kathaṁ nirmānasīṁ śaknuyāt?* ||
**그것**과의 합일, 곧 에고-의식을 소멸함으로써 드러나는, 상대성을 넘어선 **평안**과 **지복**의 **상태**인 그 합일 안에서 즐거워하는 **그**에게, 해야 할 일이 뭐가 있겠는가? **그**는 **진아** 아닌 어떤 것도 알지 못하는데, 마음 없는 **상태**가 어떤 것인지를 (그렇게 해탈하지 못한) 누가 상상할 수 있겠는가?

37. *niṣṭhāṁ tat tvamasīti vedaśirasā diṣṭāmalabdhvā nijāṁ*
*ko'haṁ syāmiti mārgaṇena hṛdayaṁ buddhyā praviśya svayam* |
*dhīdaurbalyavaśāt karoti manujo dhyānaṁ tadevāsmyahaṁ*
*no deho'hamiti; svayaṁ tadaniśaṁ bhātyātmarūpeṇa hi* ||
**계시서**(우파니샤드)들이 "그대가 **그것**이다"라는 말씀들로 가르치는 자신의 **본래적 상태**를, "나는 누구인가?" 하는 **탐구**로써 **심장** 속으로 들어가서 얻지 않고, 사람들은 마음의 약함 때문에 "내가 **그것**이다, 나는 몸이 아니다" 하는 명상만 하네. (그러나) 그 **실재 자체**가 항상 **진아**로서 빛나고 있다네!

39. *ātmatvena samastajantuṣu sadā satyaṁ hṛdantaḥ sphurat*
*anveṣādavagatya tanmayatayā niṣṭhāmalabdhvā nijām* |
*sat kiṁcidbhavatīti neti tadidaṁ rūpīti netyekakaṁ*
*dvedhā nobhayatheti vā vivadate māyābhibhūto janaḥ* ||
환幻에 매몰된 인간은 모든 중생의 **심장** 안에서 **진정한 자아**로서 늘 빛나고 있는

진리를 탐구를 통해 깨달아 그것으로 안주하지 않고, "실재하는 어떤 것이 있다", "아니다", "그것은 형상이 있다", "아니다", "그것은 하나다", "그것은 둘이다", "어느 쪽도 아니다"라고 다툰다네.

40. *siddhaṁ svaṁ samavetya tanmayatayā niṣṭhā bhavedyā nijā*
*siddhissaiva hi; siddhayastaditarāḥ svapnopaḷabdhā iva |*
*svapnārtha kimu san prabodhasamaye? mukto'nṛtādantato*
*niṣṭhāmetya sati svayaṁ munivaraḥ kiṁ tāsu mohaṁ vrajet ||*

이미 얻어져 있는 그 진아에 대한 실제적 체험을 얻어 심장 안에서 진정한 자아가 되는 것이 진정한 소득이라네. 다른 모든 소득은 꿈속에서 얻은 것과 같네. 꿈속에서 얻은 것이 깨어 나서도 남아 있는가? 실재 안에 거주하면서 거짓을 벗어던진 사람이 다시 그런 것들에 미혹되겠는가?

42. *yāvatsādhakatā narasya bhavati dvaitaṁ yathārthaṁ bhavet*
*sādhye tvadvayateti cāpi gaditaṁ no satyamuktaṁ bhavet |*
*anviṣyannapi sādaraṁ ca daśamaṁ naṣṭatvabuddhyā svayaṁ*
*svaṁ ḷabdhvāpi ca ko babhūva daśamādanyaḥ kathāyāmasau ||*

'우리가 목표에 도달하려고 노력하는 동안은 이원성이 실재하지만, 목표에 도달하고 나면 이원성이 없다'는 말도 전혀 옳지 않네. 우화에 나오는 열 번째 사람이, 그 '열 번째 사람'을 잃어버렸다고 걱정하며 찾을 때와 (열 번째 사람인) 자신을 발견했을 때의 그 자신 말고 누구이겠는가?

43. *kartātmā svayameva cet kṛtiphalaṁ bhuñjyāt sa eva svayaṁ*
*kartāhaṁ ka iti svamārgaṇavaśājjānāti cet svaṁ vibhum |*
*kartṛtvaṁ vigaḷedyato, vigaḷitaṁ tainaiva sākaṁ bhavet*
*karmāpi trividhaṁ svayaṁ; sthitimimāṁ nityāṁ vimuktiṁ viduḥ ||*

만일 자기가 행위자라면, 그 자신이 행위의 결과를 거두어야 할 것이네. 그러나 "행위자인 나는 누구인가?" 하는 탐구의 결과로 무한한 진아를 깨달아 행위자 의식이 사라지면, 그와 함께[행위자 의식과 함께] 세 가지 업業 모두가 사라질 것이네. (현자들은) 이 상태가 영원한 해탈임을 안다네.

44. *baddho'smīti matirbhavedyadi tadā muktermatiścodiyāt*
*baddho'haṁ ka iti svamārgaṇavaśāt sve nityamukte svayam |*
*śiṣṭe satyajare'mare, vada bhuvedvandhasya cintā kathaṁ?*
*sā no cedudiyāt, tadā'sya kṛtino mokṣasya cintā katham ||*

"나는 속박되어 있다"는 생각이 있으면, 해탈에 대한 생각도 일어날 것이네. "속박되어 있는 나는 누구인가?" 하는 **탐구**에 의해서, 늙지도 않고 죽지도 않으며 항상 자유로운 **진아**만이 남게 되면, 속박에 대한 생각이 누구에게 올 수 있겠는가? 만약 그 생각이 일어날 수 없다면, 업을 소멸해 버린 **진인**에게 어떻게 해탈에 대한 생각이 일어날 수 있겠는가?

57. *lebhe janiṁ yaḥ parame svamūle*
*vicārya kasmādahamityudāraḥ* |
*sa eva jātaḥ sa ca nityajāto*
*navo navo'yaṁ satataṁ munīndraḥ* ||

"나는 어디서 왔는가?" 하는 **탐구**를 통해, 그 자신의 원인, 즉 **초월적 존재** 안에서 태어난, 숭고한 마음의 소유자야말로 참으로 태어난 자라네. 그는 단번에 아주 태어났으니, 그 **진인**들의 **주**主는 늘 새롭다네.

60. *kasyaitāni kṛtirvibhaktirapi cājñānaṁ viyogo'pi ca*
*santītyātmavicāra eva bhavati karmādiyogakramāḥ* |
*yasyāṁ nāsti vicārako'hamabhidho naitāni catvāri ca*
*sā satyā sthitirityavehi vimalā svātmānubhūtiḥ śivā* ||

"이것들, 즉 행위, **신**과의 분리, **실재**와의 분리, 그리고 **참된 자아**에 대한 무지가 누구에게 속하는가?" 이런 탐구 자체가, 행위 요가를 비롯한 네 가지 요가 모두라네. 그 상태가 바로, '나'라고 하는 추구자도 없고 위에서 말한 네 가지도 없는, 오염되지 않은 진정한 **존재**, 곧 **진아**의 지복스러운 **체험**이라는 것을 알라.

63. *pare vahati bhūbharaṁ bharamidaṁ mṛṣājīvako*
*vahan bhavati gopurodvahanabiṁbatulyo hyasau* |
*bharaṁ śirasi dhārayannatibharakṣameṇānasā*
*vrajan bhajati cedvyathāṁ bhavati tatra ko doṣavān* ||

**신**이 손수 세계의 (모든) 짐을 운반해 주고 있는데, 이 짐을 지려고 애쓰는 가짜 영혼은 (자기 머리에) 탑을 받치고 있는 것처럼 보이는 석주상石柱像[탑 기단부에 조각된 인물상]과 같네. 무거운 짐을 운반해 주는 기차를 타고 여행하는 사람이, 자기 짐을 머리에 이고 (그 결과로) 고생하고 있다면, 그것은 누구 탓인가?

75. *guṇāssundaratvādayo yānti vṛddhiṁ*
*vasantasya yogādyathā bhūrūhasya* |
*tathā dṛṣṭatattvasya tejo balaṁ dhīḥ*

*nijānandatṛptasya vardhanta eva* ||

봄에는 나무들에 아름다움과 기타 성질들이 증가하듯이, **진아**의 **지복**을 즐기는 데 만족하고 있는 **'진리를 보는 자'**에게는, **빛**과 **힘**과 **지성**이 확실히 증가할 것이라네.

77. *yāne suptimitasya yānagamanaṁ sthānaṁ ca tasya kvacit*
*tasyaivāśvaviyojanaṁ trayamidaṁ yadvadbhavedekadhā* |
*suptiṁ jñānamayīṁ gatasya viduṣo yāne vapuṣyekadhā*
*tadvat syāt tritayaṁ kriyāpi vapuṣo niṣṭāpi nidrāpi ca* ||

마차 안에서 잠이 든 사람에게는 세 가지 (상태), 즉 마차의 움직임, 그것이 어딘가에 가만히 서 있는 것, 그리고 말들의 멍에가 끌러진 채 남겨진 것이 모두 동일하듯이, 몸이라는 마차 안에서 **진아자각**의 잠에 빠져 있는 **진인**에게는, 세 가지 상태, 곧 그 몸의 활동, 삼매 상태(에서의 무활동), 그리고 잠이 모두 동일하다네.

78. *jāgratsvapnasuṣuptiṣu sthitijuṣāṁ yat turyamityucyate*
*jāgratsuptiritīritaṁ svaviduṣaḥ śāntaṁ padaṁ śāśvatam* |
*satyaṁ taddhi padaṁ mṛṣetaradidaṁ tvābhāsamānnaṁ trayaṁ;*
*turyātītamatastadeva munayaḥ śaṁsanti saṁvinmayam* ||

생시, 꿈, 꿈 없는 잠(이라는 악순환) 속에 살고 있는 사람들에게는 **네 번째 상태**라고 불리는, **생시-잠**이라는 **진인**의 평화로운 무시간적 **상태**만이 실재하고, 다른 세 가지 상태는 거짓된 겉모습에 불과하네. 따라서 **현자**들은 **순수한 의식**인 그 **상태**를 **초월적 존재의 상태**라고 부른다네.

79. *karmāgāmi ca sañcitaṁ ca viduṣo naṣṭe bhavetāṁ dhruvaṁ,*
*prārabdhaṁ na tathetyudīritamidaṁ grantheṣu mandān prati* |
*pātnyekā na sumaṅgalī patimṛtau bahvīṣu yadvadbhavet*
*tredhā karma tathā vināśamayate nāśaṁ gate kartari* ||

아둔한 사람에게는 "**진인**의 미래업(*agami*)과, 모여서 저장되어 있는 업(*sanchita*-누적업)은 사라지지만, 열매를 맺기 시작한 업(*prarabdha*-발현업)은 그렇지 않다"고 말한다네. (그러나) 남편이 죽고 나면 여러 아내들 중 한 사람도 과부가 안 될 수 없듯이, 행위자가 죽으면 세 가지 업의 구분이 모두 사라진다네.

81. *lipijño'haṁnāmā kuta iti nijānveṣaṇadhiyā*
*lipiṁ svāṁ nirmārṣṭuṁ lipimadhigato yo na yatate* |
*lipijñānāt kiṁ vā phalamadhigataṁ tena kathaya*
*samo vāgyantreṇāruṇagirivibho'nyo bhavati kaḥ* ||

학식 있는 사람이 "문자를 아는 이 나는 어디서 왔나?" 하는 탐구에 의해 (자신의 이마에서) 운명의 글귀를 지워버리지 않는다면, 그가 학식으로 얻는 것이 무엇인지 말해 보라! 아루나찰라의 주이시여, 이런 축음기 같은 사람이 달리 누가 있습니까?

82. *aśāntasya kleśā viduṣa iha ye santyaviduṣo*
*na te santi; grasto na sa madapiśācena bhavati* |
*na vākcittakleśaṁ bhajati bahumānarthamaṭanaṁ*
*na kuryānnaikasmādavitamiha jānīhi tamimam* ||

마음의 평안을 얻지 못한 학식 있는 사람에게 있는 우환들이, 무식한 사람에게는 존재하지 않네. 후자는 자부심이라는 악마에 씌지 않으므로, 그는 말로나 생각으로 애쓰는 고통을 받지 않으며, 명예를 구하여 돌아다니지도 않네. 그는 한 가지뿐만 아니라 많은 우환을 면하고 있다는 것을 알라.

83. *tṛṇatulitākhilajagatāṁ karakalitākhilanigamarahasyānām* |
*śḷāghāvāravadhūṭīghaṭadāsatvaṁ sudurnirasam* ||

전 세계를 무가치하게 보면서, 신성한 전승지의 비밀을 손바닥에 훤히 놓고 보는 사람일지라도, 칭찬이라는 창부娼婦에 대한 굴종을 벗어던지기는 불가능하네.

84. *svato bhavati kaḥ paraḥ? kimapi ko'pi cetsvaṁ prati*
*vadedbhavati tena kiṁ? gaditavat svayaṁ tad bhavet* |
*bhidāmanadhigacchataḥ sva iti cānya ityavyaye*
*sthitasya sahaje pade sthiratayā parasmin śive* ||

자기 아닌 사람이 누가 있는가? 설사 누군가가 자신에 대해 (칭찬이나 비방으로) 무슨 말을 한다 한들, 그것이 무슨 문제가 되겠는가? 그것이 자기 자신이 한 말과 같다네. 왜냐하면, 아무도 빼앗을 수 없는 그 자신의 본래적 지복의 상태에 확고히 자리 잡고 있는 진인은 그 자신과 남의 차이를 알지 못하기 때문이네.

86. *siddhānto yo bhavati paramaḥ sarva vedāntasāro*
*vacmi spaṣṭaṁ tamimamadhunā tattvato'tyantaguḍham* |
*satyaṁ tat svo bhavati nidhanāccedahaṁnāmakasya*
*śiṣyetāsau citimayatanuḥ satya ātmaiva viddhi* ||

나는 이제 우빠니샤드들의 결론에 해당하는 지고의 핵심인 심오한 비밀을 분명하게 말하리라. 에고의 죽음에 의해 자기가 곧 실재라는 것을 깨달으면, 순수한 의식인 진아만이 남는다는 것을 알라.

# 부록 2 진어화만절요(眞語華鬘節要) 발췌

4. *vidyātmano'tisuḷabhā hṛdaye sarvasya nityasiddhasya* |
*naśyati yadi niśśeṣaṁ dehe loke ca satyatādhiṣaṇā* ||
진아는 모든 사람의 심장 안에 항상 존재하므로, 몸과 세계가 실재한다는 관념이 완전히 소멸된다면, 그를 자각하는 것은 어렵지 않을 것이네.

19. *nānyadviśvaṁ dehānmanaso'nyo vā na vidyate dehaḥ* |
*na manaścito'sti bhinnaṁ na sato'nyā cit tadastyajaṁ śāntam* ||
세계는 몸과 다르지 않고, 몸은 마음과 다르지 않으며, 마음은 순수한 의식과 다르지 않네. 그것은 불생不生으로 평안 속에 존재한다네.

20. *na sṛṣṭiruta na praḷayo na ko'pi baddho na sādhako muktyai* |
*na cāpi mukto manujaḥ paramārtho'yaṁ mahātma bhirdṛṣṭaḥ* ||
(세계의) 창조도 파괴도 없고, 속박된 자도 해탈하고자 노력하는 자도 없으며, 해탈한 자도 없네. 진인들이 깨달은 진리가 이와 같다네.

21. *na mano no vā deho na jaganno jīvanāmakaḥ ko'pi* |
*śuddhaṁ sadadvitīyaṁ hyajanmavikāraṁ praśāntamastyekam* ||
마음도 몸도 없고, 세계도 없고 영혼이라는 것도 없네. 단 하나 순수한 실재만이 존재하니, 둘이 없이 불생불변으로 완전한 평안 속에 안주하고 있다네.

22. *pṛcchakabuddhyanuvṛttyā yadyapi bhagavānuvāca siddhāntān* |
*ajātisiddhāntamimaṁ bravīti so'yaṁ nijānubhavadṛṣṭam* ||
질문자들의 마음에 맞춰주기 위해 바가반께서 (다양한) 가르침을 말씀하셨지만, 당신 자신의 체험에 입각해 베푸신 가르침은 '불생不生의 가르침'이라네.

44. *kāmo merumlabdhaṁ karoti lābhātparaṁ tad evāṇu* |
*svabhraṁ duṣpūramato no jānīmaḥ kimapyaho kāmāt* ||
욕망은 얻지 못한 대상을 수미산(Meru) 같은 크기로 부풀리지만 얻고 나면

그것을 원자같이 작아지게 하니, 욕망만큼 깊은 심연을 우리는 알지 못하네.

82. *jñānadamityādarato'dhīto grantho'pi vismṛtaḥ sarvaḥ* |
*vigaledantarmukhatāṁ yāti yadāsau vicāra yogena* ||
참된 지知를 안겨줄 거라고 열심히 공부하던 책도, 진아 깨달음을 위해 마련된 수단[탐구]을 닦으면서 수행자가 내면으로 향하면, 모조리 잊힌다네.

82a. *jñānadamityādarato'dhīto grantho'pi sādhanābhyāsāt* |
*antarmukhatāpattau vigaletsarvo'pi vismṛtaḥ sadhoḥ* ||
참된 지知를 안겨줄 거라고 열심히 공부하던 책들은 (사람이) 내면으로 향하지 못할 때 가치 있고, 내면을 향해 자기를 탐구하면 모두 잊혀 사라진다네.

96. *sva eva sākṣātparamaḥ svayaṁ saṁstasmātpṛthak svaṁ gaṇayan mudhaiva* |
*tenaikyamicchan yatate tadarthamāścaryamasmāditarat kimasti* ||
(사람은) 자신이 정확히 지고의 존재이면서 그와 분리되어 있다고 생각하고 그와 합일하려고 애를 쓰네. 이보다 더 이상한 일이 어디 있는가?

108. *ahamiti tasya yadākhyā tasmādahamityanāratam dhyāyan* |
*nīyetāntaḥ sādhurmūḷasthānaṁ sadātmano lokam* ||
그의 이름은 '나'이므로, 부단히 '나'에 대한 명상을 하는 구도자는 존재의 근원, 곧 신의 세계로 들어가게 될 것이네.

111. *yathāṁśamādāya nivedanaṁ syādguḍātmakasyaiva gaṇeśamūrteḥ* |
*tathā parasmai svanivedanaṁ syāt svo nāma tasmāpṛthagasti kiṁ nu?* ||
자기 자신을 신에게 바친다는 것은, 막설탕으로 만든 주 가네샤(Lord Ganesha)(의 상)에서 떼어낸 막설탕 한 덩이를 (주 가네샤에게) 공양 올리는 것과 같네. 그와 별개의 자아라고 하는 어떤 개체가 있는가?

128. *naravat pratīyamānaṁ gurumātmajaṁ cidākṛtiṁ pūrṇam* |
*manyeta dehinaṁ yastaṁ pāpiṣṭhaṁ durāśayaṁ viddhi* ||
진아 깨달음을 얻어 오직 무한하고 순수한 의식일 뿐인 스승을 (단지) 한 인간으로 여기는 사람은, 더러운 마음을 가진 가장 죄 많은 사람임을 알라.

130. *vyomavadaspṛśyasya vyaktimuktasya bhāti yā puṁsām* |
*pratibiṁba eva seyaṁ drasṭurvyakterna karhicitsatyā* ||
(실은) 허공처럼 잡을 수 없는 **자유로운 자**의 저 형상은, 실로 (그 형상을) 보는 그 사람의 형상의 반영에 지나지 않으며, 실재하지 않는다네.

131. *mahāntamenamapaśyaṁ drakṣyāmyamumityudīryate mohāt* |
*mahāntamantaḥ sthaṁ cedvetsyatha sarvo mahān bhavedekaḥ* ||
"나는 이 **진인**을 보았다. 저 **진인**도 볼 것이다"라고 말하는 것은 망상 때문이네. 그가 자기 내면의 **진인**을 보면, 모든 **진인들**이 같은 하나(임을 보게 될 것)이네.

132. *kurvannasadevāsat satyātmānaṁ prakāśayannekam* |
*nidhanaṁ nayatyaśeṣaṁ gururahamākhyaṁ mṛṣātmakaṁ jīvam* ||
**스승**은 실재하지 않는 것만 무無로 만들고, 단 하나의 **진정한 자아**가 빛나게 할 뿐이네. 그렇게 해서 그는 (사람을 실제로) 죽이지 않으면서 에고를 죽인다네.

153. *vapurindrayāṇi ceto na tvaṁ prāṇo'pi dhīrahantāpi* |
*atrābhimānarūpaṁ pāpaṁ prathamaṁ vivekato hitvā* ||
그대가 몸도 아니고, 생명기운도 감각기관도 마음도 아니고, 추리 기능도 에고도 아니라는 것을 알 때, 자신을 이것들과 동일시하는 원죄가 포기된다네.

154. *ko'smītyātmavicārāt śāntiṁ nīte manasyalaṁ hṛdaye* |
*prapañcabhāne virate bhātyahamasmīti yat tadeva tvam* ||
"나는 누구인가?"라는 (물음) 형태의 **진아탐구**를 통해 마음이 **심장** 안에서 완전한 **침묵**에 이르면, 세계라는 그림이 사라진다네. 그때 **"내가 있다"**로서 빛나는 저 **존재**가 그대의 **진정한 자아**라네.

170. *pramāda eva hi mṛtyustasmāt tacchāntaye pravṛttasya* |
*pramādavarjanamātraṁ niyamo nānyo vicāriṇo bhavati* ||
(**진아**에 대한) 기억이 없는 것 자체가 죽음이네. (**진아**) 추구자들에게 구속력 있는 유일한 금계禁戒는 (**자기**를) 잊지 않도록 주의하는 것이지, 다른 것이 아니라네.

172. *pramādaheturyasmāt karma nijaṁ cāpi kiṁ nu vaktavyam* |
*svātmavicāre yukto no sajjetānyakarmaṇītyetat* ||
자기가 (늘 하는) 자신의 임무를 행하는 것도 **자기**를 망각하게 만드는데, 남들과 관계되는 행위를 하지 말라고 경고해 줄 필요가 있겠는가?

176. *niyameṣu satsu bahudhā niyatāhāratvameva paryāptam |*
*satyaguṇavṛddhvihetoḥ gaditaṁ sādhoḥ sadātmaniṣṭhāyai ||*
지켜야 할 금계禁戒가 많지만, 진아의 상태를 목표로 하는 수행자에게는 올바르게 먹으라는 금계 하나로 충분하네. 그것이 순수성을 증진시켜 주기 때문이네.

178. *audaraviśrāntyarthaṁ kālaṁ paripālya tatparaṁ kṣudhit |*
*parimita sātvikamantaṁ bhuñjīteti sthito'ntaniyamo'yam ||*
음식을 섭취하는 원칙은, 배[위장 등 소화기]가 회복할 충분한 시간을 준 다음, 허기가 찾아오면 순수성 음식을 적당량 먹어야 한다는 것이네.

182. *yāvanta mṛtāhantā tāvat sādhorvinītirevācchā |*
*nāṁgīkāro'nyeṣāṁ namaskṛtīnāṁ kadāpi kartavyaḥ ||*
에고가 죽지 않은 동안은, 겸허함이야말로 수행자에게 좋은 덕목이네. 남의 존경을 받아들이는 것은 좋지 않다네.

185. *jalamādāya nimajjet kuṁbho'nādāya dāru no majjet |*
*sakto bhavati nibaddhaḥ sthitvāpi gṛhe na badhyate'saktaḥ ||*
항아리는 물을 받아들여 가라앉지만, 통나무는 가라앉지 않는다네. 집착하는 사람은 속박되지만, 집착하지 않는 사람은 가정 내에 있어도 속박되지 않네.

187. *sthiratāmutpādayituṁ pareśakṛpayā bhavati vipada iti |*
*viśvāsadhairya gācchāntyā jaya tāṁstitikṣayā sādho ||*
수행자여, 냉철한 마음으로 괴로움을 이겨내되, 괴로움은 마음을 안정시켜 주기 위해 신의 은총에 의해서 일어난다는 확고한 믿음을 가져라.

188. *lokasyerṣyājanake pade sthitescāpi saṁsṛtau sādhoḥ |*
*padamatiśocyaṁ ḷoke varaṁ parasmintiṣaktacittasya ||*
수행자는 남들의 부러움을 사는 위치에 있는 것보다, 세간에서 남들의 자비심을 불러일으키는 위치에 있는 것이 더 낫다네.

193. *sarvatraudāsinyaṁ manasā śāntena vītarāgeṇa |*
*adveṣiṇāpi satataṁ sādhakalokasya śobhanācāra ||*
냉철하고, 욕심 없고, 증오 없는 마음으로, 모든 것에 무관심한 것이 수행자에게는 가장 아름다운 미덕이라네.

196. *vidhiriti karmai voktaṁ pūrvakṛtaṁ yatsvayaṁ prayatnena |*
*tasmādhvidhiṁ pramārṣṭu manujaḥ śaknoti sādhuyatnena ||*
'운명'(업)이란 자기 자신이 노력하여 한 과거의 행위만을 뜻할 뿐이네. 따라서 방향을 잘 잡은 노력으로 운명을 쓸어낼 수도 있다네.

199. *praśānta śuddhamanasā karma kṛtaṁ yat tadeva sukṛtaṁ syāt |*
*manasākṣubdhena kṛtaṁ kṛtaṁ ca kāmena duṣkṛtaṁ sarvam ||*
평화롭고 순수한 마음으로 한 행위만이 올바른 행위이며, 들뜬 혹은 욕망에서 일어난 마음으로 한 모든 일은 죄가 된다네.

201. *bhāraṁ svakīyaṁ nikhilaṁ niveśya tasmin maheśvare samyak |*
*viraktabhāve śāntyā sthānaṁ paramaṁ tapobalaṁ viddhi ||*
가장 강력한 따빠스(*tapas*)는 **수행자**가 모든 세간의 짐을 **신**에게 맡겨버리고, 마음의 평안을 유지하는 데 있다네.

202. *āśritavantaḥ paramaṁ na kṣīyante mahadbhirapi khedaiḥ |*
*yadvadyantre nihitā dhānyakaṇāḥ śaṁkupādamūlasthāḥ ||*
맷돌의 축에 가까이 있는 곡물들(은 맷돌에 갈리지 않는 것)처럼, **신**에게 피난처를 구한 사람들은 가장 혹독한 고통에도 영향을 받지 않는다네.

203. *sūcī kāntasya yathā hitvodīcīṁ diśaṁ bhajentānyām |*
*premṇā paraṁ bhajanto viyanti mārgānna karhicinmohāt ||*
자침磁針이 늘 북쪽을 고정적으로 가리키듯이, 마음이 **신**에 대한 사랑에 고정된 사람들은, 무지로 인해 올바른 길에서 벗어나는 일이 결코 없다네.

204. *kadāpi mā kuru cintāṁ kadāhametāṁ sthitiṁ bhajeyeti |*
*dikkālātīteyaṁ no dūrasthā na cāgrato vāpi ||*
"내가 이 상태를 언제나 얻게 될까?" 하고 결코 걱정하지 말라. 이 상태는 공간과 시간을 초월하며, 멀지도 않고 가깝지도 않다네.

205. *āpūryākhilamekaḥ svarasenātmā hi tiṣṭhati svairam |*
*badhyeta māyayāsau kathaṁ nu? nā gā viṣādamiha sādho ||*
**진아**는 자신의 본질적 존재로써 일체에 편재하며 자유롭게 존재하는데, 어떻게 **환**幻에 속박될 수 있겠는가? 여기서(이 세간에서) **수행자**여, 낙담하지 말라.

206. *acalasvarūpahānāt caḷajīvo'smīti bhāvanā hyuditā |*
*etāṁ nirasya manaso vṛtiṁ paramaunamāśrayetsādhuḥ ||*

실제의 자기인 부동의 진아를 놓쳐버렸을 때 "나는 불안정한 개아다"라는 관념이 일어난다네. 수행자는 이 생각을 지워 버리고 지고의 침묵 안에 머물러야 하네.

207. *upāya eṣa netuṁ nājñaṁ cittasya cañcaḷāṁ prakṛtim |*
*vīkṣasvātmākāraṁ dṛśyaṁ sakalaṁ ca vīkṣitāraṁ ca ||*

마음의 들뜸을 종식시키기 위한 수단은 다음과 같네. 즉, 지각 가능한 모든 사물과 지각하는 자를 자기(진아)로 보라.

208. *kaṇṭakanirāsayogyo yathānya evaṁ hyaśuddhadhīvṛtteḥ |*
*nirasanasahāyabhūtā vṛttiḥ śuddhāpi hānayogyaiva ||*

(살에 박힌) 가시를 뽑기 위해 사용한 가시를 내버리듯이, 순수하지 못한 생각을 없애기 위한 순수한 생각도 (그 목적을 달성한 뒤에는) 버려야 하네.

212. *vyartho'nātmavirśaḥ svasyātmānaṁ vihāya paramārthaṁ |*
*romasamūhāvekṣā nāpitaracitā vṛthā yathā tadvat ||*

진아를 무시하면서 비진아를 추구하는 (모든) 탐색은, 이발사가 (버려진) 머리카락들을 조사하는 것과 같네.

214. *yadvanmaukti kamabdhau sahāśmanāntarnimajjya gṛhṇāti |*
*evaṁ vairāgyayuto mangktvā hṛādayāntarādadīta svam ||*

진주를 캐는 잠수부가 돌을 달고 잠수하여 진주를 캐내듯이, 우리는 무집착을 달고 심장 속으로 뛰어들어 진아를 얻어야 하네.

231. *pravahati jaladhau yad vannaivodgantuṁ kṣamo'lpako jantuḥ |*
*eva mahantodrantuṁ pravahati bodhe na śakṣyati kṣudrā ||*

바닷물이 (해변에) 넘쳐들면 어떤 작은 생물도 머리를 치켜들지 못하듯이, 진아의 의식이 홍수처럼 넘치면 에고 생각은 일어날 수 없다네.

247a. *praśnottarāṇi nānā vāci dvaitasya nādvaye maune ||*

이원성에서는 다양한 문답이 가능하지만 비이원성의 침묵에서는 그럴 수 없다네.

289. *calacitrāśrayabhūtaḥ paṭa iva sad brahma jīva jagadīśāḥ |*
*calāni citrāṇīva brahma viśuddhaṁ hi kevalaṁ satyam ||*

무한한 실재는 영화가 나타나는 스크린과 같(이 움직임이 없)고, 영혼 · 세계 · 신은 움직이는 화면들과 같네. 무한자만이 실재한다네.

290. *anṛtānyapi bhidyante tasmādetāni no sataḥ paramāt* |
*bhidyeta sattu paramaṁ kevalabhāve viyuktametebhyaḥ* ||
이 세 가지는 실재하지 않지만 지고의 실재와 다르지 않네. 그러나 지고의 실재는 (이것들과) 다르니, 진아 깨달음 속에서는 그것이 이들 없이 존재하기 때문이네.

291. *paśyaṁścalāni tāni brahma param naiva vīkṣate satyam* |
*paśyati yaḥ satparamaṁ na calānyetāni vīkṣate vidvan* ||
변하는 대상들[영혼 · 세계 · 신]을 보는 자는 불변인 지고의 실재, 즉 브라만을 보지 못하네. 지고의 실재를 보는 사람은 변하는 대상물들을 전혀 보지 않네.

292. *acalaṁ paramātmanaṁ vihāya paśyan svamekacitramapi* |
*citrāṇyeva ca jīvān tādṛgbhuvanaṁ ca mānasaṁ bhrāntam* ||
(무지인은) 마음이 혼란되어 있어, 불변의 스크린 같은 자기(진아)를 도외시하고, 움직이는 화면 중 하나를 개인적 자아로, 다른 화면들을 남들과 세계로 여긴다네.

300. *bhavati sva eva bhūmā svasmādanyat samastamatyalpam* |
*na vayāṁ paśyāmo'nyadyadupādeyaṁ svavikrāyātkimapi* ||
진아만이 무한하며, 다른 모든 것은 사소하다네. 자기를 팔아서라도 얻을 만한 가치가 있는 것으로, 우리는 진아 아닌 그 어떤 것도 볼 수 없네.

310. *yadvat taroradhastādviralā jyotsnā suṣuptisukhamevam* |
*anupahatacandrikāvajjīvanmuktasya nirvṛtirjñeyā* ||
잠의 행복은 나무 아래서 보는 분산된 달빛과 같고, 생전해탈자의 행복은, (훤히 트인 곳의) 아무 걸림 없는 달빛과 같다고 알아야 하네.

338. *jīvanmukto bhedān paśyannapi teṣvabhedamanubhavati* |
*ityasaduktaṁ hyajñaiḥ paśyati bhedānna karhicinmuktaḥ* ||
생전해탈자는 차별상을 보면서도 그 안에서 무차별상을 즐긴다고, 무지한 이들은 잘못 말하네. 그러나 해탈자는 결코 차별상을 보지 않는다네.

343. *yadyat pratīyamānaṁ tasminnekaḥ sva eva cidrūpaḥ* |
*iti vijñānaṁ yatsā samadṛṣṭirnāma muktapuruṣasya* ||

나타나 보이는 모든 사물 안에는 의식인 단 하나의 진아가 있을 뿐이라는 것을 깨닫는 것이, 생전해탈자의 평등한 시각(에 대한 진리)이라네.

347. *tiṣṭhati mṛtena manasā sarvātmatvena yaśiśāvākāraḥ* |
*anusandhāya tadīyaṁ bhāvaṁ prāpnoti naijasadvidyām* ||
모두의 진아이자 시바와 동일한 그 생전해탈자의 참된 성품을 명상하는 자는, 마음의 죽음을 통해 드러나는 진아 체험을 얻는다네.

*Om namo bhagavate śrī ramanāya*
옴 바가반 스리 라마나께 귀의합니다.

# 부록 3 마하르쉬 인상기

다음 글은 스리 라마크리슈나 포교원의 스와미 따빠시야난다(Swami Tapasyananda, 1904-1991)가 쓴 편지로, 언젠가 「베단타 께사리(*Vedanta Kesari*)」(이 포교원의 기관지)에 게재된 것 중에서 발췌한 것이다.

마하르쉬는 좀처럼 보기 어려운 유형의 사람이라는 인상을 내게 주었다. 나는 당신이 진인인지 아닌지, 혹은 어떤 분인지 모른다. 왜냐하면 베단타에서 말하듯이 진인만이 진인을 알아볼 수 있고, 나는 분명 진인이 아니기 때문이다. 그러나 누구나 느낄 수 있지만, 이분은 흔히 볼 수 있는 부류의 인간이 아니다. 오늘날 우리는 세상의 개혁이나 그런 종류의 일에 관한 한 가지 생각에 골몰해 있는 사람들을 도처에서 만난다. 그러나 여기에는—우리가 당신의 행동과 움직임에서 볼 수 있듯이—완벽하게 자각하고 있고, (세상을 개혁하겠다는) 그런 관념이 일체 없으며, 당신의 견해로는 인간의 행복의 총합에 당신이 아무것도 보탤 것이 없다는 한 분이 있다. 당신은 아무것도 기다리지 않고 아무것도 걱정하지 않으면서, 그저 존재하는 것처럼 보인다. 나는 당신을 지켜보다가 '무관심한 사람같이(*Unasinavad*)'라는 말로 시작되는 『기타』의 한 구절이 강하게 떠올랐다.[1] 내가 보는 한, 당신은 당신 주위에서 생겨난 아쉬람에 대해서조차 아무 관심이 없는 듯하다. 당신은 그저 거기에 앉아 있을 뿐이고, 일은 사건들과 다른 사람들이 이루어가는 대로 진행된다. 당신이 적극적 관심을 가지고 있는 것처럼 보이는 아쉬람 내에서의

---

1) 발행인 주. "이런 행위들이 나를 구속하지도 않는다. 오 다난자야(Dananjaya)여, 무관심한 사람같이, 나는 이런 행위들에서 초연하게 머물러 있다." —『바가바드 기타』, 9.9.
"무관심한 사람같이, 그는 구나들에 의해 동요되지 않고 남아 있다. 구나들이 작용하는 것을 알면서, 그는 확고하게 안주하며 움직이지 않는다." —『바가바드 기타』, 1.23.

유일한 활동은 음식을 만드는 것이다. 당신은 주방에서 채소를 썰고, 언제라도 특별한 요리가 있으면 그날 만들 음식 중 일부를 준비하는 데 반드시 가담한다. 양념 넣기 기타 요리 과정들은 당신의 지시 아래 이루어진다.

나에게 인상 깊었던 또 한 가지 점은 당신의 침묵이었다. 우리는 바다를 건너간 저명한 교수들이 베단타 강의를 할 때 왜 침묵을 통해 하지 않느냐고 우리끼리 재미삼아 묻곤 한다. 그러나 베단타에 대한 당신의 가르침에 관한 한, 여기에는 실제로 그렇게 하는 분이 있다. 내가 당신께 영성에 대해 무슨 말씀을 좀 해 주시라고 청하자, 당신이 맨 처음 하신 말씀은 침묵이 최고의 가르침이라는 것이었다! 이분의 미덕은 당신이 그런 관념에 최대한 충실하게 살고 있다는 점이다. 당신의 관념은 비이원론자(*Advaitin*)에게는 피력할 어떤 입장도 없고, 설명할 어떤 교의(*Siddhanta*)도 없다는 것이다. 당신은 요즘 비이원론조차도 교의가 되어 버린 것은 유감이며, 그것은 실은 교의가 되라고 있는 것이 아니라고 본다. 그토록 많은 베단타 문헌이 존재하는 이유는 이렇다. 즉, 우리의 지성이 속도가 빨라짐에 따라 마음 속에서 의심이 일어나면, 그런 문헌들이 그 의심을 물리치는 데 도움이 된다는 것이다. 달리 말해서, 비이원론자는 자신이나 남들에게서 일어났을 수 있는 의심을 물리치기 위해서만 이야기를 하는 것이다. 우리의 성자(아루나찰라의 진인)는 이 관념에 충실하다. 당신은 대개 침묵하며, 어떤 점에 대해서 누가 질문을 하면 조금만 이야기한다. 물론 당신은 농담도 하고, 가끔 다른 일에 대해서도 이야기한다. 그러나 당신은 베단타에 관해서 설파할 어떤 도그마적 가르침도 가지고 있지 않다. 당신이 나에게 말하기를, 당신은 비이원론을 해석하는 사람 누구에게나 "그래요, 그래요"라고 말한다고 했다. 심지어 당신의 이름으로 출판된 책에서 당신의 사상을 해석하는 일부 추종자들에게도 말이다. 내가 아쉬람의 서점에서 산 한 권의 책에 대해서 그 책에 쓰인 내용의 얼마만큼이 당신의 가르침이냐고 여쭈자, 당신은 그것은 말하기 매우 어렵다고 하면서, 이는 당신이 어떤 정해진 가르침도 가지고 있지 않기 때문이라고 했다.[2] 사람들은 자기가 이해한 대로 책을 썼고, 그것은 어떤 관점에서는 옳을 수도 있는 것이다. 당신의 말로는, 당신 자신은 책을 쓰겠다는 생각이나 쓰고 싶은 마음이 전혀 없지만, 주변의 일부 사람들이 간청했기 때문에 몇 편의 시를 썼다고 했다. 그리고 그 시들을 이런저런 언어로 번역하기를 좋아하여 그 번역의 충실도에 대해 묻는 사람들 때문에 당신이 번거로울 때가 종종 있다고 나에게 말했다.

그래서 마하르쉬는 대개 침묵을 지킨다. 사람들은 찾아와서 오체투지를 하고, 당신 앞에 몇 분이나 몇 시간 동안 앉아 있다가 떠나는데, 아마 한마디 말도 주고받지 않고 떠날 것이다! 나는 사람들이 침묵을 통한 이 가르침으로 이익을 얻는지에 대해 나름의 의문을 가지고 있었다. 그럼에도 사람들은 불원천리 찾아와 이 무언의 웅변을 듣고 만족해서 돌아가는 것이다.

당신은 말을 조금만 하지만, 당신의 얼굴과 눈을 지켜보면 배울 점이 아주 많다. 당신의 인격에 마음을 확 사로잡는 면은 없어도, 당신의 눈에는 특유의 번뜩이는 지성과 동요 없는 차분함이 있다. 당신의 몸은 가끔 자세를 바꾸거나 그 더운 곳에서 흐르는 땀을 닦으실 때를 제외하고는 거의 움직이지 않는다. 나는 당신의 얼굴을 주의 깊게 관찰했는데, 당신은 거의 눈을 깜박이지 않았고, 결코 하품을 하지 않았다. 내가 이 말을 하는 것은, 당신에게 움직임이 없는 것이 비활동성(따마스) 때문은 아니라는 것을 내가 충분히 납득했다는 것을 보여주기 위해서이다.

나에게 인상 깊었던 세 번째 점은, 당신에게 허영심이나 자부심이 아예 없다는 것이었다. 당신의 의상이 샅가리개(*kaupinam*)에 국한되어 있다는 것을 제외하면, 라마나 마하르쉬가 어떤 분인지 방문객은 이해하기 불가능할지 모른다. 당신은 그곳의 다른 모든 사람이 먹는 것과 같은 음식을 드시고, 당신을 위한 가외의 품목이나 특별한 음식은 단 하나도 없다. 나는 특히 당

---

2) 발행인 주. 『라마나 마하르쉬와의 대담』, 대담 107 참조. 여기서 스리 바가반은, 가르침 혹은 교시敎示는 "그 개인들의 기질에 따라, 그리고 그들 마음의 영적인 성숙도에 따라 다르다. 집단적으로 베푸는 어떤 가르침도 있을 수 없다."고 말한다.

신이 대화에서 1인칭 대명사의 사용을 꺼리지 않는다는 것을 발견했는데, 그 점에서 '그(he)'와 그런 류의 것들을 사용하는 일부 다른 비이원론자들과 달랐다. 내가 이렇게 말하는 것은 당신이 얼마나 티를 내지 않는지를 보여주기 위해서이다. 당신의 침묵은 사람들과 어떤 거리를 두기 위해서 계산된 어떤 중후함을 취하는 것이 아니라고 나는 확신한다. 그리고 질문을 받았을 때와 같이 그 침묵을 깰 때에도, 당신은 인간들 중에서 가장 상냥하고 가장 우호적인 분으로 보인다.

당신은 사회에서 사람들이 가지고 있는 부富나 지위로 사람들 간에 차별을 두지 않는다. 나는 농부나 자동차를 타고 온 신사들이 찾아오면 당신이 똑같은 침묵으로 그들을 맞이하는 것을 보았다. 그들은 모두 바닥에 앉아서 똑같은 대접을 받는다. 사실 마하르쉬는 부자들에게 특별한 대우를 해주고 아쉬람이 얻을 수 있을 어떤 재정적 이익에도 전혀 관심이 없어 보인다.

나는 아쉬람에 사흘 동안 머물렀다. 마하르쉬는 내가 던진 몇 가지 질문에 대해 매우 친절하게 그리고 사뭇 아낌없이 나와 대화해 주었다. 당신이 답변하는 방식은 내가 기대한 만큼 그렇게 인상적이지는 않았지만, 당신의 사상은 항상 간결명료하고, 모든 협소한 관념에서 벗어나 있다. 당신 자신이 어떤 대화 상황에서 말했듯이 당신은 책을 많이 읽지는 않았으나, 베단타의 어려운 논점들을 모두 잘 파악하고 있었다. 내 인상은 이러하다. 즉, 당신이 진인인지 아닌지는 내가 확실히 알 수 없다. 그러나 내가 확신하는 것은, 당신은 아주 상냥하고 사랑스러운 분으로서, 주위의 모든 사물에 무관심하고, 얻어야 할 어떤 목적도 가지고 있지 않으며, 더없이 깊이 몰입해 있는 것처럼 보일 때에도 늘 활짝 깨어 있는 분이고, 탐욕과 허영에서 완벽하게 벗어나 있다고 할 수 있는 분이라는 것이다. 당신을 보면서 나는 독특한 한 인물을 보았다는 것을 진정 믿는다.[3)]

---

3) 저자 주. 고대의 전승지에 따르면, 바로 이런 특징들이 진인—완벽한 현자—임을 알아볼 수 있는 특징이다

# 2

# 실재사십송 주석

**BHAGAVAN SRI RAMANA MAHARSHI'S**

# REALITY IN FORTY VERSES

## (with SUPPLEMENT)

Commentary

By

'Who'(K. Lakshmana Sarma)

Translated from Tamil by

'KAYS'

(First edition, 2013, Third edition, 2022)

# 영어판 간행사

「실재사십송(*Uḷḷadu Nāṟpadu*)」에 대한 이 주석서를 쓴 사람은, 처음에는 자신의 타밀어 지식이 타밀어 작시법의 풍부한 뉘앙스로 넘치는 이 텍스트의 깊이와 가치를 가늠할 수준이 못된다고 호소하면서 이 텍스트를 공부하기를 망설였다. 바가반은 자애롭게도 그를 지도해 주겠다고 하셨고, 이 숭고한 교육은 장장 3년간 계속되었다. 락슈마나 사르마는 열심히 파고드는 학도였기에 그 내용을 흡수하였고, 그것을 한 연 한 연 단아한 산스크리트어로 꼼꼼히 번역하여 바가반께 승인을 위해 제출했다. 그는 그것을 계속 다듬은 끝에 완성된 원고로 만들어 결국 바가반의 승인을 얻었다. 그가 산스크리트어 번역에 완벽을 기하여 거듭거듭 결연하게 노력했기 때문에, 바가반은 이런 말씀을 하셨다. "누구도 사르마처럼 「실재사십송」을 그렇게 잘 공부한 사람은 없고, 그 부단한 노력은 그의 '따빠스(*tapas*)'가 되었다."

그는 「실재사십송」에 완전히 매료되었고, 그 텍스트의 연들을 인격화된 브라만—바가반—곧 우리 모두가 추구하는 진리의 화현 자체에서 방출된 신성한 가르침으로 간주했다. 「실재사십송」의 핵심 가르침인 자기탐구(*Atma Vichara*)가 마하요가, 곧 큰 요가라는 사르마의 확고한 믿음은, 바가반 자신이 인용한 『꾸르마 뿌라나(*Kurma Purana*)』에 나오는 한 구절에 의해 참되다는 것을 더 인정받았다. 그 구절에서 주 시바는 이렇게 선언한다. "사람이 진아(*Atman*), 즉 나를—단 하나의 순수하고 영원한 지복을—보는 그것[그 요가]은 지고의 하느님에게 속한 '마하요가(*mahāyoga*)'

로 간주된다."

진인들의 증언이 베단타—이 성스러워진 땅(인도)의 신성한 전승지—에 진정성을 부여한다고 일반적으로 믿어지지만, 사르마는 (오히려) 그 신성한 전승지가 스리 바가반의 '자기체험(*Svānubhava*)에 증언과 주석을 제공한다는 요지부동의 확신을 가지고 있었다.

락슈마나 사르마의 타밀어 주석은 '누구(WHO)'라는 필명으로 1936년에 처음 간행되었다. 자신을 내세우지 않은 사르마는 언젠가 이런 설명을 했다. "저는 제가 바가반과 무루가나르에게서 설명 들은 대로 그 주석서를 썼습니다. 그래서 '누가 그 주석서를 썼지?' 하고 생각한 것입니다." 그래서 '누구'라는 필명을 쓴 것이다.

스리 바가반의 말씀 자체로서 쏟아져 나온 텍스트는 집약된 형태의 설명들이다. 누구든 어느 연의 내용에 대해 알기 쉽게 설명해 달라고 청하면, 바가반은 즉시 가까이 늘 두고 있던 그 주석서의 해당 부분을 읽어보라고 하셨다.

「실재사십송」 텍스트는 실재의 빛을 드러내고, 사르마의 이 주석서는 우리의 주의를 그 빛에 집중시켜서 우리를 그 빛으로 이끈다고 해도 과언이 아니다.

# 1
# 실재사십송
(*Ulladu Nārpadu*)

**해설: 스리 라마나 바가반**이 자비롭게 하사하신 가르침의 다양한 저작들 중에서도 「실재사십송(*Uḷḷadu Nāṟpadu*)」이라는 저작은 중요한 위치에 있다. '**존재하는 것**(*ulla porul*)'[실재]을 40연의 벤바(*venba*) 시로 설파하는 저작이라는 것이 그 제목의 의미이다.

**브라만**과 **아뜨만**의 합일 체험의 형상인 **본연삼매**(*Sahaja* Samādhi)에 늘 안주하고 계신 **바가반**은 여기서, 당신의 체험으로서 깨달았던 **순수한 비이원적 아뜨만**을 헌신자들이 추구하고 성취하여 거기에 안주할 수 있게 하는 직접적인 길을 가르친다.

## 기원시

이 저작의 기원시인 벤바 시는 두 연이다. 첫째 연에서는 **심장공간** 안에서—즉, 우리의 내면에서—빛나는 어떤 **존재-의식**의 형상인 비이원적 **진아** 안에서 자신의 성품(*tanmaya*)으로서 안주하는 것이 **해탈**(*Mukti*)이라고 하는, 저 **아뜨만**의 진리가 설해진다. 둘째 연은 헌신을 가지고 자기순복을 하는[자신의 에고-의식을 내맡기는] 사람들에게 그 **해탈**을 하사하는, 저 **진아**의 **사구나 형상**(*Saguna* Form)인 **하느님**(*Īsan*-시바)에 대해 설한다.

1. ulladala dullavunar vulladō vullaporu
   lullalara vullattē yulladā — lullamenu
   mullaporu lullaleva nullattē yullapadi
   yulladē yulla lunar.[1]

[풀어쓰기] *ulladu aladu, ulla unarvu ulladō? ulla porul ullal ara ullattē ulladāl, ullam enum ulla porul ullal evan? ullattē ullapadi ulladē ullal unar.*

실재가 없다면, '있다'는 의식이 있겠는가? 실재는
생각이 없이 심장 안에 존재하는데, 심장이라고 하는
실재를 어떻게[혹은 누가] 명상할 수 있는가? 심장 속에서 있는 그대로
안주하는 것이야말로 (실재에 대해) 명상하는 것임을 알라.

**의미:** '존재하는 것'[실재]이라는 이 하나가 없다면 '있다'는 의식[자각]이 있을 수 있는가? (혹은 다른 의미로) 저 '실재'에게 낯선 참된 의식(참된 자아)이 있을 수 있는가? 그 '실재'는 마음의 상相들(생각들) 없이 심장 속에 거주하는데, 심장이라고 불리는 저 실재를 명상할 수 있는 사람이 누가 있으며, 어떻게 명상하겠는가? 그 실재로서 있는 그대로—즉, 생각 없이—심장 속에 안주하는 것이야말로 그것을 명상하는 것임을 알라.

**주석:** 이 벤바 시에 세 개의 문장이 있다. 그러나 (위에서 보듯이) 첫 번째 문장에 두 가지 의미가 있으므로, 여기에 네 개의 문장이 있는 셈이다. 여기서는 저작의 내용인 실재를 설하는 것 자체가 기원시로 구성되어 있다. 더욱이 그 실재 안에, 그것과 별개가 아니면서 간단없이 성품 그대로 안주하는 것 자체가 그것에 대한 명상이라고 여기서 말하는 그 상태에 바가반이 확고히 자리 잡고 있어, 당신은 그 실재에 대한 부단한 명상을 견지하며 존재한다고 말해지므로, 그 명상의 형상이(그 명상의 본질에

1) 이 첫 번째 기원문은 이 저작의 취지 전체를 담고 있으므로, 이 연의 취지를 분명하게 파악하기 위해서는 저작 전체를 공부한 뒤에 본 연으로 돌아오는 것이 이상적일 것이다.

대한 묘사가) 기원문으로 된 것이다!

1) *ulladu aladu ulla unarvu ulladō?*

실재가 없다면 '있다'는 의식이 있겠는가?

여기서는 어떤 '**실재**'가 있다는 결론이 설해진다. 실재물인 듯 나타나 보이는 개아個我 · **이스와라** · 세계는 실재하지 않는다는 것을 하나의 확립된 결론으로서 상기해 본다면, 그것들의 겉모습의 토대로서 존재하는 어떤 바탕(*adhisthana*)인 **진리**가 있어야 한다. 따라서 **우파니샤드**에서 **브라만**이라고 일컫는 **실재—존재-본체**(*Satvastu*)—가 있다는 것이, 이 문장에 들어 있는 가르침이다. 이것이 이 문장에서 설하는 두 가지 의미 중 첫 번째 의미이다.

이런 내용을 **바가반**은 다음과 같이 분명하게 설하고 있다. "모든 사람이 '보는 자신'과 (보이는) 세계를 지각합니다. 그리고 그 둘이 실재한다고 여깁니다. 이것들이 실재한다고 하면, 나타났다가 사라지는 일 없이, 간단없이 계속 빛나야 합니다. 이것들은 그렇게 간헐적으로 중단됨이 없이 계속 빛나지는 않습니다. 생시와 꿈 속에서는 나타나지만 잠 속에서는 숨겨집니다. 즉, 마음이 존재할 때에만 이것들이 나타나고 마음이 없을 때는 나타나 보이지 않습니다. 따라서 '보는 자'인 개아도, '보이는 대상'인 세계도 마음의 상념 형상들일 뿐 실재하지 않습니다. 마음의 생각들이 그것 안에 있으면서 일어나기도 하고 그것 안으로 가라앉기도 하는 **그것**이야말로 간단없이 계속 빛나는(나타나는) **참된 것**(실재)입니다." 바로 이 내용은 "세계와 마음은 동시에(*ulaharivu mondrāy*)"로 시작하는, 뒤에 나오는 제7연에서도 설해진다.

여기서 **실재**와 거짓된 겉모습 간에 존재하는 차이로 말해지는 것은, 간헐적으로 나타나는 것은 거짓이고, 간단없이 빛나는 것은 실재한다는 것이다. 『바가바드 기타』 제2장에서 "비실재는 어느 때에도 존재성이 없고, 실재는 존재하지 않는 때가 없다(*nāsato vidyate bhāvo nābhāvo vidyate sataḥ*)"고 한 것이 저 문장의 의미이다.[2] "이전에도 이후에도 일체 존재하지 않는 것은 (중간에) 그것이 존재하는 것처럼 나타나 보일 때에도 존재하지 않는다"고 한 스리 가우다빠다 아짜리야(Sri Gaudapada Acharya)의 문장도 그것을 잘 보여주는 예이다. 이와 같은 진리의 본질을 받아들이는 사람들은 비이원론자들이고, 그러지 않는 사람들은 이원론자들이지만, 바가반에게는 모든 교의가 승인된다.

세계라는 겉모습은 거짓되지만 그 토대인 하나의 참된 본체(*Satya-vastu*)가 있다고 여기서 설하는 것에 대해서는 뱀으로 보이는 밧줄의 비유가 있다. 뱀은 거짓된 겉모습이고 밧줄은 실재인 것처럼, 개아·이스와라·세계[3]는 거짓된 겉모습이고 브라만은 실재이다. 밧줄이 없다면 뱀이 나타날 수 없으므로, 밧줄이 바탕(*adhisthāna*)이라고 이야기된다. 그 뱀은 겉모습일 뿐이므로, 그것은 상상된 것(*karpitam*)으로, 덧씌워진 것(*āropitam*)으로 설해진다. 그와 마찬가지로, 실재인 브라만은 바탕이고, 그 안에서 상상된 개아·이스와라·세계는 덧씌워진 것이다.

또 하나의 진리가 이 비유로써 조명된다. 그 상상된 뱀이 나타날 때는 그것이 바탕인 밧줄을 숨기고, 뱀이 나타나지 않고 사라지면 밧줄이 밧줄로서 빛난다. 이로써 덧씌움(*āropitam*)은 바탕의 진리가 빛나지 않게 숨기는 성질이 있다는 것을 알 수 있다. '있는 것'은 '하나'뿐이므로, 그것 안에서 상상된 거짓된 겉모습은 그것을 숨기지 않을 수 없다. 바로 이런 방식으로, 덧씌워진 세계는 바탕인 브라만의 진리가 빛나지 않게 숨기는

---

2) 영역자 주. 실재의 기준은 변화 없는 존재성의 연속이며, 그것은 시간과 여타 상대성의 요소들을 초월한다는 증거이다.

3) 세간 혹은 세계는 이 3요소 중 하나라고 하지만, 세계가 없으면 다른 두 가지도 없다. 그 둘은 세계가 존재할 때 외에는 존재하지 않는다. 세계가 존재할 때만 그것들도 있다. 따라서 세계를 언급할 때마다, 다른 두 가지도 아울러 고려해야 한다.

것이다. 즉, '있는 것'은 브라만 하나뿐이지만, 그것은 '있는 그대로' 드러나지 않고 그것 자체가 세계로서 나타난다. 이와 같이 브라만이 세계로서 보이는 한, 브라만은 브라만으로서 드러나지 않는다. 지知라는 진아체험에 의해 세계라는 겉모습이 말살될 때라야 브라만이 자신의 참된 형상(*swarupa*)으로—곧 끊임없는 단 하나의 참된 자아로서—빛난다.

이와 같이 나타나고 숨기는 성품이야말로 마야(*māyā*)라는 것이다. 참된 것을 거짓된 것처럼 보이게 하고, 거짓된 것이야말로 참된 것처럼 빛나게(보이게) 하는 것이 곧 마야이다. 마야로 인해 미혹되어 거짓된 세계를 참되다고 여기는 인간은, 자신이 그 안에 말려들어 있는 하나의 개아個我(*jiva*)라고 착각한다. 이 같은 마야라는 것은 실은 존재하지 않는다. 하지만 마야가 전혀 없다는 것은 진아체험을 얻은 뒤에 스스로 알게 된다. 그 체험[깨달음]이 다가오기 전에는—즉, 세계가 실재물로서 나타날 때는—마야라는 것이 존재한다고 말할 필요가 있다. 존재하는 어떤 것이 그것과 다른 어떤 것으로 보일 때도 있다는 것은 누구나 경험을 통해서 알고 있다. 그와 마찬가지로 실재는 이름과 형상 없이, 시간과 공간을 초월하여, 어떤 차별상도 없이, 단일한 존재-의식(*Sat-Chit*)으로 존재하지만, 우리는 그것을 이 세계로 지각한다. 이런 왜곡의 원인이 무엇인지를 질문하는 제자에게 스승은, 이것은 마야가 하는 일이라고 말한다. 이 마야 자체가 무명無明(*avidya*-무지) 혹은 무지(*ajnāna*)라고 하는 것이다.

그래서 실재는 사실 어떤 변화도 전혀 겪지 않는다. 그것은 자신의 성품에서 결코 미끄러지지 않고 있으면서 늘 똑같이 빛난다. 바로 이 진리를 불생론不生論(*Ajāta Siddhānta*)[4]이라고 한다. 이것은 진인들의 체험과 논리적 근거에 부합한다. 이것은 나중에 논의될 것이다.

---

4) 영역자 주. 불생론의 진리는 진인 가우다빠다가 『만두끼야 주석송』에서 다음과 같이 명확하게 서술된다. "세계는 생겨나지 않았고, 소멸되지도 않을 것이다. 개아라고 불리는 그 누구도 실은 태어나지 않았다. 속박된 자도 없고, 해탈한 자도 없으며, 어떤 구도자도 없다."

밧줄이 뱀으로 나타나는 원인은 '보는 자'의 미혹이다. 여기서 '보는 자'는 지각인知覺人—지知를 가진 자—이고, 따라서 그의 미혹된 인식에 의해 뱀이 출현한다. 여기서 비유로 설명하려는 것(*darshtantikam*)에서,[5) ]'개아 · 이스와라 · 세계는 어떤 의식(*arivu*)에 의해 나타나는가?' '브라만 아닌 것으로서 어떤 의식 있는 것에 의해 이 셋이 나타나는가?' '브라만은 지각력이 없는 것(*jadam*)인가, 그렇지 않은가?' 나아가, '브라만이 의식을 가졌는가, 아니면 의식 자체가 브라만의 참된 형상인가?' 바꾸어 말해서, '의식이라고 하는 것은 브라만의 어떤 기능이나 성질(*guna*)로서 존재하는가, 아니면 의식 자체가 그것의 본래성품(*svabhava*)인가?' 이와 같은 질문에 대한 답변들이 바로 이 첫 번째 문장의 두 번째 의미이다.

2) *ulladaladu ulla unarvu ulladō?*
실재에게 낯선 참다운 의식이 있겠는가?

'존재하는 것'[실재]이—거짓된 세계로서든 (실재로서) 있는 그대로든—빛나기 위해 필요한 의식—자각—은 그 실재 외에 다른 것이 아니고, 그 실재 자체가 자각으로 충만해 있는 것—지知의 참된 형상(*jnāna-swarupa*)이다. 실은 그것이 빛나게 하기 위한, 그것과 별개인 것으로서의 어떤 자각도 없다. 실재가 자신의 형상인 자각의 빛으로써 스스로—자기광명[6)]으로서—빛난다고 하는 것이 이 문장의 의미이다.

무지의 시간 동안은 브라만이 세계로서 나타나고, 지知의 상태에서는 브라만 자체가 있는 그대로—곧 단일한 존재-의식의 참된 성품인 진아로서—빛나는 것은, 그 사람에게 브라만의 지知의 참된 성품[또는 형상] 자

5) 비유를 사용해서 설명하려는 그것을 산스크리트어로 다르쉬딴띠깜(*dharshtantikam*)이라 하고, 그 비유를 드리쉬딴땀(*drsthantam*)이라고 한다. 어떤 비유도 전적으로 완전할 수는 없고, 그 논리적 목적 이상으로 늘려서 쓸 수 없다.
6) *T.* '스스로 발하는 빛(*swaya-prakasam*). 다른 모든 것에 빛을 주는 원천임을 뜻한다.

체가 빛나고 있기 때문이라는 것을 이로써 알 수 있다.[7]

또 어떤 것이 이 문장에서 나타난다. **브라만**과 별개의 참된 **자각**이란 전혀 없으므로, 그것과 다른 것처럼 나타나는 개아個我라는 사람은 거짓된 혹은 가짜 의식—존재하지 않는 의식—이라는 의미이다. 자기 앞의 세계를 대상으로서 '보는 자'라고 말해지는 사람은 이 가짜 의식일 뿐이다. 개아라고 하는 이 '보는 자'는 세계라는 겉모습에 포함된 자일 뿐이라는 것이 **바가반**이 설명하신 말씀의 의미이다. 바로 이 의미가 "우리가 세계를(*nāmulaham*)"로 시작되는 (본문) 제1연에서도 보인다.

이 사람[개아]을 **바가반**은 「보유補遺」[제17연]에서 '가짜 영혼(*poliuyir*)'—거짓된 개아個我—이라고 상기시킨다. **베단타** 저작들에서는 찌다브하산(*cidābhāsan*)—거짓된 의식—이라고 이야기된다. 무지에 지배되는 인간들은 이 개아를 **자기**로 간주하여 개인아(*jivatman*)라 하고, **하느님**을 **지고아**(*paramatman*)라고 하여 마치 두 **아뜨만**이 있는 것처럼 이야기한다. **실재**인 **브라만**과 별개의 개아라는 사람은 없다는 가르침을 이렇게 베풀고 있다. 따라서 우리인 **아뜨만**은 **브라만**일 뿐 달리 무엇도 아니다. 바로 이것이 **우파니샤드**의 주된 가르침인 '**브라만**과 **아뜨만**의 합일'(범아합일)이라는 교의이다. 이것이 **스리 샹까라 바가바뜨빠다**(Sri Sankara Bhagavatpada)의 견해이다. 이것이 **지**知-**체험**(깨달음 체험) 안에서 찬란하게 빛나는 **궁극적 원리**인 **진리**이다. 무지의 어둠 속에서는 이 **진리**가 빛나지 않기 때문에, 우리는 가짜인 개아를 **자기**라고 여기고, 다른 것들은 **자기**와 다르다고 여기는 것이다.

**실재**인 **브라만**은 단 하나의 **진리**로서 존재하고, 또한 스스로 빛나는 **자각**으로서도 존재한다는 것이므로, **브라만** 하나만이 **진아**(Ātman)이고,

---

7) 브라만의 광휘야말로 세계라는 겉모습이 있는 이유이다. 브라만의 광휘는 세계에 의해 전적으로 가려지지는 않는다. 끊임없고 온전한 브라만의 의식(*chaitanya*) 자체가 에고 의식으로 줄어들고, 세계를 빛나게 한다.

지각력이 있는 것(*chaitanya*)이든 없는 것(*jada*)이든, **그것** 아닌 어떤 것도 발견되지 않는다는 취지이다. '보는 자'와 '보이는 대상' 같은 어떤 구분도 없이 남아 있는 것이 **그것**임을 알 수 있다. 이것 자체가 **비이원성**의 교의라는 것이다. **비이원성**이란 '둘이 없는 것'이라는 의미이다.

여기서는 **브라만**이 **자각**을 가지고 있다고 가르치지 않는다. 그것은 **자각** 자체라는 것이 그 가르침이다. 그 취지는 무엇인가? (보통의) 자각[혹은 앎]을 가진 것—자각을 하나의 기능이나 성질로서 가진 것—은 '지성'이라는 것인데, 이것은 마음과 다름이 없다. 이 자각은 마음의 **본래성품**(*svabhava*)이 아니라 그것의 기능이나 성질이다. 따라서 마음의 자각은 항상적이지 않고 영구적이지 않다. 잠 속에서는 마음의 자각이 가라앉는다. **브라만**의 참된 성품[또는 형상]인 **자각**은 그렇지 않다. **브라만**은 **자각**을 기능으로서 가지고 있는 것이 아니다. 따라서 그것은 영원하고 불변이다. 마음의 자각이 없는 잠·기절 등의 상태에서는 소멸한 것 같지만, **브라만**의 **자각**의 참된 형상은 소멸하지 않는다. **그것**은 **시간·공간** 기타 어떤 요소에 의해서도 영향 받지 않으며, 모든 세계가 소멸해도 '하나됨(*kevala*)'의 상태에서 (변함없이) 존재한다는 의미이다.

'**브라만**은 **지**知의 **형상**이다'라는 것은 순전히 가르침의 힘에 의해 우리가 받아들일 가치가 있지만, 그것에는 추론적 근거들도 있다. 이와 같은 방식의 추론이 첫 번째 문장의 첫 번째 의미에 포함되어 있다. **브라만**이야말로 마음의—생각들의—일어남과 가라앉음의 토대로 존재한다는 것을 거기서 보았다. 마음이라는 것은 의식(*chetana*), 즉 자각을 가진 물건이다. 따라서 그것의 **근원**으로 존재하는 물건은 자각을 가진 것이거나, 아니면 **자각**으로서 존재해야 한다. 자각을 가진 것이라면, 그것은 마음과 같은 차원이다. **참된 본체**는 아닌 것이다. 따라서 그것은 '지각력 없는 것'도 아니고 '자각을 가진 것'도 아니다. 그렇다면 **그것**은 무엇인가?

그것은 실로 자각, 곧 의식(*Chit*) 혹은 지각력(*Chaitanya*)일 뿐이다. 진아인 브라만은 자각을 가진 것이 아니라 그것이 지각력[자각] 그 자체라는 것이 전체 베단타의 교의이다. 그래서 그것을 존재-의식(*Sat-Chit*)이라고 한다. 여기에는 다른 논변들도 있다. 그 중 하나는 다음과 같다. 즉, 브라만은 자각을 가지고 있다고 말할 수 없기 때문에, 그것은 '지각력 없는 것(*jada*)'으로나 '지각력(*chaitanya*)'으로 존재해야 한다. 브라만이 '지각력 없는 것'이 아니라면, 그것은 '지각력'이라는 것이 결론이다. 그것을 '지각력 없는 것'이라고 말할 수는 없다. 어떤 사람이 브라만을 지각력이 없다고 말한다면, 그는 그것이 자기광명이 없다고 말하는 것이다. 왜냐하면 지각력이 없는 모든 것은 다른 어떤 자각(*arivu*)에 의해 빛나지 스스로 빛나지는 않기 때문이다. 그러면 그 브라만은 어떻게—어떤 자각에 의해—빛나는가?"라는 물음이 나온다. 그에 대해 그 주장자는, 다른 어떤 지각력에 의해 그것이 빛난다고 말해야 할 것이다. 그러면 그 지각력은 존재인가, 비존재인가라고 묻게 될 것이다. 비존재라고 말할 수는 없다. '비존재'에 의해서는 그 무엇도 빛날 수 없기 때문이다. 그것을 '존재'라고 한다면, 그것은 존재이자 의식이어야 한다. 즉, 그것은 단 하나인 물건이 존재이자 의식으로서 존재한다는 것을 인정하는 것이다. 이렇게 되면, 처음에 말한 존재—브라만—야말로 의식이라고 어찌 말할 수 없겠는가? 이것이 쉬운 길이다. 그래서 세계의 바탕으로 존재하는 그 존재는 스스로 빛난다고—그것을 빛나게 할 다른 어떤 자각도 필요하지 않다고—말하는 것이다. 이 추론을 버리고 저 존재가 스스로 빛나지 않는다고 한다면, 그것을 빛나게 하는 다른 의식도 스스로 빛난다고 할 수 없다. 따라서 그것을 빛나게 하는 다른 어떤 의식이 있다고 말해야 한다. 그것도 스스로 빛난다고는 말할 수 없는데, 이는 위에서 말한 추론상 그러하다. 따라서 그것을 빛나게 할 다른 어떤 의식을 말해야 할 필요가 있다. 이와 같이 스스로 빛나지 않는 무수한 의식들의 투사를 인정해야 할 것이다. 이는 한정 불가능의 오류(*anavastā doṣam*)[8)]—한계가 없다는 추론상의 오류—라고 불린다. 그래서 브라만, 곧 참된 본체는 그 자체로 의식이라고 하는 것만이 논리적인 결론이다. 그에 반하는 것은 오류라고 보아야 한다.

이와 같이 브라만은 존재(*iruttal*-있음)와 자각(*arivu*)이라는 두 가지 본래 성품을 가지고 있다. 그래서 그것을 존재-의식(*Satchit*)이라고 한다. '사뜨(*Sat*)'와 '찌뜨(*Chit*)'가 '*Satchit*'로 불려온 것이다. '사뜨(*Sat*)'는 '존재하는 것'이라는 의미이고, '찌뜨(*Chit*)'는 지知 · 지각력(*chaitanya*) 혹은 자각(존재한다는 의식)이라는 의미이다. 그러나 이 정도가 브라만의 스와루빠(*swarupa*)[참된 성품 혹은 형상]라고 착각하면 안 된다. 그래서 브라만의 성품은 실재하지 않는 세계나 마음과는 다르다는 것 외에는, 브라만의 스와루빠를 묘사하기란 불가능하다. 그것은 체험에 의해서만 알 수 있고, 다른 수단으로 알 수 있는 것이 아니다.

더욱이 브라만이 의식의 형상이라고 해서, 의식(*chetana*)처럼 보이는 마음이 실제로 의식인 것은 아니다. 마음도 세계와 마찬가지로 지각력이 없는 것이라고 설해진다. 이는 "마음에 빛을 주며(*matikkoli tandu*)"로 시작되는 제22연에서 설명된다.

실제로는 우리가 저 존재-의식인 브라만 자체라고—즉, 그것이야말로 우리의 진아라고—한다면, 우리의 이 참된 스와루빠가 우리에게 빛나지(알려지지) 않는 것은 왜인가? 우리는 왜 우리 자신을 이 비천한 개아나 몸 등이라고 여기고, 세속인들(*samsaris*)로서, 괴로움의 노예로서 살아가는가? 이런 물음에 대한 답변은 다음 문장이 충족시켜 준다.

---

8) *T.* 이것은 원인과 결과가 계속 이어져 제1원인이나 귀착점을 정할 수 없는 경우를 말한다. 서양 논리학의 '무한후퇴의 오류'와 비슷하지만, 후자가 더 넓은 개념 범위를 갖는다.

3) *ulla porul ullalara ullattē ulladāl*
*ullamenum ullaporul ullal evan?*

실재는 생각이 없이 심장 안에 존재하는데, 심장이라는
실재를 어떻게[혹은 누가] 명상할 수 있는가?

여기서 *evan*이라는 단어는 '누구'와 '어떻게'의 두 가지 의미로 보아야 한다고 바가반이 구두로 설명해 주셨다.

브라만의 참된 성품은 마음이 없고 평안하다고, 그것은 '흐리다얌'이라고 하는 심장 안에 존재한다고 이 문장에서 설한다. 실재인 그것은 마음이 없이 오직 심장 안에서, 있는 그대로 빛난다. 마음이 안에서 밖으로 향할 때는[외향적인 마음 속에서는] 그것이 있는 그대로 빛나지 않는다고 하는 것이 바로 이 문장의 취지이다. 있는 그대로 빛나지 않는다는 것은 그것이 세계로서—즉, 개아·이스와라·세계로서—나타난다는 의미이다. 이런 이유로, 브라만은 마음을 가지고 내관하는—명상하는—것이 불가능하다고 설하는 것이다.

왜 마음을 가지고 브라만을 내관하는 것이 불가능하다고 하는지 그 이유는 여러 가지이다. 그 하나는 "마음에게 빛을 주며(*matikkoli tandu*)"라는 제22연에서 설명된다. 여기서 설하는 이유는 두 가지이다. 마음이라는 것은 순수한 비이원적 브라만 안에서 차별상들을 상상하고, 그것들을 숭배하는 성품을 가졌다는 것이 한 가지 이유이다. 브라만과 다른 것으로서 그것을 내관하는 의식(*chetana*)—개아—은 없다는 것이 또 다른 이유이다.

첫 번째 이유를 살펴보자. 마음의 본질은 '안'과 '밖'이라는 두 가지 측면을 창조하고, '밖'에서는 온갖 세계들, 다른 개아들, 그리고 하느님—이런 것들을 창조해 낸다는 것이다. 이것이 마음의 본성이다. 이와 같이 창조되는 모든 것들의 바탕인 진리(*adhara satyam*)는 브라만일 뿐이고, 그

**브라만** 위에 이것들이 덧씌워진다는 것은 이미 보았다. 창조된 덧씌움이 바탕인 **진리**가 빛나지 못하게 은폐하기 때문에, 우리는 그 덧씌워진 세계 등이 바탕인 **브라만**을 빛나지 못하게 은폐한다는 것을 알게 된다. 마음이 바깥을 향하고 있는 한, 이와 같이 **브라만**이 있는 그대로 빛나지 못하고 개아 · **이스와라** · 세계로 나타날 것이다. 마음이 내면으로 향하면 자신이 나온 **심장**이라는 바탕에 합일되고, 거기서 마음이라는 자신의 성품을 잃고 해소되어 버린다. 그렇게 되면 마음의 환적 덧씌움인 저 세 원리가 나타나지 않아 **브라만**이 **진아**로서 방해물 없이 빛난다. 그러나 마음은 그것을 지각하지 못하고 알지 못한다.

여기서 **심장** 혹은 '**울람**(*ullam*)'이라고 하는 어떤 것이 **브라만**의 거주처인 것처럼 이야기되지만, 실은 그것은 **브라만**과 다름이 없기 때문에 그것은 거주처가 아니고 **브라만**이 어느 장소에 있는 것도 아니다. **진아체험**을 열망하는 수행자가 바깥을 바라보기를 그만두고 내면을 향할 필요가 있음을 알게 하려고, **심장**이라는 것이 **브라만**의 바탕이라고 설하는 것에 지나지 않는다. **심장**이라는 **울람** 자체가 **브라만**이고 **브라만** 자체가 **울람**이라고 불린다는 것은 "**심장이라는 실재**(*ullamenum ulla porul*)"라는 말에서도 분명히 알 수 있다.

**브라만**은 **심장**(*ullam*) 안에 있다고 하므로 그것은 마음이 가라앉은 상태에서는 있는 그대로 빛나고, 마음이 가라앉지 않아서 바깥을 향해 활동할 때에는 빛나지 않는다. **그것** 안에서 (마음에 의해) 창조된 세 원리가 나타나서 그것을 은폐한다는 것은 앞에서 보았다. 그래서 **브라만**은 바깥을 향해 있는 마음을 가진 사람에게는 알려지지 않는다는 것을 분명히 알 수 있다.

또 하나의 이유는, **브라만**을 명상하는 **그것**과 별개의 의식(*chetana*)은 없다고 하는 것이다. '다른 것들을 아는 자인 나'라고 자부하는 개아가

'가짜 영혼(*pōliuyir*)'임은 이미 보았다. 마음이 밖을 향하고 있을 때는 그와 같이 한 사람이 실재하는 것처럼 보일 것이다. 마음이 내면을 향하면 그것이 **심장** 속으로 가라앉아 그 사람도 사라진 것으로 보일 것이다. 그도 마음이 창조한 것이므로, 즉 **브라만**을 명상하는 어떤 사람이 존재하지 않으므로, 우리가 **그것**을 명상할 수 없다고 설하는 것이다.

'그러나 **진아**로서의 **브라만**을 내관할—명상할—길은 전혀 없는가?'라는 물음에는, 본 연의 네 번째 문장이 그 답을 말해준다.

4) *ullattē ulla padi ulladē ullal unar.*

'심장 속에서 있는 그대로 안주하는 것이야말로 (실재에 대해) 명상하는 것임을 알라.'

**심장** 속에서 저 **브라만**이 있는 그대로—즉, 생각들이 없이—존재하는 것이야말로 그것을 명상하는 것이라고 하는 것이 이 문장의 의미이다.

마음이 **심장** 속으로 가라앉아 저 **심장**과 다르지 않은 **브라만**에 합일되어 마음이라는 자신의 성품을 잃음으로써, **브라만**이 있는 그대로 움직임 없이 **평안**으로서—**진아**로서—있는 것이야말로 진정한 명상이라는 것이 그 취지이다. 이 상태가 곧 **진아지**의 체험이다.

여기서 이것을 명상이라고 말할 때, 이것은 마음이 하는 명상이 아니다. 마음이 하는 명상은 '명상하는 자', '명상의 대상', '명상'의 3요소가 갖춰져야 가능하다. 그러나 이것은 3요소가 없다. 이것 외에 달리 명상이 있을 수 없으므로, 이것만을 명상이라고 하는 것이다.[9] 예공(*pūja*)·헌신(*bhakti*)·환영幻影·지知 등은 모두 이것을 말한다고 **바가반**은 말씀하신 적이 있다. 다른 길에서는 그것들을 있는 그대로 성취하지 못하므로,

---

9) *T.* 실재, 곧 브라만은 이원적 명상의 대상이 될 수 없으므로, 심장 속에 그 실재로서 있는 그대로(즉, "내가 있다"로서) 안주하는 것 외에는 달리 실재에 대한 '명상'이 있을 수 없다. 그래서 이것을 '명상'이라고 하기보다 '**진아안주**' 혹은 '**진아자각**'이라고 표현하게 된다.

일반적으로 모든 좋은 방법들은 이것 안에 다 들어간다는 취지이다. 해탈이라고 하는 것도 이 상태일 뿐이다. 이것이 바로 **뚜리야**(*Turīya*) 상태라고 이야기된다. 마음이 내면을 향해 **심장** 안에 가라앉게 하는 직접적인 길—수행—은 본 저작의 뒤에서 "일어나는 에고의(*elumbum ahandai*)" 라고 하는 제28연과, 다른 곳에서도 묘사된다.

* * *

**해설:** 처음 기원시에서는 **브라만**의 속성 없는(*nirguna*) 참된 형상(*swarupa*)에 대해 서술했다. **그것** 자체가 헌신자들을 위하여 속성을 가지고(*saguna*) 출현한다. 마음이 없는 상태에서는 **브라만**에 속성이 없다(*nirguna*). 마음이 있는 상태에서는 **브라만**에 속성이 있다(*saguna*). 그럴 때 **그것**이 바로 **하느님**(*Īsan*)이다. **그**에게 헌신, 즉 사랑을 드리는 사람들은 결국 **그**에게 **자기순복**(*Atma-samarppanam*-자기 내맡김)을 하여 **그**의 온전한 **은총**을 받을 만한 사람이 되고, 앞에서 말한 단일한 **비이원적 진아체험**을 얻는 사람이 된다는 진리가, "죽음을 몹시 두려워하는"이라고 하는 두 번째 기원시에서 설해진다.

2. maranabhaya mikkulavam makkalara nāha
   maranabhava millā mahēśan – caranamē
   cārvartañ cārvodutāñ cāvutrār cāvennañ
   cārvarō cāvā davar.

[풀어쓰기] *marana bhayam mikku ula ammakkal aran āha marana bhavam illā mahēśan caranamē cārvar; tam cārvodu tām cāvuttrār; cāvu ennam cārvarō cāvādavar?*

죽음을 몹시 두려워하는 저 영혼들이, 피난처로서
죽음도 탄생도 없는 위대한 **하느님**의 두 발에 매달리면,

그 매달림에 의해 그들은 죽은 것인데, 죽음에 대한 생각을
죽음 없는 사람들이 갖겠는가? (그들은) 영원한데.

**의미:** 죽음에 대한 두려움을 많이 가진, 좋은 성품을 갖춘 사람들이 그 죽음에 대한 두려움을 없애려면 죽음과 탄생이라는 두 가지가 없는 위대한 **하느님**을 피난처로 삼으라. 그러면 그들의 에고와 자만심이 소멸된다. 죽음 없는 성품을 가진 그들이 죽음에 대한 생각을 하겠는가?

**주석:** 누구에게나 어느 때인가는 죽음에 대한 두려움이 일어난다. 그러나 그것은 별 영향을 주지 못하고 사라진다. 죽음을 가깝게 마주할 때 일시적으로 생겨나는 '화장터의 무욕'은 음식 등 즐거움의 대상들을 경험하면서 소멸한다. 위대한 성품을 가진 사람들은 그것이 사라지지 않게 하고 항상 기억하면서 즉시 해법을 추구하여 그것을 발견한다.

세계라는 **마야** 속에, 무지 속에 얽혀든 사람들이 인생행로에서 경험하는 세간적 삶의 고통이야말로 (해탈에 이르는) 계단이다. **바가반**의 말씀은 이렇다. "어떤 사람이 자면서 꿈을 꿀 때, 그가 보는 모든 것이 행복하고 즐겁다면 그 잠에서 깨지 않겠지요. 고통스러운 장면들을 보아야 잠에서 깰 것입니다. 그와 마찬가지로, 세계가 즐거움에 가득해 보이면 그 세속인(*samsari*)은 세계라는 **마야**에서 깨어나 자신의 **진리**를 깨닫지 못할 것입니다. 윤회(*samsara*)의 고통, 죽음에 대한 두려움 등의 경험이 있어야 자신의 길을 발견할 수 있습니다." 죽음이 있다는 것을 알아도, 죽음에 직면하지 않는 한 그것에 대한 두려움이 강렬하게 일어나지 않는다. 따라서 삶이 고통으로 점철되어 있다는 경험적 지知만이 무욕의 근원인 무위無爲의 길(*nivritti marga*)로 향하게 해준다. 소수의 위대한 인간들은 한두 번 죽음에 대해 생각해 보는 것만으로도 **지知**의 길로 돌아서서 **해탈**을 얻는다. 이 점에서 **바가반 붓다**(석가모니)와, 이 저작을 하사하신 **바가반**

라마나가 그런 위대한 분들이다.

이와 같이 마음이 돌아선(무위가 된) 즉시, 탄생과 죽음이 없는 위대한 하느님의 은총에 그것이 복속된다. 그 은총은 마음을 내면으로 향하게 하여, 저 지고의 실재에 합일시켜 버린다. 그럴 때 모든 속박의 원습들과 함께 '나'라는 에고가 사멸하고, 남는 것은 불멸의 진아이다.

에고라는 것은 "몸이 곧 나다"라는 그릇된 앎이다. 그것이 존재하는 한, 몸에 닥쳐오는 죽음이 자신의 죽음으로 여겨진다. 그것만 아니면 죽음에 대한 생각 자체가 근절된다는 것이 여기서 밝혀진다.

본 저작에서 중요한 본질적 가르침은 자기탐구라는 해탈의 수행법이다. 그 탐구에 도움이 되는 것은 '진망분별眞妄分別(*satyāsatya viveka*)—즉, 참이 무엇이고 거짓이 무엇인지를 아는 분별지이다. 이 탐구를 통해 얻어지는 것은 우리의 참된 자아의 체험이다. 분별·탐구·체험이라는 세 가지는 거의 모든 연에서 설해지고 있다. 그러나 연들이 유지하고 있는 순서를 면밀히 살펴볼 때, 1) 분별을 주제로 삼는 연들이 맨 앞에 오고, 2) 탐구를 주제로 삼는 부분이 그 다음에 오며, 3) 체험을 주제로 한 묘사가 맨 끝에 자리 잡고 있다는 것을 알 수 있다. 이런 이유에서, 본 저작에서는 이 세 가지 주제를 설명하는 세 부분으로 나누어 주석하는 것이 좋을 것이다. 그래서 이 주석은 분별·탐구·체험이라는 세 부분으로 설해진다.

## 본문

## 분별 장(*Viveka Adhyayam*)

실재(*ulla porul*)는 실로 진아인데 거짓된 겉모습인 세계는—곧 개아·이스와라·세계라는 세 원리는—저 진아를 은폐하기 때문에, 은폐하는 세계는 참된 것처럼 보이고 은폐된 진아는 거짓인 것처럼 보인다. 그래서 탐구(*vichara*)라고 하는 수행을 하기가 거의 불가능하여 진전이 없으므로, 은폐하는 거짓을 거짓이라 하고 은폐되는 참된 것을 참되다고 지적으로 확실하게 이해하는 것이 탐구의 예비조건이다. 그와 같이 이해하는 것을 분별(*viveka*)이라고 한다. 이런 분별은 수행자에게 없어서는 안 되는 예비단계의 수단이므로, 본 장의 연들은 그런 분별의 방법을 분명하게 밝히고 있다.

**해설:** 이 첫째 연에서 바가반은, 브라만이 진리이고 그것을 은폐하는 것은 세계라는 거짓된 겉모습임을 밝히기 위해, 브라만은 바탕이고 세계는 덧씌움(*Āropitam*)이라는 것을 영화의 비유를 들어 가르치고 있다.

1. nāmulahan kāndalā nānāvañ cattiyula
   vōrmudalai yoppa lorutalaiyē — nāmavuruc
   cittiramum pārppānuñ cērpadamu māroliyu
   mattanaiyun tānā mavan.

[풀어쓰기] *nām ulaham kāndalāl, nānā ām catti ula ōr mudalai oppal orutalaiyē, nāma uru cittiramum pārppānum cērpadamum ār oliyum, attanaiyum tān ām avan.*

우리가 세계를 보기 때문에, 다양한 힘을 가진
하나의 원리를 받아들이는 것이 불가피하네. 이름과 형상들의
화상畫像, 보는 자, 공존하는 스크린과 편재하는 빛
이 모두가 진아인 그라네.

**의미:** (지각자인) 우리가 세계를 보기 때문에, 다양하게 분화되어 나타나는 힘을 가진 하나의 제1원리를(원인물을) 받아들이는 데 반론의 여지가 없다. (세계라고 불리는) 이름과 형상으로 충만한 그림들, 그것들을 보는 자인 개아個我, 그 그림들의 바탕인 스크린, 그것들을 비추는 **의식**의 빛이라는 이 넷은 **(심장 속의) 진아**로 존재하는 저 **하느님**과 다르지 않다.

**주석:** 지각되는 세계의 바탕인 **실재** 하나만이 존재한다는 것이 여기서 설해진다. 하지만 저 **실재**가 실은 이 세계로 변모했는지, 아니면 **그것**은 **실재**로서는 어떤 변화도 겪지 않기에 세계가 출현하는 자리로만 남아 있는가 하는 것을 밝혀 "다양한 힘을 가진(*nānāvām cattiyula*)"[많은 것으로 나타나는 힘을 가진]이라고 설하고 있다. 저 **실재**와 다르다고 말할 수 없는 **'마야'**라는 이름을 가진 하나의 경이로운 힘이 이와 같은 다수로서 출현하는 것일 뿐, 그 **실재**는 실은 조금도 변화됨이 없다는 것이 이 연의 취지이다. **브라만**은 덧씌워진 세계의 **바탕**일 뿐이라는 의미이다. 여기에 대해 비유로 제시되는 것이 영화이다. 하지만 영화와 세계는 한 가지 다른 점이 있다. 영화에는 '보는 자'(관객)가 함께 들어 있지 않고, 그는 홀로이다. 세계 안의 '보는 자'는 (세계의) 내용물이다. 즉, 세계를 보여주는 개아와 세계를 보는 개아가 다른 사람이 아니다. 그와 세계는 그 광경(세계) 안에서 합쳐져 있을 뿐이다. 따라서 세계가 거짓이면, 그도 거짓된 사람이다. 이것은 대단히 중요한 가르침이다.

여기서의 비유에서, 나타나고 사라지는 화면들은 영구적이지 않고 따라서 실재하지 않는다. 움직이지 않고 실로 변함없이 머물러 있는, 빛이

비춰지고 있는 스크린은 영구적이며, 따라서 실재한다. 그와 마찬가지로, 겉모습인 '보는 자'와 '보이는 것'은 공히 거짓되고, 바탕인 존재-의식은 참되다. 존재라는 성품상 거짓된 겉모습들의 토대이면서, 의식으로서 그것들을 비추는 빛이기도 한 저 브라만이 있다. 거짓된 세계는 참된 브라만 안에서만 나타나며, 더욱이 저 브라만의 지知의 형상(자각)에 의해서만 참된 것처럼 빛난다. 세계는 독자적으로 존재하지 않고, 자각의 빛도 아니며, 얻어지지 않아서(공한 것이어서), 이 물건을 제13연에서는 "지知인 진아만이 실재하며(*jñānamām tānē mey*)"라고 잘 설명하고 있다.

세계라는 것은 브라만에 의해 창조되었다거나 브라만 자체가 세계로 되었다고 우파니샤드에서 설하는데, 그것이 참되지 않다면 우파니샤드들이 그렇게 설하겠는가? (이 의문에 대한 답은) 세계는 독자적인 존재성이나 빛남이 없고, 브라만의 존재-의식의 형상이 세계의 바탕이라는 것이 우파니샤드의 내밀한 뜻이고, 체험자인 진인들도 그렇게 설한다는 것이다.

지각자인 개아, 지각 대상 기타 모든 것은 바탕인 브라만에게 낯선 것으로 존재하지 않으므로, 그것들이 곧 그것이라고 여기서 이야기한다. 이로써 이름과 형상들은 거짓이라는 결과가 나온다. 이런 의미는 "몸이 자기라면(*uruvam tān āyin*)"이라고 한 제4연에서 더 조명된다.

더욱이 이 연에서는 저 존재-의식이야말로 "진아인 그(*tānām avan*)"라고 설한다. 이로써 그것이 곧 진아라고 가르치는 것이다. '*tan*'이라는 말은 진아를 가리킨다.

진아인 브라만이 실제로 세계로 변화되었다고 하는 것은 무지한 말이다. 그 말은 브라만이라는 우유에 무지라는 버터밀크를 섞은 것이 세계라는 응유凝乳로 엉긴다고 말하는 것과 같다. 무지는 하나의 물건이 아니다. 그것이 브라만 안에서 변화되어 생겨나겠는가? 더구나 우유가 응유로 되고 나면 어떤 식으로 다시 우유가 될 수 없다. 그와 같이, 브라만도 어떤 식으로 실제로 변화되었다면 되돌아가서 브라만이 될 수 없다는 것이다. 그렇게 되돌아간다면, 스스로 자신의 참된 형상도 변치 않게 지키지 못하는 브라만이 어떻게 우리를 지켜줄 수 있겠는가?

영구히 변치 않는 어떤 물건도 없다고 하면, 우리가 해탈을 얻을 방도가 없을 것이다. 붓다 바가반(석가세존)도 그와 같이 변치 않는 어떤 것이 있어야 우리가 해탈에 이르는 길이 있다고 선언했다(130쪽 참조). 진인들은 그 누구도 브라만은 변함이 없다고 분명하게 선언하므로, 우리는 위에 나온 주장이 하찮은 것이라고 여겨야 한다.

이 연의 의미는 '이 뱀인 밧줄'이라는 말의 의미처럼 받아들이는 것이 좋다. 밧줄은 실은 뱀이 아니지만, 무지한 시간 동안은 뱀처럼 나타나 보인다. 그와 같이, 무지한 시간 동안은 브라만이 세계로 나타난다. 지知에 의해 밧줄이 있는 그대로 빛나듯이, 지知의 상태에서는 세계라는 겉모습이 사라지고 브라만이 그 자체 있는 그대로—진아로서—빛난다. 뱀이 나타나 보일 때도 밧줄만이 실재하듯이, 세계가 나타나 보일 때도 브라만인 진아 하나만이 존재한다. 세계는 어느 때에도 존재하지 않는다는 바로 이것이 이 연의 취지이다.[1]

* * *

**해설:** 여기서 가르치는 진아의 원리는 지성의 힘으로—즉, 추론이나 저작들의 내용에 대한 지식으로—알 수 있는 것이 아니다. 그렇게 해서 아는 것은 어떤 이익도 없다. 뒤에서 설명하는 자기탐구(*Atma-vichara*)에 의해 에고·마음·세계라는 겉모습이 모두 소멸한 진아의 참된 성품 안에 안주하여 고정되는 것만이 진아의 원리에 대한 지知라는 것을, 바가반은

1) 이름과 형상들이 무지의 상태에서—즉, 에고인 마음에게—실재하듯이, 해탈자의 지知 체험 속에서는 그것들이 실재하지 않는다. 이 진리는 바가반이 하사한 「아루나찰라 8연시」라는 찬가의 제5연("보석들이 달린 줄같이(*manigalir saradena*)"에서 설해지고 있다.

다음 연에서 밝히고 있다.

2. mummudalai yemmatamu murkollu mōrmudalē
   mummudalāy nirkumendru mummudalu — mummudalē
   yennalahan kāra mirukkumattē yānkettut
   tannilaiyi nitra tralai.

[풀어쓰기] *mum mudalai em matamum munkollum; 'ōr mudalē mum mudalāy nirkum', 'endrum mum mudalum mum mudalē' ennal ahankāram irukkum mattē; yān kettut tannilaiyil nitral talai.*

세 가지 원리를 모든 종교가 처음에 전제하지만
"하나의 원리만 세 원리로 존재한다", "세 원리는 늘 세 원리다"라고
다투는 것은 에고가 존재하는 동안만 그렇다네. '나'를 절멸하고
진아의 상태에 안주하는 것이 으뜸이라네.

**의미:** 모든 종교는 세 가지 원리를 먼저 이야기한다. "이 세 가지는 단 하나인 **실재** 자체가 (셋으로) 나타난다"는 것과, "이 세 가지는 항상 세 가지이고, 별개의 개체들이다"라는 것은 에고가 존재하는 한에서이다. 에고를 소멸하고 자신의 **본래 상태**에 자리 잡는 것이 중요하다.

**주석:** 모든 종교들이 개아·**하느님**·세계라는 세 가지 원리를 처음에 선언한다. 그 세 가지가 서로 별개인가, 하나인가 하는 물음 자체에서 종교들의 차이가 생겨난다. 세 가지가 단 **하나**인 것의 겉모습들이라거나, 그것들은 별개의 실체들이라는 두 가지 주장이 있다. 어떤 사람이 이 주장들 중에서 어느 것을 택하든, 그의 에고는—즉, "몸이 곧 나다"라는 무지는—가라앉지 않는다. 에고가 있는 사람이라야 무엇을 주장한다. 에고가 있는 한, 그는 체험을 통해 **진리**를 안 사람이 아니다. 이 세 가지의 **진리**는 그에게 있는 그대로 이해되지 않을 것이다. 에고가 소멸된 상태에서만 모든 것의 **진리**가 밝게 드러날 것이다. 그 자체가 **지**知의 상태

이다. 에고가 소멸되지 않았을 때 가지고 있는 지知는 모두 무지일 뿐이다. 따라서 어떤 종교적 입장이든—즉, 어떤 사람이 비이원론자든 이원론자든—그가 지니고 있는 종교적 믿음은 **지知**가 아니다. 그것은 간접지(*paroksha jnāna*)라고 불린다. 하지만 '간접(*paroksha*)'과 '지知(*jnāna*)'라는 이 단어들은 여기서 서로 배척한다. **진아**는 항상적이고 직접적(*aparoksha*)이다. 즉, 직접 깨달음(*pratyaksha*)이다. 그러니 그것을 간접적으로 아는 것이 **지知**이겠는가?

비이원적 **지知**는 **진아체험**일 뿐, 다른 종교들과 같은 하나의 교의教義가 아니라는 것이 **바가반**의 취지이다. **종교라는 것은 마음으로 생각해서** (즉, 이원적 인식으로) **아는 것이 아니다**. 다른 종교들의 지知는 마음(지성)의 대상이다. **비이원론**(*Advaita*)은 그렇지 않다. 마음이 없는 상태에서는 그것이 직접 깨달음이다. **바가반**은 여기서, 에고가 소멸했을 때라야 마음이 소멸하므로 에고가 존재하는 한 **지知**는 없고, 에고가 없어야 **지知**의 상태가 얻어진다는 것을 밝히고 있다.

나아가 어떤 사람이 어느 종교적 입장이든, 그 종교에서 발견되는 수행을 해서 스스로 체험을 얻으려고 노력해야지, 자기 종교만이 진리라고 주장해서는 아무 이익이 없다. 교의들의 차이에 마음을 쓰지 않고, 자신의 수행에만 몰두하는 것이 직접적인 길이라는 것이 뒤에서 차츰차츰 밝혀질 것이다.

어느 날 어떤 분이 종교 서적을 한 권 가져와서 **바가반**께 드렸다. **바가반**은 그 책의 몇 군데를 살펴보신 뒤 제자들을 바라보며 다음과 같이 말씀하셨다.

"이 책에서는 **비이원론**을 위시한 모든 교의들에 대한 논박을 서술하고 있군요. 그 교의들 하나하나에 대해 서두에서 '만다남(*mandanam*)'—즉, 그 교의를 찬미하는 말—을 하고, 그런 다음 '논박'을 하고 있습니다. 하지만 '찬미'를 할 때 그 교의를 있는 그대로 말하지 않고, 그것을 나중에 논박하는 데 도움이 될 어떤 결함을 집어넣어 말하고 있습니다. 그러나 이런 식의 논변은 무익합니다. 모든 교의들이 일치하여 선언하고 있는 것은, 수행자가 '나'와 '내 것'이라는 마음의 불순물들을 없애면 숭고한 해탈이 스스로 다가와 (그를) 흡수한다는 것입니다. 여기에는 이견이 없습니다. 따라서 어떤 종교의 사람이든 모두가 받아들이는 이 수행에 몰두할 필요가 있습니다. 이 수행의 열매인 숭고한 해탈을 두고 지금 왜 이러니저러니 다투어야 합니까? 그것이 '이렇다'고 지금 결정해야 합니까? 우리가 성취할 때, 그것을 보고 수긍할 수 있지 않습니까?"

여기서 말하는 "'나'를 절멸하고 진아의 상태에 안주하는 것이 으뜸이라네(*yān kettut tannilaiyil nitral talai*)."라는 것은 그것이 다른 모든 것보다 드높은 상태이며, 그것과 동등하거나 더 높은 다른 것은 전혀 없다는 것을 밝히면서 그것이 '으뜸(*talai*)'이라고 설한 것이다.

*　　*　　*

**해설:** "세계는 실재하지 않고(*asat*), 지각력이 없고(*jada*), 괴로움(*dukham*)이다"라고 경전과 스승들이 가르친 것의 주안점은, 우리가 세계에서 마음이 돌아서서 내면을 향하게 되어 진아지 체험의 상태를 얻고, 그 안에 안주해야 한다는 것일 뿐이다. 따라서 그 체험을 얻는 직접적 수단을 닦지 않고 "세계는 실재하지 않고, 지각력이 없고, 괴로움이다"라고 되뇌기만 하는 사람은 "그것이 존재이고, 의식이고, 행복이다"라고 주장하는 사람과 다를 바 없다는 의미를, 바가반은 다음 연에서 설한다.

3. ulahumeypoyt tōtra mulaharivā mandren
   drulahusukha mandren druraitte — nulahuvittut
   tannaiyōrn dondrirandu tānatru nānatra

vannilaiyel lārkkumop pām.

[풀어쓰기] *'ulahu mey', 'poyt tōtram', 'ulahu arivu ām', 'andru' endru, 'ulahu sukam', 'andru' endru uraittu en? 'ulahu vittut tannai ōrndu', 'odnru' 'irandu' tān atru nān atra an nilai ellārkkum oppu ām.*

"세계는 참되다", "거짓된 겉모습이다", "세계는 지각력이다", "아니다",
"세계는 행복이다", "아니다"라고 다투는 것이 무슨 소용 있는가?
세계를 버리고 자기를 알아서, 하나와 둘이 다 끝이 나고
'나'가 사라진 그 상태가 모두에게 좋은 것이네.

**의미:** "세계는 참되다", "세계는 참되지 않다", "세계는 지각력으로 충만해 있다", "세계는 지각력이 없다", "세계는 행복이다", "세계는 괴로움이다"라고 다툰다 해서 어떤 이익이 있는가? 세계를 보지 않음으로써(심장 속에 가라앉음으로써) 자기를 알고, 이원성과 비이원성의 논쟁에서 떨어져 있는, 에고 없음의 저 지고한 상태가 모두가 바라는 것이다.

**주석:** "세계는 거짓이다", "그것은 참되다"라는 두 가지 논쟁, "세계는 지각력이 없다", "그것은 의식이다"라는 두 가지 논쟁, "그것은 괴로움이다"와 "행복이라"라는 두 가지 논쟁이 있다. 그래서 세계를 두고 여섯 가지 논쟁이 있다. 이것은 결국 두 가지 논쟁, 즉 "세계는 실재하지 않고, 지각력이 없고, 괴로움이다"라는 것과, "세계는 실재하고, 지知이고, 행복이다"라는 것이 된다. 첫 번째 것은 비이원적 베단타의 교의이다. 그 교의야말로 경전과, 그 체험을 가진 자인 진인들이 가르치는 것이다. 본 저작에서도 바로 이 가르침이 설해진다. 그 주안점은 무엇인가? 그 가르침을 받아들여 그것을 염하기만 하면 제자가 (해탈이라는) 목표를 성취한 사람이 되는가?

그것의 취지는, 우리가 원하는 완전한 행복이 세계에서 오지는 않는다

는 것이다. 우리는 그것을 포기하고 우리의 내면에 있는 진아의 참된 형상인 행복만을 얻으려고 노력해야 한다. 그와 같이 노력하지 않는 사람이라면 세계를 어떻게 여기든 뭐가 다르겠는가? 모두 마찬가지라고 바가반은 말씀하신다.

우리 모두가 원하는 것은 (행복과 불행의) 대립이 없는 완전한 행복이다. 그런 종류의 행복을 우리는 세계 안에서 얻은 적이 없다. 앞으로 얻게 될 것이라는 보장도 없다. 세간적 삶 속에서는 욕망·이익 등 마음의 요동들로 인해 행복의 결여를 경험한다. 욕망·이익 등은 마음 속에서 일어난 것이고, 마음은 에고를 뿌리로 삼는다. 따라서 에고 없는 상태 속에서만 우리가 순수한 행복을 얻을 수 있다.

더욱이 우리는 행복이 세계 안에 있는 대상들에 의해 생겨난다고 생각한다. 이런 생각이 무지라는 것은 세간의 경험에 의해서도 우리가 알 수 있다. 행복이 대상들에 의해 생겨난다고 하면, 대상들이 많이 있는 곳에서는 행복도 많아야 하고, 대상들이 적은 곳에서는 행복도 적어야 하며, 대상이 없는 곳에서는 행복도 없어야 할 것이다. 하지만 그렇지 않다. (가진) 대상들이 많고 풍족해 사치를 누리는 부자들보다 그런 것이 많이 부족해서 가난한 사람들이 더 많은 행복을 경험하는 것을 우리는 흔히 본다. 더구나 어떤 대상도 없이 가라앉은 잠 속에서는 누구나 행복을 경험한다. 자다가 깨어난 사람은 "나는 행복하게 잠을 잤다"고, 잠 속에서 자기가 경험한 행복을 회상한다. 따라서 우리가 행복이 세간의 대상들에 의해 생겨난다고 생각하는 것은 잘못이다.

그러면 우리가 경험하는 행복의 근원은 무엇인가? 진인들과 우파니샤드는 우리의 진아의 성품 자체가 행복이라고 말한다. 만약 그렇다면 "그 행복을 왜 우리가 끊임없이 경험하지 못하는가?"라고 묻게 된다. 생시와 꿈에서는 간헐적으로, 잠 속에서는 끊임없이 우리가 행복을 경험한다면,

꿈과 생시에는 행복을 장애하는 원인 요소가 있다는 것이다. 그것이 잠 속에서는 제거되어 남아 있지 않다고 말해야 할 것이다. 이 장애물을 마음이라고도 하고 에고라고도 한다. 그것이 꿈과 생시에는 있다. 잠 속에서는 없다. '나'라고 일어나는 것이 에고이다. 이것의 성품은 뒤에서 밝혀질 것이다.

더욱이 잠 속에서는 세계가 나타나지 않는다. 그래서 세계의 출현도 행복의 방해물이라는 것을 알 수 있다. 그러나 에고가 없으면 세계가 나타나지 않고, 세계가 나타나지 않으면 에고의 일어남도 없다. 그 둘은 서로 함께 결합되어 일어나고 가라앉는다는 것을 뒤의 한 연(제7연)에서 밝힌다.

그래서 세계는 하찮은 것이고 행복을 얻는 수단이 아니며, 행복으로 충만해 있는 것은 **진아**뿐이라는 가르침은 논리적 추론과도 부합한다. 따라서 얻어야 할 것은 **진아체험**이고, 버려야 할 것은 세계이다.

나아가 우리가 세계를 버리지 않으면 결코 그 체험을 얻지 못할 거라는 것은 의심의 여지가 없다. 우리가 **진아**를 얻으려면 내면을 향해 일념집중된 마음으로 그것을 추구해야 한다. 내면 향하기와 일념집중은 바깥 향하기를 버리지 못하면 성공하지 못한다. 바깥 향하기를 버린다는 것은 곧 세계를 버린다는 의미이며, "세계를 버리고(*ulahu vittu*)"라는 구절이 이것을 말해준다.

이와 같이 우리가 포기해야 하는 세계가 어떻게 있든 무슨 상관인가? 그것을 붙들고 탐구해 본들 뭐 하겠는가? 세계 탐구에 의해 그것이 거짓되다고 하든 참되다고 하든, 어떤 식으로 결론이 나든, 그럴 때도 세계는 비천한(하찮고 쓸모없는) 것이기에 우리는 그것을 포기해야 한다. 그런 탐구 없이도 지금 그것을 포기할 수 있다. 그래서 세계 탐구는 우리에게 필요 없다고 이야기되는 것이다. 결국은 포기해야 할 세계를 탐구하는 것은 "밖에 내다버려야 할 쓰레기 더미를 탐구하는 것과 마찬가지"라고[2] **바가반**은 선언한다.

하지만 이와 같이 세계에서 마음을 되돌려 그것을 **진아탐구**로 향하게 하는 사람은 대단히 성숙된 마음을 가진 사람일 것이 틀림없다. 즉, **진아의 참된 성품** 안에서 아주 높은 수준의 헌신과, **진아**에 적대적인—그것을 은폐하는—세계에 대해 무집착(무욕)이라는 두 가지를 가진 사람일 것이 분명하다. 이와 같은 사람은 세계 탐구에서 마음을 돌림으로써 즉시 여기서 말하는 수행을 닦을 수 있다. 그런 사람이 **진아체험**을 쉽게 성취한다는 것은 **바가반**의 신적인 생애담 속에서도 잘 드러난다.[3]

하찮은 세계에 집착하지 않는 상근기上根機들이 쉽게 성취하는 **완전한 행복**(*Paripurna Sukha*)의 상태는 논쟁들이 접근할 수 없다. "하나와 둘이 다 끝이 나고(*ondrirandu tānatru*)"라고 하는 구절이 이런 의미를 말해준다. 즉, **진아**라는 바탕은 '하나'라는 비이원성이나 '둘'이라는 이원성으로 말할 수 없다. 왜냐하면 거기에는 '나'라고 일어날 에고가 없기 때문이다. 이런 의미를 "'나'가 사라진 그 상태가(*nān atra annilai*)"라는 어구가 잘 설명해 준다.

여기서 말하는 **체험**의 상태를 모든 사람이 실로 사랑한다. 여기서 **바가반**은 이것을 사랑하지 않는 사람은 없다고 선언하면서, "그것은 모두에게 좋은 것이네(*adu ellarkkum oppu am*)"라고 말한다. 이와 같은 어떤 상태가 있다는 것을 모르는 사람들이 아주 많은데, 모든 사람에게 그것이 좋다고 어떻게 말할 수 있는가 하고 물을지 모른다. 이 말씀의 내적인 의미를 **바가반**은 다음과 같이 밝혀 설명한다.

---

2) *T.* 「나는 누구인가?」, 『라마나 마하르쉬 저작 전집』, 42쪽, 53쪽 참조.

3) 바가반이 수행의 실천으로 **전체적 완전성**을 성취했다는 것은 세계와 관련되는 경험적 의미에서만 참된 것으로 보인다. **궁극적 진리**는 그렇지 않다. 하지만 생애담은 세계라는 겉모습을 따르고, 그 생애담 부분이 여기서는 (그 수행과 부합하는) 예로서 인용된다.

모든 사람이 잠을 사랑하는 까닭은, 그것이 섞임이 없는 행복이 있는 상태이기 때문이다. 잠과 여기서 말하는 "나가 사라진 상태"에 공통되는 두 가지 특징이 있다. 둘 다 '나'의 일어남이 없다. 둘 다 세계의 나타남이 없다. 바로 이런 이유로 해서 잠은 행복으로 충만해 있다. 이로써 **진아체험**의 상태는 잠보다 못하지 않음을 알 수 있다. 오히려 그 상태는 잠보다 훨씬 수승殊勝하다. 왜냐하면 잠 속에서는 불행의 원인인 에고와 마음이 무지인 어둠 속에 합일되어 있기 때문이다. 거기서의 행복은 사소하다. **진아체험** 속에서는 마음이 **진아**의 **지**知 형상 속에서 사라져 **진아**와 하나가 되어 버렸기 때문에, 거기에는 마음이 없다. 따라서 거기서 마음이 도로 일어나거나, 세계가 나타나거나, 세간연世間緣(*samsara*)이 다시 에워쌀 여지가 없다. 더욱이 **진아체험**의 **지복**은 순수하고 완전한 것이다. 그래서 그 상태가 잠보다 수승하고, 훨씬 위라는 것을 알게 된다. 잠을 사랑하는 사람들은 이 잠을 원한다고 말하지 않을 수 없다. (그들이) 그렇지 않다고 말해도 그 말은 의미가 없을 거라고 보기에, "그것은 모두에게 좋은 것"이라고 설하는 것이다. "나는 잠을 사랑한다. **진아체험**은 내가 원치 않는다"고 말하는 사람은, "나는 1루피를 원할 뿐이다. 1파운드 금화를 준다고 나를 속이지 말라"고 하는 사람과 같다. 이것이 **비이원적 베단타** 저작들의 주안점이다.

*　　*　　*

**해설:** 다음 연들에서 **바가반**은, 앞에서 말한 상근기 사람들 외에 보통 근기의 다른 사람들에게 **진아**의 **참된 성품**에 대한 헌신과 세계에 대한 무욕을 증장시켜 주기 위하여—즉, 세계는 거짓이며 세계에서 항상적인 행복을 얻을 거라고 생각하는 것은 착각임을 분명히 알고, 거기에 집착하지 않도록 하기 위하여—세계가 마음의 창조물이고, 마음은 실재하지

않는다고 자세히 설명한다. 세계는 이름과 형상들에 지나지 않는다는 것은 앞에서도 이야기했다. 그 형상들은 실재하지 않는 환幻일 뿐이라고 하는 것은 다음 연에서 설해진다.

4. uruvantā nāyi nulahupara matrā
 muruvantā nandrē luvatri — nuruvattaik
 kannurudal yāvanevan kannalār kātciyundō
 kannadutā nantamilāk kan.

[풀어쓰기] *uruvam tān āyin, ulahu param atru ām; uruvam tān andrēl, uvatrin uruvattai kannurudal yāvan? evan? kan alāl kātci undō? kan adu tān antam ilāk kan.*

형상이 **자기**라면, 세계와 신도 마찬가지일 것이네.
형상이 **자기**가 아니라면, 그들의 형상을
누가 어떻게 볼 수 있으며, 눈 아닌 '보이는 대상'이 있겠는가?
그 눈인 **진아**는 무한한 눈이라네.

**의미:** **자기**(*Atma*)가 형상인 몸이라면, 세계와 **지고자**(하느님)도 형상을 가진 것이다. 실은 **자기**가 어떤 형상이 아니라고 하면, 세계와 **지고자**의 형상들을 보는 자는 누구인가? 어떻게 보는가? 보는 눈의 성품과 다른 '보이는 대상'이 나타나겠는가? (즉, 눈의 성품이 어떠한가에 따라 보이는 대상의 나타남도 그와 같이 일어난다는 논리에 의해, "몸이 나다"라는 관념(*dehātma bhāva*)을 가진 사람들—무지인들—에게는 세계가 그들과 다른 형상들로 가득한 모습으로 나타나고, 그런 만큼 그들은 **지고자**에게도 형상이 있다고 생각하고 그 형상을 보려는 욕망을 갖는 것이 당연하다. 그러나 그 형상들이 실재하는 것으로 되지는 않는다.) 실재하는 눈은 **진아**일 뿐이고, 그것은 무한한 (지知의) 눈으로서, 둘이 없이 오롯이 홀로(즉, **진아**체험 안에서 형상들이 발견됨이 없이) 빛난다.

**주석:** "눈 아닌 '보이는 대상'이 있겠는가?(*kanalāl kātci undō*)"라는 문장에 대해서는 위에서 말한 것 외에도 다른 한 가지 의미가 있으니, "보는 자의 진리가 무엇이든, 그것에 낯선 '보이는 대상물'은 그 무엇도 없다"는 것이다. '보는 자', 곧 개아(*jiva*)인 누군가가 나타날 때만 '보이는 대상'인 세계가 나타난다. 그 취지는 초월적인 **진아체험** 안에는 **진아** 하나만이 있고, 개아도 없고 세계도 없다는 것이다.

"몸이 곧 나다"라는 관념을 가진 사람이 무지인(*ajnani*)이다. 여기서 '몸'이란 말은 조대신粗大身과 미세신微細身 둘 다를 가리킨다. 미세신이라는 것은 곧 마음이다. "마음이 곧 나다"라고 생각하는 사람도 무지인일 뿐이다. 그 두 가지 몸은 형상일 뿐이다.

무지인은 자기를 하나의 형상으로 보면서, 마찬가지로 다른 형상들을 지각하는 사람이다. 그 형상들 모두를 뭉뚱그려 그것을 '세계'라고 한다. 그 몸과 다른 모든 형상, 이 모든 것을 그 몸의 한 기관인 육안으로 지각한다. 그 눈은 하나의 형상이다. '눈이 어떠한가에 따라 보이는 대상도 그러하다'고 **바가반**이 여기서 말씀하는 논리에 의하면, (보는) 눈과 보이는 대상은 모두 형상이다.

이 눈은 마음이라고 하는 다른 하나의 눈[보는 능력]에 의해 빛난다. 그것도 형상이다. 그러나 그것은 미세한 형상이다. 그래서 마음의 눈이 보는 형상들도 그것과 같이 미세한 형상들이다.

마음은 그 자신의 빛이 없다. 그것은 **진아**의 '**지**知의 빛'에 의해 빛난다. 이것은 "마음에게 빛을 주며(*matikku oli tandu*)"라고 하는 제22연에서 설명된다. 따라서 **진아**야말로 진정한 **눈**이다. 그것은 **지**知로 충만한 **눈**이다. **진아**라는 **눈**은 형상이 없다. 그것은 형상이 없으므로 '보이는 대상'으로서의 세계라는 것도 없다. 형상들에 의해서만 이원성—차별상들—이 나타난다. 형상들이 없는 **완전한 진아체험**의 상태에서는 이원성을 찾을 수 없다. 진아란 비이원성의 의미이다. 그것은 둘이 없다. 즉, 뒤에서 말하는 수행에 의해 에고와 마음이 소멸되고 우리가 저 순수한 진아로서 머무르는 상태에서는, 형상 없는 저 진아 하나만이 남는다. 그 진아야말로 여기서 "무한한—한계 없는—눈"이라고 묘사되는 것이다.

그래서 조대신과 미세신은 모두 에고와 마음의 상상적 창조물일 뿐, 실재하지 않는다고 선언된다.

순수한 진아인 브라만을 우리는 하느님(*Isan*)이라고 상상한다. 브라만은 '빠람(*Param*)'[지고자]이라고 불린다. 하느님은 '빠란(*Paran*)'[신]으로 불린다. 저 하느님은 우리와 다르다고—우리의 "몸이 나다"라는 관념으로 인해 우리와는 낯선 존재라고—생각되므로, 우리는 그를 하나의 형상으로 관념한다. 이 형상은 마음의 상상이다. 각자의 마음속 관념에 따라 신에 대해 갖가지 형상들이 상상된다. 마음의 상상물은 모두 거짓되며, 실은 신은 진아일 뿐 다른 무엇이 아니다. 우리가 진아를 형상으로 관념하는 한—앞서 말한 논리['보이는 대상'의 성품은 '보는 자'의 성품에 의존한다는 논리]에 의해—신에게도 형상이 있다고 생각할 수밖에 없다. 바가반은 헌신자들에게, 진아체험의 상태에서는 세계의 형상들과 함께 신의 상상된 형상도 실재하지 않고 진아 하나만이 남는데 그 진아의 참된 성품이야말로 신의 진리라고, 누누이 강조하고 설명하면서 가르침을 베풀었다.

하지만 "몸이 나다"라는 관념이 제거되지 않고는 헌신자들이 빠란을 형상으로 생각하지 않을 수 없다는 것이 이로써 분명해지는데, 그와 같이 생각하는 것도 좋은 점이 있다고 바가반은 설한다. 그럼으로써 헌신자들이 빠란을 숭배할 수 있기 때문이다.

실은 신에게는 형상이 없으므로, 그를 하나의 형상으로 생각하고 숭배하는 것은 잘못된 것 아닌가 하고 따지는 사람들이 있다. 이런 사람들은 여기서 바가반이 "눈 아닌 보이는 대상이 있겠는가?"라고 하면서 인용하는 격언('눈이 어떠한가에 따라 보이는 대상도 그러하다')의 진리를 알지 못한 채 이와 같이 허튼소리를 한다. 그것은 아래의 대화에서도 잘 드러난다.

몇 사람의 무슬림이 **바가반**과 논쟁을 하려고 찾아왔다. 그들은 사람들이 신에게 형상이 있다고 상상하면서 숭배하는 것은 잘못된 일임을 논증하고 싶어 했다. 그때 그들의 우두머리와 **바가반** 사이에 다음에서 보는 대화가 오고갔다.

**질문자:** 신에게 형상이 있습니까?

**바가반:** 있다고 누가 말합니까?

**질문자:** 그렇다면 그를 형상으로 숭배하는 것은 잘못된 것이군요!

**바가반:** 그건 내버려둡시다. 그대는 형상이 있습니까?

**질문자:** 예. (자기 몸을 가리키며) 이것이 자기라고 잘 알고 있습니다.

**바가반:** 세 큐빗 반(약 170센티미터)의 키, 검은 피부에 콧수염과 턱수염이 있는 그것이 그대입니까?

**질문자:** 예.

**바가반:** 그대가 잠을 잘 때도 그대가 그 몸일 수 있습니까?

**질문자:** 예. 깨어나서 보면 제가 이 몸으로 존재하고 있습니다.

**바가반:** 몸이 죽은 뒤에도 그대가 그 몸입니까?

**질문자:** 예.

**바가반:** 그렇다면, 죽은 그 몸을 매장하려고 친척들이 그것을 집 안에서 밖으로 내갈 때, "이 집은 내 것이다. 나는 여기에만 있겠다. 너희들이 나를 바깥으로 내가서 매장할 수는 없다."고 그 몸이 말합니까?

그 무슬림은 그제야 정신이 들었고, '내가 부지불식간에 말려들었군' 하고 알아차렸다. 그래서 "저는 이 몸이 아닙니다. 그 안에 있는 생명이 저입니다."라고 말했다. 그러자 **바가반**이 말했다. "이제까지는 '몸이 나다' 라고 믿었지요. 그것이 바로 근본적 무지입니다. 이 무지에서 다른 모든 무지가 생겨납니다. 이 제1차적 무지가 소멸하지 않는 한, 다른 무지들도 남아 있을 것입니다. 이런 무지들은 특별히 문제될 것이 없습니다. 이 제1차적 무지가 소멸하면 다른 모든 것이 산산조각날 것입니다."[4]

더욱이 "몸이 나다"라는 관념을 가진 사람이 자신은 **하느님**을 무無형상으로 명상한다고 생각하는 것은 잘못이다. **하느님**의 진리[참된 형상]는 **진아**일 뿐이다. 따라서 **그**는 명상의 대상이 아니다. **그**를 명상하는 사람은 **그**에 대해 어떤 미세한 형상을 상상하여 그것을 명상하게 된다. 무형상 명상이라는 것은 거의 불가능하지만, 형상 있는 명상을 열등한 것이라 하여 그것을 하지 않는 것은 적절치 않다. 어떤 사람이 **바가반**께 질문했다. "형상 명상은 하열下劣한 것이고, 무형상 명상을 하는 것은 저에게 가능하지 않습니다. 저는 어떻게 해야 합니까?" **바가반**은 "수승하다, 하열하다고 누가 그대에게 궁리하라고 했습니까? 형상명상을 통해서 **무형상**에 대한 깨달음을 얻을 수 있습니다."라고 말씀하셨다.[5]

무슬림들과 **바가반**의 이런 대화 도중 **신**에게 형상이 있느냐는 물음에서, 그 질문자에게는 형상이 있느냐는 물음이 일어났다. 이와 마찬가지로 어떤 질문이 나오든, 그 속에서 "그 자신의 진리는 무엇인가?"라는 물음이 일어난다. 그 물음이 모든 질문 속에 숨겨져 있다. 그 물음은 "나는 누구인가?"라는 **자기탐구**의 성격을 가지고 있고, 그것을 통해 우리는 자신의 **진리**를 스스로 체험할 수 있다. 그와 같이 체험에 의하지 않고는 어떤 것의 진리도 알 수 없다고 하는 것이 아래에서 설명된다. 따라서 일어나는 모든 질문에 대한 답변은 "이 질문을 하는 그대는 누구인지를 알아내라."는 것이고, 그렇게 해서 알아내면 질문하는 사람과 함께 질문도 그칠 것이다.

*　　*　　*

4) *T.* 무슬림들과의 이 대화는 『마하요가』에서도 언급되었다(51-2쪽 참조).
5) *T.* 이 대화도 『마하요가』에서 언급되었다(213쪽 참조).

**해설:** "몸이 곧 나"라는 무지 속에서만 세계가 나타나기 때문에, "세계는 몸과 다르지 않고, 몸이 어느 정도로 실재하든 세계도 그만큼 실재한다"는 이치를 다음 연에서 설하고 있다.

5. udalpañca kōśa vuruvadanā laindu
   mudalennuñ colli lodungu – mudalandri
   yundō vulaha mudalvit tulahattaik
   kandā rularō kazharu.

[풀어쓰기] *udal pañca kōśa uru; adanāl aindum udal ennum collil odungum. udal andri undō ulaham? udal vittu, ulagattai kandār ularō? kazharu.*

몸은 다섯 껍질의 형상이니, 그 다섯 가지가
몸이라는 말 안에 모두 들어 있네. 몸이 없이
세계가 있는가? 몸을 내버리고 세계를
본 사람이 있는지 말해 보라.

**의미:** 몸은 다섯 껍질을 포함하는 형상이다. 따라서 그 다섯 껍질이 '몸'이라고 불린다. 몸과 별개로 세계가 있는가? 그 자신의 몸이 없는 상태에서 세계를 지각하는 사람이 있는가?

**주석:** 여기서 설해지는 진리는 이 연의 후반 2행에서 잘 드러난다. 세계들은 다양하다. 꿈 세계, 생시 세계, 천상계, 지옥 등 다양한 세계가 있다고 한다. 어떤 세계든 그 세계를 보는 자는 자신도 그 세계 안에 하나의 몸으로서 있는 것을 볼 것이다. 그래서 '보이는 대상'인 세계 안에 그것을 '보는 자'가 포함되어 있다고 본 장의 첫째 연에서 선언하는 것이다. 자신이 몸을 가지고 있지 않으면 세계를 보는 것이 불가능하다는 것은 누구나 경험하는 진실이다.

꿈 세계를 볼 때 꿈을 꾸는 사람에게는 (따로) 몸이 없고, 그 몸은 침상에 지각력 없이 누워 있지 않느냐는 반론에 대해서는, 본 연의 첫 부분에서 '몸'이라는 것은 이 조대신[육신]만이 아니라 미세신 등도 있다는 것을 밝힌다. **베단타** 학도(*Vedantins*)들은 몸이 다섯 껍질을 포함한다고 말한다. 즉, 음식껍질·생기껍질·마음껍질·지성껍질·지복껍질이라는 다섯 껍질이 합쳐진 것이 몸이다. 이 다섯 중 어느 하나라도 남아 있을 때는 어느 한 세계가 나타난다. 이 다섯 중의 하나조차 없는 **진아체험** 속에서만 세계가 나타나지 않는다. 몸은 **진아**가 아니고, 따라서 무지 속에서만 세계가 나타난다고 하는 것이 이해될 것이다. 세계가 지각된다는 이유만으로 세계가 실재한다고 간주되지는 않으므로, (이 생시의) 세계가 실재한다고 가르치는 것은 근거가 없다고 말해야 한다.

**음식껍질**(*Annamaya kosha*)은 육신이다. 그것은 '안나(*anna*)', 즉 음식으로 이루어졌으므로 그런 이름이 붙었다. 이것과 마음껍질(*Manomaya kosha*) 사이에 있는 **생기껍질**(*Pranamaya kosha*)은 그 두 껍질을 하나로 묶어 주는 것이다. 이 두 번째 껍질 안에 행위기관(*karmendriyas*)이 들어 있다. 세 번째인 **마음껍질** 안에는 산깔빠(*sankalpas*)·비깔빠(*vikalpas*)[6]·욕망 등의 원습(*vasanas*)들이 모두 들어 있다. **지성껍질**(*Vijnajamaya kosha*) 안에는 지성(*buddhi*)·에고(*ahankara*)·지식기관(*jnanendriyas*), 이런 것들이 들어 있다. **지복껍질**(*Anandamayaa kosha*)은 무지의 껍질이다. 다른 네 가지가 가라앉은 잠 속에서도 이것만은 남아 있다. 잠은 지복스러우므로 이것이 지복껍질로 불린다. 잠 속에는 이것만 남아 있지만 잠에서 깨어나면 이전처럼 에고를 비롯한 모든 것이 일어나서 윤회계의 속박을 경험하게 된다. 에고를 비롯한 모든 것은 잠 속에서는 지복껍질 안에 극히 미세한 형상의 씨앗처럼 가라앉았다가, 다시 업력業力에 의해 솟아오른다. 즉, 지복

6) *T.* '산깔빠'는 의도가 있는 생각—의지·결심·계획 등—이고, '비깔빠'는 의도 없이 마음 속으로 들어오는 생각—지난 일의 기억·상상·공상 등—이다.

껍질만 남아 있는 잠 속에서는 누구도 **해탈**이라는 **지**知**-체험**을 얻지 못한다. 깨어 있을 때라도 지성껍질 안에 있는 에고를 **자기탐구**라는 수행을 통해 소멸하여, 곧바로 **해탈**이라는 **지**知의 상태를 얻어야 한다. 생시·꿈·잠이라는 이 세 가지는 무지 속에서 번갈아들며, 그 중의 어느 껍질도 **진아**를 은폐할 것이다. 일체의 껍질이 없는 **지**知의 상태는 **뚜리야**(*Turiya*)로 불린다. '뚜리야'란 네 번째 상태라는 뜻이다. 이것이야말로 **최고의 진리**이며, 다른 세 가지 상태는 거짓된 겉모습이라고, **바가반**은「보유」제32연에서 밝히고 있다.

이 한 곳에서만 **바가반**이 이 다섯 껍질을 이야기한다. **베단타** 학도들은 다섯 껍질을 세 가지 몸으로 분류하여 말한다. 그것은 **조대신**粗大身이라고 하는 육신, **미세신**微細身이라고 하는 마음, **원인신**原因身이라고 하는 무명無明(*avidya*) 혹은 무지(*ajnana*)이다. 그 중 첫 번째인 조대신은 음식껍질이고, 세 번째인 원인신은 지복껍질이다. 두 번째인 미세신은 그 사이에 있는 생기껍질·마음껍질·지성껍질의 셋이다. 그런 다음 **바가반**은 후속 연에서 미세신에 대해 설한다. 어떤 사람이 살아서 몸을 가지고 있을 때 **지**知**-체험**을 통해 **본연상태**(*Sahaja* state)라고 하는 **생전해탈**(*Jivan-mukti*)을 성취하면, 그때 원인신인 지복껍질이 사라져 없어짐으로써 세 가지 몸이 다 소멸했음을 알게 된다. 그러니 그가 세계 속에서 하나의 몸을 가지고 존재한다고 하는 것은 잘못이다. 하지만 남들이 보기에는 그에게 미세신과 조대신이 남아 있는 것처럼 보인다. 그래서 다양한 질문들이 제기되며, 그에 대한 답변들을 이야기할 필요가 있다. 이것이 다음에 나온다.

*　　*　　*

**해설:** 이 뒤에 나오는 두 연은 함께 "**실재**가 없다면 '있다'는 의식이 있

겠는가?*(ulladaladu ulla unarvu ulladō?)*"라는 문장의 첫 번째 의미로써 가르치고 있는 내용을 설한다. 바가반은 "세계는 다섯 감각지각의 형상*(ulahaim pulangaluru)*"이라는 연을 통해, 세계는 마음 안에 들어 있다는 것을 설명하고 있다.

6. ulahaim pulanga luruvēran dravvaim
   pulanaim porikkup pulanā – mulahaimana
   mondraim porivāyā lōrndiduda lānmanattai
   yandriyula hundō varai.

[풀어쓰기] *ulahu aimpulangal uru, vēru andru; av aim pulan aim porikkup pulan ām, ulahai manam ondru aim porivāyāl ōrndidu dalāl, manattai andri ulahu undō? arai.*

> 세계는 다섯 감각지각의 형상과 다르지 않고,
> 이 다섯 감각지각은 다섯 감각기관에게 지각되네. 세계를 마음
> 하나가 다섯 감각기관을 통해서 지각하니,
> 마음 외에 세계가 있는지 말해 보라.

**의미:** 세계라는 것은 다섯 가지 대상들의 형상일 뿐 다른 것이 아니다. 그 다섯 가지 대상이란 다섯 감각기관의 대상이다. 이와 같이 마음 하나가 이 다섯 감각기관을 통해 세계를 알기 때문에, 마음을 제하고 달리 세계는 없다.

**주석:** "세계를 지각한다"고 하는 사람은 몸 안에 마음으로 있으면서, 그 몸의 바깥에 있는 세계를 자기가 지각한다고 생각한다.

바가반은 여기서 진리가 무엇인지를 예를 들어 설명한다. 마음과 일체화되어 있는 개아*(jīva)*라는 지각자는 마음 안에서만 나타나는 소리·촉감·형상·맛·향기라는 다섯 가지 감각을—대상 인식을—지각한다. 이 다섯 종류의 인식을 제하고는 세계라는 것이 없다.

인간은 이 다섯 가지 인식의 근원인 대상들이 '바깥'에 있다고 생각한다. 그것들의 존재는 마음의 부분들인 귀 등 다섯 감각기관을 통해 마음에 알려진다고 한다. 이것은 마음의 추론일 뿐 진리가 아니다. 세계의 대상들이 직각물直覺物(*pratyaksham*)—직접 경험되는 것—이라는 관념은 그릇된 것임을 탐구자라면 누구나 동의한다. 따라서 이 지각들의 근원인 대상들이 실재한다는 것은 세계의 실재성을 주장하는 사람이 입증해야 한다. 그 대상들은 '바깥에 있는' 것이라고 하므로, '바깥'이라고 하는 것이 있다는 것 역시 그들이 입증해야 한다.

"세계의 대상들을 우리가 눈으로 보는데, (그것들의 실재성에 대해) 이 이상 무슨 증거(근거)가 필요한가?"[7]라고 말할 수는 없다. 보는 눈은 몸 안에 포함되며, 그 몸도 그 눈을 통해서만 본다. 몸은 세계 안에 포함되므로, 눈도 그 세계와 다르지 않다. 따라서 세계가 실재한다는 것에 대해 눈은 증인이 될 수 없다. (제5연에서) "몸이 없이 세계가 있는가?(*udal andri undo ulaham?*)"라고 했듯이, 몸과 세계는 같은 하나의 물건일 뿐이다. 어느 것에 의해 어느 것이 실재한다고 말하겠는가?

더욱이 실제로 존재하는 것은 일어나고 가라앉는 성품을 가진 것으로서—나타나고 사라지는 것으로서—존재하지 않는다고, **바가반**이 앞에서도 설하고 있다. **바가반**은 다음 연에서도 그것을 확실히 한다. 이 두 연에 의해서 세계는 비실재라는 것이 결론지어진다.

더욱이 세계가 실재한다고 주장하는 사람들이야말로 그들의 주장을 적절한 근거들에 의해 입증해야 할 책임이 있는 이들이다. 그 주장을 논박하는 사람들은 그들이 말하는 주장을 증명할 필요가 없다. 세계가 실재한다고 하는 사람들이 말하는 근거들을 여기서 살펴보자.

---

7) *T.* 이런 관점을 철학에서는 '소박실재론(naive realism)'이라고 한다. 그러나 임마누엘 칸트 이후로 철학에서도, 세계로 인식되는 대상들은 실재물이 아니라 대상들에 대한 감각 자료에 기초한 주관적 '표상(representation)'이라고 보는 견해가 일반적이다. 88쪽 참조.

이 연에서는 세계가 마음으로 이루어진 것—마음 안에서 나타나는 상상물—일 뿐이라고 설하고 있다. 바가반은 여기서, 마음이 있을 때는 나타나고 마음이 없어서 기능하지 않을 때는 나타나지 않는 세계가 마음으로 이루어진 것이 아니면 달리 무엇이냐고 말한다. 마음으로 이루어진 것이 아니라고 하면, 마음이 없는 잠 속에서, 그리고 뚜리야에서도 그것이 빛나야 한다. 그러나 그렇지 않다.

잠 속에서는 감각기관들이 없기 때문에 세계가 나타나지 않지만, 그것이 없어진 것이 아니라 경험되지 않을 뿐이라는 반론이 있을 수 있다. 이것은 옳지 않다. 잠 속에서 진아는 없어진 것이 아니라 경험되지 않았다. 진아는 "눈에게 눈인 마음에게 눈인"[8] 지知의 참된 형상이다. 즉, 어떤 자각에 의해선가 마음에게 자각(의식)이 있게 되는 그 자각이 바로 진아이다. 진아의 자각은 진아의 참된 성품일 뿐이므로, 그 자각은 항상 존재한다. 따라서 진아에게는 감각기관들이 필요 없다고 우파니샤드에서 말한다. 그러면 왜 세계는 잠 속에서와 뚜리야라는 지知의 상태에서 빛나지 않느냐고 한다면, 그것이 거짓된 마음의 창조물일 뿐이기 때문이라고 말해야 한다. 진아가 자기광명의 의식(*chaitanya*)일 뿐이라는 것은, 뒤에 나오는 "세계와 마음은(*ulahu arivum*)"이라는 다음 연 끝 부분에서 "나타나지도 않고 사라지지도 않고 빛나는 그 전체야말로(*tōndri maraiyādolirum pūndramām akdē*)"라는 구절들로 선언되고 있다.

일부 사람들은 세계가 간단없이 빛나고 있고, 따라서 그것은 실재 자체라고 주장한다. 어떤 사람이 바가반에게 이 같은 질문을 했다. "제가 잠잘 때는 세계가 없다고 제가 어떻게 말할 수 있습니까? 그때 깨어 있는 사람들은 세계를 지각하지 않습니까? 그들의 말을 받아들여, 제가 잠

8) *T.* 이 말은, 눈의 눈은 마음인데, 그 마음의 눈은 진아라는 뜻이다. 바가반은 「문자혼인화만」 제15연에서, "눈에게 눈이시고 눈 없이 보시는 당신을 누가 볼 수 있을까요"라고 했다.

잘 때에도 세계는 있었다고 결론지을 수는 없습니까?" 이에 대해 바가반이 답변했다. "그대가 잠잘 때는 그들을 지각하지 못했지요." 그 취지는 이렇다. 즉, 잠 속에서는 세계가 빛나지 않는다고 하니 그것은 마음의 창조물로 존재하는 것 아닐까 하는 의심은, 깨어난 뒤에 지각되는 세계 속의 일부를 이루는 사람들의 말만으로는 판정되지 않는다는 것이다. 그들과 그들이 하는 말, 기타 모든 것은 이 쟁점에 속하는 세계 안에 포함되는 것일 뿐이다. 따라서 그들과 그들의 말들이 과연 실재하는가, 아니면 마음의 창조물인가 하는 물음이 제기된다. 그 물음에 대한 적절한 답변이 없는 한, 그들이 어떻게 증인이 되겠는가?

잠 속에서 세계가 나타나지 않듯이, **뚜리야**라는 **지**知-**체험** 속에서도 세계는 나타나지 않는다고 이 저작의 여러 곳에서 설하고 있다. **뚜리야** 속에 무엇이 남아 있든 그것만이 실재하며, 다른 것들은 거짓이라는 것이 결론이다.

세계가 바깥에 존재한다는 것에 대해 우리가 납득할 만한 근거들을 얻을 수 없다는 것을 이로써 분명히 알 수 있다.

세계의 실재성은 다음과 같다. 즉, 마음은 스스로 세계라는 겉모습을 상상해 내고, 그것이 실재한다고 여기면서 스스로 미혹된다. 마음은 생각들을 통해 세계를 창조하고, 망각을 통해 그것을 소멸시킨다.

이와 같이 창조하고 소멸시키는 힘이 자기에게 있다는 것을 마음은 알지 못한다. 미혹으로 인해(헷갈려 알지 못함으로써) 이와 같이 창조하고 소멸시키는 것이다. 하지만 마음이 스스로 미혹된다.

이와 같이 스스로 창조하고 스스로 소멸시키는 성품이 마음에 있다는 것을, 우리는 꿈과—마음의 욕망이라는—백일몽에서 분명히 알 수 있다. 잘 짜인 소설이나 극본 같은 것들도 마음의 이 힘이 산출한 것이고, 이 생시 세계도 그것처럼 마음의 창조물이라고 받아들이는 것이 타당하다.

이것이야말로 진인들의 가르침 말씀과 부합한다.

하지만 꿈 세계는 우리가 깨어난 뒤 거짓임을 깨닫게 되는데, 생시 세계는 왜 결코 거짓된 것으로 깨달아지지 않는가 하고 묻게 된다. 이에 대한 답변으로는 베단타 문헌들과 바가반이 지으신 「아루나찰라 8연시」가 표준적이다.[9] 꿈의 토대로서 잠이 있는 것처럼, 생시라는 이 꿈의 토대로서 무지라는 하나의 긴 잠이 있다. 그 잠 속에서 이 생시라는 꿈이 펼쳐진다. 이 무지인 잠이 지知-체험에 의해 제거될 때, 이 생시라는 꿈이 거짓임이 판명된다. 이것 자체가 평안이다. 이것은 바가반의 가르침들과도 부합한다. 따라서 생시 세계는 꿈 세계만큼만 실재한다.

더욱이 세계라는 겉모습의 토대로서의 안과 밖이라는 분별, 공간과 시간이라는 분별 기타 모든 분별도 실재하지 않는다는 것이 이 뒤에 나오는 연들에서 설해질 것이다.

지知가 없는 사람들이 '실재한다'고 받아들이는 모든 분별이 환幻이라는 것은 『시바 라하시야(*Siva Rahasya*)』에서 리부(Ribhu)라는 진인이 그의 제자인 니다가(Nidhaga)에게 진아의 원리를 분명하게 가르치는 과정에서 드러난다.[10] 그것은 다음과 같다. 니다가는 리부에게서 여러 가지 방식으로 가르침을 받았지만 분별의 습習과 행위에 대한 집착을 버리지 못하고 있었다. 결국 리부는 마지막으로 가르침을 주기 위해 수소문하여 그가 사는 마을로 갔고, 거기서 그를 찾아냈다. 니다가는 (강에서) 목욕을 한 뒤 집으로 돌아가다가, 도중에 군중이 모여 있기에 한쪽 옆으로 비켜섰다. 그는 자기 스승을 알아보지 못하고 그를 한 촌사람으로 생각했다.

---

9) *T.* 「8연시」 제6연에서 바가반은 이렇게 말한다. "당신 안에는 (당신과) 다르지 않은 놀라운 힘이 존재하는데, 그로부터 미세한 그림자 같은 일련의 생각들이 ... 안으로는 그림자 같은 세계 화면(영화의 필름처럼, 내면에 존재하는 미세한 세계)으로 나타나고, 밖으로는 눈 등의 감각기관을 통해서 마치 렌즈를 통해 존재하는(실제로 투사된) 영화 화면처럼 나타납니다." 자신의 창조력으로 세계를 투사한 마음은 그 투사된 세계의 실재성을 의심하지 못한다. 투사하는 마음과 투사된 세계는 같은 정도의 실재성을 가지며, 본질상 둘이 아니기 때문이다.

10) *T.* 『마하요가』에서는 이 일화를 『비슈누 뿌라나』에서 인용하고 있다. 96-7쪽 참조.

그때 **리부**가 니다가에게 "왜 이렇게 옆으로 비켜서 있소?" 하고 물었다. 니다가가 말했다. "이 도시의 왕이 시 오른돌이(*ūrvalam*-도시를 시계 방향으로 도는 행차)를 하고 있습니다. 하지만 군중이 불어나고 있고, 그래서 비켜서 있습니다." **리부**가 말했다. "이 행차에서 왕이 누구요?" 니다가가 말했다. "코끼리 위에 있는 분이 왕입니다." **리부**가 "코끼리는 어느 것이며, 왕은 누구요?" 하고 묻자, 니다가는 "위에 있는 분이 왕이고, 아래에 있는 것이 코끼리입니다."라고 했다. **리부**가 말했다. "그것을 내가 잘 알아듣게 설명해 주시오." 니다가는 **리부**의 어깨 위에 올라타서 말했다. "자, 보십시오! 제가 당신의 위에 있는 것처럼 왕은 위에 있습니다. 당신이 저의 아래에 있는 것처럼 코끼리는 아래에 있습니다." **리부**가 말했다. "그렇군요. '저'라고 하고 '당신'이라고 했는데, 그것을 내가 알아듣게 좀 설명해 주시오." 이 말에 니다가는 깜짝 놀랐다. 이 방문객이 자신의 **스승**인 **리부**일 수밖에 없다는 것을 깨달은 것이다. 즉시 아래로 뛰어내려 **리부**의 발아래 엎드린 그가 말했다. "이렇게 분명하게 의 진리를 보시는 분이 저의 **리부 스승**님 외에 달리 누가 계십니까? 그러니 당신 자신 외에는 달리 없습니다." **리부**는 "이것이 바로 (너에게 필요한) 가르침이다"라고 말하고, 떠나 버렸다.

이로써 우리가 알 수 있는 것은, 몸을 '나'라고 여겨 애착하는 것은 무지이고, 모든 차별상의 뿌리라는 것이다. 세계에 대한 최종적 **진리**는 본 장의 끝에서 설해질 것이다.

*　　*　　*

**해설:** 세계는 마음으로 충만해 있다고 하므로, "마음은 실재인가?"라는 물음이 제기된다. 마음이 실재라고 하면 그 안에서 나타나는 세계도 실재라고 주장할 수 있고, 실재가 아니라면 세계가 환幻이라는 것이 확실

하다. 이것의 진리가 다음 연에서 설해진다.

7. ulaharivu mondrā yudittodungu mēnu
mulaharivu tannā loliru – mulaharivu
tōndrimarai darkidanāyt tōndrimarai yādolirum
pūndramā makdē porul.

[풀어쓰기] *ulahu arivum ondrāy udittu odungumēnum ulahu arivu tannāl olirum. ulahu arivu tōndri maraidarku idanāy; tōndri marai-yādu olirum pūndramām akdē porul.*

세계와 의식은 함께 일어나고 가라앉지만,
세계는 의식으로 인해 빛난다네. 세계와 의식이
나타나고 사라지는 터전인, 나타나지도 사라지지도 않고 빛나는
그 **전체**야말로 **실재**라네.

**의미:** 세계와 의식(마음)은 합일된 것처럼 일어나고 합일된 것처럼 가라앉는다. 그렇지만 세계는 의식(*arivu*)에 의해서만 빛난다. 세계와 의식 이 두 가지가 나타나고 가라앉는 터전은, 그 자체 나타나지도 않고 가라앉지도 않으면서 (영원하게) 빛나고 있는 **완전한 실재**인 **존재-본체**이다.

**주석:** 여기서 두 번째 행의 "세계는 의식으로 인해 빛난다네"라는 문장은, 앞 연의 의미를 상기시킨다. 따라서 세계가 의식 안에—마음 안에—들어 있다는 것이 그 의미이다. 그 뒤에 나오는 "*ulahu arivu*"["세계-의식" 혹은 "세계와 의식"]라는 문구는 "세계라는 형상으로 퍼져나가는 의식"이라는 의미로 해석할 수도 있다. 세계는 의식과 별개가 아니므로, 그것을 현출하는 의식이 일어나고 가라앉는 바탕이 이와 같다고 말할 때는, 세계가 일어나고 가라앉는 바탕도 따로 있을 수 없기 때문이다.

앞의 연과 이것을 합쳐 보면, **진아** 하나 외에 다른 모든 것은—마음과 그 안에서 나타나는 세계는—환幻이라는 것을 말해준다. 앞에서 "실

재가 없다면 '있다'는 의식이 있겠는가?(*ulladu aladu, ulla unarvu ulladō?*)"라고 한 것에 대해 바가반이 베푸신 주석에서 실재의 특징으로 무엇이 이야기되었든, 바로 그것이 여기서 나타난다. 세계와 의식(*ulagarivu*)이 나타나고 숨겨지는 터전—바탕—인 물건은 나타남도 없고 숨겨짐도 없이 영원히 빛나고 있으므로 그것만이 실재라고 여기서 말하고 있고, 나타남과 숨겨짐의 성품을 가진 세계와 마음은 환幻이라고 설하고 있다.

더욱이 세계와 마음이라는 이 둘은 함께 일어나고 가라앉으므로, 이들은 실은 하나일 뿐이라는 의미가 된다. 의식(마음)은 세계의 나타남과 섞임이 없이 순수하게 남아 있지 않다. 마찬가지로 세계는 의식 없이 나타나지 않는다. 따라서 이 둘은 다른 어떤 것의 확장이다. 그것은 아상我相(*ahankāram*-'나'라는 생각) 곧 에고이다. 그것의 성품은 뒤에서 설명된다.

바탕인 실재물은 앞에서 설한 실재인 브라만일 뿐이다. 그것은 스스로 빛나는 것이고, 세계처럼 다른 어떤 것에 의해 빛나지 않는다. 더욱이 그것은 마음처럼 세계라는 겉모습과 함께할 수도 없다. 그것은 순수하다. 그것을 제하고 달리 진리를 발견할 수 없다는 것이 분명하고, 그것은 '완전체(*pundram*)'—완전한 전체(*Purnam*)—라고 이야기된다.

*　　*　　*

**해설**: 바가반은 다음 연에서, 저 실재는 실은 이름과 형상이 없지만 그것에 이름과 형상을 상상하고 그것을 하느님으로 생각하면서 숭배하면 그것도 진아체험을 얻는 방도라고 하면서도, 그 체험만이 그를 참으로 보는 것이고, 다른 방법으로는 그를 볼 수 없다는 진리를 설한다.

8. eppeyarit tevvuruvi lēttinumār pēruruvi
lapporulaik kānvazhiya dāyinumam – meypporuli
nunmaiyitra nunmaiyinai yōrndodungi yondrudalē

yunmaiyir kāna lunar.

[풀어쓰기] *eppeyar ittu, evvuruvil, ēttinum, ār pēr uru il ap porulaik kān vazhi adu, āyinum, am meyp porulin unmaiyil tan unmaiyinai ōrndu odungi, ondrudalē unmaiyil kānal, unar.*

어떤 이름을 붙여 어떤 형상으로 누가 (그 실재를) 숭배하든, 그것은
(그) 이름과 형상으로 실재를 보는 길이네. 그러나 그 실재의
진리 안에서 자신의 진리를 알고 가라앉아 (그것과) 하나가 되는 것이
진실로 (실재를) 보는 것임을 알라.

**의미:** 어떤 이름을 붙이고 어떤 형상으로 숭배하든, 그 숭배는 이름과 형상 없이 저 완전한 존재-본체(*Sat-vastu*)를 보는 길이다. 하지만 그 본체의 진리가 자기의 진리라는 것을 깨닫고 그 속으로 가라앉아(마음이 죽고) 자신의 성품으로(그것으로서) 머무르는 것이 참된 친견(*darshan*)이다.

**주석:** 개아·하느님·세계는 마음의 창조물이고, 마음이 없는 잠 속에서는 그들이 존재하지 않으므로, 존재-의식(*Sat-chit*)의 참된 형상(*swarupa*)인 진아만이 참되다. 하지만 마음의 미혹 속에 포획된 무지로 인해, 자기를 별개의 한 개아라고 생각하고 윤회계 속에서 이리저리 휘둘리는 인간들은 세계의 주재자(창조주)로서의 어떤 하느님을 생각하지 않을 수 없다. 더욱이 자기에게 개인성이 있다고 생각하는 한 그에게는 하느님이 실재하는데, 그 하느님은 실은 존재-의식의 참된 형상인 단 하나의 본체와 다르지 않다. 진아인 저 실재가 그의 무지로 인해 그에게 낯설어졌고, 그리하여 하느님이라고 불리게 되었다. 무지인인 헌신자가 저 본체에 이름과 형상들을 투사하여 자기와 별개라고 하고, 만물의 하느님, 자비의 하느님이라고 하면서 숭배하는 것은 당연한 귀결이라고 앞에서도 이야기했다. 그러한 숭배적 헌신은 그에게 마음의 힘과 분별력이 생기게 하여 결국 지知-체험을 얻게 한다고, 바가반이 여기서 설하고 있다. "누가 숭배하든,

그것은 이름과 형상으로 실재를 보는 길이네(*ar pēr uru il ap porulaik kān vazhi adu*)"라는 말의 의미가 이것이다. 이름과 형상들에 의해 생겨나는 속박을 제거하려면, 실재에 이름과 형상을 부여하고 그것을 하느님이라고 숭배하는 것이 좋은 수단이라고 바가반은 설한다.

여기서 "어떤 이름을 붙여 어떤 형상으로(*eppeyar ittu, evvuruvil*)"라고 말하고 있으므로, 브라만을 시바나 비슈누 같은 이름과 형상들 중에서 자신이 애호하는 어떤 이름과 형상으로 숭배해도 된다는 의미이다. 실은 하느님으로 불리는 브라만은 이름과 형상이 없는 자비로움이기에, 어떤 헌신자가 그것에 어떤 이름과 형상을 부여해도 하느님이 그 이름과 형상을 받아들인다는 것이 결론이다. 이것이 바로 평등성품(*samarasa*)이다. '나의 신', '너의 신'이라는 다툼을 떠난 것이 비非분별(*avivekam*)이다.

이 방식의 숭배를 위한 형상은 마음에 의해 상상된 것일 수 있고, 아니면 바깥에 있는 어떤 형상에서 지고자를 상상하는 예공(*puja*)을 할 수도 있다. 이와 같이 태양·허공·불(*agni*)·산·강 등과 그 밖의 형상들 속에서 무엇으로 나타나는 것이든 그의 형상으로 숭배될 수 있다. 형상들 중 가장 높은 분은 진아지자眞我知者(*Atmajnani*)로서의 스승의 형상이다. 왜냐하면 진인은 자신을 지고자와 별개인 하나의 몸으로 여기지 않는 분이기 때문이다. 그래서 『기타』에서는 스리 크리슈나 바가반이 "진인인 그 사람은 곧 나다"라고 말한다. 진인인 스승이 자신을 어떻게 인식하든, 그와 같은 방식으로 우리도 그분을 생각해야 한다.

스승이 브라만과 다르다고 생각하는 것은 대단히 잘못된 것이다. 그와 같이 생각하면서 닦는 수행자는 지知-체험을 얻지 못할 것이다.

이와 같이 헌신을 하는 사람은 진아체험이야말로 궁극의 소득이라는 것을 알지 못하므로, 자신이 생각하는 형상으로 하느님의 환영(vision)을 얻어야겠다고 생각한다. 숭배의 힘으로, 그가 원하던 대로 신의 환영을 얻을 수는 있다. 하지만 나타나는 환영은 사라질 수밖에 없다. 영구히 머무를 수 없다. 실은 **하느님**은 **진아**와 다르지 않으므로, 그와 같이 눈에 보이는 형상은 마음으로 이루어진 것일 뿐 실재하지 않는다는 것이 다음 연에서 설해진다.

하지만 헌신자가 **진아체험**을 욕망하지 않는다 하더라도 결국에는 그 체험이 얻어진다. 그 이유는 **하느님**의 **은총** 때문이라고 해야 할 것이다. 그 **은총**이라는 것은 **하느님**이라고 불리는 **브라만**이 그 사람의 **심장** 속에 **진아**로서 존재하는 것일 뿐 다른 것이 아니다.

이 **진아체험**만이 영원한 만족을 준다. 이것이 **지고자**를 참으로 친견하는 것이다. "그 **실재**의 **진리** 안에서 자신의 **진리**를 알고 가라앉아 (그것과) 하나가 되는 것이 참으로 보는 것(*am meyp porulin unmaiyil tan unmai- yinai ōrndu odungi, ondrudalē unmaiyil kānal*)"이라는 것이 이러한 **진아체험**을 서술한다. 바로 이런 의미가 본장의 끝 부분에 있는 몇 개 연에 나온다.

여기서 말하는 진리는 **바가반**이 예로써 들려준 『냐나 바시슈땀(*Jñāna Vāsiṣṭham*)』에 나오는 쁘랄라다(Prahlada)의 이야기에 의해 잘 드러난다.11) 그 이야기는 다음과 같다.

쁘랄라다의 아버지인 히라냐(Hiranya-나찰왕 히라냐까시뿌)가 **삼계**三界를 정복하자 그에게 필적할 자가 아무도 없게 되었다. 그래서 쁘랄라다는 두려움이 없었다. 그러나 그의 아버지는 **마하비슈누**(Maha Vishnu)에게 살해되었다. 그와 같이 **비슈누**가 자신도 살해할 수 있다고 쁘랄라다는 생각했고, 그래서 죽음에 대한 공포가 생겨났다. 그 공포를 없애기 위하여 그는 **비슈누**만을 귀의처라고 여기고, 그 **비슈누**의 은총을 얻기 위한 예공(*puja*) · 염송(*japa*) · 명상 등과 같은 것으로 헌신을 했다. **비슈누**는 그에게

---

11) 쁘랄라다 이야기는 『바가바땀』(『바가바따 뿌라나』) 등의 『뿌라나』에도 나온다. 하지만 『바시슈땀』에 나오는 그 이야기는 『바가바땀』에 있는 것과 다르다. (『바시슈땀』의 타밀어판은 『냐나 바시슈땀』으로도 표기되고 『냐나 바시땀』으로도 표기된다. —옮긴이).

형상을 나투어 "네가 불사不死의 성품을 얻으려면 이런 친견만으로는 충분하지 않다. 너 자신 안에 있는 진아인 비슈누를 친견해야 한다."고 말하고, 따라야 할 수행법을 설해 준 뒤 사라졌다. 그에 따라 쁘랄라다는 진아체험과 불멸을 얻어 두려움이 없게 되었다.

이 연에 의해 브라만인 실재는 진아일 뿐 다른 것이 아니라는 가르침이 확인된다.

*　　*　　*

**해설:** 여기서 이야기되는 신과 개아는 하나의 '이원자(dyad)'이다. '이원자'라는 것은 서로 상반되는 두 가지이다. 어둠과 빛처럼, 일체를 아는 의식인 신과 작은 의식인 개아는 다른 점들에서도 상반되는 것이므로 그 둘은 하나의 '이원자'이다. 지知와 무지, 선과 악, 행복과 불행, 안과 밖, 이런 것들이 이원자(상대물의 쌍들)이다. 이원자들은 무한하며, 이 이원자들로 인해 세계가 차별화된다. 더욱이 신을 본다고 할 때, '보는 자', '보이는 것', '봄'이라는 세 가지는 서로 다른 것으로서 나타난다. 이 셋은 하나의 '3요소(*triputi*)'로 불린다. 이와 같은 3요소들도 무한하다. 이것들에 의해서도 세계는 차별화된다. 이 차별상들이 과연 실재하는지 탐구할 필요가 있다. 이것들이 실재하지 않는다고 한다면, 세계는 환幻이라는 것이 확고해진다. 바가반은 이에 대해 다음 연에서 설명한다.

9. irattaikan muppudika lendrumondru patri
yiruppavā mavvondrē tendru – karuttinut
kandār kazhalumavai kandava rēyunmai
kandār kanangārē kān.

[풀어쓰기] *irattaikal muppudikal, endrum ondrupatri iruppavām; av ondru ēdu endru karuttinul kandāl kazhalum avai; kandavarē unmai kandār; kalangārē, kān.*

이원자들과 3요소들은 늘 하나(에고)를 붙들고
존재한다네. "그 하나가 무엇인가?" 하고 마음 안에서
찾아보면 (그것은) 떨어져 나갈 것이고, 그것을 본 사람들만이
**진리**를 본 것이니, 그들은 동요되지 않네. 그렇게 보라.

**의미:** 이원자(상대물의 쌍들)와 3요소라는 모든 것들은 항상 (마음의 토대인 에고라는) 하나를 붙들고 존립한다. 이 에고의 진리는 무엇인가라고 탐구하여 **심장** 속으로 들어가 그 진리를 보면, 이원자들과 3요소들이 자취를 감춘다. 그렇게 본 사람들만이 **참된 바탕**을 본 사람들이다. 그들은 그런 것들에 의해 동요되지 않을 것이다.

**주석:** 이원자와 3요소들은 마음 속에서 나타난다. 더욱이 각 이원자에서 하나가 나타날 때는 다른 하나도 함께 나타난다. 그와 마찬가지로 3요소에서도 하나가 나타나면 다른 두 가지도 함께 나타난다. 사라질 때도 이원자의 두 가지와 3요소의 셋이 함께 사라진다. 마음이 가라앉은 잠 속에서는 이원자와 3요소가 없다. 따라서 이것들은 모두 마음의 생각들(의식의 투사물)일 뿐이다. 마음의 생각들 모두의 토대로서 존재하는 것은 '나'라고 하면서 일어나는 생각이다. 이것은 "형상을 붙들면서 생겨난다(*uru patri undam*)"고 하는 뒤의 제25연에서 보여주듯이, 몸이라는 하나의 형상을 붙들고서만 일어난다. 이것 자체가 에고·아상我相이라고 불리는 것이다. 이것에 대한 설명은 뒤에 나온다. 따라서 이원자와 3요소들은 이 에고만을 토대로 삼아서 나타난다. "하나를 붙들고 존재한다네(*ondrupatri iruppavām*)"라는 말에서 '하나'가 가리키는 것은 이 에고일 뿐이다.

에고야말로 이 모든 세계라는 겉모습의 뿌리로서 존재한다고 하는 의미가 "에고가 생겨나면(*ahandai undāyin*)"이라는 제26연에서 설해진다.

**진아**인 **실재**가 있는 그대로 빛나지 않게 은폐하는 이 모든 차별상에는 이 에고가 씨앗이 된다. 이것을 없애면 일체가 없다. 즉, **진아**의 참된 형

상이 장애물 없이 빛난다고 하는 것이 본 저작의 취지이다.

이 에고를 소멸시키는 수행법은 그것의 실체 혹은 일어나는 장소(근원)가 무엇인지를 탐구하는 것이라는 내용이, "'나'가 일어나지 않는 상태가(*'nan' udiyadi ulla nilai*)"라고 하는 뒤의 제27연에도 나온다.

바로 그 수행법을 바가반은 여기서 "'그 하나가 무엇인가?' 하고 마음 안에서 찾아보면(*av ondru ēdu endru karuttinul kandāl*)"이라는 어구로 설한다. 저 에고의 실체는 무엇인가를 알기 위해 내면을 향해 탐구하면 마음이 심장 속으로 가라앉아 그곳에서 해소되고, 진아체험이 지배한다. "마음 안에서 찾아보면(*karuttinul kandāl*)"이라는 어구로써 설해지는 지각은 바로 이 체험일 뿐이다. 그와 같이 "찾아보면"—체험을 얻으면—"그것은 떨어져 나갈 것"—그 이원자들과 3요소들은 모조리 자취를 감출 것—이라고 하는 것은, 그것들이 뚜리야인 진아체험 안에서는 남아 있지 않다는 것이다. 즉, 그것들은 지고의 진리가 아니라는 뜻이다. "몸이 나다"라는 관념이 있는 한 그것들이 실재하는 것처럼 된다. 꿈을 꾸는 사람에게는 그 꿈이 실재하는 것처럼 보이듯이 말이다.

그와 같이 "그것을 본 사람만이 진리를 본 것(*kandavarē unmai kandār*)"이라고 하는 것은 그것을 본 사람이 진인이라는 뜻이다. 그에게는 이런 차별상들이 없기 때문에—이런 것들을 보지 않기 때문에—그는 이 세계의 마야에 의해 동요되지 않는 사람이라고 말해진다. 이런 것들에 의해 생겨나는 미혹은 에고가 존재하는 한에서만 있다는 의미이다.

여기서 말하는 차별상들은 에고를 뿌리로 삼고 있지만, 진아체험 안에는 에고가 없으므로 에고로부터 확장되는 마음과 마음의 창조물인 이원자와 3요소들이 모두 사라져 소멸하고, 진아 하나만이 남는다는 것이 그 취지이다. 이로써 세계는 실재하지 않는다는 것이 확실해진다.

*　　*　　*

**해설**: 이원자와 3요소들은 모두 거짓된 것이라고 선언된다. 이원자들 중에서 가장 중요한 것은 지知와 무지라는 것이다. 3요소들 중에서 가장 중요한 것은 '아는 자', '알려지는 것', '앎'이라는 것이다. 다음의 네 연에서는, 이 이원자와 3요소들이 실재하지 않으므로 **진아체험**의 상태에서는 이것들이 남아 있지 못한다는 것을 설명하는 한편, 본 저작의 핵심 내용인 **진아체험**을 **진아지**(*Ānma jñānam*)라고 언급함으로써 그 구절에서 '**지**知(*jñānam*)'라는 단어의 의미가 무엇인지를 설명하고 있다.

이 네 연의 첫 번째 연에서는 무지인들(*ajnanis*)이 습득하는 지知는 모두 무지일 뿐, **지**知가 아니라는 취지가 설명된다.

10. ariyāmai vittarivin drāmarivu vittav
variyāmai yindrāhu manda – varivu
mariyā maiyumārkken drammudalān tannai
yarivu marivē yarivu.

[풀어쓰기] *ariyāmai vittu arivu indru ām; arivu vittu av ariyāmai indru āhum; 'anda arivum ariyāmaiyum ārkku' endru am mudalām tannai ariyum arivē arivu.*

무지를 떠나서는 지知가 없고, 지知를 떠나서는 저
무지가 없네. "저 지知와 무지가
누구에게 있는가?"라고 하여 최초의 토대인 **자기**를
아는 **지**知야말로 (참된) **지**知라네.

**의미**: (세계의 성품 속에서는) 무지를 떠난 독립적 지知가 있을 수 없다. 지知를 떠난 독립적인 무지도 있을 수 없다. (세계의 대상들을 붙드는) "이 지知와 무지가 누구에게 있는가?"라고 시작하는 **탐구**에 의해서, 모든 것의 근원인 에고의 형상을 한 저 **자기**를 있는 그대로 아는 **자각**이야말로 참된 **지**知이다.

**주석**: '지知'와 '무지'라는 말은 세계의 사물들에 대한 (상대적인) 지知와 무지를 가리킨다. 이들이 이원자와 3요소이다. 이들은 제2연과 3연에서 보여주듯이 에고에 의해 생겨난다. 에고가 존재하는 한 이들도 실재하는 것처럼 된다. 에고의 무지가 없다면—그것이 **지**知의 상태에서 소멸한다면—이것들은 실재하지 않는다는 것이 궁극적 가르침이다.

세계에 대한 지知는 우리가 생각하는 것 같은 (참된) **지**知가 아니라 무지일 뿐이다. 이에 대해 여기서 하나의 이유가 설해진다. 즉, 이런 지知와 무지라는 둘은 하나의 이원자로서, 하나를 떠나서는 다른 하나를 분리할 수 없이 일체를 이루고 있다는 것이다. 이원자인 것들은 하나를 떠나서 하나를 분리할 수 없이 결합되어 있는 성품을 가지고 있다. 그와 같이 세계에 대한 지知와 무지도 하나가 다른 하나와 일체화되어 묶여 있어 서로 분리할 수 없다. 하나에 대한 지知가 있을 때는 다른 것들에 대한 무지가 있고, 어떤 사람에게 지知인 것이 다른 사람들에게는 무지이다. 달리 말해서, 지知와 무지의 성품들은 항상적이지 않다. 모든 지知는 이 저작에서 말하는 근본무지인 에고와 결합되어 있다. 그래서 모두 무지일 뿐이다. 다른 두 가지 이유는 다음 연에서 구체적으로 설명된다. 즉, (지知와 무지라는) 이 두 가지는 "나는 안다", "나는 모른다"라고 자부하는 개아의 진리인 **진아**를 모르는 상태에서 일어나고, 그 **진아**를 아는 체험 상태에서는 그 두 가지가 소멸하므로, 이 두 가지는 무지라고 설명된다. 무지라는 어떤 한 가지 물건이 있다고 믿으면서 우리가 미혹되지 않도록, 제13연에서는 "**지**知인 **진아**만이 실재하며(*jnānamām tānē mey*)"라고 하여 무지는 '없는 것'임을 밝히고 있다.

지知라고 여겨지는 모든 것이 무지라고 한다면, "지知란 무엇인가?"라는 물음이 제기된다. "이 두 종류의 무지가 누구에게 있는가?"라고 관찰하면 "이것들은 나에게 있다"라는 답변이 나온다. 이 "나는 누구인가?"라는 **자기탐구**(*atma-vichara*)의 물음이 거기서 일어난다. 그 물음 속에서 마음을 일념으로 집중할 때 그 결과로 나오는 저 '나'라는 에고의 소멸 상태인 **지知**만이 (참된) **지知**라는 것이 그 물음의 답이다. "최초의 토대인 자기(*mudalām tan*)"라는 것은 이 에고를 의미한다. 이것이야말로 몸을 위시한 모든 것들의 근원으로 존재한다는 것을 여기서 보여준다. 이 에고를 소멸하면, 항상 스스로 빛나고 있는 순수한 **사뜨**(*Sat*)인 **진아체험**이 얻어지고 확립된다. 이것이야말로 실재하는 **지知**의 상태이다. 에고의 소멸에 의해 이 상태의 체험을 얻게 된다는 취지는, 이 뒤의 제27연에서도 "'나'가 일어나지 않는 상태('*nān' udiyādu ulla nilai*)", "'나'가 일어나지 않는 자기소멸('*nān' udiyat tan izhappu*)"이라고 설명된다.

"무지를 떠나서는 지知가 없고(*ariyāmai vittu arivindrām*)"라는 것에서 '무지(*ariyāmai*)'라는 단어는 근본무지인 '몸이 나다'라는 관념을 가리키기도 한다. 그래서 세계에 대한 지知는 **진아지**가 없는 사람들에게만 있고, **진아지**를 가진 사람들에게는 세계에 대한 지知가 없다[12)]는 의미가 여기서 얻어진다.

*　　*　　*

**해설**: "**자기**를 아는 **지知**야말로 (참된) **지知**라네"라고 하여 다른 것들에 대한 모든 앎은 무지라는 내용이 나왔다. 그것은 앞 연에서 설명되고 밝혀졌다. 그렇지만 **진아지** 외의 다른 앎들은 모두 무지라는 뜻을 더 잘 밝히기 위하여 이 연이 설해지고 있다.

11. arivurun tannai yariyā dayalai
    yariva dariyāmai yandri – yarivō

12) *T.* 진아지를 가진 진인에게는 몸과 세계 자체가 존재하지 않는다. 그것은 꿈에서 깨어난 사람에게 꿈속의 몸과 세계가 없는 것과 같다. 따라서 그에게는 세계에 대한 지知도 없다.

varivayar kādhārat tannai yariya
varivari yāmai yarum.

[풀어쓰기] *arivu urum tannai ariyādu, ayalai arivadu ariyāmai andri; arivō? arivu ayarku ādhārat tannai ariya arivu ariyāmai arum.*

아는 **자기**를 모르면서 '다른 것'을
아는 것은 무지인데, 그것이 (참된) **지**知일 수 있겠는가?
지知와 '다른 것'의 바탕인 **자기**를 알면
지知와 무지는 없을 것이네.

**의미:** 앎이 일어나는 자리인 **자기**의 진리를 알지 못한다면, 자기에게 낯선 어떤 사물을 알아도 그것은 그 '아는 사람'의 무지일 뿐이다. 그것은 **지**知가 아니다. 앎과 알려지는 사물 이 두 가지가 존재하는 자리인 '나'라는 외관상 존재의 진리를 **지**知-**체험** 안에서 깨달을 때, 지知와 무지라는 이원자(쌍)가 소멸한다.

**주석:** "세계의 대상들을 내가 안다"고 생각하면서 '나'라고 말하는 사람은 **찌다브하사**(*Chidābhāsa*)[반사된 의식], 곧 거짓된 의식이며, 밧줄에서 보이는 뱀과 석녀의 아들처럼 전적으로 실재하지 않는다는 것은 앞에서도 보았다. 그것은 뒤에서 더 설명된다. 이 의식은 에고 외에 다른 것이 아니다. 이 에고의 진리 혹은 근원을 탐구하는 것만이 **해탈**(*mukti*)이라는 **지**知를 얻는 수단(*sadhana*)이다. 이 수단에 의해 **진아**를 깨닫지 못한 사람은 **자기**를 있는 그대로 아는 사람이 아니다. 그는 이 **찌다브하사**만을 **자**기라고 받아들인다. 이것이 근본무지이다. 이 무지에 지배되는 사람은 세계를 있는 그대로 알지 못하고, 따라서 그에게 생기는 모든 지知는 무지일 뿐이라고 선언되는 것이다.

어떤 사람이 **바가반**께 "직접 지각되는 세계를 어떻게 거짓되다고 말할 수 있습니까?"라고 질문했다. 바가반은 "그대 자신을 모르면서 그대가 무엇을 어떻게 있는 그대로 알겠느냐고, 세계가 그대를 비웃습니다."라고 답변했다. "세계는 실재라네(*ulahu unmai ahum*)"라고 하는 제18연에서는 무지인이 세계를 아는 방식과 진인이 세계를 아는 방식은 완전히 다르다는 것을 밝히고 있다. 무지인은 바탕인 브라만을 저버린 채 덧씌워진 이름과 형상들인 다양한 대상들만 알면서, 그것을 실재라고 여겨 속박에 말려든다. 진인에게는 바탕인 브라만만 빛난다. 그래서 진인은 속박이 없이 존재한다고 하는 것이다.

따라서 무지인들에게는 두 가지 무지가 있다. 하나는 '무지'라고 하는 무지이고, 다른 하나는 '지知'(세간적 지식)라고 하는 무지이다. 이 두 가지는 우리가 떠나야 하는 것이지, 하나는 떠나고 다른 하나는 견지해야 한다는 것은 무지이다.

이 두 가지가 무지라고 하는 또 한 가지 이유는, 둘 다 마치 한 덩어리인 것처럼 진아체험에 의해 소멸하기 때문이다. 이것이 "지知와 '다른 것'의 바탕인 자기의 진리를 알면 지知와 무지는 없다(*arivu ayal ivattrukku ādhāramana tan unaiyai ariya arivariyāmai arum*)"는 말의 의미이다.

그래서 진아체험이라는 상태에서는 이 두 가지가 없다는 것이다.

위 텍스트에서 '다른 것(*ayal*)'이라고 나오는 단어에는 두 가지 의미가 있다. '지知와 다른 것, 곧 무지'라는 것이 한 가지 의미이고, '아는 자 자신과는 다르다고 생각되는 알려지는 대상'이라는 것이 다른 한 가지 의미이다. '아는 마음'과, 그것에 의해 빛나는 '알려지는 대상'이라는 세계의 대상들에게 공히 바탕으로 존재하는 에고, 그것의 진리가 진아라는 것이 이로써 밝혀진다.

*　　*　　*

**해설**: 지知와 무지 둘 다가 소멸하면 그 뒤에 공空만 남지 않겠느냐는 물음이 제기되는데, 그와 같이 남아 있는 것은 공空이 아니다. **진아**의 참된 형상인 **자각**만이 남아 있다는 것을 설명하려고 이 연이 설해진다.

더욱이 지知와 무지 둘 다 없는 **진아체험**만이 (참된) **지知**이다. 그 **지知**는 **진아**의 참된 형상일 뿐 **진아**의 기능이 아니라는 것이 이제 설해진다.

12. arivari yāmaiyu matradari vāmē
    yariyuma dunmaiyari vāhā — daritar
    karivittar kanniyamin drāyavirva dātrā
    narivāhum pāzhan drari.

[풀어쓰기] *arivu ariyāmaiyum atradu arivāmē; ariyum adu unmai arivu āhādu; aridarku arivittarku anniyam indrāy avirvadāl, tān arivu āhum; pāzh andru; ari.*

지知와 무지가 없는 것이 (참된) **지知**라네.
(대상들을) 아는 그것은 참된 **지知**가 아니네. 알 것도
알려지게 할 것도 없이 빛나기에, **진아**가 (참된) **지知**라네.
그것은 공空이 아님을 알라.

**의미**: 지知와 무지라는 이 두 가지가 없는 상태 자체가 **지知**의 상태이다. (다른 것들을) 아는 지知는 참된 **지知**인 **해탈**의 상태가 아니다. **진아**는 (자기가) 알거나 (자기를) 알려지게 하는 다른 것이 하나도 없이 독립적으로 빛나므로, **진아**만이 **지知**인 것이다. 그것은 공空이 아님을 알라.

**주석**: **진아지**만이 (참된) **지知**이고 다른 지知들은 무지라는 것은 "무지를 떠나서는 지知가 없고"라고 한 제10연에서도 이야기되었다. 그것을 여기서도 이야기하는 것은 그것을 확고히 하기 위해서이다. 지知와 무지는 에고의 지배권 안에 존재하는 세간 속의 것일 뿐이고, **뚜리야** 속에서 존재하는 것은 무지가 섞이지 않은 순수한 **지知**이며 무지와의 연관이 없다

는 의미이다. 그 속에는 지知와 무지의 이원자가 없고, 지知의 3요소도 없다. 그 속에는 차별상이 없다고 하는 것이 바로 그 취지이다. 차별상으로 충만한 지知는 3요소의 지知이고 무지와 연관되어 존재하며, 그것은 무지일 뿐이라는 의미가, "아는 그것은 참된 **지**知가 아니라네(*ariyum adu unmai arivu āhādu*)"라는 구절로 설해진다.

지知와 무지 두 가지는 **뚜리야** 속에서 사라지는지, 무지만 사라지고 지知만은 남아 있게 되는지 묻는 사람들이 있다. 이런 사람들이 떠올리는 '지知'는 무지일 뿐이라는 것이 여기서 분명하게 설해진다. 이 지知와 무지의 두 가지가 **뚜리야** 속에 없는 것은 왜인가 하면, **뚜리야**가 **진아**의 **독존**獨存(*Kaivalya*) 상태—둘이 없는 상태—일 뿐이기 때문이다. **바가반**은 이런 취지를 본 연의 뒷부분에서 "알 것도 알려지게 할 것도 없이 빛나기에(*aridarku arivittarku anniyam indrāy avirvadāl*)"라고 밝히고 있다. **자기**가 알아야 할, **자기**와 다른 것이라고는 없다. 그래서 앎이라는 3요소의 지知는 **진아**에게 존재하지 않는다. **자기**를 알려지게 하는 것—빛나게 하는 것—에게는 **자기**와 다른 어떤 **지**知(자각)도 없다. 이 진리가 "**실재**에게 낯선 참다운 **의식**이 있겠는가?(*ulladu aladu, ulla unarvu ulladō?*)"라는 (본 저작 기원시 제1연 첫 번째) 문장의 두 번째 의미인 것이다. **진아**는 다른 어떤 것에 의해 빛나지 않고, **자기**의 참된 형상인 **지**知(자각)에 의해 **자기광명**으로서 빛난다. **그것**은 지각력이 없지 않다는 것이 그 취지이다. 지각력이 없지 않으니, **그것**에는 무지가 없다. 이와 같이 (지知와 무지라는) 두 가지가 없는 **완전한 바탕**이 **진아**라는 것이 그 취지인 것이다.

이와 같이 **진아**는 **자기광명**으로서 존재하기에 **그것** 자체가 **지**知라는—**지**知의 참된 형상으로서 존재한다는—**베단타**의 결론이 여기서는 "**진아**가 (참된) **지**知라네(*tān arivu āhum*)"라고 설해진다.

**그것**의 참된 형상인 **지**知만이 **실재**이며, 그것을 바탕으로 삼는 세계라는 겉모습의 모든 것은 거짓이라는 것을 모르는 사람들은, 이와 같이 존재하는 **독존적 진아**(*Kevala Ātma*)가 공空과 비슷하다고 비난한다. 그래서 **바가반**은 우리가 미혹되지 않도록 하기 위하여 저 **진아**가 "공空이 아님을 알라(*pāzh andru ari*)"고 설한다. 그것의 '존재'에 의해 (현상 세계의) 이 모든 것들이 존재하는 것처럼 보이고, 그것의 **지知**의 빛에 의해 이것들이 빛나는[드러나는] **그것**을 어떻게 공空이라고 하겠는가?

**진아**를 공空이라고 하는 사람들은 천상계 등 세계들의 행복 체험이야말로 욕망할 만하다고 생각한다. 이들은 행복의 성품이 어떤 것인지 모르는 사람들이다. 천상계 등 세계의 행복은 우열 등 여러 가지 결함이 있고 한계가 있는 상태이므로, 그런 것들에 의해서는 영원한 만족인 **행복**이 없다. **진아체험**은 영원한 만족이 있는 것이다. 여기서는 이런 결함들이 없을뿐더러, 그것은 끝이 없는 **행복**이다.

이제 '**진아지**'라는 용어의 의미가 무엇인지 분명해진다. 이에 대해서는 '**진아**의 **지知**' 혹은 '**진아**인 **지知**'라는 두 가지 의미가 떠오른다. 첫 번째 것은 '**진아**를 아는 **지知**'라는 것이다. 여기서는 **진아**가 알려지는 대상이어서, 그것을 아는 **지知**는 **그것**과 '다른 것'이다. **진아**는 비이원적인 물건이어서 거기서는 3요소가 생겨나지 않는다는 것은 이미 언급되었다. 따라서 첫 번째 의미는 부합하지 않는다. '**진아**인 **지知**'라는 것은 둘이 아니라는 의미이므로 **진아**가 **지知**의 참된 형상이라는 의미를 갖는다. "**진아**가 **지知**라네(*tān arivāhum*)"라는 가르침과 이 의미는 부합된다. 이로써 우리가 알아야 할 것은, 우리가 지금 **진아**를 알지 못하고 있고, 앞으로 언젠가 알게 될 거라고 말하는 것은 잘못이라는 것이다. "**진아**를 안다는 것"이라는 말은 "**진아**로서 머무르는 것"이라는 의미이다. 이런 의미는 이 뒤의 "나 자신을 모른다"로 시작하는 제33연에도 나온다.

*　　*　　*

**해설:** 이제 바가반은 "실재는 무엇인가?", "비실재는 무엇인가?", "비실재가 어떻게 실재처럼 빛나는가?"라는 질문들에 대한 답변을 말하는 비이원론의 교의를 여기서 분명하게 설한다. 진아 하나만이 진리이다. 그것을 바탕으로 삼으면서, 덧씌워진 세계가 실재처럼 보이게 된다는 것이 바로 그 원리이다.

13. jñānamān tānēmey nānāvā jñānamañ
    jñānamām poyyāmañ jñānamumē – jñānamān
    tannaiyandri yindranika tāmpalavum poymeyyām
    ponnaiyandri yundō puhal.

[풀어쓰기] *jñānam ām tānē mey; nānā ām jñānam ajñānam ām; poyyām ajñānamumē, jñānamām tannai andri indru. anikal tām palavum poy, meyyām ponnai andri undō? puhal.*

> 지知인 진아만이 실재하며, 다양한 지知는
> 무지라네. 실재하지 않는 무지조차도, 지知인 진아와
> 별개로 존재하지 않네. 다양한 (금) 장신구들은 실재하지 않는데,
> 실재하는 금과 별개로 (그것들이) 존재하는지, 말해 보라.

**의미:** 지知의 참된 형상으로 존재하는 진아만이 실재이고, 갖가지 형상으로 나타나는 지知는 모두 무지일 뿐이다. 존재하지 않는 물건인 (저) 무지는 지知의 참된 형상인 진아와 별개로 있는 것이 아니다. 다양한 형상으로 존재하는 (금으로 된) 장신구들은 실재하지 않는다. 그러나 실재하는 금을 떠나서 그것들이 별개로 존재하는가? 그와 같음을 알라.

**주석:** 앞 연의 끝에서 "진아가 지知라네"라고 하여 지知의 참된 형상인 진아 하나만이 진리—처음에 말한 '실재'인 브라만—이고, 그것은 단 하나로서 변화 없이 존재하므로, 이것이 "지知인 진아만이 실재하며(*jñānamām tānē mey*)"라고 하는 것의 의미이다. 진아는 존재이자 의식이라는 뜻이고,

존재-의식이므로 그것이 브라만이라고 불리는 것이다.

"다양한 것으로 나타나는 세계는—개아·이스와라·세계는—실재하지 않는가?"라는 질문에 대한 답변으로, "다양한 지知는 무지라네(*nānāvām jñānam ajñānam ām*)"라고 하였다. 다양한 지知라고 하는 것은 세계라는 겉모습을 가리킨다. 지知를 떠나서는—마음의 생각들을 떠나서는—세계가 전혀 없기 때문이다.

여기서 실재와 비실재를 구분하는 특징이 이야기되고 있다. 하나로서 존재하는 것이 실재의 특징이고, 다양하게 나타나는 것이 비실재의 특징이다.

세계가 무지라고 하는 것의 의미는, 그것이 무지로부터 일어난다고 하는 것이다. 무지라는 것은 곧 에고이다. 그것(에고인 무지)은 하나의 실체가 아니라고 하는 것이 이 저작 안의 바가반의 가르침에서 주된 진리이다. 더욱이 무지라고 하면 그것은 지知가 없다는 의미이다. 따라서 그것은 어둠과 같고, 실체가 없는 것이다. 빛 앞에서 어둠이 머무르지 않듯이, 지知로 충만한 진아광명 앞에서는 무지가 머무르지 않고 소멸한다. 이와 같이 소멸하는 무지가 실재이겠는가? 이런 의미가 "실재하지 않는 무지조차도(*poyyām ajñānamumē*)"라는 문구로써 설해진다.

무지는 하나의 실체가 아니라는 것이 베단타의 교의이다. 그것이 하나의 실체라고 한다면, 그것에서 생겨나는 세계와, 그것에 의해 존재하는 속박 등을 실재라고 하게 될 것이다. 미성숙한 제자에게는 무지라는 것이 속박의 원인으로 존재하는 것처럼 말해 주지만, 실제로는 무지가 없다는 것이다. 그것이 최종적 가르침이다. 따라서 "이 무지가 어떻게 나에게 왔는가?"라는 물음은 미성숙한 것이다. 그 물음의 의도는 순수한 존재-의식의 참된 형상인 브라만과 세간적 삶(*samsara*)의 연관성을 산출하려는 것이었는데, 그렇게 해서는 연관성을 얻지 못한다. "뿌루샤[브라만]는 실로 이 몸과 무관하다(*asaṇgo hy ayaṁ puruṣah*)"13)라고, 진아인 브라만은 (세간적 삶과) 무관하게—연관성 없는 것으로서—존재한다는 것이 베단타 문헌들의 결론이다. 바로 이것이 불생론不生論(*ajata siddhanta*)이라고 하는 것이다. 즉, 궁극의 진리(*paramartha*)에서는 무지에서 비롯된 세계가 전혀 없고, 개아도 없고, 속박된 사람도 없고, 수행자도 없고, 해탈도 없다는 것, 실재는 항상 순수하고 항상 자각하며 항상 해탈해 있는 진아 하나뿐이라는 것이다. 이것은 깨달음을 얻은 진인들이 체험으로 실증한 진리이다. 『바가바드 기타』 제2장의 가르침 첫머리에서 스리 크리슈나 바가반은 바로 이 최종적 진리를 아르주나에게 가르친다. 그러나 그가 그것을 받아들이지(이해하지) 못하고 당혹해했기 때문에, 이어서 다른 가르침들을 베푼 것이라고 바가반은 말씀하신다.

진리 안에는 연관성이 없다고 하지만, 가르침을 위해 어떤 상상된 연관성을 말해 줄 필요가 있다. 이렇게 해도 실재에는 어떤 결함도 생기지 않는다.

무지의 현현물인 이 세계는—개아 · 이스와라 · 세계는—실재하는 듯이 나타나 보인다. 그것의 원인이자 그것의 바탕으로 존재하는 것은 저 실재인 진아일 뿐이다. 진아의 존재-의식이라는 참된 성품(*swarupa*) 안에서 세계가 투사된다. 그래서 세계는 독립적 존재성을 갖지 못한다는 것이 분명해진다. 독자적 존재성은 진아에게 있다. 진아체험인 뚜리야 속에서는 진아가 세계라는 겉모습 없이 순수하게 비이원적으로 빛난다. 바로 그래서 진아는 실재이고 세계는 환幻이다.

세계가 환幻이라면, 바탕인 진아 안에서 투사되는 이름과 형상 등 차별상들이 환幻이라는 의미이다. 차별상을 제거하고 남아 있는 바탕이야말로 세계의 진리라고 생각하여 "세계는 실재한다"고 말할 경우가 있다.

---

13) *T.* 『브리하다라니야까 우파니샤드』, IV.3.16.

그래서 "세계는 환幻이다", "세계는 실재다"라는 문장들은 서로 모순되지 않는다고 알아야 한다. 그와 같이 모순되지 않는 것으로 그 의미를 받아들이면, 그 두 문장은 참되다.

이에 대해 금과 금으로 만든 장신구의 비유가 설해진다. 금과 장신구들은 언제나 금일 뿐이다. 장신구로 만들어지기 전에도 금이었고, 만들어진 장신구들이 사용될 때에도 금이며, (장신구로서) 소멸한 뒤에도 금이다. 언제나 실제로 변함없이 존재하는 것은 금이다. 변화되는 것은 장신구라는 이름과 형상들이다. 더욱이 금은 하나인데 장신구는 다양하다. 여기서 말하는 속성상 금은 장신구들보다 참되고 장신구들은 거짓되다. 여기서 "다양한 장신구들은 실재하지 않는데(*anikal tām palavum poy*)"라는 문장과 "실재하는 금과 별개로 존재하는지(*meyyām ponnai andri undō?*)"라는 문장이 결부시키는 '실재하지 않는(*poy*)'과 '실재하는(*mey*)'이라는 함께 배치된 말들에 주목해야 한다. 그것이 금으로 보일 때는 장신구들이 나타나지 않고, 그래서 그것들은 실재하지 않는다. 그것이 장신구들로 보일 때는 그것들의 실재하지 않는 이름과 형상들이 실재하는 금을 은폐한다. 은폐되는 금만이 실재한다. 세상 사람들은 둘 다 실재한다고 말할 것이다. 그렇다면 이 비유(*drsthantam*)가 비유 대상(*dharshtantikam*)과 부합하지 않을 것이다. 그래서 **바가반**은 여기에 일부러 이 두 단어를 함께 두고 있다. 그 의미는, "다양한 (따라서) 실재하지 않는 장신구들이 하나인 (따라서) 실재하는 금만을 바탕으로 삼아 존재하듯이, 다양하지만 실재하지 않는 세계의 형상에 대한 무지로 충만한 (상대적) 지知는 **단 하나의 실재인 지知**로 충만한 **진아**를 바탕으로 삼기에 (마치) 실재하는 것처럼 빛난다"는 것이다.

여기서 **바가반**은 "실재하지 않는, 실재하는(*poy, mey*)"이라는 단어들을 한데 붙여둠으로써, 장신구들이 금으로 이루어져 있는 것 외에도 그것들의 이름과 형상이라는 차별상도 궁극적 **진리**에서는 참되다고 해석하거나, 마찬가지로 세계도 **브라만**으로 충만한 것으로서 그것의 이름과 형상 등 차별상들이 참되다고 **바가반**이 가르친 것 같은 그릇된 해석이 나오는 일이 없게 하였다. 그와 같이 그릇된 해석이 나오지 않도록 하기 위해 여기에 이런 단어들을 둔 것이다.

바로 그런 의미가 띠루물라르(Tirumular)의 『띠루만띠람(*Tirumantiram*)』에서는 "나무를 숨기는 것은 코끼리이고, 나무 안에 숨겨진 것은 코끼리라네. **지고자**를 숨기는 것은 흙 등의 원소들이고, **지고자** 안에 숨겨진 것은 흙 등의 원소들이라네."14)라고 표현된다. 무지 속에 있을 때는 **지고자**가 흙[땅] 등의 5대 원소에 의해 숨겨지고, 그것이 그 원소들로 보인다. **지**知의 상태에서는 흙 등의 원소들이 나타나서 분산되지 않고, **지고자 하나**만이 빛난다는 의미이다.

따라서 밧줄 상에서 나타나는 뱀을 비유로 말하는 것이 어떤 의미이든, (금과 장신구의 비유에서도) 같은 의미를 말한다고 보게 된다.

세계라는 겉모습이 실재하지 않는다고 하면, 그것은 세계가 나타날 때도 그것이 실재하지 않는다는 의미임을 여기서 알 수 있다. 이런 의미는 — "수행하는 동안은 이원성"으로 시작하는 — 제37연에서 잘 조명된다.

*　　*　　*

**해설:** 세계라는 것은 지각력이 없는 것들(*jada*)[무정물]과 의식하는 존재들(*chetana*)[유정有情들]의 두 부류로 채워지는데, 여기서 모두 다 실재하지 않는가, 아니면 의식하는 존재들은 실재하는가 하는 물음이 일어난다. 그에 대한 답변이 다음 연에서 설해진다.

---

14) *T.* 『띠루만띠람』 제2,290연이다. 나무와 코끼리 이야기는, 나무로 조각된 코끼리를 코끼리로 보면 나무가 보이지 않고, 나무로 보면 코끼리는 나무 안에 들어 있다는 뜻이다.

14. tanmaiyundēn munnilaipa darkkaika tāmulavān
tanmaiyi nunmaiyait tānāyndu – tanmaiyarin
munnilaipa darkkai mudivutron drāyolirun
tanmaiyē tannilaimai tān.

[풀어쓰기] *tanmai undēl munnilai padarkkaikal tām ulavām; tanmaiyin unmaiyait tān āyndu, tanmai arin, munnilai padarkkai mudivutru ondrāy olirum tanmaiyē tan milaimai tān.*

1인칭이 존재하면 2인칭과 3인칭도 존재할 것이네.
1인칭의 진리를 스스로 탐구하여 1인칭이 사라지면
2인칭과 3인칭도 종식되고, **하나로서** 빛나는
그 상태야말로 실로 **자기**의 성품이라네.

**의미:** '나'에게 조금이라도 "몸이 나"라는 관념이 있는 한, '너'라는 목전에 있는 사람과, '그'라는 다른 데 있는 사람이 실재하는 것으로 보인다. '나'라고 하는 사람의 실재성을 자신의 판별력으로 탐구하여 종국에 '나'라고 하는 사람이 없어지게 되면, '너'와 '그'가 있다는 관념이 소멸하고, 그런 다음 **단 하나로서** 빛나는 참된 형상이야말로 **자기**의 진리이다.

**주석:** 1인칭이라는 것은 '나'라고 일어나는 에고이다. 2인칭인 '너'와 3인칭인 '그'는 나타나는 다른 존재들이다. 3인칭인 사물은 '그것'으로 불리는 무정물들이다. 이 세 가지 중 첫 번째인 1인칭('나')이 처음에 일어난다. 그것이 일어난 뒤에야 다른 것들이 나타난다. 그것이 없을 때에는 일체가 없다. '나', '너', '그'라는 존재들이 서로 다른 것처럼 보이는 데는 에고가 그 뿌리임이 분명하다.

"1인칭의 진리를 스스로 탐구하여 1인칭이 사라지면(*tanmaiyin unmaiyait tān āyndu, tanmai arin*)"이라고 한 것은 **자기탐구**와, 그것의 귀결인 에고의 소멸을 가리킨다. 1인칭인 '나'라는 것의 진리가 무엇인가 하고 탐구하는 것만이 **자기탐구**이다. 그 탐구의 귀결은, 에고의 소멸인 **진아체험**이다.

그 진아체험이 둘이 없는 단일한 진아로서 머무르는 것임은 앞에서도 보았다. 그 상태에서는 '나, 너, 그'라는 개아의 차별이 없다. 둘이 없는 "나는 나다(*nan, nan*)"라는 하나가 홀로됨으로서 빛난다. 바로 그것이 진아임이, "하나로서 빛나는 그 상태야말로 자기의 성품이라네(*ondrāy olirum tanmaiyē tan milaimai tān*)"라는 구절로 설해진다.

여기서 하나의 반론이 나온다. 진아가 하나일 뿐이라면, 어떤 사람이 지知-체험에 의해 해탈하면 모두가 해탈자가 되어야 하는데, (현실에서) 그렇지는 않다는 것이다. 이에 대한 답변은 지금도 실제로는 속박이 없고, 속박된 자도 없다는 것이다. 진아는 항상 해탈해 있다고 하는 것은 본 저작에서 분명하게 설하고 있는 것이다. 이것은 베단타의 확립된 결론이다. 그래서 진인의 견지에서는 무지인이 아무도 없다.

이에 대해 다른 한 가지 방식으로 답변하는 것도 있다. 다만 이것은 궁극적 진리는 아니고 질문자에게 설명해 주기 위해서 하는 말일 뿐이다. 다섯 껍질의 하나인 지성껍질 안에 순수하고 실재하는 단 하나인 진아의 반영물反影物로 찌다브하사[반사된 의식]인 개아(*jīva*)가 있는데, 그 개아야말로 속박이자 속박된 자라고 본 저작에서 설하고 있다. 그와 같이 다양한 찌다브하사들이 그 안에 나타나고 있는 것들 중에서 한 지성껍질이 진아체험에 의해 소멸하면—즉, 거기서 나타나는 자가 해탈하면—그 반영물인 찌다브하사는 없어진다. 다른 지성껍질들 안의 반영물인 찌다브하사들에게는 어떤 일도 일어나지 않는다. 그들은 전과 같은 상태로 있다고 무지인들은 경험적으로 느낀다. 각각의 지성껍질이 존재하는 한, 그 속에서 한 찌다브하사인 반영물이 나타난다. 이에 대한 비유가, 다양한 항아리 안에 있는 각각의 물에 비치는 달빛이다. 여기서 항아리들은 많은 몸들과 같고, 그 항아리들 안에 있는 물은 지성껍질이라고 하는 지성들과 같다. 허공에 있는 단 하나의 달은 실재인 (단 하나의) 진아와 같고,

그리고 단 하나인 달의 다양한 반사광은 다양한 **찌다브하사**들과 같다. 한 항아리의 물을 쏟아 버리면 그 반사광은 사라지지만, 다른 항아리들의 물은 전과 같이 있다. 그래서 **진아**는 단 **하나**일 뿐이지만, 경험적 이유에서 개아들이 다양하다고 말하는 것이다.

그러나 이것은 아둔한 지성들이 이해할 수 있게 하기 위해서 하는 말일 뿐, 실제로는 그런 물음(위의 반론)이 일어날 여지가 없다. "질문하는 그대가 누구인지를 알아내십시오."라는 것이 그에 대한 답변이다. 무지로 인해서 자기와 다른 다양한 유정有情들이 있는 것으로 나타나 보일 뿐이다. 꿈속에서 자기와 다른 것으로 보이는 개아들이 자기와 다르지 않은 것처럼, 생시에 보이는 개아들도 (자기와) 다르지 않고, 실재하지도 않는다.

* * *

**해설:** 이로써 유정有情·무정無情들이 넘치는 세계는 환幻이라는 것이 분명해진다. 인간들은 이 세계의 생성과 소멸, 그 안에 포함되어 있는 석녀石女의 아들과 같은 **찌다브하사**의 가고 오는 생들을 탐구한다. 탐구해야 하는 그 자신의 진리는 탐구하지 않고 그것을 잘못된 것이라고 여기면서, 그런 쓸데없는 탐구를 한다. "아는 **자기**를"로 시작하는 제11연에서 그런 탐구들은 아무 이익이 없다고 말하고 있다. **바가반**은 바로 그런 의미를 여기서 다른 방식으로 설하고 있다. 그런 탐구들은 과거·현재·미래라는 세 가지 구분이 있는 시간이 하나의 진리라는 믿음에서 일어난다. 시간이란 것은 실제로는 현재라는 하나뿐이다. 그것의 진리는 무엇인가라고 물어야 할 뿐, 다른 탐구를 하고 있어서는 안 된다고 본 연에서 설하고 있다.

15. nigazhvinaip patri yirappedirvu nirpa
nigazhkā lavaiyu nigazhvē — nigazhvondrē
yindrunmai tērā tirappedirvu tēravuna
londrindri yenna vunal.

[풀어쓰기] *nigazhvinai patri irappu edirvu nirpa: nigazhkāl, avaiyum nigazhvē; nigazhvu ondrē; indru unmai tērādu, irappu edirvu tēra unal, 'ondru' indri enna unal.*

현재에 의존하여 과거와 미래가 성립하네.
일어날 때는 그 둘 다 현재이니, (시간은) 현재 하나뿐이네.
현재의 진리를 모르면서 과거와 미래를 알려고 하는 것은
'하나' 없이 숫자를 세려는 것과 같네.

**의미:** 현재와 관련해서만 과거와 미래라는 두 가지 시간이 나타난다. 그 둘이 일어날 때는 그것들도 '현재'로서만 나타난다. 현재라는 단 하나가 이 세 가지 시간인 것이다. 따라서 바로 지금 자신의 진리를 알아내지 못하고 과거와 미래를 탐구한다는 것은, '하나'라는 최초의 수를 젖혀두고 수학을 계속하는 것과 같다는 것이다.

**주석:** '현재'라는 것은 (어떤 일이 일어나는) 바로 그때의 경험 속에 있는 것이다. 그때그때 그것을 '현재'라고만 여긴다. 경험이 달라지면 우리가 경험한 것으로 기억되는 것을 '과거'라고 부른다. 예상하는 경험들을 '미래'라고 한다. 그 두 가지[과거와 미래]는 일어나는 경험을 붙들 뿐인데, 시간이 경과한 것, 즉 '과거'와, 다가오는 일, 즉 '미래'라고 불린다. 이런 구분은 마음이 창조한 것이며, 모든 것은 현재뿐이라고 **바가반**은 설한다. 참된 현재, 즉 **실재**는 **진아**일 뿐이다. 그 **진아**야말로 세 가지 시간 속에 있는 진리이다. 그것은 시간 속에 말려들지 않는다. 시간 자체가 마음의 창조물이라는 것이 다음 연에서 설명된다.

따라서 저 **실재**를 지금 탐구하여 알아내는 것이 바람직하다. 그것을

버리고 과거와 미래 속에 있는 자기의 상태를 붙들고 탐구를 하면, 진리가 드러나지 않는다. 그런 탐구들은 지금 있는 거짓된 겉모습들을 모두 참되다고 여기는 것이다. 그래서 그런 것은 아무 이익이 없다.

이에 대한 비유는 "'하나' 없이 숫자를 세려는 것과 같네(*ondrindri enna unal*)", 곧 '하나'라는 숫자를 버리고 계산한다는 것이다. 모든 숫자는 '하나'라는 최초의 숫자가 확장된 것이다. 이 최초의 숫자에 대한 앎이 계산에서 중요하듯이, 모든 탐구에서는 **자기앎**(*atma-jnana*)이 중요하다는 의미이다.

어떤 분이 **바가반**에게 "제가 전생에 어떻게 존재했는지 어떻게 알 수 있습니까?"라고 질문했다. **바가반**은 이렇게 답변했다. "전생들을 붙들고 탐구하기 전에, 지금 그대에게 탄생이 실재하는지, 지금 그대의 진리가 무엇인지를 알아내십시오."

그래서 세계의 사물들에 대한 다양한 탐색—라사야나(*rasayana*)[15] 학자들, 태양 등의 모든 행성을 탐구하는 물리학자들을 위시한 사람들이 하는 것들—은 모두 무익하다는 것을 알 것이다. "세계가 있기 전에는 무엇이 있었나? 세계 안의 인간은 어떻게 나타났나? 그의 조상들은 원숭이였나, 인간이었나? 인간들의 종교적 믿음은 어떻게 생겨났나? 태초의 인간들은 나무·덤불·귀신 같은 것들을 숭배했나? 그런 맹목적 믿음에서 지금의 신앙들이 나타났나?"와 같은 분별들은 해탈열망자(*mumukshu*)들에게 아무 필요가 없다. 그런 것뿐만이 아니라 범주들(*tattvas*)을 탐구하는 아주 미세한 탐색들도 그와 같다. **초월적 지**知[형이상학]라는 것도 체험을 많이 한 **해탈자**의 말씀을 받아들이지 않고 자신의 지성의 힘과 세간적 경험으로 추구하는 한, 무지일 뿐이라는 것이다.

* * *

---

15) *T.* 무병장수를 추구하는 아유르베다 계통의 전통 약학 또는 화학.

**해설:** 시간과 공간이라는 두 가지는 에고의 확장일 뿐이라고 하므로, 그것들은 실재하지 않는다. **뚜리야**에서는 시간과 공간이 없다는 것을 이 다음 연에서 설하고 있다.

16. nāmandri nālēdu nādēdu nādungā
    nāmudambē nānāttu nāmpaduva — nāmudambō
    nāmindran drendrumondru nādingan gengumondrā
    nāmundu nānādi nām.

[풀어쓰기] *nām andri, nāl ēdu? nādu ēdu? nādungāl nām udambēl. nāl nāttul nām paduvam: nām udambō? nām indru, andru, endrum ondru; nādu ingu, angu, engum ondrāl, nām undu, nāl nādu il nām.*

우리가 없이, 시간이 어디 있고 공간이 어디 있는가?
우리가 몸이면 시간과 공간에 우리가 걸려든다네. 우리가 몸인가?
우리는 지금, 그때, 늘 하나이고, 여기, 저기, 도처에서 하나이므로
우리가 존재하네, 시간 공간이 없는 우리가.

**의미:** 우리의 진리는 무엇인가 하고 우리가 탐구할 때, 우리와 별개의 시간이 어디 있고, 공간이 어디 있는가? 우리가 몸일 뿐이라면 시간과 공간에 속박될 것이다. 우리가 몸인가? 우리는 모든 시간과 모든 공간에서 변함없이 단 하나의 참된 형상으로 존재하므로, 시간과 공간이 없는 우리만이 있다. (즉, **진아**만이 **실재**이다.)

**주석:** 시간과 공간은 에고를 피난처로 삼고 있다. 에고가 없는 잠의 상태에서는 시간과 공간이라는 것이 보이지 않는다. 따라서 시간·공간이라는 것은 생각이고, 마음으로 이루어진 것들이다. "나는 이 몸이다"라는 토대 생각이 생겨나는 순간 시간과 공간을 포함한 모든 생각이 생겨난다. 지구과학 연구자들의 다수는 현재 공간과 시간이 외적인 실체가

아니라 마음으로 이루어진 것일 뿐이라는 것을 받아들인다.

하지만 우리는 시간과 공간에 속박되는 것 같은 경험을 하고 있다. 이것은 왜인가? "나는 이 몸이다"라는 무지의 앎을 조사하여 내가 이 몸이 아니라는 것을 이해하고, 그런 다음 "나는 무엇인가?" 하고 탐구하여 끊임이 없는 **진아**를 깨달아야 하는데 그러지 못하기 때문에, 이 몸에 있는 것으로 지각되는 성품('나'라는 관념)을 우리의 **성품**으로 받아들임으로써 속박이 온 것이다. **탐구**에 의해서 이러한 속박이 떨어져 나간다.

"나는 누구인가?"라는 **탐구**를 해나가면 '나'라는 것의 실재가 시간·공간에 의해 감소되지 않는 **바탕**이라는 것이 드러난다. 그럴 때는 **진아**만이 **실재**인데, **그것**에는 시간과 공간이 없다는 것을 알게 된다. **지**知 체험 속에는 이것들이 없다는 의미이다.

**진아**는 "어느 때에나 존재한다", "어느 곳에도 편재한다"고 말하는 것은 그런 한에서 옳지 않다. 시간과 공간이라는 두 가지가 없는 **물건**이 **그것**이라고 하는 것이 참되다. 따라서 마음과 말은 **그것**에 도달하지 못한다. 마음으로 생각한 것은 시간과 공간 속에 조건 지워진다고 여겨지기 때문이다.[16)]

* * *

---

16) 이것의 의미는 본 저작에 합쳐지지 않고 **바가반**이 독립된 연으로 설명한다. 그것은 다음과 같다. (*T.* 이것은 제16연의 다른 버전으로 간주된다. 『진어화만』, 277쪽 참조.)

*nāmandri nālēdu nāmnammai nādādu*
*nāmudal endrennilnamai nālunnum — nāmudambō*
*namindru chendravaru nālendrum ondradanāl*
*nāmundu nālunda nām.*

우리에게 시간이 어디 있나? 우리가 우리 자신을 탐구하지 않고
우리가 몸이라고 생각한다면, 우리를 시간이 잡아먹을 것이네. 그런데 우리가 몸인가?
우리는 항상 현재와 지나간 날, 앞으로 올 날에도 단 하나의 **진아**라네.
시간을 잡아먹은 우리만 있다네.

여기서, 무지의 상태에서는 '날(*nāl*-시간)'이 개아를 잡아먹고, **진아** 속에서는 **참된 자아**가 '날을(시간을)'을 잡아먹는다고 하므로, 시간은 마음의 창조물이고, 그것은 **지**知에 의해 소멸함을 알 수 있다.

**해설:** 지금까지 개아·이스와라·세계는 환幻이라고 예를 들어 설명했지만—그에 조금도 모순되지 않게—그들은 토끼의 뿔처럼 전적으로 비실재인 것은 아니며, (실재인) 바탕 덕분에 그것이 실재의 측면을 갖는다고 이야기했다. 이 뒤의 두 연에서는, 무지인은 바탕을 보지 못한 채 덧씌워진 세계를 그릇된 의미에서 실재한다고 인식하지만 진인은 있는 그대로 인식한다는 것이 설명된다.

여기서 이야기하는 진인은, 세간 사람들에게는 마치 몸 안에 있는 것처럼 보이는 생전해탈자이다.

이 두 부류의 사람이 몸을 어떻게 인식하는가 하는 것이 아래 연에서 설명된다.

17. udanānē tannai yunarārk kunarndārk
kudalalavē nāntra nunarārk — kudalullē
tannunarndārk kellaiyarat tānoliru nāniduvē
yinnavartam bhēdamena ven.

[풀어쓰기] *udal nānē, tannai unarārkku, unarndārkku; udalalavē nān, tan(nai) unarārkku; udalullē, tan(nai) unarndārkku, ellai arat tān olirum 'nān'; iduvē innavartam bhēdam ena en.*

몸은 자기를 아는 이들에게나 모르는 이들에게나 '나'이네.
자기를 모르는 이들에게는 '나'가 몸에 한정되어 있으나,
몸 안의 진아를 아는 이들에게는 진아가 '나'로서 가없이 빛난다네.
이것이 그들 간의 차이라는 것을 알라.

**의미:** 몸은 자기를 모르는 사람에게나 아는 사람에게나 진아일 뿐이다. 자기를 모르는 사람에게는 진아가 몸일 뿐이고, 몸 안의 자기를 아는 사람에게는 진아가 무한하게 빛나는 실재일 뿐이다. 바로 이것이 이 두 사람의 차이이다.

**주석**: 무지인과 **진인**은 공히 몸을 자기라고 말한다. 하지만 이 두 사람이 이해하는 의미는 서로 다르다.

무지인이 몸을 '나'라고 할 때는, 몸과 자기를 완전히 무차별하게 여겨 몸 외에는 달리 자기가 없다고 생각한다. 그에 따라 세간에서의 경험적 행위들에 참여한다. 이것은 몸 안에 자기가 있다는 관념이고, 에고이며, 무지이다.

**진인**이 몸을 '나'라고 할 때는, 몸 등 모든 다른 것들의 바탕인 실재하고 끊임이 없는 **존재-의식**을 **진아**로서 인식한다. 몸이라는 것은 저 **존재-의식** 안에 거짓되게 나타나는 것이므로 **그것**과 다르지 않다. **진인**의 시각에서 **진아**인 **존재-의식**과 다른 것이 하나도 없다는 의미는, 뒤쪽의 "자기(에고)를 소멸함으로써 일어나는(*tannai yazhittezhunda*)"으로 시작하는 제31연에 나온다. 이런 시각에서 그는 몸을 비아非我(*anātma*)라고 말할 수 없다. **진아** 자체가 모든 것이므로 몸도 **진아**이다. 즉, **진인**에게는 그것이 몸이 아니다. 몸으로 여기면 그것은 실재하지 않는다. (만물의) **바탕**인 **진아**로 보게 되면 그것은 실재한다. 그래서 **진인**에게 몸은 몸이 아니고, 그에게는 몸 안에서의 자부심(*abhimanam*-에고-의식)이 없다. 그래서 **진인**의 소견과 무지인의 소견은 완전히 판이하다는 것을 알아야 한다.

두 사람의 소견이 (몸이 '나'라는 점에서) 동일하게 나타나는 이유는 **진아** 자체가 **마야**에 의해 만물로 존재하기 때문일 뿐이다.

무지인의 경우에는 '몸이 나'라는 관념으로 인해 실제로 존재하는 **진아**가 몸에 의해 은폐되고, 그는 몸만이 자기라고 생각하며 미혹된다. **진인**의 경우에는 **진아체험**의 명료함에 의해, 실재하지 않는 몸은 실재하지 않는다. **그**에게는 실재하고 끊임이 없는 **진아**만이 빛난다. 바로 이것이 **바가반**이 여기서 말하는 취지이다.

*    *    *

**해설:** 두 사람(무지인과 진인)이 "세계는 실재한다"라고 같은 문장을 말할 때, 그 문장의 의미는 그들에게 각기 다르다. 무지인은 **바탕**인 **실재**를 알지 못하고 덧씌워진 세계라는 겉모습을 궁극의 **실재**로 지각하지만, **진인**은 덧씌움을 보지 않고 **바탕**을 있는 그대로 궁극의 **진리**로 보기 때문이다. **바가반**은 여기서 이것을 설명하고 있다.

18. ulahunmai yāhu munarvillārk kullārk
    kulahalavā munmai yunarārk — kulahinuk
    kādhāra māyuruvat rārumunarn dārunmai
    yīdāhum bhēdamivark ken.

[풀어쓰기] *ulahu unmai āhum, unarvu illārkku ullārkku; ulahalavām unmai unarārkku; ulahinukku ādhāramāy uru atru ārum unarndār unmai; īdu āhum bhēdam ivarkku; en.*

세계는 **실재**라네, 모르는 이들에게나 아는 이들에게나.
모르는 이들에게는 **실재**가 세계에 한정되어 있으나,
아는 이들에게는 **실재**가 세계의 **바탕**으로서 형상 없이 빛난다네.
이것이 그들 간의 차이라는 것을 알라.

**의미:** 모르는 이들에게나 아는 이들에게나 세계는 실재한다. 그러나 실재를 있는 그대로 알지 못하는 사람에게는 **실재**가 세계와 같은 차원일 뿐이다. **실재**를 아는 사람에게는 **실재**가 세계의 **바탕**으로서, 형상이 없고 끊임이 없이 스스로 빛난다. 이와 같이 이 두 부류는 다르다.

**주석:** 무지인이 "세계는 실재다"라고 할 때 그 말의 의미는, 세계는 세계로서만—덧씌워진 이름과 형상 등 모든 차별상들을 가지고—실재한다는 것이다.

**진인**에게는 이 덧씌워진 이름과 형상 등의 차별상이 모두 거짓되다는 것은, 이제까지 **바가반**이 베푸신 가르침들에서 그 의미가 분명하다.

위에서 본 이유에서 무지인의 진리는 세계들 그 자체이다. 실재하는 브라만이 그에게는 세계로 인해 숨겨져 보이지 않고 이름과 형상들만 실재하는 것으로 될 뿐이므로, 이름과 형상이 없고 마음과 말이 미치지 못하는 순수한 존재-의식인 진아는 그에게 그냥 공空이고, 사라진 것이다. 그래서 그는 무신론자일 것이다. 우파니샤드에서는 이런 사람을, 자기를 세계로 충만하게 하여 죽여 버린 사람(자기살해자)이라고 욕한다.

바가반도 이것을 거론해 말씀하신 바 있다. 이것은 무지한 사람들뿐만 아니라 비이원적 베단타를 이야기하는 빤디뜨들에게도 해당된다. 그런 이들도 무신론자일 뿐이다. 그들은 입으로는 브라만만이 실재한다고 말하지만, 다른 사람들과 마찬가지로 유신론자가 아닌 것처럼 행동한다. 진인인 사람만이 (진정한) 유신론자이다. 그는 결코 진아가 없다는 식으로 행동하지 않는다.

진인이 세계가 실재한다고 할 때, 그가 말하려는 의미는 "세계로서 나타나는 이 모든 것은 진아인 바탕 곧 존재-의식이며, 그것에는 타자가 없다"는 것이고, 그것이 "아는 이들에게는 실재가 세계의 바탕으로서 형상 없이 빛난다네(*ulahinukku ādhāramāy uruvatru ārum unarndār unmai*)"라는 문장의 의미이다. "형상 없이"라고 한 것은 진인에게 형상들이—몸들이—보이지 않게 된다는 의미이다. 형상들을 보지 않는다는 것은 세계를 보지 않는다는 뜻이다. 보지 않는 세계를 그가 어떻게 실재하지 않는다거나 실재한다고 말하겠는가? 따라서 "세계는 실재한다"는 문장에 대한 진인의 의미는 다르다. 세계의 바탕은 실재한다는 의미가 그것이다.

진인과 무지인에게 이 정도의 차이가 있는데도, 그것을 알지 못하거나 알려는 노력을 하지 않는 일부 사람들은 그들의 얼마 안 되는 지식으로 진인을 가늠하고 평가하려고 애쓰면서, 진인을 그릇되게 결론짓고 만다. 일부 사람들은 "진인은 무차별 속에서 차별을 보고, 차별 속에서 무차별을 체험한다"고 묘사한다. 이것은 무의미한 묘사이다. 실은 진인은 차별상들을 보지 않고, 무차별상도 보지 않는다. 무차별상이라는 것은 (원래) 보이지 않는 것이다. 그런데 진인이 무차별상에 대한 견見을 가지고 있다는 것은 무슨 의미인가? 바가반은 그것이 차별견差別見이 없는 상相, 즉 무차별견無差別見(*abheda-drishti*)이라고 설명한다.

세계의 형상들이 진인에게는 지각되지 않을 거라는 것은 앞에서 "형상이 자기라면(*uruvam tānāyin*)"이라고 하는 제4연에서 보았다. 더욱이 바가반이 베푸신 「아루나찰라 8연시」라는 찬가의 제3연과 5연에서도 바로 이 의미를 분명하게 설하고 있다.

게다가 바탕과 덧씌움들은 하나를 다른 하나가 은폐하는 원리에 따라, 진아와 세계는 동시에 함께인 듯 빛나지 않는다. 밧줄과 뱀이 동시에 나타나지 않듯이 말이다.

자기를 알지 못하는 무지인은 세계를 보지만, 그에게는 진아가 숨겨져 드러나지 않는다. 자기를 아는 진인에게 진아가 빛난다는 것은 의심의 여지가 없는데, 그것은 진아가 세계라는 겉모습을 소멸해 버린다는 뜻이다. 즉, 진인에게는 진아 하나만이 빛난다.

생전해탈자의 경험적 행위 방식에서는 그가 세계를 보는 것 같고, 그에 따라 행위하는 것 같지만, 이것은 남들이 보기에 그런 것일 뿐이다. 그에게는 그런 것들이 실재하지 않는다. 이것은 뒤에서 논의되니, 여기서는 이 정도만 이야기하겠다. 다른 사람들이 보기에는 그에게 몸과 마음이 있다고 하겠지만, 그에게는 무지인 원인신(*karana deha*)—지복껍질—이 없다는 데 의심의 여지가 없다. 그는 단 하나인 진아로서 조대신·미세신과의 연관성이 조금도 없이 존재한다. 그가 세계 속에서 하는 모든 일은 모두의 심장 속에 하느님(Īsan)이 있으면서 행하는 일들처럼, 하느님 자신이 행하는 것이다. 거기에는 에고가 없으므로 하느님의 힘이 아무 장애 없이 깔끔하게 일을 한다. **생전해탈자**의 세간 활동은 이와 같다고 뒤쪽의 「보유」에서 설명된다.

"나무를 숨기는 것은 코끼리이고,
나무 안에 숨겨진 것은 코끼리라네.
**지고자**를 숨기는 것은 흙 등의 원소들이고,
**지고자** 안에 숨겨진 것은 흙 등의 원소들이라네."

앞에 나온 『띠루만띠람』의 위 시구를 여기서 유념할 만하다. 나무 코끼리는 아이에게 실제의 코끼리같이 보인다. 아이는 코끼리의 형상만 즐거워한다. 그것이 나무라고 말하면 동의하지 않고 화를 낸다. 그와 마찬가지로, 무지인들은 세계의 형상들을 보고 즐거워한다. 이런 것들이 모두 이름과 형상이 없는 **브라만**이라고 말하면, 그들은 화를 낼 것이다.

흙 기타 원소들이—지地·수水·화火·풍風·공空이—**지고자**를 숨긴다. **지**知의 상태에서는 **지고자**가 빛나면서 다른 것들을 숨긴다.

무지인의 견지에서는 세계의 사물들 안에서 '**존재**(*irutthal*)'라는 것이 속성(*guna*)으로서 나타난다. 실은 **존재**라는 것은 한 사물 안의 속성이 아니다. **존재** 자체가 사물이고, 그 사물 자체가 존재성(*iruppu*)이다. **실재**에게는 존재성이라는 것이 속성이 아니고, **존재성 자체가 그것의 참된 형상이다**. 그 참된 형상 안에, 마음의 미혹으로 인해 세계의 형상들이 집결한다. **자각**(*arivu*)에 의해 그것들이 물러나면 **그것**은 순수해진다.

"세계는 실재다", "세계는 비실재다"라는 두 가지 언명들도 진리일 뿐이라는 것을 알 것이다. 그러나 이 중에서 "세계는 실재다"라는 말이 어떤 의미인지, 무지인은 그것을 모른다. 무지인이 세계를 어떤 식으로 실재한다고 여기든, 그 방식으로는 그것이 실재하지 않고 비실재일 뿐이다. 무지인들은—**생전해탈자**인 **지**知-**스승**(*Jnana*-Guru)의 은총이 없다면—"세계는 실재다"라는 말의 참된 의미를 알기가 대단히 어렵다. 따라서 세계가 실재하지 않는다는 태도를 지녀 세계로부터 마음을 되돌리는 수행을 닦는 것이 바람직하다.

지知와 무지라는 두 가지와 3요소의 분석은 이것으로 끝난다. 지知라고 하는 것은—진아를 '아는 것'이 아니라—진아로서 존재하는 것일 뿐이고, 무지라고 하는 것은 바로 그 진아를 실재하지 않는 몸과 세계로 인식한다는 것이, 이제까지 설해진 가르침의 핵심적 의미이다.

*　　*　　*

**해설:** 에고로부터 확장된 또 다른 하나의 이원자가 있으니, 운명(*vidhi*)과 의지意志(*mati*)라고 하는 것이다. 인간은 자기가 생각한 대로 해 나갈 수 있으면 그것을 의지의 승리라고 말한다. 다른 방식으로 끝나면 그것은 운명의 소치라고 말한다. 그리고 그 두 가지는 상반되는 것이고, 각기 별개라고 생각한다. 바가반은 이것의 진리를 이 연에서 설명한다.

19. vidhimati mūla vivēka milārkkē
vidhimati vellum vivādam — vidhimatikat
kōrmudalān tannai yunarndā ravaitanandār
cārvarā pinnumavai cātru.

[풀어쓰기] *vidhi mati mūla vivēkam ilārkkē vidhimati vellum vivādam; vidhimatikatku ōr mudal ām tannai unarndār avai tanandār cārvarō pinnum avai cātru.*

운명과 의지의 뿌리에 대한 이해가 없는 사람에게만
운명과 의지 어느 쪽이 우세한가 하는 논쟁이 있네. 운명과 의지의
단 하나의 뿌리인 자아(에고)를 알아 버린 이들은 그것들을 내버렸는데,
그들이 다시 거기에 말려들겠는지, 말해 보라.

**의미:** 운명과 의지(자유의지)라는 두 가지의 뿌리인 에고의 진리를 모르는

무지인들은 운명이 우세한가 의지가 우세한가 하는 논쟁에 마음이 쏠린다. 운명과 의지를 넘어서서 단 하나의 바탕인 에고의 진리를 깨달아 아는 사람들은 그 두 가지를 내버렸는데, 다시 그런 것에 속박되겠는가?

**주석:** "몸이 나다"라는 관념을 가진 무지인은 운명과 의지가 상반되는 것이라고 생각한다. 그런 무지 속에서, 그는 모종의 과보를 얻겠다는 생각으로 행위들을 한다. 그런 과보를 얻지 못하게 되면 그것은 운명에 의해 방해 받은 것이라고 생각한다. 에고가 없어지면 과보를 생각할 수도 없다. 운명과 의지의 분별이 일어나지 않는다. 운명과 의지의 분별이 실재한다고 생각하는 사람들은 에고에 지배되는 사람들일 뿐이다. 바로 그런 이들이 운명이 의지를 지배하는가, 의지가 운명을 지배하는가 하는 논쟁에 말려들 수 있다.

에고-마음 자체가 운명과 의지라는 분별을 창조한다. 이 분별이 누구에게 일어나는가 하고 탐구하기 시작하면, 그 둘의 뿌리인 '나'라는 의식(에고-의식)이 드러날 것이다. 그것의 진리를 탐구해 들어가면 에고가 소멸하고, 에고에서 생겨나는 모든 분별도 사라진다는 것이 본 저작의 주된 가르침이다. 에고가 없는 **진아**의 **참된 성품**으로서 존재하는 **진인**에게는 그런 분별이 일어나지 않는다. "운명과 의지의 단 하나의 뿌리인 자아를 알아 버린 이들은 그것들을 내버렸는데(*vidhimatikatku ōr mudal ām tannai unarndār avai tanandār*)"라는 데서 이런 의미를 가르치고 있다.

**진인**은 산깔빠(*sankalpas*-의도적 사고)도 비깔빠(*vikalpas*-비의도적 상상)도 없기에 그 무엇도 필요하다고 해서 행할 마음이 없다. 어떤 것을 할 때에도, 그것은 그런 방식으로 해야 한다는 의지로 하지 않는다. 그래서 운명과 의지라는 두 가지는 그에게 나타나지 않는다. 따라서 **진인**에게 그런 논쟁은 무의미하다.

* * *

**해설:** 이원자들 중에서 중요한 다른 한 가지가 있다. 그것은 개아와 하느님이라는 이원자이다. 개아라는 **찌다브하사**(반사된 의식)는 전체적으로 거짓된 것인데, 그를 실재물로 생각하는 것은 끊임이 없고 완전한 **진아**를 아주 하찮은 개아라고 상상하는 것이다. 하찮은 것과 반대되는 **위대한 것** 하나가 (마음 속에서) 나타나기 때문에, 마음은 그 **진아**를 끊임이 없고, **지**知가 풍부한, **완전한 하느님**으로 상상한다. 이 상상은 좋아 보이지만, 이 상상의 원인은 에고인 무지이므로 이 상상은 거짓된 것일 뿐이다. 즉, 개아라는 하찮은 것과 **하느님**이라는 **위대한 것**, 둘 다 거짓되다. 진리라고 할 때는 둘 다 참되다. 거짓일 때는 이 둘이 함께 거짓이다. 실제로 존재하는 것은 **진아**인 **브라만**이고, 따라서 그 속에는 3요소가 없다. **하느님**을 본다고 하는 것은 무지에서 나온 상상이다. 이런 의미들이 이 뒤에 나오는 두 연에서 설명된다.

이 두 연 중 첫 번째 연에서는, **하느님**이 실은 **진아**이므로 그는 3요소에 의한 '봄'(신을 보는 것)의 대상이 되지 않는다는 진리가 설해진다.

20. kānun tanaivittut tānkadavu laikkānal
kānu manōmayamān kātcitanaik — kānumavan
trānkadavul kandānān tanmudalait tānmudalpōyt
tānkadavu landriyila dāl.

[풀어쓰기] *kānum tanai vittu tān kadavulaik kānal, kānum manōmayamām kātci; tanaik kānumavantān kadavul kandānām, tan mudalait tān mudal pōy tān kadavul andri iladāl.*

보는 자기는 내버려두고 자기가 하느님을 보는 것은
마음의 투사물을 보는 것일 뿐이네. 자기(진아)를 보는 자만이
신을 본 사람이라네. 자기의 기반이 소멸된 뒤의
자기는 신과 다르지 않기 때문이네.

**의미**: '보는 자'인 자기를 보지는 않고 (무지의 상태에서) 자기가 하느님을 본다는 것은, 마음의 투사물인 형상을 보는 것일 뿐이다. 이 형상을 보는 것은 참된 것이 아니다. 자기라는 에고는 실재하지 않고, 자기가 하느님과 다르지 않기 때문에, 자기를 보는 그 사람 자신이 자신의 근원인 하느님을 보는 자라고 말하는 것은 옳지 않다. 왜냐하면 이 비이원성의 상태에서는 '봄'이라는 것 자체가 없기 때문이다.

**주석**: 헌신자들은 그들의 마음의 창조물인 하느님을 이름과 형상들을 가지고 숭배하여 (하느님과 합일하는) 지복을 얻는 사람들이라는 것은 앞에서도 보았다. 그러나 '헌신(*bhakti*)'이라는 것은 '결합'이라는 의미이므로, 그에 앞서 '비헌신(*vibhakti*)'—분리—이 있어야 한다. 그 분리가 실재하는지를 탐구하면, "나는 누구인가?"라는 탐구 속에서 (그것이) 사라져 버릴 것이다. 그것의 결론은, '분리'라는 것은 영원히 없다는 것이다. 끊임이 없고 완전한 진아 자체가 하느님인데, 어떻게 그로부터 분리가 있겠는가? 이 진리가 "행위, 비헌신"으로 시작되는 「보유」 제14연의 취지이다.

진리가 이러한데도, 분리를 실재한다고 여기는 순수한(*sātvik*) 사람은 그 분리를 제거하는 수단으로 헌신을 한다. 하느님 자신에게 직접 지각되는 존재성이 있다고 생각하고, 그를 직접 체험하기 위한 '헌신의 길'의 수행법들을 닦는 것이다. 이로써 그는 마음의 순수함과 일념집중의 힘을 얻는다. 어떤 때는 그 우러르던 (하느님의) 형상을 그가 지각하기도 한다. 그래서 자신이 목표를 이룬 사람이라고 생각하며 기뻐한다. 하지만 그 환영幻影은 금방 사라진다. 그러면 거듭거듭 그 환영을 갖고 싶다는 생각이 들 것이다. 그것을 통해 생겨나는 좋은 효과가 하나 있다. 즉, 하느님에 대해 그가 가진 사랑이 아주 강렬해진다. 하느님의 은총[17]에 의해 결국 그의 에고와 '내 것'이 사멸하고, 마침내 자기순복(*Atma-samarpana*)의

17) 바가반은 '은총'이란 것은 하느님이 심장 안에 진아로서 존재하는 것일 뿐이라고 설한다.

요가에 의해 **실재**이자 **지복**인 **진아지**의 체험을 얻는다. 이것이 "죽음을 몹시 두려워하는(*marana bhayam mikkula*)"이라는 연(기원시 제2연)에서 설해지는 진리이다.

여기서 **바가반**이 가르치는 진리는, 앞서 말한 (하느님의) 형상 보기(환영)는 실재하지 않으며, 마음으로 구성된 것(마음의 투사물)일 뿐이라는 것이다. 그에게 존재하는 **심장** 속에 **진아**로서 존재하는 상태를 **하느님**이라 하는데, (그를) 자기와 '다른 분'이라고 생각하여 헌신을 통해 그 **하느님**을 친견親見한다. 그런 친견은 참된 것이 아니다. 그것은 순수한 마음의 상상에서 나온 거짓된 겉모습일 뿐이다. 보이는 모든 것은 보는 자 안에 들어 있으므로, (그것의 진리는) 보는 자에게 있을 뿐인 진리이다. 그 형상을 '봄'은 실재하지 않는 것이므로, 그것은 고정됨이 없이 사라져 버린다. 영원하고 직접 체험되는 **진아**야말로 **하느님**의 진리이므로, **진아**로서의 체험으로 머무르는 것만이 참으로 **하느님**을 보는 것이고, 그것은 사라지지 않는다. 그 체험을 여기서 '봄'이라고 할 때도 그것은 3요소의 하나인 '봄'이 아니다. 여기서 '봄'이라는 말은 관례적인 것일 뿐이다.

**진아지**가 없는 사람이 헌신을 통해서 보는 친견은 마음으로 이루어진 것이다. 그는 **하느님**을 있는 그대로 보는 것이 아니라는 것이 분명하다. 하지만 "**진아체험**인 **진아친견**(*ānma-darsanam*)을 얻은 사람—**진인**—은 **하느님**을 보지 않는가?" 하는 한 가지 의문이 떠오른다. 그에 대한 답변이 본 연의 후반부이다. "**자기**를 보는 자만이 **신**을 본 사람이라네. 자기의 기반이 소멸된 뒤의 **자기**는 **신**과 다르지 않기 때문이네(*tanaik kānumavan tān kadavul kandānām, tan mudalait tān mudal pōy tān kadavul andri iladāl*)"라는 문장이 그것이다. '자기(*tan*)'라는 개아성은 거짓되며, **자기**와 **하느님**이 하나가 되면 **진인**이 자신의 **근원**인—뿌리이자 원리인—**하느님**을 (자신과 별개의 대상으로서) '본다'는 것도 맞지 않다는 의미이다.

따라서 두 경우 모두 **하느님**은 봄의 대상이 아님을 알 수 있다. 무지에서 생겨나는 봄은 마음으로 이루어진 것이다. **지**知 안에서는 봄도 얻을 수 없는데, (그 상태에서는) **비이원론**이야말로 진리이기 때문이다.

이 연의 후반부에는 또 다른 의미도 있다. "**자기**를 있는 그대로 보는 사람, 다시 말해서 **진아체험**인 **진아친견**을 경험한 사람은 그 자신 그의 **근원**인 **하느님**을 본 사람이고, 자신(개인성)의 원인인 에고를 소멸하고 자신이 **하느님**과 함께 일체가 된 사람"이라는 것이다. 여기서의 의미도 다르지 않다. 그 체험을 하는 **진인**은 **하느님**을 있는 그대로—**진아**로서—본다. 그래서 그 체험을 관례적으로 **하느님** '친견'이라고 부른다는 뜻이다. 이것이 '있는 그대로 보는 것'이며, 형상으로 보는 것은 거짓된 봄이라는 것이 이 연의 의미이다. "**실재**가 없다면(*ulladaladu*)"이라고 한 연(기원시 제1연)에서 '참된 명상'이라고 한 것이 여기서는 '있는 그대로 봄'이라고 이야기되고 있다.

참된 봄인 **진아체험** 속에는 3요소가 없다. 체험이 일어날 때는 에고인 '보는 자'가 소멸하므로, 그와 함께 '보이는 대상'과 '봄'이라는 다른 두 가지도 소멸하고, 남는 것은 개아와 **이스와라**가 공유하는 진리인 **브라만**뿐이다. 그것은 **진아**로서 존재한다. 그것은 '보이는 것'도 아니고, '보는 것'(보는 자)도 아니다. 즉, '알려지는 것'도 아니고, '아는 것'도 아니다.

그래서 개아와 **이스와라**의 차별은 환적인 것이라고 하는 것이다.[18)]

* * *

**해설**: 개아와 **이스와라**의 둘이 없으므로, **하느님** 친견은 **진아친견**이고, 그 둘은 하나일 뿐이다. 그것은 무차별 상태일 뿐이라는 의미를 다음 연에서 설한다.

---

18) 영역자 주. "신을 본다는 것은 신이—진아가—되는 것"이다.

21. tannaittān kāna tralaivan tranaikkāna
lennumpan nūlunmai yennaiyenin — trannaittān
kānalevan trānondrār kānavonā dētralaivar
kānaleva nūnādal kān.

[풀어쓰기] *'tannait tān kānal' 'talaivan tanaik kānal' ennum pal nūl unmai ennai enin, tannait tān kānal evan? tān ondrāl, kāna onādēl talaivan kānal evan? ūn ādal kān.*

자기가 **자기**를 보고, 신을 본다고 많은 경전에서
말하는 진리가 무엇이냐고 묻는다면, (그 답은) "**자기**를
자기가 어떻게 보는가, **자기**는 하나다"라네. (자기를) 볼 수 없다면
신을 어떻게 보는가? (그에게) 먹히는 것이 (신을) 보는 것이네.

**의미:** "자기가 **자기**를 보는 것", "자기가 **신**을 보는 것"이라고 말하는 여러 경전들의 의미는 어떤 것인가 하면, 이 둘 다 (참으로) '보는 것'이 아니다. **자기**를 자기가 본다는 것은 어떻게 보는 것인가? **자기**는 하나이고, 따라서 (자기가 자기를) 본다는 것은 불가능하다. 그럴진대, **하느님**을 어떻게 본다는 것인가? **하느님**에게 자기가 음식이 되는 것 자체가 (참으로) '보는 것'이라고 하는 것이다.

**주석:** "**자기**를 보는 것"이라고 하려면 자기가 둘이어야 하지만, 그것은 하나이기 때문에 '봄'의 대상이 될 수 없다.

**하느님**의 진리와 **자기**의 진리라는 두 가지는 단 **하나**인 것이다. 그러므로 **하느님**을 있는 그대로 본다고 하는 것은 불가능한 일이다.

그러나 (경전에서) 통용되는 이 말들의 의미가 무엇이냐고 한다면, **하느님**에게는 개아가 음식이 되고—즉, **그**의 안에 합일되고—그렇게만 존재한다는 것이다. 이것이 바로 **자기**를 보는 것이고, **하느님**을 보는 것이다.

「가르침의 핵심(*Upadesa Undiyar*)」에서도 **바가반**이 이런 의미를 설하고 있다. 그 제25연에서 "부가물들을 내버리고 **자기**를 이해하는 것 자체가

하느님을 아는 것이니, 그 하느님이 자기로서 빛나기 때문"이라고 했다. 부가물인 세 가지 몸, 혹은 다섯 껍질이야말로 개아와 이스와라의 차별이 나타나는 원인이다. 그 부가물들이 지知-체험에 의해 소멸한다.

* * *

**해설:** 하느님의 진리와 개아의 진리는 하나이므로, 하느님을 본다는 것과 하느님을 안다는 것은 결코 그런 식으로 3요소 안에 있을 수 없다. 무無차별(*abheda*)의 상태 자체인 이 진리는 다음 연에서 설명된다.

22. matikkoli tandam matikku loliru
    matiyinai yullē madakkip – patiyir
    padittiduda landrip patiyai matiyān
    matittiduda lengan mati.

[풀어쓰기] *matikku oli tandu am matikkul olirum matiyinai ullē madakki patiyil padittidudal andri patiyai matiyāl matittidudal engan, mati.*

마음에 빛을 주며 저 마음을 비추는
하느님(내면의 진아)에게로 마음을 돌려서 하느님 안에
가라앉지 않고서, 하느님을 마음으로써 아는 것이
어떻게 가능하겠는지, 생각해 보라.

**의미:** 마음에 자각의 빛을 부여하면서, 그는 마음 안에서(심장 안에서) 빛나고 있다. 따라서 마음을 바깥의 대상들로부터 되돌려 내면을 향하게 하여 하느님과 하나가 되게 하는 것을 버려두고, 마음으로써 그를 아는 것이 어떻게 가능하겠는가?

**주석:** 여기서 '빠띠(*pati*)'라고 지칭되는 하느님의 진리가 첫 행에서는 "마음에 빛을 주며 저 마음을 비추는(*matikku oli tandu am matikkul olirum*)"이

라고 서술된다. 마음에게 빛은—의식(*arivu*)은—자신의 것이 아니다. 그것은 심장 속에 있는 존재-의식의—진아의—빛이고, 마음의 의식-빛의 근원으로 존재하는 진아야말로 하느님의 진리라는 의미이다. 바깥의 대상들에게는—그것들을 진리로 둔갑시키고 (그것들에 대한 지식을) 가르치는—마음의 의식으로 족하다. 진아가 있는 곳에 저 의식이 가지 못하는 것은 저 의식이 진아와 다르지 않기 때문이다. 다시 말해서, 진아를 알려고 노력하다 보면 마음이 해소되거나 아니면 진아를 그릇되게 알게 된다. 마음은 하느님을 늘 자기와 다른 존재라고만 알고 있다. 그것은 있는 그대로의 앎이 아니다. 자기를 진아로서만 아는 것만이 있는 그대로의 앎이다. 그런 앎은 (늘) 진아로서 머무르는 것일 뿐이다.

그와 같이 아는 것에 마음이 방해물로 존재한다. 마음이 늘 자신을 별개의 하나라고 여기면서 활동하는 한, 그 무無차별(*abheda*)의 상태가 오지 않을 것이다. 그 상태를 얻고자 한다면 마음의 빛을 내면으로 돌려서 그것을 하느님과 하나가 되게 하는 것이 유일한 수단이다. 그럴 때 하느님의 진리인 스와루빠(*Swarupa*)가—존재-의식의 참된 형상인 진아가—걸림 없이 빛난다! 무지가 없다. "하느님에게로 마음을 돌려서 하느님 안에 가라앉아(*matiyinai ulle madakki patiyil padittidudal*)"라고 여기서 설해지는 수단이 뒤의 '탐구' 장에서 설명하는 수행법이다.

그러나 마음이 존재하는 한—에고가 소멸되지 않은 한 (하느님과 자신의) 차별이 실재하는 것처럼 보이므로, 그런 한에서는 헌신하는 것이 필요하다. 하느님을 진아로 이해하고 그 진아를 여기서 말하는 행법으로 탐구하는 것이 최고의 헌신이다.

*　　*　　*

**해설:** 개아·이스와라·세계라는 세 가지 원리 중에서, 세계와 하느님 두

가지는 설해졌다. 남은 것은 개아이다. 이것의 진리는 이 뒤에 오는 네 연에서 설명된다.

진아는 마음의 창조물인 이 셋에 의해 은폐되지만, 그 진아의 빛은 '나-나'로서 끊임없이 심장 속에서 빛나고 있다는 것이 바가반의 가르침이다. 이것은 "심장동혈의 한가운데에(*idayamām guhaiyin nāppan*)"로 시작하는 「보유」, 제8연에서 분명하게 설명된다. 그 빛이 마음 속에 결합되고 그리하여 마음 속에서 에고인 개아—찌다브하사(반사된 의식)—로 나타나면, 그와 함께 세계와 하느님도 나타난다. 이 에고의 형상이 "나는 이 몸이다"라는 생각이다. 그 속에 결합되어 있는 '나'라는 것이 진아의 빛이다. 그것을 고립시켜 "나는 누구인가?"를 탐구함으로써, 그 빛의 근원 혹은 유래 바탕인 진아를 추구해야 한다. 그에 대한 예비적 단계로서, "이 몸은 '나'가 아니다"라는 것을 알고 그것을 내버리는 것이 필요하다. 그래서 바가반이 "몸은 '나'가 아니다"라는 의미를 이 연에서 설한다.

23. nānendrit dēha navilā durakkattu
nānindren drāru navivadilai — nānon
drezhundapi nellā mezhuminda nānen
gezhumendru nunmatiyā len.

[풀어쓰기] *'nān' endru it dēham navilādu; 'urakkattum nān indru' endru ārum navilvadu ilai; 'nan' ondru ezhunda pin ellām ezhum; inda 'nān' engu ezhum endru nun matiyāl en.*

이 몸뚱이는 '나'라고 말하지 않고, "잠 속에서는
'나'가 없다"고 아무도 말하지 않네. '나' 하나가
일어나면 일체가 일어나니, 이 '나'가 어디서
일어나는지 예리한 마음으로 살펴보면, (그것은) 슬며시 사라진다네.

**의미:** 이 몸은 '나'라고 말하지 않을 것이다. "잠자고 있을 때 '나'는 없

었다"라고는 누구도 말하지 않는다. '나'라는 하나의 의식이 일어난 뒤에 세계와 모든 것이 일어난다. 이 '나'가 어디 있다가 일어나는가 하고 미세한 지성으로 탐색하라.

**주석:** '나'라는 말은 오직 **진아**를 가리킨다. 그 '나'는 **진아**의 참된 형상일 뿐이다. 그것이 마음과 결합하여 에고로 줄어들면 하찮은 것처럼 생각된다. 실은 그것은 끊임이 없는 **존재-의식**일 뿐인데 말이다. 이와 같이 그것이 줄어들어 나타나 개아로 여겨지기 때문에, 개아를 **하느님**의 일부분이라고 말할 때가 있다. 실은 그 끊임이 없는 **물건**은 부분들로 분리된 적이 없다.

이 '나'라는 의식이 있다는 것 때문에 '자기'라는 한 물건이 있다는 것을 모르는 사람은 아무도 없다. 그러나 그 '나'는 마음의 상상에 의해 나타나는 몸과 하나인 것처럼—구분할 수 없는 것으로—인식된다. 이 그릇된 앎을 덧씌움(*adhyāsa*)이라고 부른다. 덧씌움에 의해 **진아**의 의식(*chaitanya*)이—**의식**의 빛이—몸과 결합되고, 몸 등의 결함들이 **진아**와 결부되며, 그 둘 사이에서 하나의 상상물이 생겨난다. 이것 자체가 개아이다. 이것 외에는 개아라고 불리는 것이 없다고 다음 연에서 설명한다.

**바가반**은 여기서 "우리가 몸인가?"라는 것이 첫 번째 물음이고, "우리는 몸이 아니다"라는 것이 사리에 부합한다는 것을 보여준다. 이에 대해 두 가지 논변이 설해진다. 몸은 지각력 없는 것으로서 존재하므로, 의식은 그것이 본래 가진 것이 아니라 연관에 의해 (진아로부터) 온 것이다. 이것이 한 가지 논변이고, 두 번째 논변은 몸이 없는 깊은 잠 속에서도[몸에 대한 의식이 없을 때에도] 우리가 존재한다는 것이다. 누구도 "잠 속에서는 내가 없었다"고 말하지 않는다. 잠을 자기 전과 후에 존재하는 것으로 판정되는 '나'가 그 사이(잠 속)에서는 존재하지 않고 사라지는가? 잠 속에서도 '나'가 있다고 하는 것의 증거는 모든 사람이 "나는 행복하게 잠을 잤다"고 잠의 행복 형상을 기억한다는 것 자체이다. 한 번이라도 이것을 경험한 사람은 그것을 기억할 수 있다. 더욱이 잠자기 전에 시작하여 마무리하지 못한 일들을, 깨고 나면 멈추었던 데로 다시 돌아가서 시작한다. 어떤 사람이 잠자리에 들었던 바로 그 사람이 깨어나고 (앞서의) 그 경험적 행위로 돌아가서 계속한다. 벤까따라만이 잠자리에 들어 고빨라 크리슈나라는 다른 사람으로 깨어나는 것이 아니다. 이로써 잠 속에서는 '나'라는 의식이 아주 미세하게 가라앉아 있다는 것이 분명하다.

따라서 잠 속에서도 우리가 존재했다는 것이 증명된다. 잠 속에서는 몸이 없기 때문에 우리가 존재하지 않는 것 같아도, 우리가 몸이 아니라는 사실이 확실히 입증된다. 바로 이 진리를 **바가반**은 "몸은 질그릇처럼 지각력이 없어(*dēham gadam nihar jadam*)"라고 하는 「보유」 제10연에서 설한다.

이 '나'가 잠잘 때는 마음과 세계를 자신 속으로 해소시키고 자신도 가라앉는다. 깨어날 때는 마음과 세계를 도로 펼쳐낸다. 이렇게 하여 이 '나'야말로 세계의 근원이자 씨앗으로 존재함을 분명히 보여준다.

**바가반**은 말한다. 이 세계 만물이 출현하는 근본 원인인 "이 '나'의 근원은 무엇인가?" 하고 탐구하여 (우리 자신의) 진리를 깨달아야 한다고. 이것이 바로 **자기탐구**이다.

* * *

**해설**: 앞에서 말한 덧씌움에 의해 창조된 거짓된 개아라는 사람은 궁극의 원리에서는 실재가 아니라는 의미가 여기서 설명된다.

24. jadavudanā nennādu saccit tudiyā
    dudalalavā nānon drudikku — midaiyilitu
    cicjadakgi ranthibandhañ jīvanutpa meyyahandai

yiccamu sāramana men.

[풀어쓰기] *jada udal 'nān' ennādu; sat-cittu udiyātu; udal alavā 'nan' ondru udikkum idaiyil itu cit jada giranthi, bandham, jīvan, nutpamey, ahandai, ic camusāram, manam, en.*

지각력 없는 몸은 '나'라고 말하지 않고, **존재-의식**은 일어나지 않네.
몸의 범위 안에서 '나'라는 어떤 것이 이들 사이에서 일어난다네.
이 **의식**과 몸 사이의 매듭이 속박이고 개아이며,
미세신이고 에고라네. 이것이 윤회이고 마음임을 알라.

**의미:** 지각력이 없는 몸은 '나'라고 자부하지 않고 **존재**이자 **의식**인 **지고자**는 일어나지 않는데, 이 둘 사이에서 몸의 범위 안에서 에고의 형상인 어떤 것이 일어나니 이것 자체가 의식과 몸 사이의 매듭(*chit-jada-granthi*), 속박, 개아, 미세신, 에고, 이 윤회계(*samsara*), 마음, 이런 모든 것이다.

**주석:** 지각력 없는 몸은 '나'가 아니라는 것은 이미 말했다. 그렇다면 '나'라는 것은 무엇인가? '나'라는 의식이 일어나고, 다시 가라앉는다. 잠에서 깨어날 때는 일어나고, 다시 잠이 들 때는 가라앉는다. **존재-의식**인 **진아**는 일어나지도 가라앉지도 않는다는 것이 **진인**들의 체험이다. 따라서 이 '나'는 몸이 아니고, 순수한 **존재-의식**인 참된 **진아**도 아니다. "그러면 이것은 무엇이냐?"라고 묻는다면, "몸의 범위 안에서 '나'라는 어떤 것이 이들 사이에서 일어난다(*udal alavā 'nan' ondru udikkum idaiyil*)"라는 것이 그 답변이다.

'나'라는 **진아**의 **의식**(*chaitanya*)의 빛은 늘 있는 것인데, 그것과 겉모습인 지각력 없는 형상(즉, 몸)을 구별 없이 한데 결합함으로써 '개아'인 '나'라는 것이 창조된다. **진아**의 **의식**인 **본래성품**을 몸에 덧씌우고, 몸의 결함들을 **진아**에 덧씌움으로써—서로 다른 이 둘을 하나라고 생각함으로써—하나의 창조물인 사람이 나타나는 것이다.

그래서 이 사람에게는 독자적인 어떤 형상이 없다는 것이 분명하다. 이로써 이 사람은 의식과 몸 사이의 매듭—의식인 진아와 지각력 없는 몸 사이에서 창조된 매듭—이라고 말해진다. 이와 같이 결합되어 매듭이 지어진 것처럼, 진아와 몸이 하나인 것처럼 생각되는 것이다. 위에서 말한 덧씌움이 바로 이것이다. 이것이 무지이다. 실은 진아와 몸은 전혀 별개이다. 몸은 지각력이 없고, (의식인) 진아는 지知의 참된 형상이다. 몸은 비실재이고 진아는 실재여서, 이 둘은 실제로 하나가 아니다. 따라서 이 매듭은 거짓된 것이고, 그래서 진아는 조금도 방해받지 않는다.

이것 말고는 개아라고 할 어떤 개체가 지각되지 않으므로, 바로 이것을 개아라고 하는 것이다. 그래서 개아는 세계와 마찬가지로 환적이다.

개아에게는 찌다브하사(*chidābhāsa*)라는 이름도 있다. 찌다브하사란 '반사된 의식', 곧 의식처럼 보이지만 거짓되게 나타나 보이는 자라는 의미이다. 그는 실재하지 않으므로, 실재하는 개아(영혼)는 지고자뿐이다. 그래서 바가반은 "세계라는 짐을 신이 져 주는데(*buparam tanga irai*)"로 시작하는 「보유」, 제17연에서 그를 "가짜 영혼(*poli uyir*)"이라고 지칭한다.

윤회(*samsāra*)의 근본인 마음은 이것(가짜 영혼)이 확장된 것일 뿐이다. 따라서 이것 자체가 마음이라고 불린다.[19] 마음 자체가 윤회가 일어나는 토대이므로, 이것 자체가 윤회라고도 불린다.

마음 자체가 미세한 몸—'미세신(*sukshma deha*)'—이므로, 이것(가짜 영혼)을 미세한 몸이라고도 한다.

바로 이것이 속박되어 윤회를 겪으면서 출현한 것이므로, "속박된 자는 누구인가?"라고 물으면 이 찌다브하사라고 말해야 할 것이다. 그래서 속박도 이것 자체일 뿐이다. 속박이라는 것은 마음 속의 한 생각일 뿐이

19) "생각이야말로 마음(*ennangale manam*)"이라고 하는 「가르침의 핵심(*Upadesa Undiyar*)」 제18연에서는 "나—에고—가 마음이라네(*yānām manam enal*)"라고 말하고 있다. 에고야말로 마음이라는 의미이다.

지 않은가? 마음이 없을 때는 누구에게 속박이 있는가?

이것의 참된 형상은 "나는 이 몸 아니면 마음이다"로서 일어나는 에고일 뿐이다. 따라서 이것은 에고라고도 불린다.

일반적으로 무지의 결과로서 생겨나는 모든 부정적인 것들—비진실, 비非다르마(*adharma*), 나쁜 욕망, 슬픔, 갈망, 지옥, 비일관성, 절도, 살인, 죽음, 무지함 등 모든 것—은 이 에고일 뿐이라고 **바가반**은 설한다. 이 연에서는 분량의 제약 때문에 그것들이 다 나열되지 못했다. 하지만 윤회라는 용어에 그 모든 것이 포함된다. 이와 상반되게 "보시, 고행, 희생제"로 시작되는 「보유」 제13연에서는, 좋은 것이라고 이야기되는 모든 것은 '몸이 나라는 관념'이 없는 것, 곧 에고의 소멸이라고 불리는 것에서 나온다는 이 취지가 잘 설명된다.

* * *

**해설:** 개아라는 에고가 실재한다면, 그것이 깊은 잠 속에서도 나타나야 한다. 그러지 않고 생시와 꿈 속에서 세계라는 겉모습에 포함되는 어떤 몸을 붙들면서 나타나기 때문에, 그것은 환적이다. 그러나 그것의 진리가 무엇인지를 추구하여 탐구하지 않는 한, 그것은 윤회적 삶을 확장시켜 나갈 것이라는 취지를, **바가반**은 다음 연에서 설한다.

25. uruppatri yundā muruppatri nirku
    muruppatri yundumiha vōngu — muruvit
    turuppatrun tēdinā lōttam pidikku
    muruvatra pēyahandai yōr.

[풀어쓰기] *uru patri undām uru patri nirkum: uru patri undu, miha ōngum; uru vittu uru patrum; tēdināl ōttam pidikkum; uru atra pēy, ahandai, ōr.*

형상을 붙들면서 생겨나고 형상을 붙들면서 머무르며,
형상을 붙들고 먹으면서 더 커지네. 한 형상을 놓으면서
다른 형상을 붙들지만, 찾아보면 그것은 달아나 버리네.
형상 없는 (이) 유령 같은 에고가 이러함을 알라.

**의미:** 그 자신의 독자적인 어떤 형상도 없는 유령 같은 이 에고는 몸이라는 형상을 붙듦으로써만 생겨난다. 그 형상을 피난처로 삼아 확고히 자리 잡고, 그 형상을—즉, 몸을—붙들고, 음식으로 나타나는 감각대상들을 잡아먹고 커지며, (그 몸이 죽게 되면) 한 몸을 버리고 다른 하나를 붙든다. 이것의 진리가 무엇인가? 하고 내면에서 탐구하면, 이것은 남아 있지 못하고 달아난다.

**주석:** 이 에고의 탄생·유지·성장—이 모든 것이 몸인 형상을 붙듦으로써만 가능한 일이다. 형상이 없으면 그것이 결코 일어날 수 없고, 존재할 수도 없다. 형상을 버릴 때가 되면 다른 한 형상을 '나'라고 붙들면서 앞서의 형상을 버린다. 따라서 이러한 에고를 뿌리 뽑아 소멸하지 않는 한 탄생과 죽음이 번갈아드는 이 윤회가 멈추지 않는다.

윤회가 종식되고 에고가 소멸되게 하는 단 하나의 수단이 있다. 그것은 에고의 진리를, 혹은 근원을 추구하는 **자기탐구**이다.

실은 이 에고는 "형상 없는 유령(*uruvatra pēy*)"이라고 **바가반**은 말한다. 그것은 마음의 창조물이라는 뜻이다. 에고-마음은 무수한 향유원습享有原習(*bhoga-vasanas*)[20]으로 가득하기 때문에, 몸이 어떤 독극물이나 다른 수단에 의해 불의의 죽음을 맞게 되면 이 에고-마음은 다른 몸을 붙들지 않아서 유령으로 머무르게 되고, 다른 사람의 몸 안에 들어가 빙의憑依될 수 있다. 그와 같이 들어가는 이 유령과 앞서 존재하던 에고라는 유령 사이에는 아무 차이가 없다.

20) *T.* 다생에 누적된 업으로 인해 금생에 경험하게 되어 있는 것들.

이따금 에고가 붙들 몸이 없으면 머무를 수 없는가라고 한다면, 그것이 붙드는 몸이 조대신뿐이어야 한다고 말할 수는 없다. 미세신을 붙들 때도 있다. 지옥(*naraka loka*)에서는 거주지에 따라 고통의 몸(*yātana deha*)을, 천상天上 등의 세계에서는 '향유육신享有肉身(*bhoga adivahika deha*)'들 중 하나를 붙드는 에고가 있을 것이다. 이 두 가지 몸은 미세신이 변화된 것들이다.[21)]

이러한 에고의 성품이 어떤 종류의 것인지를 설명하기 위해 **바가반**이 설하는 비유가 하나 있다. 그것은 '신랑의 친구' 비유이다. 한 결혼식에서 어떤 사람이 자기가 신랑의 친구라고 말하여, 그에 상응한 대접을 받는 즐거움을 누렸다. 이 사람이 누구인지는 아무도 분명하게 알지 못했다. 그가 누구인지 탐색하지 않는 동안은 그가 즐겁게 머물러 있었다. 탐색이 시작된 순간, 그는 말 한 마디 없이 사라져 버렸다. 그와 같이 탐구를 하지 않는 한 에고가 지배하지만, 탐구를 하면 그것이 줄행랑을 놓는다고 말하는 것이 적절하다.

*　　*　　*

**해설:** 이 에고를 뿌리로 삼아 일어나는 세계라는 겉모습은, 에고를 소멸하는 수단인 **자기탐구**에 의한 **진아체험**이 일어날 때 에고와 함께 소멸한다는 취지가 이 연에서 설명된다.

26. ahandaiyun dāyi nanaittumun dāhu
    mahandaiyin drēlin dranaittu — mahandaiyē
    yāvumā mādalāl yādidendru nādalē
    yōvudal yāvumena vōr.

---

21) *T.* '고통의 몸'은 악인이 지옥고를 경험하는 몸으로, 육신을 벗으면 이내 얻는다고 한다. '향유육신'은 여러 천상계의 복락을 향유하는 몸으로, 천상계의 종류에 따라 다를 수 있다. 미세한 몸이라고 해도, 그 세계에서는 하나의 육신처럼 느껴질 것이다.

[풀어쓰기] *ahandai undāyin anaittum undāhum; ahandai indrēl, indru anaittum; ahandaiyē yāvum ām; ādalāl 'yādu idu', endru nādalē ōvudal yāvum ena ōr.*

에고가 생겨나면 모든 것이 생겨나고,
에고가 없으면 모든 것이 없다네. 에고야말로
모든 것이므로, "이것이 무엇인가?" 하고 살펴보는 것이야말로
모든 것을 놓아 버리는 것임을 알라.

**의미:** 에고가 일어날 때 모든 것이 출현하고, 에고가 없을 때 모든 것이 사라져 없어진다. 그래서 에고야말로 모든 것이다. 따라서 "이 에고의 진리는 무엇인가?" 하고 탐구하는 것이야말로 모든 것을 내버리는 것이다.

**주석:** 여기서 주목할 것은 "에고야말로 모든 것(*ahandaiye yavum am*)"이라는 가르침이다. 에고 속에 모든 것이 포함되어 있다는 것이다. **탐구**에 의해서 에고가 소멸하면 모든 것이 나타나지 않고 끝난다는 것이 결론이다. 바로 이런 의미를 확인해 주는 몇 개 연이 「보유」에 나오니, 그 연들을 보라. 이것 자체가 **해탈**의 진리인 **포기**(*turavu*)이다.

본 장의 핵심은 이것이다. 즉, **진아체험**이야말로 (참된) **지**知인 **해탈**의 상태인데, 그것을 위한 수행은 내면을 향하여 **자기**(*Atma*)를 탐구하는 것이다. 그러나 그 **탐구**의 장애물로서 마음의 생각들이 일어나 마음을 바깥으로 향하게 만들어 버리므로, 세계가 실재한다는 그릇된 믿음 자체가 그 장애의 원인이 된다. 세계가 어떤 의미에서는 실재하지만, 우리는 그런 의미에서 그것을 실재한다고 하지 않고 세계의 거짓된 이름과 형상 등 차별상들을 실재한다고 여기기 때문에, 그런 것들에 의해 **실재**인 **진아**가 은폐되고 만다. 세계의 거짓된 부분을 거짓이라고 분명하게 알아야 한다는 것이 아주 중요하다. 우리는 **진아체험**을 넘치게 가지신 **바가반**의 가르침에 따라, 세계의 이름과 형상들, 이원자와 3요소들, 시간과 공간

등 모든 차별상은 마음의 창조물이며, 마음인 생각들은 에고를 뿌리로 삼고 있고, 그래서 모든 것은 에고가 확장된 것일 뿐 달리 무엇도 아니라는 분별지를 가지고 저 **자기탐구**라는 수행에 들어가야 한다. 이런 의미 전체가 본 장의 이 마지막 연에 모두 포함되어 있다.

*　　　*　　　*

## **탐구 장**(*Vicāra Adhyāyam*)

이 장은 분량이 아주 적지만 여기에 포함된 가르침이야말로 이 저작의 핵심이라고 할 만하다.

여기서 '**탐구**(*Vicāra*)'라는 단어는 특별한 의미 연관성을 갖는다. 일반적으로 '*Vicāra*'라고 하면 '탐색' 또는 '탐구'라는 의미이다. 이런 의미에서 '*Vicāra*'는 지적 논변 기타 추론적 수단들과 전해 들은 말을 통해서 어떤 사물이나 사건의 진실을 간접적으로 판정하기 위해 하는 조사이다. **진아**라는 것은 간접지가 아니며, 간접지로는 그것을 알 수 없다. 그것을 두고 간접적 추론을 해서는 소득이 없다는 것은 앞에서 이미 보았다. 그런 방식의 탐구는 별개이다. 여기서 **바가반**이 설하는 **탐구**는 다르다. **아뜨마-스와루빠**(*Ātma-svarūpa*) 체험에 대한 열망으로 마음을 일념집중이 되게 하고—내면을 향한 시선 속에 자리 잡고—**아뜨마-스와루빠**의 진리를 탐구하면서 머무르는 것만이 **바가반**이 설하는 '**탐구**'이다.

**해설:** 에고로부터 확장되어 나온 세계 자체가 **진아**의 **존재-의식**인 참된 형상(*svarūpa*)을 빛나지 못하게 은폐하므로, 에고를 소멸하는 **탐구**라는 수행이야말로 **진아체험**을 얻기 위한 수단이라는 뜻을, **바가반**이 여기서 가르친다.

27. nānudiyā dullanilai nāmaduvā yullanilai
    nānudikkun tānamadai nādāma – nānudiyāt
    tannizhappaic cārvadevan cārāmat trānaduvān
    tannilaiyi nirpadevan cātru.

[풀어쓰기] *'nān' udiyādu ulla nilai, nām aduvāy ulla nilai. 'nān' udikkum tānamadai nādāmal, 'nān' udiyāt tan izhappaic cārvadu evan? cārāmal tān adu ām tan nilaiyil nirpadu evan? cātru.*

'나'가 일어나지 않고 존재하는 상태가 우리가 **그것**으로 존재하는 상태라네.
'나'가 일어나는 근원 자리를 탐색하지 않고서 '나'가 일어나지 않는
자기소멸을 어떻게 성취하며, (그것을) 얻지 않고서 자기가 **그것**인
자신의 (참된) 상태 안에 어떻게 머무를 수 있겠는지, 말해 보라.

**의미:** '나'라고 하는 "몸이 나다"라는 관념이 일어나지 않고 있는 상태야말로 우리가 저 **존재-의식**으로 있는 상태이다. 이 '나'가 어떤 장소에 있다가 일어나는지 그 장소를 탐색해 보지 않는다면, '나'라는 것이 일어나지 않는 개아-성품의 소멸을 얻는 것이 어떻게 가능하겠는가? 그렇게 해서 개아-성품이 소멸되지 않는 한, 자기가 **그것**으로 머무르는 자신의 **진리** 상태에서 그 상태로 머무르는 것이 어떻게 가능하겠는가?

**주석:** "'나'가 일어나지 않고 존재하는 상태가 우리가 **그것**으로 존재하는 상태"라는 문장은, 이에 대해 이제까지 나온 가르침 전체를 요약하여 서술한 것이다. '나'라는 에고가 일어나면 그것으로부터 모든 것이 일어나는데, 그 모든 것인 개아·**이스와라**·세계가 **진아**의 진리를 은폐하기 때문에, **진아**가 은폐되지 않은 상태는 그 '나'(에고)가 일어나지 않고 있는 평안의 상태라는 것이 결론이다.

우리는 언제나 **그것**으로서—**브라만**으로서—머무르고 있지만, 에고의 확장인 세계라는 겉모습 때문에 **그것**이 빛나지 못하고 있다. 꿈속에서와 생시에는 '나'라는 것이 에고로서 일어나 **진아**를 거짓된 것으로 보이게 만든다. 잠 속에서는 에고가 종자 형태로 무지 속에 가라앉아 있다. 이 세 가지 상태가 세간적 삶(*samsara*)이다. 이것들의 토대인 무지가 없는 것이 **뚜리야**(*Turīya*)라는 상태이다. 이것이야말로 **진리**의 상태이고, 다른 세 가지는 실재하지 않는다고, **바가반**은 「보유」[제32연]에서 설한다. 여기서는 이 **뚜리야** 상태만이 설해진다.

그 뒤에 '이 상태는 이러하다'고 생각하거나 묘사하는 것이 불가능하다는 취지가 설해진다. 이것은 "이건 아니다, 이건 아니다(*nā ithi, nā ithi*)"라고만 묘사할 수 있다. **다끄쉬나무르띠**(Dakshinamurti)로서의 **하느님**(시바)이 사나까(Sanaka) 등에게 나타나서 이것을 **침묵**을 통해 드러냈다는 뜻이 바로 이것이다. 무지의 상태 속에 있는 모든 경험들은—천상계에 거주하는 것을 포함하여—이것(뚜리야)에 필적하지 못한다. 그 상태들과 저 **뚜리야**의 차이를 통해 그것을 어떤 식으로든 알려고 한다면, 그것은 "'나'가 일어나지 않고 존재하는 상태"라는 것이 된다. 이 **물건**이 어떤 것이냐고 하면, 에고에서 확장되는 마음과, 욕망 등의 결함, 세계들, 이런 것들이 그 안에는 없다고 하는 것이다. 이것이 공空이 아니라는 것은 앞에서도 말했으므로, 이것은 완전하고 순수한 **스와루빠**(참된 형상 또는 성품)라는 것이 분명해진다.

이 에고가 일어나지 않고 가라앉는 것은 어떤 때인가? 에고가 일어나지 않게 가라앉히는 것은 어떻게 가능한가? 이런 물음들에 대한 답변은 "'나'가 일어나는 **근원**을 탐색하지 않고서 '나'가 일어나지 않는 자기소멸을 어떻게 성취하나?(*nān udikkum tānamadai nādāmal, nān udiyāt tan izhappaic cārvadu evan?*)"라는 것이다. 마음이 안으로 향해져서 에고의 **근원** 자리인 **심장**을—즉, **진아**를—탐구하지 않는 한, 에고가 일어나고 확장되어 우리가 저 **뚜리야** 상태를 얻지 못하게 방해할 것이다.

이와 같이 에고가 일어나지 못하게 하지 않는 한 우리는 저 **뚜리야** 상태를 얻지 못한다는 의미를, 저 근본 자리를 마음이 "얻지 않고서 자기가 **그것**인 자신의 상태 안에 어떻게 머무를 수 있겠는가?(*cārāmal tān adu ām tan nilaiyil nirpadu evan?*)"라고 설한다.

"자기가 그것인 자신의 상태(*tān adu ām tan nilai*)"라고 하면, 저 **뚜리야**야말로 우리의 **본래성품**의 **상태**(*Svabhava-sthiti*)라는 것이 분명해진다. "자신의 상태"라는 것을 산스크리트어로 '사하자 스티띠(*Sahaja-sthiti*-본연상태)'라고 부른다.

"자기소멸(*tan izhappu*)"이라는 것은 개아-성품이 제거되어 사라지는 것이다. 이것은 "태어나는 것은 누구인가? 자신의 근원인 브라만 안에서(*pirandadu evan tan birammamulatte*)"로 시작하는 「보유」 제11연에서 참된 '태어남'이라고 한 것과, "보시, 고행, 희생제(*danam, tavam, velvi*)"로 시작하는 제13연에서 "죽음 없는 죽음"이라고 한 데서도 설해진다.

여기서 언급되는 수행을 통해 마음은 심장 속으로 가라앉고 거기서 소멸된다. 심멸心滅(*nāsa*-마음소멸)이 곧 뚜리야 상태이고, 심잠心潛(*laya*-마음침잠)[마음이 일시적으로 정지되는 것]은 뚜리야 상태에 이르는 수단이 될 수 없다. 잠, 혼수상태, 하타 요가의 무드라(*mudras*), 이런 것들에 의해 얻어지는 것이 심잠心潛이다. 잠에 의해 어떻게 뚜리야 상태가 오겠는가? 그 외에 다른 심잠(*manolaya*) 행법들에 의해서도 그 상태는 오지 않는다. 따라서 요가의 무드라에 의해 심잠을 얻는 사람들은 그 상태에서 깨어난 뒤에도 그 전과 같은 무지인으로 남을 뿐이다. 깨어나는 즉시 마음이 안으로 향해져서 근원 자리에 합일되어야 한다. 다음에서 이야기되는 마음의 결의만이 이렇게 할 수 있는 수단이다.

* * *

**해설:** 바가반은 여기서 "나가 일어나는 근원 자리를" 탐구한다고 표현되는 수행법을 비유와 함께 설명한다.

28. ezhumbu mahandai yezhumidattai nīril
    vizhunda porulkāna vēndi — muzhuhudalpōr
    kūrndamati yārpēccu mūccadakkik kondullē
    yāzhndariya vēndu mari.

[풀어쓰기] *ezhumbum ahandai ezhum idattai, nīril vizhunda porul kānavēndi muzhuhudalpōl kūrnda matiyāl pēccu mūccu adakkik-kondu, ullē āzhndu ariyavēndum, ari.*

일어나는 에고의 그 일어나는 곳을, 마치 물에
빠진 물건을 찾기 위해 (물속으로) 들어가듯이
예리한 마음으로 말과 호흡을 제어하면서 내면으로
뛰어들어, 알아내야 한다는 것을 알라.

**의미 :** 물에 빠진 물건을 건져내기 위해 말과 호흡을 제어하면서 물속으로 들어가듯이, '나'라고 일어나는 에고가 어디에 있으면서 일어나는지 그 **근원**을 발견해야겠다는 확고함을 가지고, 말과 호흡을 제어하면서 일념집중된 마음으로 **심장** 속으로 뛰어들어, 그것을 알아내야 한다.

**주석 :** "에고의 그 일어나는 곳은 어디인가?"라는 탐색 속에서 마음을 일념으로 집중하여 내면으로—'안으로 향하기'로서—뛰어드는 것만이 여기서 수행으로 설명된다.

"내면으로 뛰어들어(*ullē āzhndu*)"라는 말로써 **심장**이라는 하나의 장소를 **진아**의 처소로서 이야기한 것은, 마음이 **진아**를 바라보며 안으로 향해야 한다는 취지일 뿐이다. 안으로 향하기(*antarmukham*)라는 것은 마음이 밖으로 향하기를 포기하고 수행 속에서 하나(일념집중 상태)가 되게 하는 것이다. 실은 **진아**에게 처소로서의 **심장**이라는 것은 전혀 없다. **진아** 자체가 **심장**이라고 이야기된다.

여기서 말하는 탐구 자체가 마음이 깨어 있으면서 **진아** 속으로 가라앉기 위한 수단이다. 그런데 탐구를 하는 도중에 잠이 오면 탐구가 소득이 없게 된다. 잠에 빠져 있으면 **지**知가 생겨날 수 없다.

마음이 몸을 위시한 모든 대상들을 포기하는 것만이 '안으로 향하기'이다. 이 대상들을 포기함으로써 생기生氣(*prana*)라는 것, 곧 호흡의 힘이 몸을 떠나 마음과 하나가 되게 해야 한다. 이런 의미를 "말과 호흡을 제어하면서(*pēccu mūccu adakkikkondu*)"라는 말로 표현하고 있다.

호흡을 제어하기 위해 조식調息(*pranayama*)이라는 행법이 필요하다는 것은 아니다. **바가반**이 여기서 설하는 것은 이렇다. 즉, 마음이 "**진아**의 진리를 발견해야겠다"는 결의를 가지고 있으면 호흡이 저절로 제어된다는 것이다. 이는 「보유」에서 『요가 바시슈타』에 있는 것을 번역해 끼워 넣은 **심장**에 관한 연들 중에서 "따라서 **의식**의 성품인 순수한 **심장** 안에(*adalinal arivumayam am sudda idayatte*)"로 시작하는 마지막 연(제24연)에서 이야기된다. 호흡제어를 위해 **바가반**이 설하시는 방편이 하나 있다. 그것은 호흡의 흐름을 자연스럽게 내버려두고 그것을 주시하는 것이다. 이렇게 하면 마음이 그것을 주시하는 것에 의해 호흡이 저절로 고요해져서 가라앉아 버린다. 이에 대한 비유로 "물에 빠진 물건을 찾기 위해 들어가는" 잠수처럼, 마음을 일념집중시켜 자신의 모든 힘을 다해 **아뜨마-스와루빠**가 있는 **심장** 속으로 뛰어들어야 한다.

진주를 캐는 사람이 돌 하나를 묶어 달고 물속으로 가라앉는 것처럼, 수행자도 무욕이라는 돌을 묶어 달고 내면으로 가라앉아야 한다고 **바가반**은 말씀하신다.

일념집중, 무욕—이런 것들은 마음을 강화시킨다. 실은 이것들은 둘이 아니라 하나일 뿐이다. 마음은 갖가지 생각들로 인해 분산되고 힘이 약해져서, **진아**를 탐구하여 (심장에) 도달할 힘이 없다. 무욕과 **진아체험**이라는 소득을 열망하는 마음만이 (그 체험을 얻을) 힘이 있다. "힘이 약한 사람은 이 **진아**를 얻지 못한다(*nāyam ātma balahīnena labhyo*)"[1]고 **우파니샤드**의 한 대목은 선언한다. 무욕과 (진아체험에의) 열망으로서의 헌신을 가진 수행자가 '**디라**(*dhīra*)'[대장부]로 불린다. 여기서 '디라(*dhīra*)'라는 것이 무엇인지

1) *T.* 『문다까 우파니샤드(*Mundaka Upanishad*)』, 3.2.4.

를 바가반이 설명하신 바 있다. '디(*dhī*)'라는 것은 붓디(*buddhi*), 곧 지성이고, '라(*ra*)'라는 것은 그 지성의 힘이 (다양한) 대상들 속에서 소진되지 않도록 보호하고 보존하는 것이다. 바가반은 "진아를 스스로 보는 데 이것 외에 달리 어떤 용기가 필요한가?"라고 하신다(244쪽 참조).

마음이 수행에 꾸준히 머물러 있으면 내면에 있는 어떤 힘이 일어나서 마음을 장악하고, 그것을 심장 속으로 끌어넣어 합일시켜 버린다고 바가반은 말씀하신다.

상근기인 사람들은 이 힘을 만나면 자신을 그것에 맡겨 버린다. 다른 사람들은 이 힘이 일어나면 그것에 순복하지 않고 마음이 밖으로 달아난다. 따라서 헌신·무욕·분별(*viveka*)로써 마음을 적합한 근기로 만드는 것이 필요하다.

이 수행에 대해 바가반은 또 하나의 비유를 말씀하신다. "개 한 마리가 자기 주인과 떨어져 길을 잃으면, 다시 그에게 돌아가야겠다는 일념으로 그의 발자국 냄새를 붙들고 따라가서 그가 있는 곳에 이르듯이, 수행자도 진아의 작은 빛인 '나'라는 의식을 붙들어 진아에 도달한다"는 것이 그것이다(174쪽 참조).

여기서 말하는 확고함[진아에 도달하려는 확고한 결의]인 헌신이야말로 이러한 수행의 생명이라고 할 수 있다. 바가반은 헌신이야말로 진아체험을 안겨준다고 하는 것을 "비슈누를 위시한 모든 이들의(*ariyādi idara jīvara*)"라고 하는 한 별시別詩[2])에서 설하고 있다. 거기서는 "사랑으로(*parival*)", 즉 헌신으로 마음이 녹고, 그렇게 해서 (마음이) 심장에 합일되면 지知의 눈이 떠지며, 그렇게 해서 진아체험이 생겨난다고 이야기한다.

* * *

2) *T.* '아루나찰라 라마나'라는 제목의 시이다. 217쪽의 각주 참조.

**해설**: 바로 여기서 말하는 **심장** 속으로 뛰어드는 (직접적) 방편을 버리고, 마음으로써 하는 명상 등의 그런 행법으로 **해탈**의 상태를 얻을 수 있을 거라고 생각하는 것은 잘못이다. 어떤 사람들은 '소함(*Soham*)'['그것이 나다] 관법의 일여내관—如內觀(*nidhidhyāsana*)—끊임없는 명상—을 그 행법으로 삼는다. 그것의 적합성 정도를 **바가반**은 다음 연에서 설명한다.

29. nānendru vāyā navilādul lāzhmanattā
nānendren gundumena nādudalē — jñānaneri
yāmandri yandridunā nāmaduven drunnarunai
yāmaduvi cāramā mā.

[풀어쓰기] *'nān' endru vāyāl navilādu, ul āzhmanattāl 'nān' endru engu undum ena nādudalē jñānaneri ām andri, 'andru idu, nān ām adu' endru unnal tunai ām; adu vicāram āmā?*

'나'라고 입으로 말함이 없이, 내면으로 뛰어드는 마음으로
'나'가 어디서 일어나는지 탐색하는 것만이 **지**知의 길이네.
그러지 않고 "이건 내가 아니다. 나는 **그것**이다"라고 생각하는 것은
**탐구**의 보조방편이네. 그것이 (올바른) **탐구**인가?

**의미**: '나'라고 입으로 말함이 없이 마음을 가지고 내면으로 뛰어들어 '나'라는 의식이 어디에 있다가 일어나는지를 탐구하는 것만이 **진아체험**인 **지**知를 얻는 수행이다. "이 몸은 '나'가 아니고, 저 **브라만**이 '나'다"라고 명상하는 것이 저 수행(자기탐구)에 보조방편이기는 하지만, 그 명상 자체가 **탐구**(자기탐구)라는 직접적인 수행이겠는가?

**주석**: 고대의 **베단타** 경전들에서 말하는 수행방식은 (자기탐구와는) 달랐던 것으로 보인다. 그 경전들은 청문(*sravana*)·성찰(*manana*)·일여내관(*nidhidhyāsana*)의 세 가지로써 **지**知가 생겨난다고 말한다. '청문'이라는 것은 스승이 직접 "그대가 **그것**이다(*Tat tvam asi*)"라고 하는 큰 말씀(*mahāvākya*)

을 그 의미와 함께 듣는 것이다. '성찰'이라는 것은 그 큰 말씀대로 "나는 실로 **브라만**이다"라고 추론을 통해 확신하는 것이다. '일여내관'이라는 것은 그런 의미를 끊임없이 명상하는 것이다. 이렇게 하여 부절상不絶相(*akhandākāra vritti*)이 생겨나며, 그리하여 무지가 소멸하고 **지**知가 빛을 발한다고 이야기된다. 이런 수행은 마음에 의한 것이고, '명상하는 사람, 명상의 대상, 명상하기'라는 3요소가 있다. 마음을 깨어 있게 하고 평안하게 하는 것이 **탐구**의 의도이다. 따라서 일여내관은 직접적 수단이 아니고, 직접적 수단인 것은 **탐구**이다. 그 **탐구**의 보조방편이자 예비단계 수행으로서는 이것이 도움이 될 수 있다는 것이 **바가반**의 취지이다.

**바가반**은 더 나아가 여기서 직접적인 수행을 묘사하여, "'나'라고 입으로 말하지 않고, 내면으로 뛰어드는 마음으로 '나'가 어디서 일어나는지 탐색하는 것(*nān endru vāyāl navilādu, ul āzhmanattāl nān endru engu undum ena nādudal*)"이라고 했는데, 이는 말의 침묵과 마음의 침묵, 이 두 가지와 함께 내면으로 가라앉는 마음으로써 에고의 의식 부분인 '나'라는 것의 **근원**이 무엇인지를 탐색하는 것만이 직접적인 **지**知를 얻는 수단이라는 뜻이다. 명상은 마음이 하는 일일 뿐더러 그것은 마음의 침묵이 아니다. 그래서 마음이 **심장** 속으로 가라앉지 못한다.

**탐구**의 목표는 마음의 소멸이다. 이것은 명상을 통해 오지 않는다. 아무리 오랜 기간 명상수행을 해도 심멸心滅이 일어나지는 않는다.[3] 마음은 명상이라는 행위를 하는 것 자체로 오랜 기간 살아 있게 된다.

**탐구**의 생명은, '나'라는 것이 거기 있다가 일어난다고 하는 그 **근원**을 알아야겠다는 마음의 결의이다. 그것이 이 명상에는 없다. (탐구자에게는)

---

3) *T.* 이것은 **붓다**가 '비상비비상처정'에 이른 깊은 명상력으로 6년이나 고행을 하고도 **완전한 깨달음**을 얻지 못했다는 사실을 고려할 때 수긍할 만하다. 결국 **붓다**는 방법을 바꾸어, 미세한 에고, 즉 마음 자체를 소멸하는 **자기탐구**를 통해 대각을 성취했다고 추정할 수 있다. 그것이 곧 『반야심경』에서 말하는 깊은 "**반야바라밀다**", 즉 **자기관조/묵조**이다. 저자가 **붓다**의 마지막 수행법이 **탐구**였을 것이라고 언급한 175쪽을 참조하라.

이 결의가 있기 때문에, ("내가 그것이다" 등의) 명상을 할 필요가 없다.

더욱이 이 명상은 두 단어와 연관되어 있다. 즉, '나'와 **'그것'**이라는 두 개의 머리를 가진 이 명상은 마음이 내면으로 뛰어드는 데 도움이 되지 못한다. '나'라는 것 단 한 가지 형상의 명상(자기탐구)은 그런 것들을 떠나 있어 매우 탁월하다고 **바가반**은 말씀하신다.

여기서 설하는 **탐구**는 어떤 곳에서는 "나는 누구인가?"로, 다른 어떤 곳에서는 "나는 어디 있는가?"로, 두 가지 방식으로 이야기된다. 하지만 그 두 가지는 단 하나의 **탐구**일 뿐이다. 이 두 가지 방식의 **탐구**는 그것을 함께 닦아도 된다는 의미이다. 즉, "나는 누구인가?"라는 것은 "**진아**란 무엇인가?"라고 **자기**의 **진리**를 탐구하는 것이고, "나는 어디에 있는가?"라는 것은 "나라는 것의 **근원**은 무엇인가?"라고 **자기**의 **근원**을 탐구하는 것이다.

이 수행(탐구)에 의해서 얻는 체험의 상태는 **생전해탈**(*Jivan-mukti*) 혹은 **본연상태**(*Sahaja-sthiti*)라고 불린다. 즉, 몸이 존재하는 동안에 이것을 체험하는 것이다. 남들이 보기에는 그의 몸과 마음이 남아 있는 것같이 보이지만, **생전해탈자**인 그 **진인**에게는 그것들이 실재하지 않는다.

*　　*　　*

## **체험 장**(*Anubhava Adhyāyam*)

**탐구**에 의해 마음이 가라앉은 뒤 **해탈**이라는 **진아체험**이 일어나게 된다면, 그것은 마음에 의한 생각과 말에 의한 묘사가 불가능하다. 따라서 **생전해탈자**조차도 그것을 '이러하다'고 말하지 못한다. **지고자 시바**가 **다끄쉬나무르띠**로서 사나까 등의 무니들(Munis)에게 그것을 **침묵**의 방식으로 가르쳤다고 하는 것은 이것이 마음이 없어진 상태라는 의미임을 말해준다. 하지만 그것이 **해탈자**와 속박인(속박되어 있는 자) 간의 차이점들을 잘 설명해 주기 때문에, 그 상태는 우리가 욕망하는 상태이고 우리가 중히 여기는 상태라는 것을 여기서 어느 정도 묘사하고 있다.

**해설: 탐구**에 의해 마음이 안으로 향해져서 **심장** 속에 합일되는 것만이 **진아**의 **지**知-**형상**(*jñāna-svarūpa*)이 빛나는 것임이, 본 장의 첫째 연에서 설해진다.

30. nānā renamanamum nādiyula nannavē
nānā mavandralai nānamura – nānānāt
tōndrumondru tānāhat tōndrinunā nandruporul
pūndramadu tānām porul.

[풀어쓰기] *'nān ār' ena manam ul nādi, ulam nannavē nān ām avan talai nānam ura, 'nān nān' āt tōndrum ondru tānāha, tōndrinum 'nān' andru, porul; pūndram adu; tān ām porul.*

"나는 누구인가?" 하고 마음이 내면을 탐색하여 **심장**에 도달하면
'나'(에고)인 그는 고개 숙이고[죽고] '나, 나'로서 나타나는
하나가 저절로 나타나지만, 그것은 '나' 아닌 **실재**인
**전체**이니, 곧 자기인 **실재**라네.

**의미:** "나는 누구인가?"라는 **탐구**에 의해 마음이 내면을 향하고 **심장** 안에 합일해야만 '나'라는 에고가 고개를 숙이고 '나, 나'라는 **하나**가 저절로 나타난다. 그와 같이 나타나는 것은 에고가 아니다. 그것은 실로 **참된 실재**이다. 그것은 **완전함**이고, **진아**의 진리인 **스와루빠**이다.

**주석:** "나는 누구인가?"라는 **자기탐구**를 함으로써 "마음이 내면을 탐색하여(*manam ul nādi*)"—안으로 향해져서—"**심장**에 도달하면(*ulam nannavē*)"—**심장**에 합일되면—"'나'(에고)인 그는 고개 숙이고[죽고](*nān ām avan talai nānam ura*)"—'나'라는 **찌다브하사**(개아)는 고개를 숙이고—'나, 나'라는 하나의 **의식**이 **진아광명**으로서 빛난다. 그 나타나는 '나'라는 것은—그와 같이 나타나지만 그것은 에고가 아니다—"**실재**인 **전체**이니(*porul pūndram adu*)"—완전하고 참된 **본체**인 **그것**이니—"곧 **자기**의 **본체**(*tānām porul*)"인 **진아**라는 **진리**이다.

**진아체험** 속에서는 **진아의식**이 "나, 나"로서 빛난다고 (여기서) 선언된다. 그래서 **찌다브하사**의 빛과 이것은 다르다는 것이 드러난다. **찌다브하사**의 빛은 "나는 이것이다"라는, 몸 안에 자기가 있다는 관념일 뿐이다. 다섯 껍질을 몸이라 하므로, 그 껍질들 중 하나에 **자기**를 덧씌워 나타나는 것이 바로 **찌다브하사**인 개인(*chidābhāśan*)이다. **지**知**-체험** 속에 있는 **진아광명**이 '나, 나'라고 설해지는 것은, **그것**에 이런 식의 덧씌움은 없다는 의미일 뿐이다. 거기서는 다섯 껍질이 소멸해 버렸기 때문이다. 이런 의미가 아래의 연에서 분명하게 설해진다. 그래서 **진아의식**은 끊어짐이 없다고 이야기된다.

여기서 말하는 **체험**의 상태를 **무상삼매**(*nirvikalpa samadhi*)라고 한다. 이것은 **합일무상삼매**(*kevala nirvikalpa samadhi*)라는 것과 **본연무상삼매**(*sahaja nirvikalpa samadhi*)라는 것의 두 가지로 설해진다. **합일무상삼매**에서는 에고와 마음이 일시적으로 가라앉는데, 그러다가 발현업(*prarabdha*)의 힘에 의해 다시 일어나 확장되어 전과 같이 세간적 삶을 살아간다. **본연삼매**(*Sahaja*) 속에서는 에고와 마음이 **진아** 속에서 사라져 **진아형상**(*tanmaya*)으로 남아 있게 될 것이고, 다시는 일어나지 않는다. 이와 같이 존재하는 사람이야말로 **생전해탈자**이다.

어떤 사람이 **합일무상삼매**에 백 년간 들어 있다 해도, 그러다가 마음이 일어날 수 있다. 이에 대한 비유로 다음과 같은 이야기가 흔히 거론된다(162쪽 참조). 한 요기가 **합일무상삼매**에 들어 있다가 깨어나서 제자에게 물을 가져다 달라고 말한 뒤, 다시 **무상삼매**에 빠져들었다. 이와 같이 수백 년이 지나가 버렸다. 힌두 제국의 주권이 소멸하고 무슬림 제국의 주권이 들어섰다가 그것도 사라지고, 백인들(영국인들)의 주권이 들어서 있었다. 마침내 그는 삼매가 흐트러져 깨어나게 되었고, 제자에게 물을 갖다 달라고 했다는 기억이 나자 "물을 가져왔나?" 하고 소리쳤다. 다시 말해서, **합일무상삼매**에서는 마음이 잠복해 있어서 다시 일어나지만 **본연삼매**에서는 그렇지 않다는 것이다.

**합일무상삼매**에 들어 있는 사람은 마치 잠들어 있는 사람처럼, 세상 속에서 무엇 하나도 할 수가 없다. 잠 속에서는 마음이 무지의 어둠 속에 있고, **합일삼매** 속에서는 **진아의식** 속에 잠겨 있다는 것이 차이이다. **바가반**은 **합일삼매** 속의 마음은 밧줄이 달린 채 우물 안에 있는 두레박과 같고, **본연삼매** 속의 마음은 바다에 합쳐진 강물과 같다는 비유로써 그 차이를 설한다. 그 외에는 두 삼매가 대동소이하다.

**본연삼매**에 자리 잡고 있는 사람은 항구적 깨어 있음(깨달음)을 성취한 사람이다. 그는 자신의 **참된 성품**을 떠나는 일이 없으므로, 세간의 경험적 행위들을 해 나갈 수 있다. 가르침을 베풀거나 나라를 다스리는 등의 행위를 할 수 있다. 어떤 행위를 하든 그 행위들은 그에게 붙을 수 없다. 그에게는 마음의 변상變相들이 다가오지 않는다. **생전해탈자**의 상태에 대해서는 「보유」의 몇 개 연에서 설명되고 있다.

합일무상삼매를 얻은 사람은 그 뒤에도 수행을 계속하여 마음을 소멸함으로써 본연삼매를 얻어야 한다. 본연삼매만이 해탈의 상태이다. 더욱이 본연삼매의 상태를 얻은 생전해탈자만이 다른 사람들에게 그 상태의 진리와 그것을 얻기 위한 수단을 가르칠 능력이 있다. 그러지 않은 사람들은 그럴 능력이 없다. 왜냐하면 생전해탈자는 저 뚜리야 상태에 자리잡고 있으면서 그 상태를 떠나지 않으므로, 사람들을 가르칠 수 있기 때문이다. 다른 사람들은 그럴 수가 없다.

이제 나올 연들은 본연무상삼매에 들어 있는 생전해탈자의 성품을 설명한다.

*　　*　　*

**해설 :** 생전해탈자는 '해야 할 것을 해낸 자(*krita-kritya*)'이고, 그의 상태는 지성으로 '이런 것이다'라고 논쟁할 수 없다는 두 가지 의미가 다음 연에서 설해진다.

31. tannai yazhittezhunda tanmayā nandaruk
    kennai yuladon driyatrudarkut — tannaiyalā
    tanniya mondru mariyā ravarnilaimai
    yinnaden drunna levan.

[풀어쓰기] *tannai azhittu ezhunda tanmaya ānandarukku ennai ulalu ondru iyatrudarku? tannai alādu anniyam ondrum ariyār; avar nilaimai innadu endru unnal evan?*

자기(에고)를 소멸함으로써 일어나는 진아의 지복인 사람에게
무엇 하나 할 일이 있겠는가? 진아 외의
다른 어떤 것도 알지 못하는 그의 상태가
어떤 것인지, 어찌 헤아릴 수 있겠는가?

**의미:** 에고를 죽이고, 그럼으로써 일어나는 **자기**의 참된 상태에서 지복을 체험하는 **그**에게, 해야 할 것이 무엇이 있겠는가? **그**는 **자기**와 다른 것이라고는 하나도 알지 못한다. **그**의 상태가 '이러하다'고 우리가 마음으로 생각하는 것이 어떻게 가능하겠는가?

**주석:** **생전해탈자**는 에고가 없는 자이기 때문에, 그에게는 마음이 없다. 그것은 **브라만**과 하나가 되어 **진아**(*tanmaya*)로서 존재한다고 이야기된다. **브라만**의 **참된 성품**은 **존재-의식-지복**(*Sat-Chit-Ananda*)이라고 하므로, 그의 **참된 성품**이 바로 그것이다. 사람이 원하는 모든 종류의 행복이 **브라만**의 **지복**이라는 **참된 성품** 안에 들어 있다. 그 **참된 성품**의 작디작은 부분들이 곧 세상에 존재하는 개아들의 행복 경험들이다. 그래서 **생전해탈자**는 '욕망충족인人(*āptakāma*)—욕망들을 다 이룬 사람—이라고도 불린다. 다시 말해서, 그는 원하는 것이 전혀 없는 영구적 만족인人(*nitya tripta*)이다. 즉, 그의 만족에는 어떠한 허물도 생기지 않는다. 만족에 결함을 야기하는 것은 욕망인데, 그에게는 그런 것들이 없다. 그가 볼 때는 욕망할 만한 대상들이 하나도 없다. 욕망들은 조대신과 미세신을 붙들 때만 다가온다. **생전해탈자**는 그 몸들에 **자기**라는 느낌이 없다. 그것들은 그에게 실재하지 않는다. 따라서 무욕인無欲人(*akāman*)인 그는 욕망이 없는 사람이다. 조대신과 미세신에 **자기**라는 느낌을 가지고 있는 사람들에게만, 행복을 원하거나 불행을 원치 않는 산깔빠(*sankalpa*-의지의 일어남)가 있다. **진아**야말로 **행복**의 형상으로서 존재함이고, **생전해탈자**는 **그것** 안에서만 즐거워하기 때문에 **진아충만인**人(*Ātma-rāma*)으로 불린다. 그에게는 산깔빠가 없고 **자기**가 행위자라는 생각이 없기 때문에, 어떤 행위를 해야 한다는 것이 없다. 경전에서 설하는 계명誡命 등의 것들은 그에게 해당되지 않는다. 에고가 있음으로 해서 비非다르마(*adharma*-옳지 못한 일들)에의 몰두가 생겨난다. **생전해탈자**의 에고 없음 그 자체가 다르마(*dharma*)

라고 「보유」(제14연)에서 말하고 있기 때문에, 그를 비非다르마적 행위로부터 떼어놓는 어떤 경전도 필요하지 않다. 바로 이것이 이 연의 첫 문장의 의미이다. 그래서 그를 '해야 할 모든 것을 이룬 자(*krita-kritya*)'라고 하는 것이다.

그렇지만 **생전해탈자**는 행위를 하지 않으려고 욕망하지도 않는다. 어떤 행위를 한다고 해도, 거기서 그는 어떤 이익도 얻지 않는다.

그의 상태와 무지인들의 상태 간의 차이는 에고가 있느냐 여부이다.

에고가 있으면 '자기'와 '남들'이라는 차별 기타 모든 차별이 생겨난다는 것을 알 것이다. 에고가 없는 **진인**에게는 차별상이 나타나지 않는다는 의미가 "**진아** 외의 다른 어떤 것도 알지 못하는(*tannai alādu anniyam ondrum ariyār*)"으로 설해진다. '그는 차별상을 보지만 그 차별들 속에서 무차별을 인식한다'고 일부 사람들의 말은 옳지 않다고 앞에서도 이야기했다. 그런 의미가 여기서 설명된다.

마음이 없는 이 상태를 마음이 있는 사람이 어떻게 생각할 수 있겠는가? 그래서 이 상태는 '아띠땀(*atītam*)'[모든 상태를 넘어선 것]이라고 불린다. "그의 상태가 어떤 것인지, 어찌 헤아릴 수 있겠는가?(*avar nilaimai innadu endru unnal evan?*)"라는 문장의 의미가 이것이다.

"'이것이 나의 **형상**이다'라고 어떤 사람이 직접적으로 **진아**를 체험하고 알게 되면, 그가 누구를 위해, 어떤 이익을 위해 '몸이 자기라는 관념'과 그에 따른 욕망에 시달리겠는가?"라는 **베단타**의 문장[『분별정보』, 제417연]이 바로 이 상태를 묘사하고 있다. **생전해탈자**는 행위들을 할 수도 있다는 것을 알 수 있다. 행위들을 하는 것과, 침묵을 지키는 것, 둘 다 그에게는 하나일 뿐이다. 또 행위를 한다면 남들보다 훨씬 뛰어나게 해낸다. 욕망·두려움 등 마음의 결함들이 없기 때문이다. 그래서 그는 비非행위자(*akarta*), 큰 행위자(*mahākarta*)라는 두 가지 이름으로도 불린다.

그것은 왜 그런가? 그는 "내가 행위를 한다"는 행위자 관념(*kartritva*)의 자부심이 없기 때문에 비非행위자이다. 이런 취지가 "마음이 멀리 가 있으면서(*seimai ulam cendru*)"로 시작하는 「보유」 제30연에도 나온다. 또 그는 행위들을 완벽하게 하기 때문에 큰 행위자라고 하는 것이다.

생전해탈자는 자기 아닌 다른 어떤 것도 알지 못하므로, 그에게 '평등견平等見(*samatvam*)'이라는 성품이 있다. 바로 이런 취지를 바가반은 "자기 아닌 누가 있는가?(*tan andri yar undu?*)"로 시작하는 「보유」 제38연에서 설명한다. 비방하는 자와 칭찬하는 자, 이 두 부류가 진인에게는 동등하다는 취지가 거기서 읽힌다.[1)]

*　　*　　*

**해설:** 이 연에서는 브라만과 진아의 단일성 체험 속에 있는 생전해탈자와, 앞에서 말한 일여내관의 수행을 하는 수행자의 차이점을 설명한다.

32. adunīyen drammaraika lārttidavun tannai
yeduvendru tāndrērn dirāa — dadunā
niduvandren drennalura ninmaiyinā lendru
maduvēta nāyamarva dāl.

[풀어쓰기] *'adu nī' endru ammaraikal ārttidavum, tannai edu endru tān tērndu irādu. 'adu nān, idu andru' endru ennal uran inmai-yināl, endrum aduvē tānāy amarvadāl.*

"그것이 그대"라고 경전에서 선언하고 있는데, 자기가
무엇인지를 스스로 알아내지 않고, "그것이 '나'이고
이것은 '나'가 아니다"라고 생각하는 것은 힘이 부족한 탓이니,
(왜냐하면) 늘 그것만이 진아로서 존재하기 때문이네.

1) 『라마나 마하르쉬 저작 전집』 속의 일부인 「영적인 가르침(*Upadesa Manjari*)」에서 본연상태에 대해 설하고 있는 문장들이 이것과 관련해서 읽어볼 만하다.

**의미:** 아뜨만의 원리를 가르치는 우파니샤드의 문장들은 "그대가 그것이다"라고 우렁차게 설하는데, 해탈열망자가 자신의 진리가 무엇인지를 (내면에서) 탐구하여 그것으로 자리 잡지 않고, "그것은 '나'이고, 이 몸은 '나'가 아니다"라고 생각하는 것은 (마음의) 힘이 부족하기 때문이다. 끊임없이 저 지고한 실재 자체가 진아로서 내면에 안주하고 있지 않은가?

**주석:** "그대가 그것이다(TAT TVAM ASI)"라는 우파니샤드의 큰 말씀이 앞서 말한 일여내관이라는 명상 수행으로 설해진다고 잘못 이해된다. 그 큰 말씀의 의미는 이렇다. 즉, 마음이 자기 쪽을 향해 돌아서서 심장 속으로 가라앉으면, 에고 등 일체가 소멸한 뒤에 어떤 참된 형상이 진아로서 남아 있든, 그것이 브라만이라는 것이다. 따라서 여기서는 앞서 말한 탐구에 의해 진아에 안주하는 것 자체가 큰 말씀의 실제적 의미라는 것이고, (큰 말씀에 대해) "명상을 하라"는 의미가 아니다. 바가반은 이 문장의 의미를 "심장동혈의 한가운데(*idayamām guhaiyin nāppan*)"로 시작하는 「보유」 제8연에서 설명한다. 그 의미는, "브라만이야말로 심장 속에서 '나, 나'라는 그대의 진아로서 빛난다는 것을 받아들이고, 자기를 탐색하여 가라앉는 마음으로나 호흡과 함께 가라앉는 마음으로 오직 심장에 도달하여 진아로서 안주해야 한다"는 것이다. 큰 말씀들 모두가 진아체험의 상태를 설할 뿐, 명상법은 하나도 설하지 않는다.2)

이 진아체험의 상태를 성취하려는 수행자는 대장부(*dhīrā*)가 되어야 한다고 앞에서도 이야기했다. (대장부의) '용기(*dhīram*)'라고 할 때, 바가반은 그것이 심장 속으로 뛰어들려는 마음의 힘이라는 의미로 설하신 바 있다. 그 마음의 힘이 없는 사람은 "그것이 나다"라는 명상을 한다. 그렇게 해서 얻는 보상은 에고의 수명이 늘어나는 것뿐이며, 진아체험을 얻는

---

2) *T.* 이 주제는 『마하요가』에서도 논의되었다(178쪽). 요컨대 "그대가 그것이다"는 에고가 소멸한 결과로서의 진아체험의 상태이지, 그것을 얻기 위한 '수행법'이 아니라는 것이다.

것은 아니라는 것을 알 수 있다.

지知의 상태에 있는 생전해탈자와 이와 같이 ("그것이 나다") 명상을 하는 무지인의 차이가 이 정도라고, 말할 필요가 있겠는가? 바가반은 생전해탈자의 성품을 "늘 그것만이 진아로서 존재하기 때문이네(*endrum aduvē tānāy amarvadāl*)"라는 말로써 규정한다. 생전해탈자가 진아내관眞我內觀(*ātma-anusandhāna*)을 한다는 것은 어떤 인간이 "나는 사람이다"라는 명상을 하는 것과 비슷하다고(즉, 우스운 일이라고), 뒤의 한 연(제36연)에서 말한다. 이로써 지知의 상태와 명상의 상태는 분명하게 다르다는 것을 알아야 한다.

*　　*　　*

**해설:** '지知의 상태'라고 말하면 진아의 참된 형상(*Atma-svarupa*)이 '알려지는 대상(*jñeya vastu*)'이라는 것 아닌가? 그러나 그것은 알려지는 대상이 아니다. 진인의 진아야말로 그것이라는 것이 바가반의 가르침 아닌가?

따라서 진인은 진아를 알고, 무지인이라고 하는 사람은 모른다고 하는 말들은 실은 의미가 없다. 이 진리가 다음 연에서 설명된다.

33. ennai yariyēnā nennai yarindēna
nenna nahaippuk kidanāhu – mennai
tanaividaya mākkaviru tānundō vondrā
yanaivaranu bhūtiyunmai yāl.

[풀어쓰기] *'ennai ariyēn nān', 'ennai arindēn nān', ennal nahaippukku idan āhum. ennai? tanaividayam ākka iru tān undō? ondrāy anaivar anubhūti unmaiyāl.*

"나 자신을 모른다"거나 "나 자신을 알고 있다"고
말하는 것은 웃음을 살 일이네. 왜인가?

자기가 '아는 대상'이라면, 자기가 두 개라는 것인가?
(자기는) 하나라는 것이 모두가 경험하는 진리이기 때문이네.

**의미 :** "나는 나 자신을 모른다"고 말하는 것과, "나는 나 자신을 알고 있다"고 말하는 것은 적절한가? 왜냐하면, 자기가 자기에게 알려진다는 것은 두 개의 자기가(자아가) 있다는 것 아닌가? 자기는 하나뿐이라는 것이 모두가 가진 경험 속에서 드러나는 진리 아닌가?

**주석 :** 진인의 견지에서는—즉, 궁극적 진리의 견지에서는—무지인이라고 할 사람이 아무도 없다고 바가반이 말씀하시는 것을 우리는 자주 들었다. 그러고 나서 "그대 자신을 알라"고 말씀하시는 것은 어떤 의미인가? 그것은 가르침의 과정에서 말해지는 방식이며, 궁극적 진리를 설하는 것은 아니다. 비이원적 베단타는 생전해탈자들의 체험만을 토대로 하여 형성되었다. 하지만 제자들은 대체로 근기가 성숙하지 않은 상태에 있는 사람들이다. 가르침도 이원성 속에서 일어나는데, 이는 제자의 마음이 이원적 원습으로 충만해 있기 때문이다. 체험 자체는 비이원적이다. 그래서 (처음에는) 체험적 진리에 어긋나는 듯이 보이는 다양한 가르침을 설할 필요가 있다. 그러나 점진적으로 그 가르침에서 생겨나는 그릇된 태도들을 교정하고, 궁극적으로 마음과 말을 초월하는 비이원적 '있음'이야말로 진리의 상태라는 가르침이 주어진다. 그런 종류의 최종적 가르침이 이 연과 그 뒤의 연들에서 나타난다.

진아는 아는 것도 아니고 알려지는 것도 아니다. '있는 것'이야말로 진아의 진리이다. 이는 "지知와 무지가 없는 것이 지知라네(*arivariyāmaiyum atradu arivāmē*)"라는 연(제12연)에서 설명되었다. 바로 이것이 바가반이 실제 말씀으로 설하신 진리이다.

생전해탈자는 저 진아와 다르지 않으므로, 에고-마음이 소멸해 버린 그는 "나는 진아를 안다"고 말할 수 없다. 그러니 어떻게 "아는 것이 없다"고 말할 수 있겠는가? 바가반이 지으신 「아루나찰라 8연시」, 제2연의 처음 두 2행시의 의미가 바로 이것이다.[3] 따라서 "나는 안다", "나는 모른다"라는 말은 둘 다 진아의 영역에서는 적절치 않다고 바가반은 설한다. 그것이 적절하다고 하면 자기가 둘이라는 것이 된다. 그렇지 않다는 것이 누구나 아는 진리라는 것을 바가반이 여기서 보여준다.

*　　*　　*

**해설:** 진인의 교의(*matam*)는 어떤 것인가? 그는 비이원론자인가, 이원론자인가, 한정 비이원론자인가? 이런 질문들에 대한 답변이 다음 연이다.

34. endru mevarkku miyalbā yulaporulai
yondru mulattu lunarndunilai – nindridā
dundin druruvaruven drondriran dandrendrē
candaiyidan māyaic cazhakku.

[풀어쓰기] *endrum evarkkum iyalbāy ulaporulai ondrum ulattul unarndu, nilai nindridādu 'undu' 'indru', 'uru' 'aru' endru, 'ondru', 'irandu', 'andru' endrē candai idal māyaic cazhakku.*

늘 모두의 성품으로서 존재하는 실재를
그것이 존재하는 심장 속에서 깨달아 (그것으로) 확고히 안주하지 않고,
"그것이 있네 없네, (그것의) 형상이 있네 없네, 하나네, 둘이네, 아니네"라고 다투는 것은 마야에서 나온 무지이니, (그런 논쟁을) 포기하라.

**의미:** 언제나 모든 산 존재들에게 그들 자신의 실재하는 형상으로서 존

3) "보는 자는 누구인가?" 하고 마음속에서 찾아보았을 때,
보는 자가 사라지고 그 뒤에 남아 있는 것을 보았습니다.
"내가 보았다"고 말할 마음이 일어나지 않았는데,
"나는 보지 않았다"는 마음인들 어찌 일어날 수 있겠습니까?"

재하는 물건을, 그것이 빛나고 있는 심장 안에서 깨달아 그것으로 충만한 채 거기서 안주하지 못하는 세속인들이, 그 물건을 가지고 논쟁하면서 "그것이 있다", "그것은 없다", "그것은 형상이 있다", "그것은 형상이 없다", "그것은 하나다", "그것은 둘이다", "그것은 하나도 아니고 둘도 아니다"라는 식으로 온갖 언쟁을 벌이는 것은 무지의 미혹 때문이다.

**주석:** ('교의'의) '마땀(*matam*)'이라는 단어는[보통은 '종교'라는 의미이지만] '생각되는 것'이라는 의미를 갖는다. 모든 열성 신자들이 소중히 여기는 교의적 교리들은 생각일 뿐 다른 것이 아니다. 비이원성의 상태에 있는 진아성품은 '비非교의(*amatam*)'—마음으로 '이런 것이다, 저런 것이다'라고 생각되지 않는 것—라고 우파니샤드들이 선언한다. 『께나 우파니샤드(*Kena Upanishad*)』(제2장 제3절)에서는 "어떤 사람이 그 물건은 알려지지 않는 물건이라고 한다면 그는 그것을 아는 것이고, 그것은 알려지는 물건이라고 한다면 그것을 모르는 것이다"라고 말한다. 그 체험은 하나의 교의가 아니기 때문에, 이스와라는 다끄쉬나무르띠로서 출현하여 사나까 등 현자들에게 그것을 말에 의하지 않고 침묵의 주석으로 설파하였다. 바가반은 비이원성이라는 것이 교의가 아니라 체험의 상태라고 말씀하신다. 생전해탈자는 마음의 소멸을 얻은 사람으로 이야기된다. 그가 가진 마음은 브라만 자체이다. 곧 브라만 안에서 그것과 하나가 된 것이다.

더욱이 (그 상태에서는) 생각하는 마음이 없듯이, 생각되는 대상도 없다.

그래서 생전해탈자의 교의는 무엇이냐는 질문이 일어날 여지가 없다. 마음이 생각하는 것은 '빠록샤(*paroksha*)', 즉 체험이 없는 것(간접지)이다. '지知'라고 하는 것은 '아빠록샤(*aparoksha*)', 즉 체험의 형상이 있는 것이다. 비이원론 안에서도 일부 사람들은 비이원론을 하나의 교의로 과시하고 위에서 말한 체험으로부터 그것을 구별하려 하면서, 그것을 '간접지(*paroksha jñāna*)'라고 부르기도 한다.

그것은 나찰(*rākṣasa*-악마의 일종)을 '덕을 가지고 태어난 자(*punyajanan*)'라고 부르는 것과 비슷하다고 **바가반**은 설하신다. 그래서 무지인들에게는 교의가 장기長技라는 것을 알 수 있다. 이 진리가 여기서 설해진다.

내면을 향한 **탐구**를 함으로써 항상 **자기**의 **진아성품**(*Ātma-svarūpa*)으로서 존재하고 있는 **브라만**을 체험하지 못한 사람이 무지인이다. 그는 실로 자기에게 집착하여 마음이 가면 가는 대로 다양한 결론을 받아들이고, 부질없이 그것을 두고 언쟁을 일으킨다. 그와 같이 그가 하는 행위들의 원인은 **마야**라고 여기서 설하고 있다.

교의들은 "**진아**가 있다." "없다." "그것은 형상이 있다." "그것은 무형상이다." "그것은 하나다", "그것은 둘이다", "그것은 하나도 아니고 둘도 아니다"라고 다양하게 분류된다. 그것이 유신론·무신론, **사구나**(*Saguna*)·**니르구나**(*Nirguna*), 비이원론·이원론·한정 비이원론의 교의이다.

이런 교의들 안에 **비이원론**이 들어갈 수 없다고 하는 것은 왜인가? 사람들이 그것은 하나의 **체험** 상태일 뿐 교의가 아니라는 것을 알면서도 그 **체험**을 얻으려고 노력하지 못하니까 '**비이원론**도 다른 교의들과 마찬가지로 교의다'라고 생각하여 "우리는 **비이원론자**(*advaitin*)다"라는 교의적 태도를 과시하는 것은 잘못이라는 것을 보여주기 위해서이다.

**생전해탈자**가 베푸는 가르침들은 제자들의 근기에 맞추어져 있다. 그의 안목에서는 모든 교의들이 평등하다. 그는 '평등인(*samarasi*)'이다. 어떤 교의로서의 길이나 그것의 교리도 대단할 것이 없고, 그래서 그 교리에서 이야기하는 수행법만이 중요하며, 그 수행에 몰두하면서 논쟁들을 물리치고 궁극적으로 **비이원적 상태**를 얻으려고 노력해야 한다는 것이 **바가반**의 가르침이다.

더욱이 자신의 교의에 대한 자부심이라는 것은 **해탈**에 장애물이다. 왜냐하면 그것은 일종의 원습原習(집착)이기 때문이다. 육신습(*deha-vāsanā*)

· 세간습(*loka-vāsanā*) · 경전습(*sāstra-vāsanā*)이라고 하는 세 가지 원습이 있다. 이 셋의 토대로서 존재하는 것이 에고이다. 이 원습들 중에서 경전습이 가장 해로운 것이다. 따라서 이 원습도 버려야 한다고 **베단타** 경전들은 가르친다. 바로 그런 취지가 여기서도 나타난다.

**궁극적 진리**는 에고와 마음이 소멸한 **자기체험**(*svānubhūti*) 속에서만 빛나며, 마음과 에고가 존재할 때에는 빛나지 않는다. 그것들을 소멸하기도 전에 "나는 진리를 올바르게 알아 버렸다"고 자만하는 것은 잘못이라는 것이 그래서 이해된다.

*　　*　　*

**해설: 생전해탈자**가 가진 참된 위대함을 이해하지 못하는 사람들은 그에게 어떤 특별한 능력, 즉 싯디(*siddhi*)가 생겼는지 궁금해 한다. **바가반**은 여기서, 그들이 싯디라고 간주하는 것들은 모두 실재하지 않는다는 것과, 참된 싯디는 **진아체험** 자체뿐이라는 것을 설하고 있다.

35. siddhamā yulporulait tērndiruttal siddhipira
siddhiyelāñ soppanamār siddhikalē – niddiraivit
tōrndā lavaimeyyō vunmainilai nindru poymmai
tīrndār tiyanguvarō tēr.

[풀어쓰기] *siddhamāy ul porulait tērndu iruttal siddhi; pirasiddhi elām soppanam ār siddhikalē; niddirai vittu ōrndāl avai meyyō? unmai nilai nindru poymmai tīrndār tiyanguvarō, tēr.*

성취되는 **실재**를 알고 그것으로 존재함이 (참다운) **싯디**(성취)라네.
다른 싯디(초능력)들은 모두 꿈속에서 얻는 성취에 불과하네. 잠에서
깨면 (그것들이) 실재하는가? **실재** 상태에 안주하면서 실재하지 않는
상태를 버린 이들이 미혹되랴? (이것을) 잘 알고 있으라.

**의미:** 늘 우리 자신의 것인 **심장** 속에서 직접 지각되며 존재하는 **실재**로서의 **진아**를 깨달아 그 상태에 안주하는 것이야말로, 참되고 불멸하는 완전한 **싯디**이다. 싯디라고 말해지는 다른 것들은 꿈속에서 경험되는 싯디들과 비슷한 것일 뿐 참되지 않다. 꿈속에서 성취한 싯디들이 잠에서 깨어나서 볼 때 실재하는가? 그렇지 않다. 마찬가지로, 자신의 참된 **진아 성품** 안에 안주해 있고, 따라서 **마야**인 이 무지의 잠에서 깨어난 사람들(생전해탈자들)이 이 싯디에 대한 욕망에 매혹되겠는가?

**주석:** '싯디'라는 말에는 '얻음'이라는 의미가 있다. **진아**를 얻는 것이야말로 참된 **싯디**라고 여기서 가르치고 있다. 왜냐하면 그것이야말로 영구적으로 존재하는 것인 반면, 다른 싯디들은 영구적이지 않고 **마야**의 세계에 포함되기 때문이다.

**진아**를 얻는 것이 어째서 영구적인 얻음인가 하면, **진아**라는 것은 우리의 **진리**, 즉 타고난 성품이기 때문이다. 성품이 어느 때 다른 어떤 것에 의해 은폐된다 해도 그 성품이 바뀌지는 않는다. 우리의 성품을 은폐하는 무지의 잠과 그 속에서 나타나는 생시라는 꿈은 (참된) **지**知에 의해 소멸하며, 그 성품이 다시는 은폐될 여지가 없다.

실은 우리는 지금도 **진아**로서 존재하고 있으며, (새롭게) **진아**가 되어야 한다고 할 것이 없다. 따라서 **진아**라는 것은 (우리에게 이미) 성취되어 있는 **물건**—얻어지지 않는 물건—이라고 여기서 묘사되고 있다.

얻어지는 물건은 무엇이든 우리의 성품이 아니기 때문에 (언젠가) 우리를 떠나 없어질 것이 분명하다. 따라서 **진아체험** 외의 다른 것들은 실재하지 않는 싯디들일 뿐이다.

아니마(*animā*) 등을 싯디라고 말하는 사람들은 분별력이 없는 이들이다. 이런 것들을 싯디라고 생각하는 것은 무지 속에서만 참되다. **진인**들에게는 그런 것이 실재하는 것으로 나타나지 않는다.

그것은 왜냐하면 진인의 상태는 뚜리야라는 초월적 상태이기 때문이다. 그것은 영원한 생시이다. 그 속에서의 진리야말로 실재하는 것으로 빛나며, 실재하지 않는 하찮은 것들은 빛나지 않는다.

무지인들의 상태는 무지한 잠 속에서 생겨나는 생시·꿈·잠이라는 세 가지 상태와 함께 가능한 것이고, 따라서 무지인들이 생시(*nanavu*)라고 생각하면서 경험하는 것은 실은 생시가 아니다! 그것은 (긴) 꿈(*kanavu*)이다. (꿈이 일어날 때는 꿈꾸는 사람이 그것을 생시라고 생각하듯이, 무지인도 이 마야의 꿈을 생시라고 느낀다.) 그 꿈속에 세간적 삶(*samsāra*), 세계, 행복과 슬픔, 싯디들, 천당과 지옥, 사띠야로까(*Sathya Loka*), 바이꾼타(*Vaikuntha*), 카일라사(*Kailāsa*) 등 천상계들이 모두 있다. 무지로 인해 이 (생시라는) 꿈 속에 나타나는 것들은 실재하는 것 같고, 실재하는 진아는 실재하지 않는 것처럼 보인다.

이 꿈에서 깨어난 진인은 이런 싯디들을 실재한다고 보지 않는다. 깨어남을 얻지 못한 무지인은 이런 것들을 실재한다고 여길 수 있다. 일부 사람들은 이런 싯디들을 얻어서 즐기려는 생각에 하찮은 요가를 한다. 이런 사람들은 이 세간적 삶이라는 잠에서 깨어나기를 원하는 사람들이 아니고, 이 무지의 잠 속에 빠져 있는 채로 세간적 삶이라는 꿈 속에서 싯디를 얻어 살고 싶다는 사람들이다.

마야의 꿈 속에서 얻은 이익들은 모두 꿈과 같아서 실재하지 않는다는 것은 앞에서도 보았다. 바가반은 이런 분별력 없는 요기들이 원하는 싯디들이 실재하지 않는다고 선언하면서, 여기서 이것을 "꿈속에서 얻는 성취에 불과하다(*soppanam ār siddhikalē*)"고 설한다.

우리는 꿈속에서 공중을 나는 것과 같은 싯디들을 경험한다. 그런 경험들은 꿈이 지속되는 동안은 실재하는 것처럼 그렇게 존재한다. 깨어난 뒤에는 그것들이 실재하지 않음을 이해한다. 그와 마찬가지로, 이런 요가 싯디들은 실재하지 않는다. **지**知-**체험**인 깨어남을 얻은 **진인**에게는 그런 것들이 참되지 않다는 것을, **바가반**은 "잠에서 깨면 (그것들이) 실재하는가?(*niddirai vittu ōrndāl avai meyyō?*)"라고 말한다. 어떻든 잠을 벗어나 깨어난 사람은 그런 꿈의 싯디들을 참되다고 보지 않는다. 마찬가지로 "**실재** 상태에 안주하는(*unmai nilaiyil nindru*)", 무지의 잠을 떠난 사람들은 이런 싯디들을 실재한다고 생각하여 미혹되지 않는다는 것이다. **진아지**를 얻어서 세간적 삶에서 벗어남을 얻으려고 노력하는 수행자가 이러한 싯디들에 대한 욕망을 내려놓아 길을 잃고 헤매지 않도록 하기 위해 이 연이 설해진다. "마음의 평안이야말로(*cittattin śantiyade*)"로 시작하는 「보유」 제16연도 여기서 유념할 만하다.

* * *

**해설**: 일부 사람들은 **생전해탈자**도 **진아**내관—즉, **소함**(*Soham*)["내가 그것이다"] 관법—을 하느냐고 묻기도 한다. **바가반**은 여기서, 그것은 수행자에게만 해당되고, 성취한 존재인 **생전해탈자**에게는 해당되지 않는다는 진리를 설명한다.

36. nāmudalen drenninala nāmaduven drennumadu
nāmaduvā nirpadarku natrunaiyē — yāmendru
nāmaduven drennuvadē nānmanida nendrenumō
nāmaduvā nirkumada nāl.

[풀어쓰기] *nām udal endru ennin, 'ala, nām adu' endru ennum adu, nām aduvāy nirpadarku naltunaiyē ām; endrum 'nām adu' endru ennuvadu ēn? 'nān manidan' endru enumō? nām aduvāy nirkum adanāl.*

우리가 (자신을) 몸이라고 생각하면, "아니다, 우리는 그것이다"라고 생각하는 것이, 우리가 **그것**으로 안주하는 좋은 방편일 것이네, 늘 우리가 **그것**인데 왜 생각하나? "나는 사람이다"라고 누가 생각하는가? 우리가 **그것**으로 안주하고 있기에 그러하네.

**의미**: 우리가 몸이라는 생각이 있을 때는, "우리는 몸이 아니다, 우리는 저 **실재**다"라고 명상하는 것이 우리가 **그것**으로 머무르는 상태를 얻는 데 좋은 보조방편이다. 항상(끝도 없이) "우리가 **그것**이다"라고 명상해야 하는가? 어느 누가 "나는 사람이다"라고 명상하는가? 항상 **진아**가 바로 **그것**으로 존재하지 않는가?

**주석**: "나는 이 몸이다"라고 하는 것은 무지이다. 그것을 없애야겠다는 결의가 있는 사람들은 그에 대해 "나는 누구인가?"라는, 내면을 향한 **탐구**를 닦아야 한다. 아니면 "힘이 부족한 탓이니*(uran inmaiyināl)*"(제32연) "나는 이 몸이 아니다. 나는 저 **브라만**이다"라는 내관을 해야 한다. 이 내관은 마음으로써 하는 것이다. 에고가 살아서 존재하는 한에서만 마음이 있다. 에고가 없으면 마음도 없다는 것이므로, 에고가 소멸한 뒤에는 누가 어떻게 내관을 한다는 것인가?

**생전해탈자**는 이런 내관을 하는 것이 불가능하다는 것을 보여주는 비유로서 "'나는 사람이다'라고 누가 생각하는가?*(nān manidan endru enumō?)*" 라고 하였다. (누구에게나) "나는 사람이다"라는 것이 마음의 확실한 경험으로 확립되어 있듯이, **진인**에게는 "나는 순수한 **존재-의식**의 **형상**인 **진아**다"라는 것이 체험으로 확립되어 있는 **지**知이다. 사람인 어떤 이가 (자신이 사람임을 확신하면서도) "나는 사람이다"라는 내관을 하는 것이 도무지 불가능하다면, 마찬가지로 **생전해탈자**가 "나는 **브라만**이다"라는 내관을 하는 것도 불가능하다는 것이다.

*   *   *

**해설:** 진인의 체험 상태는 비이원성이고, 둘이 없는 것이다. 이 비이원성의 상태는 수행에 의해 얻어진다는 것이 가르침의 단계 속에서 이야기되지만, 무지의 상태에서 나타나는 이원성—차별상들—은 어느 때에도 실재하지 않고, 비이원적 진아 하나만이 언제나 참되다는 것이 궁극의 가르침인 진리라는 것이 체험 속에서 지각된다. 이제 바가반은, 이원성이 전에는 있었지만 지금은 소멸했다는 그런 식의 진인의 체험은 없다는 것을 설명한다.

37. sādhakatti lēduvitañ sāddhiyatti ladduvita
mōdukindra vādamadu munmaiyala — vādaravāyt
tāndrēdun kālun tanaiyadainta kālattun
tāndrasama nandriyār tān.

[풀어쓰기] *sādhakattilē duvitam, sāddhiyattil adduvitam, ōdukindra vādam adum unmai ala; ādaravāyt tān tēdunkālum tanai adainda kālattum tān dasaman andri yār tān?*

"수행하는 동안은 이원성, 성취한 뒤에는 비이원성"이라고
하는 주장도 참되지 않네. 어떤 사람이 열심히
찾고 있을 때나 자신을 발견했을 때나, 그 사람은
열 번째 사람이었을 뿐 다른 누구도 아니라네.

**의미:** "수행을 할 때는 이원성이 실재하고, 성취하여 끝낸 상태에서는 비이원성이다"라고 하는 주장은 참되지 않다. '열 번째 사람'을 찾지 못해서 실종되었다고 생각할 때나, 자기가 열 번째 사람을 찾다가 자신을 그 열 번째 사람으로 발견했을 때나(언제 어느 때나), 자기가 바로 열 번째 사람 아니고 달리 누구인가?

**주석:** 절대적 진리와 경험적 진리라는 두 가지 다른 진리가 설해진다. 두 가지라는 것은 예의상 한 가지(경험적 진리)를 진리라고 말하는 것일 뿐,

절대적 진리만 진리이고 다른 것은 거짓된 것이다. 하지만 절대적 진리를 바로 처음부터 가르칠 수는 없다. 단계적으로, 차별상들은 마야임을 설명하고, 결국은 그 마야를 실재하지 않는 것으로 이야기하며, 절대적 진리가 순수한 비이원적 진아라고 가르치게 된다.

스승, 제자, 가르침, 수행, 싯디라는 것은 모두 무지의 세계에 포함될 뿐이다. 절대지(Paramartha)의 견지에서는 그 어느 것도 존재하지 않는다.

지知가 생겨나지 않은 한—무지가 존재할 때는—이원성의 모든 차별상이 실재하지 않는 것은 아니라고 일부 사람들은 의심할 수 있다. 다시 말해서, 진아체험 속에서는 모든 차별상이 소멸하고 순수한 비이원적 진아만 흘러넘치겠지만, 그 이전에는 차별상이 경험되기 때문에 그런 한에서는 그것들을 실재한다고 보아야 한다고 그들은 말한다.

이원론자들은 "이원성만이 늘 진리이고, 그것이 존재하지 않고 사라지는 상태는 얻을 수 없다"고 주장한다. 그들의 교의教義가 틀렸다는 것은 진인들의 진아체험에 의해서 입증된다. 그뿐만이 아니라 위에서 말한 절충적 주장도 틀렸다고 여기서 설하고 있다. "-라고 하는 주장도 참되지 않네(*ōdukindra vādam adum unmai ala*)"라는 문구에서 '도(*um*)'라고 하기 때문에, 이 두 가지 주장은 틀렸다는 의미가 밝혀진다.

공간과 시간을 포함하여 이원적 차별상들 모두가 (진아 위의) 덧씌움이고, 그것들의 바탕인 실재는 진아로서의 브라만이라는 의미가 이 저작의 제1연에서 "우리가 세계를 보기 때문에(*nām ulaham kāndalāl*)"라고 한 데서 설해지고 있다는 것을 기억할 필요가 있다. 거기서 '보는 자', '봄'이라는 두 가지는 거짓된 겉모습이고, 영화의 화면들처럼 실재하지 않으며, 그 화면들의 바탕으로 빛나는 스크린처럼 존재하는 '의식인 존재'가 바로 진리라는 것이 설명된 바 있다.

'보는 자'라는 사람은 단일한 '의식과 몸 사이의 매듭(*chit-jada granti*)'을 제하고는 달리 있지 않고, 그는 에고를 제하고는 달리 있지 않다는 것은 앞에서도 보았다.

'보는 자', '봄'이라는 차별과 기타 차별들이 나타날 때는 (그것들이) 실재하는 듯이 보이겠지만, 수행의 실천에 의해 그것들이 소멸할 때는 비이원적 **진아**가 실재할 것이고, "나타날 때"라는 말에서 "때"라는 차별상이 실재하지 않기 때문에, 그런 (절충적) 주장은 아무 근거가 없게 된다.

이원성이 지금(즉, 진아지가 밝아오기 전에) 실재하고 있다고 한다면, 그것은 어느 때에도 실재해야 한다. 시간에 의해 방해 받지 않는 것이야말로 **진리**의 특징이라고 말해지므로, 그것이 사라질 때가 있다면 그것은 **진리**가 아니라는 것이 확립된 원리이다.

더욱이 **비이원성**의 상태가 이원성의 소멸에 의해 생겨나는 것으로 그 기원이 이야기된다면, 그것은 다시 소멸될 수도 있다. 영원하지 않다면 **비이원성**이 **진아**의 성품일 수 없기 때문에, **진아**만이 영원히 존재하며, 그에 부합하지 않는 진리는 있을 수 없다. **비이원성**인 **참된 형상**은 확립되어 있는 것이기에, (수행으로) 성취되는 것이 아니라는 것이 전체 **베단타** 문헌들의 취지이다.

이에 대한 비유로서 "열 번째 사람을 발견한 이야기"가 제시된다. 그 이야기는 다음과 같다. 열 명의 사람이 함께 여행하다가 도중에 강을 건넜다. 그런 다음 열 명이 모두 강을 잘 건너 반대편에 도착했는지 확인하기 위해, 한 명 한 명 세어보기로 했다. 그들은 셀 때 각자가 자기 자신을 세는 것을 잊어버렸기 때문에, 열 번째 사람이 보이지 않는다고 슬퍼했다. 마침 길을 가던 한 사람이, 그들이 슬퍼하는 이유를 물어본 뒤 자신이 직접 세어서 열 명이 그대로 있는 것을 보고, 그들에게 그 진실을 설명해 주기 위해 그 중 한 명에게 "지금 한 번 세어 보십시오"라고 했다. 그는 먼저와 같이 다른 아홉 명만 세고 자신은 세지 않은 채 "아홉 명만 있습니다"라고 했다. 행인은 "당신 자신을 세지 않았지요. 당신 자신이 열 번째 사람입니다"라고 했다. 이리하여 열 번째 사람이 없어졌다고 한 그들의 슬픔이 사라졌다.

여기서 열 번째 사람은 새로 생겨난 것이 아니다. 그가 자신을 세지 않고 누락했을 때 그 자신이 열 번째 사람으로서 존재했지, 나중에 열 번째 사람이 된 것이 아니다. 마찬가지로, 비이원적 **진아**는 **비이원성**으로서 항상 존재한다. **비이원성**이 수행에 의해 생겨나는 것이 아니다. 그것은 본래적인 것이고, **진아**의 성품이라는 뜻이다.

이원성은 늘 비실재하고 **비이원성**은 늘 실재한다고 위에서 말한 것 중에서 '늘'이라는 단어는 '과거·현재·미래'라는 세 부분의 시간이라는 의미에서 실재하는 것처럼 보일지 모른다. 하지만 "우리가 없이 시간이 어디 있는가?(*nāmandri nālēdu?*)"라고 제16연에서 설하듯이 시간은 전적으로 거짓된 것이기 때문에, **비이원성**은 시간을 초월해 있고 시간에 지배받지 않는다는 의미를 이해해야 한다. 시간이 실재한다고 전제하고 말하는 진술들은 **실재**인 **진아**와, 그리고 **진아**의 **체험**과 부합할 수 없다는 것을 간과해서는 안 된다.

* * *

**해설: 생전해탈자**에게는 행위를 해야 할 의무가 없다는 것은 이미 보았다. 하지만 이전에 지은 업業들이 과보를 받지 않고 사라질 수는 없기 때문에 그가 나중에 다른 몸을 받을 수 있다고도 하고, 그렇지 않다 하더라도 지금 가지고 있는 몸을 산출한 발현업(*prarabdha*)들의 더미가 소진되지 않았다면 그것을 경험해야 한다고 이야기되기도 한다. 이 연에서는 **지**知라는 불길에 의해 모든 업業이 소멸된 **생전해탈자**에게는 업業의 속박이 없다는 진리를 설하고 있다.

38. vinaimudanā māyin vilaipayan druyppōm
vinaimudalā rendru vinavit – tanaiyariyak
karttat tuvampōyk karumamūn drunkazhalu
nittamā mutti nilai.

[풀어쓰기] *vinaimudal nām āyin vilai payan tuyppōm. 'vinaimudal ār' endru vinavit tanai ariya, karttattuvam pōy karumam mūndrum kazhalu; nittam ām mutti nilai.*

행위들을 '하는 자'가 우리라면, 그로 인한 열매를 경험할 것이네.
"행위를 하는 자는 누구인가?"라고 물어서 **자기**를 깨달으면,
행위자 느낌이 사라지고 세 가지 업業이 떨어져 나간다네.
이것이 영원한 **해탈**의 상태라네.

**의미:** 행위들의 행위자가 우리라면 (해탈의 상태에서도) 우리는 그 행위들의 열매를 경험해야 할 것이다. "행위들의 행위자인 나는 누구인가?"라는 물음을 가지고 **진아**를 탐구하여 **그것**의 **진리**를 깨달으면, "행위자인 나"라는 관념이 (에고와 함께) 소멸하고, 그와 함께 세 가지 업業도 떨어져 나간다. 이러한 **해탈**의 상태는 영원하다—즉, 시간 속에 있지 않다.

**주석:** (자신이) 행위자라는 관념에 대한 자부심—"내가 행위들을 한 사람이고, 하는 사람이고, 할 사람이다"라는 것—은 마음 속에서 일어난다. **자기탐구**에 의해 에고가 소멸할 때, 그것의 확장인 마음과 모든 자부심이 소멸한다. 에고를 뿌리로 삼는 것들은 행위자 관념에 대한 자부심으로 생명을 얻고 살아간다. 즉, 에고가 존재하는 한 행위들에 생명력이 있다. 에고가 없으면 행위들도 없다는 것을 **바가반**이 여기서 보여준다.

**바가반**은 이것을 "누적업累積業과 미래업未來業은(*sañcita akamiyangal*)"으로 시작하는 「보유」 제33연에서 비유와 함께 설명한다.

어떤 사람에게 세 명의 아내가 있다면 그가 죽은 뒤 그 세 아내 모두 과부가 되는 것처럼, 발현업을 포함한 모든 업業은 행위자로서의 개아라

고 하는 에고가 소멸할 때 모두 함께 없어진다. 그래서 발현업조차도 **생전해탈자**를 방해하지 못한다는 것이 결론이다. 세상 사람들이 보기에는 발현업이 **생전해탈자**를 방해하는 것 같고, 그래서 **우파니샤드**에서도 발현업은 (그 열매를) 경험함으로써 소멸한다고 말하는 것이다. 발현업은 실은 ―그 **진인**의 견지에서는―그를 방해함이 없다는 것이 (「보유」 제33연의) 취지이다. 그것은 어째서 그런가? **지**知의 밝아옴에 의해 에고인 무지가 소멸하는데, 그것은 원인신으로 불린다. 그것이 소멸하면, 그것에 의해 생명력을 얻던 마음이라는 미세신과 몸이라는 조대신 둘 다 **진인**의 견지에서는 사라져 버린다. 세상 사람들의 견지에서는 **진인**의 그 몸들이 소멸하지 않고 계속 존재한다. 그래서 세간인들에게는 (그 몸이) 발현업의 남은 과보들을 산출하는 것으로 보인다. **진인**의 참된 성품은 (제4연에서) "무한한 눈"이라고 했듯이 독보적인 **존재-의식**으로서 존재한다. 원인신은 **진아**에, 그리고 조대신·미세신에 상호적으로(서로에 대해) 덧씌움(*adhyāsa*)이 생겨나게 하는 원인이다. 원인신이 없으면 덧씌움이 없다. 덧씌움이 없다고 하면 업業의 과보를 경험하는 일도 없다. 사실 **진아**는 '집착이 없는 자'라고 하므로, 누구에게도 업의 속박이 실재하지 않으며, 마음의 상상에 의해서만 존재하는 것처럼 보이는 것이다.

**진인**은 발현업에 의해 변하는 것이 없다. 그렇지만 조대신과 미세신이 지속되는 것처럼 보이기 때문에, **궁극의 진리**를 알 도리가 없는 미성숙인들을 위해 **베단타** 문헌들이 발현업은 남는다고 설하는 것이다.

**진인**에게는 행위자 관념이 없기 때문에, **지**知가 밝아온 뒤에는 그가 하는 미래업(*āgami*)이라는 업業들은 과보가 없다. 누적업(*sanchita*)이라는 남은 업業들도 없다고 하기 때문에 또 다른 탄생이 없다. 그래서 **진인**의 모든 행위는 **하느님**(Īsan)의 행위로 여겨질 것이다.

**하느님**과 **진인** 간에 어떤 실제적 차별도 없다. 실재하지 않는 차별이 나타나는 원인은 에고이며, 그것이 없어지면 차별의 겉모습조차 없다.

이러한 해탈의 상태는 몸이 떨어져 나간 뒤에 시작되는 것이 아니다. 에고의 소멸과 함께 시작되는 것이라고 설하는 것조차도 궁극적 진리와 부합하지 않는다는 것은, "수행하는 동안은 이원성" 등으로 나오는 바로 앞 연에서 보았다. 그래서 이 연에서는 "이것이 영원한 해탈의 상태라네(*nittamām mutti nilai*)"라고 매듭지었다. 여기서 '영원한(*nittam*)'이라는 단어는 '시간을 초월한'이라는 의미이다.

진인에게는 또 다른 탄생이 없다고 하지만, 경전에서는 일부 진인들은 세간에 다시 태어나 세상을 위해 몇 가지 일들을 했다고 말한다. 이런 분들은 권능존자權能尊者(*ādikārika puruṣa*)[권위와 사명을 가진 사람]로 불린다. 바시슈타(Vasishta), 비야사(Vyasa) 등 인물들이 이런 반열에 속한다. 이런 분들은 탄생이나 활동에 의해 그들의 지知-체험이 영향 받지 않는다. 이런 견지에서는 하느님(이스와라, 곧 시바)도 한 분의 권능존자이다. 그도 지知로써 '나'(에고)와 '내 것'을 소멸했으므로, '집착이 없는 자'로서 세계의 창조·유지·소멸을 관장한다.

*　　*　　*

**해설**: "수행하는 동안은 이원성"이라고 한 연에서 비이원성인 진아 외에는 다른 모든 것이 거짓이라고 했듯이, 이 연에서는 속박·해탈이라는 이원자도 거짓이라는 것—속박이 지금은 실재하지만 나중에(깨달음이 밝아오면) 없어진다는 것은 궁극적 진리가 아니라는 것—이 설명된다.

39. baddhanā nennumattē bandhamutti cintanaihal
baddhanā rendrutannaip pārkkungar — siddhamāy
nittamuttan trānirka nirkādēr bandacintai
mutticintai munnirku mō.

[풀어쓰기] *'baddhan nān' ennum mattē bandha mutti cintanaihal; 'baddhan ār' endru tannaip pārkkungāl, siddhamāy nitta muttan tān nirka, nirkādēl banda cintai, mutti cintai mun nirkumō.*

"나는 속박된 자다"라고 느끼는 동안만 속박과 해탈의 생각이 있네.
"속박된 자는 누구인가?"(를 탐구하여) 자기를 볼 때, (확립된) 진리로서
항상 해탈해 있는 자(진아)만이 남네. 속박이란 생각이
머무를 수 없는데, 해탈이라는 생각이 머무를 수 있겠는가?

**의미**: "나는 속박된 자다"라는 생각이 어떤 사람에게 남아 있는 한, 속박과 해탈의 생각이 있을 것이다. "속박이 누구에게 있는가?"라는 탐구를 통해 **진아 깨달음**(*ātma sākshatkāra*)이 일어날 때는, 항상 존재하고 영원히 해탈해 있는 **본래성품**의 **진아**만이 남고 속박이라는 생각이 일어날 곳이 없어 사라지므로, 해탈의 생각도 일어나지 않고 소멸한다.

**주석**: '속박'·'해탈'이라는 두 가지는 생각이다. '속박'이라는 생각이 있는 한 '해탈'이라는 생각도 일어난다. 속박이 어느 정도만큼 실재하든 그 정도만큼 해탈도 실재한다. 이 둘은 하나의 이원자이고, 이원자들이 갖는 실재성에 대해서는 앞에서도 설명했다.

이 이원자의 토대로 존재하는 것은 에고이다. 즉, 그것이 모든 이원자들에 존재하는 것과 같다. 따라서 에고에 의해 이 이원자가 생명력을 갖는다. 에고가 존재하는 한 속박과 해탈이 나타난다. 에고가 소멸하면 이 두 가지도 소멸한다. 하나가 소멸하면 다른 하나도 남지 않는 것이다.

에고를 소멸하는 수단은 "나는 누구인가?"라는 탐구를 해나가는 것인데, 여기서는 그것(에고)이 '속박'이라는 생각 안에 있다가 일어난다는 것을 보여준다. "속박이 누구에게 있는가?"라는 등으로 자기 자신에게 물으면 "나에게"라는 답이 나오고, "나는 누구인가?"라는 것이 그 다음 질문인데, 이것이 "속박된 자는 누구인가?"라는 축약으로 제시되어 있다.

에고가 소멸한 뒤에, "속박이 전에는 있었는데 지금은 없다"라는 생각이 **진인**에게 일어나는 일은 없다. "나는 **본래성품**에서 **해탈자**다"라는 느낌만이 빛난다는 것이 여기서 설명된다. "**진리**로서 항상 해탈해 있는 자(진아)만이 남네(*siddhamāy nitta muttan tān nirka*)"라는 것이다. 영원히 해탈해 있는 **본래성품**(자성)인 **자기**—즉, **진아**—가 남는 것이다. 다른 모든 것은 꿈에서 깨어난 사람에게 꿈이 사라지듯 사라진다는 의미이다.

이런 의미는 앞의 "지각력 없는 몸은 '나'라고 말하지 않고(*jada udal 'nān' ennādu*)"라는 곳에서(제24연) 속박과 속박된 자인 개아는 의식과 몸 사이의 매듭(*cit-jada granthi*)인 단 하나의 물건이라고 이야기되었다. 따라서 속박과 해탈의 두 가지는 실재하지 않는다는 의미이다. 속박이 있으니 그것이 소멸되어야 한다는 생각은 무지에 속할 뿐이다. 이로써 속박과 해탈은 궁극적 **진리**가 아니며, 가르침의 과정 속에서 이야기되는 것임을 알 것이다. 비이원적 체험을 설하는 **베단타**의 원리에 대해 이원론자들이 제기하는 반론들은 모두 이 비밀을 모르기 때문에 나온다. **바가반**의 훌륭한 제자들은 그런 반론들에 미혹되면 안 된다.

이로써 두 가지 특별한 점이 밝혀진다. 첫째로, **생전해탈자**에게는 자신은 **진인** 또는 **해탈자**이고, 다른 사람들은 무지인 혹은 속박된 자라는 관념이 없다. 왜냐하면 **자기**를 제외하고는 아무도 없다고 앞에서 말한 대로, 그의 견지에서는 다른 누구도 없기 때문이다. 둘째로, 그는 속박이 소멸하고 **해탈**이 얻어졌다고 결코 생각하지 않는다. 어떤 사람이 **바가반**께 "당신께 깨달음이 온 것은 언제였습니까?"라고 여쭈었을 때, 당신은 "저에게는 하나도 (새롭게) 온 것이 없었습니다. 저는 (항상) 있는 그대로 있었지요."라고 답변했다. **지**知든 **해탈**이든 **진아**에게 생겨나는 것이 아니며, 그것들은 **진아**의 **본래성품**이라는 의미이다. **찌다브하사**(반사된 의식)인 개아는 환幻이므로, 그에게 **해탈**이 오는 것이 아니다.

그러면 해탈이라는 단어의 의미가 무엇인가라고 한다면, 속박과 해탈이라는 두 가지 생각이 없는 상태가 곧 해탈이라는 것이 그 답변이다.

*　　*　　*

**해설:** 해탈자에 대해 일부 사람들이 또 하나 잘못 생각하는 것이 있다. 이 해탈자, 저 해탈자로 해탈자들이 다수로 보이기 때문에, 해탈자들은 순수한 **브라만**의 **참된 성품** 안에 전적으로 흡수되는 것이 불가능하고, 그들에게 어떤 하나의 부가물(몸)—미세신 혹은 개별 사람(*vyakti*)—이 있을 수밖에 없다는 것이 그들의 논변이다. 그들의 이야기는 이렇다. 즉, **지**知가 밝아오기 전에 존재하는 미세신이 **지**知가 밝아온 뒤에는 **지**知-**체험**에 의해 신적 성품을 얻고, 헤아릴 수 없는 경이로운 힘들을 얻으며, **브라만**의 **지복**을 체험하면서, 홀로 되어 영원히 머무른다는 것이다. 다른 어떤 사람들은 **진인**에게 형상이 없기는 하지만 자신의 바람에 따라 형상을 취할 수 있다고 말한다. 이 두 가지 주장은 우리가 무시하는 편이 합리적인데, 이 주장들을 듣고 받아들일 수 없는 일부 **비이원론자들**(*Advaitins*)은 **해탈자**인 **진아**에게는 형상이 있을래야 있을 수 없다고 말한다. 이런 주장들 가운데 존재하는 **궁극적 진리**를 (가려내어) 설명하는 것이 이 마지막 연에서 설해진다.

40. uruva maruva muruvaruva mūndrā
murumutti yenni luraippa — nuruva
maruva muruvaruva māyu mahandai
yuruvazhitan mutti yunar.

[풀어쓰기] *uruvam, aruvam, uruvaruvam, mūndru ām, urum mutti ennil uraippan; uruvam, aruvam, uruvaruvam āyum ahandai uru azhidal mutti, unar.*

"형상이 있고, 형상이 없고, 형상이 있기도 없기도 한 세 가지 중 어느 것이 (진인의) 해탈인가?"라고 한다면, "'형상이 있다, 형상이 없다, 형상이 있기도 없기도 하다'고 분별하는 에고의 형상이 소멸되는 것이 해탈이다"라고 알라.

**의미:** 진인이 성취하는 해탈은 "형상이 있다", "형상이 없다", "둘 다로서 존재한다"는 세 가지 주장 가운데 어느 것이 진리인지 말하리라. 해탈은 형상이 있는지, 형상이 없는지, 둘 다인지를 탐구하여 에고의 형상이 소멸하면, 바로 그것이 해탈의 진리라는 것을 알라.

**주석:** 해탈의 성품을 '이렇다, 저렇다'라는 논쟁 등으로 천착하여 판정할 수 있다는 미신을 가진 사람들은 무지인들—해탈을 체험해 보지 못한 사람들—이다. 즉, 그들은 에고에 지배되는 이들이다. 그 에고 자체가 마음이다. 에고-마음 자체가 영원한 아빠록샤(*aparoksha*)[직접체험]인 진아의 원리를—즉, 해탈을—경전(*sruti*-우파니샤드) 말씀에 의해서든, 논변에 의해서든, 혹은 둘 다에 의해서든, 빠록샤(*paroksha*)[간접지]로서 판정하려고 애쓴다.

아빠록샤 상태가 진아이고, 그것은 어느 때에도 빠록샤가 아니다. 누구도 자신의 존재를 추론으로 확립하지 못한다. 자신의 존재는 영원히 체험되는 진리이다. 그것을 간접지로 아는 것이 (참된) 앎이겠는가?[4] 따라서 해탈의 성품을 마음으로 알려고 애쓰는 것은 잘못이다. 에고-마음은 해탈을 직접체험(*aparoksha*)으로 알 길이 없다. 왜냐하면 그 에고의 소

---

4) 위의 입장에서 데카르트라는 철학자는 "나는 생각들을 생각한다. 따라서 내가 있다"는 추론에 의해 자기가 있다고 판정했다. 이것이 잘못된 방식이라는 것은 앞에서 설한 것으로 설명된다. 진아는 추론에 의해 알려지는 것이 아니다. 그것은 자기광명이기 때문이다.
영역자 주: 바가반은 이런 주장을 락슈마나 사르마가 기록한 다음의 말씀으로 조롱했다.
"일부 사람들은 마음의 작용에 의해, 곧 '나는 생각한다, 따라서 내가 있다'는 논리에 의해 그들 자신의 진아가 존재함을 추론하네. 이런 사람들은 코끼리가 지나갈 때는 무시하다가 나중에 그 발자국들을 보고 그것을 납득하는 아둔한 사람들과 같다네."
—『라마나 우파니샤드(*Sri Ramanaparavidyopanishad*)』, 제166연

멸만이 해탈이기 때문이다. 에고가 존재하는 한 해탈이 없다는 것이고, 해탈 안에는 에고가 없다. 따라서 마음은 (혹은 지성은) 해탈을 직접체험으로 알지 못한다. 간접지로 아는 앎은 (참된) 앎이 아니라는 것을 알 것이다. 따라서 그런 주장들은 헛되다는 것이 결론이다.

에고의 소멸만이 해탈이라는 것이므로, 해탈의 참된 성품은 마음과 말로써는 도달할 수 없다. 베단타 경전들에서는 진아의 참된 성품의 진리가 "네띠-네띠(*neti-neti*)"라고 가르치고 있다. 그 가르침의 의미가 여기서 설해진다. 따라서 해탈의 상태를 두고 무슨 말을 하더라도 그 말은 거짓이라는 의미이다.

그렇다고 하면, 위 세 가지 주장들 중 어느 것이 진리인지 탐색해 보자. 형상—사람(*vyakti*)—이 있다는 주장은 전적으로 그릇되었다는 것이 분명하다. 형상이 있다는 말은 진아의 성품이 묘사 불가능하다는—말로 표현할 수 없다는—가르침에 어긋나기 때문이다.

"형상이 있기도 없기도 하다(*uruvaruvam*)"—즉, 생전해탈자가 형상 없이 존재한다는 것은 맞지만, 원할 때는 형상을 취할 수 있다고 하는 주장도 마찬가지이다. 이 두 가지 주장은 실은 하나일 뿐이다. 형상 없이 존재한다면서 형상을 원하기로 결심한다는 것은 불가능하다. 결심하려면 마음이라는 미세신이 필요하다. 따라서 이 주장도 잘못이다.

형상과 개인이 없다면 "이 해탈자, 저 해탈자"라고 하는 분별이 없게 될 것이므로, (그런 주장들에 대해서는) "그렇다 치고, 그게 그대에게 뭐가 중요한가?"라고 되물을 필요가 있을 것이다. '해탈이 어떻게 그럴 수 있나?' 하는 의문을 붙들고 그런 주장들에 몰두하지 말고, 거기서 말하는 어떤 수행이든 거기에 몰두하여 해탈을 얻고 나서, 그것이 어째서 그러한지 직접적으로 알라는 것이 바가반이 말씀하신 의미로 이해된다. 더욱이 궁극적 견지에서는 해탈 속에 분별들이 없다고 바가반이 말씀하신다.

"이 마하트마를 뵈었다, 저 마하트마도 뵐 것이다"라는 분별 관념은 잘못된 것이다. 어떤 사람이 자신의 내면에 있는 마하트마를 직접적으로 체험하여 안다면, 그에게는 모든 마하트마들이 하나일 뿐이라고 바가반은 말씀하신다.

더욱이 실재가 보여주는 빛인 이 저작에서, 분별들은 궁극적 견지에서 참되지 않다는 것이야말로 분명하게 확립된 결론임을 알 수 있다. 에고의 확장 형태인 마음에 의해 상상된 이름과 형상들—이원자들과 3요소들, 공간과 시간, '나 · 너'라는 사람 간의 분별, 개아와 하느님 간의 분별 등—이 모든 것은 에고와 함께 소멸하는데, 해탈 속에 어떻게 남아 있겠는가? 남는다고 하는 사람들은 무지인일 뿐이다.

더 중요하게는, "형상이 자기라면(*uruvam tān āyin*)"으로 시작하는 제4연에서, 형상이 나타나는 원인은 에고—즉, '몸이 나다'라는 관념—이고, 실은 진아는 "무한한 눈"으로 불리는, 둘이 없고 완전한 존재-의식이라고 한 것을 보았다.

개인론자들(생전해탈자가 몸을 가진 '사람'이라고 주장하는 이들)은 세계가 참되다는 견해를 가진 사람들이다. 세계의 실재성을 말하는 이들은 개아 · 하느님 · 세계의 셋이 어느 때에도 존재하지 않는다고 하는 본 저작에서 설 자리가 없다는 것이 본 저작의 처음부터 분명하다. 개아라는 사람(*vyakti*)은 지금도 존재하지 않고, 그 사람의 영원성을 확립하려 해도 본 저작에서는 근거를 찾지 못한다.

생전해탈자의 몸은 떨어져 나가지 않고 얼마 동안 세상 사람들 사이에서 계속 활동하고 가르침 등의 행위를 하기 때문에, 그에게는 개인성(*vyakti*)—별개의 존재성—이 있을 수밖에 없다고 그들은 주장한다. 생전해탈자에 대한 논쟁에 한계라고는 없다. 그것에 관한 진리는 큰 신비이다. 말을 한다고 해도 설명하기가 매우 어렵다. 요약하여 말하자면, 생전해탈자에게는 진아와 브라만의 털끝만큼의 차이를 논하는 것도 어리석다고 해야 할 것이다. 차별은 부가물들(*upadhis*)에 의해 나타나는 것일 뿐 실재하지 않는다. 부가물이란 앞서 말한 다섯 껍질, 혹은 원인신·미세신·조대신의 세 가지 몸이다. 이것들은 거짓이라는 것이 베단타의 확립된 결론이다. 진인에게는 진아인 바탕 위에 덧씌워진 모든 것이 존재하지 않고, 바탕만이 순수하게 빛난다는 것이 본 저작에서 다양한 방식으로 설해지며, 「보유」에서도 설해진다.

우파니샤드에서는 형상, 무형상, 형상이자 무형상이라는 주장들에 대해 조금 여지를 주고 있는 것은 사실이다. 그것은 근기가 성숙되지 못한 사람들에게 해탈에 대한 열망이 생겨나게 할 필요에서 설하고 있는 것임을 알아야 한다.

궁극적 진리에 어긋남이 없이 이것을 어느 정도 조화시킬 수 있을지는 모른다. 진인들의 미세신은 발현업에 의해 한동안 지속될지 모른다. 권능존자들(*ādikārika puruṣas*)·하느님(*Īsan*) 이런 분들이 이 반열의 독존자獨尊者(*thanippattavar*)[5]로 보이는 분들이라는 것은 앞에서도 보았다. 이 모든 것은 궁극적 진리 안에서는 실재하지 않으며, 하느님을 포함해 모두가 환幻인 세계 안에 들어 있다. 진인에게는 차별상이 실재하지 않고, 참으로 존재하는 것은 진아의 성품 하나뿐이다. 이것은 「보유」의 끝에 나오는 "모든 베단타의 최종적 결론의 핵심을(*akila vēdānta siddānta sārattai*)"이라는 연에서 명료하게 설명된다.

*　　*　　*

5) *T.* 독존자란 '오직 홀로인 존귀한 사람'이며, 붓다가 '천상천하 유아독존'이라고 했을 때와 같은 의미이다. 완전한 깨달음을 얻은 진인의 안목에서는 세계도 없고 다른 사람들도 없다. 즉, 그는 단 하나인 진아, 곧 존재-의식으로서 존재하므로 '독존'(홀로 존귀함)이라고 하였다. 그는 전 우주이자, 그 우주가 시간·공간과 함께 나타나는 바탕이며, 그 우주 안의 (실재하지 않는) 모든 존재들이자 그들의 모든 행위이기도 하다. 하느님은 그들 중에서 특정한 범주의 세계들을 관장하는 것으로 보이는 위대한 진인 혹은 스승을 가리킬 뿐이다.

# 2
# 실재사십송 — 보유補遺

(*Uḷḷadu Nāṟpadu - Anubandham*)

이 「보유」의 40개 연 중 27개 연은 산스크리트어로 된 다양한 텍스트에서 스리 바가반이 타밀어로 번역한 것이다. 원래의 산스크리트어 연들은 해당 연의 말미에 덧붙여져 있다.

## 기원시

edankannē nilaiyāhi yirundidumiv
  vulahamelā medana dellā
medanindriv vanaittulahu mezhumōmat
  rivaiyāvu medanpo ruttā
medanāliv vaiyamelā mezhundidumiv
  vellāmu meduvē yāhu
madutānē yulaporulāñ sattiyamā
  maccorupa mahattil vaippām.

[풀어쓰기] *edankannē nilai āhi irundidum iv ulaham ellām, edanadu ellām, edanindru iv anaittu ulahum ezhumō, matru ivai yāvum edan poruttām edanāl ivvaiyam elām ezhundidum, iv ellāmum eduvē āhum, aduntānē ulaporulām, sattiyam ām. ac corupam ahattil vaippām.*

그것 안에 모든 세계가 꾸준히 존재하고,
  이 모두가 그것의 것이고,

그것에서 이 모든 세계가 일어나고,
　그것을 위해 이 모든 것이 존재하며,
그것에 의해 이 모든 세계가 생겨나고,
　실로 그것이 이 모든 것인 것,
그것이야말로 실재인 진리이니,
　그 성품을 심장 안에 간직합시다.

**의미 :** 이 세계의 모든 것이 그것 안에 머무르면서 존재하고, 모든 것이 그것의 소유이고, 이 모든 세계가 그것에서 일어나고, 이 모든 것이 그것을 위해 있고, 이 모든 세계가 그것에 의해 일어나며, 이 모든 것이 실로 그것일 뿐인, 그것이야말로 실재라네. 저 진리인 성품[진아]을 심장 안에 간직합시다.

**주석 :** 실재인 진아라는 본체(*Atma-vastu*)를 말로써 서술하기는 불가능하다. 즉, 그것의 성품 특징(*Svarupa Lakshana*)을 이야기하기가 불가능하다. 그것은 개아 · 하느님 · 세계의 바탕이라고만 묘사될 수 있다. 이것을 '속성 특징(*Tatastha Lakshana*)'이라고 한다.1) 이와 같이 바가반이 여기서 실재를 설하는 것이 이 기원시의 핵심이다.

**"그것 안에...**(*edan kannē...*)": 밧줄상의 뱀처럼, 무지에 의해 참된 것처럼 나타나는 이 모든 세계가 나타나는 터전으로서 존재하는 것은 실재이다. 즉, 실재의 존재야말로 '세계는 참되다'라는 생각의 원인이며, 세계는 그 자체의 존재성이라고 할 것을 가지고 있지 않다.

**"이 모두가 그것의 것이고**(*edanadellām*)": 세계의 모든 것이 실재의 반영에 불과하므로, 세계는 실재가 소유한 것이다.

**"그것에서 이...**(*edanindriv...*)": 세계가 나타나는 원인은 '몸이 나다'라는

---

1) *T.* 간단히 말해서 '성품 특징'은 그 사물의 본질을 나타내는 특징이고, '속성 특징'은 그것이 특정한 대상과 관련될 때 나타나는 개별적 혹은 주변적 특징들이다.

관념인 에고이고, 그 에고의 원인은 **실재** 외에 다른 것은 없으므로, 그 **실재**야말로 세계의 원인이라는 의미에서, 세계는 그 **실재**에서 일어난다고 설해진다.

"**그것을 위해 이 모든 것이 존재하며**(*matru ivai yāvum edan poruttām*)": 모든 슬픔이 근절되고 지속적인 온전한 행복 속에 머무르는 터전인 **실재**를 인간이 추구하고 얻는 데는 이 세계가 도움이 되지 않는다. 왜냐하면 세계는 슬픔은 넘치게 많고 행복은 보잘것없이 있기 때문이다. 그것이 그 인간에게 무욕이 생겨나게 하고, 그를 해탈열망자가 되게 한다.

"**그것에 의해**…(*edanāl*…)": **실재**와 다르지 않으면서 어떤 **마야**의 힘이 이 세계로 확장된다고 하는 것이 **베단타**의 확립된 결론이다. 이것은 앞부분[「실재사십송」]에서 "우리가 세계를 보기 때문에(*nām ulaham kāndalāl*)"로 시작하는 첫째 연의 "다양한 힘을 가진(*nānāvām cattiula*)"이라는 어구에서 이야기되었다.

"**실로 그것이 이 모든 것인 것**(*ivellāmum eduvē āhum*)": 뱀의 나타남에 밧줄이 있듯이, 세계의 나타남에는 **실재**라는 바탕인 **진리**가 있다. 세계는 (바탕인 실재 위에) 덧씌워진 거짓이라는 의미에서, 세계는 **실재**일 뿐이라고 이야기된다. 이런 의미 외에는 달리 어떤 의미에서도 세계가 **실재**라고 하는 것은 적절치 않은데, 이는 그 둘이 어둠과 빛처럼 전적으로 판이하기 때문이다. 궁극의 소견을 얻은 **진인**들에게는 세계라는 겉모습이 소멸하고 **진아**인 **실재**만이 남아 있다는 취지는, 앞부분의 "세계는 **실재**라네(*ulahu unmaiāhum*)"로 시작되는 제18연과 다른 곳들에서 분명하게 설해졌다. 이로써 세계는 실은 생겨남이 없고, **실재**는 어떤 변상變相도 없는 순수한 **비이원적 본체**로서 존재한다고 하는 **불생론**이 설명된다.

이 **근본-본체**(*Moola-vastu*)인 **실재**를 "**심장 안에 간직합시다**(*ahattul vaippām*)"—'**심장** 안에 있는 **진아**로서 명상하자', 혹은 '**그것**이야말로 **심장** 안에 존재하는 행복의 보물이다'라는 것이 (이 연의) 전체적 취지이다.

어떤 사람이 이것을 몰라서 바깥을 향한 시선을 가지고 세간적 삶 속에서 헤매고 있다면, 그는 가난한 사람이다. 누구든 이것과 합일하여 하나가 된 상태를 얻는다면, 그는 욕망성취자(*aptakāma*)—모든 욕망을 일거에 이룬 자—로서 영원한 만족을 가졌기에 가난의 성품이 없는 자라는 것이 그 의미이다.

여기서 설하는 것은 '용해견溶解見(*pravilāpa drishti*)'[결과인 다양성을 원인인 본체 속으로 녹여 넣는 관점]이라는 순수한 지知 수행법을 보여준다. 바다에서 생겨나는 포말·물거품·파도들이 바다일 뿐이듯이, 그리고 꿈속의 세계가 그 꿈을 꾸는 사람(의 마음)일 뿐이듯이, '일체가 자기일 뿐'이라고 생각하는 것이 용해견이다.[2] 이런 관점의 수행으로 마음의 습習들을 소멸하고, 지知-탐구(자기탐구)에 의해 심장 속에 가라앉는 것이 직접적인 수행에 적합할 것이다.

이것은 "그것이 모든 것이고(*yasmin sarvam*) ⋯."로 시작하는 『요가 바시슈타』의 시 한 연의 타밀어 형태이다. 그 타밀어판인 『냐나 바시땀』에 이 시가 없기 때문에 스리 바가반이 이 시를 타밀어로 번역해 주셨다.

*yasmin sarvaṁ yasya sarvaṁ yatassarvaṁ yasmā idam* |
*yena sarvaṁ yaddhi sarvaṁ tatsatyaṁ samupāsmahe* ||

—『요가 바시슈타』, 5.8.12

2) *T.* 이 '용해견'과 또 다른 견해들에 대해서는 『라마나 마하르쉬 저작 전집』, 365-6쪽 참조.

## 사뜨 상가 장(*Sat Sanga Prakaranam*)

**해설:** '사뜨(*Sat*)'라는 것은 바로 빠라브라만(Parabrahman)이다. 그것은 (지성과 언어를 넘어서 있어) 우리가 직접 명상할 수 없는 것이다. 하지만 그것의 형상으로서 명상을 하기에 적합한 것들이 다양하게 있다. 이런 것들은 앞부분의 '분별 장'에서 이야기되었다. 그 중에서 생전해탈자가 한 가지 형상이다. 그도 '사뜨'라고 불린다. 그에게 다가가는 많은 사람들의 복력福力(참스승을 만날 수 있는 복력)에 의해 그는 세간에 몸을 가지고 나타난다. 그를 가까이하는 사람들은 그 친교(사뜨상가)의 으뜸가는 힘을 통해 신속히 해탈을 얻게 된다. 이 진리가 여기서 설해진다.

1. sattinak kattinār cārbahaluñ cārbahalac
   cittattin cārbu cidaiyumē — cittaccār
   batrā ralaiviladi latrārjī vanmutti
   petrā ravarinakkam pēn.

[풀어쓰기] *sat inakkattināl cārbu ahalum; cārbu ahala, cittattin cārbu cidaiyumē; cittac cārbu atrār alaivil adil atrār, jīvanmukti petrār, avar inakkam pēn.*

실재와의 친교로 (대상들과의) 연관이 제거되고, 연관이 제거될 때
마음의 집착이 소멸되네. 마음의 집착에서 벗어난
사람들은 움직임 없는 것 안에서 소멸되고, 생전해탈을
성취한다네. 그들과의 친교를 소중히 여기라.

**의미:** 사뜨를 가진 분과의 친교로 연관(세간적 속박들, 집착들)이 제거되고, 연관이 제거되면 마음의 집착(마야·무지)이 소멸되며, 마음에 집착이 없는 사람들은 움직임 없는 브라만 안에서 하나가 된 자, 즉 생전해탈을 얻은 사람들이 된다. 그런 분들과의 친교를 지극한 마음으로 추구하라.

*satsaṅgatve nissaṅgatvaṁ nissaṅgatve nirmohatvam |*
*nirmohatve niścalatattvaṁ niścalatattve jīvanmuktiḥ.* ||

—아디 샹까라, 『바자 고빈담(*Bhaja Govindam*)』,
「미혹을 깨는 망치(*mohamudgaram*)」, 제9연

*　　*　　*

**해설:** 사뜨와의 친교(사뜨상가)는 마음을 순수하게 만들고, 무지를 사라지게 하며, 앞에서 이야기된 수행의 이유인 **해탈**을 얻게 해 준다. 따라서 해탈의 욕망을 가진 사람은 **참사람**(*Sat-purusha*), 즉 **생전해탈자**에게서 피난처를 구해야 한다. 그러면 **그**의 **친존**의 힘에 의해 신속히 근기를 성숙시키고, 수행을 꾸준히 해 나가기에 적합한 사람이 될 것이다. 바로 이런 취지를 다음 연에서도 설하고 있다.

2. sādhuravu cāravulañ cārtelivi cārattā
   lēdupara māmpadamin geydumō — vōdumadu
   bhōdakanā nūrporulār punniyattār pinnumoru
   sādakattār cāravonā dāl.

[풀어쓰기] *sādhu uravu cāra ulam cār teli vicārattāl ēdu param ām padam ingu eydumō; ōdum adu bhōdakanāl, nūl porulāl punniyattāl, pinnum oru sādakattāl cāravonādu āl.*

사두(진인)와 친교할 때 **심장** 안에서 일어나는 명료한 **탐구**에 의해
여기서(이번 생에) 성취되고 찬양받는 그 **지고의 상태**는
설법자(의 교시)나, 경전의 의미(에 대한 공부)나, 덕행에 의해서,
혹은 다른 어떤 수단에 의해서도 성취할 수 없다네.

**의미:** 사두의 친교를 얻어서 **심장** 안에 (마음이) 도달하는 명료한 **탐구**에 의해 여기서 어떤 **지고의 상태**가 성취되든, 말로써 가르치는 설법자에 의해서나, 지성으로 경전들의 의미를 아는 것에 의해서, 덕행에 의해서,

또는 다른 방편에 의해서는 그 상태를 얻을 수 없다.

**주석:** 사뜨들은 '사두들'이라고도 불린다. **사두상감**(*Sadhu-sangam*)[사두와의 친교]은 다른 모든 방편들보다 수승殊勝하다. **사두상감**을 통해 **심장** 속에 있는 **진아**의 **힘** 자체가 일어나 마음을 장악하여, 앞부분의 '탐구 장'에서 말한 **자기탐구**로 몰고 가서 **심장** 속에 가라앉게 한다. 따라서 **사두**라고 불리는 **생전해탈자**에게 헌신해야 한다. 헌신이라는 접촉에 의해, **그**의 신적인 힘이 헌신자의 내면에서 (그의 해탈을 위해 필요한) 모든 것을 한다.[1)]

**생전해탈자**를 정확히 **지고**의 **실재**로, **자기** 안에서 빛나는 **진아**의 **본체**로 간주해야 한다. 우리처럼 **그**도 하나의 몸 안에 국한되어 있을 거라고 생각하는 것은 잘못이다. **그**에게 헌신하기 위해서는 **그**의 형상이 나타나 있는 곳 근처에 있어야 한다고 생각해서는 안 되며, **그**를 장소와 시간을 초월해 있는 분이라고 칭송해야 한다.

*na tatgurorna śāstrārthānna puṇyātprāpyate padam* |
*yatsādhusaṅgābhyuditāt vicāra viśadā dhṛtaḥ* ||

—『요가 바시슈타』, 5.12.17

* * *

**해설:** 어떤 사람에게 **생전해탈자**에 대한 헌신이 생겨나면 그에게 다른 해탈의 방편들은 필요가 없다. 이런 취지를 다음의 연이 확인시켜 준다.

3. sādhukka lāvār sahavāsa nanninā
   lēdukkā minniyama mellāmu – mēdaka
   tantendran mārudan tānvīsa vēvisiri
   kondenna kāriyanī kūru.

---

1) *T.* 즉, 진인의 힘이 그 헌신자의 내면에서 그의 업장을 녹이고 근기를 성숙시키며, 올바른 수행의 힘과 지혜를 얻게 하여, 결국 해탈을 얻도록 이끈다.

[풀어쓰기] *sādukkal āvār sahavāsam mannināl ēdukku ām in niyamam ellāmum? mēdakka tan tendral mārudam tān vīsavē, visirikondu enna kāriyam nī kūru.*

사두(진인)인 그들과의 친교를 얻는다면
이 권계勸戒들(*niyamas*-권장되는 규율들)이 다 무슨 소용 있는가?
기분 좋은 서늘한 남풍이 불어오는데, 부채를
들고 있는 것이 무슨 소용 있는지, 말해 보라.

**의미:** 사두들과의 친교를 받아들인다면 이런 권계勸戒들이 다 무엇이란 말인가? 비할 바 없는 서늘한 남풍이 불어올 때 부채를 들고 있는 것이 무슨 소용 있는지, 말해 보라.

**주석:** 예공(*puja*)·염송(*japa*)·명상을 준수하는 권계들은 마음 정화의 토대로서 **해탈**의 방편들이다. 그런 것들을 통해서 오는 이익보다 훨씬 큰 이익을 **사두상감**을 통해 신속하게 얻을 수 있으므로, 그런 권계들을 버리고 **사두상감**만을 추구해야 한다. 즉, 헌신을 증장하여 그들과 친교해야 한다. 이것은 외부의 아주 먼 곳에 있어도 할 수 있다는 것은 앞에서도 이야기했다.

*sajjanasange samprāpte samasta niyamairalam |*
*tālavṛntena kim kāryaṁ labdhe malayamārute.* ||[2)]

* * *

**해설:** 바가반은 사두상감의 위대함을 다시 두 연으로 더 설명한다.

4. tāpantan candiranād rainiyanar karpahattār
   pāpantān gangaiyār pārumē — tāpamuda
   limmūndru mēhu minaiyillā sādukka

2) *T.* 이 산스크리트 시구의 출처는 정확히 확인되지 않고 있다.

tammā darisanattāt rān.

[풀어쓰기] *tāpam tan candiranāl dainiyam nal karpahattāl, pāpam-tān gangaiyāl pārumē. tāpam mudal im mūndrum ēhum inai illā sādukkal tam mā darisanattāl tān.*

열기는 서늘한 달빛이, 가난은 천상의 소원성취수가,
죄는 성스러운 갠지스 강이 없애준다지만, 열기를 위시한
이 세 가지 모두는, 비할 바 없는 **사두**들의
위대한 눈길만으로 사라진다네.

**의미:** 서늘한 달빛은 열기를 식혀주고, 천상에 있는 소원성취수는 가난을 없애주며, 갠지스 강은 죄를 소멸하지만, 열기·가난·죄 이 셋도 그들에게는 비할 것이 없는 **사두**들의 위대한 친견에 의해 소멸한다.

**주석:** 이로써 **사두상감**에 비할 것은 삼계三界 전체에도 없다는 것을 알 것이다.

가난은 돈이 없다는 마음의 두려움인데, 마음을 확고하게 만들어 가난한 상태에서도 행복한 삶을 영위하게 하는 것이 **사두상감**이라는 의미로 이해하는 것이 적절하다.

*gangāpāpam śaśītāpam dainyaṁ kalpatarustathā* |
*pāpaṁ tāpaṁ ca dainyaṁ ca hanti sajjanadarśanam* ||

—『수바시따 라뜨나 반다가르(*Subhāṣita Ratna Bhaṇḍāgār*)』, 3.6

* * *

**해설:** 사두상감은 매우 성스러운 것이라고 다음 연에서 설한다.

5. kammayamān tīrttangal kanmannān deyvanga
lammahattuk katkinaiyē yāhāvā— mammavavai
yenninā lātrūymai yēyvippa sādukkal

kanninār kandidavē kān.

[풀어쓰기] *kam mayamām tīrttangal, kal man ām deyvangal, amma-hattukkatku inaiyē āhāvām, amma! avai en il nālāl tūymai ēyvippa; sādukkal, kanninal kandidavē kān.*

물로 이루어진 성수지聖水池와, 돌과 흙인 신상神像들은
위대한 영혼들에 비할 수 없다네. 아, 그것들은
무수한 날들이 지난 뒤에 (마음의) 순수함을 안겨주지만, 사두들은
눈으로 바라보아 주는 순간에 그러하다는 것을 알라.

**의미:** 찬물로 이루어진 성수지聖水池와 돌·흙 등으로 된 저 신상神像들, 이런 것들은 저 위대한 분들에는 비교가 되지 않는다. 놀라워라! 그것들은 헤아릴 수 없는 시간이 지난 뒤에 마음의 순수함이 생겨나게 하지만, 사두들이 눈으로 바라보면 그 순간에 마음이 순수해진다네.

**주석:** 성수지나 신상들은 숭배자들(*upāsakas*)의 믿음·신뢰 등에 의해 힘을 얻는다. 그러나 생전해탈자에게서는 지고아(*Paramatma*)의 빛이 스스로 빛나고 있기 때문에, '둔한 근기'라고 불리는 수행자도 이끌려 헌신자가 되고, 구제받게 된다는 취지이다. 생전해탈자인 어떤 사람이 세상 속에서 빛나고 있을 때 그와 친교하여 그의 은총을 얻으려고 노력하고, 헌신자가 되어 구원을 얻어야지, 자기 자신의 마음의 힘으로 노력하여 성취하려고 하는 것은 현명하지 않다. 지고자의 형상이 바로 그이므로, 그에게 헌신하면 은총을 얻을 수 있음을 본 장을 통해서 알 필요가 있다.

*na hyammayāni tīrthāni na devā mṛcchilāmayāḥ* |
*te punantyurukālena darśanādeva sādhavaḥ* ||

—『스리마드 바가바땀(*Śrimad Bhāgavatam*)』, 10.48.31

* * *

## 진아의 원리 장(*Ātma Tattva Prakaranam*)

**해설:** 여기서는 진아의 원리와 그것을 체험 속에서 얻기 위한 길이 설해진다. 세계·마음, 이런 모든 것을 비추는 빛은 진아라는 체험적 진리가 먼저 이야기된다.

6. dēvanā rārmanam tēruva nenmana
   māviyā mennā laripadumē — dēvanī
   yāhumē yāhaiyā larkkuñ surudiyā
   lēkanān dēvanē yendru.

[풀어쓰기] *dēvan ār? ār manam tēruvan. en manam āviyām ennāl aripadumē. dēvan nī āhumē āhaiyāl, ārkkum surudiyāl, ēkan ām dēvanē endru.*

"신은 누구입니까?" "마음을 아는 자이다."
"제 마음은 영혼인 제가 압니다." "그래서
그대가 신이다. 또 경전에서 이렇게 선언하기 때문이다.
'신은 오직 하나다'라고."

**의미:** "신은 누구입니까?" "누구든 마음을 아는 자, 그가 신이다." "제 마음은 진아인 제가 압니다." "그래서 그대가 신이다." 또한 "신은 오직 하나다"라고 경전(*śrutis*-우파니샤드)에서 우렁차게 선언하기 때문이다.

**주석:** 이것은 질문(*prasna*)과 답변(*uttara*)으로 되어 있다. "하느님의 특징은 무엇입니까?"라는 질문에, "몸을 포함한 세계를 아는 것은 마음인데, 그 마음을 아는 의식(*arivu*)이 바로 하느님이다"라는 것이 답변이다. 제자는 "'나'라는 것이 없다면 마음을 알지 못합니다. 그것이 하느님이군요?" 라고 말한다. "그렇다. 그것이 바로 하느님이다. 일체를 아는 것이 의식

이기 때문이다. 이에 대해 '모두의 내면에 단 하나인 하느님이 있다'고 경전(*sruti*)에서도 이를 뒷받침해 주고 있다"고 스승은 말한다.

*ko devo yo manovetti mano me dṛśyate mayā* |
*tasmāttvameva devo'si eko deva iti śruteḥ* ||[1)]

* * *

**해설**: 위 가르침이 다음 연에서 확장된 형태로 이야기된다.

7. oliyunak kedupaha linanenak kirulvilak
   koliyuna roliyedu kanaduna roliyedu
   volimadi madiyuna roliyedu vaduvaha
   molitani loliyunī yenaguru vahamadē.

[풀어쓰기] *oli unakku edu? pahal inan enakku, irul vilakku; oli unar oli edu? kan; adu unar oli edu? olimadi; madi unar oli edu? adu aham; olitanil oliyum nī ena guru, aham adē.*

"그대에게는 무엇이 빛인가?" "낮에는 햇빛, 밤에는 불빛입니다."
"그 빛을 아는 빛은 무엇인가?" "눈입니다." "그것을 아는 빛은?"
"빛인 마음입니다." "마음을 아는 빛은 무엇인가?" "그것은 저입니다."
"그 빛의 빛은 그대이다." 스승이 선언하자, "제가 그것입니다."

**의미**: "그대에게 무엇이 빛인가?" "저에게 빛은, 낮에는 해이고 밤에는 불빛입니다." "이 빛을 아는 빛은 무엇인가?" "눈입니다." "그 눈을 아는 빛은 무엇인가?" "마음입니다." "마음을 아는 빛은 무엇인가?" "그것은 저입니다." "모든 것을 비추는 빛은 그대이다."라고 스승이 말하자, "제가 바로 그것입니다."라고 제자가 말했다.

**주석**: 이 저작의 앞부분[「실재사십송」]에서 '나'라는 의식이 세계라는 겉모

1) *T.* 이 산스크리트 시구는 출처가 미상이다.

습의 근원이라고 한 가르침이 여기서 다른 방식으로 설해진다.

*kiṁ jyotistava bhānumānahani me rātrau pradīpādikaṁ*
*syādevaṁ ravidīpadarśanavidhau kiṁ jyotirākhyāhime |*
*cakṣustasya nimīlanādisamaye kiṁ dhīrdhiyordarśane*
*kiṁ tatrāhamato bhavānparamakaṁ jyotistadasmi prabho ||*

—샹까라, 「에까 슐로끼(*Eka śloki*)」

*　　*　　*

**해설:** 이 '나'라는 것이 어디에 자리 잡고 빛나고 있든, 그곳에 합일되어 진아체험을 얻어야 한다는 수행의 원리를 다음 연에서 집약하여 설한다.

8. idayamān guhaiyi nāppa nēkamam biramma mātra
   maduvaha mahamā nērē yavirndidu mānmā vāha
   vidayamē cārvāy tannai yenniyā zhaladu vāyu
   vadanuda nāzhma nattā lānmāvi nitta nāvāy.

[풀어쓰기] *idayamām guhaiyin nāppan ēkamām birammam mātram, adu 'aham aham' āy nērē avirndidum ānmāvāha; idayamē cārvāy; tannai enni āzh, aladu vāyu adanudan āzhmanattāl ānmāvil nittan āvāy.*

심장동혈의 한가운데 하나인 브라만이 홀로
'나-나'로서 빛나고 있네. 진아의 형상으로.
심장으로 들어가 자기를 탐색하여 가라앉거나, 호흡과 더불어
마음이 가라앉게 하여, 진아 안에 안주하라.

**의미:** 심장이라는 동혈의 한가운데 단 하나인 브라만이 홀로 '나, 나'라고, 스스로 진아로서 빛나고 있다. 자기를 궁구窮究하여 가라앉은 마음으로, 혹은 호흡과 함께 가라앉은 마음으로 심장만을 피난처로 삼고, (그렇게 해서) 진아 안에 안주하는 사람이 되라.

**주석:** '나'라는 의식은 **브라만**의 빛살이다. 몸으로부터 그것을 고립시켜[2] 그것을 따라 내면으로 들어가서 **근원**인 **심장** 자리에 도달하면, 마음이 가라앉고 **진아광명**이 일어난다는, 앞부분에 나온 가르침을 여기서 상기해야 한다.

**심장** 속으로 마음을 가라앉히는 것이 그 수행이다. 이에 대해 여기서는 두 가지 방편이 설해진다. 첫째는 '나'라는 빛이 있는 곳에 도달해야겠다는 확고한 결의를 가지고 그것을 명상하는 것이고, 둘째는 그것만을 목표로 하는 동시에 호흡을 제어하는 것, 즉 지식止息(*kumbhaka*)이다. 이로써 거짓된 에고와 그것에서 생겨난 마음이 지멸止滅되고, 그에 더하여 **순수한 빛**이 비춘다는 의미이다.

*hṛdayakuharamadhye kevalaṁ brahmamātraṁ*
*hyahamahamiti sākṣādātmarūpeṇa bhāti* |
*hṛdi viśa manasā svaṁ cinvatā majjatā vā*
*pavanacalanarodhādātmaniṣṭho bhava tvam* ||

—바가반 스리 라마나 마하르쉬, 「무끄따까 뜨라얌(*Muktaka Trayam*)」[3]

이 연은 **바가반**이 (1915년에) 먼저 산스크리트어로 짓고, 뒤에 타밀어로도 번역하신 것이다.

* * *

**해설:** 같은 의미를 「데비깔롯따람」이라는 아가마(Agamas) 저작에 있는 한 연(그 제46연)을 가져와서 보여준다.

9. ahakkama lattē yamala vacala

2) *T.* 무지인의 '나'라는 의식은 몸과의 동일시 관념이다. 이 동일시를 그치고 '나'라는 의식 자체에만 집중하는 것이 '몸으로부터 그것을 고립시키는' 것이다. 이것이 **자기주시** 혹은 **자기자각**인데, 이 **자기주시**를 심화하는 것이 곧 '내면으로 들어가는 것'이다.

3) *T.* 「무끄따까 뜨라얌」은 **바가반**이 지은 시 세 편을 따로 부르는 이름이다. 다른 두 편은 뒤에 나오는 제10연과 「한 글자(*Ekam Aksharam*)」(『라마나 마하르쉬 저작 전집』, 225쪽)이다.

vahamuruva māhu marivē — dahattai
yahatriduva dālav vahamā marivē
yahavī dalippa dari.

[풀어쓰기] *ahakkamalattē amala acala aham uruvam āhum arivu ēdu? ahattai ahatriduvatāl av vahamām arivē, ahavīdu alippadu ari.*

심장연꽃 안에 있는 순수한 부동의
'나'(진아)라는 형상은 어떤 의식이오? '나'(에고)를
제거하면 그 '나'인 의식이야말로
진아인 해탈을 하사한다는 것을 아시오.

**의미:** 심장연꽃 안의 순수하고 움직임 없는 '나'라는 형상으로서 존재하는 의식이 무엇인가 하면, 저 '나'라는 의식일 뿐이다. '몸이 나다'라는 에고를 제거하면 (그 의식이) 진아의 거주처를(해탈을) 하사한다는 것을 알라.

**주석:** '나'라는 것으로 일어나는 개아의 성품(개인성)과 브라만 사이에는 단 하나의 차이만 있다. 즉, "나는 몸이다"라는, 몸을 붙듦으로써 생기는 의식은 개아이고, 그런 붙듦 없이 순수하게 빛나는 의식은 브라만이다. 그래서 에고—'몸이 나'라는 관념—하나가 해탈을 방해한다. 그것을 심장 속에 가라앉는 마음으로써 소멸해야 한다는 것[4]이 해탈의 원리이다.

*hṛtsarojehyahaṁrūpā yā citirnirmalā'calā* |
*ahankāra parityāgāt sā citirmoksadāyinī* ||

—「데비깔롯따람(*Śri Devikālottaram*)」, 제46연

* * *

**해설:** 같은 의미를 확장하여 다음 연이 설해진다.

---

4) *T.* 자기주시를 통해 마음이 내면으로 향하는 것은 '순수하게 빛나는 의식'의 작용이며, 그 마음은 에고와 함께 심장 속으로 가라앉는다. 마음이 심장 속에서 소멸하면 에고도 소멸한다.

10. dēhan gadanihar jadamidar kahamenun tikazhviladā
nāhan cadalami truyilini drinamuru naṃadiyalār
kōhan karaneva nulanunarn dularulak guhaiyullē
sōham puranava runagiri sivavibu suyamolirvān.

[풀어쓰기] *dēham gadam nihar jadam; idarku aham enum tikazhvu iladāl nāham cadalam il tuyilinil dinam urum namadu iyalāl; kōhankaran evan ulan? unarndu ular ulakguhai ullē, sōham (s)purana arunagiri siva vibu suyam olirvān.*

몸은 질그릇처럼 지각력이 없어 '나'라는 의식이 없고
'나' 아닌 그 몸이 없는 잠 속에서도 매일 우리는 존재를 경험하네.
에고는 누구며, 어디 있는지를 알고 안주하는 이들의 **심장동혈** 안에
'소함 스푸라나'로서 **아루나찰라 시바가** 스스로 빛나고 있네.

**의미:** 이 몸은 질그릇(점토 항아리)과 비슷하다. 그것은 '나'라는 빛남이 없다. 이 몸이 없는 잠 속에서도 매일 존재하는 우리의 **본래성품**에 의해 이것(몸)은 **자기**가 아니므로, "이 '나'로서 일어나는 자는 누구인가? 어디 있는 자인가?"라고 탐구하여 알게 된 사람들의 **심장동혈** 안에서는, '아함(*aham*)'이라는 **의식**으로 충만한 저 **아루나찰라 시바**가 **지고자**로서 빛난다.

**주석:** 이것과 제8연은 각기 (바가반의) 가르침 전체를 집약하여 설하는 말씀들이다. 이런 의미가 앞부분(「실재사십송」)에서는 자세하게 설해졌다. 그래서 여기서 다시 상세히 논할 필요가 없다.

이 연은 **바가반**이 처음에 산스크리트어로 짓고, 나중에 타밀어로 옮긴 것이다.

*dehaṁ mṛṇmayavajjaḍātmakamahaṁ*
*buddhirna tasyāstyato*
*nāhaṁ tattadabhedasuptisamaye*
*siddhātmasadbhāvataḥ* |
*ko'haṁ bhāvayutaḥ kuto varadhiyā*

*dṛṣṭvātmaniṣṭhātmanāṁ*
*so'haṁ sphūrtitayā'ruṇācalaśivaḥ*
*pūrṇo vibhātisvayam* ||

*　　*　　*

**해설:** 이와 같이 **심장**이라는 집에 도달하여 **진아** 안에서 하나가 되어 안주하는 사람이 가진 위대함을 다음 연이 설한다.

11. piranda devantran birammamū lattē
    pirandadeva nānendru pēnip – pirandā
    navanē pirandā navanidamu nīsa
    navanavana vandrinamu nādu.

[풀어쓰기] *pirandadu evan tan birammamūlattē pirandadu evan nān endru pēni pirandān avanē: pirandān avan nidam; munīsan; navan navan avan dinamum nādu.*

태어나는 것은 누구인가? 자신의 **근원**인 **브라만** 안에서,
"나는 어디서 태어났는가?"를 탐색하여 (새롭게) 태어나는
그 사람이 (참으로) 태어나니, **그**는 영원한 성자들의 **주**主이며,
늘 새롭고 싱그러운 자임을 알라.

**의미:** 누구든 "내가 태어난 곳은 어디인가?"라고 탐구하여 자신의 **근원**인 **브라만** 안에서 태어나면, 그가 (참으로) 태어난 자이고, 그가 영원히 태어난 자이며, 그가 **성자**들의 **주**主이고, 그가 나날이 새롭고 싱그럽게 존재하는 자임을 알라.

**주석:** 위에서 말한 수행에 의해 **브라만** 안에서 태어나는 사람은 그 자신 **브라만**이 되고, 그것이야말로 (참된) 태어남이어서 죽음의 그림자도 없다. 다른 모든 탄생은 죽음에 이르게 되어 있기에 그 탄생들은 죽는 것과 다름없지만, 그의 상태는 시간을 넘어서 있다는 것을 말하기 위해 "그는

늘 새롭고 싱그러운 자(*navan navan avan dinamum*)"라고 묘사되고 있다. 새로운 것이 낡은 것으로 되는 원인은 시간이지만, 시간을 넘어선 **생전해탈자**는 늘 싱그럽게 존재하는 자이다. 마음으로는 **그**의 상태를 헤아릴 수 없다. 그는 **브라만**일 뿐, 달리 무엇도 아니라는 의미이다.

이 연은 (바가반의 구두 가르침을) **락슈마나** 사르마('누구')가 산스크리트어로 지은 것을 **바가반**이 타밀어로 번역한 것이다.

*lebhe janiṁ yaḥ parame svamūle*
*vicārya kasmādahamityudāraḥ* |
*sa eva jātaḥ sa ca nityajāto*
*navo navo'yaṁ satataṁ munīndraḥ* ||

—'누구'(Who)

## 상근기 장(*Adhikāri Prakaranam*)

**해설 :** 수행을 해나갈 근기를 가진 사람만이 그 성취를 이룰 수 있다. 그런 사람을 상근기上根機(*adhikari*)라고 한다. 옛 경전들에서는 분별 등 네 가지 수행[1]을 풍부히 갖춘 사람이 상근기라고 불린다. 분별은 앞부분에서 언급되었다. 다른 세 가지의 토대인 '몸과의 동일시 없음'이 여기서 설해진다.

12. izhivudalyā nenna lihandiduha vendru
    mozhivilin bāntannai yōrha — vazhiyu
    mudalōmba lōdutanai yōravunal yāru
    kadakkak karāppunaikon datru.

[풀어쓰기] *izhivu udal yān ennal ihandiduga; endrum ozhivu il inbu ām tannai ōrha. azhiyum udal ōmbalōdu tanai ōra unal yāru kadakka karāppunai konda atru.*

'역겨운 몸뚱이가 나'라는 생각을 내버리고, 늘
끝없는 지복인 진아를 알라. 죽어 없어질
몸뚱이를 소중히 여기면서 진아를 알려고 하는 것은
강을 건너기 위해 악어를 뗏목 삼으려는 것과 같네.[2]

**의미 :** 죽어 없어질 몸뚱이를 자기라고 생각하는 것을 버리고, 늘 끊임없이 지복스러운 진아를 알라. 사멸하는 성품을 가진 몸뚱이를 소중히 여기는 마음을 가지고 진아를 알려고 하는 것은 강을 건너려고 악어를 물에 뜬 통나무로 삼는 것과 같다.

---

1) 영역자 주. 브라만을 깨달을 만한 상근기는 다음 네 가지를 갖춘 사람이다. 즉, **1.** 영원한 것과 찰나적인 것 간의 **분별**; **2.** 모든 찰나적인 즐김의 대상을 물리치는 **무욕**; **3.** 평온, 절제, 물러남, 인내, 믿음, 집중의 **여섯 가지 덕목**; **4. 해탈에 대한** 강렬한 **열망**이다.

2) *T.* 이 연은 『진어화만』의 **B1**연으로도 나온다. (『진어화만』 66쪽 참조.)

**주석:** 세계에 대한 집착을 가진 마음은 세계를 향해 있고 내면을 향하지 않는다. 그래서 수행에 몰두하지 못한다. 모든 집착의 토대는 몸에 대한 집착, 곧 "몸이 나다"라는 동일시이다. 이것을 버리는 것이 모든 집착에서 벗어나는 길이라는 것이 이 연의 취지이다.

*asannindyamidaṁ dehamahaṁ bhāvamparityaja* |
*avehitvaṁ sadātmāna makhaṇḍānandamvyayam* ||[3]
*śarīraposaṇārthīsanya ātmānaṁ didṛkṣate* |
*grāhaṁ dārudhiyā dhṛtvā nadiṁ tartuṁ sa icchati* ||

—아디 샹까라짜리야, 「분별정보(*Vivekacūḍāmaṇi*)」, 제84연

* * *

**해설:** "몸이 나다"라는 관념을 제거하는 것이 다른 모든 방편들보다 수승하다고 다음 연이 판정한다.

13. dānan tavamvēlvi danmamyō gambhatti
vānam porulshānti vāymaiyarul — mōnanilai
cāhāmar cāvarivu cārturavu vīdhinban
dēhānma bhāvamara trēr.

[풀어쓰기] *dānam, tavam, vēlvi, dharmam, yōgam, bhakti, vānam, porul, shānti, vāymai, arul, mōnam, nilai, cāhāmarcāvu, arivu, cār turavu, vīdu, inbam dēhānmabhāvam aral; tēr.*

보시, 고행, 희생제, 덕행, 요가, 헌신과
천상계, 부富, 평안, 진리, 은총, 침묵, 안정,
죽음 없는 죽음, 지知, 포기, 해탈, 지복은,
"몸이 나다"라는 관념을 소멸하는 것임을 알라.

**의미:** 보시(*dānam*) · 고행(*tapas*) · 희생제(*yajña*) · 덕행(*dharma*) · 요가 · 헌신 ·

3) *T.* 앞의 이 두 행은 바가반이 지은 것이고, 뒤의 두 행만 「분별정보」에 나오는 것이다.

**찌다까샤**(*chidākāsa*)[천상계 혹은 자각의 허공] · **참된 부**富 · **평안** · 진실 · **은총** · **침묵** · **안주**(진아로서 머무름) · 죽음 없는 죽음 · **자각** · 포기(*turavu*) · **해탈**(*moksha*) · **지복**—이런 것들은 모두 "몸이 나다"라는 관념이 없는 것일 뿐이다.

**주석:** 수행자의 정화를 위해서 이야기되는 방편들은 '보시' 등이고, 사람들이 원하는 과보들은 '천상계' 등인데, 이 모든 것은 "몸이 나다"라는 관념이 없는 것 안에 포함된다. 따라서 (이 관념의 제거라는) 이것 하나만 되면 모든 과보를 얻게 된다.

보시: "몸이 나다" 관념을 포기한다는 것은 "이 모두가 **진아**인 **그**라네(*attanaiyum tanam avan*)"(「실재사십송」 제1연)로 묘사되는 **지고자**에게 '나'와 '내 것'이라는 두 가지를 내놓는 것인데, 이것은 **자기순복**(*Atma-samarpanam*)이라고 앞에서(292쪽) 이야기한 것이다. 이것이 탁월한 보시布施라는 것은 말할 필요가 없다. 따라서 그것의 과보果報는 한량없다. 그 수행자는 **하느님**의 완전한 은총을 받을 만한 그릇이 된다. 그래서 이야말로 드높은 희생제이다.

고행: "몸이 나다"라는 관념이야말로 즐김에 대한 욕망에 의해 마음을 오염시키는 것이다. 고행의 목적은 마음을 순수하게 만드는 것이다. 그 목적은 "몸이 나다"라는 관념을 버림으로써 온전히 성취할 수 있으므로, 그것만이 드높은 고행이다.

덕행: "몸이 나다"라는 관념이 없다면 비非덕행(*adharma*)도 없다. 비非덕행이라고는 할 여지가 없게 행위하는 것이 "몸이 나다"라는 관념을 버리는 것이다. 따라서 그것이 온전한 덕행이다.

요가: **지고자**와 둘이 없이 하나가 되는 것이 요가이다. 그것을 방해하는 것이 "몸이 나다"라는 관념인데, 그 관념을 버리면 요가의 이익이 생겨나므로 그것이 요가로 불리는 것이다.

헌신: **지고자**에게 헌신하는 데는 "몸이 나다"라는 관념이 장애물이다.

그것이 없어야 헌신이 온전하고, 그것이야말로 헌신이라고 설해진다.

**천상계**: 사람들이 바라는 천상계 등 세계들을 오고가는 이들을 두고 (『기타』에서는) "복이 다하면 개아들이 인간 세상으로 다시 들어온다"고 이야기한다.[4] '돌아감'이 없는 상태가 **진아**의 세계라고 말할 수 있다. **심장 공간**, 그것이 곧 **찌다까샤**(*Chidākāsa*-진정한 천상계인 의식의 허공)이다. "몸이 나다"라는 관념이 없는 것만이 저 **진아**의 세계를 얻을 수 있는 요건이다. 그래서 그것이야말로 천상계라고 설해진다.

**부富**: "몸이 나다"라는 관념 때문에 인간은 참된 **자아**에 낯선 존재가 된다. 그래서 그가 가난한 사람이고, 그것을 벗어나기 위해 부富를 추구한다. 그러나 그렇게 해서는 행복이 없다. **진아**가 참된 부富이다. 그것을 얻어서 거짓된 "몸이 나다"라는 관념을 버려야 하며, 그것을 버리는 것만이 부富라고 불리는 것이다.

**평안**: "몸이 나다"라는 관념이야말로 고뇌 등 마음의 변상들의 뿌리가 된다. 그것은 **자각**만이 **평안**의 성취라는 의미이다.

**진실**: **자기**가 아닌 몸을 **자기**라고 여기는 것은 거짓되므로, 그것을 버리지 않는 한 거짓을 포기했다 할 수 없고, 진실이 온전하지 않다는 의미이다.

**은총**: "몸이 나다"라는 관념의 소멸은 **지고자**의 완전한 **은총**에 의해서이다. 따라서 그것만이 **은총**이라고 할 수 있다.

**침묵**: "몸이 나다"라는 관념의 소멸이 말과 마음을 넘어선 상태에 이르는 수단이므로, 그것을 **침묵**이라고 하는 것이다.

**안주**: 움직임이 없는 **성품**(*tanmai*)은 마음이 소멸되어야 나타난다. "몸이 나다"라는 관념이 바로 마음의 토대이다. 그래서 그것이 소멸하고 움

---

4) *T.* "그들이 천상락을 즐기고 나면 복이 소진되어 인간 세상으로 돌아온다. 이처럼 즐김의 대상을 바라고 베다 의식을 하는 사람들은 거듭하여 이 세상을 오고간다." —『기타』, 9.21.

직임이 없는 것이 **성품**이고, **안주**安住라는 것이다.

**죽음 없는 죽음**: 인간은 괴로움이 너무 심할 때는 죽고 싶어 한다. 다른 한편으로 불멸을 원하기도 한다. 두 가지를 동시에 얻는 길은 "몸이 나다"라는 관념을 없애는 것이다. 몸의 죽음을 **자기**의 죽음으로 여기는 것은 모두 "몸이 나다"라는 관념인데, 그것이 없으면 죽음이 없는 상태가 나타난다. 에고인 마음이 죽는 것, 그것이 (진정한) '죽음'이라고 불리는 것이다.

세간에서의 탄생은 죽음을 위한 것일 뿐이고, 죽음은 탄생을 위한 것일 뿐이다. 따라서 이 탄생은 (진정한) 탄생이 아니고, 이 죽음은 (진정한) 죽음이 아니다. 어떻게 태어나야 죽음이 있을 여지가 없고, 어떻게 죽어야 다시 몸을 받아 태어날 필요가 없을 것인가? 그런 탄생과 죽음은 하나이다. 바로 그것이 여기서 설해진다.

**자각**: "몸이 나다"라는 관념이야말로 지知 없음[무지]—즉, 거짓된 지知이다. 그래서 그것 없이 머무르는 것이 **지**知이고, **자각**(*arivu*)이라고 하는 것이다.

**포기**: "몸이 나다"라는 관념을 버리는 것이야말로 전적으로 버리는 것이다. 그것을 버리지 못하는 한, 하나도 버린 것이 없다는 의미이다.

**해탈**: "몸이 나다"라는 관념 없이 머무르는 것만이 **해탈**이라고 앞부분에서 보여주었다.

**지복**: **진아**의 **본래성품**이야말로 **지복**이다. 그것은 "몸이 나다"라는 관념에 의해 줄어들지만, 그것이 없으면 **지복**이 완전해진다는 의미이다.

* * *

**해설**: **바가반**은 여기서, **자기탐구**로써 **자기**의 진리를 추구하는 사람에게는 저 유명한 네 가지 길도 필요하지 않다는 의미를 설한다.

14. vinaiyum vibatti viyōgamañ jñāna
minaiyavaiyārk kendrāyn didalē — vinaibhatti
yōgamunar vāyndidanā nindriyavai yendrumirā
nāhamana lēyunmai yām.

[풀어쓰기] *vinaiyum, vibatti, viyōgam, anjnānam inaiyavai, yārkku, endru āyndidalē vinai, bhakti, yōgam, unarvu; āyndida nān indri, avai endrum il tānāha manalē unmaiyām.*

"행위, 비非헌신, 비非요가, 무지가
누구에게 있는가"라고 탐구하는 것 자체가 **행위**, **헌신**,
**요가**, **지**知라네. 탐구하여 '나'가 없어지고 그것들도 존재하지 않을 때
**진아**로서 안주하는 것이야말로 **진리**라네.

**의미**: "행위(*karmas*) · 비헌신(분리) · 비요가(분리) · 무지라는 이런 것들이 누구에게 있는가?"라는 탐구를 통해 그것들을 탐구하는 것 자체가 **행위** · **헌신** · **요가** · **지**知라는 길이다. 이와 같이 그것들을 탐구하여 '나'라는 에고가 소멸되어 버린 것만이, 여기서 말하는 **행위** 등을 닦는 네 가지 길이 전혀 없는 순수한 **진아**로서 안주해 있는 참된 **진리**의 상태이다.

**주석**: 인간은 **행위** 등 네 가지 중 어느 하나가 자기에게 해당된다고 생각하고, 그것이 사라지게 하기 위하여 네 가지 길들 중에서 그 하나를 채용하여 열심히 닦는다. 실은 "행위 등은 누구에게 있는가?"라는 탐구를 시작하면 그것은 "나는 누구인가?"라는 **자기탐구** 속에 포함되어 사라져 버린다. 그 **탐구**의 끝은 에고의 소멸이고, 남는 것은 영원하고 지극히 순수한 **진아**이며, 네 가지 길은 필요가 없게 되어 사라진다. 이런 의미에서 **자기탐구**만이 모든 **요가**를 포함하는 것(**마하요가**)이라고 말해진다. 인간은, 세간인이면서 행위 등의 결함을 가지고 있다고 생각되는 '의식과 몸 사이의 매듭'일 뿐인 에고를 개인이라 여기고, 그가 실재한다고 그릇되게 판단하여 이 네 가지 길을 닦는다. 그 그릇된 판단 자체를 면

밀히 조사하여 배제하면 그 길들이 존재할 여지가 없다는 취지이다. 여기서 비非헌신·비非요가라는 두 가지 용어는 '분리'라는 단 한 가지 의미를 갖지만, 그것을 헌신·요가라는 용어들에 적절히 배분한 것이다. '비非헌신'이라는 것은 '하느님으로부터 분리되어 있는 것', '비非요가'라는 것은 '진아로부터 분리되어 있는 것'이라는 의미를 갖는다. '요가'라는 것은 8지肢 요가(*Aṣṭānga Yoga*-라자요가)라는 유명한 이름으로 지칭된다. 요가라는 용어는 그 네 가지에 공통되지만, 이것은 특별히 8지肢 요가를 지칭한다. 그래서 여기서는 그것만이 '요가'로 이야기된다.

*　　*　　*

**해설:** 모든 욕망을 버리는 것이 그 방책인데, 그에 대한 수단은 "몸이 나다"라는 관념을 버리는 것임이 이로써 증명된다. 이런데도 우리가 세상 사람들은 갖지 않는 큰 욕망들을 이루려고 하는 것은 어리석은 짓임을 바가반은 다음 연에서 설명한다.

15. cattiyinār trāmiyangun tanmaiyuna rādakila
siddhikanāñ cērvamenac cēttikkum – pittarkūt
tennai yezhuppividi nemmattit tevvarenac
connamuda vankadaiyin cōdu.

[풀어쓰기] *cattiyināl tām iyangum tanmai unarādu, 'akila siddhikal nām cērvam' ena cēttikkum pittar kūttu, 'ennai ezhuppividin emmattu it tevvar' ena conna mudavan kadaiyin cōdu.*

(하느님의) 힘에 의해 자기들이 움직이는 방식은 모르는 채
"모든 싯디를 우리가 얻겠다"며 행위하는 미친 이들의 어릿광대짓은
"나를 일으켜 세워 주면 이 적들은 아무것도 아니야"라고
말하는 불구자의 이야기와 같다네.5)

---

5) *T.* 이 연은 『진어화만』, 81쪽의 **B2**연으로도 나온다.

**의미:** 하느님의 힘으로 자기들이 움직인다는 진리를 모르는 채 "우리는 모든 싯디를 얻을 것이다"라고 나서는 미친 사람들은, "나를 일으켜 세워 주면 이 적들쯤은 아무것도 아니야"라고 말하는 불구자의 이야기와 같다.

**주석:** 개아는 자유를 가진 자가 아니고, 심장 안의 진아인 하느님의 힘만이 그를 행위하게 만든다는 것이 진리이다. 인간들은 그것을 모르기에 자신들의 능력으로 자신들의 목표를 성취하려고 생각한다. 그것이야말로 그릇된 것이고 무지이다. 에고의 형상일 뿐인 개아는 독립적인 하나의 개체가 아니기 때문에, 그 힘은 자신의 것이 아니라 하느님의 힘이다. 그런 힘을 개아가 어떻게 자기 것이라고 여길 수 있는가?

그런데도 불구하고, 앞의 '체험 장' 중 "성취되는(*siddhamāy*)"으로 시작하는 연(제35연)에서 지칭하는 싯디들을 얻어 비범한 삶을 살고 싶다거나, 세상 사람들에게 놀라운 일들을 벌여 봐야겠다고 생각하는 것, 그에 따라 노력하는 것—이런 것들은 어리석은 짓이다. 이에 대한 우화가 하나 있다. 일어서는 것조차도 남들의 도움을 청해야 하는 어떤 불구자가, 자기가 전쟁에 나가 적들의 군대를 혼자서 물리치겠다고 말한다는 이야기가 그것이다. 어떤 종류의 욕망도 에고를 육성하는 것일 뿐이다. 따라서 욕망들은 해탈의 길에서 장애가 된다는 취지이다.

싯디들은 전적으로 마야이며, 우리가 거기에 미혹되지 않고 알아차리도록 하기 위하여 바가반은 인간들의 보통의 삶이야말로 싯디라는 것을 보여준다. 자기 것이라고 할 형상이 하나도 없는 개아라는 에고가, 어떻게든 경이로운 이 몸을 얻고, 그리하여 세상에서 살아간다는 것 자체가 대단한 마법이다. 자신의 길에서 미끄러진 요기들이 추구하는 싯디들이 이보다 더 훌륭한가? 어떻든 그렇게 해서는 행복도 충족도 없을 것이고, 그렇게 싯디들을 얻는다 해도 행복한 것도, 충족됨도 생겨나지 않는다.

이것을 미리 알아서 그런 것들에 미혹되지 않는 것이 분별력이다.

*　　*　　*

**해설:** 싯디에 대한 욕망을 가진 사람들은 해탈을 얻기가 어렵다는 것을 이제 보여준다.

16. cittattin śāntiyadē siddamā muttiyenir
    cittattin seykaiyindric siddiyāc – siddikalir
    cittañcēr vārengan cittak kalakkantīr
    muttisukan tōyvār mozhi.

[풀어쓰기] *cittattin śāntiyadē siddamām mukti enil, cittattin seykai indri siddiyā siddikalil cittam cērvār engan cittak kalakkam tīr muktisukam tōyvār mozhi?*

> 마음의 평안이야말로 우리가 얻는 참된 해탈인데,
> 마음의 활동 없이는 성취할 수 없는 싯디들에
> 마음을 두고 있는 사람들이, 어떻게 마음의 번뇌가 없는
> 해탈의 즐거움에 잠길 수 있겠는가?6)

**의미:** 마음의 평안이야말로 실효적 해탈이라는 것이므로, 마음의 노력 없이 얻을 수 없는 싯디에 대한 욕망을 갖는 분별력 없는 사람들이, 마음의 동요가 종식되는 해탈의 즐거움을 어떻게 얻을 수 있겠는가?

**주석:** 싯디를 원하는 사람들은 해탈의 길과 반대되는 길을 간다는 것을 여기서 분명하게 말하고 있다. 모든 욕망이 사라지고 그것들의 거주처인 마음도 소멸하여 자기만이 진아로서 남아 있는 영원한 평안이야말로 해탈이라는 진리가 여기서 설명된다. 앞부분의 "성취되는 실재를(*siddhamāy ul porulai*)"로 시작하는 제35연에서, 진인은 싯디들을 생각조차 할 수 없

---

6) *T.* 이 연은 『진어화만』, 99쪽의 **B7**연으로도 나온다.

는 사람이라는 취지가 이야기되었다. 여기서는 지知-체험을 원하는 수행자는 싯디에 대한 욕망을 가져서는 안 된다고 가르치고 있다.

* * *

**해설**: 그래서 수행자는 자기 몸을 유지하는 것조차도 스스로 부담하기를 포기하고, "모든 것은 지고자인 당신의 소유입니다"라면서 하느님에게 일체의 부담을 넘겨주고 편안하게 수행의 길로 들어가야 한다는 취지가 여기서 발견된다. 그런데도 훌륭한 성품을 가진 일부 사람들은 그들 자신을 해탈시키는 데는 관심이 없으면서 세계를 개혁하기를 원하고, 세계의 상태를 향상시키고 싶다는 생각을 가지고 일을 해 나간다. 이 또한 무지일 뿐이라는 것을 바가반은 분명하게 보여준다.

17. būparan tāngavirai pōliyuyir tāngaladu
gōpuran tāngiyuruk kōranikān – mābarankol
vandiselu vānsumaiyai vandivai yādutalai
kondunali kondadevar kōdu.

[풀어쓰기] *būparam tānga irai, pōli uyir tāngal adu gōpuram tāngi uru kōrani kān, mā baram kol vandi seluvān, sumaiyai vandi vaiyādu, talaikondu nali kondadu evar kōdu?*

세계라는 짐을 신이 감당하는데, 가짜 영혼이 감당하는 척하는 것은
(사원의) 탑을 감당하는 듯한 조각상의 형상같이 우스운 것이네.
큰 짐도 날라주는 기차를 타고 가는 사람이 짐을 내려놓지 않고
머리에 인 채로 힘들어한다면, 이는 누구의 잘못인가?[7]

**의미**: 하느님(이스와라)이 세계의 모든 존재들의 짐 전부를 감당해 주고 있는데, 가짜인 개아가 그것을 자기가 감당하는 것으로 생각하는 것은

---

7) *T.* 이 연은 『진어화만』, 82쪽의 **B3**연으로도 나온다.

(사원의) 탑을 감당하는 것 같은 모양을 하고 있는 석상 인물의 표정처럼 비웃음의 대상이라는 것을 알라. 큰 짐들을 실어다 주는 기차를 타고 가는 어떤 사람이 자기 짐을 기차에 내려놓지 않고 머리에 이고 있으면서 힘들어 한다면, 그것은 누구의 잘못인가?

**주석**: 자신에게 자연스럽게 와 있는 가족이라는 짐, 몸이라는 짐 등 모든 것을 하느님에게 믿고 맡기고 아무 걱정 없이 있어야 한다. 그러지 않으면 일념으로 그에게 헌신하는 것, 앞부분에서 묘사한 자기탐구를 하는 것이 불가능하다. 그런데도 세계라는 짐을 자기가 감당한다고 생각하는 것은 대단히 비웃음의 대상이 된다고 여기서 설하고 있다. 세계를 창조하고 운영하는 어떤 신이 있다는 것[8]을 안다면, 그런 식으로 할 마음이 일어나지 않을 것이다.

여기서 개아를 "가짜 영혼(*pōli uyir*)"으로 지칭한다는 것을 주목해야 한다. 참된 영혼인 것은 지고자, 곧 심장 속에서 빛나는 진아이다. 그것의 반사물인 개아는 별개의 개체가 아니다. 그래서 개아가 "찌다브하사"라는 명칭을 얻은 것이다.

그러나 세계를 위한 봉사를 하지 말라는 의미는 아니다. 이 도리는 바가반의 「가르침의 핵심」 제5연에서 "여덟 가지 형상 모두가 하느님의 형상이니, 그렇게 생각하고 숭배하는 것이 하느님에 대한 좋은 숭배"라고 설하고 있듯이, 세계는 그의 형상이라는 관점을 가지고 신을 숭배하는 것이 좋고, 그것은 에고를 키우지 않는다.

「아루나찰라 11연시」, 제9연에서 바가반이 "지고자시여! 당신을 놓아

---

8) *T.* 이것은 지고자인 신의 존재를 인정하는 것이다. 베단타의 지고자 개념에 두 측면이 있다. 1) 인격신의 측면은 세계를 관장하는 이스와라, 즉 하느님으로 표현되며, 이스와라는 곧 시바이다. 2) 비인격신의 측면은 브라만인데, 이것은 세계와 만물, 모든 법칙과 원리를 포함하는 궁극적 실재이고, 모든 존재들의 심장 속에 있는 진아이다. 지고자를 이 두 가지 측면으로 설명하는 것은 사람들의 이해력에 맞추어 주기 위한 것이며, 바가반의 가르침에서는 늘 단 하나의 진아로 귀결된다. 따라서 하느님의 실체는 다름 아닌 진아이다.

버리고 이 세계를 머리 위에 이고 감으로써 제가 받은 과보는 이제 충분합니다"라고 노래하는 것을 여기서 유념할 만하다. **지고자**에게서 떨어져 나온 영혼들(개아들)은 (윤회계의 괴로움을 겪는) 세속인들이 된다. 이 분리의 끝을 탐색하는 과정 속에서는 일념집중된 마음을 견지해야 한다. 다른 어떤 관심사에 마음을 내준다는 것은 **지고자**에 대한 사랑에 결함이 있는 것이다.

"세계에 이익이 되게 하기 위해 우리는 무엇을 할 수 있습니까?"라고 질문한 한 여성에게, **바가반**은 이렇게 말씀하셨다. "우리가 자신을 세간적 삶에서 벗어나게 하지 못하고 있을 때, 그것을 하려면 우리의 짐을 어떤 **분**에게 맡겨야 하지 않나요? **그분**에게 세계의 짐을 모두 맡길 수 있지 않습니까?"

여기서 설해지는 **자기순복**(자기 내맡김)이 어떤 것인지를 **바가반**은 언젠가 이렇게 설명했다. 한 젊은이는 **하느님**이 자신에게 나타나서 "전적으로 **자기순복**을 하라. 그 위에서 그대의 근본적으로 다양하고 중요한 행위들을 하게 된다."는 말씀을 해주었는데, 자신은 **자기순복**을 했으나 **하느님**은 약속한 것을 하나도 해주지 않았다고, 불평했다. 그때 **바가반**은 본 장 전체를 그에게 읽어주게 하시고, 끝으로 이렇게 말씀하셨다. "**자기순복**을 진정으로 했다면, 그로써 일체가 **하느님**의 책임이 됩니다. 그것을 두고 불평이 일어난다면 그것은 진정한 **자기순복**이 아닌 거지요." 그러자 젊은이는 마음에 분명한 이해를 얻었다.[9]

*　　*　　*

9) *T.* 이 문단의 일화는 『마하요가』에도 나왔다(223쪽 참조). 여기서 그 젊은이에게 읽어주게 한 '본 장 전체'는 본서의 이 '상근기 장' 전체를 가리킨다(그 책은 이 문단이 보완되기 이전의 초기 판본이었을 것이다).

## 예배, 우러름, 명상 장(*Upāsanā Prakaranam*)

**해설**: 수승한 수행법인 "나는 누구인가?"라는 **탐구**를 통해 **심장** 안으로 가라앉는 것은, 성숙함(*paripakva*)을 얻은 상근기 수행자만이 닦을 수 있다. 성숙함이란, 대상들에 대한 원습(*vasanas*)이 떨어져 나간 것이다. 원습은 세간습·육신습·경전습의 세 가지로 『분별정보』에서 설하고 있다. 그것을 소멸하기 위해서는 헌신에 의해 **지고자**의 **은총**을 받을 만한 사람이 되어야 한다. 헌신을 증장하기 위한 방편이 '예배(*upāsana*)'이다.

바가반은 「가르침의 핵심」 제5연에서 헌신의 두 가지 종류를 설하고 있다. 즉, 차별 관념(*bheda bhāva*-신은 자신과 다른 존재라는 관념)을 가지고 할 수 있는 것이 그 하나이고, 별개라는 관념 없이 "**그분**이 나의 **진리**다"라는 것—비非타자 관념(*ananya bhāva*)에 의한 것—이 다른 하나이다. 여기서는 후자의 것만 묘사된다.

'비非타자 헌신(*ananya bhakti*)'에서 **지고자**는 예배자의 **심장** 속에 거주하는 실재로 여겨진다. **지고자**는 **심장** 속에 거주하므로, **그**에게는 '**동혈의 주**主(Guhēsa)'라는 이름이 붙는다. **동혈의 주**主로서의 **그**를 예배하는 것이야말로 수승殊勝하다. 바가반은 이것을 설명하기 위해 먼저 **심장**의 처소를 다음 두 연에서 설하고 있다.

18. irumulai nadumār padivayi ridanmē
lirumup porulula nirampala vivatru
loruporu lāmbala rumbena vullē
yiruviral valattē yiruppadu midayam.

[풀어쓰기] *iru mulai nadu mārbu adi vayiru; idanmēl iru mupporul ula, niram pala, ivatrul oru porul āmbal arumbu ena ullē iruviral valattē iruppadum idayam.*

두 젖꼭지 사이, 가슴 아래 배 위에
여섯 가지 기관이 있는데 색깔은 여러 가지네.
그 중의 하나는 수련 꽃봉오리같이 생겼고 안에 있는데,
손가락 두 개 폭만큼 (중앙에서) 오른쪽에 있는 **심장**이라네.

19. adanmuka migalula dahamula sirutulay
yadanilā sādiyo damarndula dirundama
madanaiyā sirittula vakilamā nādika
laduvali manadoli yavatrina diruppidam.

[풀어쓰기] *adan mukam igal uladu; aham ula siru tulay; adanil āsādiyodu amarndu uladu irum damam; adanai āsirittu ula akila mā nādigal; adu, vali manadu oli avatrinadu iruppidam.*

그 입구는 닫혀 있고, 그 작은 구멍 안에는
욕망 등이 함께 있는 짙은 어둠이 존재하는데,
거기에 모든 큰 영맥靈脈들(*nādis*)이 연결되어 있다네.
그것은 호흡과 마음, (자각의) **빛**의 거주처라네.

**의미:** 가슴의 두 젖 사이 가슴 아래 배 위에, 다양한 색깔의 여섯 가지 기관이 있는데, 그 중에서 수련 꽃봉오리처럼 (가슴 한가운데서) 오른쪽으로 손가락 두 개 폭 지점 안에 있는 것이 **심장**이다. 그것의 입구는 닫혀 있고, 그 안에는 작은 구멍이 있다. 그것의 내부 공간에는 욕망을 비롯한 원습들을 포함한 짙은 어둠이 있다. 그곳에 모든 큰 영맥들이 모여 있다. 생명기운, 마음, (자각의) **빛**—이런 것들의 거주처가 그것이다.

**주석:** (가슴의) 왼쪽에 있는 살덩어리 기관(심장)과 달리 오른쪽에 있는 하나의 **심장**이 여기서 묘사되고 있다. 이것이야말로 몸과 세계라는 겉모습들의 근본 바탕임을 알게 하기 위하여, 생기(*prana*) · 마음 · **자각**—이런 것들의 거주처가 이 **심장**이라고 이야기된다. 이 (자각의) **빛**이야말로 **지고자**[브라만]의 원리이며, "나-나"라는 춤을 추고 있는 **그것**이다.

진아체험은 두 종류이다. 하나는 몸-의식이 없는 것, 다른 하나는 몸-의식을 가지고 있는 것이다. 후자는 생전해탈자들이 가진 것이다. 몸-의식이 소멸하면 그 몸은 떨어져 나가므로, 생전해탈자들의 경우에는 몸-의식을 가지고서도 그 체험이 일어난다. 이런 분들의 체험은 본연상태에서 일어나므로, 그 체험이 몸-의식과 세간 활동 등에 지장을 주지 않는다. 마찬가지로, 몸-의식과 활동은 체험을 조금도 방해함이 없다. 이와 같이 바가반의 말씀에 의해 이런 것이 밝혀져 왔다. 이 본연상태의 체험은 몸 안의 가슴 오른쪽 부분에 있다고 여기서 언급되는 심장이라는 곳을 점하고 있다고 설해진다.

* * *

**해설:** 이 심장의 빛을 동혈의 주主로서 숭배해야 한다고, 다음 연에서 설한다.

20. idayamalark guhaiyahamā yilahiraiyē
    guhēsanena vēttap pattō
  nidamanaiya guhēsanyā nenuñ sōham
    bhāvanaitā ninnu dambit
  tridamurunā nenundidampō labbhiyāsa
    balattālat dēvāy nirkir
  sidaiyudanā nenumaviddai cenkadirō
    nedirirulpōr sidaiyu mandrē.

[풀어쓰기] *idaya malar guhai ahamāy ilahu iraiyē guhēsan ena ēttappattōn; nidam anaiya 'guhēsan yān' enum sōhambhāvanai tān, nin udambil tidam urum nān enum didampōl abhiyāsa balattāl at dēvay nirkil, sidai 'udal nān' enum aviddai, cenkadirōn edir irulpōl sidaiyum andrē.*

심장연꽃의 동혈에서 '나'로서 빛나는 주主는
'동혈의 주'로 숭배 받으시네.
부단히 "저 동혈의 주가 나다"라는 형태의 "그가 나다"라는
관법에 의해, 마치 그대의 몸 안에
'나'라는 관념이 확고히 자리 잡고 있듯이, 수행의
힘으로 그 주主로서 (확고히) 안주하게 되면
죽어 없어질 몸이 '나'라는 무지는, 떠오르는
해 앞의 어둠처럼 사라질 것이네.1)

**의미:** 심장연꽃의 동혈을 거주지로 삼아 빛나는 하느님은 동혈의 주主로 칭송받는다. 이 "동혈의 주가 나다"라는 소함(*Soham*)["그가 나다"] 관법이—그대의 몸 안에 자리 잡고 있는 '나'라는 의식의 힘처럼—그 수행의 힘에 의해 확고해져서 그 신으로서 그대가 안주하면, 사멸하는 성품을 가진 '이 몸이야말로 나다'라는 무지가 해 앞의 어둠처럼 소멸한다.

**주석:** "몸이 나다"라는 에고야말로 모든 원습들의 으뜸이다. 그것을 경감하기 위하여 소함 관법이라는 이 행법이 권장된다. 이로써 육신습을 포함한 모든 원습의 힘이 줄어들고, 그렇게 해서 심장 속으로 가라앉는 탐구 속에 합일될 것이다. 이와 함께 「실재사십송」 제29, 32, 36연의 세 연을 합쳐 보면 그 의미가 더 파악될 것이다.

* * *

**해설:** 나아가 실은 몸 자체가 환적인 것이므로, 심장이라는 것이 그 안에 있는 하나의 장소라는 것도 환적이라고 바가반은 설명한다. 다음 연들은 『요가 바시슈타』에 있는 것을 가져온 것이다.

---

1) *T.* 이 연은 15세기에 깐나다어로 쓰인 『쁘라부링가 릴라(*Prabhulinga Leela*)』라는 저작의 제19장 제45~46연의 관념을 한데 합쳐 바가반이 새로 지은 것이다. 17세기에 시바쁘라까사 스와미가 이 저작을 타밀어로 옮겼는데, 거기서는 제19장 제59, 62연에 해당한다. 타밀어판에는 그 각 연들이 타밀어로 표기되어 있다.

21. epperunkan nādiyinkan nivaiyāvu
nizhalāha vedirē tōndru
mippirapañ cattuyirkat kellāmav
vidayamena visaippa dēdō
ceppudiyen drēvinavu mirāmanukku
vasittamuni ceppu kindrā
nippuviyi nuyirkkellā midayamiru
vidamāhu mennun kālē.

[풀어쓰기] *ep perum kannādiyinkan ivai yāvum nizhalāha edirē tōndrum, ippirapañcattu uyirkatku ellām av vidayam ena isaippadu ēdō? ceppudi endrē vinavum irāmanukku vasittamuni ceppukindrān: ippuviyin uyirkku ellām idayam iruvidam āhum ennum kālē.*

그것의 큰 거울 안에서 이 모든 것(세계의 대상들)이
하나의 상으로서 (우리 앞에) 나타나며,
이 우주 안의 모든 존재들의
심장이라고 선언되는 것이 무엇인지
말씀해 주십시오"라고 질문한 라마에게,
진인 바시슈타가 말했다.
"숙고해 보면, 이 세계의 모든 존재들의
심장에는 두 가지가 있다."

**의미**: "어떤 큰 거울 안에 이 우주의 모든 것이 반사된 모습으로 나타나는지, 그리고 이 우주 안의 모든 중생들의 **심장**이라고 불리는 그것에 대해 저에게 부디 설명해 주십시오"라고 질문한 **스리 라마**에게, **바시슈타 무니**가 말했다. "탐색해 보면 이 세계의 모든 존재들의 **심장**은 두 가지이다."

*(śrīrāma uvāca:–)*
*brahman jagati bhūtānāṁ hṛdayaṁ tatkimucyate |*
*idaṁ sarvaṁ mahādarśe yasmiṁstatpratibimbati ||*

*(śrī vasiṣṭha uvāca:–)*
*sādho jagati bhūtānāṁ hṛdayaṁ dvividhaṁ smṛtam |*
*upādeyaṁ ca heyaṁ ca vibhāgo'yaṁ tayoḥ śṛṇu ||*

—『요가 바시슈타』, 5.78.32-33

* * *

**해설:** 이것도 위에서 이어지는 것이다.

22. kolattakka duntallat takkadumā
  mivvirandin kūru kēla
 yalattarkā mudambinmār bahattoridat
  tidayamena vamainda vangan
 talattakka dōrarivā kāravida
  yankollat kakka dāmen
 drulattukol lakdullum puramumula
  dulveliyi lulla dandrām.

[풀어쓰기] *kollat takkadum tallat takkadum ām iv virandin kūru kēlāy: alattarku ām udambin mārbu ahattu or idattu idayam ena amainda angam tallattakkadu; ōr arivu ākāra idayam kollattakkadām endru ulattul kol. akdu ullum puramum uladu. ulveliyil ulladu andrām.*

"받아들일 만한 것과 배격할 만한 것이 있으니
 이 두 가지의 특징을 들어 보라.
유한한 몸의 가슴 속 어느 곳에 위치한
 심장이라고 하는 기관은
배격할 만한 것이고, 하나인 자각의 형상을 한
 심장은 받아들일 만한 것이라고
알라. 그것은 안팎으로 존재하며
 안이나 밖에만 존재하지는 않는다."

**의미:** 받아들일 만한 것이 하나이고, 다른 것은 배격할 만한 것이다. 그것들의 성품을 들어 보라. 여섯 자 크기 몸 안의 가슴 속 한 곳에 작은 기관으로 존재하는 심장은 배격할 만한 것이고, 비할 바 없는 **자각**의 형상인 **심장**은 받아들일 만한 것이라고 여기라. 그것은 안에도 있고 밖에도 있으며, 안팎이 없이 존재하는 것이다.

*iyattayā paricchinne dehe yadvakṣaso'ntaram |*
*heyaṁ taddhṛdayaṁ viddhi tanāvekataṭe sthitam ||*
*saṁvinmātraṁ tu hṛdayamupādeyaṁ sthitaṁ smṛtam |*
*tadantare ca bāhye ca na ca bāhye na cāntare ||*

—『요가 바시슈타』, 5.78.34-35

* * *

**해설:** 이것도 위에서 이어지는 것이다.

23. aduvēmuk kiyavidaya madankanniv
vakilamumē yamarndi rukku
maduvādi yepporutku mellāccel
vangatku maduvē yilla
madanālē yanaittuyirkku marivaduvē
yidayamena varaiya lāhuñ
sidaiyānir kunkarpōr jadavudali
navayavattōr sirukū randrāl.

[풀어쓰기] *aduvē mukkiya idayam. adankan iv akilamumē amarndu irukkum; adu ādi ep porutkum; ellā chelvan gatkum aduvē illam; adanālē, anaittu uyirkkum arivu aduvē idayam ena araiyal āhum; sidayānirkum kalpōl jada udalin avayavattu ōr siru kūru andrāl.*

"그것이야말로 본질적인 **심장**이며, 그 안에
이 모든 것이 들어 있다.

그것이 바로 모든 사물이 비치는 거울이고,
그것이야말로 모든 부富의 거주처이다.
그래서 모든 존재들의 **자각**이야말로
**심장**이라고 선언된다.
(그것은) 죽어 없어질, 돌같이 지각력 없는
이 육신의 작은 일부가 아니다."

**의미:** 그것이야말로 중요한 **심장**이다. 모든 것이 그것 안에 존재하고, 이 모든 세계들이 그 안에 들어 있는 거울인 그것이야말로 모든 부富가 자리 잡고 있는 곳이다. 따라서 모든 존재들에게 **자각**이야말로 **심장**이라고 선언된다. 그것은 돌같이 지각력이 없는, 죽어 없어질 몸의 일부가 아니다.

*tattu pradhānaṁ hṛdayaṁ tatredaṁ samavasthitam* |
*tadādarśaḥ padārthānāṁ tatkośaḥ sarvasaṁpadām* ||
*sarveṣāmeva jantūnāṁ saṁvit hṛdayamucyate* |
*na dehāvayavaikāṁśo jaḍajīrṇopalopamaḥ* ||

—『요가 바시슈타』, 5.78.36~37

* * *

**해설:** (탐구를 통해) **심장**에 도달하면 소멸하는 원습들이 이야기된다.

24. ādalinā larivumaya māñsudda
vidayattē yahattaic cerkkuñ
sādanaiyāl vādanaika loduvāyu
vodukkamumē cārun tānē.

[풀어쓰기] *ādalināl arivumayam ām sudda idayattē ahattai cerkkum sādanaiyāl vādanaikalodu vāyu odukkamumē cārum tānē.*

"따라서 **자각**의 성품으로 충만한 순수한

심장 안에 마음을 고정하는
수행에 의하여, 원습들과 함께 호흡도
자동적으로 가라앉게 된다."

**의미:** 따라서 **자각**의 성품으로 충만한 순수한 **심장** 안에 마음을 합일시키는 수행에 의해 원습의 소멸과 생기(*prana*)의 제어가 저절로 성취된다.

*tasmātsaṁvinmaye śuddhe hṛdaye hṛtavāsanaḥ* |
*balānniyojite citte prāṇaspando nirudhyate* ||

—『요가 바시슈타』, 5.78.38

* * *

**해설:** 바로 그런 의미를 이 연에서도 설한다.

25. akila vupādi yahandra varivē
dahamac civamen ranisa – mahattē
yahalāt diyāna madanā lahatti
nakilavā satti yahatru.

[풀어쓰기] *akila upādi ahandra arivu ēdu? 'aham ac civam' endru anisam ahattē ahalāt diyānam adanāl ahattin akila āsatti ahatru.*

일체의 부가물이 없는 **자각**인
"내가 저 시바다"라고 **심장** 안에서
부단히 명상함으로써
마음의 모든 집착을 소멸하시오.

**의미:** 모든 부가물이 사라진 **자각**이 무엇이든, "저 시바가 나다"라고 늘 **심장** 안에서 변함없이 명상함으로써, 마음의 모든 집착을 사라지게 하라.

**주석:** 진아인 순수한 **자각**이야말로 **심장**이다. **심장**이라는 것으로 그와 다른 것은 하나도 없다. '**심장**'이라는 것은 에고 등 상相들(*vrittis*)의 근본

바탕일 뿐, 그 에고에서 확장된 몸 안에 존재하지 않는다는 의미가 여기서 설해진다. 따라서 **탐구**를 통해 마음이 **심장**이라는 **근원**을 추구하면 마음과 호흡 둘 다의 동요가 지멸止滅되고, 순수한 **진아**만이 남는다는 의미가 설명된다. 저 **진아**는 공간과 시간을 넘어서 있기에, **그것**에게는 (특별한) 처소가 없다. 그것만이 만물의 **근원**이라는 의미에서, 그것이 **심장**이라고 불리는 것이다.

*sarvopādhivinirmuktaṁ cidrūpaṁ yannirantaram |*
*tacchivo'hamiti dhyātvā sarvāsaktiṁ vivarjayet ||*

—「스리 데비깔롯따람」, 제47연

*　　*　　*

**해설:** 진아체험을 성취할 때까지 수행자는 세상 속에서 어떻게 처신해야 하는가라는 질문에 대한 답변이 여기서 설해진다. 이 두 연도 『요가 바시슈타』에 있는 것을 가져온 것이다.

26. vidavidamā nilaikalelām vicārañ ceidu
 miccaiyaru paramapadam yādon drundō
 vadanaiyē didamāha vahattār patri
 yanavarada mulahilvilai yādu vīrā
 vedusakala vidamāna tōtran gatku
 medārttamadā yahattuladō vadaiya rindā
 yadanālap pārvaiyinai yahalā dendru
 māsaipō lulahilvilai yādu vīrā.

[풀어쓰기] *vidam vidam ām nilaikal elām vicāram ceidu miccai aru paramapadam yādu ondru undō adanaiyē didamāha ahattāl patri anavaradam ulahil vilaiyādu vīrā; edu sakalavidamāna tōtrangatkum edārttamadāy ahattu uladō adai arindāy, adanāl ap pārvaiyinai ahalādu endrum āsaipōl ulahil vilaiyādu vīrā.*

"여러 종류인 모든 상태들을 탐구하여,
  거짓이 없는 **지고의 상태인 그 하나**를
확고히 마음으로 꽉 붙들고
  늘 세상 속에서 (그대의 역을) 연기하라, 영웅이여.
그대는 온갖 겉모습들의
  **실재**로서 **심장** 속에 존재하는 **그것**을 알았으니,
그 소견을 버림이 없이 항상,
  마치 욕망하듯이 세상 속에서 연기하라, 영웅이여."

**의미:** 온갖 다양한 종류의 상태들을 탐구하여, **참된 것**으로 존재하는 저 **지고의 상태**를 확고히 항상 **심장** 속에서 붙들고, (세간사들을 유희로 여기면서) 그대의 역할을 수행하라. 다양한 겉모습들의 바탕으로서 무엇이 있는지, 그대는 그것을 알았다. 따라서 항상 그것을 잊지 말고, 세간에 집착하고 있는 사람인 양 (그대의) 역을 연기하라.

*pravicārya daśāḥ sarvā yadatuccham paraṁ padam |*
*tadeva bhāvanālambya loke vihara rāghava ||*
*jñātavānasi sarveśāṁ bhāvānāṁ samyagantaram |*
*yathecchasi tathā dṛṣṭyā loke vihara rāghava ||*

—『요가 바시슈타』, 5.18.20, 23

*   *   *

**해설:** 이것도 이어지는 것이다.

27. pōlimana vezhuccimagizh vutrō nāhip
  pōlimanap padaippuverup putrō nāhip
pōlimuyal vāntodakka mutrō nāhip
  puraiyilanā yulahilvilai yādu vīrā
mālenumpal kattuvidu pattō nāhi
  mannusama nāhiyellā nilaimaik kannum

vālaikalvē dattiyaiva veliyir ceidu
vēndiyavā rulahilvilai yādu vīrā.

[풀어쓰기] *pōli manavezhucci magizhvu utrōn āhi, pōli manappadaippu veruppu utron āhi, pōlimuyalvu ām todakkam utrōn āhi, purai ilanāy ulahil vilaiyādu vīrā. māl enum pal kattu vidupattōn āhi, mannu samanāhi ellā nilaimaikkannum vēlaikal vēdattu iyaiva veliyil seidu, vēndiyavāru ulahil vilaiyādu vīrā.*

"마치 마음의 흥분과 기쁨을 가진 사람처럼,
마치 마음의 걱정과 혐오를 가진 사람처럼,
마치 노력하고 솔선하는 사람처럼, 그러나 (그런 모든)
결함 없이 세상 속에서 연기하는 존재로서, 영웅이여,
미혹이라는 모든 속박에서 벗어난 자로서,
확고히 모든 상황에서 평정심으로
겉으로는 가장한 역할에 맞는 행위를 하며,
그대 좋을 대로 세상 속에서 연기하라, 영웅이여."

**의미:** 애씀과 기쁨의 친구처럼, 걱정과 혐오를 가진 사람처럼, 어떤 행위를 솔선해서 하며 노력하는 사람처럼, 그러나 그런 것들에 어떤 집착도 없는 사람으로서 세상 속에서 연기하라. 온갖 종류의 집착의 속박에서 벗어나 모든 상태에 안주함을 얻고 평등심을 가진 사람이 되어, 그 가장假裝에 어울리는 행위들을 외부적으로 하면서, 그대 좋을 대로 세상 속에서 연기해 나가라.

*kṛtrimollāsa harṣasthaḥ kṛtrimodvegagarhaṇaḥ* |
*kṛtrimārambhasaṁrambho loke vihara rāghava* ||
*āśāpāśaśatonmuktaḥ samaḥ sarvāsu vṛttiṣu* |
*bahiḥ prakṛtikāryastho loke vihara rāghava* ||

—『요가 바시슈타』, 5.18.24, 26

* * *

## 생전해탈자 장(*Jīvanmukta Prakaranam*)

**해설:** 해탈이라는 진인의 상태에 안주해 있으면서 몸을 가지고 있는 것처럼 보이는 사람이 생전해탈자이다. 그의 상태는 이러이러하다고 생각하거나 말하기가 불가능하다는 것은 앞부분의 '체험 장'에서 설해졌다. 하지만 바가반은 수행자들에게 그 상태를 어느 정도 이해시키기 위하여, 생전해탈자의 위대함과 세속인과 생전해탈자의 차이점을 여기서 설한다.

28. arivunmai nittanā mānmavit tāvā
    narivār pulancetrā nārtā – narivangi
    yāvanari vānkulisat tānkāla kālanavan
    cāvinaimāy vīranenac cātru.

[풀어쓰기] *arivu unmai nittan ām ānmavittu āvān, arivāl pulan cetrān ārtān, arivu angi āvan, arivām kulisattān; kālakālan avan; cāvinai māy vīran ena cātru.*

지知로써 감각기관들을 정복하고, 의식-존재로
안주하는 자가 진아를 아는 자이니, 그는 지知의 불,
지知의 천둥번개를 휘두르는 자, 시간을 정복한 자이며,
죽음을 죽인 영웅이라고 일컫는다네.[1)]

**의미:** 진아지(*Atma-jnana*)에 의해 진리 안에 자리 잡고, 그 지知에 의해 오관의 원습들이 소멸된 사람이 누구이든, 그는 '지知의 불'인 자, 지知인 번개를 지닌 자, 시간의 정복자, 죽음을 죽인 영웅이라고 불린다.

**주석:** 지知라는 것은 본연상태에 안주하는 것이라는 의미는 앞의 '분별 장'에서 나왔다. 그 상태를 성취한 생전해탈자의 위대함을 아무리 높이

1) *T.* 이 연은 『진어화만』, 388쪽의 **B20**연으로도 나온다. 이것은 무루가나르가 『진어화만』, 제1030, 1031연으로 표현한 바가반의 가르침을 당신이 한 연으로 요약한 것이다.

칭송한다 해도 지나치지 않다. 그는 (불의 신) 아그니(Agni) · (번개를 휘두르는) 인드라(Indra) 등의 천신들보다도 더 훌륭할 것이다. 그 천신들의 힘은 하열한 것이다. (참된) 지知야말로 모든 것보다 수승하다. 지知에 의해 시간과 야마(Yama-죽음의 신)조차 뛰어넘은 자가 진인이다. 그는 하느님하고만 비견될 수 있는 자이다. 하느님과 개아라는 차별을 뛰어넘은 자가 진인이라는 의미이다.

*viṣayapratisaṁhāram yaḥ karoti vivekataḥ* |
*mṛtyormṛtyuritikhyātaḥ savidvānātmavitkaviḥ* ||
*jñānasadbhāvasaṁsthānaḥ jñānāgniḥ jñānavajrabhṛt* |
*mṛtyuhantetivikhyātaḥ mahāvīro vimatsaraḥ* ||2)

*　　*　　*

**해설**: 바가반은 여기서, 실재(*tattva*)의 친견親見(실재를 직접 봄)이라는 지知-체험을 자기소멸, 곧 (아무것도 없는) 공空이라고 여기는 것은 잘못이라는 것을 보여주기 위하여, 진인은 전보다 더 예리한 지성 등 뛰어난 자질들을 얻어서 빛난다고 하는 진리를, 『요가 바시슈타』에서 가져온 시구로써 보여준다.

29. tattuvañ kandavarkut tāmē valarumoli
buddivalu vumvasantham pōndadumē — yittaraiyir
trāruvazha gādi sakala gunankaluñ
cēra vilangalenat tēr.

[풀어쓰기] *tattuvam kandavarku tāmē valarum oli buddi valuvum; vasantham pōndadumē ittaraiyil tāru azhagādi sakala gunankalum cēra vilangal ena tēr.*

---

2) *T.* 이 산스크리트 시는 락슈마나 사르마 자신이 번역한 것으로 추정된다.

실재를 알아 버린 사람은 점점 더해 가는 광채와
지성과 힘으로 빛나기를, 마치 봄이 오면 대지 위의
나무들이 아름다움과 같은 모든 자질로써
빛나듯 할 것임을 알라.

**의미:** 봄이 오자마자 나무들에 아름다움 등의 모든 성질들이 특별하게 빛을 발하듯이, **실재**를 깨달은 **진인**들(*Tattva-jnanis*)에게는 지성 · 힘 · 광채와 기타 모든 부富가 어떤 노력도 없이 저절로 증장된다.

**주석:** 이전에 보통 사람처럼 보이던 어떤 사람이 **지**知-**체험**으로 충만해진 뒤에는 무수한 제자들을 끌어당겨 자신의 것으로 만들며, **진아**의 광채로 빛나는 것이 (누구에게나) 직접 지각된다. 그것이 여기서 설해진다.

*balaṁ buddhiśca tejaśca dṛṣṭatattvasya vardhate* |
*savasantasya vṛkṣasya saundaryādyā guṇā iva* ||

—『요가 바시슈타』, 5.76.20

*　　*　　*

**해설:** 그런 **진인**에게는 행위로 인한 속박(*karma-bandha*)이 소멸한다는 것은 앞의 '체험 장'에서 보았다. 이후에 **그**가 몸을 가지고 세상 속에 머무르면서 여느 사람처럼 행위해 나가면, 새롭게 행위로 인한 속박이 생겨나는가? 그러한 의심을 해소하면서, 다음 연이 설해진다.

30. cēimaiyulañ cendrukadai kētpārpōl vādanaiha
tēymanañcey duñceyyā dēyavaiha — tōymanañcey
dindrēnuñ ceydadē yingasaivat runkanavir
kundrēri vīzhvār kuzhi.

[풀어쓰기] *sēymai ulam cendru kadai kētpārpōl, vādanaihal tēy manam ceydum ceyyādē; avaihal tōy manam ceydu indrēnum ceydadē. ingu asaivu atrum, kanavil kundru ēri vīzhvār kuzhi.*

마음이 멀리 가 있으면서 (남의) 이야기를 듣는 사람처럼,
원습이 소멸된 마음은 행위해도 한 것이 아니지만, 원습에 젖은
마음은 행위하지 않았어도 한 것이네. 마치 여기서 꼼짝 않고
누워 자는 사람이 꿈에서는 산을 오르고 구덩이에 떨어지듯이.[3)]

**의미:** 마음이 멀리 가 있으면서 이야기를 듣는 것처럼, 원습들이 소멸된 마음의 상태는 행위하기는 해도 행위하지 않는 것이다. 원습에 젖은 마음은 행위하지 않고 있어도 행위하는 것이다. (그것을 비유하자면) 여기서 (침상에 몸이) 꼼짝 않고 누워 있으면서도 꿈속에서는 산을 오르고 구덩이에 떨어지는 사람과 같다. 그와 같이 알라.

**주석:** 이런 의미는 행위로 인한 속박의 원인으로 존재하는 것은 마음의 원습들이지, 몸이 아니라는 것이다. 몸이 활동해도 마음이 고요히 있다면 행위로 인한 속박이 없다는 것이다. 따라서 에고가 소멸하여 원습이 사라진 참된 **진인**에게는 행위로 인한 속박이 없다. 세속인들은 **그**가 가진 마음이 '순수한 마음'이라고 말하겠지만, 실은 **그**에게는 마음 자체가 없다. 그것은 **브라만** 자체로서 존재하기 때문이다.

*akartṛ kurvadapyetaccetaḥ pratanuvāsanam* |
*dūraṅgatamanājantuḥ kathā saṁśravaṇe yathā* ||
*akurvadapi kartreva cetaḥ praghanavāsanam* |
*niṣpandāṅgamapi svapne śvabhrapātasthitāviva* ||

—『요가 바시슈타』, 5.56.13-14

* * *

**해설: 생전해탈자**에게는 세간에서의 경험적 행위들이 실은 존재하지 않고, 존재하는 것처럼 보일 뿐이라는 진리를 다음 연에서 설한다.

3) *T.* 이 연은 『진어화만』, 425쪽의 **B22**연으로도 나온다.

31. vandituyil vānukkav vandicela nitralodu
vanditani yutridutan mānumē – vandiyā
mūnavuda lullē yurangumeyñ jñānikku
mānatozhi nittaiyurak kam.

[풀어쓰기] *vandi tuyilvānukka av vandi celal nitralodu vandi tani utridutal mānumē: vandiyām ūna udal ullē urangum meyñjñāni-kkum āna tozhil, nittai, urakkam.*

마차에서 잠든 사람에게 그 마차의 나아감, 멈춤,
마차에서 (말들의) 멍에가 끌러짐이 그러함과 같이,
마차인 몸 안에서 잠들어 있는, 실재를 아는 자(진인)에게도
행위, 삼매, 잠이 그와 같다네.[4]

**의미:** 마차(*vandi*)[5]에서 잠이 든 사람에게 마차의 나아감, 멈춤, 마차에 있던 말들의 멍에가 끌러져 분리됨이라는 세 가지 상태가 그러한 것과 마찬가지로, 마차 같은 이 비천한 몸 안에 잠들어 있는 참된 **진인**에게는 신체적 행위, 안주[삼매], 잠이라는 세 가지 상태가 하나일 뿐이다.

**주석:** 여기서는 몸이 하나의 마차로 묘사된다. 마차에 멍에로 결박된 말들처럼, 몸에 결합되어 있는 눈 등의 감각기관들이 있다. 보통의 어떤 요기에게는 세 가지 상태가 있다. 외부적으로 활동하는 상태, 안주(*nishta*) 혹은 삼매, 그리고 잠이 그것이다. 이 세 가지는 마차에 타고 있는 어떤 사람의 상태들과 비슷하다. 외부적 활동의 상태는 마차에 멍에로 결박된 말들에 의해 마차가 나아가는 것과 비슷하고, 이것은 요기가 몸으로 행위들을 하는 상태이다. 요기의 삼매는 그 말들의 멍에를 끄르지 않은 채 마차가 멈추어 있는 것과 비슷하다. 그의 잠은 그 말들의 멍에를 끌러준

4) *T.* 이 연은 『진어화만』, 415쪽의 **B21**연으로도 나온다.
5) *T.* 이것은 서양식 4륜마차라기보다, 말 한두 필이 끄는 인도식 2륜마차 혹은 달구지를 가리킨다.

뒤 마차가 멈춰 있는 것과 비슷하다.

바가반 같은 생전해탈자들의 상태는 이와 같지 않고, 마차에서 잠자고 있는 어떤 사람의 상태와 비슷하다. 그렇게 잠자고 있는 사람에게는 저 마차의 세 가지 상태—마차가 나아감, 마차가 멈춰 있음, 말들의 멍에가 끌러져 그 마차만 홀로 있는 것—모두가 하나인 것처럼, 생전해탈자라는 참된 진인에게는 몸의 활동·삼매·잠이라는 세 가지가 하나일 뿐이다. 참된 진인은 몸을 '나'라고 여기지 않으면서 존재하기에, 몸의 상태 변화들은 그에게 속하지 않는다는 취지이다. 그래서 그의 상태는 불변의 삼매(본연삼매) 상태일 뿐이라고 이야기된다. (진인에게) 삼매 상태와 외부적 활동 상태라는 두 가지 상태가 있다고 말하는 것은 잘못이다.

*　　*　　*

**해설**: 여기서 설하듯이 진인은 몸 안에서 '잠들어 있는' 사람이라는 것이므로, 그에게는 세간에서 해야 할 아무 역할이 없다는 것이 지금까지의 취지였다. 다음 연에서는 그의 상태가 '잠'일 뿐이라고 말할 수는 없다고 설한다. 여기서 그의 상태는 '생시-잠'—'깨어 있는 잠'—으로 묘사된다. 여기서 바가반은 이 상태가 모든 인간이 경험하는 생시·꿈·잠의 세 가지 상태를 넘어서 존재하는 초월적 상태임을 알려준다.

32. nanavu kanavutuyi nāduvārk kappā
nanavu tuyitruriya nāmat — tenumat
turiya matēyuladāt rōndrumūn drindrāt
ruriya vatītan tuni.

[풀어쓰기] *nanavu kanavu tuyil nāduvārkku appāl nanavu tuyil turiya nāmattu enum at turiyamadē uladāl, tondrum mūndru indrāl, turiya atītam tuni.*

생시, 꿈, 잠을 경험하는 사람들에게는 이 셋을 넘어선
생시-잠이 있으니, **뚜리야**(*Turiya*-네 번째 상태)라고 하는 것이네.
그 **뚜리야**만이 실재하며 세 가지 겉보기 상태는 실재하지 않으므로
(그것은) **뚜리야띠따**(*Turiyatita*-뚜리야를 넘어선 상태)임을 알라.[6)]

**의미:** 깨어 있음·꿈·잠이라는 세 가지 상태를 경험하는 세속인들에게는 그 세 가지 상태를 넘어선 '깨어 있는 잠'(생시-잠)이 **뚜리야**라는 이름으로 존재한다. 그 **뚜리야** 상태만이 실재하고 겉으로 보이는 생시 등 세 가지는 실재하지 않기 때문에, 저 **뚜리야**만이 **뚜리야띠따**로 불린다는 것을 알라.

**주석:** **지**知의 상태는 **자각**의 성품을 지녔으므로 그것은 생시 그 자체이기도 하다. 그러나 그 속에서는 세계가 나타나지 않고 에고의 일어남도 없어, 그것은 잠과 비슷하다. 그래서 그것이 '깨어 있는 잠'(생시-잠)으로 불리는 것이다. 깨어 있으면서 **심장** 속으로 가라앉아 거기서 **진아** 깨달음을 얻은 사람만이 **생전해탈자**라는 의미이다. 그 상태만이 **참된 상태**이니, 그 속에서 **진아**의 진리가 빛나기 때문이다. 하지만 세속인들은 그들이 경험하는 생시·꿈·잠이라는 세 가지 상태가 실재한다고 생각하므로, 이것을 '네 번째 것'—**뚜리야**—이라고 부른다. 그러나 처음 세 가지는 "몸이 나다"라는 거짓된 관념을 토대로 삼고 있기에 거짓된 것이다. 그래서 여기서 말하는 **지**知의 상태를 '네 번째 것'이라고 말하는 것은 옳지 않다. 그러면 그것은 어떤 것이냐 하면, '**아띠따**'[넘어선 것]라고 말해야 한다. 즉, **마야**를 넘어서 있는 **순수한 진리**이고, 그래서 그것이 **뚜리야띠따**라고 불리는 것이다. 어떤 저작들은 **뚜리야**와 **뚜리야띠따**라는 두 가지 상태가 있다고 이야기한다. 그 두 가지는 하나일 뿐 둘이 아니라는 것이 **체험적 진리**임이 여기서 드러난다.

---

6) *T.* 이 연은 『진어화만』, 344쪽의 **B18**연으로도 나온다.

*　　*　　*

**해설:** 생전해탈자에게는 발현업(*prarabdha karma*)을 포함한 세 가지 업業이 소멸한다는 진리가 여기서도 비유와 함께 설명된다.

33. sañcitavā kāmiyangal cārāvā jñānikkūzh
viñjūmemal vētrārkēl vikkuvilam — buñcollām
bharttāpōyk kaimmaiyurāp pattiniyeñ jādadupōr
karttāpō mūvinaiyun kān.

[풀어쓰기] *sañcita ākāmiyangal, cārāvām jñānikku; ūzh viñjum enal vētrār kēlvikku vilambum collām; bharttā pōy kaimmai urā pattini eñjādadupōl, karttāpōm mūvinaiyum kān.*

누적업累積業과 미래업은 **진인**에게 붙지 않으나 운명(발현업)은
남을 거라고 하는 것은, 사람들의 질문에 대한 하나의 답변이네.
남편이 죽으면 과부가 되지 않는 아내들이 없듯이,
행위자가 사라지면 세 가지 업業 모두 사라진다는 것을 알라.[7]

**의미:** 누적업(*sanchita*)과 미래업(*agamya*)은 **진인**에게 없지만 발현업은 남는다고 (경전 등의) 저작들에서 말하고 있는 것은 무지한 사람들의 질문에 대해서 하는 답변일 뿐, **궁극적 진리**는 아니다. 어떤 식으로든 단 한 사람의 남편을 맞이한 여러 명의 아내들 중 어느 누구도, 남편이 죽은 뒤에는 과부가 아닌 상태로 남아 있지 못한다. 마찬가지로, 에고인 단 하나의 행위자에 의지하고 있던 세 가지 업業 중에서 어느 하나도 그 행위자가 소멸한 **지**知 속에 남아 있지 않다.

*　　*　　*

7) *T.* 이 연의 후반부 2행은 『진어화만』, 431쪽의 **B23**연으로도 나온다.

**해설:** 생전해탈자와 세속인들 간의 차이점은 한이 없다. 후자에 속하는 사람들 중에는 경전지經典知를 가진 사람들도 있는데, 경전지만으로 어떤 사람이 진인이 되지는 않을 것이다. 에고가 소멸한 것이 그 체험, 즉 진정한 지知 아닌가? 경전지로는 에고를 조금도 사라지게 하지 못한다. 오히려 더 커지는 것이 에고의 본성이다. 이 진리를 이 장에서 설명한다.

첫 번째 연에서는 경전지를 가진 사람이 (그렇지 않은) 다른 사람들보다 더한 세속인인 것은 어째서인지를 설명한다.

34. makkan manaivimudan matravarka larpamati
makkat korukudumba mānavē – mikkakalvi
yullavarta mullattē yondralapan nūrkudumba
mulladuyō gattadaiyā yōr.

[풀어쓰기] *makkal manaivi mudal matravarkal arpamati makkatku oru kudumbam mānavē, mikka kalvi ullavar tam ullattē ondru alla pala nūl kudumbam ulladu yōgat tadaiyā yōr.*

배움이 적은 사람들에게는 아내, 자식과 같은
남들로 이루어진 하나의 가족밖에 없지만, 방대한 학식을
가진 사람들의 마음 속에는 하나가 아닌 많은 책이라는 가족들이
있어서 요가(수행)에 장애가 된다는 것을 알라.

**의미:** 하열한 지성을 가진 사람들에게는 처자식과 그 밖의 것들이 하나의 가족을 이룰 뿐이지만, 뛰어난 학식을 소유한 사람들의 마음 속에는 하나뿐만이 아니라 많은 책이라는 가족들이 있어서 요가에 장애가 된다는 것을 알라.

**주석**: 에고 자체가 그 토대인 마음 속에 거주하는 생각들이야말로 윤회계(*saṁsāra*)이다. 보통 사람들에게는 그 생각들이 비교적 적은데, 그것은 대개 아내 등 가족 친척들에 집착하는 것이다. 식자識者의 마음 속에는 그가 읽은 (다양한 내용을 포함하는) 각각의 저작이 모여 하나의 (큰) 가족을 이룬다. 그렇다면 그가 "나는 누구인가?"라는 **탐구 요가**에 들어갈 수 없게 그것들이 방해하게 된다. 이 학식이 **베단타** 저작들의 내용에 대한 것이라 할지라도 마찬가지다.

*putradārādisaṁsārā tadbhavantyalpacetasām* |
*viduṣāṁ śāstrasaṁsāro yogābhyāsasya vighnakṛt* ||

—『수바시따 라뜨나 반다가라(*Subhāṣita Ratna Bhaṇḍāgāra*)』, 6.13

* * *

**해설**: 빤디따(pandita-학자)가 세간적 삶 속에 있으면서 벗어나기를 원한다면, 저 **탐구** 속에 들어가 있어야 한다. 그것을 하지 않으면 그의 학식은 공허하다는 것을 다음 연에서 설명하고 있다.

35. ezhuttarinda tāmpiranda dengēyen drenni
yezhuttait tolaikka venādō – rezhuttarinden
cattanko lendirattin śālbutrār śōnagiri
vittakanē vērār vilambu.

[풀어쓰기] *ezhuttu arinda tām pirandadu engē endru enni ezhuttai tolaikka enādōr, ezhuttu arindu en? cattamkol endirattin śālbu utrār, śōnagirivittakanē! vēru ār? vilambu.*

문자를 배운 자가 어디서 태어났는지 탐구하여 (운명의) 문자를
지워 버리려 하지 않는 이들에게, 문자가 무슨 소용 있습니까?
그들은 녹음기의 성품을 얻은 것입니다. 소나기리(*Śonagiri*-아루나찰라),
(실재를) 아시는 분이시여, 달리 그들이 무엇인지 말씀해 주십시오.

**의미:** 문자를 배웠다고 자부하는 그들이 자신이 태어난 곳이 어디인지를 탐구하여(심장 속으로 가라앉아) 이마에 쓰인 문자를(운명을) 없애려고 하지 않는 사람들이 문자를(저작들을) 알아서 무슨 소용 있습니까? 소리를 기록하는 기계장치(녹음기)의 성품을 가진 사람들, 세상에 이런 이들을 제하고 달리 누가 있습니까? 아루나찰라시여, 말씀해 주십시오!

**주석:** 경전지를 가진 자인 '나'[에고]라고 일어나는, 이 '나'가 솟아나는 곳을—심장을—탐구하여 이마에 쓰인 운명을 소멸하라. 그렇게 해서 마음이 (내면을 향해) 돌아서지 않는 한, 경전지만 가진 사람은 요즈음 흔하게 존재하는 '녹음기'라는 이 기계장치나 매한가지다. 즉, 경전지는 남들에게는 아마 도움이 되겠지만, 그 학자 자신에게는 아무 소용이 없다.

*　　*　　*

**해설:** 그가 경전지를 얻지 못한 다른 사람들처럼 있었다면 그것이 그에게 이익이라고 다음 연에서 이야기한다.

36. katru madangārir kallādā rēyuyndār
patru madappēyin pāluyndār — cutrupala
cindaivāy nōyuyndār cīrtēdi yōdaluyndā
ruyndadon dranren drunar.

[풀어쓰기] *katrum adankāril kallādārē uyndār; patrum mada pēyin-pāl uyndār; cutru pala cindai, vāy nōy uyndār; cīr tēdi ōdal uyndār; uyndadu ondru andru endru unar.*

학식은 있으되 겸허함이 없는 이들보다 무식한 이들이 구제된다네.
(배운 이들을) 장악하는 자만심이라는 악마에게서 벗어나고, 무수한
망념의 병통에서 벗어나며, 명리名利를 좇아 달려감에서 벗어난다네.
그들이 벗어나는 것은 하나가 아니라는 것을 알라.

**의미:** 저작들을 배웠으나 (자기탐구로써) 에고를 가라앉히지 못한 사람들보다는 무식한 사람들이 구원을 얻는다. 그들은 사람을 꽉 붙들고 놓지 않는 자만이라는 악마에서 벗어나 있는 사람들이고, 소용돌이치는 온갖 생각과 말이라는 두 가지 질환에서 벗어나 있는 사람들이며, 명성을 좇아서 나라의 어디든 돌아다니는 것에서 벗어나 있는 사람들이다. 이와 같이 무식한 사람들이 벗어나 있는 악은 하나만이 아니라 아주 많다는 것을 알라.

**주석:** 배운 사람들의 자부심(오만함)은 (배우지 못한) 다른 사람들의 그것보다 한층 더 위험하다는 것을 중요하게 유념해야 한다. 여러 가지 점에서, 배우지 못한 사람이 (경전지에도 불구하고) 평안의 상태에 이르지 못한 학자보다 더 복 있는 사람이다. 따라서 학자 자신이 **진리**를 체험적 **지**知로써 알지 못하는 한 다른 무엇을 안다 해도 무지인일 뿐이라고 다양한 측면에서 설해진 **진리**가 여기서 재확인되고 있다.

* * *

**해설:** 그와 같이 (경전지를 가지고 있고) 속박을 없애려고 노력하는 사람조차도 **생전해탈자**에게는 비교가 되지 않는다는 원리가 뒤에 나오는 두 연에서 설해진다.

37. ellā vulahun turumbā yinumaraiha
    lellāmē kaikku lirundālum — pollāp
    pukazhcciyām vēsivasam pukkā radimai
    yahalavida lammā varidu.

[풀어쓰기] *ellā ulahum turumbāyinum, maraihal ellāmē kaikkul irundālum, pollā pukazhcciyām vēsi vasam pukkār, adimai ahalavidal ammā! aridu.*

모든 세계가 지푸라기 같고, 온갖
경전이 그의 손 안에 있다 해도,
칭찬이라는 못된 창부娼婦에게 지배되는 사람은
노예 상태에서 벗어나기 어렵다네.

**의미 :** 모든 세계를 지푸라기와 마찬가지로 여기고 **베다**들의 내용 전체를 배워서 알고 있다고 해도, 칭찬이라는 못된 창부에게 지배당하는 노예 상태에서 벗어나기는 어렵다. 이것은 놀라운 일이다!

**주석 : 베단타** 저작들을 배워서 그 내적인 의미를 잘 이해하고, 그래서 에고의 소멸인 **해탈**에 대한 신심(*bhakti*)을 계발했으며, 그것을 위해 금생과 내생에 즐기는 다양한 것들을 원치 않는다는 포기(*tyaga*)를 하고, **명상-요가**(*dhyana-yoga*) 수행을 꾸준히 하는 뛰어난 사람들조차도 누가 자신들을 칭찬하면 그 즐거움에 이끌려 좋은 상태에서 벗어나는데, 이는 그들의 에고가 소멸하지 않았기 때문이다. 이것은 스리 사다시바 브라멘드라(Sri Sadasiva Brahmendra)[1]의 「사다까 아바스타(*Sadhaka Avastha*)」에서도 엿볼 수 있다고 한다. 그와 동문수학한 사람들 중 누군가가 그를 면전에서 찬양하는 말을 하자 이 무니(*muni*)의 마음이 더없이 기뻐했다. 이때 "당신께도 이렇게 마음의 변상이 일어납니까?"라고 질문한 사람들에게, 무니는 이 연의 내용을 담은 다음 시구로써 답변했다.

*tṛṇatulitākhilajagatāṁ karakalitākhila nigama rahasyānām* |
*ślāghāvāravadhūṭī ghaṭadāsatvaṁ sudurnirasam* ||

—사다시바 브라멘드라, 「사다까 아바스타」

* * *

1) *T.* 타밀나두 네루르(Nerur) 지역의 진인(1670/80-1750). 각지를 다니며 깊은 삼매를 닦았고, 놀라운 싯디(초능력)를 보이기도 했다. 『브라마경』, 『요가수트라』 등에 대한 주석서들과 「아뜨마 비디야 빌라사(*Atma Vidya Vilasa*)」 등 여러 편의 시 또는 노래들을 남겼다. 그에 대한 더 자세한 정보는 *Mountain Path*, 2009, April-June, 49-60쪽을 참조하라. 본 연의 일화에 대해서는 『마하요가』에서도 언급되었다(196-7쪽 참조).

**해설 :** **생전해탈자**인 사람만이 (마음의) 움직임이 없는 사람이고, 칭찬과 비방이라는 두 가지에 평정심을 지닌, **빠라브라만**의 참된 형상이라고 다음 연에서 설한다.

38. tānandri yārundu tannaiyā rencolinen
trāntrannai vāzhttukinun tāzhttukinun — tānenna
tānpiraren drōrāmat rannilaiyir pērāmat
rānendru nindridavē tān.

[풀어쓰기] *tān andri yār undu? tannai yār en colin en? tān tannai vāzhttuginum tāzhttuginum tān enna? tān pirar endru ōrāmal, tan nilaiyil pērāmal, tān endrum nindridavē tān.*

자기 아닌 누가 있는가? 자기를 누가 뭐라고 한들 무슨 대수랴?
자기가 자신을 칭찬하거나 비방한들 무슨 상관이랴?
자기와 남들을 (별개로) 알지 않고, 자기의 (참된) 상태에 흔들림 없이
자기로서 항상 안주하고 있을 뿐이라면.

**의미 :** '자기, 남들'이라고 생각하지 않는다면, **자기**의 **진리** 상태에서 미끄러지지 않는다면, **자기**로서 항상 존재한다면, **자기**에게 남이 누가 있으랴? **자기**를 누가 뭐라고 하든 무슨 상관이랴? **자기**가 자신을 칭찬하든, 욕되게 하든 무슨 상관이랴?

**주석 :** 자기라거나 남이라는 구별을 알지 못하는 **진아안주자**(*Atma-nishtan*)에게는 남들이 하는 욕이나 칭찬이 **자기**가 **자기**를 욕하거나 칭찬하는 것과 같다. 따라서 그는 그 두 가지에 무관심하게 존재하는 사람이다. 아주 장엄한 것(진아)이 **비이원적 상태**임을 이로써 알게 된다. 거기서는 어떤 마음의 변상도 생겨날 수 없다.

*　*　*

**해설:** 비이원성의 진리를 (스승의) 가르침을 통해서 안 사람은 그것을 명상 수행에서 적용해야지, 그 밖의 일상 속에서 행하려 하는 것은 재앙이나 마찬가지라는 경고를 여기서 하고 있다.

39. adduvida mendru mahatturuha vōrpōdu
madduvidañ seykaiyi lātrarka — puttiranē
yadduvida mūvulahat tāhun guruvinō
dadduvida māhā dari.

[풀어쓰기] *adduvidam endrum ahattu uruha: ōr pōdum adduvidam seykaiyil ātrarka; puttiranē! adduvidam mūvulahattu āhum; guruvinōdu adduvidam āhādu ari.*

비이원성을 늘 심장 속에서 경험하되,
결코 비이원성을 행동으로 옮기지는 말아야 한다, 아들이여.
비이원성이 비록 삼계三界에 해당된다 할지라도, 스승에게는
해당되지 않는다는 것을 알라.2)

**의미:** 비이원성의 진리를 항상 심장 속에 간직하되, 결코 행동에서 보이지는 말라, 아들이여. 설사 삼계三界에 대해서는 비이원성을 행동에 옮긴다 해도, (지고자의 형상인) 스승 앞에서만은 그것을 보이지 말라. 이 진리를 알아야 한다.

**주석:** 비진아인 몸·마음 그리고 개아라는 찌다브하사, 이런 것들을 자기라고 여기고 행동하는 것은 무지이고 이원성이며, 그와 같이 행동하지 않는 것이 비이원성이고 지知라고 바가반이 말씀하시는 것을 우리는 들은 적이 있다. 이로써 "몸이 나다"라는 관념이 제거되지 않는 한 비이원성의 체험은 없다는 것을 알 수 있다. 이 상태에서의 변상들(생각·말·행동)은 모두 이원성의 법도(예의범절 등)를 고려하여 해 나가는 것이 적절하다. 비

2) *T.* 이 연은 『진어화만』, 295쪽의 **B14**연으로도 나온다.

이원성을 일상 세계에서 시작하려고 들지 말라. 그렇게 하려고 든다면 에고의 힘에 의한 결함들만 생겨나서 마음의 이원적 원습들만 늘어날 것이다. 비이원성에 안주하는 진인조차도 일상 행위들 속에서는 이원성의 법도를 위배하지 않는다. 비이원성은 진인에게는 체험의 문제이지만, 무지인에게는 명상 등에 도움이 된다는 것이 바가반의 취지이다.

더욱이 어떤 사람이 수행자로서 남아 있는 한—즉, 에고에 의해 자신을 개아라고 생각하는 한—자신의 스승에게 무차별의 태도로 행동하는 것(대등한 관계인 양 함부로 구는 것)은 실수라는 것을 여기서 보여준다.

*bhāvādvaitaṁ sadā kuryātkriyādvaitaṁ na karhicit |*
*advaitaṁ triṣu lokeṣu nādvaitaṁ guruṇā saha ||*

—스리 샹까라짜리야, 「따뜨와우빠데샤(*Tatvopadeśah*)」, 87

* * *

## 교의의 핵심 장(*Siddhānta Sara Prakaranam*)

**해설:** 마음과 말로는 얻어지지 않아서 '비심적非心的(*amanaska*)'[마음이라는 매개체를 벗어난]이라고 하는 비이원성 상태야말로 진리의 상태이며, 그것을 얻으면 자기에게 윤회가 없다는 것이야말로 이 우파니샤드의 내적 의미이다. 바가반은 그것을 분명하게 각인시키기 위해 그 내적 의미를 단 하나의 연으로 설하고 있다.

40. akilavē dāntasid dāntasā rattai
    yahamunmai yāha varaiva – nahañcet
    tahamadu vāhi larivuru vāmav
    vahamadē micca mari.

[풀어쓰기] *akila vēdānta siddānta sārattai aham unmaiyāha araivan, aham cettu aham aduvāhil, arivuru ām av ahamadē miccam ari.*

> 전체 베단타의 최종적 결론의 핵심을
> 내가 진실로 선언하노라. '나'(에고)가 죽고
> '나'가 그것이 되면, 자각의 형상인 저
> '나'(진아)만이 남는다는 것을 알라.

**의미:** 모든 베단타 저작들의 최종적 가르침의 핵심을 내가 진실로 말하겠다. '나'라는 에고가 죽고, 브라만 자체인 진아로서의 체험이 일어나면, 자각만이 그것의 성품인 저 진아만이 남는다는 것을 알라.

**주석:** 우파니샤드들이 베단타로 불린다. 그것의 최종적 결론(*Siddhantam*)이라는 것은 우파니샤드들에 의해 설해지는 진리들이다. 그것은 체험에 의해 확인되는 것이다. 그와 같이 확인된 진리가 여기서 설해졌다. 진아의 진리는 체험의 상태에서 진아로서만 남아 있다. 마음과 그것에 의해

확장되어 있는 세계들, **하느님**, 개아—이 모든 것은 그것들의 뿌리인 에고가 소멸할 때 그들도 소멸한다. 존재하는 것은 **비이원적 본체**이다. 그것은 **자각**으로 충만한 것, 곧 **존재-의식**이다. 그것은—금 장신구들의 바탕인 금과 같이—일체의 **바탕**으로 존재하는 것이다.

소멸하는 성품을 가진 이름과 형상들은 실재하지 않고, 소멸하지 않는 성품을 가진 **존재-의식**은 실재한다는 것을 알아야 한다. 무엇이 비실재이든 그것이 소멸하면, **실재하는 것**이 남는다는 취지이다.

**사뜨상가**, **헌신**, 분별(*vivekam*)—이런 것들의 근본인 **자기탐구**에 일념집중이 되어 에고가 **심장** 속에 가라앉아 죽으면, **진아체험**인 이 **비이원성 상태**가 얻어진다고 하는 것이 (「실재사십송」이라는) 이 **우파니샤드**의 핵심 정수이다.

*sarvavedāntasiddhāntasāraṁ vacmi yathārthataḥ* |
*svayaṁ mṛtvā svayaṁ bhūtvā svayamevāvaśiṣyate* ||

—『까타루드라 우파니샤드(*Kaṭharudra Upaniṣhad*)』, 47

스리 라마나께 절합니다

***Śri Ramanārpanamastu***

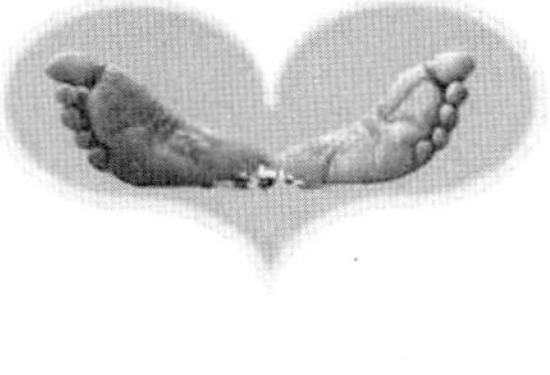

OM TAT SAT

# 부록 1 : 「실재사십송」 — 깔리벤바 버전

벤바(*venbā*) 형태의 시는 그 벤바 시의 마지막 구절의 마지막 음절을 적절히 바꾸고 하이픈으로 연결된 별개의 단어가 뒤따르게 하면 깔리벤바(*kalivenbā*)로 변환된다. 스리 바가반이 벤바 시들을 깔리벤바로 손수 바꾸신 것은, 헌신자들이 바가반의 친존에서 이 텍스트들의 빠라야나(*parayana*)를 할 때 더 쉽게 할 수 있도록 하기 위해서였다. 이 연결어들은 이어지는 연의 첫 구절을 쉽게 연상시켜 주기 때문이다. 더욱이 이 연결어들은 그 연의 본문 내용을 더 조명하고 의미를 분명히 해 주며, 텍스트들 중 으뜸인 「실재사십송」 텍스트의 창송을 쉽게 하여, 그것을 암기하기 좋게 해 준다. 그래서 여기에 부록으로 깔리벤바 버전을 제시한다.[1]

## 기원시

1. 실재가 없다면, '있다'는 의식이 존재할 수 있는가? 실재는
   생각이 없이 심장 안에 존재하는데, 심장이라고 하는
   실재를 어떻게 명상할 수 있는가? 심장 안에서 있는 그대로
   안주하는 것이야말로 (실재에 대해) 명상하는 것임을 알라. — **내면에서**

2. 죽음을 몹시 두려워하는 (성숙된) 영혼들이, 피난처로서
   죽음도 탄생도 없는 위대한 하느님의 두 발에
   매달리면, 그 매달림에 의해 그들은 죽은 것인데, 죽음에 대한 생각을
   죽음 없는 사람들이 갖겠는가? (그들은) 영원한데. — **시각과 결합된**

1) *T.* 타밀어판과 영어판에는 이 깔리벤바 버전의 '연결어'들에 대한 간략한 뜻풀이가 첨부되어 있으나, 내용상 특별한 것이 없어 여기서는 생략한다. 이 깔리벤바 버전은 지금도 스리 라마나스라맘의 빠라야나 때 실제로 창송되는 텍스트이다.

## 본문

1. 우리가 세계를 보기 때문에, 다양한 힘을 가진
하나의 원리를 받아들이는 것이 불가피하네. 이름과 형상들의
화상畫像, 보는 자, 공존하는 스크린과 편재하는 빛,
이 모두가 **진아**인 그라네. — **세계, 주재자**(신), **영혼의**

2. 세 가지 원리를 모든 종교가 처음에 전제하지만,
"하나의 원리만이 세 원리로 존재한다, 세 원리는 늘 세 원리다"라고
다투는 것은 에고가 존재하는 동안만 그렇다네. '나'를 절멸하고
**진아**의 상태 안에 안주하는 것이 으뜸이라네. — **헛되이**

3. "세계는 참되다, 거짓된 겉모습이다, 세계는 지각한다, 아니다,
세계는 행복이다, 아니다"라고 다투는 것이 무슨 소용
있는가? 세계를 버리고 **자기**를 알아서, 하나와 둘 다 끝이 나고
'나'가 사라진 그 상태가 모두에게 좋은 것이네. — **살로 이루어진**

4. 형상이 **자기**라면, 세계와 **신**도 마찬가지일 것이네.
형상이 **자기**가 아니라면, 그들의 형상을
누가 어떻게 볼 수 있으며, 눈과 다른 대상물들이 있겠는가?
그 눈인 **진아**는 무한한 눈이라네. — **면밀히 살펴보면**

5. 몸은 다섯 껍질의 형상이니, 그 다섯 가지가
몸이라는 말 안에 모두 들어 있네. 몸이 없이
세계가 존재하는가? 몸을 내버리고 세계를
본 사람이 있는지 말해 보라. — **보이는**

6. 세계는 다섯 감각지각의 형상 외에 달리 무엇이 아니고,
이 다섯 감각지각은 다섯 감각기관에게 지각되네. 세계를 마음
하나가 다섯 감각기관을 통해서 지각하니,

마음이 없다면 세계가 존재하는지 말해 보라. — (우리) **앞의**

7. 세계와 의식(마음)은 함께 일어나고 가라앉지만,
세계는 의식으로 인해 빛난다네. 세계와 의식이
나타나고 사라지는 터전인, 나타나지도 사라지지도 않고 빛나는
그 **전체**야말로 **실재**라네. — (원래) **가능한 일이지만,**

8. 어떤 이름을 붙여 어떤 형상으로 누가 (그 실재를) 숭배하든, 그것은
(그) 이름과 형상으로 **실재**를 보는 길이네. 그러나 그 **실재**의
진리 안에서 자신의 진리를 알고 가라앉아 (그것과) 하나가 되는 것이 진실로
(실재를) 보는 것임을 알라. — **하늘의 푸름 같은**(실재하지 않는)

9. 이원자들과 3요소들은 늘 하나[에고]를 붙들고
존재한다네. "그 하나가 무엇인가?" 하고 마음 안에서
찾아보면 (그것은) 떨어져 나갈 것이고, 그것을 본 사람들만이
**진리**를 본 것이니, 그들은 동요되지 않네. 그렇게 보라. — **어둠같이 짙은**

10. 무지 없이는 지知가 없고, 지知 없이는 저
무지가 없네. "그 지知와 무지가
누구에게 있는가?"라고 하여 최초의 토대인 **자기**를
아는 지知야말로 (참된) **지**知라네. — **알려지는 대상들을**

11. 아는 자기를 모르면서 다른 것을
아는 것은 무지인데, 그것이 (참된) **지**知일 수 있겠는가?
지知와 '다른 것'(무지)의 바탕인 **자기**를 알면,
지知와 무지는 없을 것이네. — **아예**

12. 지知와 무지가 없는 것이 (참된) **지**知라네.
(대상들을) 아는 그것은 참된 **지**知가 아니네. 알 것도
알려지게 할 것도 없이 빛나기에, **진아**가 (참된) **지**知라네.

그것은 공空이 아님을 알라. — **풍성한**

13. **지知인 진아**만이 실재하며, 다양한 지知는
무지라네. 실재하지 않는 무지조차도, **지知인 진아**와
별개로 존재하지는 않네. 많은 금붙이들은 실재하지 않는데,
(그것들이) 실재하는 금과 별개로 존재하는지, 말해보라. — **'몸이 나'라는 저**

14. 1인칭이 존재하면 2인칭과 3인칭도 존재할 것이네.
1인칭(에고)의 진리를 스스로 탐구하여 1인칭이 사라지면
2인칭과 3인칭도 종식되고, **하나**로서 빛나는
그 상태야말로 실로 **자기**의 성품이라네. — **항상 머무르는**

15. 현재에 의존하여 과거와 미래가 성립하네.
일어날 때는 그 둘 다 현재이니, (시간은) 현재 하나뿐이네.
현재의 진리를 모르면서 과거와 미래를 알려고 하는 것은,
'하나' 없이 숫자를 세려는 것과 같네. — **알려진, 존재하는 실재인**

16. 우리가 없이, 시간이 어디 있고 공간이 어디 있는가?
우리가 몸이면 시간과 공간에 우리가 걸려든다네. 우리가 몸인가?
우리는 지금, 그때, 늘 하나이고, 여기, 저기, 도처에서 하나이므로
우리가 존재하네, 시간 공간이 없는 우리가. — **결함 있는 이**

17. 몸은 **자기**를 모르는 이들에게나 아는 이들에게나 '나'이네.
**자기**를 모르는 이들에게는 '나'가 몸에 한정되어 있으나,
몸 안의 **진아**를 아는 이들에게는 **진아**가 '나'로서 가없이 빛난다네.
이것이 그들 간의 차이라는 것을 알라. — **목전의**

18. 세계는 모르는 이들에게나 아는 이들에게나 실재한다네.
모르는 이들에게는 실재가 세계에 한정되어 있으나,

아는 이들에게는 실재가 세계의 **바탕으로서** 형상 없이 빛난다네.
이것이 그들 간의 차이라는 것을 알라. — **서로 다른**

19. 운명과 의지의 뿌리에 대한 이해가 없는 사람에게만
운명과 의지 어느 쪽이 지배하는가 하는 논쟁이 있네.
운명과 의지의 한 뿌리인 자아를 알아버린 이들은 그것들을 내버렸는데,
그들이 다시 거기에 말려들겠는지, 말해보라. — (앞에) **오는 것을**

20. 보는 자기는 버려두고 자기가 **하느님**을 보는 것은
마음의 투사물을 보는 것일 뿐이네. **자기**(진아)를 보는 자만이
**하느님**을 본 사람이라네. 자기의 기반이 소멸된 뒤의
**자기**는 **하느님**과 다르지 않기 때문이네. — **자신이 개인이라고 생각하는**

21. **자기**를 자기가 보고, **신**을 본다고 많은 경전에서
말하는 진리가 무엇이냐고 묻는다면, (그 답은) "**자기**를
자기가 어떻게 보는가, **자기**는 하나다"라네. (자기를) 볼 수 없다면,
**신**을 어떻게 보는가? (그에게) 먹히는 것이 보는 것이네. — **일체를 보는**

22. 마음에 빛을 주며 저 마음을 비추는
**하느님**(내면의 진아)에게로 마음을 돌려서 **하느님** 안에
가라앉지[합일되지] 않고서, **하느님**을 마음으로써 아는 것이
어떻게 가능하겠는지, 생각해 보라. — **지각력이 없으므로**

23. 이 몸뚱이는 '나'라고 말하지 않고, "잠 속에서는
'나'가 없다"고 아무도 말하지 않네. '나' 하나가
일어나면 일체가 일어나니, 이 '나'가 어디서
일어나는지 예리한 마음으로 **살펴보면**, (그것은) **슬며시 사라질 것이네.**[2)]

---

2) *T.* 벤바 버전에서는 "예리한 마음으로 살펴보라"로 끝나지만, 깔리벤바 버전에서는 '**살펴보면**'으로 바꾸어 '**슬며시 사라질 것이네**'를 덧붙였다. 여기서는 이것이 '연결어'를 대신한다.

24. 지각력 없는 몸은 '나'라고 말하지 않고, **존재-의식**은 일어나지 않네.
몸의 범위 안에서 '나'라는 어떤 것이 이들 사이에서 일어난다네.
이 **의식**과 지각력 없는 것[몸] 사이의 매듭이 속박이고 개아이며,
미세신이고 에고라네. 이것이 윤회이고 마음임을 알라. — **얼마나 놀라운가!**

25. 형상을 붙들면서 생겨나고 형상을 붙들면서 머무르며,
형상을 붙들고 먹으면서 더 커지네. 한 형상을 놓으면서
다른 형상을 붙들지만, 찾아보면 그것은 달아나 버리네.
형상 없는 (이) 유령 같은 에고가 이러함을 알라. — **배아**胚芽**인**

26. 에고가 생겨나면 모든 것이 생겨나고,
에고가 없으면 모든 것이 없다네. 에고야말로
모든 것이므로, "이것이 무엇인가?" 하고 살펴보는 것이야말로
모든 것을 놓아 버리는 것임을 알라. — **첫째인 양 일어나는 이**

27. '나'가 일어나지 않고 존재하는 상태가 우리가 그것으로 존재하는 상태라네.
'나'가 일어나는 **근원**을 탐색하지 않고서 '나'가 일어나지 않는
자기소멸을 어떻게 성취하며, (그것을) 얻지 않고 자기가 **그것**인
자신의 (참된) 상태 안에 어떻게 머무를 수 있겠는지, 말해 보라. — **처음**

28. 일어나는 에고의 그 일어나는 곳[근원]을, 마치 물에
빠진 물건을 찾기 위해 (물속으로) 잠수하듯이
예리한 마음으로 말과 호흡을 제어하면서 내면으로
뛰어들어, 알아내야 한다는 것을 알라. — **송장인 양 육신을 내버리고**

29. '나'라고 입으로 말함이 없이, 내면으로 뛰어드는 마음으로
'나'가 어디서 일어나는지 탐색하는 것만이 지知의 길이네.
그러지 않고 "이건 내가 아니다. 나는 **그것**이다."라고 생각하는 것은
탐구의 보조방편이네. 그것이 (올바른) 탐구인가? — **따라서 위의 방식으로**

30. "나는 누구인가?" 하고 마음이 내면을 탐색하여 심장에 도달하면,
그 '나'는 고개 숙이고[죽고] '나, 나'로서 나타나는
하나가 저절로 나타나지만, 그것은 '나'(에고) 아닌 실재인
전체이니, 곧 진아의 본체라네. — (그것이) **넘쳐 올라 나타날 때**

31. 자기(에고)를 소멸함으로써 일어나는 진아의 지복인 사람에게
무엇 하나 할 일이 있겠는가? 진아 외의
다른 어떤 것도 알지 못하는 그의 상태가
어떤 것인지, 어찌 헤아릴 수 있겠는가? — **지고자라고 공언되는**

32. "그것이 그대"라고 경전에서 선언하고 있는데, 자기가
무엇인지를 스스로 알아내지 않고, "그것이 '나'이고
이것은 '나'가 아니다"라고 생각하는 것은 힘이 부족한 탓이니,
(왜냐하면) 늘 그것만이 진아로서 존재하기 때문이네. — **그 외에**

33. "나 자신을 모른다"거나 "나 자신을 알고 있다"고
말하는 것은 웃음을 살 일이네. 왜인가?
자기가 '아는 대상'이라면, 자기가 두 개라는 것인가?
(자기가) 하나임은 모두가 경험하는 진리이기 때문이네. — **단 한 생각도 없이**

34. 항상, 모두의 성품으로 존재하는 실재를
내면의 심장과 합일시켜 깨달아 확고히 안주하지 않고,
"그것이 있네 없네, (그것은) 형상이 있네 없네, 하나네, 둘이네, 아니네"라고
다투는 것은 마야에서 나온 무지이니, (그런 논쟁을) 포기하라. — **마음이 가라앉은 뒤**

35. 성취되는 실재를 알고 그것으로 존재함이 (참다운) 싯디(성취)라네.
다른 싯디(초능력)들은 모두 꿈속에서 얻는 성취에 불과하네. 잠에서
깨면 (그것들이) 실재하는가? 실재 상태에 안주하면서, 실재하지 않는
상태를 버린 이들이 미혹되랴? (이것을) 잘 알고 있으라. — **미혹을 지닌 채**

36. 우리가 (자신을) 몸이라고 생각하면, "아니다, 우리는 **그것**이다"라고 생각하는 것이, 우리가 **그것**으로 안주하는 좋은 방편일 것이네. 늘 우리가 **그것**인데 왜 우리가 생각하나? "나는 사람이다"라고 누가 생각하나? 우리가 **그것**으로 안주하고 있기에 그러하네. — **모르면서 우리가 취하는**

37. "수행하는 동안은 이원성, 성취한 뒤에는 단일성"이라고 하는 주장도 맞지 않네. 어떤 사람이 열심히 찾고 있을 때나 자신을 발견했을 때나, 그 사람은 열 번째 사람이었을 뿐 다른 누구도 아니라네. — **씨앗 같은**

38. 행위들을 '하는 자'가 우리라면, 그로 인한 열매를 경험할 것이네. "행위를 하는 자는 누구인가?" 하고 물어서 **자기**를 깨달으면, 행위자 느낌이 사라지고 세 가지 업이 떨어져 나간다네. 이것이 영원한 **해탈**의 상태라네. — **미친 사람이 되어**

39. "나는 속박된 자다"라고 느끼는 동안만 속박과 해탈의 생각이 있네. "속박된 자는 누구인가?"(를 탐구하여) **자기**를 볼 때, (확립된) 진리로서 항상 해탈해 있는 자[진아]만이 남네. 속박이란 생각이 머무를 수 없는데, 해탈이라는 생각이 머무를 수 있겠는가? — **마음에 맞추기 위해**

40. "형상이 있고, 형상이 없고, 형상이 있기도 없기도 한 세 가지 중에 어느 것이 우리가 얻는 해탈인가?"라고 한다면, "'형상이 있다, 형상이 없다, 형상이 있기도 없기도 하다'고 분별하는 에고의 형상이 소멸되는 것이 해탈이다"라고 말하리라. 그렇게 알라.

# 부록 2 : 「실재사십송－보유」의 구성

「보유」의 41개 연(기원시 포함) 중에서 26개 연은 바가반이 산스크리트 저작이나 다른 언어로 된 저작에서 뽑아 타밀어로 번역한 것이고, 12개 연은 직접 타밀어로 지은 것이며, 2개 연은 당신이 산스크리트로 짓고 타밀어로 옮긴 것이고, 1개 연은 락슈마나 사르마가 산스크리트로 짓고 바가반이 타밀어로 옮긴 것이다.

A. 다른 출처에서 가져와 바가반이 타밀어로 옮긴 것

| | |
|---|---|
| 1. 『요가 바시슈타』 | 기원시, 제2연, 21연, 22연, 23연, 24연, 26연, 27연, 29연, 30연 |
| 2. 샹까라, 「모하무드가람」 | 제1연 |
| 3. 『수바쉬따 라뜨나 반다가르』 | 제4연, 34연 |
| 4. 『스리마드 바가바땀』 | 제5연 |
| 5. 샹까라, 「에까슐로끼」 | 제7연 |
| 6. 『데비깔롯따람』 | 제9연, 25연 |
| 7. 바가반의 시 + 샹까라, 『분별정보』 | 제12연 |
| 8. 『아쉬땅가 흐리다얌』(말라얄람어) | 제18연, 19연 |
| 9. 『쁘라부링가 릴라이』(깐나다어) | 제20연 |
| 10. 사다시바 브라멘드라, 「사다까 아바스타」 | 제37연 |
| 11. 샹까라, 「따뜨와 우빠데샤」 | 제39연 |
| 12. 『까타루드라 우파니샤드』 | 제40연 |
| 13. (출처 불명) | 제3연, 6연 (도합 26개 연) |

B. 바가반이 직접 타밀어로 지은 것　제13연, 14연, 15연, 16연, 17연, 31연, 32연, 33연, 35연, 36연, 38연 (도합 11개 연)

C. 바가반이 산스크리트어로 짓고 타밀어로 옮긴 것 : 제8연, 10연 (2개 연)

D. 저자의 산스크리트 시를 바가반이 타밀어로 옮긴 것 : 제11연 (1개 연)

E. 『진어화만』 중 두 연을 바가반이 한 연으로 압축한 것 : 제28연 (1개 연)

# 찾아보기

가네샤 224, 264
가우다빠다, 아짜리야 81, 146, 282
개아個我 281-5, 288-90, 296; -와 이스와라의 차별, 360, 362; --성품, 375, 377
개아·이스와라·세계 281, 284, 289, 290, 295, 338-9, 349, 363, 375
거친 몸 53 →조대신
결혼식 사기꾼 이야기 111, 371
경각하며 잠자기 179
계시 16, 26, 52, 64, 66, 85, 102-3, 134, 143-4, 163, 198; -서 22, 27, 32, 35, 37, 64-5, 121, 136, 169
고타마 붓다 25, 46, 110, 130, 173, 175, 192, 228
공사空師 246
교의敎義 47, 116, 193, 216-7, 221, 226-7, 272, 282, 285-7, 300-2, 394-6, 403
구루 34, 36, 64, 67, 229 →스승
궁극적 원리 286
권능존자 408, 415
"그대가 그것이다" 109, 114, 115, 121, 178, 258, 381, 391
근본-본체 418 →본체
근원 26, 87, 121, 144-5, 159, 166, 172, 174, 177, 179-80, 212, 223, 232-3, 245, 247, 250, 286, 359-60, 363-4, 376-8, 382-3, 429, 432, 455, 481
『기타』 33, 57, 69, 81, 119, 131, 165, 193, 196-7, 206, 209, 223, 271, 324, 437 →『바가바드 기타』
깨어남 24, 100, 399, 400
『꾸르마 뿌라나』 17, 277
"나는 나다" 182, 343
"나는 내가 있다는 것이다" 149
"나는 몸이다"라는 관념[느낌] 94, 96, 242
'나'라는 느낌 93, 96, 255
'나'에 대한 명상 183, 264
'나'와 '내 것' 112, 221, 301, 408, 436
'나'-의식 258
남말와르 221
"내가 그것이다" 176-8
"내가 있다" 94, 109-110, 115, 122, 137, 145, 148-9, 152, 165, 170, 174-5, 179, 183, 265; -의 근원, 177, 180
『냐나 바시(슈)땀』 325, 419
네 번째 상태 165, 261, 314 →뚜리야
네띠-네띠 156, 413
누적업累積業 191, 202, 406-7, 465
능동인能動因 104, 117, 130
니르구나 396

다끄쉬나무르띠 37, 156, 376, 384, 395
다르마 131, 388
다섯 껍질 138-9, 143, 254, 312-4, 343, 362, 385, 415, 477
단일성 117, 147, 150, 198, 213; -의 진리, 214; -(의) 체험, 198, 390
대아大我 222-3
덧씌움/덧씌워진 것 49, 282, 290, 351, 353. 365-8, 403, 407
독존獨存 335
독존자獨尊者 415
동시 겉모습 138
동혈洞穴의 주 446, 448-9
디라(*Dhira*)/대장부 244, 379, 391
따빠스 13, 188, 267, 277

『따이띠리야 우파니샤드』 163
뚜리야 292, 314, 317-8, 328, 334-5, 339, 347, 375-7, 387, 399, 464
뚜리야띠따 464
라마나 마하르쉬 11, 15, 193, 273
라마크리슈나, 스리 21-2, 29, 217
리부와 니다가 이야기 96-7, 319-20

마야 76-7, 119, 170, 186, 195, 206, 214, 239, 283, 293, 296, 328, 350, 394, 396, 398-9, 403, 418, 441, 464, 482
마야론 76
마음 없는 상태 27, 258
마음껍질 143, 313-4
마음의 소멸 27, 382, 395 →심멸
마차 위에서 잠든 사람과 진인의 비유 205
마하비슈누 325
마하요가 17, 19, 189, 277, 439
『만두끼야 우파니샤드』 118, 165
『만두끼야 주석송』 81, 146, 283
몸-의식 448
무명/무지 283, 314
무상삼매 63, 160-1, 385-6
무성/유성 127
무신해탈 190
무종자/유종자 127
무한자 150, 269
미래업 191, 202, 261, 406-7, 465
미세신/미세한 몸 53, 75, 106-7, 139, 143, 164, 190, 199, 257, 308-9, 313-4, 367, 371, 388, 407, 411, 413, 415, 481
『바가바드 기타』 80, 282, 339
바이슈와나라 138
바탕 132, 201, 249, 256, 281-2, 287, 290, 295-7, 322, 333, 337, 348-353, 415, 475; -인 진리, 289-90, 418; 참된[완전한] -, 282, 327, 335
발현업 191, 202, 261, 385, 405-7, 465
버크 박사 61
버클리 103
베단타 12, 63, 77, 87, 109, 113, 119, 271-2, 278, 287, 319, 338-9, 381, 397, 404, 410, 415, 470; -의 (최종적) 결론, 335, 343, 415, 418, 474; 비이원적 -, 302, 306, 393
본래성품 284, 286, 288, 367, 409-410, 431, 438; -의 상태, 376
본래적 상태 27-8, 32, 116, 132, 153, 160-2, 165, 172, 178, 192, 197, 206, 258
본연(무상)삼매 160-1, 192, 245, 279, 385-7
본연상태 27, 32, 314, 383, 448, 458
본체 200-1, 323, 385; 단 하나의 -, 323; 비이원적 -, 418, 475; 진아의 -, 422, 482 →근본-본체; 존재-본체; 참된 본체
『분별정보』 63, 137, 389, 446
부절상不絶相 382
불생론 146, 283, 339, 418
붓다 25, 45, 110, 245, 293 →고타마 붓다
브라만 28, 158, 176, 246, 269, 281-8, 292, 295-6, 309, 324-6, 341, 352, 375, 377; -과 아뜨만의 합일, 279, 285; -의 지복, 388, 411; -의 참된 성품, 286, 289, 388, 411; 바탕인 -, 295, 297, 333; 자각인 -, 286-7; 존재-의식인 -, 288; 지知[의식]의 형상인 -, 288; 진아인[로서의] -, 291, 357, 403
브리구 163
비깔빠 313, 356
『비슈누 뿌라나』 96
비슈와 138 →전인
비이원론 11, 15, 77, 125, 146, 193, 243, 272, 300, 337, 360, 395-6
비이원론자 129, 193, 213-14, 272, 282
비이원성 128, 185-6, 268, 286, 309, 358, 395, 402, 404-5, 408, 472-4; -의 진리, 213, 472; - 상태, 474-5
비인격(성) 147-8, 185-6, 209
비진리를 정복하는 진리의 힘 212
비진아 72, 222, 268, 472
비춤의 삶[상태] 17, 136

빠라브라만 127, 420, 471
빠란/빠람 309
뿌루샤 338
쁘라냐남 145 →의식
쁘랄라다 211, 215, 325-6

사구나 396; - 형상, 279
사나까(/사난다나/사나따나/사나뜨꾸마라) 156
사두상감 422-4,
사뜨 144, 288, 331, 420; -와의 친교, 421
사뜨 · 찌뜨 · 아난다 157
사뜨상가 420-1, 475
사뜨와 187, 234, 421
사탄/아리만 121
사하자-스티띠 377 →본연상태
산깔빠 313, 356, 388
삼매 160-3, 205, 232, 236, 245, 386, 462-3; 불변의 -, 463; 요가적 -, 161 →무상삼매; 본연무상삼매; 합일무상삼매
3요소 111, 125, 211, 255, 291, 326-330, 335-6, 355, 357, 360, 382, 414, 476
상념 형상 249, 281
생기껍질 143, 313
생시-잠 205, 245, 463-4
생명 26, 121, 134-5; -원리, 175; -의 심장, 63; -의 영적 중심, 23
생전해탈 190, 314, 383, 420
생전해탈자 190-1, 269-70, 349, 353-4, 383-4, 386-90, 392-3, 395-8, 400-1, 405, 407, 410, 413-5, 420-2, 425, 433, 448, 458, 461, 463-6, 471
샹까라, 스리 63, 77, 81, 109, 124, 126-7, 137, 145-6, 185, 192, 195, 239, 285
선善 210
성자 23-4, 61-3, 208, 213, 215-17; -들의 주, 432; -들의 증거[증언], 63, 208; -와 진인의 구별, 216-7; --진인, 215
성찰 176, 186, 381
성품 135, 188, 211, 398, 417, 437-8, 482; --특징, 417; 자각의 -, 453-4, 464; 자신[자기]의 -, 274, 283, 323; 진아의 -, 155, 303, 404-5, 413, 415; 해탈의 -, 412-3 →본래성품; 참된 성품; 평등성품
세 가지 몸 143, 314, 362, 415
세 가지 상태 52, 92, 101-2, 137, 140-1, 143-4, 165, 175-6, 179, 205, 261, 314, 375, 399, 462-4
세간연世間緣 306
세계라는 겉모습 74, 78, 83, 89-90, 92, 119, 136, 138-9, 159, 170, 240, 282, 285, 298, 318-9, 327, 336, 339, 341, 351, 371, 375, 418, 428, 447
세계 · 영혼 · 신 57, 59, 124, 130, 132, 150
세계-환幻 195
소함 381, 400, 449; - 스푸라나, 431
순복順服 122-3, 219-20, 222-4, 226, 233, 250 →자기순복
스승 22, 29, 34, 37, 44, 52, 64, 67-8, 121, 162, 185-6, 115, 199-200, 206, 219, 229-31, 264-5, 324, 403, 472-3; -의 은총, 195, 354; 살아 있는 -, 19
스와루빠 288, 363, 376, 385
시각의 평등 197
시바, 주 17, 270, 277, 324, 384, 454
『시바 라하시야』 319
신 23, 28, 37, 51-2, 98-9, 105-6, 117, 124-7, 147-9, 168, 188, 201, 210-24, 229, 237-40, 243, 256, 264, 267, 309-11, 326, 359, 361, 426, 443-4; -에 대한 헌신, 180, 208-9, 211, 219-20, 224; -의 메신저, 29, 32, 37; -의 은총, 29, 37, 68, 187, 219, 266; -의 진리, 148, 212, 238, 309; -의 화신, 37, 69, 186; 스승인 -, 219; 진아인 -, 32, 147, 214, 240, 309
신격神格 98
실재 28, 74-8, 80-2, 84, 86-7, 93-4, 98-9, 104, 106-8, 117, 121-3, 126-8, 130-3, 144-7, 150-2, 165-9, 200, 242, 253-4, 256-7, 269, 280-5, 289-91, 295-6, 321-7, 335, 345, 351-2, 384-5, 397; -와

몸 사이의 매듭, 107; 단 하나의 -, 74, 119, 147, 169, 340; 무한한 -, 123, 269; 상주하는 -, 65; 완전한 -, 321; 지고의 -, 166, 178, 203, 269, 294, 422
「실재사십송」 12-5, 233, 277-9, 449
「실재사십송 보유」 14
실재성의 기준[판단기준] 80-1, 84, 86
실재·의식·행복 157
실재하는 것 86, 134, 144, 201, 399, 475
심상제어心相制御 232
심멸心滅 377, 382
심잠心潛 377
심장 63, 115-6, 135, 149, 158-9, 170-2, 180-3, 237, 253, 258-9, 280, 289-92, 327-8, 376-82, 384-5, 391, 417-9, 428-30, 446-56, 468, 472, 476, 482; -공간, 279, 437; -동혈, 364, 391, 428, 431; - 안의 진아, 207, 211, 214; -연꽃, 430, 448-9; -의 동혈, 217
싯디 167-9, 195-6, 397-400, 403, 440-3

아뜨마 222 →진아
아뜨마-스와루빠 374, 379
아뜨만 279, 285, 391 →진아
아루나찰라 17, 23, 30, 123, 202, 214, 468; - 시바, 431
「아루나찰라 다섯 찬가」 31
「아루나찰라 11연시」 444
「아루나찰라 8연시」 319, 353, 394
아빠라브라만 127
아상我相 322, 327
『아이따레야 우파니샤드』 145
아인슈타인 93
업業 169, 191, 202, 246, 405-7; 세 가지 -, 259, 406, 465
에고 109-122, 125, 130-143; -의 소멸, 164, 331, 342, 369, 408, 412-3, 439, 470
에고-마음 102, 125, 131-2, 151-3, 195, 229, 356, 370, 393, 412 →에고-의식
에고 없는 상태 26-7, 31-4, 36, 71-2, 87, 92, 95, 118, 126, 128, 132-3, 136-7, 140-4, 150-1, 153-5, 157-8, 164-6, 172, 178, 180, 198, 203, 205, 208-210, 213, 217, 219-20, 226-8, 237, 241, 303
에고 없음 68, 73, 121, 135, 147-8, 152, 160, 168, 172, 190, 197, 208-9, 210, 218, 220, 244, 253, 302, 388
에고-의식 87, 94, 96, 99, 107, 113, 115, 119, 122, 125, 131-2, 143-4, 149, 165, 170, 174, 180, 82, 210, 255-8
여호와 148
열 번째 사람 128-130, 259, 402, 404-5
영靈 200, 242, 244
영혼 53, 97, 105-114, 117, 122, 124-5, 130-2, 143, 145-8, 150, 211, 219, 221, 235, 257, 263, 292, 445, 477; 가짜 -, 260, 285, 291, 368, 443-4 →참된 영혼
예수 23, 26, 44, 121, 142, 158, 160, 226
완전성 22, 24; 전체적 -, 305
완전체/완전한 전체 322
완전함 385; -의 상태 133
요가 17, 19, 188-9, 232, 435-6, 440, 466; 마음제어 -, 188-9; 바른 이해의 -, 188; 참된 -, 19; 8지 -, 440; 하타 -, 247, 377
『요가 바시슈타[탐]』 153, 158-9, 379, 419 449, 455, 459
욕망충족인/무욕인 388
용해견溶解見 240, 419
『우주의식』 61
우파니샤드 12, 15, 17, 19, 63, 126, 145, 175, 178, 214, 235, 281, 285, 297, 352, 379, 391, 407, 415, 474-5
운명과 의지[자유의지] 228-9, 355-6, 480
울람 290 →심장
원습原習 207, 232, 294, 313, 396-7, 446, 449, 453-4, 461; 세 가지 -, 397, 446; 이원적 -, 393, 473
원인신 143, 163-4, 190, 200, 314, 353, 407, 415
원죄原罪 36, 115, 227, 265

윤회/윤회계 130, 293, 313, 367-370, 467, 474, 480
은총 26, 206, 212-3, 218-20, 292, 294, 435-7, 446 →신의 은총; 스승의 은총
음식껍질 143, 313-4
의식 106, 145, 148-52, 157, 161, 200-1, 206, 234, 255-7, 280-1, 284, 286-8, 297, 335, 367, 379, 385; -과 몸 사이의 매듭, 106, 257, 367-8, 403, 410; -의 눈, 86; -의 빛, 122, 149, 170, 174, 296, 365, 367; -인 존재 403; 끝없는 -, 145; 단일한[단 하나의] -, 151, 201; 무한한 -, 86, 99, 125, 136, 144, 199, 252; 본원적 -, 145, 159; 순수한 -, 108, 119, 126, 136, 144, 165, 172, 182, 200-1, 203, 222, 238; 실재하는 -, 106, 149, 214, 253, 256; 원초적 -, 87; 지고의 -, 145; 진아인[진아의] -, 131, 149-50, 251, 268; 참된 -, 280; 형상 없는 -, 182
『이샤 우파니샤드』 249
이스와라 127, 201, 395, 443 →하느님
이원자 125, 255, 326-30, 332, 335, 355, 357, 408-9, 414, 478
인격신 127, 131
일여내관 381-2, 390-1
일자一者 98, 126-7 →하나
1차적 무지 57, 59-61, 63, 66-7, 76, 87, 99, 101-2, 108-9, 121, 153, 164, 311

자각 217, 284-8, 317, 329, 334, 354, 436-8, 447, 453, 474-5; -의 빛, 284, 362, 447; -의 형상[성품], 451-4, 464, 474
자기 17-8, 27-8, 52-6, 58, 60, 62-3, 68, 75, 98-9, 120, 151, 169, 173-5, 189, 213-4, 217, 222, 225, 233-4, 236-7, 241-3, 251-2, 262, 268-9, 302, 307, 323, 329, 331-2, 334, 342-3, 349, 353, 357, 359-63, 372, 383-4, 388, 390, 392, 396, 406, 409-10, 428, 437-8, 442, 472; -의 본체, 385; -앎, 346; -진입, 232; -체험, 397 →진아
자기광명 284, 287, 317, 335 →진아광명
자기소멸 331, 375-7, 459, 481
자기순복 213, 219-221, 223-4, 226, 279, 292, 358, 436, 445
자기탐구 12, 18, 277, 294, 298, 311, 331, 342, 366, 370-1, 373, 385, 406, 422, 438-9, 475
자연요법 220
전인全人 138
제1원인 56, 117, 229
조대신 75, 143, 164, 174-5, 190, 308-9, 313, 353, 388, 407
존재 19, 35, 109, 145, 153, 242, 251, 265, 287-8, 297, 337, 354, 367, 412; -의 근원, 166, 264; 무한한 -, 234, 254; 의식인 -, 403; 진정한 -, 177, 260; 초월적 -, 258, 260-1 →지고의 존재; 큰 존재
존재-본체 281, 321, 323
존재-의식 279, 283, 287-8, 297, 323, 338-9, 350, 352, 363, 365, 367, 374-5, 401, 407, 414, 475
존재-의식-지복 388
존재하는 것 253, 279-80, 284, 288 →실재
『종교적 경험의 다양성』 61
주관적 관념론 103
주시자 200, 244
지知 132, 283-4, 288, 298-300, 319, 329, 331-2, 334-5, 355, 372, 381-2; -의 길, 293, 381, 481; -의 눈, 238, 307, 380; -의 빛, 308, 336; -의 상태, 246, 284, 298-300, 314, 317, 330-1; -의 (참된) 형상, 286, 297, 306, 317, 368; --탐구, 50, 419; --형상, 384; 올바른 -, 50, 121, 144; 진아에 대한 -, 151; 참된 -, 227, 255, 264, 329, 334-5, 478
지知-스승 354 →스승
지知-체험 285, 314, 318-9, 323-4, 332, 343, 362, 385, 400, 408, 411, 443, 459-60

지각력 287-8, 302, 335; -이 없는 것[몸], 106-7, 120, 284, 286, 341, 365, 367-8, 481; -이 있는 것, 286
지고의 존재 109, 123, 134, 170, 176, 178, 253, 264 →실재; 지고자
지고자 187, 307, 309, 324-5, 341, 367-8, 384, 431, 436-7, 443-7, 482; -의 형상, 425, 472
지복 17, 135-6, 144, 152, 163, 243, 277, 359, 434-6, 438; -의 상태, 132, 258, 262; -의 잠, 205
지복껍질 143-4, 163-4, 243, 313-4, 353
직각물直覺物 316
직접적인 방법[길] 19, 27, 173, 177-8, 279, 292, 300
진리 19, 21, 46, 57-8, 71, 73-4, 78, 117, 157, 171, 179, 186, 209, 226, 231, 240, 281-2, 285, 299, 315, 322-3, 337, 339, 385; 궁극적[궁극의] -, 127, 219, 305, 341, 339, 343, 351, 393, 397, 408, 410-1, 415, 465; 바탕인 -, 289-90, 418; 불생의 -, 146, 195-6, 198; 비이원성[단일성]의 -, 213-4; 절대적 -, 84, 95, 159, 172, 191, 214, 244, 402-3; 진아의 -, 34, 66, 71, 127, 136, 162, 175-6, 225, 251, 375, 385, 393, 464, 474
진망분별眞妄分別 294
진아 26-7, 32, 37, 54-6, 66, 71-6, 86, 94, 97, 99, 10-13, 107-8, 110, 116-7, 120-2, 126, 132-7, 140-7, 149-172, 174-80, 182-90, 192, 197, 199, 201-2, 206-7, 210-4, 220-3, 225-9, 231-3, 237, 240, 242-7, 251-2, 255-6, 258-62, 266-70, 277, 285, 290-1, 294-9, 303-9, 317, 325-8, 334-7, 339-40, 343-5, 347-50, 355-60, 363-5, 367-8, 374-5, 378-80, 384-5, 388-94, 398-9, 403-5; --광명, 338, 385, 429; --성품, 395-6, 398; --안주자, 471; -의 드러남, 73, 137; -의 빛, 137, 161, 364; -의 세계, 183; -의 지복, 135, 153, 243, 261, 387; -의 참된 성품, 66, 298, 305-6, 309, 317, 356, 413; -의 체험, 117, 142, 163, 202, 206, 405; --의식 385-6; - 추구자, 144, 168, 174, 182, 189, 201, 209, 219; --충만인 388; --친견, 359-60; --형상, 386; (단)하나인[의] -, 148, 197, 270, 348; 독존적 -, 336; 실재[존재]-의식인 -, 253, 352, 367; 의식인 -, 149, 197, 255, 262, 368; 지知인 -, 297, 330, 337, 479
진아 깨달음 264, 269, 330, 409, 464
진아자각 205, 258, 261
진아지知 167, 291, 301, 329, 331, 334, 336, 359, 400, 458; -의 체험, 459
진아지자知者 50, 324
진아체험 83, 128, 144, 208, 220, 283, 290, 292, 300, 304-9, 313, 322, 324-6, 328-9, 331, 333-4, 336, 339, 342, 350, 360, 371-2, 379-81, 384-5, 397-8, 403, 448, 475; -인 진아친견, 359-60
진아탐구 56, 72, 113, 118, 134, 175, 187, 250, 258, 265, 305 →자기탐구
『진어화만』 14
『진어화만절요』 14-5, 115, 186, 199, 263
『진인심요』 14-5, 253
진정한 자아 21, 25-6, 29, 34, 54-7, 59, 63, 66-7, 71, 74-6, 78, 86, 92, 94, 97, 99, 101, 108-112, 114-5, 119-20, 122-3, 122-3, 130, 133-7, 143-5, 151-4, 158-60, 165-70, 176-7, 180, 182-3, 188-90, 194-5, 199, 206-7, 212, 216-7, 219, 222-3, 226, 229, 231, 233, 237, 249, 253-4, 258-9, 265; -에 대한 탐구, 57, 59, 111, 115, 120, 123, 188, 207 →진아; 자기탐구
질료인質料因 77, 104, 117, 130
짜이따니야, 스리 크리슈나 215
찌다까샤 436-7
찌다브하사 332, 343-4, 357, 364, 368, 385, 410, 444, 472

찌뜨 144 →의식

『찬도갸 우파니샤드』 80
참된 것 281, 456
참된 본체 282, 286, 288, 385
참된 삶 24, 166, 242
참된 성품 66, 94, 102, 206, 242, 339, 386 →브라만/진아/해탈의 참된 성품
참된 영혼 444
참된 자아 19, 52, 57-8, 65-6, 110, 142, 170, 222, 226, 248-9, 256, 260, 280, 283, 294, 437; -에 대한 탐구, 58, 226
참사람 421
청문 381
침묵 21, 34-5, 134, 156-7, 265, 272-4, 376, 382, 384, 395, 435-7; 비이원성의 -, 268; 지고의 -, 188, 268
칭찬 197, 262, 470; -과 비난[비방], 36, 68, 196-7, 471

칸트, 임마누엘 88, 92
큰 말씀 381-2, 391
큰 요가 17-8, 189, 277 →마하요가
큰 자아 151 →지고아
큰 존재 122, 176
큰 행위자 204, 389-90
탈脫배움 19, 230
탐구 17, 19, 46, 57, 59, 66, 73, 157, 163, 169, 178-85, 187-9, 202, 207-8, 212, 221, 229, 231-2, 251, 255, 257-60, 262; - 요가, 467 →자기탐구; 진아[진정한/참된 자아]에 대한 탐구

평등성품 324
평안 26, 32, 68, 87, 121, 245, 258, 263, 267, 291, 319, 435-7, 442; -의 상태, 132, 209, 375, 469; 마음의 -, 33, 262, 267, 400, 442
포기 115, 180-1, 372, 435-6, 438, 470; 행위의 -, 239
하나 77, 130, 147, 160, 165, 169-70, 197, 200-1, 217, 234, 244, 256, 263, 299, 338, 342-3, 353, 384-5, 427, 456
하느님 156, 225, 277, 285, 289, 292-4, 296, 309, 322-5, 353, 357-365, 376, 407-8, 415, 426-7, 440-1, 443-5, 449, 476, 480; -의 진리, 311, 363; -의 힘, 353, 441 →브라만; 시바
하늘나라 121, 142, 158, 225-6
한정 불가능의 오류 288
합일(무상)삼매 160-2, 192, 194, 385-7
해탈 21, 36, 60, 62-3, 78, 113, 118-9, 129-30, 156, 158, 162-3, 170, 172-3, 190, 195, 202, 215-6, 259, 279, 292, 298, 332, 334, 384, 406, 410-15, 421, 435-6, 441-2, 458; -(의) 상태, 21, 28, 34-5, 65-7, 118, 121, 128, 132, 156, 160, 229, 334, 372, 387, 406, 408, 483; -의 수행법, 294; -의 원리, 430; -의 즐거움, 113, 442; -의 참된 성품, 413; 에고의 소멸인 -, 470; 지知인 -, 334, 372; 지知-체험인 -, 314; 진아인 -, 430; 평안인 -, 442 →생전해탈
해탈열망자 346, 391, 418
행위 요가 188, 239, 260
행위자 의식[관념] 202, 259, 390, 406-7
향유원습 370 →원습
허무론자 75 →공사
헌신 26, 29, 123, 180-1, 185, 208-221, 245, 291-2, 306, 323-4, 358-9, 380, 422-3, 435-7, 439-40, 446, 475; -의 길, 104, 208, 358; - 요가, 188; 비타자 -, 446; 수행으로서의 -, 215: 진아[진정한 자아]에 대한 -, 123, 183; 최고의 -, 363
호흡 과정 지켜보기 181
호흡제어 230, 379
환幻 11, 84, 132, 138, 188-9, 239, 267, 320-1, 339, 344, 349, 415

# 바가반 관련 영문 문헌 목록

## 1. 스리 바가반의 타밀어 저작에 대한 영역본

*Five Hymns to Sri Arunachala* : 스리 바가반의 헌신 찬가들인 「아루나찰라 다섯 찬가(*Sri Arunachala Stuti Panchakam*)」의 한 영역본.

*Five Hymns to Arunachala and Other Poems* : 「아루나찰라 다섯 찬가」의 원 타밀어 텍스트와 스리 바가반의 다른 시 몇 편을 K. 스와미나탄 교수가 영어로 번역했고, 술로짜나 나따라잔 여사의 음악 기보가 곁들여져 있다.

*Revelation* (Sri Ramana Hridayam) : 「실재사십송」과 그 「보유」를 락슈마나 사르마("누구")가 산스크리트 운문으로 번역하고 영역한 것.

*Ramana Puranam* : 스리 무루가나르가 스리 바가반을 찬양하는 1,200연의 타밀 시 『스리 라마나 친존 예경(*Sri Ramana Sannidhi Murai*)』의 초판을 내고 나서, 서두에 540행의 이 시를 덧붙여 2판을 낼 때, 스리 바가반이 뒤쪽 308행을 직접 지었다. 이 책은 540행 전체를 로버트 버틀러, T.V. 벤까따수브라마니안, 데이비드 가드먼이 영어로 옮기고 설명을 덧붙여 편집한 것이다.

*The Collected Works of Ramana Maharshi* : 『라마나 마하르쉬 저작 전집』. 스리 바가반의 오리지널 저작들과 당신이 다른 언어로 된 텍스트를 타밀어로 번역한 모든 타밀어 저작들의 영어 번역을 아서 오즈본이 모아서 편집한 책.

*The Poems of Sri Ramana Maharshi* : 스리 바가반의 철학적 시들과 별시들을 사두 아루나찰라(A. W. 채드윅)가 운문체로 영역한 것.

*Truth Revealed* (Sad-Vidya) : 「실재사십송」과 그 「보유」에 대한 한 영역본.

*Words of Grace* : 스리 바가반의 가르침을 기록한 세 편의 산문 저작인 「나는 누구인가?(*Nan Yar*)」, 「자기탐구(*Vichara Sangraham*)」, 「영적인 가르침(*Upadesa Manjari*)」의 연문형 버전(essay version)에 대한 한 영역본.

## 2. 스리 바가반과의 대화 기록

*Conscious Immortality* : 『의식하는 불멸』. 폴 브런튼과 무나갈라 벤까따라마이아가 기록한 스리 바가반과의 대화들을 모은 것.

*Day by Day with Bhagavan* : 『바가반과 함께한 나날』. 데바라자 무달리아르가 1945년부터 1947년까지 스리 바가반의 회당에서 있었던 대화와 사건들을 일기 형식으로 기록한 것.

*Letters from Sri Ramanasramam* : 『라마나스라맘에서 보낸 편지』. 수리 나감마가 1945년부터 1950년까지 스리 바가반의 회당에서 있었던 대화와 사건들을 자신의 오빠에게 보내는 편지 형태로 저술한 것.

*Maharshi's Gospel* (제1권, 제2권) : 『마하르쉬의 복음』. 여러 가지 영적 주제의 질문들에 대한 스리 바가반의 답변들을 주제별로 13개 장으로 정리한 것. 바가반의 구두 가르침에 대한 하나의 간략하면서도 포괄적인 텍스트이다. (한국어판은 『마하르쉬의 복된 가르침』에 수록되어 있다.)

*Self-Enquiry* : 「자기탐구」. 1900년에서 1902년 사이에 감비람 세샤이야르가 스리 바가반에게 여쭌 40가지 질문에 대한 바가반의 답변을 스리 나따나난다가 정리한 *Vichara Sangraham*을 T.M.P. 마하데반 박사가 문답형으로 영역한 것. 그 질문들은 라자 요가와 지 요가의 두 가지 길과 관련된 것들이 대부분이다.

*Spiritual Instruction* : 「영적인 가르침」. 사두 나따나난다가 기록한 70개의 문답이 들어 있는 타밀어 저작인 *Upadesa Manjari*를 T.M.P. 마하데반 박사가 영역한 것이다. (「자기탐구」와 「자영적인 가르침」은 라마나 마하르쉬 저작 전집에 수록되어 있다.)

*Sri Ramana Gita* : 『스리 라마나 기타』. 헌신자들이 스리 바가반에게 질문하고 당신이 답변한 것들과, 까비야깐타 가나빠띠 무니가 당신을 찬양하여 지은 시들을 포함하여 가나빠띠 무니가 300연의 산스크리트어 시로 엮은 것으로, 비스와나타 스와미와 K. 스와미나탄 교수의 영어 번역문이 함께 있다.

*Talks with Sri Ramana Maharshi* : 『라마나 마하르쉬와의 대담』. 무나갈라 벤까따라마이야가 1935년부터 1939년 사이에 다양한 사람들과 스리 바가반의 대화를 영어로 기록한 것으로, 가장 분량이 많은 대담집이다.

*Who am I?* : 「나는 누구인가?」. 시바쁘라까삼 삘라이가 1902년에 기록한, 스리 바가반의 핵심적 가르침이 들어 있는 타밀어 소책자 「나는 누구인가(*Nan Yar*)?」의 문답형 버전을 T.M.P. 마하데반 박사가 영역한 것이다.

## 3. 스리 바가반의 가르침에 대한 편저와 해설서

*Gems from Bhagavan* : 데바라자 무달리아르가 스리 바가반의 가르침을 주제별로 편집한 것이다.

*Guru-Ramana-Vachana-Mala* : 『진어화만절요』. 락슈마나 사르마("누구")가 스

리 바가반의 가르침을 350연의 산스크리트 운문으로 옮긴 것을 영어로 번역한 것이다. 그 중 약 300연은 스리 무루가나르의 『진어화만(*Guru Vachaka Kovai*)』에서 가려 뽑은 것이고, 전체가 스리 바가반의 구두 가르침을 담고 있다. 설명적 주들도 있다.

*Guru Vachaka Kovai* (The Collection of Guru's Sayings) : 『진어화만』. 스리 무루가나르가 스리 바가반의 친존에서 들은 가르침들을 1254연의 타밀시로 지은 것과 바가반이 직접 지은 28수를 주제별로 세분하여 편집한 판본(1971, 제2판)에 다시 스리 사두 옴이 그동안 누락된 바가반의 시 14수와 스리 무루가나르가 지은 시 1수를 추가하여 간행한 제3판(1998)』을, 스리 사두 옴 자신과 마이클 제임스가 영역한 것이다.

*Reflections on Talks with Sri Ramana Maharshi* : 『대담에 대한 성찰』. S. S. 코헨이 『라마나 마하르쉬와의 대담』에서 가려 뽑은 구절들을 주제별로 14개 장으로 나누어 자세히 주석한 것이다.

*Sri Ramana Darsanam* : 『라마나 다르사남』. 사두 나따나난다가 스리 바가반의 중요한 가르침들을 주제별로 나누어 인용하고 해설한 타밀어 책(1954, 초판)을 벤까따수브라마니안 박사가 영어로 옮기고 데이비드 가드먼이 편집한 것이다.

*Sri Ramanaparavidyopanishad: The Supreme Science as Taught by Sri Ramana* : 락슈마나 사르마가 스리 바가반의 가르침을 701연의 산스크리트 운문으로 결집한 것을 원문과 함께 영어로 번역하고 간략한 주석을 덧붙인 것이다.

*The Garland of Guru's Sayings: Guru Vachaka Kovai* : 스리 무루가나르가 지은 『진어화만』을 K. 스와미나탄 교수가 영어로 번역한 것이다.

*The Path of Sri Ramana* (제1권, 제2권) : 『스리 라마나의 길』. 스리 사두 옴이 스리 바가반의 오리지널 타밀어 저작들에 기초하여 그 가르침을 깊이 해설하면서, 자기탐구와 자기순복의 수행에 대해 분명하고 자세한 안내를 베풀고 있다.

*The Teachings of Bhagavan Sri Ramana Maharshi in His Own Words* : 『바가반이 친히 말씀하신 가르침』. 아서 오즈본이 스리 바가반의 저작들과 『대담』, 『나날』, 등 책에서 가려 뽑은 구절들에 간략한 설명적 주들을 붙인 것이다.

## 4. 스리 바가반의 저작들에 대한 주석서

*Arunachala Aksharamanamalai*[1] : 스리 무루가나르가 스리 바가반의 다섯 찬가 중 「아루나찰라 문자혼인화만(*Sri Arunachala Aksharamanamalai*)」을 타밀어로 주석한 것을 로버트 버틀러가 영어로 번역한 것이다.

*Arunachala Aksharamanamalai*[2] : 스리 무루가나르의 같은 「아루나찰라 문자혼인화만」 주석을 "KAYS"가 영어로 옮긴 다른 번역 버전이다.

*Arunachala Siva* : T.M.P. 마하데반 박사가 스리 바가반의 다섯 찬가 중에서 「아루나찰라 문자혼인화만(*Sri Arunachala Aksharamanamalai*)」과 「아루나찰라 5보송(*Sri Arunachala Pancharatnam*)」을 주석한 것이다.

*Bhagavan Sri Ramana Maharshi's Reality in Forty Verses (with Supplement)* : 『실재사십송 주석』. 락슈마나 사르마가 스리 바가반의 「실재사십송」과 그 「보유」를 타밀어로 주석한 것을 "KAYS"가 영역한 것이다.

*Commentary on Anuvada Nunmalai* (제1권, 제2권) : T. R. 까나깜말 여사가 스리 바가반의 7편의 번역 저작, 즉 산스크리트로 쓰인 저작들을 타밀어로 번역한 「데비깔롯따람」, 「싸르와냐놋따라」, 「바가바드 기타 요지」, 「다끄쉬나무르띠 송찬」, 「진아각지송」, 「구루 찬가」, 「하스따말라까 송찬」을 주석한 것이다.

*Commentary on Arunachala Stuti Panchakam and Upadesa Nun Malai* : T. R. 까나깜말 여사가 스리 바가반의 「아루나찰라 다섯 찬가」와 바가반의 타밀어 시 6편, 즉 「가르침의 핵심」, 「실재사십송」, 「실재사십송 보유」, 「진아 5연시」, 「압빨람의 노래」, 「진아지」를 주석한 것이다.

*Forty Verses on Reality* : 스리 바가반의 「실재사십송」을 S. S. 코헨이 영어로 번역하고 주석한 것이다.

*Ramana Maharshi and His Philosophy of Existence* : T.M.P. 마하데반 박사가 스리 바가반의 「실재사십송」과 그 「보유」를 학술적으로 주석하고, 바가반의 삶과 가르침에 대한 얼마간의 성찰을 포함시킨 것이다.

*Sat-Darshana Bhashya* : 『실재직견소』. 까빨리 사스뜨리가 「사뜨-다르샤남(*Sat-Darshanam*)」[가나빠띠 무니가 스리 바가반의 「실재사십송」을 산스크리트 시로 번역한 작품]을 주석한 책. 서두에 스리 바가반과의 대화가 좀 수록되어 있다.

*Sat-Darshanam—Forty Verses on Reality* : A. R. 나따라잔이 「실재사십송」을 대중적 문체로 새롭게 번역하고 주석한 것이다.

*Sri Arunachala Stuti Panchakam*[1] : 사두 나따나난다가 스리 바가반의 「아루나찰라 다섯 찬가」를 주석한 것을 영어로 옮긴 것이다.

*Sri Arunachala Stuti Panchakam*[2] : 스리 사두 옴과 마이클 제임스가 「아루나찰라 다섯 찬가」를 타밀어 원문과 함께 단어를 일일이 풀이하면서 영어로 옮기고 주석한 것이다.

*Sri Ramanopadesa Noonmalai* : 스리 사두 옴과 마이클 제임스가 「실재사십송」, 「실재사십송 보유」, 「진아 5연시」, 「압빨람의 노래」, 「진아지」를 타밀어 원문과 함께 단어를 일일이 풀이하면서 영어로 옮기고 주석한 것이다.

*The Cardinal Teaching of the Maharshi* : 까빨리 사스뜨리가 「다섯 찬가」 중 「아루나찰라 5보송」을 영어로 옮기고 산스크리트어로 주석한 것이다.

*Ulladu Narpadu—Forty Verses on Reality* : 「실재사십송」에 대해 시바쁘라까삼 삘라이가 주석한 것을 'KAYS'가 영어로 옮긴 것이다.

*Upadesa Saram* : B.V. 나라싱하스와미가 스리 바가반의 타밀어본 「가르침의 핵심」을 영어로 옮기고 주석한 것이다.

## 5. 스리 바가반에 대한 전기

*A Summary of the Life and Teachings of Sri Ramana* : 스리 사두 옴이 쓴 스리 바가반의 간략한 전기로, 가르침도 간략히 설명하면서 수행을 강조한다.

*Bhagavan Ramana* : T.M.P. 마하데반 박사가 라마나 마하르쉬와 존재의 철학의 서두에 붙인 스리 바가반의 생애담을 따로 간행한 것이다.

*Bhagavan Sri Ramana—A Pictorial Biography* : 조안 그린블래트와 매튜 그린블래트가 편집하고 디자인한 사진집 형태의 전기. 흑백 사진과 컬러 사진들이 풍부하게 들어 있고, 스리 바가반과 원로 헌신자들이 말씀한 인용문이 많다.

*Ramana Maharshi* : K. 스와미나탄 교수가 스리 바가반을 한 인간이자 스승으로서 묘사하면서, 당신의 삶과 저작들을 설명하는 전기이다.

*Ramana Maharshi and the Path of Self-Knowledge* : 『라마나 마하르쉬와 진아지의 길』. 아서 오즈본이 쓴 인기 있는 전기. 스리 바가반을 인도 각지와 해외에 널리 알린 책이다.

*Self-Realization* : B.V. 나라싱하스와미가 쓴 스리 바가반에 대한 최초의 전기. 년에 처음 간행되었고, 지금은 S.S. 코헨이 쓴 에필로그가 있다.

*Sri Ramana Leela* : 스리 크리슈나 빅슈가 쓴 텔루구어 전기(1936, 초판. 이후 개정)를 핑갈리 수리야 순다람이 영어로 옮겼다(2004, 초판).

*Sri Maharshi* : M.S. 까마트가 쓴 간략한 전기. 사진이 많고, 단순한 문체로 쓰였다.

*Timeless in Time* : A.R. 나따라잔이 쓴 한결 자세한 전기(1999, 초판).

## 6. 스리 바가반에 대한 회상록

*A Sadhu's Reminiscences of Ramana Maharshi* : 영국인 헌신자인 사두 아루나찰라(A.W. 채드윅)의 회상록. 그는 1935년에 스리 바가반을 찾아와서 1962년 세상을 떠날 때까지 거의 영구적으로 띠루반나말라이에 거주했다.

*At the Feet of Bhagavan* : 거의 평생 스리 바가반 곁에서 살았던 헌신자 T.K. 순다레사 아이어의 회상록.

*Cherished Moments* : T. R. 까나깜말 여사의 회상록. 그녀는 1946년에 스리 바가반을 찾아온 뒤 평생을 띠루반나말라이에서 살았다.

*Crumbs from His Table* : 『마하르쉬의 친존에서 얻은 가르침』. 1934년부터 1936년까지 스리 바가반을 몇 차례 방문했던 헌신자인 라마나난다 스와르나기리의 회상록. 바가반의 가르침이 담긴 대화들과 비유적 이야기들이 담겨 있다. (한국어판은 『마하르쉬의 복된 가르침』 안에 수록되어 있다.)

*Glimpses of the Life and Teachings of Bhagavan Sri Ramana Maharshi* : 『마하르쉬의 삶과 가르침에 대한 견문』. 가장 초기의 유럽인 헌신자였던 영국인 경찰관 험프리스가 1911년에 스리 바가반을 몇 번 방문한 이야기와 그때 들은 가르침을 기록한 소책자이다. (한국어판은 『마하르쉬의 복된 가르침』 안에 수록되어 있다.)

*Guru Ramana* : 『구루 라마나』. S.S. 코헨이 쓴 스리 바가반에 대한 회상과 당신과 나눈 많은 대화의 기록이며, 후반부는 스리 바가반의 생애 마지막 2년간에 일어난 일들에 대한 일기로 되어 있다.

*Letters and Recollections of Sri Ramanasramam* : 수리 나감마의 『라마나스라맘에서 보낸 편지』에 포함되지 않았던 31통의 편지와 다른 회상들을 묶어서 간행한 책. 지금은 증보된 『라마나스라맘에서 보낸 편지』안에 포함되었다.

*Living by the Words of Bhagavan* : 『바가반의 말씀을 따른 삶』. 원로 헌신자였던 안나말라이 스와미가 들려준 이야기를 기록한 회상록. 스리 바가반의 가르침도 별도의 장으로 기록되어 있다.

*Moments Remembered* : 『추억의 순간들』. 스리 V. 가네산이 많은 원로 헌신자들로부터 들은 스리 바가반의 가르침과 바가반 관련 일화들을 모은 책.

*My Life and Quest* : 아서 오즈본의 회상록. 책의 전반부는 아루나찰라에 가기 전까지의 과정을 그렸고, 후반부는 스리 바가반과 함께한 삶을 묘사한다.

*My Life at Sri Ramanasramam* : 수리 나감마가 『라마나스라맘에서 보낸 편지와 회상』에 이어서 쓴 회상록.

*My Recollections of Bhagavan Sri Ramana* : 『바가반과 함께한 나날』의 저자인 데바라자 무달리아르의 회상록. (한국어판은 『나날』 안에 수록되어 있다.)

*My Reminiscences* : 1937년 이후 스리 바가반 곁에 머물렀던 헌신자 N. 발라라마 레디의 회상록.

*Sri Ramana Reminiscences* : 『스리 라마나 회상』. 1935년부터 1950년 사이에 스리 바가반을 많이 방문했던 G.V. 숩바라마이야의 개인적인 회상록.

*The Power of the Presence* (제1권, 제2권, 제3권) : 데이비드 가드먼 엮음. 여러 헌신자들이 스리 바가반과 함께한 추억과, 받은 가르침들을 서술한 것.

## 7. 스리 바가반에 관한 기타 서적들

*Bhagavan and Nayana* : S. 샹까라나라야난이 스리 바가반과 나야나(까비야깐타 가나빠띠 무니)의 관계를 서술한 책.

*Bhagavan Ramana and Mother* : A. R. 나따라잔 지음. 스리 바가반과 당신의 어머니 사이에서 있었던 일들에 대한 이야기. 흑백과 컬러 사진이 많다.

*Forty Verses in Praise of Sri Ramana* : 까비야깐타 가나빠띠 무니가 스리 바가반을 찬양하여 산스크리트어로 지은 작품인 「스리 라마나 짜뜨와림사뜨(*Sri Ramana Chatvarimsat*)」의 한 영어 번역본.

*Homage to the presence of Sri Ramana－Sri Ramana Sannidhi Murai* : 스리 무루가나르가 스리 바가반을 찬양하여 타밀어로 지은 시 모음집인 『스리 라마나 친존 예경』에서 가려 뽑은 시들을 K. 스와미나탄 교수가 영어로 옮긴 것.

*Hunting the 'I' according to Sri Ramana Maharshi* : 루시 코르넬슨 지음. 스리 바가반의 삶과 가르침의 다양한 측면에 관한 에세이들 모음.

*Maharshi Ramana－His Relevance Today* : B.K. 알루왈리아와 샤시 알루왈리아 엮음. 스리 바가반과 삶과 가르침에 관해, S. 라다크리슈난, C.G. 융, D.S. 사르마, 더글러스 하딩, G.H. 메스(Mees), 웨이우웨이(Wei Wu Wei) 같은 저명한 필자들이 쓴에세이 30편의 모음. K. 스와미나탄 교수가 서문을 썼다.

*Purushottama Ramana* : V. 가네산 지음. 스리 바가반의 삶과 원로 헌신자들의 일화들을 모은 책. 바가반의 아름다운 흑백 사진들이 함께 들어 있다.

*Ramana-Arunachala* : 아서 오즈본 지음. 스리 바가반의 삶과 가르침에 관한 에세이들 모음.

*Ramana Dhyanam* : N.N. 라잔 지음. 스리 바가반에 대한 성찰의 시들을 영어로 옮긴 것.

*Ramana Periya Puranam* : 스리 V. 가네산이 초기의 헌신자들과 원로 헌신자 75명이 스리 바가반을 찾아온 경위와 그들이 바가반과 함께한 삶의 주요 장면들을 한데 모아 기록한 책(비매품).

*Ramana Thatha* : 꾸마리 사라다 지음. 스리 바가반의 생애에서 가려 뽑은 단순한 이야기들을 어린이용으로 엮은 책.

*Selections from Ramana Gita* : A. R. 나따라잔 지음. 『스리 라마나 기타』에서 뽑은 42개 연을 영어로 옮기고 주석한 것.

*Songs from Ramana Sannidhi Murai* : 『스리 라마나 친존 예경(*Sri Ramana Sannidhi Murai*)』에서 가려 뽑은 시들을 K. 스와미나탄 교수가 영어로 옮기고 술로짜나 나따라잔 여사가 음악적 기보를 붙인 것.

*Sri Ramana Stuti Panchakam* : 사띠야망갈라 벤까따라마이어가 스리 바가반을 찬양하여 지은 다섯 곡의 타밀 노래를 영어로 옮긴 것.

*Sri Ramana the Sage of Arunagiri—A Brief Life-Sketch of the Sage and His Teachings* : '악샤라즈나'(G.R. 숩바라마이야) 지음. 스리 바가반의 삶을 간략히 서술한 뒤, 당신의 가르침을 주제별로 발췌하여 수록한 것.

*Stories from Bhagavan* : 조앤 그린블래트 지음. 스리 바가반이 들려준 교훈적 이야기들을 모은 것.

*The Cow Lakshmi* : 데바라자 무달리아르 지음. 스리 바가반의 은총으로 해탈을 성취한 유명한 암소에 대한 이야기.

*The Liberating Question* : A. R. 나따라잔, V. 가네산, 꾸마리 사라다 지음. 스리 바가반의 은총과 가르침에 대한 세 편의 에세이 모음.

*The Maharshi and His Message* : 폴 브런튼 지음. 스리 바가반을 세계적으로 널리 알린 저자의 책 『비밀 인도에서 탐색(*A Search in Secret India*)』 중에서 바가반과 관계되는 3개 장만 뽑아 단행본으로 만든 것.

*The Technique of Maha Yoga* : N.R. 나라야나 아이어 지음. 『라마나 마하르쉬와의 대담』에서 스리 바가반의 가르침들을 선별하여 주제별로 제시한 것.

*Thus Spake Ramana* : 스와미 라제스와라난다 지음. 스리 바가반의 가르침에서 뽑은 125개 인용문을 담은 소책자.

*Uniqueness of Sri Bhagavan* : K. 수브라마니안 지음. 스리 바가반의 삶과 가르침이 갖는 독특한 면모들을 서술하면서 자기탐구 수행법에 대해서도 설명한다.

## 8. 스리 바가반이 종종 언급한 옛 경전이나 문헌들

*Advaita Bodha Deepika* : 『불이각등不二覺燈』. 스리 까라빠뜨라 스와미가 지은 옛 비이원론 텍스트를 무나갈라 벤까따마이아가 영어로 옮긴 것이다.

*All Is One* : 『모두가 하나다』. 바이야이 R. 수브라마니암 지음. 7개 장으로 이루어진 소책자. (위 두 저작의 한국어판은 『불이해탈의 등불』 안에 들어 있다.)

*Jewel Garland of Enquiry* : 『탐구보주화만』. 마하트마 니스짤다스가 힌디어로 지은 방대한 저작에서 스리 바가반이 주요한 점들을 뽑아 타밀어로 간추린 것을 영어로 옮긴 것이다. (그 내용은 『라마나 마하르쉬 저작 전집』을 보라.)

*Kaivalya Navaneetha* (The Cream of Emancipation) : 『해탈정수解脫精髓』.

비이원론 철학에 대한 고전적 텍스트를 무나갈라 벤까따마이아가 영어로 옮긴 것이다.

*The Essence of Ribhu Gita* : 『리부 기타의 핵심』. 『시바 라하시야』라는 산스크리트 저작의 제6장인 『리부 기타』를 빅슈 사스뜨리갈이 1,924연의 타밀어 운문으로 의역한 것 중에서 N.R. 크리슈나무르티 교수가 122연을 뽑아내어 영어로 옮긴 것이다. (위 두 저작의 한국어판도 『불이해탈의 등불』을 보라.)

*Tripura Rahasya* : 『뜨리뿌라 라하시야』. 비이원론 철학에 관한 옛날의 산스크리트 저작을 무나갈라 벤까따마이아가 영어로 옮긴 것이다.

*Yoga Vasishta Sara* : 『요가 바시슈타 요지』. 『요가 바시슈타』에서 230연을 가려 뽑아 영어로 옮긴 것이다.

*Sorupa Saram* (The Essence of One's Own True Nature) : 『소루빠 사람』. 타밀 지역의 스승이었던 소루빠난다의 가르침이 문답식으로 정리되어 있는 텍스트를 로버트 버틀러와 데이비드 가드먼이 영어로 번역하고, 데이비드 가드먼이 편집한 것이다. (위 두 저작도 한국어판도 『불이해탈의 등불』 안에 들어 있다.)

## 9. 기념집과 저널

*Celebrating the Advent of Bhagavan Sri Ramana Maharshi at Arunachala* : 1996년에 간행된 스리 바가반의 아루나찰라 도래(Advent) 100주년 기념 논집.

*Fragrant Petals* : 「마운틴패스」에 수록되었던 글들을 한데 모은 선집의 하나.

*Golden Jubilee Souvenir* : 1946년에 간행된 스리 바가반의 아루나찰라 도래 50주년 기념 논집.

*Ramana Smrti—Sri Ramana Maharshi Birth Centenary Offering* : 스리 바가반 탄신 100주년 기념 논집.

*Silent Power* : 「마운틴패스」에 수록되었던 글들을 한데 모은 선집의 하나.

*Surpassing Love and Grace* : 「마운틴패스」에 수록되었던 글들을 한데 모은 선집의 하나.

*The Mountain Path* : 「마운틴패스」. 1964년에 창간된 스리 라마나스라맘의 공식 저널. 연 4회 간행된다.

# 옮긴이의 말

이 책은 바가반 스리 라마나 마하르쉬의 제자인 락슈마나 사르마가 바가반의 가르침에 대해서 쓴 『마하요가』와 『실재사십송 주석』을 한 권에 합본한 것이다. 저자는 바가반의 가르침이 체계적으로 집약된 「실재사십송」과 그 「보유」, 그리고 『진어화만』을 주요 근거로 하여 『마하요가』를 영어로 저술했고, 「실재사십송」과 「보유」 자체에 대해서도 타밀어로 이 『주석』을 썼다. 그는 "누구(WHO, *Yar*)"라는 필명으로 이 책들을 냈지만, 그 사실이 잘 알려져 있으므로 우리는 그의 본명을 저자명으로 하였다. 『실재사십송 주석』은 1936년에, 『마하요가』는 1937년에 처음 출간되었는데, 바가반은 가끔 사람들에게 이 책들을 언급하거나 책의 어느 부분을 낭독하게 하여 이 저작들의 가치를 상기시켰다.

『마하요가』는 바가반의 가르침에 대한 철학적 주석서이다. 형이상학적 개념이나 이론들을 천착하지는 않지만, 장별로 나뉜 주제들을 중심으로 바가반이 설한 가르침의 핵심 측면들을 면밀한 논변으로 해설한다. 그리고 서두에 바가반에 대해 서술한 장을 서두에 놓고, 다양한 질문에 대한 바가반의 답변들을 모은 간략한 어록 한 장을 끝에 덧붙였다. 서문에도 나오듯이, 저자가 『마하요가』를 쓰게 된 동기는 1931년에 출간된 어떤 책이—까빨리 사스뜨리의 『실재직견소實在直見疏(*Sat-Darshana-Bhasya*)』인데—바가반의 가르침을 오해하고 있다고 판단했기 때문이다. 『실재직견소』도 「실재사십송」에 대한 주석이지만, 세계의 실재성을 상대적으로 인정하는 오로빈도(Aurobindo) 철학의 영향을 받아 바가반의 가르침을 다소 왜곡하고 그 의미를 축소한 결함이 있었다. 락슈마나 사르마는 그 책의 저자나 그 비슷한 부류를 '종파주의자'로 지칭하고 그들의 관점을 비판하면서, 해탈 곧 '에고 없는 상태'에 대해 보다 올바른 이해를 제시한다.

이런 비판의 목적은 스리 바가반의 가르침이 갖는 순수한 비이원론의 탁월한 가치를 드러내려는 것이다. 저자는 우리의 일상적 경험은 물론, 물리적 과학이 이룩한 성과, 예컨대 아인슈타인의 상대성 이론까지 예로 들면서 자신의 논지를 증명한다. 사실 순수한 비이원론은 극히 명료하고 단순할 뿐 아니라 논리적으로 완벽한 가르침이지만, 비이원적 실재의 존재나, 진정한 자아가 이 실재와 동일하다는 것을 믿지 못하는 대다수 사람들에게는 쉽게 이해되지 않을 수 있다. 이런 어려움은 저자가 누차 강조하듯이, 우리가 가진 온갖 그릇된 관념들이 우리를 견고하게 사로잡고 있다는 데 기인한다. "이 몸이 나다", "이 세계는 실재한다", "신과 나는 별개의 존재다" 같은 관념이 대표적이다. 바가반의 「실재사십송」은 이런 관념들이 그릇된 것임을 반복적으로 강조하는데, 이는 그런 관념들이 소멸하지 않으면 진리에 대한 실질적 탐구가 불가능하기 때문이다. 그 진리는 아득히 멀리 있는 어떤 이상이 아니라, 늘 우리에게 현존하는 우리 자신의 실체라는 점에서 진아라고 불린다.

독자들은 이 책에서 진아라는 용어가 문맥에 따라 '자기', '자아' 등으로도 번역된다는 것을 유념해야 한다. 본문에서 인용된 바가반의 말씀에서도 지적되듯이, 이 용어의 원어인 산스크리트 단어 '아뜨마(*atma*)' 혹은 아뜨만(*atman*)이 마음 · 에고 · 진아를 아우르는 넓은 의미를 가지고 있기 때문이다. 그것은 이 단어를 쓰는 사람이 '자기'를 무엇과 동일시했느냐에 따른 결과이다. 비이원적 베단타와 바가반의 가르침에서는 에고로서의 자아와 그것을 넘어선 진정한 자아, 곧 진아가 명확히 구분되며, 이 진아만이 아뜨마(아뜨만)로 불린다. 진아는 불변의 실재인 반면, 에고-자아는

'밧줄 상의 뱀'과 같이 실재하지 않는 환幻이다. 진아는 모든 존재들에게 단 하나인 반면, 에고는 외관상 무수히 많은 것으로 보인다. 진아는 몸이나 마음을 자기와 동일시하는 에고가 완전히 소멸한 상태를 가리킨다. 그래서 그것은 '에고 없는 상태' 혹은 '에고 없음'으로도 불린다. 붓다가 말한 '무아無我' 혹은 '비아非我'(*anatman*)는 이 "에고 없음'을 뜻하고, 따라서 진정한 '무아'란 다름 아닌 진아를 의미할 뿐이다. 즉, 진아는 대승불교에서 말하는 법신法身·자성自性·불성佛性 혹은 열반과 전적으로 동일한 개념이다. 무아의 개념이 이렇게 분명하게 이해되면, 해탈 곧 진아 깨달음의 경로와 결과도 분명하게 가늠될 수 있다. 『마하요가』에서 명료하게 드러내는 것이 바로 이런 점들이다. 사실 락슈마나 사르마는 붓다와 바가반의 가르침이 다르지 않다는 전제 위에서 붓다의 가르침도 인용하며, 심지어 붓다가 최종적으로 깨달은 수행법도 바로 자기탐구와 내용상 동일했을 것으로 추정하고 있다. 왜냐하면 "나는 누구인가?"의 탐구가 미세한 에고를 소멸하는 유일한 직접적 수단이기 때문이다.

『실재사십송 주석』은 「실재사십송」과 「실재사십송 보유」에 대한 저자의 타밀어 주석인데, 「실재사십송」과 「보유」의 주요 내용이 『마하요가』에서 많이 다루어지므로 두 책은 서로 연결되어 있다. 다만 『마하요가』에 나오는 「실재사십송」 등은 타밀어 원문보다 더 자유롭게 번역된 영역문으로 인용하고 있어 『주석』에서의 한국어 번역과 문장 표현이 다른 곳이 많다. 『주석』의 시편들과 본문의 한국어 번역은 외관상 영어판의 번역같이 보이지만 실은 타밀어판(2022, 제7판)에서 직접 번역한 것이어서 더욱 그렇다. 『실재사십송 주석』의 영어판(2013, 초판)은 간결명료한 타밀어판의 주석들을 자세히 풀어 옮기면서 원문에 없는 설명적 문장을 많이 도입하고 있다. 초심자들에게는 친절한 번역일지 모르나 충실한 번역으로 보기는 어려웠다. 그래서 타밀어판의 원문에 도전했고, 저자의 주석을 군

더더기 없이 거의 그대로 옮겼다고 믿는다(단, 영역자의 보충 각주를 포함한 영어판 내용 일부도 수용하였다). 두 판본 모두 저자의 서문 같은 것은 없고 간행사만 있는데, 이 책에는 영어판 간행사를 싣기로 했다. 참고로 타밀어판 간행사에는 "(저자는) 스리 바가반께 질문하여 얻은 당신의 설명들을 한데 모은 것을 각 연의 주석으로 하여, (독자들이) 쉽게 알 수 있는 방식으로 제시한다."라는 대목이 있다. 두 판본은 말미에 「실재사십송 보유」의 원문 출처들을 식별하는 설명이 있는데, 그것은 이 「보유」에 산스크리트어나 다른 언어로 되어 있는 텍스트의 시편들을 바가반이 타밀어로 번역한 것과, 바가반 자신이 타밀어로 직접 지은 시들이 섞여 있기 때문이다. 이 한국어판에서는 위 두 판본에서 밝혀 놓지 못한 몇 가지 출처를 더 세밀히 밝히면서 그 내용을 수정하였다(『주석』 부록 2).

이 책들은 바가반의 생존 중에 저술된 것이므로 당신에 대해 현재형으로 기술하고 있는 곳들이 많지만, 전체 내용이 보편적 이념과 논리에 입각하고 있어 시대적 상황과 무관한 설득력을 가지고 있다. 이것은 저자가 자신의 독단을 배제하고 바가반의 가르침을 자신이 들은 대로 제시하거나 해석함으로써, 바가반에게서 나오는 '진리의 힘'을 온전히 전달하고 있기 때문일 것이다. 이 책들이 다루는 바가반의 가르침은 대개 간결한 '송頌'의 형태로 집약되어 있으나, 바가반 자신이 구체적 논점들에 관해 상세한 부연설명을 하기도 했기 때문에, 그 가르침의 철학적 함의含意들이 저자의 논의와 해설 속에서 자연스럽게 전개될 수 있었다. 독자들은 고정관념을 버리고 저자의 논지를 잘 따라가기만 하면, 바가반의 핵심적 가르침을 이해하기에 별 어려움이 없을 것이다. 이 책이 진리 깨달음을 추구하는 우리 독자들에게 좋은 길잡이가 될 것이라고 확신한다.

2024년 10월 옮긴이 씀